21 世纪应用型本科电子商务与信息管理系列实用规划教材

网络营销服务及案例分析

陈晴光　编著

内 容 简 介

本书根据高校专业综合改革的需要，按知识结构特征及其内在联系分为网络营销服务导论、网络营销服务方法、网络营销服务策略、网络营销综合服务四大板块，系统地介绍网络营销的基本理论、常用工具方法和策略。在各章节中穿插大量针对相关内容和知识点的应用案例是本书的重要特色。

本书既可用作电子商务、市场营销专业以及国际经济与贸易、工商管理、国际商务等开设网络营销课程的相关专业本科生教材，也可用作企事业单位网络营销培训教材，以及从事网络营销、市场营销相关工作的企业管理人员和业务人员的参考书。

图书在版编目(CIP)数据

网络营销服务及案例分析/陈晴光编著. —北京：北京大学出版社，2016.1
（21世纪应用型本科电子商务与信息管理系列实用规划教材）
ISBN 978-7-301-25555-1

Ⅰ.①网… Ⅱ.①陈… Ⅲ.①网络营销—高等学校—教材 Ⅳ.①F713.36

中国版本图书馆 CIP 数据核字（2015）第 035903 号

书　　名	网络营销服务及案例分析 Wangluo Yingxiao Fuwu ji Anli Fenxi
著作责任者	陈晴光　编著
策划编辑	王显超
责任编辑	陈颖颖
标准书号	ISBN 978-7-301-25555-1
出版发行	北京大学出版社
地　　址	北京市海淀区成府路 205 号　100871
网　　址	http://www.pup.cn　　新浪微博：@北京大学出版社
电子信箱	pup_6@163.com
电　　话	邮购部 010-62752015　发行部 010-62750672　编辑部 010-62750667
印刷者	北京虎彩文化传播有限公司
经销者	新华书店
	787 毫米×1092 毫米　16 开本　27 印张　633 千字 2016 年 1 月第 1 版　2021 年 1 月第 3 次印刷
定　　价	54.00 元

未经许可，不得以任何方式复制或抄袭本书之部分或全部内容。
版权所有，侵权必究
举报电话：010-62752024　电子信箱：fd@pup.pku.edu.cn
图书如有印装质量问题，请与出版部联系，电话：010-62756370

前 言

数字化时代,网络被应用于各种盈利活动中,无时空限制的网络渠道带给消费者更多的产品及服务选择,使得商业市场空前活跃,营销竞争也日益加剧。随着网络经济的迅速发展,企业、社会急需大量通晓网络营销基础理论,能熟练运用网络营销方法、策略,帮助企业进行网络营销项目运营、战术策划的应用型人才。此外,知识与能力并重、善于独立思考、长于沟通合作、具有实践和创造能力等,已成为当今社会对人才的共性要求。

本书从服务的角度,以"网络营销策划"和"网络零售服务"的融合应用为主线,系统地介绍网络营销的基本理论、常用工具方法和策略。同时,本书倡导课堂教学以学生为中心的教学理念,结合编著者自身多年教学实践的成功经验,通过每章的教学目标、要求和章末的研讨作业,引导学生组成合作研讨学习小组,通过相互协作共同完成各章末给出的研讨作业,加强学生之间的相互交流,突出网络营销实际应用能力和团队协作精神的培养,以适应社会经济发展对网络营销人才的新需求。

编写、引用大量的网络营销案例是本书的另一个重要特色。案例以"新颖""典型""真实"为原则进行选择,分五种类型:引领每章主要内容的章前导入案例;章节内说明各种网络营销理论、工具或方法、策略的应用操作及效果的典型案例;章节内帮助阐明某个知识点或技能的微型案例;章末引导学生分小组讨论学习的研讨案例;书末阐述网络营销在某行业应用的综合案例。所撷取的行业案例,虽是管窥所及,却也不失其示范意义。案例评析、研讨作业注重对学生创新精神的激发和创新思维的启迪,这也是本书的独到之处。

本书融入网络营销的最新理论研究成果和实践经验。对于首次出现而在书中又不会再专门介绍的一些关键名词术语、重要概念等,以"知识卡片"的形式插在正文的相关处。这种穿插的知识卡片既能辅助学生学习了解相关知识,又教会其进行知识积累的方法,还有利于全书结构紧凑,将主要笔墨集中在主体内容的叙述上。

本书根据高校专业综合改革的需要,整合了网络营销、市场营销、网络营销案例分析、网络零售等课程的精髓,内容新颖,体系完整。全书分以下四篇。

第一篇:网络营销服务导论。概括介绍服务及现代服务业的概念与特征;网络营销的基本概念、服务内容、服务类型、服务环境、市场现状与发展趋势;网络营销服务信息传递的基本原理、长尾理论与利基市场以及网络整合营销、网络直复营销、网络关系营销、网络软营销、网络数据库营销服务理论等。

第二篇:网络营销服务方法。主要介绍经典网络营销方法(包括企业网站营销、搜索引擎营销、E-mail 营销、网络广告营销、病毒式营销、网络会员制营销)、Web2.0 与社会化网络营销(包括博客营销、微博营销、即时信息营销、社交网站营销、网络视频营销、Wiki 词条营销、网络软文营销等)以及 Web3.0 营销服务、移动营销等内容,系统地阐述各种营销方法的概念内涵、特点、作用或价值、服务方式或方法等,并分别结合典型案例，让学生全面了解应用各种网络营销方法的工作流程与特征。

第三篇：网络营销服务策略。主要介绍网络环境下 4P 策略、4C 策略、4R 策略、4S 策略的含义、特点、功能、应用方法或类型等，并对各组策略的核心营销理念进行分析比较。

第四篇：网络营销综合服务。主要包括网络零售服务、网络营销策划、行业网络营销综合应用等内容，分别从不同侧面展示网络营销理论、方法、策略的综合应用。

本书由陈晴光编著，是浙江省重点学科"服务管理与工程"及浙江省"电子商务"特色专业建设成果。全书从开始酝酿编写、素材收集到付梓经历了近 4 年的时间，凝聚了编著者多年来主讲网络营销及相关课程的教学心得和课程开展研究性教学改革的经验积累。

本书比原计划交稿时间整整推迟了一年，部分章节的初稿是在家母的病榻旁、奔驰的列车上、机场的候机大厅里完成的。此刻，我与家母已是阴阳两隔，至今还清楚地记得，那次回故乡看望病中的母亲，在窗外无意间看到她老人家独自在病榻上把我的第一本书拿在手里反复摩挲的情景。每每想起那情那景，就不禁潸然泪下……但愿本书的出版，能告慰她老人家的在天之灵！

在本书的编写过程中，中国海商网等企业为本书提供了部分原创案例资料，在此特表示感谢！此外本书参考了大量国内外同行的著作和文献，在此向诸位作者表示敬意和感谢！本书在出版过程中，得到了北京大学出版社的鼎力支持，在此一并致以诚挚的谢意！

由于网络营销实践在不断发展，网络营销的许多理论和方法也处于不断完善和发展的过程中，对本书的疏漏和不当之处，欢迎广大读者不吝赐教，可以通过 E-mail 联系：chenqingg2002@hotmail.com。

编 著 者
2015 年 5 月

目 录

第一篇 网络营销服务导论

第1章 网络营销服务概述 ……………… 3
导入案例：星巴克的爱情公寓虚拟旗舰店 …………………………… 4
1.1 服务与现代服务业 ………………… 5
 1.1.1 服务与现代服务业的概念 … 5
 1.1.2 服务与现代服务业的特征 … 6
 1.1.3 服务与现代服务业的分类 … 9
 1.1.4 现代服务业的作用 ……… 12
1.2 网络营销服务的概念与特点 ……… 13
 1.2.1 网络营销服务的概念 …… 13
 1.2.2 网络营销服务的特点 …… 14
 1.2.3 网络营销服务与电子商务服务的区别 ……………… 16
1.3 网络营销服务的基本内容 ………… 17
 1.3.1 网站建设与宣传推广 …… 18
 1.3.2 网络品牌建设 …………… 18
 1.3.3 信息发布与销售促进 …… 18
 1.3.4 网上销售与在线顾客服务 ……………………… 18
 1.3.5 网上客户关系的建立与维护 ……………………… 19
 1.3.6 网上市场调研 …………… 19
1.4 网络营销服务的常用工具 ………… 19
 1.4.1 企业网站 ………………… 20
 1.4.2 搜索引擎 ………………… 21
 1.4.3 电子邮件 ………………… 21
 1.4.4 即时信息 ………………… 21
 1.4.5 电子书/电子杂志 ………… 22
 1.4.6 社会化媒体 ……………… 22
1.5 网络营销服务的类型 ……………… 23
 1.5.1 按服务是否依赖自建站分类 ……………………… 23
 1.5.2 按营销服务的渠道及特点分类 ……………………… 24
 1.5.3 其他类型 ………………… 25
1.6 网络营销服务环境 ………………… 25
 1.6.1 网络营销服务环境的构成 ……………………… 25
 1.6.2 网络营销服务环境的类型 ……………………… 26
 1.6.3 网络营销服务环境的协调与评估 …………………… 28
1.7 网络营销服务现状与发展趋势 …… 29
 1.7.1 中国网络营销服务现状 … 29
 1.7.2 网络营销服务发展趋势 … 30
本章小结 ………………………………… 32
复习思考题 ……………………………… 32

第2章 网络营销服务基础理论 ……… 34
导入案例："囧族"的淘宝数据盛宴 …… 35
2.1 网络营销服务信息传递的基本原理 ……………………………… 36
 2.1.1 网络营销服务信息传递模型 ……………………… 36
 2.1.2 网络营销服务信息传递的特点 ……………………… 38
 2.1.3 网络营销信息传递的一般原则 ……………………… 39
2.2 长尾理论 …………………………… 40
 2.2.1 长尾理论的基本思想 …… 41
 2.2.2 长尾理论与"二八定律"的关系 ……………………… 42
 2.2.3 长尾理论的实现条件 …… 43
 2.2.4 利基市场及长尾理论应用策略 ……………………… 45
 2.2.5 应用案例：当当网的长尾实践 ……………………… 47
2.3 网络整合营销服务理论 …………… 49
 2.3.1 网络整合营销的概念与核心思想 …………………… 49
 2.3.2 网络整合营销服务的原则与步骤 …………………… 51

2.3.3 网络整合营销服务推广方法与发展趋势 ………… 52
2.3.4 应用案例：赢道的"FEA"网络整合营销服务 ……… 54
2.4 网络直复营销服务理论 …………… 56
　2.4.1 网络直复营销服务的概念 ……… 56
　2.4.2 网络直复营销服务的特点 ……… 57
　2.4.3 网络直复营销的常用方式与工具 ……… 58
　2.4.4 应用案例：戴尔电脑的网上直销服务 ……… 58
2.5 网络关系营销服务理论 …………… 60
　2.5.1 网络关系营销服务的含义 ……… 60
　2.5.2 网络关系营销服务的核心任务 ……… 61
　2.5.3 网络关系营销服务的基本原则 ……… 61
　2.5.4 网络关系营销服务的作用 ……… 61
　2.5.5 应用案例：腾讯公司的泛关系链营销服务 ……… 62
2.6 网络软营销服务理论 …………… 64
　2.6.1 网络软营销服务的基本含义 ……… 64
　2.6.2 网络软营销服务的特点 …… 65
　2.6.3 网络软营销服务的常用方式 ……… 67
　2.6.4 应用案例：海商网的"故事化"产品信息发布服务 ……… 67
2.7 网络数据库营销服务理论 ………… 68
　2.7.1 网络数据库营销服务的含义 ……… 69
　2.7.2 网络数据库营销服务的特征 ……… 69
　2.7.3 网络数据库营销服务的作用 ……… 71
　2.7.4 网络数据库营销服务的发展前景 ……… 74

2.7.5 应用案例："微码"的CXO数据库营销服务 ……… 74
本章小结 ……………………………… 76
复习思考题 ……………………………… 76

第二篇　网络营销服务方法

第3章　经典网络营销方法 ……… 81
导入案例："妈妈喊你回家吃月饼" …… 82
3.1 企业网站营销服务 ……………… 83
　3.1.1 营销型企业网站的含义与构成 ……… 83
　3.1.2 营销型企业网站建设规划问题 ……… 85
　3.1.3 营销型企业网站优化 ……… 87
　3.1.4 营销型企业网站推广 ……… 88
　3.1.5 营销型企业网站评价与诊断 ……… 93
　3.1.6 典型案例：牛蛙网的整体外包服务 ……… 97
3.2 搜索引擎营销服务 ……………… 98
　3.2.1 搜索引擎营销的原理 ……… 99
　3.2.2 搜索引擎营销方式 ……… 102
　3.2.3 搜索引擎优化 ……… 104
　3.2.4 搜索引擎营销效果评估 …… 109
　3.2.5 典型案例：e龙的搜索关键词营销 ……… 115
3.3 E-mail营销服务 ……………… 117
　3.3.1 许可E-mail营销的定义与分类 ……… 118
　3.3.2 许可E-mail营销服务环境与技巧 ……… 119
　3.3.3 内部列表E-mail营销 …… 121
　3.3.4 外部列表E-mail营销 …… 123
　3.3.5 许可E-mail营销服务效果评估 ……… 126
　3.3.6 典型案例："新江南"的E-mail广告 ……… 127
3.4 网络广告营销服务 ……………… 128
　3.4.1 网络广告的特点 ……… 130
　3.4.2 网络广告的类型 ……… 133

    3.4.3 网络广告的发布 ……………… 135
    3.4.4 网络广告的计费方式 …… 137
    3.4.5 网络广告营销服务效果的
          衡量 ……………………… 139
    3.4.6 典型案例：361°"勇敢做
          自己" ……………………… 143
  3.5 病毒式营销服务 ………………… 144
    3.5.1 病毒式营销的概念 ……… 144
    3.5.2 病毒式营销的特点 ……… 145
    3.5.3 病毒式营销战略的基本
          要素 ……………………… 146
    3.5.4 病毒式营销的实施步骤 … 148
    3.5.5 病毒式网络营销服务的
          新形式 …………………… 148
    3.5.6 典型案例：美国墨菲古德酒厂的
          招聘 ……………………… 149
  3.6 网络会员制营销 ………………… 150
    3.6.1 网络会员制营销的基本
          概念 ……………………… 150
    3.6.2 网络会员制营销的原理和
          形式 ……………………… 151
    3.6.3 网络会员制营销的价值 … 151
    3.6.4 实施网络会员制营销的
          方法 ……………………… 153
    3.6.5 典型案例：eBay 的网络会员制
          联盟服务 ………………… 154
  本章小结 ………………………………… 157
  复习思考题 ……………………………… 157

第4章 Web2.0与社会化网络营销服务 …………………… 159

  导入案例："可可丽人"微博体验营销与
            章鱼效应 ………………… 160
  4.1 博客营销 ………………………… 162
    4.1.1 博客营销的含义与特征 … 162
    4.1.2 博客营销的价值 ………… 164
    4.1.3 博客营销的常用形式 …… 166
    4.1.4 企业博客写作原则与
          技巧 ……………………… 167
    4.1.5 典型案例：Feedsky 的 HP
          DV3000 博客推广服务 …… 171

  4.2 微博营销 ………………………… 172
    4.2.1 微博营销的概念 ………… 172
    4.2.2 微博营销的特点 ………… 173
    4.2.3 微博营销的作用 ………… 177
    4.2.4 微博营销的基本原则 …… 178
    4.2.5 营销微博的写作要求 …… 180
    4.2.6 微博营销的实施策略与
          技巧 ……………………… 180
    4.2.7 典型案例：新浪微博的"美好
          生活@中粮" ……………… 183
  4.3 即时信息营销 …………………… 186
    4.3.1 即时信息营销的含义 …… 186
    4.3.2 即时信息营销的特点 …… 187
    4.3.3 即时信息营销的作用 …… 187
    4.3.4 即时信息营销的工具
          类型 ……………………… 188
    4.3.5 微信营销 ………………… 189
    4.3.6 典型案例：腾讯网"可口可乐
          火炬在线传递" …………… 192
  4.4 社交网站营销 …………………… 193
    4.4.1 社交网站营销的概念及
          特点 ……………………… 193
    4.4.2 社交网站营销的理论
          基础 ……………………… 195
    4.4.3 社交网站营销的实施
          技巧 ……………………… 197
    4.4.4 社交网站营销的效果
          评价 ……………………… 200
    4.4.5 典型案例：开心网的"悦活
          种植大赛" ………………… 200
  4.5 网络视频营销 …………………… 202
    4.5.1 网络视频营销的含义 …… 202
    4.5.2 网络视频营销信息传播
          渠道 ……………………… 203
    4.5.3 网络视频营销服务方式 … 204
    4.5.4 网络视频营销服务内容 … 205
    4.5.5 典型案例：Blendtec 的"搅得
          烂吗"视频短片 …………… 206
  4.6 其他 Web2.0 营销服务 ………… 208
    4.6.1 Wiki 词条营销 …………… 208
    4.6.2 网络软文营销 …………… 210

4.6.3　电子书营销 …………… 214
　　4.6.4　论坛营销 ……………… 216
　　4.6.5　网络图片营销 ………… 217
本章小结 …………………………… 217
复习思考题 ………………………… 218

第5章　Web3.0营销服务 ………… 220

导入案例：Facebook平台的Widget营销
　　　　服务 ……………………… 221
5.1　Web3.0的概念 ……………… 221
5.2　Web3.0营销服务的特点 …… 223
5.3　基于Web3.0营销的新模式 … 225
　　5.3.1　Web3.0下的众包营销 … 225
　　5.3.2　Web3.0下的精准营销 … 230
　　5.3.3　Web3.0下的嵌入式
　　　　　营销 ……………………… 233
　　5.3.4　Web3.0下的Widget
　　　　　营销 ……………………… 236
　　5.3.5　Web3.0下的威客营销 … 239
5.4　应用案例：雅蛙网 …………… 242
本章小结 …………………………… 244
复习思考题 ………………………… 244

第6章　移动营销 …………………… 246

导入案例：诺基亚+《神话》的精准互动
　　　　营销 ……………………… 247
6.1　移动营销概述 ………………… 248
　　6.1.1　移动营销的定义 ……… 248
　　6.1.2　移动营销的基本特征 … 249
　　6.1.3　移动营销发展历程 …… 249
6.2　移动营销服务 ………………… 252
　　6.2.1　移动营销服务原则 …… 252
　　6.2.2　移动营销服务内容 …… 253
　　6.2.3　移动营销服务参与者 … 253
　　6.2.4　移动营销服务方法 …… 254
6.3　移动营销的应用模式 ………… 255
　　6.3.1　移动营销的业务模式 … 256
　　6.3.2　移动营销的赢利模式 … 259
6.4　移动营销面临的问题及前景 … 260
　　6.4.1　移动营销中的问题 …… 260
　　6.4.2　移动营销发展前景与
　　　　　趋势 ……………………… 261
6.5　典型案例："上海聚君"的无线互动
　　　营销服务 ………………… 262
本章小结 …………………………… 263
复习思考题 ………………………… 263

第三篇　网络营销服务策略

第7章　网络营销4P策略 ………… 269

导入案例：吉利汽车的"秒杀"促销 … 270
7.1　网络营销产品策略 …………… 270
　　7.1.1　网络产品的概念及特点 … 271
　　7.1.2　网络营销的产品类型 … 272
　　7.1.3　网络营销的新产品开发 … 273
　　7.1.4　典型案例：谷歌的多样化产品
　　　　　策略 ……………………… 276
7.2　网络营销价格策略 …………… 280
　　7.2.1　网络营销价格的特点 … 280
　　7.2.2　网络营销的定价目标 … 281
　　7.2.3　网络营销的定价方法 … 282
　　7.2.4　网络营销的定价策略 … 283
　　7.2.5　典型案例：亚马逊的差别定价
　　　　　策略 ……………………… 286
7.3　网络营销渠道策略 …………… 289
　　7.3.1　网络营销渠道的定义 … 289
　　7.3.2　网络营销渠道的特点 … 290
　　7.3.3　网络营销渠道的类型 … 290
　　7.3.4　网络营销渠道的功能 … 292
　　7.3.5　典型案例：百度微购的渠道整合
　　　　　实验 ……………………… 294
7.4　网络促销策略 ………………… 295
　　7.4.1　网络促销的概念 ……… 295
　　7.4.2　网络促销的常用策略 … 297
　　7.4.3　网络促销策略的实施 … 299
　　7.4.4　网络促销效果的评价 … 301
　　7.4.5　典型案例：华为3G星球的
　　　　　悬念促销 ………………… 304
本章小结 …………………………… 305
复习思考题 ………………………… 306

第8章 新型网络营销策略 ········· 308

导入案例：海尔从"无所不洗"的洗衣机到
　　　　　网上定制冰箱 ········· 309
8.1 网络营销4C策略 ············· 310
　　8.1.1 网络营销的消费者策略 ··· 310
　　8.1.2 网络营销的成本策略 ····· 312
　　8.1.3 网络营销的便利策略 ····· 315
　　8.1.4 网络营销的沟通策略 ····· 315
　　8.1.5 网络营销4C与4P策略的
　　　　　融合 ················· 316
　　8.1.6 典型案例：7天连锁酒店的
　　　　　4C营销策略 ··········· 317
8.2 网络营销4R策略 ············· 319
　　8.2.1 网络营销4R策略的
　　　　　含义 ················· 319
　　8.2.2 网络营销4R策略的
　　　　　特点 ················· 322
　　8.2.3 网络营销4R策略与4P、4C
　　　　　策略的比较 ··········· 322
　　8.2.4 典型案例：ZARA的4R营销
　　　　　策略 ················· 324
8.3 网络营销4S策略 ············· 327
　　8.3.1 网络营销4S策略的
　　　　　含义 ················· 327
　　8.3.2 网络营销4S策略的
　　　　　特点 ················· 330
　　8.3.3 网络营销4S与4P、4C策略的
　　　　　综合应用 ············· 331
　　8.3.4 应用案例："苏宁易购"的
　　　　　4S营销策略 ··········· 332
本章小结 ························· 333
复习思考题 ······················· 333

第四篇　网络营销综合服务

第9章 网络零售服务 ··············· 337

导入案例："火锅神话"海底捞的O2O
　　　　　营销 ················· 338
9.1 网络零售的概念 ············· 339
　　9.1.1 网络零售的定义 ········· 340

9.1.2 网络零售的模式类型 ····· 340
9.2 网络零售平台的建设 ········· 341
　　9.2.1 网店建设平台的选择 ····· 341
　　9.2.2 网店开设流程 ··········· 343
　　9.2.3 网店装修 ··············· 344
9.3 网络商品采购 ··············· 347
　　9.3.1 网络商品的概念 ········· 347
　　9.3.2 网络商品采购的技巧 ····· 347
　　9.3.3 网络商品采购渠道类型 ··· 348
　　9.3.4 网络商品采购渠道的选择
　　　　　策略 ················· 350
9.4 网络零售商品的图片拍摄及
　　处理 ······················· 351
　　9.4.1 网络零售商品的拍摄方法与
　　　　　技巧 ················· 351
　　9.4.2 商品图片处理 ··········· 355
9.5 零售网店的客户服务与交易
　　管理 ······················· 356
　　9.5.1 网店客户服务 ··········· 356
　　9.5.2 网店交易管理 ··········· 359
本章小结 ························· 361
复习思考题 ······················· 362

第10章 网络营销策划 ············· 363

导入案例：微信精心策划的"抢红包"公关
　　　　　大餐 ················· 364
10.1 网络营销策划的含义和特点 ··· 365
　　10.1.1 网络营销策划的含义 ··· 365
　　10.1.2 网络营销策划的特点 ··· 365
10.2 网络营销策划的方法和原则 ··· 366
　　10.2.1 网络营销策划的基本
　　　　　方法 ················· 366
　　10.2.2 网络营销策划的基本
　　　　　原则 ················· 368
　　10.2.3 网络营销策划的一般
　　　　　程序 ················· 371
10.3 网络营销策划的类型 ········· 373
　　10.3.1 按网络营销策划的内容
　　　　　分类 ················· 373
　　10.3.2 按网络营销策划的应用层次
　　　　　分类 ················· 374

VII

10.4 网络营销策划书的撰写 ………… 374
 10.4.1 网络营销策划书的编制原则与技巧 ………… 375
 10.4.2 网络营销策划书的格式与基本内容 ………… 376
10.5 网络营销策划方案的实施与效果测评 ………… 378
 10.5.1 网络营销方案实施的一般步骤 ………… 378
 10.5.2 网络营销的综合绩效评价 ………… 379
本章小结 ………… 388
复习思考题 ………… 388

第11章 行业网络营销综合应用 ………… 390

导入案例：海外食物订购网站如何卖惊喜 ………… 391
11.1 现代服务业网络营销案例 ………… 392
 11.1.1 物流服务业网络营销案例：锦程国际物流 ………… 392
 11.1.2 旅游服务业网络营销案例：中青旅 ………… 396
 11.1.3 金融保险业网络营销案例：中国人寿 ………… 400
11.2 工业企业网络营销案例 ………… 402
 11.2.1 汽车制造企业网络营销案例：大众汽车 ………… 403
 11.2.2 家用电器制造企业网络营销案例：海尔集团 ………… 406
11.3 农产品网络营销案例 ………… 410
 11.3.1 鲜活农产品网络营销案例：深圳农批宝 ………… 410
 11.3.2 深加工农产品网络营销案例：海南南国食品 ………… 415
本章小结 ………… 418
复习思考题 ………… 418

参考文献 ………… 421

第一篇　网络营销服务导论

第1章　网络营销服务概述
第2章　网络营销服务基础理论

> **篇首寄语**

营销学不仅适用于产品与服务，也适用于组织与人，所有的组织不管是否进行货币交易，事实上都需要搞营销。

——现代营销学之父：菲利普·科特勒

做生意的唯一目的，就在服务人群；而广告的唯一目的，就在于对人们解释这项服务。在我们这个行业，当你开始关心数钞票胜于做好广告及服务客户时，很快你就会发现没有多少钞票可数。

——李奥·贝纳广告公司创始人：李奥·贝纳

第1章 网络营销服务概述

教学目标

- 了解服务及现代服务业的含义;
- 理解网络营销服务的基本概念;
- 熟悉网络营销服务的基本内容、常用工具;
- 了解网络营销服务所需环境、发展趋势。

教学要求

知识要点	能力要求	相关知识
现代服务业的概念与特征	(1) 现代服务业概念的理解能力; (2) 现代服务业的特征与分类的概括能力	服务、服务业、现代服务业的内涵;服务的基本特征、现代服务业的特征及其价值;现代服务业的主要类型
网络营销服务的概念与特点	(1) 网络营销服务含义的理解能力; (2) 网络营销特点的分析能力	网络营销与网络营销服务的含义;网络营销服务的特点;网络营销服务与电子商务服务的区别
网络营销服务的基本内容	企业有自建网站和无自建网站情况下分别提供不同网络营销服务内容的能力	网站宣传推广、网络品牌建设、信息发布与销售促进、网上销售与在线顾客服务、网上客户关系建立与维护、网上市场调研
网络营销服务的常用工具	(1) 对成熟工具的灵活运用能力; (2) 对新兴工具的敏锐感知能力	搜索引擎、电子邮件、即时信息、电子杂志、社会化媒体(博客、微博、网络视频、论坛)
网络营销服务环境的构成	(1) 对外部环境的适应和选择能力; (2) 对内部环境的创造和利用能力	环境构成要素、外部环境、内部环境

网络营销服务及案例分析

 基本概念

服务　现代服务业　网络营销　网络营销服务　服务营销　搜索引擎　即时信息　社会化媒体

 导入案例

星巴克的爱情公寓虚拟旗舰店

星巴克一直以来采用的都不是传统的营销手法，而是采取颇具创意的新媒体形式。2009年，星巴克联手社交网站爱情公寓尝试虚拟营销，将星巴克徽标做成爱情公寓里"虚拟指路牌"广告，这是星巴克首次尝试社会化网络营销。

iPart爱情公寓是一个以白领女性和大学女生为主轴设计的交友社区网站（Female Social Networking），尽全力帮网友打造一个深受女性喜爱的温馨交友网站，以清新、幸福、温馨、恋爱、时尚、流行为其品牌形象。

12月12日是星巴克上海滨江店举办"璀璨星礼盒"活动的特别日子，因此从12月1日开始，星巴克不仅将滨江店封装到巨大的礼盒中，而且在爱情公寓网站上做成了颇具创意的"虚拟指路牌"，并以倒计时的方式，等着顾客好奇地在线上或者去线下看看12月12日星巴克的"Open Red Day"到底是什么，不肯把其神秘一下子都曝光出来。

礼包展开前，采用神秘礼物与星巴克情缘分享的方式进行。

(1) 神秘礼包：线上活动结合了线下活动的概念，送给网友神秘礼物就会出现在网友小屋当中，虚拟的神秘礼包与实体的上海星巴克滨江店同日开张，礼包和实体店面同样以大礼盒的形象出现。

(2) 星巴克情缘分享：网友上传自己生活当中与星巴克接触的照片并写下感言，以口碑与体验的方式来塑造出星巴克式的生活态度是被大家认可、受欢迎的。

礼包展开后出现品牌旗舰店，打造一个品牌大街。

与繁华的闹市区不同，星巴克小店开在崭新的公寓大街区域。虚拟的星巴克店家设计中，延续实体店家的温馨舒适感，店家周围环境设计以享受生活的感觉为主，不过度热闹繁华，以高品质的生活感受来凸显品牌的层次感。

另外，结合爱情公寓内的产品来提升品牌曝光度及网友参与、互动的积极性。

(1) 见面礼：设计专属礼品，来到虚拟店家就可领取或送好友，让网友了解其品牌个性与特色所在。

(2) 活动专区、公布栏：星巴克线上及线下活动报道，大量的曝光让参与程度提升，分享关于星巴克的信息及新闻，引起各种话题讨论和增加网友的互动。

(3) 咖啡小教室：咖啡达人教室，咖啡文化或相关教室消息，让网友了解更多关于咖啡的文化。

（资料来源：http://case.iresearchad.com/html/200907，编者有删改）

 点评：让网络营销以服务的姿态出现

星巴克在爱情公寓虚拟店面的植入式营销被众多业界人士称赞，甚至成为哈佛大学的教学案例。星巴克想让其消费者了解自己的态度，因此做了一系列活动，包括从品牌形象到虚拟分店开幕、新产品推出，再到赠送消费者真实的优惠券等。这一系列营销活动非常符合星巴克的愿望——以精心为顾客服务的姿态出现，不让消费者觉得其是在做广告。顾客收到星巴克发来的信息告知哪里有其新开的店面，哪里有新出的产品，无疑会起到促进销售的效果。

但是，星巴克提供这类服务信息持续的时间不宜过长。因为这种强迫行为时间长了会让消费者产生厌烦感，反而会毁掉星巴克在人们心中的良好形象。因此，提供网络营销服务信息时要掌控好热情度。

第1章 网络营销服务概述

网络营销服务是以互联网为载体，以符合网络传播的方式、方法和理念，为实现组织目标或社会价值所开展的各种经营或宣传活动。对于企业而言，网络营销服务贯穿于企业网上经营的全过程，从信息收集、信息发布，到开展网上交易为主的电子商务阶段，网络营销服务一直都是核心内容。同时，网络营销服务也是现代服务业的一项重要内容。

1.1 服务与现代服务业

服务是一种十分复杂的现象，在实际经济生活中，服务的表现形式就更为纷繁复杂，它与人类一起见证了社会发展的漫长历史。现代服务业是从传统服务业逐渐演变而来的，无论从内涵和外延都产生了革命性的变化。

1.1.1 服务与现代服务业的概念

服务是一个既古老又现代的术语。传统服务通常被认为是与个人生活、社会市场、企业营销以及管理或经济学相关的传统领域，是一种与过程、表现及经验有关的、一方提供给另一方的、满足其需求的经济或社会活动。如理发师理发、教师课堂教学等服务活动，诊所、饭店、汽车站、球场甚至足浴店等都是直接与服务活动关联的实体场所。

随着社会经济的不断发展和工业化进程的不断推进，特别是随着信息技术广泛渗透到各行各业，服务的概念和内涵正在扩大，越来越多的服务正在采用电子化的手段，如24小时服务的自助终端机（银行取钱、车票预订、食品饮料售卖等），通过**网络视频会议系统**组织一场由分布在全球不同地域的研究人员参加的网络会议等。越来越多的现代服务创新模式正在创造几十倍甚至上百倍于产品制造的价值。

> **知识卡片 1-1**
>
> **网络视频会议系统**（Network Video Conference System）：一款基于网络即时通信的多媒体通信系统设备，支持多人视频会议、视频通信、多人语音、屏幕共享、动态PPT演讲、文字交流、短信留言、电子白板、多人桌面共享、文件传输等功能，可以满足两个或两个以上不同地方的个人或群体，通过传输线路及多媒体设备，将声音、影像及文件资料互传，实现即时互动的沟通，以实现会议目的。该软件对硬件的要求非常低，普通的个人计算机＋麦克风＋摄像头就可以了。

1. 服务的概念

所谓服务（Service），是指一方能够向另一方直接或凭借某种工具、设备、设施和媒体等所提供的任何活动、过程或结果。服务本质上是无形的，并且不会造成所有权的转移，其生产可能与实际产品有关，也可能无关，是主要以活动形式表现的使用价值或效用。

对服务概念的理解应把握以下几点：①服务不仅是一种活动，而且是一个过程，或者是某种结果；②生产服务时可能会或不会利用实物，而且即使需要借助某些实物协助生产服务，这些实物的所有权也不涉及转移的问题；③服务是在互动过程中进行的，包括与顾客及其拥有的财产间的互动过程和结果。

与服务概念相关的常用术语有服务理念、服务意识、服务质量等。服务理念是企业以顾客为中心，为其提供服务的理论和观念。服务意识是指一个人对服务（或某一服务）理解之后，在服务中表现出来的主动、自觉的思想或行为。服务质量是指服务能够满足规定和潜在需求的特征和特性的总和，尤其是服务工作能够满足被服务者需求的程度。国际标准列举的服务质量特性实例包括设施、容量、人员的数量和储存量，等待时间、卫生、安全、可靠性和保密性，反应、方便、礼貌、舒适、环境美、能力、耐用性、准确性、完整性、技艺水平、可信性和沟通联络等。

2. 服务业的概念

服务业是现代经济的一个重要产业。服务业的概念目前在理论界尚有争议，一般认为，服务业指生产和销售服务商品的生产部门和企业的集合。具体而言，服务业是指农业、工业和建筑业以外的其他各行业，即国际通行的产业划分标准的第三产业，其发展水平是衡量生产社会化和经济市场化程度的重要标志。

服务产品与其他产业产品相比，具有非实物性、不可储存性和生产与消费同时性等特征。在我国国民经济核算实际工作中，服务业被视同为第三产业，即将服务业定义为除农业、工业、建筑业之外的其他所有产业部门。

3. 现代服务业的概念

关于现代服务业的基本定义，2004 年国家中长期科技发展规划专家委员会第七专题专家组给予如下表述：现代服务业（Modern Service Industry 或 e-Service Industry）是在工业化比较发达的阶段产生的、主要依托信息技术和现代管理理念而发展起来的、知识和技术相对密集的服务业。

目前使用较多的一种定义是：现代服务业是伴随着信息技术和知识经济的发展产生，用现代化的新技术、新业态和新服务方式改造传统服务业，创造需求，引导消费，向社会提供高附加值、高层次、知识型的生产服务和生活服务的服务业。

综观现代服务业基本定义的各种表述，现代服务业主要包括以下三层含义：

（1）现代服务业是在工业化较发达阶段产生的，主要依托电子信息等高新技术和现代管理理念、经营方式和组织形式而发展起来，有别于商贸、住宿、餐饮、仓储、交通运输等传统服务业。

（2）现代服务业既包括新兴服务业态（以金融保险业、信息传输和计算机软件业、租赁和商务服务业、科研技术服务和地质勘查业、文化体育和娱乐业、房地产业及社区服务业等为代表），也包括对传统服务业的技术改造升级，其本质是实现服务业的现代化。

（3）现代服务业的发展本质上来自于社会进步、经济发展、社会分工的专业化等需求，具有智力要素密集度高、产出附加值高、资源消耗少、环境污染少等特点。例如，电子商务（包括网络营销）、电子政务、数字教育、数字媒体等都属现代服务业范畴。

1.1.2 服务与现代服务业的特征

现代服务业一方面包含了传统制造业和传统服务业的信息化转型，促进了生产性服务业和生活性服务业的现代化；另一方面正在大量地衍生出一批知识密集型的新兴服务业，包括网络通信等基础性服务和网络教育等公共性服务。

1. 服务的特征

1) 无形性

服务的无形性也称不可感知性、非实体性,是服务最为显著的一个特征,可以从三个不同层次来理解。首先,服务的很多元素看不见、摸不着,无形无质。其次,顾客在购买服务之前往往不能肯定能得到什么样的服务,因为大多数服务都非常抽象,很难描述。最后,顾客在接受服务后通常很难察觉或立即感受到服务的利益,也难以对服务质量客观评价。

服务的无形性也不是绝对的。相反,大多数服务具有某种有形的特点。例如,餐饮业的服务中,不仅有厨师的烹饪过程,还有菜肴的物质加工过程。随着企业服务水平的日益提高,很多消费品和工业品往往与附加的顾客服务一起出售,而且在多数情况下,顾客之所以购买某些有形商品,只不过因为它们是一些服务的有效载体。对顾客来说,更重要的是这些载体所承载的服务或效用。因此,无形性并非说所有的服务产品都完全不可感知,其意义在于提供了一个视角,将服务产品同有形的消费品或工业品区分开来。

2) 不可分离性

有形的工业品或消费品在从生产、流通到最终消费的过程中,往往要经过一系列的中间环节,生产和消费过程具有一定的时间间隔。而服务则与之不同,它具有不可分离性的特点,即服务的生产过程与消费过程同时进行,也就是说服务人员向顾客提供服务时,也正是顾客消费服务的时刻,二者在时间上不可分离。服务的这一特性表明,顾客只有而且必须加入服务的生产过程才能最终消费到服务。

3) 差异性

差异性也称变异性,是指服务的构成成分和质量水平经常变化,很难控制,无法像有形产品那样实现标准化,每次服务带给顾客的效用、顾客感知的服务质量都可能存在差异。这主要体现在三个方面:第一,由于服务人员的原因,如心理状态、服务技能、努力程度等,即使同一服务人员提供的服务在质量上也可能会有差异。第二,由于顾客的原因,如知识水平、爱好等,也直接影响服务的质量和效果。例如,同是去旅游,有人乐而忘返,有人败兴而归;同听一堂课,有人津津有味,有人昏昏欲睡。第三,由于服务人员与顾客间相互作用的原因,在不同批次的服务过程中,即使是同一服务人员向同一顾客提供的服务也可能会存在差异。

4) 不可储存性

服务与有形产品间的一个重要差别就是其储存能力。产品是有形的,因而可以储存,而且有较长的使用寿命;服务则无法储存。

5) 缺乏所有权

缺乏所有权是指在服务的生产和消费过程中不涉及任何东西的所有权转移。既然服务是无形的又不可储存,服务产品在交易完成后便消失了,消费者并没有实质性地拥有服务产品。以银行取款为例,通过银行的服务,顾客手里拿到了钱,但这并没有引起任何所有权的转移,因为这些钱本来就是顾客自己的,只不过是"借"给银行一段时间而已。缺乏所有权会使消费者在购买服务时感受到较大的风险。

2. 现代服务业的特点

现代服务业初步发展于**工业革命**到第二次世界大战期间,确立于 20 世纪 80 年代。一一般来讲，在初级产品生产阶段，以发展住宿、餐饮等个人和家庭服务等传统生活性服务业为主；在工业化初期，以发展商业、交通运输、通信业为主；在工业化中期，金融、保险和流通服务业得到发展；在工业化后期，服务业内部结构调整加快，新型业态开始出现，广告、咨询等中介服务业、房地产、旅游、娱乐等服务业发展较快，生产和生活服务业互动发展；在后工业化社会，金融、保险、商务服务业等进一步发展，科研、信息、教育等现代知识型服务业崛起为主流业态，而且发展前景广阔、潜力巨大。

知识卡片1-2

工业革命(the Industrial Revolution)：又称产业革命，发源于英格兰中部地区，是指资本主义工业化的早期历程，即资本主义生产完成了从工场手工业向机器大工业过渡的阶段。工业革命是以机器取代人力，以大规模工厂化生产取代个体工场手工生产的一场生产与科技革命。由于机器的发明及运用成为这个时代的标志，因此历史学家称这个时代为"机器时代"。

现代服务业的特点主要是以网络与电子信息服务为基础，更多地融入科学知识和技术，应用领域具有广泛性、渗透性和交叉性，以及面向用户的集成化、定制化和精准化。

（1）高技术性。现代服务业以计算机网络、通信与信息技术为技术基础，具有较高的科技含量。计算机网络和通信与信息技术的发展，特别是以TCP/IP协议为基础的互联网络技术在服务业的广泛运用，改变了传统服务业的运营方式，实现了生产过程与消费过程的统一，形成了新的市场形态与经营业态，成为现代服务业发展的技术基础和关键特征。

（2）高素质性。现代服务业是一种以运用智力资源为主的服务业，拥有高素质、高智力的人力资源结构，其竞争更多的是专业人员的能力与素质的竞争，高素质的人才是现代服务业生存与发展的重要保证。

（3）知识密集性。现代服务业具有较高的知识含量，为消费者提供知识的生产、传播和使用服务，使知识在服务过程中实现价值增值，注重人力资源的知识水平和创新能力，服务产品的感性体验和精神享受。

（4）集群性。现代服务业通常与制造业相互依托，形成地理空间集聚和行业规模发展的特性。现代服务业的相互关联程度及技术的交互融合程度较高，大多集聚于城市特别是大都市，容易形成空间聚集效应。例如，在纽约、伦敦、东京等国际大都市，拥有诸如国际性咨询、国际金融、网络服务、市场中介组织等数量众多的现代服务型企业。

（5）高增值性。现代服务业知识含量高，集群性强，能够促进专业分工细化和高效协作，产生规模效应和**乘数效应**，提高地区服务经济的增值幅度。相对于劳动密集型服务业而言，现代服务业可以直接或者间接地节约物质资源和人力资源，对其他行业具有高度渗透性，在服务过程中实现增值，并通过集群的乘数效应带动整个地区服务经济的增长。

知识卡片1-3

乘数效应(Multiplier Effect)：一种宏观的经济效应，是指经济活动中某一变量的增减所引起的经济总量变化的连锁反应程度。在经济学中，乘数效应更完整地说是支出/收入乘数效应，是宏观经济学的一个概念，也是一种宏观经济控制手段，是指支出的变化导致经济总需求与其不成比例的变化。

(6) 新兴性。现代服务业具有新的服务领域和服务业态，在时间上是现代兴起的或从过去演变而来的，具有独特的资源整合与交易成本上的优势，突破了消费性服务业领域，形成了新的生产性服务业、智力(知识)型服务业和公共服务业等新领域，并通过服务功能换代和服务模式创新产生新的服务业态。例如，计算机和软件服务业是随着计算机技术和网络技术的兴起而发展起来的；电子商务、网络营销和第三方物流则是借助现代信息技术的支持，从传统商业和运输业中衍生出来的新兴服务业态。

1.1.3 服务与现代服务业的分类

1. 服务的分类

服务有多种分类方法，每种分类方法都有一定的科学依据，也有一定的实践指导意义，但或多或少也有一些局限性。

1) 菲利普·科特勒的服务分类

被誉为"现代营销学之父"的美国管理科学联合市场营销学会主席菲利普·科特勒，从多个角度对服务进行了分类。

(1) 根据提供服务的工具分类。服务可分为以机器设备为基础的服务(如自动化汽车刷洗、自动售货机)和以人为基础的服务(如会计服务)。

(2) 根据顾客在服务现场出现的必要性大小分类。服务可分为要求顾客亲临现场的服务(如身体检查、理发)和不需要亲临现场的服务(如汽车修理服务)。

(3) 根据消费对象分类。服务可分为个人需要的服务和企业需要的服务。

(4) 根据服务组织的目的与所有制分类。服务可分为营利性服务和非营利性服务、私人服务和公共服务等。

菲利普·科特勒的服务分类对于计算机网络环境下的现代服务，仍具有较强的适用性。

2) 根据顾客对服务推广的参与程度分类

(1) 高接触性服务。即顾客在服务推广的过程中参与其中全部或大部分的活动，如电影院、娱乐场所、公共交通、学校等部门提供的服务。

(2) 中接触性服务。即在服务推广过程中顾客部分地或在局部时间内参与其间的活动，如银行、律师事务所、房地产经纪等机构提供的服务。

(3) 低接触性服务。即在服务推广过程中顾客与服务的提供者接触甚少，如信息中心、广播电台、电话公司、邮电业等提供的服务。

这种分类比较利于研究高接触度服务，但过于笼统。

3) 根据服务活动的本质分类

这种分类依据两个标准——服务的特性和服务的对象，即该项服务是无形的还是有形的，服务对象是人还是物。据此可以把服务分为四类。

(1) 作用于人的有形服务——人体处理，如民航服务、理发、外科手术等服务。在传递这类服务的整个过程中，顾客必须在场才能接受这样的服务所带来的预期效益。

(2) 作用于物的有形服务——物体处理，如航空货运、草坪修理等服务。在这种情况下，被处理的物体必须在场，而顾客本人则不需在场。顾客的参与往往局限在提出服务要求、解释问题和支付费用等方面。

（3）作用于人的无形服务——脑刺激处理，如广播、教育、心理治疗、娱乐和某些宗教活动等服务。在这种情况下，顾客的意识必须在场，顾客本人则不一定在场，只要能把信号传递到顾客的大脑即可。

（4）作用于物的无形服务——信息处理，如银行、保险、咨询等服务。此种服务，一旦开始实施，可能就不需要顾客的直接参与了。顾客在此类服务中参与的程度往往更多地取决于传统惯例及顾客个人意愿，而非这种服务生产过程本身的需要。

这种分类方法为认识网络营销服务的本质和制定相关服务营销策略奠定了基石，它提供给网络营销人员有关识别服务利益、了解顾客行为、制定渠道策略、设计和定位服务传递系统等方面的重要思想。

4）根据选择服务方式的自由度大小以及对顾客需求的满足程度划分

这种分类方式同时考虑选择服务方式的自由度和满足需求的程度两方面的因素，据此可把服务分为以下四类。

（1）服务提供者及顾客的选择余地小，如公共汽车服务。

（2）顾客需求得到充分满足，但服务提供者对服务方式的选择自由度小，如电话服务、旅馆服务等。

（3）服务提供者的选择余地大，但难以满足单个顾客的需求，如教师大课堂讲课等。

（4）顾客需求和服务提供者的需求都能得到满足，如美容、建筑设计、律师服务、医疗保健等服务。

5）根据服务供应与需求的关系划分

（1）需求波动较大的服务，如保险、法律、银行服务等。

（2）需求波动幅度大而供应基本能跟上的服务，如电力、天然气、电话服务等。

（3）需求波动大并超出供应能力的服务，如交通运输、饭店和宾馆服务等。

上述服务分类，是针对传统服务而言的。由于网络营销服务不受时间、空间、地域限制，大多采用非接触方式进行，因此，网络营销服务的特点及分类有其特殊性。

2. 现代服务业的分类

现代服务业是相对于传统服务业而言，适应现代人与现代城市发展的需求而产生和发展起来的具有高技术含量和高文化含量的服务业。它既包括新兴服务业，也包括对传统服务业的技术改造和升级，其本质是实现服务业的现代化，具有智力要素密集度高、产出附加值高、资源消耗少、环境污染少等特点。

传统服务业按服务对象一般可分为三大类：一是生产性服务业，指交通运输、批发、信息传输、金融、租赁和商务服务、科研等，具有较高的人力资本和技术知识含量；二是生活(消费)性服务业，指零售、餐饮、房地产、文体娱乐、居民服务等，属劳动密集型，与居民生活相关；三是公益性服务业，主要是卫生、教育、水利和公共管理组织等。

现代服务业按世界贸易组织的分类标准分为九大类，即商业服务、电讯服务、建筑工程服务、教育服务、环境服务、金融服务、健康与社会服务、旅游服务、文体娱乐服务。

本书根据我国现代服务业的发展现状和应用特点，将现代服务业分为四大类，即基础服务、生产和市场服务、个人消费服务、公共服务。

1）基础服务

基础服务主要包括通信服务和信息服务。

（1）通信服务。通信服务是整个世界相互连接的"金桥"，已成为商业界的基本服务内容。随着科技的不断发展，通信开发技术几乎呈指数增长速度在不断地更新。

（2）信息服务。信息服务是用不同的方式向用户提供所需信息的一项活动，通过研究用户、组织用户、组织服务，将有价值的信息传递给用户，最终帮助用户解决问题。从这一意义上看，信息服务实际上是传播信息、交流信息，实现信息增值的一项活动。

① 信息服务的内容：对分散在不同载体上的信息进行收集、评价、选择、组织、存储，使之有序化，成为方便利用的形式；研究用户及信息需求，为其提供有价值的信息。

② 信息服务的原则：针对性原则、及时性原则、易用性原则、**成本效益原则**。

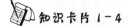
知识卡片 1-4

成本效益原则（Cost Benefit Principle）：做出一项财务决策要以效益大于成本为原则，即某一项目的预期效益大于其所需成本时，在财务上可行，否则应予以放弃。

③ 信息服务的主要方式：第一，信息检索服务，即根据用户需求或提问，从各类不同的数据库或信息系统中，迅速、准确地查出与用户需求相符合的一切有价值的资料和数据；第二，信息报道与发布服务，即信息机构对搜集到的大量资料和信息进行整理、加工、评价、研究和选择之后，及时报道出去，满足用户的信息需求；第三，信息咨询服务，是帮助用户解决信息问题的一种专门咨询活动；第四，网络信息服务，是指在网络环境下信息机构和行业利用计算机、通信和网络等现代技术从事信息采集、处理、存储、传递和提供利用等一切活动。

④ 信息服务的领域：包括科技、经济、政策法规、文化、市场、金融、投资、证券、旅游、娱乐、影视、生活等方面。

2）生产和市场服务

生产和市场服务主要包括金融、物流、批发、电子商务、农业支撑服务以及中介和咨询等专业服务。

（1）金融服务。金融服务是指金融机构运用货币交易手段融通有价物品，向金融活动参与者和顾客提供的共同受益、获得满足的活动。

（2）物流服务。物流服务是指物流企业或是企业的物流部门从处理客户订货开始，直至商品送达客户过程中，为满足客户要求，有效地完成商品供应、减轻客户物流作业负荷所进行的全部活动。物流服务通常具有从属性、不可储存性、移动性和分散性、需求波动性、差异性、可替代性等特性。

（3）电子商务服务。电子商务是基于信息技术，以电子化方式为手段，以商务活动为主体，在法律许可范围内进行的各种商务活动。电子商务的本质依然是商务，是现代服务业的一个重要组成部分。电子商务服务业是伴随电子商务的发展、基于信息技术衍生出的为电子商务活动提供服务的各行业的集合；是一种新兴服务行业体系；是促进电子商务应用的基础和促进电子商务创新和发展的重要支撑性力量。目前，电子商务服务业在构成上主要包括电子商务平台服务业、电子商务代运营服务业、电子商务物流服务业、电子商务信用服务业、电子商务咨询服务业、电子商务教育培训服务业、电子商务数据基础服务业、电子商务金融服务业等。作为一个新兴领域，电子商务服务业随着技术进步和商业模式的变革，其功能和发展热点也在动态调整，行业之间的渗透也在逐步加强。

（4）批发服务。批发服务是随着商品经济的发展而产生的，一般由批发企业来经营，每次批售的商品数量较大，并按批发价格出售。商品的批发价格低于零售价格，即存在批零差价，其差额由零售企业所耗费的流通费用、税金和利润构成。批发服务是生产与零售之间的中间环节，具有组织和调动地区之间商品流通的作用，通常有两种情况：①商业企业将商品批量售给其他商业企业用作转卖；②商业企业将用作再加工的生产资料供应给生产企业。在电子商务兴起后，批发服务经常通过B2B电子商务平台实现。

（5）中介服务。中介服务是指为交易活动提供咨询、价格评估、经纪等行为的总称。中介服务机构是指介于生产经营者和消费者之间，依法取得资格专门从事为生产经营者和消费者提供服务的组织。例如，消费经纪人为消费者创造收入，为厂商创造利润，在消费者和厂商之间起中介服务作用。消费经纪有限公司就是这样的中介服务机构。

（6）咨询服务。咨询类似于请教、询问、商议等意思，服务是指提供帮助，咨询服务的字面意思是提供解决问题的帮助。从广义上讲，任何涉及请教、询问、商议等意思的双方问答事件，对于问方来讲，都可作为咨询服务。从狭义上讲，咨询服务是一种顾问及相应的客户服务活动，其内容是为客户提供咨询服务，这种服务的性质和范围通过与客户协商确定，客户（请教方或咨询方）提出问题或疑难，服务主体（答疑方或服务人）给出建议或解决方案，双方通过协议对彼此的责任和义务进行约定。

3）个人消费服务

个人消费服务包括教育、医疗保健、住宿、餐饮、文化娱乐、旅游、房地产、商品零售等方面的服务，以及针对个人消费者的金融服务、信息服务。

4）公共服务

公共服务包括政府的公共管理服务、基础教育、公共医疗卫生、公益性信息服务、公用事业、社会保障和社会福利等。

1.1.4 现代服务业的作用

服务业是随着商品生产和商品交换的发展，继商业之后产生的一个行业。服务业最早主要是为商品流通服务的，如为解决商品流通中产生的人的食宿、货物的运输和存放等问题，出现了饮食、旅店等服务业。随着城市的繁荣，居民的日益增多，服务业也逐渐转向以为人们的生活服务为主。同时，社会化大生产创造的较高生产率和发达的社会分工，促使生产企业中某些为生产服务的劳动从生产过程中逐渐分离出来（如工厂的维修车间逐渐变成修理企业），加入服务业的行列，成为独立的生产服务行业。

服务业在国民经济中的作用主要表现在：

（1）提高物质文化生活水平。服务业的发展，服务产品的增多，其结果必然会为社会增加物质财富，从而提高人们的物质和文化生活水平。

（2）节约社会劳动时间。由于服务业有较高的劳动生产率，无论在宏观上还是在微观上，都实际地为社会节约了劳动时间。

（3）联结和协调国民经济各个部门。服务业既能加强生产与消费的联系，使产品顺利地经过流通到达消费领域；又能帮助消费者更好地利用产品，指导和扩大消费，加速社会的再生产过程；还能传递信息，促进生产者和消费者相互了解。

（4）服务业经营范围广，业务门路多，能容纳大量劳动力。发展服务业是解决和扩大劳动就业的重要途径。

服务业与其他产业部门的基本区别是：服务业生产的是服务产品，服务产品具有非实物性、不可储存性和生产与消费同时性等特征。大力发展现代服务业，可以创造大量就业机会，也有利于维护社会稳定。

1.2 网络营销服务的概念与特点

网络营销服务产生于 20 世纪 90 年代，是现代服务业发展的产物。网络营销服务的产生和发展主要基于三个方面的原因：即网络信息技术发展、消费者价值观改变、激烈的商业竞争。网络营销服务兼有服务的一般特性和网络技术的特点。

1.2.1 网络营销服务的概念

1. 网络营销与网络营销服务的含义

网络营销(Web Marketing)是以互联网络为媒体，以新的方式、方法和理念，通过一系列营销策划，制定和实施营销活动，更有效地促成个人和组织交易实现的新型营销模式。网络营销是企业整体营销战略的一个组成部分，是为实现企业总体或者部分经营目标所进行的，以互联网为基本手段营造网上经营环境的各种活动。

网络营销服务可以从狭义和广义两个角度来理解。狭义的网络营销服务(Web Marketing Service)是以互联网络为主要手段来辅助营销目标实现的一种新型的营销服务方式，其内容仅仅指专门为开展网络营销活动提供的辅助性服务项目，如虚拟主机、营销网站设计、搜索引擎优化、网络广告、邮件列表、在线咨询服务等。

广义的网络营销服务(E-Marketing Service)是指借助以国际互联网为主的各种电子网络，利用数字化信息和网络媒体的交互性所进行的，营造网上经营和宣传环境的各种活动。

从这个意义上讲，现阶段企业所进行的网络营销活动，主要就是广义的网络营销服务。纯粹从概念逻辑上分析，网络营销似乎是比网络营销服务更宽泛的一个概念，尽管现阶段二者在内容上有很大程度的重叠，在很多场所几乎被认作为同义词，但网络营销服务更强调网络营销活动、过程。本书所称网络营销服务，若无特殊说明，指的就是广义的网络营销服务，即包括现阶段企业开展的各种网络营销业务活动。

2. 对网络营销服务概念的理解

不要把网络营销服务理解为僵化的概念，本书所介绍的有关网络营销服务的概念及方法也都不是固定不变的，而是需要随着网络营销服务环境的发展，根据企业当时的状况灵活运用。对于网络营销服务概念的理解，需要把握以下几点(如图 1-1 所示)。

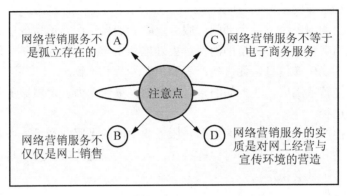

图1-1 对网络营销服务概念的理解

（1）网络营销服务不是孤立存在的。网络营销服务是企业整体营销策略的一个组成部分，网络营销服务活动不可能脱离一般营销环境而独立存在。

（2）网络营销服务不仅仅是网上销售。网上销售是网络营销服务发展到一定阶段产生的结果，是网络营销服务的一个重要组成部分；网络营销服务的目的是为了扩大销售，但并不一定会使网上直接销售量大幅度上升。

（3）网络营销服务不等于电子商务服务。网络营销服务和电子商务服务是一对紧密相关又具有明显区别的概念，从电子商务服务的角度来看，网络营销服务是电子商务服务的一种重要的应用形式。电子商务服务强调的是交易方式和交易过程各个环节的电子化；网络营销服务本身并不是一个完整的商业交易过程，无论传统企业还是基于互联网开展业务的企业，也无论是否具有电子化交易的发生，都需要网络营销服务。在电子交易过程中的网上支付和交易之后的商品配送等问题并不是网络营销服务所能包含的内容。

（4）网络营销服务的实质是对网上经营与宣传环境的营造。开展网络营销服务，也就是综合利用各种网络营销手段、方法和条件，并协调各参与方的相互关系，更加有效地实现企业的营销目标。

此外，要注意网络营销服务与**服务营销**是有本质区别的两个不同的概念。

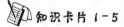知识卡片1-5

服务营销(Services Marketing)：一种通过关注顾客，进而提供服务，最终实现有利交换的营销手段。服务营销的本质是管理服务质量，使顾客与服务提供者建立互动关系，实现顾客满意。实施服务营销首先必须明确服务对象，即谁是顾客，通过服务提高顾客满意度和建立顾客忠诚。服务营销可以作为网络营销的一种方法或策略。

1.2.2 网络营销服务的特点

网络营销服务中最重要也最本质的是组织和个人之间进行信息传播和交换。如果没有信息交换，那么交易也就无从谈起。随着互联网技术发展的成熟以及联网成本的日益低廉，互联网将企业、团体、组织以及个人跨时空联结在一起，使得相互之间信息的交换唾手可得。正因为互联网具有网络营销所要求的某些特性，使得网络营销服务既具有服务的

1. 网络营销服务的服务特性

服务区别于有形产品的主要特点是不可触摸性、不可分离性、可变性和易消失性。同样，网络营销服务也具有上述特点，但其内涵却发生了很大变化，具体体现在以下几个方面。

（1）突破时空不可分离性。服务的最大特点是生产和消费的同时性，因此传统服务通常受到时间和空间的限制，顾客为寻求服务往往需要花费大量时间去等待和奔波。基于互联网的网络营销服务则可以突破服务的时空限制，实现消费方和供给方的空间分离。

（2）提供更高层次的服务。传统服务的不可分离性使得顾客寻求服务受到限制，网络营销服务则突破传统服务的限制，顾客通过互联网不仅可以了解信息，还可直接参与整个过程以得到更高层次的服务，从而最大限度地满足顾客的个人需求。

（3）顾客寻求服务的主动性增强。顾客通过互联网可以直接向企业提出要求，企业必须针对顾客的要求提供特定的一对一服务，而且企业也可以借助互联网，低成本地满足顾客的一对一服务需求。当然企业必须改变业务流程和管理方式，实现**柔性化服务**。

知识卡片 1-6

柔性化服务(Flexible Service)：一种以顾客的心理和行为规则为前提，多采用非强制手段或尽可能地弱化强制管理措施，灵活多样并为顾客乐意接受的服务方式。

（4）服务成本效益提高。一方面，企业通过互联网实现远程服务，扩大服务市场范围，创造了新的市场机会；另一方面，企业通过互联网提供服务，可以增强企业与顾客之间的联系，培养顾客忠诚度，减少企业的营销成本费用。因此，许多企业将网络营销服务作为企业在市场中竞争的重要手段。

2. 网络营销服务的网络化特点

互联网创造的营销环境使营销活动的范围和方法变得更加灵活，网络营销服务与传统营销相比，表现出以下特点。

（1）跨时域性。网络营销服务的最终目的是占有市场份额，由于互联网能够超越时间约束和空间限制进行信息交换，使得网络营销服务脱离时空限制进行交易变成可能，企业有了更多时间和更大的空间进行营销，可随时随地提供全球性营销服务。

（2）多媒体。互联网被设计成可以传输多种媒体的信息，如文字、声音、图像等信息，使得为达成交易进行的信息交换能以多种形式存在和交换，可以充分发挥营销人员的创造性和能动性，从而提高网络营销服务对顾客的影响力。

（3）交互性。所谓交互性，是指企业通过互联网展示商品图像、商品信息资料库等向顾客提供必要的商品信息和资讯，或通过产品测试与消费者满意调查等活动来实现供需互动与双向沟通。交互性为产品联合设计、商品信息发布等服务提供了最佳工具。

（4）个性化。互联网上的促销服务是一对一的、理性的、消费者主导的、非强迫性的、循序渐进式的，而且是一种低成本与人性化的促销，避免推销员强势推销的干扰，并通过信息提供与交互式交谈，与消费者建立长期良好的关系。

（5）整合性。网络营销服务渠道是一种从商品信息发布，至收款、售后服务全程的营销渠道，兼具渠道、促销、电子交易、互动顾客服务、市场信息分析与提供等多种功能。同时，网络营销服务可以借助互联网，将企业不同的传播营销活动进行统一设计规划和协调实施，以统一的传播资讯向消费者传达信息，避免不同传播中不一致性产生的消极影响。

（6）高效性。网络营销服务借助计算机系统可储存大量的信息供消费者查询，其传送的信息数量与精确度远超过传统媒体，并能应市场需求及时更新产品或调整价格，及时有效地了解并满足顾客的需求。

（7）经济性。网络营销服务通过互联网进行信息交换，代替传统市场营销的实物产品目录，一方面可以减少印刷与邮递成本，节约水电与人工成本；另一方面可以减少由于迂回多次交换带来的损耗。

（8）技术性。网络营销服务建立在高新信息技术作为支撑的互联网基础上，企业实施网络营销服务必须有相应的技术投入和技术支持，需要拥有营销知识、掌握网络通信技术的复合型人才。

1.2.3　网络营销服务与电子商务服务的区别

网络营销服务和电子商务服务是一对紧密相关又具有明显区别的概念，其区别主要体现在以下几个方面。

1. 研究的范围不同

电子商务服务是指为面向机构或个人的电子商务应用所提供的服务，其内涵十分广泛，核心是电子化交易，强调的是交易方式和交易过程各个环节的电子化；而网络营销服务是以互联网为主要手段进行的为达到一定营销目的的一系列网络营销活动，注重的是以互联网为主要手段的营销活动过程。

网络营销服务与电子商务服务的这种关系表明，发生在电子交易过程中的网上支付和交易之后的商品配送等问题并不是网络营销服务所能包含的内容；同样，电子商务服务体系中所涉及的安全、法律等问题也不适合全部包括在网络营销服务中。

2. 关注重点不同

网络营销服务的重点在交易前阶段的宣传和推广，电子商务服务的标志之一则是实现了电子化交易。网络营销服务是企业整体营销战略的一个组成部分，无论传统企业还是基于互联网开展业务的企业，也无论是否具有电子化交易的发生，都需要网络营销。但网络营销服务本身并不是一个完整的商业交易过程，而是为了促成交易提供支持，因此是电子商务服务中的一个重要环节，尤其在交易发生之前，网络营销服务发挥着主要的信息传递作用。从这种意义上说，电子商务服务可以被看作是网络营销服务的高级阶段，一个企业在没有完全开展电子商务之前，同样可以开展不同层次的网络营销服务活动。

3. 服务策略选择不同

1）网络营销服务策略的选择

（1）慎选网络服务商。任何一个企业要加入互联网都必须选一个网络服务商，它能给用户提供大量的可用信息。

(2) 做好网址宣传。目前在互联网上,一条信息或一个网页好比沧海一粟,因此网址宣传是开展网络营销并取得效益的前提,可以利用导航台、新闻组、电子邮件群组、图标广告、分类广告等工具来宣传网址。

(3) 积极注册域名,保护网上商标也是网络营销的策略之一。网络域名是网络上一个服务器或一个网络系统的名称。对企业来说,它是网络上的品牌商标,也是一种产权。拥有一个简便易记、与企业或商标名称等同的网络域名,对于企业的网上营销而言具有重大的战略价值。这意味着企业的网下品牌资源可以充分地在网上复制。一旦域名被他人注册,企业将有可能承受因"网上品牌缺失"而带来的巨大损失。

持有 Panda(熊猫)注册商标的熊猫电子集团公司和北京日化二厂之间就曾因 CN 域名注册发生过冲突。按照《中国互联网络域名注册暂行管理办法》规定,两家公司均有"熊猫"一词的注册商标,都有权以 Panda 进行域名注册。根据互联网络"先注先得"的原则,北京日化二厂取得了该域名的合法使用权,而在电子行业赫赫有名的南京熊猫电子集团则无权再注册。对于在电子行业业绩良好并在全国有着广泛业务资源的熊猫电子集团来说,失掉一个简单易记、与企业标识紧密相关的 CN 域名,无疑对于今后的网络营销战略产生非常不利的影响。

(4) 树立网络形象和信誉。网络就像一个茫茫大海,如果无法在网络上树立企业的品牌形象,被搜寻到的机会就微乎其微,因此树立网络形象非常重要。网络形象包括网络诉求和网络识别等内容。同时,由于网上购物存在着远程风险,顾客能否信赖企业的虚拟商店,只有靠信誉来争取,网络信誉是质量和服务的标志。

2) 电子商务服务策略的选择

(1) 企业的电子商务服务策略要围绕经营和营销来考虑问题,将电子商务技术与主营业务相结合,将商务网站变成展示企业营销策略的主要渠道。

(2) 考虑商务网络的运作和网络品牌战略。对商务网站域名的宣传和运作是企业品牌宣传策略在网络环境下的延伸,是企业电子商务服务策略的重要内容。在网络环境下,商务网站已经演变成完整展示其营销策略的主窗口。通过这扇主窗口,企业产品的特点、性能、价格优势,企业对用户(或社会)的服务承诺,企业资产状况,技术与售后服务,促销策略,宣传技巧等都得到了充分的展示。

(3) 考虑网站创建和运营的人员构成,长远的战略合作伙伴等。企业商务网站创建与管理队伍应该由两部分人员共同组成,即经营人员和工程技术人员。无论是创建还是管理,内容上都要以前者为主,后者只是技术和方案实现的支持。企业商务网站的创建一定要营销导向,内容上一定要以反映企业的营销策略为主。

1.3 网络营销服务的基本内容

目前,网络营销服务的基本内容主要包括网站建设与宣传推广、网络品牌建设、信息发布与销售促进、网上销售与在线顾客服务、网上客户关系建立与维护、网上市场调研等方面。其中,网站推广、信息发布、在线顾客服务、网上客户关系管理、网上市场调研是基础，主要表现网络营销服务资源的投入和建立；而网络品牌建设、销售促进、网上销售则表现为网络营销服务的效果，包括直接效果和间接效果。

1.3.1 网站建设与宣传推广

网站建设是开展网络营销服务的基础，而获得必要的访问量则是网络营销取得成效的基础。对于中小企业而言，由于经营资源的限制，发布新闻、投放广告、开展大规模促销活动等宣传机会比较少，因此通过互联网手段进行网站推广的意义显得更为重要，这也是中小企业对于网络营销更为热衷的主要原因。事实上，网站推广对于大型企业也是必要的，许多大型企业虽然有较高的知名度，但网站访问量却不高，致使企业未能充分发挥其网络营销服务的效能。网站建设推广是网络营销服务最基本的职能之一，是网络营销服务的基础工作。

1.3.2 网络品牌建设

网络营销服务的重要任务之一就是在互联网上建立并推广企业的品牌，以及让企业的网下品牌在网上得以延伸和拓展。网络营销为企业利用互联网建立品牌形象提供了有利的条件，无论是大型企业还是中小企业都可以用适合自己企业的方式展现品牌形象。网络品牌建设是以企业建设为基础，通过一系列的推广措施，达到顾客和公众对企业的认知和认可，并通过网络品牌的价值转化实现持久的顾客忠诚和更多的直接收益。

1.3.3 信息发布与销售促进

1. 信息发布

网络营销服务的基本思想就是通过各种互联网手段，将企业营销信息以高效的手段向目标用户、合作伙伴、公众等群体传递，因此信息发布就成为网络营销的基本职能之一。互联网为企业发布信息创造了优越的条件，不仅可以将信息发布在企业网站上，还可以利用各种网络营销服务工具和网络服务商的信息发布渠道，向更大的范围传播信息。

2. 销售促进

网络营销服务的基本目的是为最终增加销售提供支持，各种网络营销方法大都直接或间接具有促进销售的效果，同时还有许多针对性的网上促销手段，并且这些促销方法并不局限于对网上销售的支持。事实上，网络营销服务对于促进网下销售同样很有价值，这也就是为什么一些没有开展网上销售业务的企业同样有必要开展网络营销的原因。

1.3.4 网上销售与在线顾客服务

1. 网上销售

网上销售是企业销售渠道在计算机网络上的延伸。一个具备网上交易功能的企业网站本身就是一个网上交易场所，网上销售渠道建设并不限于企业网站本身，还包括建立在专业电子商务平台上的网上商店，以及与其他电子商务网站不同形式的合作等。网上销售不仅仅是大型企业才能开展，不同规模的企业都有可能拥有适合自己需要的在线销售渠道。

2. 在线顾客服务

互联网提供了更加方便的在线顾客服务手段，从形式最简单的常见问题解答(Frequently Asked Questions，FAQ)到电子邮件、邮件列表，以及在线论坛和各种即时服务等。在线顾客服务具有成本低、效率高的优点，在提高顾客服务水平、降低顾客服务费用方面具有显著作用，同时也直接影响到网络营销的效果，因此在线顾客服务成为网络营销的基本组成内容。

1.3.5 网上客户关系的建立与维护

顾客关系对于开发顾客的长期价值具有重要的作用，以顾客关系为核心的营销方式成为企业创造和保持竞争优势的重要策略。网络营销为建立顾客关系、提高顾客满意度和忠诚度提供了更为有效的手段。通过网络营销的交互性和良好的顾客服务手段，增进顾客关系成为网络营销取得长期效果的必要条件。

1.3.6 网上市场调研

网上市场调研是网络营销服务的一项重要内容，具有调查周期短、成本低等特点。网上调研不仅为制定网络营销服务策略提供支持，也是整个市场研究活动的辅助手段之一，既可以依靠网络营销服务其他职能的支持而展开，也可以相对独立地进行，网上调研的结果反过来又可以为其他职能更好地发挥提供支持(关于网上市场调研的方法、步骤、调查问卷的设计等详细内容请读者参阅本书作者主编的《电子商务基础与应用》一书第11.3节)。

1.4 网络营销服务的常用工具

随着网络营销应用的日益普及和现代信息技术的不断发展，新型的信息交互和传递工具层出不穷，使得网络营销服务的工具也越来越丰富。常见的网络营销工具主要有企业网站、搜索引擎、网络广告、电子邮件、即时信息、电子杂志、社会化媒体(包括博客、微博、网络视频、论坛、播客)等，如图1-2所示。

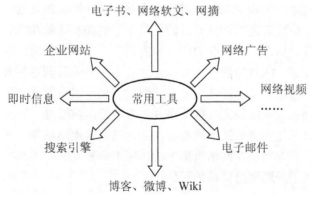

图1-2 网络营销服务常用工具

这些网络营销工具分别可以派生出相应的许多网络营销方法,如借助搜索引擎工具开展搜索引擎营销(Search Engine Marketing, SEM),借助电子邮件工具开展病毒式营销、许可E-mail营销、网络广告,借助企业网站开展网络会员制营销等,各种方法的详细内容请参阅本书第二篇。借助这些网络营销工具和方法,可以实现网站推广、网络品牌建设、营销信息发布、网上销售、销售促进、在线顾客服务、网上市场调研等基本服务内容。

1.4.1 企业网站

企业网站是企业在互联网上进行网络建设和形象宣传的平台,相当于企业的网络名片,不但对企业的形象是一个良好的宣传,同时可以辅助企业通过网络直接实现产品的销售。企业可以利用网站进行宣传、产品资讯发布、招聘等,向世界展示企业风采,加强客户服务,与潜在客户建立商业联系。作为营销工具的企业网站具有以下特点。

(1) 企业网站具有自主性和灵活性。企业网站完全是根据企业本身的需要建立的,并非由其他网络服务商所经营,因此在功能上有较大的自主性和灵活性,也正因为如此,每个企业网站的内容和功能会有较大的差别。企业网站效果的好坏,主动权掌握在自己手里,其前提是对企业网站有正确的认识,这样才能适应企业营销策略的需要,并且从经济上、技术上有实现的条件。企业网站应适应企业的经营需要。

(2) 企业网站是主动性与被动性的矛盾统一体。企业通过自建网站可以主动发布信息,这是企业网站主动性的一面;但是发布在网站上的信息不会自动传递给用户,只能"被动地"等待用户自己来获取信息,又表现出企业网站具有被动性的一面。同时具有主动性与被动性也是企业网站与搜索引擎和电子邮件等网络营销工具在信息传递方式上的主要差异。从网络营销信息的传递方式来看,搜索引擎完全是被动的,只能被动地等待用户检索,只有用户检索使用的关键词和企业网站相关,并且在检索结果中的信息可以被用户看到并被点击的情况下,网络营销信息的传递才得以实现。电子邮件传递信息则基本上是主动的,发送什么信息、什么时间发送,都是营销人员自己可以决定的。

(3) 企业网站的网络营销价值需通过网站的各种功能及其他网络营销方法体现出来。网站的信息和功能是基础,网络营销方法的应用是条件。

(4) 企业网站的功能具有相对稳定性。企业网站功能的相对稳定性具有两方面的含义:一方面,一旦网站的结构和功能被设计完成并正式开始运作,在一定时期内将基本稳定,只有在运行一个阶段后进行功能升级的情况下才能拥有新的功能;另一方面,功能的相对稳定性也意味着,如果存在某些功能方面的缺陷,在下次升级之前的一段时间内将影响网络营销效果的发挥。网站功能的相对稳定性对于网站的运营维护和一些常规网络营销方法的应用都很必要,一个不断变化的企业网站不利于网络营销。因此,在企业网站策划过程中应尽量做到在一定阶段内功能适用并具有一定的前瞻性。

(5) 企业网站是其他网络营销手段和方法的基础。企业网站是一个综合性的网络营销工具,这也就决定了企业网站在网络营销中的作用不是孤立的,不仅与其他营销方法具有直接的关系,也构成了开展网络营销的基础。

1.4.2 搜索引擎

搜索引擎(Search Engine)是指根据一定的策略、运用特定的计算机程序从互联网上搜集信息,在对信息进行组织和处理后,为用户提供检索服务,将用户检索相关的信息展示给用户的系统。搜索引擎包括全文索引、目录索引、元搜索引擎、垂直搜索引擎、集合式搜索引擎、门户搜索引擎与免费链接列表等。

搜索引擎是互联网用户获取信息的主要方式之一,常被用作网站推广的工具。目前主要的中文搜索引擎有百度(www.baidu.com)、Google 谷歌(www.google.com.hk)、搜狗(www.sogou.com)、360 搜索(www.haosou.com)、Bing 必应(cn.bing.com)、SOSO 搜搜(www.soso.com)、有道搜索(www.youdao.com)、即刻搜索(www.jike.com)、盘古搜索(www.panguso.com)等。

1.4.3 电子邮件

电子邮件(Electronic Mail,E-mail),又称电子信箱,它是一种用电子手段提供信息交换的通信方式,是互联网应用最广的服务。通过网络的电子邮件系统,用户可以用非常低廉的价格并以非常快速的方式,与世界上任何一个角落的网络用户联系,这些电子邮件可以是文字、图像、声音等各种方式。

电子邮件服务由专门的服务器提供,如 Gmail、Hotmail、网易邮箱、新浪邮箱等服务分别建立在相应的电子邮件服务器基础上,但是大型邮件服务商的系统一般是自主开发或是对其他技术二次开发实现的。电子邮件服务器主要有以下两大块:一是基于 Unix/Linux 平台的邮件系统,如邮件鼻祖 Sendmail 邮件系统(支持 SMTP)和 dovecot 邮件系统(支持 POP3);二是基于 Windows 平台的邮件系统,如微软的 Exchange 邮件系统、IBM Lotus Domino 邮件系统等。其中,Exchange 邮件系统由于和 Windows 整合便于管理,是在企业中使用数量最多的邮件系统;而 IBM Lotus Domino 的综合功能较强,大型企业使用较多。

如果是经常和国外的客户联系,建议使用国外的电子邮箱,如 Gmail、Hotmail、MSN mail、Yahoo mail 等。如果是想当作网络硬盘使用,经常存放一些图片资料等,那么就应该选择存储量大的邮箱,比如 Gmail、Yahoo mail、网易 163 mail、126 mail、yeah mail、TOM mail、21CN mail 等都是不错的选择。

1.4.4 即时信息

即时信息(Instant Messaging,IM)是开展网络营销的必备工具,是进行在线客服、维护客户关系等有效沟通的利器。借助即时信息工具,企业可以实现与客户零距离、无延迟、全方位的沟通,既可以与客户保持密切联系、促进良好关系,也可以有效促进销售、实现商务目的。

常用即时信息工具有 YY 语音、QQ、MSN、百度 hi、新浪 UC、阿里旺旺、叮当旺业通、商讯 BB、网易泡泡、网易 CC、盛大 ET、移动飞信、FastMsg、COCO 等。

1.4.5 电子书/电子杂志

电子书(eBook，即 Electronic Books)是指将文字、图片、声音、影像等信息内容数字化的出版物，以及植入或下载数字化文字、图片、声音、影像等信息内容的集存储介质和显示终端于一体的手持阅读器，或者人们所阅读的数字化出版物。电子书通过数码方式记录在以光、电、磁为介质的设备中，借助于特定的设备来读取、复制、传输，从而区别于以纸张为载体的传统出版物。电子书的内容主要是以特殊的格式制作而成，可在有线或无线网络上传播，一般由专门的网站组织而成。

电子杂志(E-magazine)又称网络杂志、多媒体互动杂志等，是指完全以计算机技术、电子通信技术和网络技术为依托而编辑、出版和发行的杂志。电子杂志以音画互动方式的全新数字内容和表现形式，强调视觉冲击的慢餐阅读方式，集合了文字、声音、图像、动画、视频等众多元素，具有可视性、交互性、多样性、娱乐性、传播速度快等特点。

电子杂志有四种特性：一是制作容易，多种多样且简单易学的制作软件 Xplus、Pocomaker、Zinemaker 等可以满足爱好者的需求，能够真正实现"大众办杂志"；二是以文字、图片、Flash、音频、视频、3D 等多媒体信息为表现形态；三是实现了阅读者通过界面与编者、广告商及其他读者等多方面的互动；四是以互联网络为主要传播途径，读者可在线阅读、下载阅读，服务平台则提供阅读器软件并以 P2P 方式定期发送。

1.4.6 社会化媒体

社会化媒体(Social Media)是人们彼此之间用来分享意见、见解、经验和观点的工具和平台，现阶段主要包括社交网站、博客、微博、论坛、微信、百科、播客、图片和视频分享等。社会化媒体近年来在互联网上蓬勃发展，其传播的信息已成为人们浏览互联网的重要内容。因此，社会化媒体成为极具营销价值和市场前景的网络营销服务工具。

1. 博客

博客(Blog)又译为网络日志、部落格或部落阁等，是一种以网络作为载体，简易、迅速、便捷地发布自己的心得，及时、有效、轻松地与他人进行交流，再集丰富多彩的个性化展示于一体的综合性平台。博客是继 E-mail、BBS、ICQ 之后出现的第四种网络交流方式，通常由个人管理，不定期张贴新的文章。

博客是社会媒体网络的一部分。典型的博客通常结合文字、图像、其他博客或网站的链接及与主题相关的媒体，能够让读者以互动的方式留下意见则是许多博客的要素。许多博客专注在特定的话题上提供评论或新闻，大部分的博客内容以文字为主，也有一些博客专注在艺术、摄影、视频、音乐、播客等各种主题。

2. 微博

微博即微博客(MicroBlog)的简称，是一个基于用户关系、通过关注机制分享简短信息、传播与获取的社交网络平台，用户可以通过 Web、WAP 及各种客户端组建个人社区，以 140 字左右的文字更新信息，并实现即时分享。

最早也最著名的微博是美国的 Twitter(推特)。自 2010 年开始，基于微博的新型互联网信息交互方式席卷我国,以新浪微博为代表的国内各大微博如今已成为网民关注的焦点,微博营销服务也是近年来我国互联网发展最快的应用之一。

3. 网上论坛

论坛(BBS)全称为 Bulletin Board System(电子公告板)或者 Bulletin Board Service(公告板服务),是互联网上的一种电子信息服务系统,具有交互性强、内容丰富且及时等特点。BBS 一般提供一块公共电子白板,每个用户都可以在上面书写,发布信息或提出看法。同时,用户也可以在 BBS 站点上获得各种信息服务,或进行讨论、聊天等。

作为网络营销工具,BBS 通常可分为综合性论坛和专业性论坛两类。综合类论坛包含的信息比较丰富和广泛,能够吸引众多的网民来到论坛,但这类论坛往往不能做到精细和面面俱到。相对而言,专题性论坛所提供的内容则可以做得更加精致。通常大型的门户网站有足够的人气和凝聚力以及强大的后盾支持,能够把门户类论坛网站做到很强大;但是对于小型的网络公司,就倾向于选择专题性的论坛。

4. 网络视频

网络视频是在网络上以 WMV、RM、RMVB、FLV 及 MOV 等视频文件格式传播的动态影像,包括各类影视节目、新闻、广告、FLASH 动画、自拍 DV、聊天视频、游戏视频、监控视频等。近年来网络视频随着网络媒体的迅速发展而成长为一种重要的广告媒体,并逐渐成为企业开展网络营销的重要工具和实现广告目的的主要形式。网络视频广告的形式和内容表现出与传统电视广告不同的特点,具有巨大的发展空间。

1.5 网络营销服务的类型

网络营销服务内容和使用的工具十分丰富,服务类型也多种多样。按其服务是否依赖自建站、服务信息传播的渠道特点、服务提供对象、服务特征的不同等,可将网络营销服务划分为不同的类型。

1.5.1 按服务是否依赖自建站分类

根据是否依赖自建站,企业的网络营销服务可以分为两类,即不依赖自建网站的网络营销服务和基于企业自建网站的网络营销服务。

1. 不依赖自建网站的网络营销服务

企业不依赖自建网站可以开展网络营销信息发布和网上销售服务。企业营销信息的发布可以借助各种供求信息平台(如阿里巴巴网络公司、慧聪网、环球资源网、中国化工网、中国鞋网、环球服装网等)、社会化网络媒体(如微博、论坛、博客、社交网站等)、分类广告、网上黄页等平台;网上销售则可以在各种第三方平台上开设网上商店、进行网上拍卖等。这类服务比较适合于那些没有自建网站的小微型企业,当然有自建网站的企业也可以使用这类服务。

2. 基于企业自建网站的网络营销服务

企业在有自建网站的情况下，可以综合运用搜索引擎营销、许可 E-mail 营销、网站资源合作、病毒性营销、网络广告、网络会员制营销、网络视频营销、电子书/电子杂志营销等多种方法，更方便有效地进行企业网站推广、企业或企业产品的网络品牌建设与推广，开展网络客户关系管理和在线顾客服务，当然也可以进行在线销售和信息发布等网络营销服务。这类服务比较适合于那些具备技术和经济实力自建网站的大中型企业和部分信息化基础较好的中小型企业。

1.5.2 按营销服务的渠道及特点分类

1. 社会化网络营销服务

社会化网络营销服务(Social Network Service，SNS)是一类利用社会化网络媒体或其他互联网协作平台和媒体进行营销、公共关系处理、客户服务维护及开拓的网络营销方式。社会化网络媒体主要是指具有网络性质的综合站点，其主要特点是网站内容大多由用户自愿提供，用户与站点不存在直接的雇佣关系。目前社会化网络媒体包括博客、微博、社交网站、论坛、图片（如 Flickr）和视频分享、百科等，其中社交网站（Social Network Site，SNS）是指基于人与人之间社会网络关系的网站，如 Facebook、人人网、校内网、开心网、Qzone 等。

知识卡片 1-7

Flickr(网络相簿)：一个以图片服务为主的网站，由加拿大 Ludicorp 公司开发设计，它提供图片存放服务(Photos)、交友或联系人服务(Contacts)、组群服务(Groups)、邮件服务等功能，其重要特点就是基于社会网络(Social Network)的人际关系的拓展与内容的组织。Flickr 是目前世界上最好的线上相片管理和分享应用程式之一。

应用社会化媒体营销要注意以下三点：①如何做到让消费者触手可及；②给消费者想要的有价值的信息；③让消费者与所推广的品牌或产品产生联系。

2. 非对称网络营销服务

非对称营销服务是一种在势能不对称、信息不对称、资源不对称的情况下细分与争夺顾客群的营销战术。非对称竞争理念于 2010 年被引入网络营销领域，并成功转换成可运用的网络营销服务模式。非对称网络营销服务的基本思想是，企业应该以自身定位为主，通过品牌、差异化优势等达到双赢的网络营销效果。

3. 量贩式网络营销服务

量贩式网络营销服务也称量贩式网络推广，2011 年由企业界提出，它是将企业的信息编辑成新闻后通过网络播出，再通过软文公关的方式对该新闻进行跟进，让企业的新闻在播出之后通过软文进行视觉上和舆论上的二次宣传，同时再对宣传后的社会反响进行二次新闻播出，使企业的推广形成一个连环效应，将以往单一的一次性营销服务变成一组系列的服务，从而收到较好的营销推广效果。

量贩式营销模式使企业的利益与其自身的发展紧密结合,将企业的宏观推广方案进行了营销服务细节上的处理,针对企业所在的不同行业提供不同的服务,因而量贩式网络营销在针对企业服务时更注重细节,强调只有完成小的环节,才会达成宏观的目的。

4. 个性化网络营销服务

个性化网络营销服务的主要内容包括:用户定制自身感兴趣的信息内容、选择用户喜欢的网页设计形式、根据用户的需要设置信息的接收方式和接收时间等。个性化营销服务在改善顾客关系、培养顾客忠诚及增加网上销售方面具有明显的效果。研究显示,只有在个人信息可以得到保护的情况下,用户才愿意为了获得某些个性化服务提供有限的个人信息,这也正是开展个性化营销服务的前提保证。

1.5.3 其他类型

网络营销服务除上述类型外,按服务目标分类,可分为初级型网络营销、展示型网络营销、潜力型网络营销、收益型网络营销、完美型网络营销;按服务所依托的网络平台分类,可分为有线网络营销服务、移动网络营销服务等。

1.6 网络营销服务环境

网络营销服务环境是指与企业网络营销活动有关联的所有因素的集合。环境的变化是绝对的、永恒的,随着网络技术的发展及其在营销中的运用,网络营销服务环境更加复杂多变。虽然对营销主体而言,环境及环境因素是不可控制的,但也有一定的规律性,可通过对营销环境构成要素等的分析对其变化和发展趋势进行预测。

1.6.1 网络营销服务环境的构成

互联网络自身构成了一个网络营销的整体环境,并以其范围广、可视性强、公平性好、交互性强、能动性强、灵敏度高、容易运作等优势给企业网络营销创造了新的发展机遇,同时也面临新的挑战。网络营销服务环境的构成要素包括以下五个方面。

(1) 提供资源。信息是网络营销过程的关键资源,是互联网的血液,通过互联网可以为企业提供各种信息,指导企业的网络营销服务活动。

(2) 全面影响力。网络营销服务环境的全面影响力是指环境要与体系内所有参与者发生作用,而非个体之间的相互作用。每一个上网者都可以无限制地接触互联网的全部,同时在这一过程中其自身又要受到互联网的影响。

(3) 动态变化。网络营销服务的整体环境是在不断变化中发挥其作用和影响的,不断更新和变化是互联网保持旺盛生命力的源泉,也是网络营销服务的优势所在。

(4) 多因素相互作用。网络营销服务的整体环境是由互相联系的多种因素有机组合而成的,是涉及企业活动的各种因素相互作用的结果。

(5) 反应机制。环境可以对其主体产生影响,同时主体的行为也会改造环境。企业可以将其信息通过公司网站存储在互联网上,也可借助互联网上的信息辅助企业决策。

1.6.2 网络营销服务环境的类型

1. 按对企业网络营销活动影响程度分类

根据对企业网络营销活动影响的直接程度，网络营销服务环境可以分为网络营销服务的宏观环境与网络营销服务的微观环境两部分。

1）网络营销服务的宏观环境

网络营销服务的宏观环境是指对企业网络营销活动影响较为间接的各种因素的总称，主要包括政治法律、经济、社会文化、科学技术、自然地理、人口（网民）等环境因素。宏观环境对企业短期的利益可能影响不大，但对企业长期的发展具有很大的影响。所以，企业一定要重视宏观环境的分析研究。

（1）政治法律环境。包括国家政治体制、政治稳定性、国际关系、法制体系等。在国家和国际政治法律体系中，相当一部分内容直接或间接地影响着经济和市场。

（2）经济环境。经济环境是内部分类最多、具体因素最多，并对市场具有广泛和直接影响的环境内容。经济环境不仅包括经济体制、经济增长、经济周期与发展阶段以及经济政策体系等大的方面的内容，同时也包括收入水平、市场价格、利率、汇率、税收等经济参数和政府调节取向等内容。

（3）人文与社会环境。企业存在于一定的社会环境中，同时企业又是社会成员所组成的一个小的社会团体，不可避免地受到社会环境的影响和制约。人文与社会环境的内容很丰富，在不同的国家、地区、民族之间差别非常明显。在营销竞争手段向非价值、使用价值型转变的今天，营销企业必须重视人文与社会环境的研究。

（4）科技与教育水平。科学技术对经济社会发展的作用日益显著，科技的基础是教育，因此，科技与教育是客观环境的基本组成部分。在当今世界，企业环境的变化与科学技术的发展有非常大的关系，特别是在网络营销时期，两者之间的联系更为密切。在信息等高新技术产业中，教育水平的差异是影响需求和用户规模的重要因素，企业作营销分析时应予以关注。

（5）自然环境。指一个国家或地区的客观环境因素，主要包括自然资源、气候、地形地质、地理位置等。虽然随着科技的进步和社会生产力的提高，自然状况对经济和市场的影响整体上呈下降趋势，但自然环境制约经济和市场的内容、形式在不断变化。

（6）网民。人是企业营销活动的直接和最终对象，网络市场是由网络消费者构成的，所以在其他条件固定或相同的情况下，网民规模决定着市场容量和潜力；网民结构影响着消费结构和产品构成；网民组成的家庭类型及其变化，对消费品市场有明显的影响。

2）网络营销服务的微观环境

网络营销服务微观环境是指与企业网络营销活动联系较为密切、作用比较直接的各种因素的总称，由企业及其周围的活动者组成，直接影响着企业为顾客服务的能力。网络营销服务的微观环境主要包括企业内部条件和供应商、营销中介、顾客或用户、竞争者、合作者等因素。不同企业网络营销服务的微观环境是不同的，因此，微观营销环境又称行业环境因素。

（1）企业内部条件。企业内部条件包括网络营销部门之外的其他某些部门，如企业最高管理层、财务、研究与开发、采购、生产、销售等部门。这些部门与网络营销部门密切配合、协调，构成了企业网络营销服务的完整过程。

（2）供应商。供应商是指向生产企业及其竞争者提供生产经营所需原料、部件、能源、资金等生产资源的公司或个人。在网络经济条件下,为了适应网络营销服务的要求,企业与供应商的关系主要表现出下述变化:一是企业对供应商的依赖性增强,二是企业与供应商的合作性增强。企业与供应商之间既有合作又有竞争,这种关系既受宏观环境影响,又制约着企业的网络营销服务活动。

(3) 网络营销中介。营销中介是协调企业促销和分销其产品给最终购买者的公司,主要包括各种中间商(如网络批发商、网络零售商、网络经纪人)、交易服务商(如配送中心、网络金融机构)、网络市场营销机构(如产品代理商、网络市场咨询企业)等。

(4) 顾客或用户。顾客或用户是企业产品销售的市场,是企业直接或最终的营销对象。网络技术的发展极大地消除了企业与顾客之间的地理位置的限制,创造了一个让双方更容易接近和交流信息的机制。顾客可以通过互联网得到更多需求信息,使其购买行为更加理性化。虽然在网络营销活动中,企业不能控制顾客与用户的购买行为,但可以通过有效的营销服务给顾客留下良好印象,处理好与顾客和用户的关系,促进产品的销售。

(5) 竞争者。竞争是商品经济活动的必然规律,在网络营销过程中不可避免地要遇到业务与自己相同或相近的竞争对手,研究对手取长补短是克敌制胜的好方法。竞争者有多种类型,如满足消费者目前各种愿望的愿望竞争者、以不同的方法满足消费者同一需要的一般竞争者、满足消费者某种愿望的同类商品在质量与价格上的产品形式竞争者、能满足消费者某种需要的同种产品不同品牌的品牌竞争者等。

2. 按与企业的密切程度分类

根据营销环境与企业的密切程度,网络营销服务环境可分为外部环境与内部环境。网络营销服务的外部环境为开展网络营销提供了潜在用户以及向用户传递营销信息的各种手段和渠道,内部环境则为有效地营造网上经营环境奠定了基础。因此,实践中应努力建设和挖掘内部环境的资源,同时有效地适应、协调和利用各种外部环境的资源。

1) 网络营销服务的外部环境

(1) 网上人口环境。从企业营销的角度看,市场是有现实或潜在需求且有支付能力的消费者群。网络营销企业一方面可以直接收集一手资料,通过网民数量、结构等内容的分析,发现营销机会;另一方面,也可以收集二手资料,了解网络营销人口环境,从而制定行之有效的营销策略。中国互联网络信息中心(China Internet Network Information Center, CNNIC)对网民的定义为平均每周使用互联网至少1小时的公民。

(2) 法律和政策环境。网络营销、电子商务的法律环境一直是人们关注的焦点。一方面,网络营销的各个环节与问题需要相关的法律法规加以规范;另一方面,政策法律的每一条措施也都左右着网络营销、电子商务的发展前程。

(3) 第三方认证环境。数字证书机制是以PKI技术为基础,通过数字证书来完成交易实体的身份鉴别的信息安全机制。通过数字证书来实现身份鉴别有两个好处:其一,登录的口令不需要在网上传输,而是在用户本地经过一系列算法来验证,可防止口令在传输过程中被攻破的危险。其二,口令与数字证书的结合具有双重保险性,即使不小心将口令泄露,如果没有数字证书,他人同样不能冒充合法身份进行交易。此外,PKI数字证书机制还可以保证信息的完整性、私密性和不可否认性。

(4) 电子支付环境。互联网还给网络营销服务带来了全新的资金流转环境,这就是电子支付。所谓电子支付是指网上交易的当事人,包括消费者、厂商和金融机构,使用安全电子支付手段通过互联网进行货币支付或资金流转。

（5）虚拟营销环境。互联网所提供的网络信息服务可分为三类：固定信息服务，包括电子邮件、新闻组和文件传输服务等；在线实时通信，包括远程登录、网上聊天室、多人在线实时交谈系统和视频会议、网络电话等；检索服务，包括互联网、使用者查询等。

此外，网络营销服务的外部环境因素还包括：上网用户的数量及人口统计特征、行为特征；上网企业数量及结构；带宽等基础网络服务状况；网络营销专业服务市场状况等。

2）网络营销服务的内部环境

企业内部环境（Enterprises Interior Environment）是指企业内部的物质、文化环境的总和，包括企业资源、企业能力、企业文化等因素，也称企业内部条件。

企业网络营销服务的内部环境因素有广义与狭义之分。广义的内部环境因素主要包括产品特性、财务状况、企业领导人对待网络营销的态度、拥有网络营销专业人员的状况等；狭义的内部环境因素主要包括企业网站的专业水平、对网站推广的方法和力度、企业内部网络营销资源的拥有和利用状况等。

1.6.3 网络营销服务环境的协调与评估

企业的营销观念、消费者需求和购买行为，都是在一定的经济社会环境中形成并发生变化的。因此，在网络营销中对服务环境进行协调与评估分析是十分必要的。

1. 网络营销服务环境的协调策略

有效开展网络营销需要内部环境与外部环境的相互作用和相互协调。内外环境协调包括两个方面的含义：对于外部环境的适应和选择；对于内部环境的创造和利用。

（1）外部环境的适应和选择。对于网络营销服务的外部环境，企业自身无法去改变它，因此需要对各种网络营销外部环境因素有充分的了解、学习、适应并合理选择利用外部服务资源，尽可能达成与环境的协调，这样才能营造和谐的外部环境。例如，搜索引擎在网络营销服务中具有非常重要的作用，而一般企业只能利用搜索引擎服务商所提供的服务来为其网站进行推广，为了获得最理想的效果，就必须研究各个搜索引擎的算法规则、对网站设计的一般要求、搜索广告投放技巧等。因为搜索引擎为企业提供了被用户发现的机会，但并非每个网站都能获得搜索引擎的收录并在搜索结果中位居前列而受到用户关注。合理利用这种机会也就是营造企业网络营销与外部环境相适应的过程。可见，企业与外部网络营销环境的协调性也反映了网络营销的专业程度。

（2）内部环境的创造和利用。对于网络营销的内部环境，企业则在很大程度上可以掌握和控制，对于各种可能影响网络营销效果的因素可以通过自身的努力得以改善。因此，企业应该掌握网络营销的一般原理和方法，努力创造并充分利用有价值的网络营销资源，只有这样才能真正让网络营销发挥其应有的作用。

正确理解网络营销内部和外部环境协调的观点，有助于全面考察网络营销的效果，制定合理的网络营销服务策略。一些企业网络营销没有取得明显效果，可能取决于外部环境因素，也可能取决于内部环境因素，或者两者均有关系，这就需要从内外部环境两个方面来进行网络营销诊断，分别找出其中的关键因素，并采取合理的手段加以改进。

2. 网络营销服务环境的评估策略

对网络营销服务环境的评估，可以下方面选择相应的指标进行。

(1) 宏观经济指标。包括个人收入、物价水平、储蓄和信贷等的变化。
(2) 人口统计指标。包括网民人数、结构等的变化。
(3) 生态环境指标。包括自然资源、能源成本和前景、防止污染和环境保护成本等。
(4) 技术指标。包括企业的产品技术、加工技术以及新技术指标等。
(5) 法律法规指标。包括影响企业营销战略和营销策略执行的法律、法规等。
(6) 文化背景指标。包括公众对企业产品的态度、企业对公众的生活方式和价值观念产生的相关影响等。
(7) 市场指标。包括市场规模、成本率、区域分销和盈利等的变化及主要细分市场。
(8) 客户指标。包括当前客户和潜在客户,其购买理由、购买方式和习惯、购买决策过程,以及对企业声誉、产品质量、服务和价格等的评价。
(9) 行业指标。包括行业主要的经济特性、变革驱动因素、竞争成功的关键因素、盈利前景、竞争力等。
(10) 竞争者指标。包括竞争者的目标、战略、优势、劣势、规模、市场份额等。
(11) 分销渠道和经销商指标。包括企业产品传送渠道、各渠道效率和成长潜力等。
(12) 供应商指标。包括生产所需关键物料的前景、各供应商的实力、企业与各供应商的关系、供应商的表现、供应商的行销策略等。
(13) 市场后勤指标。包括运输服务和成本及前景、仓储设备的成本及前景等。

1.7 网络营销服务现状与发展趋势

现阶段搜索引擎是首要网络营销服务工具,如果把互联网看成是全世界最大最全的数据库,而搜索引擎正是信息分发的核心。从用户的角度来看,搜索引擎也早已成为人们上网获取信息必不可少的工具,其营销价值始终排在首位。

1.7.1 中国网络营销服务现状

据《第 35 次中国互联网络发展状况统计报告》显示:截至 2015 年 6 月底,我国网民规模达到 6.68 亿,互联网普及率为 48.8%;我国手机网民规模超越台式电脑用户,达到 5.94 亿,网民中用手机接入互联网的用户占比提升至 88.9%。

庞大的上网人群带来了巨大的商机。在欧美国家,90% 以上的企业都建立了独立的网站,并已习惯了通过网络寻找客户及所需要的产品。如果企业想购买些什么,特别是首次购买时,一般会先在网上进行初步的查找和选择,再进一步与供应者取得联系。网上巨大的消费群体特别是企业的商务习惯变化,给网络营销服务提供了广阔的空间。

从网络营销服务的应用实践看,中国网络营销服务的发展主要体现出以下特点:
(1) 网络营销服务成为电子商务最重要的组成部分。近年来,不少知名的电子商务服务商都在强调网络营销在其服务过程中的重要性,并且陆续推出了配套的网络营销产品和服务。从当前国内企业的上网需求来看,网络营销服务仍然是最基础、最广泛的需求。同时,网络营销服务已成为电子商务最重要的组成部分,离开了网络营销服务,电子商务将成为空中楼阁。
(2) 营销型网站是目前企业网站建设的主流。在网络营销开展初期,企业网站一般都被赋予了形象展示、促进销售、信息化应用等使命。经过近十几年的发展,大量企业在事实面前明白了企业网站最重要的功能还是能够为其带来客户、促进销售。基于网络市场大环境,营销型网站以其能够帮助企业带来目标客户,帮助客户充分了解企业的产品和服务而快速被市场和客户接受。

(3) 搜索引擎营销是主流的网络营销方式。在当前的互联网世界,超过70%的用户每天通过搜索引擎寻找所需的信息,这使得搜索引擎成为互联网上最大的流量集散中心。网络营销服务最基础的元素就是流量,不论什么样的企业,要想从网络营销中获得好处,首先就需要获取流量。因此,搜索引擎营销是目前最主流、最重要的网络营销服务方式。

(4) 网络广告形式多种多样。除了大型企业展示品牌形象的传统展示类Banner网络广告和RichMedia广告外,随着更多分类信息、本地化服务网站等网络媒体的发展,以及不同形式的PPA付费广告模式的出现,还有更多成本较低的网络广告,为中小企业扩大信息传播渠道提供了机会。

1.7.2 网络营销服务发展趋势

近几年来,中国互联网经济规模持续快速增长,如图1-3所示。在网络营销服务市场中,域名注册、虚拟主机、网站建设等网络营销基础服务在技术、服务、在线销售等方面已经比较完善了,搜索引擎或分类目录注册、关键词广告、竞价排名等网站推广服务最容易为用户所接受。国内网络营销服务市场的发展,有下列几个主要方面的发展趋势值得关注:专业性的企业网站建设或改造为服务商带来新的机会;搜索引擎营销市场竞争加剧,营销策略将发生变化;网络广告模式创新;搜索引擎市场高速发展;网络营销产品以传统销售渠道为主要营销策略;基础网络营销服务电子商务化等。

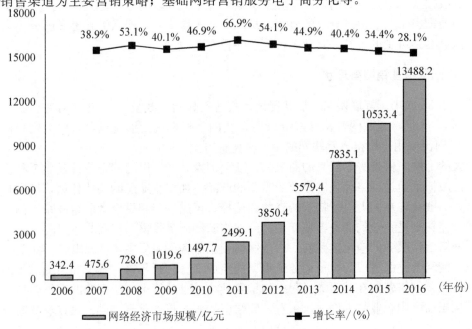

图1-3 中国互联网经济规模及趋势

(资料来源:www.iresearch.com.cn,2013)

网络营销服务方式所呈现出的以下发展趋势，尤其值得关注。

（1）一站式网络营销服务将成为企业网络营销投资回报率最高的方式。所谓一站式网络营销服务，指的是企业开展网络营销的三个重要环节：建站、推广、商机转化在一个网络营销平台上面实现。一站式网络营销服务通过一家服务商、一个产品来实现企业开展网络营销的整体解决方案，这对于企业来说，能够减少时间、精力和金钱上的消耗，并有利于网络营销的后续管理和维护，在投资回报率上无疑是最高的。同时，这对于提供一站式网络营销服务的服务结构来说，也有着非常高的要求。

（2）Web2.0网络营销服务模式的深度发展。自2008年以来，以博客营销为代表的Web2.0网络营销服务模式已经取得了快速发展，博客营销成为企业网络营销服务策略的组成部分，未来的企业博客营销有望成为主流网络营销方法，企业博客引领网络营销进入全员营销时代。与此同时，更多Web2.0网络营销模式将获得不同层次的发展，如网摘营销、播客营销、基于SNS网络社区的各种营销模式等。

（3）Web3.0网络营销模式将会迅速发展。这种趋势将主要表现为：①用户体验的完善。用户体验的基本思想将会更广泛地被用户和企业接受，让用户可以方便地获取有价值的信息和服务，才是网络营销服务的精髓。②网络视频广告将会从崭露头角到迅速普及推广。网络视频广告分两个部分：一是传统网站的广告形式变化；二是针对视频网站以及视频网络应用软件的广告。③社区营销的纵深发展。对于企业而言，最精准的网络营销方式莫过于建立网上的客户会员服务。目前国内有超过150万家网站，其中70%是企业网站，也就是说其中至少有超过30万家的企业网站在力争通过网络会员服务，搭建属于自身的精准营销平台，但成功的极少。而解决类似的问题，第三方网站可以起到更好的效果。这些第三方网站规模不用很大，它可以是类似天涯那样的大型社区，也可以是诸如某些车友会那样的小小论坛。懂得挖掘其中的价值，然后选择投放，往往会让企业的网络营销得到事半功倍的效果。

（4）效果营销成为未来网络营销服务的新阶段。网络营销服务从早期的网站建设服务，过渡到当前的网络推广服务，是随着行业发展而不断完善的。在网络营销1.0时代，网络营销服务商注重的仅仅是服务的内容和形式，而对于企业使用了网络营销服务后的实际效果，往往并不关注，且不可控。进入网络营销2.0时代，则是全面围绕网络营销效果，进行网络营销资源整合的新阶段。虽然效果营销还需要一段漫长的发展时间，但当前像基于CPA、CPS等模式的网络营销产品也在陆续问世，它们是效果营销的雏形，使AIDA原则有望得到实现。基于AIDA原则的连续追踪（以及多样化的数据对比）具有巨大的潜在价值，用户可以借此甄别出最具消费潜力的那部分访客及其访问习惯、了解不同的网络推广活动在转化效果上的差别、发现自己网站在转化路径上造成访客异常流失的环节、比较不同的页面风格和内容对目标访客的吸引程度、分析付费推广所获得的流量是否含有大量的虚假点击等。

知识卡片1-8

AIDA原则：一种经典的广告效果评估思想，应用在网络营销服务领域就是通过识别并连续追踪特定访客的访问行为，记录其从注意（Attention）网络上的某个信息，到产生兴趣（Interest），再到被激起购买欲望（Desire），最后付诸行动（Action）的完整过程。

（5）网络营销数据服务将成为市场新宠。在可以预见的未来，全球网络营销服务市场将呈现出一种"无数据，不营销"的趋势。首先，近年来随着电子商务、Web2.0、Web3.0等网络应用的爆发，互联网信息也呈现爆炸性成长，如何在海量信息中提炼出有商业应用价值的信息至关重要，因而数据挖掘将成为互联网的淘金术；其次，**大数据**时代，实现个性化推荐、即时搜索、**定位服务**等个性化、即时性和精准服务，其基础是用户行为分析以及其他先进的数据分析处理技术；最后，在 AdNetwork、AdExchange、DSPs 等新型的网络营销平台上，数据不再扮演辅助角色，而是平台成功运营的基础资源，对平台服务效率起决定作用。

知识卡片 1-9

大数据(Big Data)：亦称巨量资料，指的是所涉及的资料量规模巨大到无法透过目前主流软件工具，在合理时间内达到撷取、管理、处理、并整理成为帮助企业经营决策更积极目的的资讯。大数据的4V特点：Volume、Velocity、Variety、Veracity。

知识卡片 1-10

定位服务(Location Based Service，LBS)：指的是服务提供商（移动运营商或者网络服务商）为处于移动状态中客户（包括手机和其他LBS终端客户）提供的，基于该移动客户地理位置数据而开展的各类增值业务。目前可以提供的LBS服务主要包括指南服务、旅游服务、娱乐服务、紧急救援、智能运输管理系统（ITS）、手机防盗等。

本 章 小 结

本章主要介绍了服务与现代服务业的概念、特征、分类，网络营销服务的概念、特点、基本内容、常用工具，以及网络营销服务环境、现状和发展趋势，还讨论了狭义和广义的网络营销服务定义、网络营销服务与电子商务服务的区别等。

复习思考题

（1）什么是服务？分析服务及现代服务业的特征，并就服务的本质展开讨论。
（2）什么是网络营销服务？有什么特点？
（3）广义的网络营销服务通常包括哪些内容？狭义的网络营销服务目前主要有哪些业务模式？查阅相关资料并进行讨论。
（4）分析网络营销服务与电子商务服务的联系和区别。
（5）网络营销服务的常用工具有哪些？分析比较其各自的特点。
（6）网络营销服务环境的构成要素有哪些？其对网络营销服务会产生什么影响？

案例研讨

【案例资料】 2012年美国俄勒冈州比弗顿市耐克公司（下称"耐克"）办公室，前环法"七冠王"阿姆斯特朗的照片被从墙上取下。这面墙上张贴着数十名运动员的拼贴图，他们是不同时期为耐克做代言的明星。体育用品巨头耐克有大量的签约代言明星，这也使得它不得不承受来自代言明星的负面新闻的困扰。

在过去的3年中，耐克花在传统媒体的广告预算下降了40%，尽管它的营销预算在2011年创纪录地达到了24亿美元。调查公司广告时代数据显示，耐克在2010年的非传统营销预算上达到8亿美元，所占总营销预算比例在美国广告主中名列第一。耐克发现其核心用户年轻人从电视移到了互联网上，于是更希望通过创新能直接和顾客发生关系的产品，掌握客户的数据，准确把握客户的需求，更有效地影响客户。

增加数字营销也是另一广告巨头宝洁公司在新媒体时代摆脱"明星依赖症"的最新策略。近年来，宝洁逐渐意识到在搜索引擎、社交网络等精准营销平台上，针对不同市场可以采用不同的推广组合，投放广告的性价比更高，而此前宝洁的广告费却大多用在了明星代言为主的传统媒体上。"宝洁营销方式的根本转变将会使得其在传统媒体领域的投资减少，转而创造更多针对每个消费者个性化的内容。"宝洁全球市场与品牌建立官Marc Pritchard也曾向媒体表示。

认真分析上述材料，并组成"研讨学习小组"，进一步查阅相关资料，就以下问题展开讨论：

（1）在新媒体时代，用明星代言作为电视广告营销的方式是否还有必要？明星代言对目标顾客的影响与数字媒体直接接触消费者方式两者的营销服务在本质上有什么不同？

（2）材料中所述事实反映了营销领域正在发生怎样的转变？这种转变有什么积极意义？你自己在今后的学习和工作中将如何应对这种变化？

【注意】 "研讨学习小组"的分组方法

将教学班按每4~6人组成一个正式的研讨学习小组，选举组长1名，可以由学生自由组合；组长负责组织、督促小组成员开展学习讨论，分派学习任务和相关工作，做好讨论记录，并对小组成员参与讨论学习的态度和贡献做出评价；小组成员之间应团结协作，并服从组长的安排和领导。有关分组规则及相关人员职责详细情况请参阅本书作者主编的《电子商务基础与应用》一书的附录2。

扩展阅读

[1] 孟晓明，陈拥军. 电子商务与现代服务业协调发展研究[M]. 北京：中国财政经济出版社，2010.

[2] 陈信康. 服务营销[M]. 北京：科学出版社，2006.

[3] 朱迪·斯特劳斯，等. 网络营销[M]. 时启亮，金玲慧，译. 北京：中国人民大学出版社，2007.

[4] 陈晴光. 电子商务基础与应用[M]. 2版. 北京：清华大学出版社，2015.

[5] [日]和田谦二. 服务的细节·让顾客爱上店铺[M]. 党蓓蓓，译. 北京：东方出版社，2012.

第 2 章 网络营销服务基础理论

教学目标

- 理解网络营销服务信息传递的基本原理；
- 熟悉长尾理论的基本含义及应用策略；
- 掌握网络整合营销、网络直复营销、网络关系营销、网络软营销、网络数据库营销理论的核心思想。

教学要求

知识要点	能力要求	相关知识
网络营销服务信息传递的基本原理	(1) 网络营销服务信息传递原理的理解能力； (2) 信息传递原则的运用能力	(1) 网络营销信息传递模型的组成； (2) 网络营销信息传递的基本环节、特点、一般原则
长尾理论	(1) 长尾理论与二八定律的理解能力； (2) 长尾理论的实际运用能力	(1) 长尾理论的原始含义及内涵、二八定律的含义、长尾理论与二八定律的辩证关系； (2) 长尾销售的实现条件及企业类型； (3) 利基市场的含义与特征、长尾策略
网络整合营销服务	(1) 网络整合营销的概念与核心思想的理解； (2) 网络整合营销服务4I原则和推广方法的理解与应用	(1) 网络整合营销定义、网络整合营销服务理论的核心思想； (2) 网络整合营销服务4I原则、一般步骤、推广方法、发展趋势
网络直复营销服务	(1) 网络直复营销服务定义的理解； (2) 网络直复营销常见工具的运用	(1) 网络直复营销与服务的定义及理解； (2) 网络直复营销服务特点、常用方法工具
网络关系营销服务	(1) 网络关系营销定义的理解； (2) 网络关系营销原则的运用	(1) 网络关系营销服务的含义、核心任务； (2) 网络关系营销服务的基本原则、作用

续表

知识要点	能力要求	相关知识
网络软营销服务	(1) 网络软营销定义的理解； (2) 网络软营销方法的运用	(1) 网络软营销服务定义、特点； (2) 网络软营销常用方法
网络数据库营销服务	(1) 深入理解网络数据库营销服务的含义、特征； (2) 网络数据库营销思想的运用	(1) 网络数据库营销服务的含义、特征； (2) 网络数据库营销服务的基本作用、竞争优势、独特价值

基本概念

信息传递模型　长尾理论　利基市场　网络整合营销　网络直复营销　网络关系营销　网络软营销　网络数据库营销

导入案例

"囮族"的淘宝数据盛宴

什么是"囮族"？"囮"形似鼠标，原义为钱；"囮族"喻指互联网上时尚、宅、热爱淘宝网购生活且为数众多的网友们，2011年年初开始在网络中流传。

2011年1月6日晚，淘宝网在水立方举行年度盛典，主题为"数据、消费、力量"。盛典上公布了五大类共计90余个数据：淘宝2010年11月11日的单日成交额等于香港一天的零售总额；淘宝网单日交易峰值为19.5亿元；66%的手机淘宝用户为男性；在CPI连续13个月增长的情况下，淘宝网消费价格指数连续小幅下降，同比为1.4%……

当晚华谊新晋歌手——"90后"宠物女生何曼婷发布了第一条关于"囮"的微博："看了淘宝今晚的年度盛典（作为淘宝达人必须关注！），我只能用一个字来形容——'囮'。男网民、女网民都是"囮人"，不管什么人，只要是网络人，最后都会落到"囮族"的领地。只能感叹，信用卡太不禁刷了！！所谓'一入淘宝深似海'大约就是这样的吧。月兔们，你们有同样的感觉么？？"

次日，60后知名足球评论员董路发布了一条关于"囮族背后的算术题"的微博："淘宝盛典年会数据显示：日交易额峰值19.5亿元＋在线商品量8亿个＋每分钟4.8万件商品成交＝为社会创造了182.3万个直接就业机会。把一分钟的单位换算成一天，一月，一年，那么一年365天，那是多少？7000亿以上。网购的人都是'囮人'，淘宝的人更是'囮族'。"

在何曼婷、董路这两位"有代沟"的明星先后对同一个词以微博的手段发表意见后，这个词被大众所知并瞬间引爆了微博。网友大范围对"囮族"产生共鸣后，在社交媒体上发布了测试、星座、恶搞等与"囮"相关的内容。1月7日至1月15日，短短的8日内，微博讨论量已经达到4万条。

（资料来源：http://promote.yidaba.com，2011-01-18，编者有删改）

点评： **让数据在社交媒体的传播下绽放营销活力**

"囮族"在社交媒体走俏绝非偶然。这次营销能获得全面成功，除了有富于创意性和高执行效果的营销团队推动外，还有以下几个关键点：

首先，网络背景是淘宝年度盛典公布统计数据，网友突然发现网购早已超越一种生活方式。在一片惊讶声中，一个代表着淘宝族、网购族的名词诞生了，于是引发了大范围的共鸣。倘若这个词早一年甚至早一天启动营销,也不可能取得如此好的营销效果。

其次,关键字选择生僻字"冏",先利用好奇心进行埋点,再利用字义与鼠标形状结合,从而与网购紧密地联系在一起。这个如此贴切的定义,让"冏族"轻易地在网友中获得关注。倘若换一个词进行营销,在大背景下依然能获得关注,但却无法达到如此超强劲的互动效果。

最后,传媒平台配合使用高互动、高即时性的社交媒体——微博,其有效互动的传播力度是传统传播的乘积效果。"冏族"是在网友的提问中被知晓的,所有人看见"冏"字第一个问题是"怎么读?",第二个问题是"什么意思?"。在微博多重互动下,"冏族"获得了极高的关注。

案例以翔实有力的统计数据为传播基础,以社交网络媒体平台为传播渠道,以传播渠道效果转化为传播主旨,巧妙而充分地整合了多种策略和资源,成功地实施了一次真正意义上的营销。本案例同时也启示人们:在社交媒体的传播下,注重策划是一方面,注重传播渠道的效果才是深层次方面;此外,在内容的策划上,必须更注重传播渠道效果的转化。

网络的即时双向互动、不受时空限制、网上信息交流共享和非干扰性等特点对传统营销理论产生了重要影响和冲击,而现代消费者需求特征的演变规律则是营销理论不断进化的内在动力,因为现代营销学的根本出发点是满足消费者需求。

在网络特点和现代消费者需求特征演变规律的综合作用下,网络营销服务的相关理论也在实践中不断进化成熟起来。本章介绍现阶段能够适用于网络营销服务的基础理论,主要包括网络信息传递模型、长尾理论、网络整合营销、网络直复营销、网络关系营销、网络软营销、网络数据库营销理论等。

2.1 网络营销服务信息传递的基本原理

信息传递是指人们通过声音、文字或图像相互沟通消息。信息传递研究的是什么人向谁说什么,用什么方式说,通过什么途径说,达到什么目的。在网络营销中传达商品信息,就是用特定的方式去影响人们的购买行为,使它在市场上产生反应,经常要涉及搜索引擎注册、关键词广告、信息发布等基本方法。企业通过网站或者专业服务商发布信息、通过电子邮件直接向用户传递信息;用户则通过搜索引擎检索信息并到网站获取更详细的信息,进而通过网站下载各种有价值的信息,如电子书、驱动程序、产品使用说明书等,这些都包含着信息的传递和交互。虽然各个企业或网站所采用的手段不同,最终所获得的收益也不同,但都有一个共同的特征,就是通过合理的方式将网络营销信息有效地传递给潜在用户。可见,营销信息传递构成了网络营销服务的核心内容。

2.1.1 网络营销服务信息传递模型

信息论创始人香农(C. E. Shannon)于1948年阐述了信息传播所涉及的主要因素:信源、发射器、信号、噪声、接收到的信号、接收器和信宿,给出了通信系统模型,奠定了信息论的基础。根据香农的观点,通信即信息发送者与接收者之间的信息传递,一个通信过程由信源(发信者)发出信息,通过信息通道传送信息,再由信宿(接收者)获取信息几个环节构成。香农通用信息通信系统模型的基本思想,是网络营销服务信息传递的理论基础。

1. 网络营销服务信息传递模型的组成

网络营销服务信息传递模型是在香农一般通信系统模型的基础上，用信息论的基本思想对网络营销服务过程进行研究，结合网络营销信息传递的特点，对香农模型进行必要的修改而形成。网络营销服务信息传递模型中包括信息源、信息传播渠道、电子信息载体、信息接收者、噪声等基本的信息媒体要素，如图2-1所示。

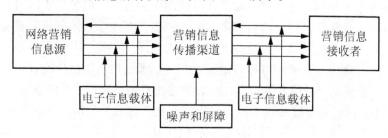

图2-1 网络营销服务信息传递模型

（1）网络营销信息源：就是企业通过互联网向用户传递的各种信息，如企业网站上的企业简介、产品介绍、促销信息，以及通过外部网络资源发布的网络广告、供求信息等都属于信息源的内容。

（2）网络信息载体：网络信息可以将网页、电子邮件、网络图片、网络视频等作为信息载体。

（3）网络营销信息传输渠道：企业可通过企业网站、电子邮件、搜索引擎等渠道发布和接收信息；用户也可以通过企业网站、电子邮件等方式向企业传达信息和接收信息。

（4）网络营销信息接收者：主要是指用户或潜在用户。

（5）噪声和屏障：指影响信息传递的因素。例如，用户为避免打扰而人为设置的障碍或利用电子邮件传递信息时遭到服务商的屏蔽等，都属于噪声和屏障。

网络营销服务信息传递模型体现了网络营销实践应用的基本模式和一般规律，构成了网络营销信息服务体系的基础。网络营销服务信息的有效传递也是网络营销服务的核心职能，因此，了解网络营销中信息传递的原理和特点以及信息交互的本质，是认识网络营销的核心思想和网络营销策略的基础。

2. 网络营销服务信息传递的基本环节

网络营销服务信息传递程序主要包括构建信息源、译出、选择信息传递渠道、译进、反馈5个基本环节。

（1）构建信息源。构建网络营销信息源时应考虑影响信息效果的3个主要因素，即信息的专业性、可信性和可视性。专业性是指信息要具有专业知识，如通过有声望的医生传递有关医药方面的信息；可信性是指信息要客观真实，让人觉得可靠，如由第三方写新闻或专题报道介绍商品，就比推销员的宣传更能使人相信；可视性是指信息要吸引人、容易看懂，而且不致引起消费者的误解。

（2）译出。传达人要把信息传达给预期的对象，就要考虑运用什么方式才能吸引接收者，并且使接收者正确理解，这就是译出。例如，使用网络广告或网页文字作促销工具，译出时首先要考虑选择运用什么传达方法才能更完满地译出信息内容；其次要研究译出的技巧，诸如网络广告用什么样的稿本和图片等，否则译出的内容可能与预期传达的信息不相符。在出口贸易促销中，因买卖双方的语言文化背景、生活方式不同，译出的方法和技巧会更复杂。

（3）选择信息传递渠道。网络营销服务信息可以通过网站、电子邮件、网络广告、论坛、网络视频等电子媒体进行传递。如果同时使用多种方式，就成为媒体组合。

（4）译进。企业将信息传递给消费者以后，消费者有一个理解问题，这就是译进。促销手段运用是否有良好的效果，关键在于译进是否与译出相符。若消费者听到或看到某种商品的宣传后，其理解与企业的宣传意图基本相符，那么这种信息传递就是成功的。

（5）反馈。企业把产品信息传出后，还必须通过市场研究，了解信息对消费者的影响，了解潜在消费者对产品的态度和购买行为发生的变化，这就是反馈。企业可根据反馈信息，决定销售策略是否应该调整。为了解接收者对信息的反应，必须广泛开通反馈渠道。

2.1.2 网络营销服务信息传递的特点

网络营销信息传递系统与通用信息传递系统类似，同样存在信息源、信息传递渠道、信息接收者等基本要素。不过，网络营销的信息传递还有其自身的特点。

（1）网络营销服务信息传递具有交互性。与一般通信信息只能从信息发送者向接收者传递不同，网络营销信息可以双向传递，或者说具有交互性，这种交互性对于企业和用户双方都是有利的，企业将正确的信息传递给用户，用户则得到了其需要的有助于购买决策或者正确使用产品的信息。

（2）网络营销信息传递方式多样化。网络营销信息传递有多种方式，从信息发送和接收的主动与被动关系来看，有通过电子邮件等方式向用户发送信息的主动传递方式，或者将信息发布在企业网站上等待用户来获取信息的被动传递方式；从信息发送者和接收者之间的对应关系看，可以是一对一的信息传递，也可以是一对多的信息传递。

（3）网络营销信息传递渠道多样化。网络营销信息传递方式的多样化同时也决定了其传递渠道的多样性。例如，网络营销信息可通过企业网站、搜索引擎、供求信息平台、电子邮件、即时信息等多种渠道传递。只有在充分了解各种网络营销信息传递渠道特性的基础上，才能有效地应用各种网络营销工具和方法。

（4）网络营销信息传递的高效性。网络营销信息源主要表现为企业网站上的各种文字、图片、多媒体信息、网络广告信息、搜索引擎信息等。由于这些信息本身已经是数字化，通过 TCP/IP、E-mail 等方式可以直接作为信号来传输，因此不需要编码和译码的过程，减少了信息传递的中间环节，使得信息传递更为直接，信息接收者与发送者之间甚至可以进行直接的交流，这也使得网络营销的信息传递效率大为提高。

（5）网络营销信息传递中的噪声。在网络营销信息传递过程中，存在噪声的影响，主要表现为对信息传递的各种障碍，尤其在信息直接传递时这种现象更为明显。其中可能是由于企业的信息发布准备工作不力，也可能是传播渠道的技术问题，或者信息接收者为避免打扰人为设置的障碍等。例如，若一个企业网站没有登录搜索引擎，用户通过搜索引擎等常规手段将无法获得该企业的信息，这样信息接收方无法获取希望得到的信息，造成被动信息传递无效；再如，在利用电子邮件传递信息时可能遭到邮件服务商的屏蔽，或者被邮件接收者设置的邮件规则所拒绝，从而造成主动性信息传递失败。

此外，当通过第三方的服务传递营销信息时，可能会出现在企业营销信息中附加服务商自身广告信息的情形。例如通过免费邮箱传递信息时，接收方的邮件除了邮件发送者的内容之外，在邮件末尾通常会出现服务商的消息。因此，在专业网络营销中强调尽量避免使用免费电子邮件服务，也正是出于减少信息传递噪声的目的。

2.1.3 网络营销信息传递的一般原则

网络营销信息传递原理表明，网络营销服务有效的基础是：提供详尽的信息源，建立有效的信息传播渠道，让用户尽可能方便地获取有价值的信息，并且为促成信息的双向传递创造条件。因此，在建立网络营销信息传递系统时，应遵循下列的一般原则，这些原则也是有效开展网络营销的核心思想。

1. 提供尽可能详尽而有效的网络营销服务信息源

无论是企业通过各种手段直接向用户所传递的信息，还是用户主动获取的信息，归根结底来源于企业所提供的信息源，只有当有效信息尽可能丰富，才能为网络营销信息有效传递奠定基础。而要确保信息源尽量详细而有效，首先，必须保证企业网站上的基本信息全面、及时，包括信息的及时更新、补充。其次，要做好优化设计，包括用户优化、网络环境优化、网站维护优化等。例如用户优化，就是以用户需求为导向，设计用户更喜欢的网页布局、格式，更方便的导航等。

2. 建立尽可能多的网络营销服务信息传递渠道

在信息传播渠道建设上，应采取完整信息与部分信息传递相结合、主动性和被动性信息传递相结合的策略，通过多渠道发布和传递信息，创造尽可能多的被用户发现这些信息的机会。例如，企业自建网站，并且进行必要的推广；再如，登录主要的搜索引擎来获取所需信息，或者利用黄页、博客等渠道来发布信息。

3. 尽可能缩短信息传递渠道

在创建多个信息传递渠道的基础上，还应创建尽可能短的信息传递渠道。因为信息渠道越短，信息传递就越快，受到噪声的干扰也就越小，信息也就更容易被用户接收。可以利用网络实名或通用网址为用户访问网站提供方便，通过搜索引擎优化、内部列表 E-mail 营销等方法来缩短信息传递渠道，让信息传递更快，更早地被用户接收。

4. 保持信息传递的交互性

交互性的实质是营造使企业与用户之间互相传递信息变得更加方便的环境，除了上述建立尽可能多而且短的信息传递渠道之外，还应建立多种信息反馈渠道，如论坛、电子邮件、在线表单、即时信息等以保证信息传递交互性的发挥。

企业可以利用企业内部列表 E-mail 来增强和顾客的关系，还可建立详尽的常见问题解答和即时顾客在线咨询服务与目标顾客直接进行沟通，帮助客户解决更多难题，了解顾客对产品或服务的需求和评价，保持与顾客的紧密关系，维系顾客的忠诚度。

5. 充分提高网络营销信息传递的有效性

由于信息传递中的障碍因素，使得一些用户无法获取所需要的全部信息。提高信息传递的有效性，也就是减少信息传递中噪声和屏障的影响，让信息可以及时、完整地传递给目标用户。做好以下几点，对网络营销信息传递的有效性具有重大意义。

（1）提高网页下载速度。如果下载过慢，用户很可能在网页下载完成之前就已经离开了该网站而到竞争者网站上去获取信息，这样便失去了一个潜在顾客。

（2）降低 E-mail 退信率。分析邮件被退的具体原因，站在客户的角度思考问题，这样问题才会得以解决。

2.2 长尾理论

微型案例 2-1

长尾理论的发现

克里斯·安德森，美国《连线》杂志主编，喜欢从数字中发现趋势。一次他跟 eCast 首席执行官范·阿迪布会面，后者提出一个让安德森耳目一新的"98 法则"，改变了他的研究方向。范·阿迪布从数字音乐点唱数字统计中发现了一个秘密：听众对 98% 的非热门音乐有着无限的需求，非热门的音乐集合市场无比巨大。听众几乎盯着所有的东西！他把这称为"98 法则"。

安德森意识到阿迪布那个有悖常识的"98 法则"隐含着一个强大的真理。于是，他系统研究了亚马逊、狂想曲公司、Blog、Google、eBay、Netflix 等互联网零售商的销售数据，并与沃尔玛等传统零售商的销售数据进行了对比，观察到一种符合统计规律（大数定律）的现象。这种现象恰如以数量、品种二维坐标上的一条需求曲线，拖着长长的尾巴，向代表"品种"的横轴尽头延伸，长尾由此得名。

《长尾》(Long Tail) 在 2004 年 10 月号《连线》发表后，迅速成了这家杂志历史上被引用最多的一篇文章。特别是经过吸纳无边界智慧的博客平台，不断丰富着新的素材和案例。安德森沉浸其中不能自拔，终于打造出一本影响商业世界的畅销书《长尾理论》。

（资料来源：http://www.cec-ceda.org.cn，编者有删改）

长尾理论的出现，源于现代商业社会的巨大改变。互联网的出现和个性化消费的兴起，深刻影响着市场的供需模式，打破了传统的消费观念，长尾所反映的也正是市场环境的变化。过去由传媒主导公众口味的方式实际上是不对称供需关系的产物，是市场对产品分销能力不足的回应。如今大规模市场已经粉碎为无数小市场，**在富足经济**下消费者有更多的选择权，个性化时代已经来临。企业的发展要符合市场和消费者的需求，市场愈发显示出更多元化、利基化的趋势，迫切需要企业在网络营销方式上也做出相应的改变，长尾理论给网络营销服务带来了创新视角。实际上，亚马逊、eBay、雅虎、阿里巴巴、Google 等新兴势力的崛起，自觉或不自觉，或多或少都有基于长尾理论的应用。

知识卡片 2-1

富足经济(the Economics of Abundance)：也称丰饶经济学或富足经济学，被美国《连线》杂志主编克里斯·安德森认为是发现长尾的基础。从传统意义上去理解经济,是对生产资料和稀缺资源的整合分配,谁能捕捉到匮乏资源便成为赢家;在互联网上能够通过一个成本几乎不计的工具来创造资源,这无以数计的生产者们的劳动成果——数字"物资"造就了一个"富足经济"。社会日益富足,网络使人们有条件从一个精打细算的品牌商品购物者转变为一个小小的鉴赏家,用数千种与众不同的爱好尽情展示其独特品位。

2.2.1 长尾理论的基本思想

1. 长尾理论的原始含义

长尾理论(the Long Tail)是网络时代兴起的一种新理论,由美国人克里斯·安德森提出。安德森认为,由于成本和效率的因素,当商品储存流通展示的场地和渠道足够宽广,商品生产成本急剧下降以至于个人都可以进行生产,并且商品的销售成本急剧降低时,几乎任何以前看似需求极低的产品,只要有卖就都会有人买。这些需求和销量不高的产品所占据的共同市场份额,可以和主流产品的市场份额相比,甚至更大。

举例来说,常用的汉字实际上不多,但因出现频次高,所以这些为数不多的汉字占据了下图左部广大的深色区;绝大部分的汉字难得一用,它们就属于长尾,占据图中右下部浅色区,如图2-2所示。

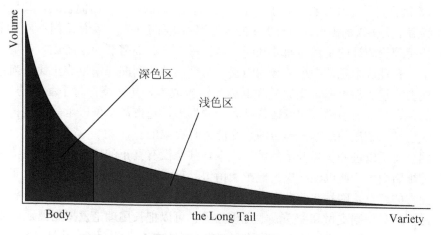

图2-2 长尾理论模型图

长尾理论认为,只要存储和流通的渠道足够大,需求不旺或销量不佳的产品共同占据的市场份额就可以和那些数量不多的热卖品所占据的市场份额相匹敌甚至更大,即众多小市场汇聚成可与主流大市场相匹敌的市场能量。

2. 长尾理论内涵的理解

正确理解长尾理论的内涵,应把握以下几点:

(1)"长尾"实际上是统计学中**幂律**和**帕累托分布**特征的口语化表达。过去人们只能关注重要的人或事,如果用正态分布曲线来描绘这些人或事,人们只能关注曲线的"头部",而将处于曲线"尾部"、需要更多精力和成本才能关注到的大多数人或事忽略。例如，在销售产品时，厂商关注的是少数几个所谓 VIP 客户，没有精力顾及在人数上居于大多数的普通消费者。而在网络时代，由于关注的成本大大降低，人们有可能以很低的成本关注正态分布曲线的"尾部"，关注"尾部"产生的总体效益甚至会超过"头部"。例如，某著名网络广告商，它没有一个大客户，收入完全来自被其他广告商忽略的中小企业。

知识卡片 2-2

幂律(Power Laws)：节点具有的连线数和这样的节点数目乘积是一个定值，也就是几何平均是定值，比如有 10000 个连线的大节点有 10 个，有 1000 个连线的中节点有 100 个，有 100 个连线的小节点有 1000 个……在对数坐标上画出来会得到一条斜向下的直线。

帕累托分布(Pareto Distributions)：以意大利经济学家维弗雷多·帕累托命名。帕累托因对意大利 20% 的人口拥有 80% 的财产的观察而著名，后来被约瑟夫·朱兰和其他人概括为帕累托法则（80/20 法则），后来进一步概括为帕累托分布的概念，是从大量真实世界的现象中发现的幂次定律分布。这个分布在经济学以外，也被称为布拉德福分布。

安德森认为，网络时代是关注"长尾"、发挥"长尾"效益的时代。也就是说，企业的销售量不再取决于传统需求曲线（如图 2-2 所示）上那个代表"畅销商品"的头部，而是那条代表"冷门商品"、经常为人遗忘的长尾。举例来说，一家大型书店通常可摆放 10 万本书，但亚马逊网络书店的图书销售额中，有 1/4 来自排名 10 万名以后的书籍，这些"冷门"书籍销售量的总和几乎占到了整个书市销售总量的一半。简而言之，长尾所涉及的冷门产品涵盖了更多人的需求，当有更多的人意识到这种需求后，会使冷门不再受冷落。

（2）长尾理论统计的是销量而非利润。销售每件产品都需要一定的成本，增加品种也会带来成本，管理成本是其中最关键的因素。每个品种的利润与销量成正比，当销量低到一个限度就会亏损。超市通常是通过降低单品销售成本，从而降低每个品种的止亏销量，扩大销售品种。为了吸引顾客和营造货品齐全的形象，超市甚至可以承受亏损销售一些商品。但迫于仓储、配送的成本，超市的承受能力是有限的。

互联网企业可以进一步降低单品销售成本，甚至没有真正的库存，而网站流量和维护费用远比传统店面低，所以能够极大地扩大销售品种，如亚马逊就是如此。由于互联网经济有赢者独占的特点，网站在前期可以不计成本疯狂投入，这更加剧了品种的扩张。如果销售的是虚拟产品，则支付和配送成本几乎为零，可以把长尾理论发挥到极致，如 Google AdWords、iTune 音乐下载就属于这种情况，虚拟产品销售尤其适合长尾理论。

2.2.2 长尾理论与"二八定律"的关系

1."二八定律"的含义

"二八定律"又名帕累托定律、80/20 定律、最省力法则、不平衡原则等，是 19 世纪末 20 世纪初意大利经济学家帕累托归纳出的一个统计结论。1897 年，意大利经济学者帕累托从英国人的财富和收益模式调查取样研究中发现，大部分的财富流向了少数人手里，而且在数学上呈现出一种稳定的关系：社会上 20% 的人占有 80% 的社会财富。后人把帕累托的这项发现命名为"二八定律"，并推而广之，认为在任何一组东西中，最重要的只占其中一小部分，约 20%，其余约 80% 尽管是多数，却是次要的。"二八定律"并不是一个准确的比例数字,只是表现一种不平衡关系,即少数主流的人或事物可以造成主要的、重大的影响。在市场营销中,厂商们为提高效率习惯于把精力放在那些有80%客户去购买的20%的主流商品上,着力维护购买其20%商品的80%的主流客户,这其中被忽略不计的80%商品就是长尾。

在互联网环境下,经济驱动模式呈现从主流市场向非主流市场转变的趋势,被奉为传统商业圣经的"二八定律"开始有了被改变的可能性,这在媒体和娱乐业尤为明显。

2. 长尾理论与"二八定律"的辩证关系

长尾理论并不是对传统的"二八定律"的彻底叛逆,二者是辩证的关系。

从产生的先后顺序看,"二八定律"先于长尾理论出现,并在管理学中被广泛运用。随着长尾理论的出现,有人认为"二八定律"已经过时,甚至认为长尾理论是对"二八定律"的彻底颠覆,提醒管理者在运用中要谨防"二八定律陷阱",声称如果应用"二八定律"不当,资源过分倾斜,其结果很可能适得其反而掉进"二八定律陷阱"。于是出现一些企业盲目地追求创新思维弃"二八",避热就冷走"长尾"的现象。

其实,片面地理解"二八定律"和长尾理论,单纯的"二八定律"或者单纯的长尾理论都不能促进企业的健康发展。如图2-2所示,如果用横轴代表供给产品或品种,纵轴代表产品需求或销量,典型的情况是只有少数产品销量较高,其余多数产品销量很低。传统的"二八定律"关注供求曲线高高的"头部"(图中深色部分),认为20%的品种带来了80%的销量,所以应该只保留这部分,其余应舍弃。长尾理论则关注供求曲线中长长的"尾巴"(图中浅色部分),认为这部分积少成多,可以积累成足够大,甚至超过深色部分的市场份额。"二八定律"与长尾理论是同一曲线上前后相连的两个部分,并非相互对立、水火不容,它们共同构成了一个统一的整体。

"二八定律"要求在管理中抓大放小,短期内抓住重点;长尾理论则要求重视利基市场,把服务做到最细微处。长尾理论并非仅仅关注曲线的尾部,而是认为头尾可以并存,提出了另一种思维和分析的方式。因此,长尾理论并未改变和颠覆"二八定律",而是对过去强调的"二八定律"在互联网络新环境下的一个很好的补充和完善。

2.2.3 长尾理论的实现条件

互联网作为如今信息社会的主体表现形式,在企业的各个部门中得到广泛的应用,使得企业产品的99%都有机会进行销售,所谓市场销售中那些非热门商品,成为企业可以寄予厚望的新的销售量和利润的增长点。根据统计,亚马逊有超过一半的销量都来自于在它排行榜上位于13万名开外的图书;美国最大的在线DVD影碟租售商Netflix公司有1/5的出租量来自于其排行榜3000名以后的内容。要达到长尾理论所述的效应,需要满足一定的长尾销售条件,以及具有从事长尾销售的企业。

1. 长尾销售的实现条件

1)具有低成本提供的产品无限扩充空间

传统的实体店面经营者,往往因场地租金昂贵而要每一点空间都发挥其效用,一般不会为很少有人问津的商品提供上柜台机会,即使上柜也是作为陪衬以吸引消费者和营造产品齐全的店面形象，为此经营者要承受部分商品的亏损。事实上不少消费者的需求表现为过于分散的状态，要满足此部分消费者，需付出巨大的经营成本，压缩了利润空间，因此传统经营者所能提供的产品选择空间是有限的。

通过互联网销售的企业，可以把生产、仓储和物流配送等外包给其他企业，从而降低了每种产品的销售成本；而网站流量和维护费用远远比传统的店面经营费用低，扩大产品销售品种无须投入过大的成本，甚至可以忽略成本，为产品的扩充提供了无限的空间。

2) 强大的信息过滤能力

要为每一个消费者挑选出合适的产品，需要强大的信息过滤器。传统的事前预测过滤方式的广泛性过于狭小，即时性相对滞后，对长尾营销有巨大的局限性。而博客、网络评论、网络推荐、草根意见等事后评测过滤方式，其最大的优势就是群体智慧的评测能力，蕴藏着无穷无尽的信息，通过比较商品质量的好与坏、价格的高与低、使用的喜与恶，能影响潜在消费者的需求倾向。另外，这种社会化网络的事后评测过滤方式能应对长尾的低信噪比和极端个人化的兴趣取向，借助互联网的各种功能强大的搜索引擎、推荐工具等信息技术的支持，可以很好地满足单个消费者进行有效商品信息的过滤，找到其满意的产品。

3) 小批量、多品种以及个性化定制的生产方式

规模化生产是工业化大生产的主流方式，但这种同时生产出上百万的产量，以同一品种、同一规格就能满足消费者需求的时代已逐步消失，进而转向**大规模定制**的生产，这是满足长尾消费者需求的生产基础。例如，当今服装制造业，需要用信息化手段来实现大规模定制，以满足消费者对服饰的个性化需求。

知识卡片 2-3

大规模定制(Mass Customization, MC)：一种集企业、客户、供应商、员工和环境为一体，在系统思想指导下，用整体优化的观点，充分利用企业已有的各种资源，在标准技术、现代设计方法、信息技术和先进制造技术的支持下，根据客户的个性化需求，以大批量生产的低成本、高质量和效率提供定制产品和服务的生产方式。大规模定制的基本思路是基于产品族零部件和产品结构的相似性、通用性，利用标准化模块化等方法降低产品的内部多样性，增加顾客可感知的外部多样性，通过产品和过程重组将产品定制生产转化或部分转化为零部件的批量生产，从而迅速向顾客提供低成本、高质量的定制产品。

4) 尽量增大尾巴使长尾理论更有效

这就是说降低门槛增加小额消费者，网络营销服务应该把注意力放在鼓励用户尝试，将众多可以忽略不计的零散流量，汇集成巨大的商业价值。当然，增加小额消费者的同时还需要注意降低管理成本的问题。如果处理不好，客服成本会迅速上升成为主要矛盾。例如，谷歌是通过算法降低人工管理工作量的，但也仅仅只能做到差强人意。因此，使用长尾理论必须小心，保证任何一项成本都不随销量的增加而激增。最理想的长尾商业模式是，成本是定值而销量可以无限增长。这就需要可以低成本扩展的基础设施，谷歌的 BigTable 就是如此。

2. 应用长尾销售的企业类型

长尾销售有其实施前提条件和实施环境，产品存储和物流成本必须降到足够低的程

度,否则,企业无法满足消费者差异化需求所带来的高昂成本。其主要应用企业类型有:

1) 无须承担库存和物流费的企业

这类企业通常以经营和销售虚拟产品为主,如音乐、电影、电视节目、新闻报道、各种在线服务和各种声像广告等,通过各类信息发布、信息咨询和信息加工等引导需求,搭建供需各方信息交流平台。在此过程中,企业无须进行有形产品的生产和存储,也不需要实质上的产品运输。更重要的是,随着用户访问量的增加,企业的边际成本呈现不断下降的趋势。代表性企业如国外的谷歌、Netflix 公司等,国内的百度、阿里巴巴等。

2) 有库存但无须承担物流费的企业

这类企业主要从事产品的销售和采购,旨在为数量众多的消费者提供个性化的服务,代表性企业如美国的亚马逊、中国的当当网等。例如,当当网从最初销售的图书影像资料,扩展到现有的日用百货,既积累了大量的客户基础,又形成了自己独特的运营模式,通过在上海、成都和北京三地建立仓库,以规模效应降低产品采购与库存成本,从而以较低的价格提供较全的商品。

2.2.4 利基市场及长尾理论应用策略

微型案例 2-2

亚马逊的长尾策略

互联网上有这么一家书店,它有 310 万种以上图书供读者选购,顾客达 500 万人以上。如果按传统书店所需的营业面积来计算的话,它的规模约占好几平方英里,需要开着汽车才能浏览完它所提供的书目。这就是亚马逊网络书店(Amazon.com)。

美国最大连锁书店巴恩斯&诺布尔书店的平均上架书目为 13 万种。亚马逊有超过一半的销售量都来自于在它排行榜上位于 13 万名开外的图书,这就意味着那些不在一些书店里出售的图书要比那些摆在书店书架上的图书形成的市场更大。亚马逊将"长尾"上足够的非流行的图书累加起来,形成了一个比流行图书还要大的市场。

(资料来源:http://wenku.baidu.com,编者有删改)

1. 利基市场的含义与特征

1) 利基市场的含义

"利基"是英文"niche"一词的音译,意译为"壁龛",有拾遗补阙或见缝插针的意思。菲利普·科特勒在《营销管理》中给利基下的定义为:利基是更窄地确定某些群体,这是一个小市场并且它的需要没有被服务好,或者说有获取利益的基础。

利基市场(Niche Market)也称为长尾市场,是指向那些被市场中的统治者或有绝对优势的企业所忽略的细分市场。通常企业选定一个很小的产品或服务领域,集中力量进入并成为领先者,从当地市场到全国再到全球,同时建立各种壁垒,逐渐形成持久的竞争优势。也就是说,通过对市场的细分,企业可以集中力量于某个特定的目标市场,或重点经营一个产品和服务,创造出产品和服务优势。

相关概念还有利基营销。所谓利基营销,是指企业为避免在市场上与强大竞争对手发生正面冲突,选择由于各种原因被强大企业轻忽的小块市场(即"利基市场"或称"补缺市场")作为其专门的服务对象,对该市场的各种实际需求全力予以满足,以达到牢固地占领该市场的营销策略。利基营销通常借助网络广告进行精准定位。

2)利基市场的特征

理想的利基市场应该具有以下 6 个特征:

(1)狭小的产品市场,宽广的地域市场。利基战略的起点是选准一个比较小的产品(或服务),集中全部资源在局部形成优势,这是利基战略的核心思想;同时,以一个较小的利基产品占领宽广的地域市场,这个产品要有非常大的市场容量,才能实现规模经济,基于互联网的经济全球化市场环境正好为其提供了良好条件。

(2)具有持续发展的潜力。一是要保证企业进入市场后能建立起强大的壁垒,使其他企业无法轻易模仿或替代;或是可以通过有针对性的技术研发和专利,引导目标顾客的需求方向,引领市场潮流,以延长企业在市场上的领导地位。二是这个市场的目标顾客将有持续增多的趋势,利基市场可以进一步细分,企业便有可能在这个市场上持续发展。

(3)市场过小、差异性较大,以至于强大的竞争者对该市场不屑一顾。既然被其忽视,则一定是其弱点,因此可以在强大的竞争对手的弱点部位寻找可以发展的空间。所谓弱点,就是指竞争者在满足该领域消费者需求时所采取的手段和方法与消费者最高满意度之间存在的差异,消费者的需求没有得到很好地满足,这正是足可取而代之的市场机会。

(4)企业所具备的能力和资源与对这个市场提供优质的产品或服务相称。这就要求企业审时度势,要随时测试和了解市场的需求,根据自身的能力和资源状况量力而行。

(5)企业已在客户中建立了良好的品牌声誉,能够以此抵挡强大竞争者的入侵。

(6)行业还没有形成占统治地位的龙头企业。

2. 长尾理论在利基市场应用的策略

基于长尾理论的网络营销策略应主要考虑以下 4 个方面:

(1)关注热卖品向利基市场的转变,不要盲目追求畅销商品而忽略长尾产品。在常规的经济思维模式影响下,企业往往不遗余力地追求热门商品,并为获得一时的高额利润扩大生产。然而,这些热门商品并不能确保永远畅销,一旦过时就会导致滞销库存增加,以至于出现了不畅销产品永远比畅销产品要多的局面。特别是处在一个急速变化的多元消费时代,企业往往就会步入滞销困境,只得低价处理这些产品,收回的部分资金,再投入新一轮畅销品的生产与开发中。其实,执着于培植畅销商品的人会发现,畅销商品带来的利润越来越薄,不是只有追求畅销产品才能令企业在现今竞争激烈的环境中获得较高的利润回报。那些愿意给长尾商品机会的人,也可能积少成多,累积庞大商机。这些需求和销量不高的产品(即长尾产品)个性化和差异化特征明显,众多这类产品所占据的共同市场份额,可以和主流产品的市场份额相匹配,甚至更大。

(2)建立强大的渠道。长尾理论要想发挥效果必须具备的条件之一,就是要有足够大的渠道。首先,让所有东西都可以获得。即利用已有的"头"热门将自己变为"长尾"大热门,成为长尾巴的供应商。没有头只有尾巴,在吸引消费者时就会显得杂乱和无序。其次,将大热门和利基有效整合。结合大热门商品已有的渠道优势,用虚拟网络把那些小利基市场连接起来,实现其商业价值。

(3)实施多品牌策略,实现品牌长尾化。极其多样化的长尾市场正在随着网络社会的兴起而形成，如今消费者喜欢更多的品牌和更多的选择，对上市的新产品也有足够的好奇心，因此营销人员必须要考虑多品牌策略。实际上，靠简单的大品牌延伸已很难再聚合与以前一样多的消费者了，需要挖掘众多以前被隐藏的顾客意见和价值观，甚至让顾客参与到品牌创建的过程之中，真正实现品牌长尾化。

（4）利用网络低成本的推广宣传，改变**边际成本**效益，实现潜在市场利润空间。随着互联网的普及，产生了低成本的、无限量的"网络货架"，网络商家的成本远远低于实体卖场，使得网络卖家可以摆放只有少量人购买的商品，积累大量的微销量，从而通过长尾市场收益。企业应建立一个专门销售**非标产品**的网站，利用互联网边际成本几乎为零、传播速度快、范围广的特点，降低对非标产品在推广宣传方面的边际成本，可以大大提高推广宣传的力度和效果。企业也可以把改进后和成系列的非标产品的资料，以数字化的方式放在网页上，使这些个性化十足的产品在数量和种类上组成一个庞大的数据库系统，让有需求的客户能很详细地了解未来产品的基本情况，取消造样品的做法，从而进一步降低非标产品生产制造的成本。此外，企业还应从降低噪声和节约电能方面重点研究对非标的"长尾产品"绿色化，因为节约能源也是客户成本的重要组成部分。

知识卡片 2-4

边际成本（Marginal Cost，MC）：在经济学和金融学中，边际成本指的是每一单位新增生产的产品（或者购买的产品）带来到总成本的增量。这个概念表明每一单位的产品的成本与总产品量有关，即边际成本等于总成本（Total Cost，TC）的变化量（ΔTC）除以对应的产量上的变化量（ΔQ）。

知识卡片 2-5

非标产品（Non-standard Products）：所谓非标产品是指根据用户的用途与需要，自行设计制造的产品或设备，其外观或性能通常不在国家设备产品目录内，不是按照国家颁布的统一的行业标准和规格制造的产品或设备。通常把为了满足大工业生产的需要，已生产的经使用证明性能良好的机械设备进行系列化定型，称为标准产品；而根据用户要求，在标准产品的基础上生产、改造或定做的产品称为非标产品。

实际上，长尾理论在某种程度上在颠覆"二八定律"，其实就是一种价值创新。将长尾理论应用到企业网络营销策略，为企业面对更多元化、利基化的市场趋势寻求新的发展思路。基于长尾理论的网络营销服务是一种创新策略，能为企业寻找到真正的利润增长点。

2.2.5 应用案例：当当网的长尾实践

当当网自 1999 年成立起，一直以"全品种"为目标。当当网的一大优势就是品种多。国内每年出版的新书品种中，除了类似教辅书这样更新快的品种外，都是当当网所关注的品种，也是当当网备货的对象。几年来，当当网上累计销售过七八十万种图书。从当当网的商品选择、采购、物流到营销、服务等方面，不同程度地印证了长尾现象和对长尾需求的开发。

1. 当当网的多品种服务

绝大多数用户所需要的不仅仅是流行畅销的商品，这种现象在当当网上很明显。许多书籍面对的是一个小众的市场，但它的累积需求往往能够带来巨大的销售额。这是由于：①用户个性不同，关注的领域不同，势必需要更多选择；②网上零售解除了商品陈列数量、陈列时间的限制，一方面不断扩大商品数量，同时也使得商品反复畅销成为可能，并且用户不会因为地域的原因影响购买；③产品按需定制成本的降低，使得几乎所有内容（如非主流唱片、绝版书）都能被继续发行，某一产品的市场规模调研变得不再是关键，关键是以低成本把该产品推入市场；④几乎所有产品都会有需求，众多的小众商品销售总额可能大于排名靠前的畅销商品的收入；⑤网络使得 80/20 法则不再严格适用。

目前当当网已经拥有一个巨大的品种库，网上展示品种是 30 多万种，而且逐年增加。

2. 当当网的低价格策略

利用低价把消费者拉向长尾市场。网络使更低价格成为可能，从而拉动长尾市场发展。当当网低进低出，减少中间环节。利用低价，把用户拉向长尾，非畅销商品的价格可以做到极具优势。读者在当当网上买东西，一是节省时间，二是节省金钱。

仓库的集中库存使得当当网一本书的库存成本不到北京传统书店店面的 1/30。由于陈列成本低，网站让中国图书的平均寿命延长了。例如，很多人在当当网看了某些图书信息之后会到别处去找相关的图书，会拉动一些甚至是犄角旮旯的书产生销售。

3. 当当网的"为你推荐"服务

帮助用户找到想要的，特别是非畅销产品的销售需要对用户进行引导和告知。很多用户只熟悉畅销书；用畅销产品吸引客流（消费者熟悉的入口），继而引导用户消费长尾产品；更有效的"为你推荐"可以做到引导长尾销售的目的，根据个人以及其他消费者行为习惯推荐针对个人的商品；关于"头尾呼应"——畅销商品是首先能够吸引消费者的，与此同时，引导消费者在足够的选择中找到他们喜欢的、个性化的商品。

当当网在品种上、价格上都有了优势，但是还需要方便、好查，才能更有效地吸引消费者。这个就是搜索功能。网络书店让更多品种得到上架和展示的机会，但有了这么多东西，还需要利用互联网的独特机制，让这些品种可以被挖掘出来。当当网最开始做的就是图书分类，因为分类是搜索的基础。当当网一开始就自己重新做分类，分类的要求是：一是分类要好；二是表示清楚；三是搜索方便。现在当当网有 27 个大类 2000 多个子类，可以满足传统书店满足不了的一些需求，而这些需求以往并没有得到充分满足过。

除了展示的内容外，还有评论、相互推荐等。可能全国需要某个产品的只有几百个人，而且在现实中这些人分散各地，不可能碰到，但在网络中，这几百个人很有可能聚集在一起，形成一种力量，让市场不大的商品得到更多的推荐。

(资料来源：http：//cache.baiducontent.com，编者有删改)

4. 案例评析

从上述网上商店经营中可以得到如下启示：

首先，长尾理论似乎更适用于采取窄而深商品结构的专业商店。该类型商店力图营造这样的商品特色：只经营某类窄小市场的商品，并拥有无限多的消费选择。普通超市经营的主要是多品类的日常生活用品，顾客购物行为有严重从众倾向，很难出现个性化需求。

而当当店主要经营的是选择性强的专业消费品市场，这类市场顾客更注重个性化和多样化需求的满足。对于这类消费品市场，长尾商品往往可以累积起来形成一个足够大的量，与主流热门商品相匹敌，这就要求该类商店经营者对市场进行更准确定位，对商品进行更精细化管理，才能实现长尾效应。当然，当当目前也满足消费者多种的需求，但书籍仍是其核心业务。

其次，应用长尾理论不能忽视可能带来的成本增长因素。从理论上来说，无数个冷门商品汇聚起来，完全可以得到与热门商品相匹敌的巨大利润空间。但事实上，商店增加销售每件新产品都可能会带来一定成本的提高，如果增加新产品的边际利润小于边际成本，则增加冷门产品经营得不偿失。因为小批量、多品种和灵活的经营方式所额外付出的成本，只能通过收取额外的价格来补偿。而一旦由于种种原因，产品或服务的价值未能被消费者感知和认同，就不会支付企业所希望的价格，这时商品的成本就不会得到补偿，企业就不能继续生存下来。因此，运用长尾理论必须保证任何一项成本都不随销量的增加而激增，最差也是同比增长。最理想的长尾商业模式是，成本是定值，而销量可以无限增长，这正是网络商店运用长尾理论更有优势的原因。

最后需要强调的是，网店经营者不能因为长尾理论而对"二八理论"全盘否定，长尾理论只是一个补充，许多情形下实体商店经营者会发现"二八理论"运用起来更有效。长尾理论提醒经营者关注长尾商品，并不是要经营者忽略热门商品的存在，而是给经营者提供一个新的经营思路：在特定的消费市场，完全可以走一条新路来避免恶性竞争。

2.3　网络整合营销服务理论

网络即时互动的特点使顾客参与到营销管理全程成为可能，而个性消费的复归使其主动性大大地增强，这就迫使企业必须贯彻以消费者需求为出发点的现代营销思想，将顾客整合到营销过程中来。为此，企业就必须将顾客的需求和利润最大化放到同等重要的位置，从顾客需求出发开始整个营销过程，而且在整个营销过程中要不断地与顾客交互，每一个营销决策都要从消费者出发，而不是像传统的营销管理那样主要从企业的角度出发。

2.3.1　网络整合营销的概念与核心思想

整合营销是美国西北大学教授唐·舒尔茨博士提出的一种现代营销策略，其基本思想是以消费者为核心重组企业行为和市场行为，综合协调地使用各种形式的传播方式，以统一的目标和统一的传播形象，传递一致的产品信息，实现与消费者的双向沟通，迅速树立产品品牌在消费者心目中的地位，建立产品品牌与消费者长期密切的关系，更有效的达到广告传播和产品行销的目的。

网络整合营销理论是传统整合营销理论在网络环境下的演化和发展。个性消费的复归促使顾客需要与企业对话，让企业了解其个性需求；而企业必须把顾客整合到营销过程中来，才能实现企业目标。这样，个性化复归的直接结果是需要整合营销模式，而网络的即时交互为实现这种模式提供了物质基础，两者的结合正是网络整合营销的魅力所在。

1. 网络整合营销定义

营销学家菲利普·科特勒认为,企业所有部门为服务于顾客利益而共同工作时,其结果就是整合营销。具体地讲,整合营销强调各种要素之间的关联性,要求各种营销要素成为统一的有机体,在统一的方向上形成合力,共同为企业的营销目标服务。

网络整合营销(Network Integrated Marketing)是一种从接收者的角度考虑全部营销过程的策略,即综合协调使用以互联网渠道为主的各种信息传播方式,把顾客以及各种营销资源整合到营销过程中来,从顾客需求的产生到顾客需求的满足,不断地与顾客双向沟通,以便更有效地达到品牌传播和产品行销的目的。

网络整合营销服务就是为了建立、维护和传播品牌,以及加强客户关系,而对品牌进行计划、实施和监督的一系列营销工作。网络整合营销服务把各个独立的营销策略和营销资源借助网络综合成一个整体,以产生协同效应,这些独立的营销工作包括广告、直接营销、销售促进、人员推销、包装、事件、赞助和客户服务等。

2. 对网络整合营销服务内涵的理解

网络整合营销服务是对各种网络营销工具和手段的系统化结合,根据环境进行即时性的动态修正,以使交换双方在交互中实现价值增值的营销理念与方法,是网络营销服务工作的系统化、体系化。网络整合营销服务的目标是基于信息网络(主要是互联网)之上,为企业创造网络品牌价值,为实现企业整体经营目标而服务。正确理解网络整合营销服务的内涵,应主要把握以下几个方面。

(1) 传播资讯的统一性:企业用一个声音说话,消费者无论从哪种媒体所获得的信息都是统一的、一致的。

(2) 互动参与:企业与消费者之间展开富有意义的交流,能够迅速、准确、个性化地获得信息和反馈信息。让受众在体验中互动是网络整合营销传播致效的关键,可以在受众互动参与的基础上进一步实现品牌经验的分享和品牌体验的扩散传播。

(3) 目标营销:企业的一切营销活动都应围绕企业目标来进行,实现全程营销。

(4) 利用网站:网站是品牌信息传播的核心平台,可以通过各种媒体的组合应用,激发受众的参与兴趣,聚合受众参与品牌营销传播活动进而达到品牌营销传播的目标。

(5) 跨媒体传播:信息在不同媒体之间的发布和互动,一是相同信息在不同媒体之间的交叉传播和整合;二是媒体之间合作、共生和协调。

(6) 品牌的核心价值观:维系消费者和品牌关系的核心维度,主要是基于消费者心理的洞察和品牌本身差异性的挖掘,需要主要品牌印象传播的一致性;整合营销是一种对各种营销工具和手段的系统化结合,根据环境进行即时性的动态修正,以使交换双方在交互中实现价值增值的营销理念与方法。

3. 网络整合营销服务理论的核心思想

网络整合营销服务的核心思想:①时刻关注消费者的价值取向或能够深刻理解什么正在吸引消费者的眼球;②协调使用不同的传播手段,发挥不同传播工具的优势;③将价值观融入品牌,通过品牌传达让消费者产生相应价值取向的心理体验,进而形成品牌体验,达到口碑营销、品牌传播的目的。

网络整合营销与传统营销"以产品为中心"相比，更强调"以客户为中心""以关系营销为核心""以服务为核心"等营销理念，要求关注客户的需求和欲望，快速地提供能满足客户需求和欲望的产品或服务；要求关注客户为满足需求可能付出的成本及市场的回报；要求考虑客户购买的便利性，让顾客满意，并对市场的变化快速做出反应；要求注重和客户的沟通，重视与顾客建立长期稳固的关系等。网络整合营销服务理论体系包括网络营销 4P 策略以及 4C、4R、4S 策略等（相关详细内容请参阅本书第 7 章和第 8 章）。

2.3.2 网络整合营销服务的原则与步骤

网络整合营销强调营销即传播，即和客户多渠道沟通，和客户建立起品牌关系，其优势在于能以最小的投入获取最大的回报。当然这些都要建立在对营销策略的准确把握上，立足于对客户营销需求与受众关注热点的分析研究，对客户信息进行整合式推广，使网络整合营销的优势得到最大程度发挥。为此，实施网络整合营销服务必须遵循一定的原则与步骤，才能收到预期的效果。

1. 网络整合营销服务 4I 原则

网络整合营销服务的 4I 原则：趣味原则（Interesting）、利益原则（Interests）、互动原则（Interaction）、个性原则（Individuality）。

（1）趣味原则。互联网具有娱乐属性，网络营销服务内容及形式也必须具有娱乐化、趣味性。因此，适当制造一些趣味、娱乐活动，将营销信息巧妙包裹在趣味的情节当中，是吸引人们注意力的有效方式。

（2）利益原则。网络上具有海量的产品和服务信息，营销活动若不能为目标受众提供利益，很难引起消费者的关注。这里"利益"既指物质实利，也包括信息、资讯、功能或服务、心理满足等。消费者一般抗拒广告，但需要与其需求产品相关的信息与资讯。因此，将直接推销类广告化为消费者提供资讯的免费利益，消费者接受度会大增。

（3）互动原则。网络媒体区别于传统媒体的另一个重要特征是其互动性。网络媒体在传播层面上失去了传统媒体的"强制性"，只有充分挖掘网络的交互性，充分地利用网络的特性与消费者交流，才能让网络营销服务的功能发挥至极致。数字媒体技术的进步，使得以极低的成本与极大的便捷性让消费者参与到网络营销服务的互动与创造中来成为可能。消费者亲自参与互动与创造的营销过程，把消费者作为一个主体，发起其与品牌之间的平等互动交流，可以为营销带来独特的竞争优势。

（4）个性原则。个性化的营销让消费者心理产生"焦点关注"的满足感，更容易引发互动与购买行动。在传统营销环境中，个性化营销成本非常高，因此很难推广。但在网络媒体中，数字化信息特征让客户细分或市场细分变得简单、便捷，使得细分出一小类人甚至一个人，做到一对一的个性化营销成为可能。

2. 网络整合营销服务的一般步骤

实施网络整合营销服务，可以按以下 6 个步骤进行：

（1）细分市场。找准市场机会和营销目标，对市场进行细分。

（2）设计客户体验功能。通过取得第一批客户，建设以其为主导的信息和商务服务网站。对于自身实力不够的企业，也可以选择专业建站的外包公司。

（3）确定营销战术。利用技术和数据库手段，根据这部分用户反馈的信息进行分析，确定主要营销战术，满足更多更重要的用户需求。

（4）建立用户交流平台。设计商家与顾客的交互功能，如论坛、社区等，以维系用户的忠诚度。一般通过自建网站开发论坛需几年的积累，最好选择现有的论坛进行推广。

（5）分析信息需求，确定信息传播渠道。根据已有用户信息所涉及的人群，分析各传播工具的特性以及信息需求，进行口碑等方式传播，引导潜在用户产生兴趣和需求。

（6）实施服务。实施各种免费服务策略，发现用户潜在需求，诱导传播和消费。

网络整合营销服务模式是通过企业和顾客的不断交互，清楚地了解每个顾客个性化的需求后，做出相应的使企业利润最大化的决策，这样网络营销服务才能实现满足消费个性化需求和利润最大化两个目标。网络整合营销服务决策过程如图 2-3 所示。

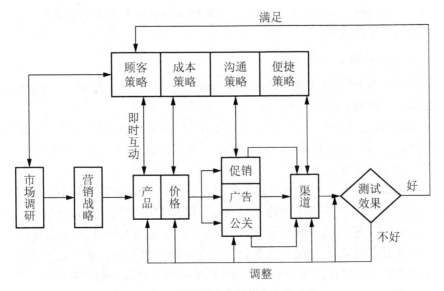

图 2-3　网络整合营销服务决策过程

由于消费者个性化需求的良好满足，以及对企业的产品、服务形成良好印象，在第二次需求该类产品时，就会对该企业的产品产生偏好，优先选择原来的产品；随着第二轮的交互，产品和服务可能更好地满足其需求，如此重复。一方面，顾客的个性化需求不断地得到越来越好的满足，建立起对公司产品的忠诚意识；另一方面，由于这种满足是针对差异性很强的个性化需求，这就使得其他企业的进入壁垒变得很高，其他生产者即使生产类似的产品也不能同样程度地满足消费者的个性化消费需求。

2.3.3　网络整合营销服务推广方法与发展趋势

1．网络整合营销服务推广方法

一般来说，常见的网络营销服务方式诸如搜索引擎营销、网络广告、电子邮件营销、博客营销、微博营销、电子杂志营销、论坛营销、社交网站营销等，都可用于网络整合营销。随着媒体环境及形式"多样化""碎片化"日趋复杂，互联网呈现多元生态结构，更多、更新鲜的可用于网络整合营销服务的方式也层出不穷，如图2-4所示。

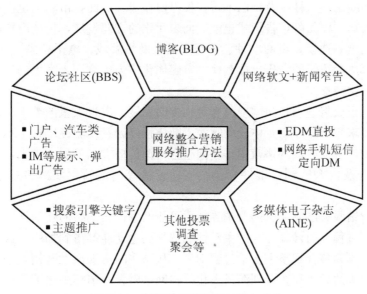

图2-4 网络整合营销服务推广方法

网络整合营销服务不是简单的方法混合，必须以品牌、关联度等构成一个有序的整合营销体系，如博客营销与视频营销融合，网站建设与搜索引擎优化（SEO）相结合等。在网络媒体时代，信息传播是"集市式"多向、交互流动，消费者不再只被动地接受传媒信息，而是主动地收集多元化信息，反复对比、选择、生产并传播内容，向其他消费者传递其对品牌和产品的认识和经验。信息传播方式的变化要求网络营销服务方式也相应地改变。

网络的发展不仅使得整合营销更为可行，而且能充分发挥整合营销的特点和优势，使顾客这个角色在整个营销过程中的地位得到提高。网络互动的特性使顾客真正参与到整个营销过程中来成为可能；顾客不仅参与的主动性增强，而且选择的主动性也得到加强。不仅如此，在整个营销过程中要不断地与顾客交互，每一个营销决策都要从消费者出发，而不是像传统营销理论那样主要从企业自身的角度出发。

2. 网络整合营销服务的发展趋势

随着互联网深入发展，未来的各种网络营销服务方式必然走向深度整合，线上数字媒体，包括视频、社区、搜索引擎、智能移动终端等，线下的户外广告和二维码识别等，只有经过深度整合，合理推送，并按需求提供定制服务或自助式服务，才能让品牌或商品从海量的信息量中脱颖而出，才能在消费者最需要的时候发挥引导效用。就网络整合营销服务而言，未来发展将呈现以下特点。

（1）多媒体整合营销是网络营销发展的必然趋势。媒体多样化发展，使得营销变得更为复杂，但用户达到也更为精准，所以整合营销才能达到更为广泛的营销目的。从长期的监测数据来看，由于网民的媒体接触习惯日趋多元化，广告主的媒体选择也日趋复杂，整合营销是网络营销发展的必然趋势。

(2) 社区营销、富媒体及视频广告将成为主流的网络整合营销形式。随着多元化的网络新媒体形式不断出现，社区营销已不再仅仅停留在概念层面，市场上也出现了专业的社区营销及公关公司，而品牌广告形式也继续向多元化的方向发展，传统门户网站不再是广告主网络营销的唯一选择，桌面软件、下载工具、网络游戏、电子杂志、即时通信工具、影音播放器等都成为很好的广告投放载体。富媒体化成为未来广告发展的趋势，视频广告则将成为未来的主流形式。

(3) 广告主投放将进一步向网上整合营销方向发展。广告数量的繁多、销售渠道权利的转换、网民要求与产品互动及体验的呼声不断增强等因素，驱使广告主不再仅仅满足单一形式及媒介的广告投放，网络营销正在向整合营销传播方向发展。未来，基于细分媒体平台的优化组合及内容行销、事件营销、互动营销等网络营销实践将趋于体系化和系统化。

网络整合营销服务已成为国内营销界炙手可热的理论，网络的互动性使得顾客能够真正参与整个营销过程，而且其参与的主动性和选择的主动性都得到加强。这就决定了网络营销首先要求把顾客整合到整个营销过程中来，从顾客的需求出发开始整个营销过程，最终实现消费者需求的满足和企业利润最大化。在网络整合营销模式之下，企业和客户之间的关系变得非常紧密，形成了"一对一"的营销关系，体现了以客户为出发点及企业和客户不断交互的特点，这也是网络整合营销服务发展的趋势重点。

2.3.4 应用案例：赢道的"FEA"网络整合营销服务

1. 赢道"FEA 网络整合营销"的含义

"FEA 网络整合营销"是赢道营销顾问机构提出的网络营销实战体系，其侧重点在于话题营销(Focus)、事件营销(Event)、活动营销(Activity)三者整合，然后通过多渠道表现，影响消费者。

(1) 话题：消费者的关注点各不相同且时刻多变，但总会有一些话题能引起绝大多数人的注意，如照明行业营销的针对目标是业主、设计师等群体，对装修、灯具、家居、生活、设计等不同领域的话题有着天然的敏感性。因此，在话题营销上对产品、品牌、企业信息进行把握，能够在短时间内引起大量消费者的关注。

(2) 事件：通过策划、组织和利用具有新闻价值、社会影响或者有名人效应的人物和事件，吸引媒体、社会团体及消费者的关注，这是事件营销的意义所在。事件的发生往往能伴随着话题的诞生，消费者的视线也会随之而来。不过事件营销必须有一定的意义，不能演变成单一的品牌、产品或者企业宣传，那样的炒作往往会让消费者反感。

(3) 活动：选秀、公益活动、征文大赛、某项运动……这些都可以是活动的主题。而这些活动本身对目标消费者的吸引力决定着消费者的参与度，同样也会影响活动的传播和品牌形象的树立。

2. 赢道"FEA"在"三雄·极光照明"的应用

三雄·极光照明是广东一家创立于1991年的生产照明灯具的企业，主要致力于开发和生产高档次的绿色节能照明产品，2010年赢道为其定制了"FEA"整合营销方案。

（1）话题伴随活动展开。在话题营销方面，"你家的照明健康吗？"是三雄•极光2010年中期组织的一次以"光健康"为线索的话题传播，这个话题伴随"光健康"义诊活动的开展，用户报名并被幸运抽中之后，三雄•极光照明的专业工作人员将前往幸运用户家中，对各个空间的照明状况免费进行诊断，提出更加健康、科学、节能的家庭照明建议。围绕这次活动与话题传播，三雄•极光组织了诸如《光健康小常识，你知多少》《购买灯具六大法则》《绿色照明不是梦》《引领第三次照明变革》等推广内容，虽然不是非常精彩，但确保了基本的市场传播与企业品牌、产品理念的基本传播。

（2）活动与事件相结合。在网络活动营销方面，照明灯具品牌并不容易开展，不过三雄•极光有效地使用了这种营销策略，"光影世博摄影大展"即是三雄•极光的一大活动营销创举。该项活动以2010年上海世博会为契机，邀请网友发表各种光影世博的摄影作品，体现上海世博园在各种光的状态下的景色（包括自然光和人工光），内容为世博会场园区内或世博直接相关的拍摄作品。报名及作品提交时间从2010年5月1日持续到9月20日，长达4个多月。活动的创意既借了上海世博会的题材，同时又与照明紧密相关，符合品牌推广的主题，也能彰显产品的卖点。不过由于该活动开展后的传播手段、内容较少，影响面不够大。

3. 案例分析与启示

（1）"FEA网络整合营销"传播模式以话题营销、事件营销与活动营销为主体构成，通过多个话题、事件、主题活动的创意性设计与策划，通过综合网络媒体、地区新闻媒体、行业网站、博客、网络社区、网络视频、电子邮件、短信平台、搜索引擎、电子商务平台、电子发行物等组合型通路和传播载体，构建"流水线操作品牌知名度经营与传播"的整合营销传播体系，从而避免单一营销通路或工具在传播范围、受众、影响力上的局限性。

（2）"FEA网络整合营销"传播模式既保留了传统经典营销理论与操作方法的应用，同时把传播通路更多地引向互联网，更多地借助话题营销、事件营销与活动营销引发病毒式传播与口碑传播，实现营销传播方面的**蜂鸣效应**。在整个操作过程中，"FEA"一方面将"企业推什么"放在了整个体系的第一位，而不仅仅是拿来企业的产品做网络公关、论坛发帖、广告创意设计与广告片拍摄，也不是简单地根据企业推广需求选择搜索引擎关键词，而是对这些通路进行整合，组合化地使用，既充分借助各种可能的渠道，又发挥各种渠道的协同性，以便实现"1+1＞2"的效果；另一方面，这种营销模式不再受限于大流量平台，在更多情况下主要组合其他优质的传播渠道资源，如各种中小型门户网站、网络社区、网络博客等，走一条"通路整合、资源整合、平台整合"的路子，在严控成本的情况下，确保营销效果。

知识卡片 2-6

蜂鸣效应（Buzz）：营销中利用特定事件或特定人群，引发产品信息在目标受众中的口碑传播的效果，从而达到产品信息在潜移默化中快速、广泛传播的目的。其英文原词"buzz"，意指"嗡嗡声"，它非常形象地体现了蜂鸣营销所引发的口碑效应，故称蜂鸣效应。

（3）整合多种网络营销的渠道，并通过这些渠道加深与消费者的互动，是提高品牌黏性的前提，这方面要求企业必须熟悉各种社会化媒体的应用，才能收到预期的效果。

2.4　网络直复营销服务理论

直复营销起源于美国。1872年，蒙哥马利·华尔德创办了美国第一家邮购商店，标志着一种全新的营销方式的产生。但直至进入20世纪80年代后，直复营销才被人们重视并得到了飞速的发展，其独有的优势也日益被企业和消费者所了解。

2.4.1　网络直复营销服务的概念

1. 网络直复营销的定义

根据美国直复营销协会（American Direct Marketing Association，ADMA）为直复营销下的定义，直复营销是一种为了在任何地方产生可度量的反应和（或）达成交易而使用一种或多种广告媒体的相互作用的市场营销体系。从销售的角度来看，网络营销其实是一种"直复营销"。

网络直复营销（Network Direct-Marketing）是指生产厂家通过网络直接分销渠道直接销售产品。网络直复营销中的"直"（Direct）是指不通过中间分级渠道而直接通过媒体连接企业和消费者，利用网络进行销售，顾客可通过网络直接向企业订单付款；网络直复营销中的"复"（Response）是指企业与顾客之间的交互，顾客对这种营销努力有一个明确的回复（是买还是不买），企业可统计到这种回复的数据，由此对以往的营销努力做出评价。

综合上述特点，所谓网络直复营销服务，是以电子网络作为交互式的双向沟通渠道和媒体，在企业与顾客之间随时随地直接进行的个性化和精确化的产品销售与宣传活动。简单地说，网络直复营销服务是指生产厂家通过网络作为分销渠道直接销售产品或服务。网上销售最大的特点就是企业和顾客的交互，这种交互既可促进订单成交，还能获得顾客的其他数据甚至建议，所以仅从网上销售来看，网络营销是一类典型的直复营销。

2. 对网络直复营销服务定义的理解

网络作为一种交互式的双向信息传递渠道和媒体，在企业与顾客之间架起沟通的桥梁。顾客可以直接通过网络订货和付款，企业可通过网络接收订单、安排生产，直接将产品送给顾客。基于互联网的直复营销服务更加吻合直复营销的理念，这表现在以下几个方面：

（1）网络直复营销特别强调与目标顾客之间的"双向信息交流"。作为一种相互作用的体系，网络直复营销克服了传统市场营销"单向信息交流"方式中营销者与顾客之间无法沟通的致命弱点。互联网是开放、自由的双向式信息沟通网络，企业与顾客之间可以实现直接的一对一信息交流和直接沟通，企业也可以根据目标顾客的需求进行生产和营销决策，在最大限度满足顾客需求的同时，提高营销决策的效率和效用。

（2）网络直复营销服务的关键是为每个目标顾客提供直接向营销人员反应的渠道。企业可以凭借顾客反应找出不足，为下一次直复营销活动做好准备。互联网的方便、快捷性使得顾客可以方便地通过互联网直接向企业提出建议和购买需求,也可以直接通过互联网获取售后服务。企业则可以从顾客的建议、需求和要求的服务中,找出企业的不足,按照顾客的需求进行经营管理,减少营销费用。

(3) 网络直复营销服务强调企业与顾客的信息交流不受时间和地域限制。互联网的全球性和持续性等特征,使得顾客可以在任何时间、任何地点直接向企业提出要求和反映问题;企业也可以利用互联网上的信息沟通工具,突破时空的限制,低成本地与顾客双向交流。

(4) 网络直复营销服务最重要的特性是其效果可测定。互联网作为最直接的简单沟通工具,能以非常低廉的沟通费用和信息处理成本,很方便地为企业与顾客进行交易提供沟通支持和交易实现平台。通过数据库技术和网络控制技术,企业可以很方便地处理每一个顾客的订单和需求,而不用考虑顾客的规模大小、购买量的多少。因此,通过互联网可以实现以最低成本、最大限度地了解与满足顾客需求,细分目标市场,提高营销效率和效用。

网络营销作为一种有效的直复营销策略,具有可测试性、可度量性、可评价性和可控制性。因此,利用网络营销这些特性,可以大大改进营销决策的效率和营销执行的效用。

2.4.2 网络直复营销服务的特点

直复营销和网络的结合,演变成了一种全新的营销模式,由此也形成了网络直复营销服务自身的特点。

1. 强调信息的双向交流

网络直复营销活动中,强调在任何地点和时间,用户与企业都可进行信息的双向交流。互联网可以全天候提供网上信息发布、沟通,顾客可根据自己的时间安排通过网络获得信息,突破了传统营销模式的地域及时间局限性,这是网络直复营销非常显著的一个特点。网络直复营销作为一种相互作用的体系,提供开放、自由的双向式信息沟通渠道,企业和用户之间可以实行一对一的信息沟通和交流。这样也使企业提供"一对一服务"成为可能,戴尔电脑就是这方面最典型的例子。

2. 可以精确掌握营销数据

网络直复营销对营销数据可以精确掌握。通过网络技术和数据库技术,企业和顾客之间所有的交互数据都可以进行保存、分析,进而提供决策依据。例如,通过用户入口数据,可以分析出企业搜索引擎推广的效果,各网络广告所带来的收益,进而调整网站推广策略;根据用户所处地理位置和所购商品,可以分析各地区用户消费习惯,细分目标市场;根据各产品页面浏览频率,可以看出哪类商品更被关注,进而调整企业的产品策略。通过对用户购买需求和建议及反馈的分析,找出企业经营中的不足,优化营销策略。

3. 极大地降低了企业经营成本

网络直复营销极大地降低了企业经营成本。企业通过网络直面用户,降低了产品的中间分销成本。由于信息渠道的扁平化,企业可将产品库存压缩到最低,甚至是零库存生产,也就是完全按订单生产。即使从营销成本上看,目前的搜索引擎推广、网络广告推广和社区营销等常用推广方式,也比传统营销模式极大地降低了成本。对于广大的中小企业而言,网络直复营销是以小搏大的一种有力工具。

2.4.3 网络直复营销的常用方式与工具

1. 网络直复营销的常用方式

网络直复营销的常用方式主要有两种:一种是企业在互联网上建立独立的站点,申请域名、制作主页和销售网页,由网络管理员专门处理有关产品的销售事务;另一种是企业委托信息服务商在网站上发布相关信息,企业利用有关信息与客户联系,直接销售产品,虽然在这一过程中有信息服务商参加,但主要的销售活动仍然是在买卖双方之间完成的。

2. 网络直复营销的常用工具

网络直复营销可利用的主要网络工具或方法,如搜索引擎(包括 SEO 与 PPC)、电子邮件、即时通信工具、博客、播客、RSS、SNS、创意广告、病毒式营销、事件营销等。借助这些工具或方法,企业能随时了解用户的愿望和需要,并据此开展各种形式的促销活动,迅速扩大产品的市场占有率。例如,企业通过网络及时了解到用户对产品的意见和建议,就可以针对这些意见和建议迅速提供技术服务,答疑解难,提高产品质量,减少服务与质量瑕疵。通过这种一对一的销售模式,企业可以与消费者在心理上建立良好的关系。

国外开展网络直复营销服务较早的网站,像美国的 Cybergold、Mypoint 等都已经在用户中建立了良好的信用度,并且真正给其带来了实惠。

微型案例 2-3

Cybergold 每天都会在网站上送出商品的折扣券,用户利用折扣券就可以通过互联网买到比超市更便宜的货物,还节省了时间;另外,网站还会在用户购物后为其会员账户上添加一定的点数来鼓励用户继续消费,当点数累积到一定程度后,用户可以把它兑换成现金或者用来购买其他商品。MyPoints 是美国一家提供网上直接销售服务的公司,该公司开发的工具可以让使用该工具的企业奖励那些响应网上市场推广活动的客户。

我国网络直复营销服务起步比较晚,但是目前发展速度却相当快,如索易"点金网"等网站已纷纷推出了这一业务,并在短时间内吸引了为数不少的用户。

2.4.4 应用案例:戴尔电脑的网上直销服务

世界领先的戴尔计算机公司于 1984 年由企业家迈克尔·戴尔创立,是 20 世纪 90 年代全球最成功的直销计算机系统公司,在全球 34 个国家中拥有 35800 名雇员。在美国,戴尔是商业用户、政府部门、教育机构和消费者市场名列第一的主要个人计算机供应商,也是全球名列第二、增长最快的计算机公司。

1. 戴尔公司网络直复营销业务模式

按照客户要求制造计算机,并向客户直接发货,使戴尔公司能够更有效和明确地了解客户需求,继而迅速地做出回应。

(1) 按需定制。戴尔公司设计、开发、生产、营销、维修和支持一系列从笔记本电脑到工作站的个人计算机系统,每一个系统都是根据客户的个别要求量身定制的。这种革命性的举措使戴尔公司成为全球领先的计算机系统直销商,跻身业内主要制造商之列。

(2) 按单生产。存货一直是传统供应链中不得不付出的巨大成本。庞大分销体系中,存货一直是运作和管理的重要因素,庞大的存货成为传统分销体系降低成本的难题。当客户需求变动时,分销商可能出于自身利益的考虑而与供应商的市场定位发生冲突,从而使产品的新的营销策略服务方式难以达到预期的目的。当新产品上市时,企业与顾客的联系被分销层次隔离,使企业对客户的需求难以全面真实地把握,导致产品和服务难以适应市场需求。戴尔采取"按单生产"(Built to Order,B2O)模式,主张零库存。在这种模式下,客户(不论是个人还是企业)都可以按照自己所需要的规格定制电脑,从而符合了越来越普遍消费者个性化需求,而这正是戴尔电脑与其他厂商竞争的优势。

(3) 直线订购。戴尔公司的全行业标准服务形式是通过首创的直线订购模式,与大型跨国企业、政府部门、教育机构、中小型企业以及个人消费者建立直接联系,同时也是首个向客户提供免费直拨电话技术支持,以及第二个工作日到场服务的计算机供应商。这种与技术开发及缔造者建立的一对一的直接关系,为顾客带来了更多的好处。直线订购模式使得戴尔公司能够提供最佳价值的技术方案,系统配置强大而丰富,性能表现绝对物超所值。这些都使公司以更富竞争力的价格推出最新的相关技术成为可能。

(4) 增值服务。从每天与众多客户的直接洽询中,戴尔公司掌握了客户需要的第一手资料,并据此提供广泛的增值服务,包括安装支持和系统管理,并在技术转换方面为客户提供指导服务。通过DellWare项目,戴尔公司设计并定制产品及服务,销售包括外围硬件和计算机软件等在内的广泛产品系列。

2. 戴尔直销模式的特性

(1) 按照顾客的要求来设计制造产品。戴尔直销模式的核心思想是:真正按照顾客的要求来设计制造产品,并把它在尽可能短的时间内直接送到顾客手上。戴尔公司并不是以技术见长,它孜孜以求并且也最擅长的就是尽可能消除一切中间环节,在第一时间把市场需求和高度模块化的半成品组装起来,大大减少市场流转的时间和成本,从而使市场潜力充分地释放出来。

(2) 戴尔直销订购的实质是电子供应链管理。戴尔公司利用现代信息技术全面管理生产过程,并组建了一个"虚拟"企业,以定制化营销实现顾客导向的快速运转。公司内部的数据库储存有数万亿字节的信息,计算机控制的工厂设备和工业机器人使生产工厂能够很快地调整装配线;条形码扫描仪的普遍使用能使工厂跟踪几乎每一个部件和产品;数字打印机能够即刻改变产品包装的说明。戴尔公司对外通过互联网和内联网等技术连接,与其上游配件制造商组成"虚拟"企业,快速对客户订单做出反应;当订单传至戴尔公司信息中心,由公司控制中心将订单分解为子任务,并通过互联网和内联网分派给各独立配件制造商。各制造商按戴尔电子订单进行配件生产组装,并按戴尔控制中心的时间表供货。戴尔公司只需在成品车间完成组装和系统测试,剩下的就是客户服务中心的事情。一旦获得由世界各地发来的源源不断的订单,生产就会循环不停、往复周转。

3. 戴尔公司网络直复营销模式的启示

戴尔在短短10年内,成为全球个人计算机行业的领先企业,成功的基础是互联网在线直复营销模式,这种模式的特点是不需在全球设置庞大的分销机构,这改变了全球化的商业发展模式,改变了传统的分销方式,也给予业界许多有益的启示。

(1) 网络直复营销模式有效地克服了传统模式的致命缺陷。传统的销售过程是从制造商向经销商,再从经销商向顾客;而在戴尔的营销模式中,只有一级销售人员,从而企业把重心完全放在顾客身上。传统的市场理论将市场进行了细分,确定目标市场,并假定目标市场中所有客户具有相同的需求,不得不忽略客户间实际存在的差异,这是传统模式的致命缺陷;而戴尔营销模式把顾客进行细分后,造就了针对不同顾客群的营销专才,使戴尔与客户之间的合作日趋完善。

(2) 网络直复营销模式建立了一条高速有效的电子供应链。通过先进的信息技术,建立"虚拟"企业,从事面向顾客的定制营销的直销模式,是戴尔公司取得成功的核心竞争力。如果深入探讨一下其实质,不难发现,从现代管理学意义上讲,戴尔的成功主要得益于建立起了一条高速、有效的电子供应链。

2.5 网络关系营销服务理论

关系营销的概念由美国伦纳德·L.贝瑞教授于1983年首次提出,认为关系营销是吸引、维持和增强客户关系。1985年营销专家巴巴拉·B.杰克逊从工业营销的角度将关系营销描述为"关系营销关注于吸引、发展和保留客户关系"。自20世纪90年代以来,关系营销备受关注而发展成为一种重要的营销理论。

2.5.1 网络关系营销服务的含义

所谓关系营销,是把营销活动看成是一个企业与消费者、供应商、分销商、竞争者、政府机构及其他公众发生互动作用的过程,其核心是建立和发展与这些公众的良好关系。

关系营销理论主要包括两个基本点:一是在宏观上,认识到市场营销会对范围很广的一系列领域产生影响,包括顾客市场、劳动力市场、供应市场、内部市场、相关者市场,以及影响者市场(政府、金融市场);二是在微观上,认识到企业与顾客的关系不断变化,营销的核心应从过去简单的一次性交易关系,转变到注重保持长期的关系上来。

关系营销理论的核心思想是,正确处理与顾客的关系,把服务、质量与营销有机地结合起来,通过与顾客建立起长期稳定的关系以实现长期拥有顾客的目标。企业是社会经济大系统中的一个子系统,企业的营销目标要受到众多外在因素的影响,企业的营销活动是一个与消费者、竞争者、供应商、分销商、政府机构和社会组织发生相互作用的过程,正确理解这些个人与组织的关系是企业营销的核心。

网络关系营销服务(Network Relationship Marketing Service)是传统关系营销理论在网络环境下的应用和发展,是指企业借助网络、计算机通信和数字交互式媒体等现代信息技术手段,以处理好与顾客的关系为核心,在建立双向沟通机制的基础上,以互利双赢的指导思想建立起企业与相关组织及顾客的长期稳定合作关系的过程。网络关系营销更多地强调企业应借助于电子信息网络,在全球范围内拓展客源。现代企业应充分发挥互联网络的互动优势,灵活开展网络关系营销,促进企业的持续发展。

2.5.2 网络关系营销服务的核心任务

网络关系营销服务的核心任务是保持顾客,为顾客提供高度满意的产品和服务价值,通过加强与顾客的联系,提供有效的顾客服务,保持与顾客的长期关系,并在与顾客保持长期关系的基础上开展营销活动,实现企业的营销目标。

网络关系营销服务具有极强的互动性,能极大地简化顾客的购买程序,节约顾客的交易成本,提高顾客的购物效率,适应了定制化的要求,是企业实现全程营销的理想工具。

网络关系营销服务并不是以损伤企业利益为代价,它提倡企业与顾客双赢。据有关研究表明,一个满意的客户会影响8笔潜在的生意,其中至少有一笔会成交;一个不满意的客户会影响25个潜力在客户的购买意愿;争取一个新顾客所花的营销费用是保住一位老顾客费用的6倍。因此改善顾客关系并建立顾客的忠诚度,可以为企业带来长远的利益。

2.5.3 网络关系营销服务的基本原则

在网络关系营销服务过程中,应遵循以下原则:

(1) 主动沟通原则。在关系营销中,企业应主动与其他关系方接触和联系,进行信息沟通,向信息透明与民主化努力。同时,企业要主动为关系方服务或为关系方解决困难和问题,增强伙伴合作关系。

(2) 承诺信任原则。在关系营销中,企业要履行各项诺言,赢得关系方的信任,这是强化合作关系的基础与关键。

(3) 互利互惠原则。企业在与关系方交往过程中,必须做到相互满足关系方的经济利益,并在公平、公正、公开的条件下进行成熟、高质量的产品或价值交换。

2.5.4 网络关系营销服务的作用

现代信息技术的发展为企业和顾客之间建立有效的双向沟通渠道提供了良好的技术支持。网络关系营销服务依靠信息和网络技术实现全面互动,建立以顾客为导向的顾客关系管理,使企业可以高效地收集、处理和传递信息。企业开展网络关系营销服务有如下作用:

(1) 为企业与顾客建立长期关系提供有效的保障。网络关系营销服务将互联网作为一种有效的双向沟通渠道,使企业与顾客之间可以借此实现低费用成本的沟通和交流,从而为企业与顾客建立长期关系提供有效的保障。第一,企业利用互联网可以直接接收顾客的订单,顾客可直接提出个性化的需求。企业根据顾客的个性化需求利用柔性生产技术最大限度满足顾客的需求,为顾客在消费产品和服务时创造更多的价值。企业也可以从顾客的需求中了解市场、细分市场和锁定市场,最大限度地降低营销费用,提高对市场的反应速度。第二,企业利用互联网可以更好地与顾客保持联系。互联网不受时空限制的特性能最大限度方便顾客与企业进行沟通,顾客可以借助互联网在最短时间内以简便方式获得企业的服务,企业通过服务顾客等手段为保持顾客所支出的费用远远小于争取新顾客的费用。

(2) 使相关企业和组织建立关系实现双赢发展。在商品交易过程中,顾客支付价值获得使用价值,企业让渡产品实现价值获得利润。这说明企业和顾客之间存在共同的利益,二者可以通过长期合作实现双赢。互联网作为最廉价的沟通渠道,能以低廉成本帮助企业与企业的供应商、分销商等建立协作伙伴关系。例如，联想电脑公司通过建立电子商务系统和管理信息系统实现与分销商的信息共享，降低库存成本和交易费用，同时密切双方的合作关系。

（3）阻挡竞争者入侵。设计和建立一个有效和完善的网络关系营销服务系统是一项长期的系统性工程，需要大量人力、物力和财力。一旦某个公司已经实现有效的网络关系营销，竞争者就很难进入该公司的目标市场。因为竞争者要用相当多的成本建立一个类似的数据库，这几乎是不可能的。因此，网络关系营销服务还可以阻挡竞争者入侵。

此外，网络关系营销服务是一种以消费者为导向的、强调个性化的营销方式，具有企业和消费者的极强的互动性，可以从根本上提高消费者的满意度；网络关系营销服务能满足消费者对购物方便性的需求，省去了去商场购物的距离和时间的消耗，提高消费者的购物效率；网络关系营销服务能为企业节约巨额的促销和流通费用，降低产品成本和价格。

2.5.5 应用案例：腾讯公司的泛关系链营销服务

调查数据显示，中国网民在网上停留的时间是全世界最长的。而网民会通过各种互联网应用，维护由网络延伸构成的各层次、各类型的丰富关系，腾讯公司把这种关系称为"泛关系"。腾讯认为，品牌构成了现代人的生活，而这些纷繁复杂的"关系"正是品牌和消费者的有效沟通方式；国内SNS已经到了告别纯粹"游戏制胜"、回归社交本质的时候。腾讯针对旗下SNS平台，推出了泛关系链营销解决方案。

1. 泛关系时代的品牌传播

腾讯认为："在泛关系时代，品牌与用户之间建立的是一种弱关系。原来由强关系或强传播实现的，现在变成微弱关系就能实现了。"中国互联网发展十几年，不断出现新的产品和应用，无论是早期的BBS、电子邮件、即时通信，还是如今火爆的网络游戏、视频、博客、微博和SNS，无一不是为了满足网民维护关系的需要。

互联网无限放大了传统物理局限的关系圈或用户数，同时把各种各样的关系模型或者种类放大了。围绕在每个网民周围的关系网络由真实关系链、地域关系链、兴趣关系链、内容关系链、生活关系链等组成。首先，互联网的关系是把传统的亲朋关系搭载到网上。其次，是地缘关系，如同学会、老乡会等。还有基于兴趣爱好的关系，甚至还有基于内容的关系等，网络使现实关系扩展为一种泛关系。

SNS社交网站的基础是人与人之间的社会化交往以及由此形成的多元关系链。DCCI互联网数据中心调查数据显示，用户在网上交流品牌信息的行为相当活跃：近八成用户在和好友聊天时交流品牌信息，使用论坛交流的比重也较大；近九成用户在SNS上交流品牌信息。

2. 泛关系链营销途径

大规模和高黏度的用户基础是腾讯提出泛关系链营销的前提。腾讯2013年第四季度财报显示，QQ月活跃用户数达8.08亿人；2014年4月，QQ同时在线人数突破2亿人。借助庞大的用户数量，腾讯积累了多年的用户行为数据为其营销提供了第一手资料。

腾讯通过SNS社区、个人虚拟世界、即时通信、资讯、QQ校友、QQ农场、QQ秀、电子商务等产品和服务，成功地聚合了用户的多重关系，如好友关系、兴趣关系、话题关注、购物分享等，逐渐形成了中国最大、最丰富的泛关系链网络。

为促进和活跃腾讯 SNS 产品上用户关系链的活跃度和参与度，腾讯在 2010 年 5 月曾对网络社区 QQ 空间进行大规模的版本更新，向用户提供线上、线下紧密交融的社区体验，为泛关系链营销的启动做好准备工作。

泛关系链营销中的"泛"有三层含义：一是指营销覆盖的每个网络用户的关系种类和圈子全面；二是指营销实现跨平台产品以及众多营销模式之间的互动和互通互联；三是指聚焦在 SNS 营销领域。

腾讯泛关系链营销的核心是通过对发布品牌声音、驱动关系链传播、接口用户对话、管理口碑体系四个环节的介入，最大化地促使企业的声音能够在腾讯泛关系链网络内多节点曝光，吸引用户关注，同时通过意见领袖和活跃网民的影响力带动，实现企业品牌的广泛传播。在这个过程中，企业要随时随地地倾听消费者的声音，与用户即时沟通互动，促进用户对品牌的了解，鼓励用户与好友分享企业品牌的体验，深化对品牌的情感忠诚度，同时其口碑又在好友间形成品牌信息的再次传播。

目前，腾讯融合了沟通、资讯、娱乐和电子商务四大网络平台的网络社区，在每个平台上都承载并匹配了广告产品与营销模式，而每个用户的关系网络也纵横交错地存在于这些平台之上。借助泛关系链营销，腾讯可以打通平台与产品间的互动通路，实现腾讯网、QQ 即时通信、SNS、QQ Live、手机腾讯网五大平台，以及 QQ IM、Qzone、QQShow 三大 SNS 联动，从而为广告主提供丰富、有价值的关系链营销空间和通路。

3. SNS 品牌整合营销解决方案

泛关系链营销的重点在于拉动用户参与到品牌共建的过程中，让用户主动、积极地反馈信息并传播给与其有关系的其他用户，使品牌信息呈几何级数扩散。宝马·腾讯"世博网络志愿者接力"活动，就充分诠释了腾讯的泛关系链营销理念。首先，腾讯通过在 QQ 即时通信、腾讯网、QQ 空间上进行官方品牌声音和活动信息发布招募宝马用户；当用户确认参与接力活动后，要在规定的时间内提出申请，并做出响应上海世博会绿色主题的承诺；之后用户通过 QQ 上的好友关系链与好友互动，发出参与邀请，驱动关系链传播；如果好友确认参与，就会在用户的 QQ 上出现志愿者公益图标，从而让宝马品牌、产品与用户联动。

由于宝马不希望接力活动的商业气氛太浓，它的目的是倡导清洁能源、清洁发动机，腾讯便把这个概念融入绿色地球、环保中去，使宝马品牌以非常隐性的方式传递给用户。通过泛关系链营销，腾讯提供给企业的是整合性方案，根据企业的传播目标、推广周期，定制一个最合适的推广计划。

在泛关系链营销的标准下，腾讯可以为广告主提供品牌空间维护、定期更新内容、保证用户始终有信息互通等服务。

目前，腾讯公司已经就泛关系链营销推出了几个比较重要的系统。其中之一是效果衡量系统，它提供一整套监测分析，包括了解用户的来路、行为轨迹以及离开的出口等，为广告主提供详细的报告。

（资料来源：http://www.jakj.com.cn，编者有删改）

4. 案例评析

通过泛关系链让用户自发地将品牌信息以几何级数扩散开去,成为网络营销的重要趋势。泛关系链营销通过介入消费者的决策路径,帮助品牌迅速、持续地对目标用户进行大范围覆盖,进行可信、有效的互动沟通,从而达到营销目的。本案例有以下几点特别值得关注:

(1) 腾讯泛关系链营销解决方案的本质是对 AIDMA、AISAS、湿营销理论的再次延伸,是融网络硬广告、植入广告、官方品牌空间、APP 类植入游戏、意见领袖、口碑互动、在线客户服务、口碑舆情监测与管理于一体的 SNS 关系链整合营销解决方案。它赋予了消费者力量,鼓励网络用户以创造性的方式贡献和分享内容,从而影响商家的新产品开发、市场调研、品牌管理等营销战略。

(2) 腾讯的泛关系链营销是腾讯独特优势的集中体现。这不仅仅在于腾讯是为用户提供关系服务的良好网络媒体平台,也在于它满足了当前广告主的很多需求。同时,它本身也涵盖了腾讯大量的媒体资源。

(3) "关系"的价值是很难用数字衡量的。它对广告主带来的直接影响是,互联网不仅是媒体,还可能起到销售渠道的作用。

2.6 网络软营销服务理论

在网络经济环境下,消费者个性消费回归,消费者购买商品不只是满足生理需求,还要满足心理和精神需求。网络软营销理论认为在网络经济环境下顾客主动有选择地与企业沟通,顾客对于那些不遵守**网络礼仪**的信息会感到反感。

知识卡片 2-7

网络礼仪(Netiquette):在网上交往活动中形成的被赞同的礼节和仪式。换句话说就是人们在互联网上交往所需要遵循的礼节,是一系列使人们在网上有合适表现的规则。只有当使用互联网的人们懂得并遵守这些规则,互联网的效率才能得到更充分、更有效的发挥。

常用的网络礼仪:记住别人的存在;网上网下行为一致;入乡随俗;尊重别人的时间和带宽;给自己网上留个好印象;分享你的知识;平心静气地争论;尊重他人的隐私;不要滥用权力;宽容。

2.6.1 网络软营销服务的基本含义

网络软营销(Soft Network Marketing)是针对工业经济时代的以大规模生产为主要特征的"强势营销"提出的新理论,是指在网络营销环境下,企业采用更具理性化的促销手段向顾客传送信息,使之更易于被顾客接受,进而实现信息共享与营销整合。网络软营销服务强调企业进行网络营销的同时必须尊重消费者的感受和体验,让消费者能舒服地主动接收企业的营销活动,通常借助**网络社区**等社会化媒体。

知识卡片 2-8

网络社区(Online Community):存在于互联网上供其会员自由交流的虚拟社区,是人们在现实生活中社会关系的一种补充，通常由那些具有相同兴趣、目的，经常相互交流，互利互惠，能给每个成员以安全感和身份意识等特征的互联网上的单位或个人所组成。网络社区实质上是一个信息发布系统，由各种混合的社交软件组成，包括网络聊天室、论坛、BBS、个人博客等，并且可以通过文字、声音、视频来交流。

  传统营销活动中最能体现强势营销特征的是两种促销手段：传统广告和人员推销。传统广告的目标是通过不断的信息灌输方式在消费者心中留下深刻的印象，至于消费者是否愿意接收则不考虑，消费者常常是被迫被动地接收广告信息；传统的人员推销也根本不考虑被推销对象是否愿意和需要，只是根据推销人员自己的判断强行展开推销活动。

  在互联网上，由于信息交流是自由、平等、开放和交互的，强调的是相互尊重和沟通，网上使用者比较注重个人体验和隐私保护。因此，企业采用传统的强势营销手段在互联网上展开营销活动往往会适得其反。

微型案例 2-4

  美国 AOL 公司曾经对其用户强行发送 E-mail 广告，结果招致用户的一致反对，许多用户约定同时给 AOL 公司服务器发送 E-mail 进行报复，结果使得 AOL 的 E-mail 邮件服务器处于瘫痪状态，最后不得不道歉平息众怒。

  网络软营销恰好是从消费者的体验和需求出发，采取拉式策略吸引消费者关注企业来达到营销效果。但传统的强势营销和网络的软营销并不是完全对立的，二者的巧妙结合往往会收到意想不到的效果。

微型案例 2-5

  原以亚洲地区为主要业务重心的国泰航空公司，为了扩展美国飞往亚洲的市场，拟举办一个大型抽奖活动，并在各大报纸上刊登了一个抽奖的广告。与众不同的是，这个广告除了几个斗大的字"奖 100 万里"及公司网址外没有任何关于抽奖办法的说明，要了解抽奖办法的消费者只有登录公司网站。结果是众多的消费者主动登录企业网站以获得相关的活动信息，这样就为企业下一步运作网络营销奠定了基础。

  与传统的做法相比，这种传统的强势营销和网络的软营销整合的运作方式，在时效上、效果上都强化了许多，同时也会更经济。另外，从长远的角度来看，通过这种方式，该公司一方面提高了公司网站的知名度和消费者登录公司网站的积极性，另一方面收集到为数众多的 E-mail 地址和顾客信息，这为公司开拓市场提供了绝佳的资源。

2.6.2 网络软营销服务的特点

  网络营销服务在某种程度上讲，其实就是一种"软营销"。这是因为在网上提供信息必须遵循一定的网络礼仪，不允许类似传统营销的强势广告。网络礼仪最重要的基本原则是：不请自到的信息不受欢迎（Unsolicited Information is Unwelcome）。软营销的特征主要体现在遵守网络礼仪的同时，通过对网络礼仪的巧妙运用以获得一种微妙的营销效果。

  软营销和强势营销的区别：软营销的主动方是消费者，强势营销的主动方是企业。个性化消费需求的回归使消费者在心理上要求自己成为主动方，而网络的互动特性使其实现主动方地位成为可能。人们虽不欢迎不请自到的广告，但会在某种个性化需求驱动下主动到网上寻找相关信息和广告。一旦企业网站被消费者访问了，就应该设法将其留住，并使其成为忠诚的顾客。为此，网络软营销服务将4P（产品、价格、分销、促销）营销策略与以顾客为中心的4C（顾客、成本、方便、沟通）策略相结合的特点，可以发挥重要作用。

网络软营销服务具有以下特点：

（1）网络软营销服务强调产品和服务以顾客为中心。由于互联网络具有很好的互动性和引导性，用户通过互联网络在企业的引导下对产品或服务进行选择或提出具体要求，企业可以根据顾客的选择和要求及时进行生产并提供及时服务，使得顾客跨时空得到满足所要求的产品和服务；另外，企业还可以及时了解顾客需求，并根据顾客要求组织及时生产和销售，提高企业的生产效益和营销效率。

（2）网络软营销服务以顾客能接受的成本定价。传统以生产成本为基准的定价在以市场为导向的网络营销中是必须摒弃的。新型的价格应是以顾客能接受的成本来定价，并依据该成本来组织生产和销售。顾客可以通过互联网络提出接受的成本，企业根据顾客的成本提供柔性的产品设计和生产方案供用户选择，直到顾客认同确认后再组织生产和销售，所有这一切可以让顾客在企业的服务器程序导引下完成，并不需要专门的服务人员，因此成本也会极其低廉。

微型案例 2-6

美国通用汽车公司允许顾客在互联网络上，通过公司的有关导引系统自己设计和组装满足自己需要的汽车。用户首先确定接受价格的标准，然后系统根据价格的限定显示满足要求的汽车式样，用户还可以进行适当的修改，公司最终生产的产品恰好能满足顾客对价格和性能的要求。

（3）网络软营销服务倡导产品的分销以方便顾客为主。网络营销是一对一的分销渠道，是跨时空进行销售的，顾客可以随时随地利用互联网络订货和购买产品。

微型案例 2-7

法国钢铁制造商犹齐诺-洛林公司，因为采用了电子邮件和世界范围的订货系统，从而把加工时间从15天缩短到24小时。目前，该公司正在使用互联网络，以提供比对手更好、更快的服务。该公司通过内联网与汽车制造商建立联系，从而能在对方提出需求后及时把钢材送到对方的生产线上。

（4）网络软营销服务使压迫式促销转向加强与顾客沟通和联系。传统促销是企业为主体，通过一定媒体或工具对顾客进行压迫式的促销，加强顾客对公司和产品的接受度和忠诚度，顾客是被动接受的，缺乏与顾客的沟通和联系，同时公司的促销成本很高。网络软营销是一对一和交互式的，顾客可以参与到公司的营销活动中来，更能加强与顾客的沟通和联系，更能了解顾客的需求，更易引起顾客的认同。

微型案例 2-8

雅虎公司在创建之初曾开发了一种能在互联网络上对信息分类检索的工具，由于该产品具有很强的交互性，用户可以将自己认为重要的分类信息提供给雅虎公司，雅虎公司马上将该分类信息加入产品中供其他用户使用，因此不用做宣传其产品就广为人知，并且在短短两年之内公司的股票市场价值达几十亿美元，增长几百倍之多。

2.6.3 网络软营销服务的常用方式

网络软营销是区别于硬广告营销资源的一种形式,它的特点是不直接向目标客户进行广告灌输,而是通过间接方式把广告信息植入目标客户的心中,或者以委婉方式增强顾客的忠诚度,从而达到营销目的。软营销有以下几种常见的方式:

(1) 网络软文传播形式。网络软文是网络软营销的重要形式之一,关于网络软文的详细知识参见本书 4.6.2 节"网络软文营销服务"。

(2) 网络资源传播形式。即通过免费网络资源共享、分享的特点,形成主动传播的一种形式,如植入式 QQ 表情、提供免费的软件初级版等。通过用户对这些资源的使用,达到一个传播效果,进而形成植入广告的宣传作用。

(3) 网络事件传播形式。即通过策划一个线上主题活动或事件,与用户形成互动,在互动过程中形成一种无形的广告宣传作用。网络事件形式是目前最有宣传效力的一种网络软营销形式,**事件营销**会产生两种极端相反的效果,要么形成良好的正面效益,要么是极其负面的效益。由于事件营销操作复杂,一旦执行失败,对企业伤害巨大,因此应用这种方式需谨慎。

知识卡片 2-9

事件营销(Event Marketing):亦称活动营销,是企业通过策划、组织和利用具有名人效应、新闻价值及社会影响的人物或事件,引起媒体、社会团体和消费者的兴趣与关注,以求提高企业或产品的知名度、美誉度,树立良好品牌形象,并最终促成产品或服务的销售目的的手段和方式。

简单地说,事件营销就是通过把握新闻的规律,制造具有新闻价值的事件,并通过具体的操作,让这一新闻事件得以传播,从而达到广告的效果。

(4) 网络视频传播形式。联想的"爱——永不掉线"就是一个非常成功的视频营销案例,它利用情感营销为主线贯串整个视频,实现了视频的广泛传播,最终达到了预期效果。有关网络视频营销服务的详细内容参见本书 4.5 节。

2.6.4 应用案例:海商网的"故事化"产品信息发布服务

海商网是由浙江海商网络科技有限公司研发经营的 B2B 型电子商务平台,首创了 W.B.S 推广理念,即为企业提供自主优化网站、B2B2C 贸易平台和搜索引擎营销(Search Engine Marketing,SEM)"三合一"的综合网络推广服务,通过分析采购商的使用习惯、搜索途径,以及多层次深度定位企业关键词等,针对供应商会员企业的产品关键词、公司行业地位、价格服务、名词定义、文化特色等发布有效、直接、匹配的信息,撮合交易,帮助企业实现低成本网络扩张之路。公司总部设在宁波,在杭州、金华、台州、温州、石家庄、桂林、上海、天津、青岛、深圳、广州等都设有分支机构。

1. "故事化"产品描述手法

海商网倡导用讲故事的方式发布产品信息,每个产品都是一个故事,通过完善产品描述,诠释企业文化,从而达到宣传企业、营销推广产品的目标。

一个耐人寻味的故事，必须有若干个个性鲜明的主人翁、跌宕起伏的故事情节、幽默诙谐的语言描述才能吸引人。介绍产品信息如果仅仅只有简单的产品名称、介绍和图片，那么就像一个没有框架、不够饱满、缺乏活力的乏味故事，让观看者昏昏欲睡，味同嚼蜡。海商网将欲发布的有关产品信息内容有条理、有逻辑地组织并且展示出来，侧重细分关键词和原创故事式产品描述，使产品信息像故事一样生动地呈现在网站访问者眼前，让每一个产品绽放出生命力，从而引起人们的关注。

2. 客户服务实例

义乌市涵旺日用品商行于2011年8月成为海商网高级供应商，3个月后升级为白金供应商。海商网为该会员按照"故事化、精准化"规则发布和维护产品信息，用有情节的"故事化"描述为产品加分增色并赚足眼球，收获了可喜效果。

首先在描述上，海商网帮助该会员从产品型号、原产地、品牌、颜色、设计风格、重量等方面描述其产品的大致内容，给买家良好的第一印象，这就像是在讲故事，一个开门见山并有所伏笔的开头永远能在第一时间吸引读者的眼光；然后从产品的付款方式和装运条件以及供货能力方面做进一步的阐述和补充；接着从产品的特点、设计类型、形状、原材料、尺寸、功能和适用季节等各个方面展现产品的特征和魅力，如讲故事一般将产品的优势娓娓道来，具有很强的可读性；最后综合装运出货、包装、分类、付款和企业简要概述等进行有力的结尾，并用模特展示图的方式为产品增色，获得比较好的视觉效果，使人眼前一亮。

在体现企业文化方面，海商网在网站提供的"博客式"自定义菜单板块中，添加了该会员的企业博文、产品知识科普、工厂生产环境展示、3D产品的立体展示和公司新闻，更加全面、细致地强化其效果，提升客户体验度和操作规范。

（资料来源：编者据"海商网"提供的资料整理，2013年5月）

3. 案例经验启示

海商网运用绘声绘色"讲故事"的语言和栩栩如生的画面感来描述产品信息，体现企业文化内涵，引起顾客的认同，从而使企业产品在泛滥的网络信息中脱颖而出，使推广借助"特色、亮点"出奇制胜。

2.7 网络数据库营销服务理论

数据库营销在西方发达国家的企业里已相当普及。早在1994年美国Donnelley Marketing公司的调查就显示，56%的零售商和制造商有营销数据库，10%的零售商和制造商正在计划建设营销数据库；至20世纪末，85%的美国零售商和制造商表示需要一个强大的营销数据库来增加其竞争实力。从全球来看，互联网环境下数据库营销作为一种营销方式，在维系顾客、提高销售额中起着越来越重要的作用，正越来越受到企业的青睐。

2.7.1 网络数据库营销服务的含义

数据库营销是通过建立、维护和利用顾客数据库及其他数据库(有关产品、供应商和分销商)，收集和积累消费者大量的信息，并对这些信息进行处理，预测消费者有多大可能去购买某种产品，然后利用这些信息给产品精确定位，有针对性地制作营销信息，以达到说服消费者购买的目的。一个顾客数据库是有关每个顾客或潜在顾客的个人的有组织的数据集合。这些数据是现时的，可以查询，并且出于一些市场营销目的，如产品开发和市场定位、产品或服务的销售、关系的保持等，企业可以依照数据采取行动。

网络数据库营销服务(Internet Database Marketing Service，DMS)是在 IT、互联网与 Database 技术发展的基础上逐渐兴起和成熟起来的一种营销推广手段，它不仅是一种营销方法、工具、技术和平台，更重要的是一种企业经营理念；它不仅改变了企业的营销模式与服务模式，从本质上讲也改变了企业营销的基本价值观。网络数据库营销服务通过收集和积累消费者大量的信息，建立数据库并经过分析处理后，利用这些信息给产品以精确定位，预测消费者有多大可能去购买某种产品，有针对性地制作营销信息达到说服消费者去购买产品的目的。网络数据库营销服务在对顾客资料详细、全面了解的基础上，可以给予顾客更加个性化的服务支持和营销设计，使"一对一的顾客关系管理"成为可能。

2.7.2 网络数据库营销服务的特征

数据库营销人员做名单分类所使用的一个著名规则称为"RFM 选择"，三个字母分别代表 Recency(最近)、Frequency(频率)、Monetary(金额)。"RFM 选择"规则认为：新近订购的人比一年前订购的人更有可能再订货；经常订货的人是公司想获得的顾客，因为他们为公司带来更多的业务；顾客每次购买的平均金额越大，对公司的价值也越大。其中最重要的是第一个因素，因此数据库要时时更新，否则就失去了利用价值。网络数据库营销从传统数据库营销发展而来，除具备数据库营销的一般特点外，还有其自身特点。

1. 通过独特的营销媒体和营销渠道

营销渠道更多是依赖互联网络，而不仅仅是传统的通信手段和销售人员。网络数据库营销服务通过独特的营销媒体和营销渠道将公司的目标顾客、潜在顾客的资料，以及进行的交流沟通和商业往来信息存储在计算机的数据库中，对顾客提供更多及时服务，发现顾客新的潜在需求，加强与顾客的紧密关系，帮助企业改进营销方法和营销策略，使企业能系统了解市场和把握市场从而更好地满足市场需求。

2. 更具效率性和交互性

网络数据库营销服务采用一种交互式营销处理方法，其提供的服务和信息交流可以跨越时空限制。所有拥有数据库的公司都可以利用数据库营销技术，如制造厂家、服务行业、零售企业甚至非营利机构，可以运用数据库技术应对大众化市场的"小众化"趋势，依靠了解消费者个体的需求来识别市场层次。因为计算机技术使收集和更新消费者信息成为可能，商家获得了比以往任何时候都多的信息和数据，包括有关顾客态度、地理位置、生活方式、财务和各种各样的调查等。这些数据可以帮助识别不同类型顾客的特征，即对企业来说是最佳的、最糟的和介于两者之间的顾客类别。

3. 利用信息挖掘知识

网络数据库营销获取信息非常容易，它的重点和难点在于利用信息挖掘知识，即找出有价值的信息，而传统的数据库营销重点和更多的时间是在收集信息和简单分类信息。数据为顾客群的细分提供了基础，通过**数据挖掘**等深层次的数据分析技术使顾客可以被归类成相似特征、态度和需求的相对统一的群体，也对辨识潜在客户起到重要作用，帮助找出与最佳顾客具有相似特征的人，便于进一步提供个性化服务。

知识卡片 2-10

数据挖掘(Data Mining，DM)：又称数据库中的知识发现(Knowledge Discover in Database，KDD)，是指从海量数据中揭示出隐含的、先前未知的并有潜在价值的信息的过程。数据挖掘是一种决策支持过程，它主要基于人工智能、机器学习、模式识别、统计学、数据库、可视化技术等，高度自动化地分析企业的数据，做出归纳性的推理，从中挖掘出潜在的模式，帮助决策者调整市场策略，减少风险，做出正确的决策。数据挖掘过程由以下3个阶段组成：①数据准备；②数据挖掘；③结果表达和解释。

4. 技术基础是网络数据库营销信息系统

实施网络数据库营销的技术基础是设计和建立网络数据库营销信息系统。网络数据库营销信息系统的建立是在利用互联网络技术和**数据仓库**技术的基础上，根据企业的营销管理特点开发出专用的营销信息数据统计、分析软件包，它与其他管理信息子系统如财务管理信息子系统、生产管理信息子系统等组成企业管理信息系统。

知识卡片 2-11

数据仓库(Data Warehouse，DW)：决策支持系统(DSS)和联机分析应用数据源的结构化数据环境。数据仓库研究和解决从数据库中获取信息的问题。数据仓库的特征在于面向主题、集成性、稳定性和时变性。

1) 网络数据库营销信息系统的组成

网络数据库营销信息系统应包括以下几个组成部分：

（1）可以连接到互联网的计算机网络。

（2）网络数据库系统软件。

（3）大型营销网络数据库(数据仓库)。

（4）营销信息数据统计、分析等处理软件包。

（5）用户，包括专业信息处理员、公司内部员工、公司的顾客以及公司的供应商等。

其中大型营销网络数据库是网络数据库营销信息系统的核心。

2) 网络数据库的类型

目前企业 Web 营销站点上常设的数据库主要有以下几种类型：

（1）客户数据库。客户数据库是网络营销过程中重要的数据库之一。它存储的主要内容除了通常客户数据库的内容外，还包括客户的 E-mail 地址(或网址)、客户历次购买产品和询问(索要报价表或咨询)有关产品信息的情况、客户对产品的需求和不满意的意见或建议等信息。

(2) 产品数据库。产品数据库存储的主要内容，除通常产品数据库的内容外，还包括相关产品、配套产品、相关的用户网址等信息。

(3) 从其他网络中下载的相关产品供需信息数据库。即将其他一些大型商务网站中与本企业产品或经营相关的供需信息保存到数据库中，以便本企业内部经营管理人员参考。

3) 营销网络数据库的特点

在网络数据库营销信息系统中，最重要的基础工作是建立大型营销网络数据库。营销网络数据库一般具有以下几个特点：

(1) 在营销数据库中每个现在或潜在顾客都要作为一个单独记录存储起来，只有了解每个个体的信息才能细分市场，并可通过汇总数据发现市场总体特征。

(2) 每个顾客记录不但要包含顾客的姓名、地址、电话等基本信息，还要包含一定范围的市场营销信息，如顾客需求以及有关的人口统计和心理测试统计信息等。

(3) 每个顾客记录还要包含顾客是否能接触到针对特定市场开展的营销活动信息，以及顾客与公司或竞争对手的交易信息。

(4) 数据库中应包含顾客对公司采取的营销沟通或销售活动时所做反应的信息。

(5) 存储的信息有助于营销策略制定者制定营销政策，针对目标市场或细分市场提供何种合适的产品或服务，针对每个产品在目标市场中采用何种营销策略组合。

(6) 数据库建设好后可以代替市场研究，无须通过专门的市场调研来测试顾客对所进行的营销活动的响应程度。

(7) 大型数据库可以自动记录顾客信息和自动控制与顾客的交易，使得自动营销管理成为可能，但这要求有处理大批量数据的能力，以发现市场机会，同时对市场威胁提出分析和警告。

2.7.3 网络数据库营销服务的作用

网络数据库营销是以互联网络作为主要渠道，以大容量的顾客信息和相关市场信息作为分析市场和制订计划的基础，使得制订的计划具有准确性、预测性、针对性和有效性。建立在现代信息技术基础上的网络数据库营销应不仅仅被看作是一种营销手段，更应从战略的角度和培养企业核心竞争力的角度来进行分析。

1. 基本作用

网络数据库营销服务在企业营销战略中的基本作用表现在下列几个方面：

(1) 更加充分地了解顾客的需要，为顾客提供更好的服务。顾客数据库中的资料是个性化营销和顾客关系管理的重要基础。

(2) 对顾客的价值进行评估。利用数据库的资料，可以计算顾客生命周期的价值以及顾客的价值周期，通过区分高价值顾客和一般顾客，对各类顾客采取相应的营销策略。

(3) 分析顾客需求行为。根据顾客的历史资料不仅可以预测需求趋势，还可以评估需求倾向的改变。

(4) 市场调查和预测。数据库为市场调查提供了丰富的资料，根据顾客的资料可以分析潜在的目标市场。

（5）数据库营销缩短了企业与顾客之间的距离，有利于培养和识别顾客忠诚，与顾客建立长期关系，也为开发关系营销和实施精准营销创造了条件。

2. 竞争优势

互联网的应用推广与数据库技术的成熟，使得网络数据库营销成为在信息技术时代企业必须重视的新型营销策略。根据哈佛大学迈克尔·波特教授提出的竞争模型，可以从5个方面分析以网络数据库技术为基础的网络数据库营销策略在提升企业核心能力方面的竞争优势，即它在顾客关系方面、供应商选择方面、开拓市场和保护市场以及产品开发研制方面，都可帮助企业确立竞争优势，巩固公司核心竞争能力，以占有较大市场份额和获取较高的市场利润。

（1）巩固企业现有竞争优势。利用网络数据库，企业可以对现有顾客的要求和潜在需求有较深了解，对企业的潜在顾客的需求也有一定了解，制定的营销策略和营销计划具有一定的针对性和科学性，便于实施和控制，顺利完成营销目标。

（2）加强与顾客的沟通。网络数据库中存储了大量现有消费者和潜在消费者的相关数据资料，企业可以根据顾客需求提供特定的产品和服务，具有很强的针对性和时效性，可极大满足顾客需求，体现网络数据库营销以顾客为中心的理念。同时，借助网络数据库可以对目前销售产品的满意度和购买情况做调查分析，及时发现问题、解决问题，确保顾客的满意，建立顾客的忠诚度。

（3）为入侵者设置障碍。一旦某个企业已经实行了有效的网络数据库营销，竞争者很难进入企业的目标市场，因为竞争者要用相当多的成本建立一类似的数据库几乎是不可能的。从某种意义上说，营销型网络数据库成为企业的难以模仿的核心竞争能力和可以获取收益的无形资产。

（4）提高新产品开发和服务能力。企业拥有一个营销网络数据库，可以替代市场调研，确定顾客要求的特征、功能、应用、特点和收益。在许多工业品市场中，最成功的新产品开发往往是由那些与企业相联系的潜在顾客提出的，因此通过网络数据库营销更容易直接与顾客进行交互式沟通，更容易产生新产品概念，克服了传统市场调研中的滞后性、被动性和片面性、很难有效识别市场需求而且成本也高等缺陷。

（5）稳定与供应商关系。供应商是向企业及其竞争者提供产品和服务的企业或个人。一方面企业如果实行网络数据库营销，就可以对市场销售进行预测，确定合理的计划供应量，确保满足企业的目标市场需求；另一方面，企业可以了解竞争者的供应量，制订合理的采购计划，在供应紧缺时能预先订购，确保竞争优势。

3. 网络数据库营销的独特价值

与传统的数据库营销相比，网络数据库营销的独特价值主要表现在三个方面：动态更新、顾客主动加入、改善顾客关系。

（1）动态更新。在传统的数据库营销中，无论是获取新的顾客资料，还是对顾客反应的跟踪都需要较长的时间，而且反馈率通常较低，收集到的反馈信息还需要烦琐的人工录入，致使数据库的更新效率很低，更新周期比较长，过期、无效数据记录比例较高，数据库维护成本相应也比较高。网络数据库营销具有数据量大、易于修改、能实现动态数据更新、便于远程维护等多种优点,还可以实现顾客资料的自我更新。网络数据库的动态更新功能不仅节约了大量的时间和资金,同时也更加精确地实现了营销定位,从而有助于改善营销效果。

微型案例 2-9

  国内银行常常要做信用卡推广,于是通常能在路边看到各银行的工作人员以及各种提供给用户的小礼品。可别小看这些小礼品,有些银行为了准备这些礼品一次就花掉了 500 万元。结果往往是办卡的人不少,拿礼品的人更多,可最终开卡的不多,而开了卡从来不用或者马上销卡也不在少数。由此便体现出了数据库营销的价值,如果银行可以在第一次推广中积累用户的办卡习惯,并在以后的推广活动中对特殊行为用户采用更为严格的审核手段,那么就能够达到相对精准营销的目的,同时也会节省大量的成本。

  (2) 顾客主动加入。仅靠现有顾客资料的数据库是不够的,除了对现有资料不断更新维护之外,还需要不断挖掘潜在顾客的资料,这项工作也是数据库营销策略的重要内容。在没有借助互联网的情况下,寻找潜在顾客的信息一般比较难,要花很大代价,如利用有奖销售或者免费使用等机会要求顾客填写某种包含有用信息的表格,不仅需要投入大量资金和人力,而且又受地理区域的限制,覆盖的范围非常有限。在网络营销环境中,顾客数据的再增加要方便得多,而且往往是顾客自愿加入网站的数据库。最新的调查表明,为了获得个性化服务或获得有价值的信息,有超过 50% 的顾客愿意提供自己的部分个人信息,这对于网络营销人员来说,无疑是一个好消息。请求顾客加入数据库的通常做法是在网站设置一些表格,在要求顾客注册为会员时填写。但是,网上的信息很丰富,对顾客资源的争夺也很激烈,顾客的要求是很挑剔的,并非什么样的表单都能引起顾客的注意和兴趣,顾客希望得到真正的价值,但肯定不希望对个人利益造成损害,因此,需要从顾客的实际利益出发,合理地利用顾客的主动性来丰富和扩大顾客数据库。在某种意义上,邮件列表可以被认为是一种简单的数据库营销,数据库营销同样要遵循自愿加入、自由退出的原则。

  (3) 改善顾客关系。顾客服务是一个企业能留住顾客的重要手段,在电子商务领域,顾客服务同样是取得成功的重要因素。一个优秀的顾客数据库是网络营销取得成功的重要保证。在互联网上,顾客希望得到更多个性化的服务,如顾客定制的信息接收方式和接收时间、顾客的兴趣爱好、购物习惯等都是网络数据库的重要内容,根据顾客个人需求提供针对性的服务是网络数据库营销的基本职能,因此网络数据库营销是改善顾客关系的有效工具。网络数据库营销通常不是孤立的,应当从网站规划阶段开始考虑,列为网络营销的重要内容。另外,数据库营销与个性化营销、一对一营销有着密切的关系,顾客数据库资料是顾客服务和顾客关系管理的重要基础。

微型案例 2-10

  通用电气公司的消费者数据库能显示每个顾客的各种详细资料,保存了每次的交易记录。他们可以根据消费者购买公司家用电器的历史,来判断谁对公司和新式录像机感兴趣,能确认谁是公司的大买主,并给他们送上价值 30 美元的小礼物,以换取他们对公司产生下一次的购买。

2.7.4 网络数据库营销服务的发展前景

网络营销数据服务行业是随着互联网在 21 世纪发展，并逐渐兴起的一个新兴服务行业。根据对美国网络数据服务市场和中国网络数据服务市场的分析，行业第三方数据服务市场在一个主体行业所占的份额，一般为该主体行业市场的 5% 左右。目前在中国，网络营销数据服务市场在整个网络营销市场所占的份额不足 1%，还有较大的成长空间。

从数据采集方法上来看，目前市场上使用的网络营销数据，可分为线下抽样调查数据、线上抽样监测数据、线上全样监测数据 3 类。整体趋势上，全样监测工具在网络营销中占有越来越重要的位置，这是因为互联网本身就是一个数字化平台，可计量性是互联网的基本特征，用户在网上的每一个行为都是可记录的。

网络营销数据服务市场处于发展初期，目前还存在一些问题，这些问题如不引起行业上下游充分重视，则可能会影响网络数据库营销的健康发展。表现在：第一，网络营销上下游各个环节，尤其是企业客户，对数据应用的整体认识水平较低，数据还未在网络营销中发挥应有的作用。第二，网络营销数据统计没有行业标准，不同统计方法得出的数据没有可比性，同一统计方法也存在规则不一致的问题。第三，业内对网络数据库营销效果还没有形成一套成熟的评价体系。目前市场上有一种思路是套用传统媒体的营销效果评价方法来衡量网络数据库营销效果，存在许多的局限性。第四，网络数据库营销服务企业的自律性需要加强。一些数据企业缺乏公正诚信的职业操守，急功近利，为商业利益放弃原则，客户花钱买好的现象较为普遍，影响整个行业，甚至影响网络营销健康发展。

2.7.5 应用案例："微码"的 CXO 数据库营销服务

期刊业是最需要并且最适合数据库营销的行业，不论是保持读者的续订率还是发展更多新读者，都需要数据库营销来大显身手。北京世纪微码营销咨询有限公司（简称"微码"）在过去的 3 年中一直为《CXO》杂志系统地规划和实施数据库营销策略和项目，取得了不错的业绩，吸收了一定的经验。

1.《CXO》杂志及市场概况

《CXO》杂志是服务于企业高层财务管理人士的专业杂志，在全球（特别是美国）大中型企业高级财务管理人士中拥有巨大的影响力。2002 年该杂志计划进入中国，期望在 2～3 年时间内培养起一批忠实的高质量的读者群。因为中国出版行业对外资还没有完全放开，该杂志先期以免费赠阅的方式发展读者扩大影响力，并期望在广告销售、会议活动和读者数据服务等领域获得一些收入。在读者订阅和续订管理上，该杂志选择了"微码"作为数据库营销合作伙伴，来帮助其推动读者订阅并管理读者关系。

客户的具体目标要求可概括为 4 个方面：第一，读者订阅数量目标，第一年订阅读者达到 18000 人，第二年订阅读者达到 40000 人。第二，订阅读者的质量目标，大中型企业财务总监、财务副总等财务专业高层管理者占 50% 以上；总裁、总经理等企业综合管理人士占 30% 左右；其他职能管理者数量不能超过 20%。第三，维护良好的读者关系，每半年续订率达到 80% 以上。第四，获得附加收入，支持附加服务的发展，获得广告以外的更多来源的收入。

2. "微码"提出的强针对性方案

网络数据库营销的目的主要有3个方面：客户开发、客户保留和客户价值的最大化。在"微码"所提出的方案中，就体现在发展更多的订阅读者、保持高的续订率、提供附加服务来获得更大收益。这一切，都需要精确的目标客户分析作为基础。

1) 分析潜在的读者分布并且确定目标读者群

《CXO》杂志的目标读者是大中型企业和事业机构的高层财务管理者及部分综合管理人士，其他读者如普通财务职员、学生等并不被看重。因此，"微码"首先需要分析潜在的读者分布并且确定目标读者群。这个目标读者群既要符合业务的要求，还需要考虑到实际的可操作性。也就是说读者的数据库可以建立，读者数据也有较大可能收集到。

"微码"通过网络数据库的查询和分析，初步确定了以北京、上海为主的180000位企业高层管理人士为目标读者。推广项目主要以直邮宣传和直接赠阅推广为主，共设计了6轮直邮推广和2轮赠阅推广。值得一提的是，读者介绍项目也取得了很好的效果。同时，应客户要求"微码"也做了电子邮件推广的测试性项目。

2) 营造并维护良好的读者关系

除了用多种方法推广获得合格的订阅读者以外，良好的读者关系相当重要。一方面对长期的竞争力影响颇大，另一方面也直接影响读者的续订率。"微码"设计了个性化的读者生日卡项目，同时优化了读者续订的流程，使得读者能够轻松愉快的完成续订的手续。读者可以通过网站注册、电话申请、传真申请等多种方式来完成免费订阅申请和续订。

在附加产品方面，微码营销公司支持客户完成了两届高峰论坛，协助客户出租读者信息等，获得了超过预期的收入。

3)《CXO》杂志续订率达到83.7%

续订率一直是出版商最头痛的事情，续订率高代表读者将越来越多，而管理不好续订率，则杂志的影响力和实力就在原地徘徊。美国的期刊业面临同样的问题，续订成本居高不下，读者保持率很低，大部分期刊陷入打折的恶性循环。他们的对策是，建立读者的个性化网页、鼓励用信用卡订阅、附带销售相关产品或活动等。

"微码"采用了以个性化的读者关怀来保持读者续订率。在客户注册的信息中，收集了客户出生日期信息，设计了特别的生日贺卡，在读者生日到来的前一周寄到读者的手中。"微码"还开发了特别的信息系统来支持这项工作，这样对企业来讲，读者生日祝福这一很系统化标准化的做法，并不会带来很大的工作量。但在读者看来，这是很个性化的行为，因为不论从卡片信息和时间上，都是很个性化的。读者很喜欢这样的贺卡，有的读者甚至专门致电或回信表示感谢。另外，为了方便读者续订，"微码"还设计了整个流程，务必使读者最方便地完成更新订阅信息、发送订阅信息、成功续订确认等过程。在这方面，网站续订功能起到了非常重要的作用。

在使用网络数据库帮助营销的第一年，续订率平均在83.7%，超过当初设定的目标。

4) 鼓励老读者介绍新读者

在第一年第四季度的时候，"微码"设计了专门的推广项目，鼓励老读者介绍新读者。在前面3个季度的推广中，已经获得了16000人左右的高质量的读者，他们平均读了六期杂志，应该对杂志比较了解了，相当部分的读者已经很认可了。这个介绍新读者的项目分为两部分：一是鼓励所有的读者介绍其他公司的高层管理人员来免费订阅；二是鼓励总经理介绍本公司的高级财务管理人士成为读者。这个项目的推广相当成功，通过传真和网上注册，共获得了3916个有效的订阅读者。总经理级读者介绍本公司的新读者尤其积极，平均介绍1.8人，申请人的质量也非常好。为此，企业向每一位参与活动的介绍者发了热情洋溢的感谢信，这样可以进一步提升读者对杂志社的信任感和忠诚度。

（资料来源：http：//it.sohu.com/20060613，编者有删改）

3. 案例分析

营销利器正在改写传媒业竞争生存法则。网络数据库营销对于《CXO》杂志的成功之处在于：通过发掘网络数据库中客户注册的信息，有针对性地开展一系列的营销活动，达到了发展读者的数量要求；同时杂志主编的支持至关重要，杂志发行主管对于精细周到的读者沟通设计和管理方面也非常重要。此外，本案例中推广费用只用了预算的78%，有效的会务支持也增加了杂志的收入，预计第三年将实现收支平衡。这对一个定位在投入期的杂志来讲是一个巨大的成功。

本章小结

了解网络营销服务信息传递的原理和特点以及信息交互的本质，是认识网络营销的核心思想、充分发挥网络营销功能的基础。本章着重介绍了网络营销服务信息传递的模型、特点、原则；长尾理论的基本思想、应用策略；网络整合营销服务的核心思想、原则；网络直复营销服务的概念、特点与常用方式；网络关系营销服务的含义、核心任务、基本原则与作用；网络软营销的基本含义、特点与常用方法；网络数据库营销的特点与功能等。对于各种网络营销服务的基础理论，基本上配备有相应的案例，以说明该理论的应用。

复习思考题

（1）网络营销服务信息传递有什么特点？在构建网络营销信息源时应注意哪些问题？

（2）网络整合营销与传统整合营销分别有何特点？实施网络整合营销需要注意什么？

（3）网络直复营销、网络关系营销、网络软营销分别有什么特点？在实际应用中通常有哪些方式？

（4）大数据时代，网络数据库营销服务会面临怎样的机遇与挑战？请查阅相关资料，结合具体企业应用大数据的实例，分小组展开讨论，并将研讨结果向全班报告。

案例研讨

【案例资料】亚马逊是美国最大的B2C在线零售商，为客户提供各类图书、音像、软件、玩具礼品、百货、服装等商品。在图书零售方面，亚马逊是世界上销售量最大的书店，至2009年已提供了310万册图书目录，比全球任何一家书店的存书要多15倍以上。而实现这一切既不需要庞大的建筑，又不需要众多的工作人员，亚马逊书店的1600名员工人均销售额37.5万美元,比全球最大的拥有2.7万名员工的Bames & Noble图书公司要高3倍以上。这一切的实现,电子商务在其中所起的作用十分关键。

亚马逊的商品管理策略典型地验证了长尾理论的轨迹。在成立之初,亚马逊拥有邮购商家集中化配送的基本优势和目录零售的直销优势,而无须负担印刷和邮递上百份目录的成本,一成立就拥有150万种可售图书。随后,亚马逊就开始降低库存成本和风险,不再为毫无必要的存在自家仓库的产品付出成本,亚马逊引入了虚拟库存,将商品库存在供应商仓库中,同时又扩大了可售商品的种类。最后就是将虚拟库存模式加以扩展,引入其他大型零售商,利用他们和生产商、分销商的现有关系,增加亚马逊的可售产品种类和数量。

从1999年开始,亚马逊开始利用它的"市集"(Marketplace)工程为大大小小的所有商家提供服务,从专营店到单个人,任何规模的零售商和分销商都可以把自己的产品列在亚马逊上,与亚马逊自家仓库中的存货没有两样——而且顾客们购买这些产品与购买亚马逊的产品同样轻松。到2004年年底,已经有超过10万个市集卖家加入了亚马逊,而且这些第三方商家的销售额占到了亚马逊总销售额的近40%。

认真分析上述材料,并结合本书2.2.4节所述案例,就以下问题展开讨论:

(1) 亚马逊公司在商品经营管理中是如何运用长尾理论的?收到了什么样的效果?

(2) 在网络零售中应用长尾理论有什么优越性?应该注意哪些问题?你认为网络零售行业应该如何有效地运用长尾理论?

扩展阅读

[1] [美]克里斯·安德森. 长尾理论(The long tail)[M]. 3版. 乔江涛,石晓燕,译. 北京:中信出版社,2012.

[2] 张海良. 新经济时代的长尾法则[M]. 北京:中国铁道出版社,2010.

[3] 周锡冰. 中国冠军企业的长尾战略[M]. 北京:企业管理出版社,2008.

[4] 阿里学院. 网络整合营销[M]. 北京:电子工业出版社,2013.

[5] 沈健. 浪潮求生:社会化媒体时代危机管理及网络营销[M]. 北京:机械工业出版社,2012.

[6] 邓超明,刘洋. 网络整合营销实战兵法[M]. 汕头:汕头大学出版社,2011.

[7] 张晓飞. 网络信誉营销[M]. 北京:经济科学出版社,2013.

[8] [英]艾伦·塔普. 数据库营销[M]. 黄静,等译. 北京:机械工业出版社,2011.

[9] 一分钟情景营销技巧研究中心. 直复营销[M]. 北京:中华工商联合出版社,2009.

第二篇 网络营销服务方法

第 3 章　经典网络营销方法

第 4 章　Web2.0 与社会化网络营销服务

第 5 章　Web3.0 营销服务

第 6 章　移动营销

篇首寄语

营销与创新创造绩效,其他的均属"成本"。

——现代管理学之父:彼得·德鲁克

广告必须同时具备广为人知与赏心悦目这两个条件。

——Pioneer 公司总裁:杰奇·谢顿

第 3 章 经典网络营销方法

教学目标

- 了解企业网站营销的含义,掌握营销型企业网站的基本构成,熟悉企业网站常见问题及诊断评价方法;
- 理解搜索引擎营销的基本原理,掌握常用的搜索引擎营销方式,熟悉搜索引擎优化的基本原则和内容;
- 了解许可 E-mail 营销的含义与分类,掌握内部列表与外部列表 E-mail 营销方法;
- 理解网络广告、病毒式营销、网络会员制营销的主要特点,熟悉其实施方法。

教学要求

知识要点	能力要求	相关知识
企业网站营销服务	(1) 企业网站问题的诊断能力; (2) 营销型网站优化; (3) 网站推广服务; (4) 营销型企业网站评价能力	(1) 营销网站的构成要素、建设原则、常见问题、可信度; (2) 网站优化的含义、内容、原则,网站易用性和搜索引擎友好性的关系; (3) 网站推广常用方法、阶段及特征、推广技巧; (4) 网站诊断评价对网络营销服务的价值、网站评价指标体系、自行实施网站诊断方法
搜索引擎营销服务	(1) 搜索引擎营销常用方法运用能力; (2) 搜索引擎优化; (3) 搜索引擎营销效果评估能力	(1) 竞价排名、分类目录登录、搜索引擎登录、付费搜索引擎广告、关键词广告、来电付费广告、搜索引擎自然排名、地址栏搜索、网站链接策略等; (2) 搜索引擎优化的定义、原则、内容;对搜索引擎不友好的网站特征;搜索引擎优化作弊; (3) 基于网站流量、营销效果、机会、类供应链的评估方式

续表

知识要点	能力要求	相关知识
E-mail营销服务	(1) 开展许可E-mail营销的能力； (2) 许可E-mail营销效果评估能力	(1) 许可E-mail营销的定义、分类、所需环境、一般过程、基本原则、常用技巧； (2) 内部表与外部列表的基本含义、基础条件、功能和特点；获取E-mail地址资源的方法； (3) E-mail营销效果的评价指标、影响因素
网络广告营销服务	(1) 网络广告营销特点的理解与运用； (2) 网络广告营销服务效果评价能力	(1) 网络广告的特点、类型、发布渠道与计费方式； (2) 网络广告效果的评价指标、评价方法
病毒式营销服务	(1) 病毒式营销概念的理解与运用； (2) 网络软文营销、输入法营销的运用	(1) 病毒式营销的概念、特点； (2) 病毒式营销战略的基本要素、实施步骤； (3) 网络软文营销、输入法营销
网络会员制营销服务	(1) 理解网络会员制营销的概念和原理； (2) 网络会员制营销方法的运用	(1) 网络会员制营销的基本概念、原理、形式； (2) 实施网络会员制营销的价值、方法

基本概念

网站营销服务　营销型网站　搜索引擎营销　搜索引擎优化　许可E-mail营销　内部列表
外部列表　网络广告　E-mail广告　病毒式营销　网络会员制营销

导入案例

"妈妈喊你回家吃月饼"

很多企业为了提升网站自身的排名，各种各样提升网站排名的方式层出不穷，用病毒式传播带来真实的网站流量，可以让网站排名在短期内迅速上升。

1. 源起

2009年9月初，企博网精心设计制作了一个"病毒式"传播种子（www.bokee.net/includes/yuebing.jsp）。这个种子很简单，就是在中秋来临之际，让广大网民向自己的朋友发送节日问候。只是所采取的形式非常奇巧，将当时最流行的说辞"喊你回家吃饭"稍作修改，变成了"××，妈妈喊你回家吃月饼"。在这句搞笑的寻人启事里，嵌入需要问候朋友的名字，让这句应景的流行语PS在传统媒体乃至村落的土墙上，既迎合了大多数人厌倦过去那种常规的节日问候的电子贺卡形式，诙谐而又不伤大雅，妙谐成趣，非常适合广大网民标新立异的心理需求。

企博网制作这个种子的意图是希望通过一传十、十传百的几何级数原理，最广泛、最快地推广自己的网站，同时让网站上的企业一起受益。

2. 蔓延

种子在2009年9月16日开始逐步在公司30人中进行扩散，其中大约80%的人填上了朋友的名字，并将生成的网址用QQ、MSN等即时聊天工具进行了传播，有一对一的，也有在群里散播的。这种方式其实就是"病毒式"传播的主要方式，对于信息的传播极为有效。另外，在百度贴吧、主流门户网站的论坛以及一些地方门户论坛也进行了散播。

3. 发作

2009年9月17日，企博网的访问量不断迅猛上窜，根据流量来路分析，在贴吧和许多论坛发现了大量网友自发性的发布，这时候需要做的事只是简单地打开贴吧地址，在后面跟个支持之类或者直接复制其他人的回复就行了。考虑到广大的海外华人朋友，当天还在几个海外华人论坛散布了几个种子，当日该网页为网站增加了几百万的页面浏览量。

2009年9月18日，统计数据全面狂飙，同时，在百度上用"妈妈喊你回家吃月饼"进行搜索时，发现已经有许多人在各大论坛剪切页面互相调侃，并且还有许多网站通过技术手段复制最初的种子页面。"妈妈喊你回家吃月饼"也成了当时网络上的流行语。

基于这样的一个流量突变，企博网上的大量企业博客、职业博客、特别是金牌企业博客大获其益，流量暴涨。

（资料来源：http：//www.bokee.net，编者有删改）

 点评： 开发思路创造新的网络营销服务模式

病毒式传播是互联网时代最能彰显Web2.0特性的营销手法。本案包含了病毒式营销的6个基本要素：①提供有价值的产品或服务；②提供方便地向他人传递信息的方式；③信息传递范围很容易从小向大快速规模化扩散；④利用公共的积极性和行为；⑤利用现有的通信网络；⑥利用别人的资源。

通过本案，可以得出这样的结论：一个营销手法的创新与改变，往往可以达到事半功倍的效果。互联网带来了时代的急剧变化，只要有好的创意、好的技术手段，花小代价有时会带来巨大的收益。因此，开发思路、创造新的网络营销服务模式是互联网时代营销的特性。

所谓经典网络营销服务方法，是指网络营销活动中，借助企业网站、搜索引擎、E-mail、网络广告等成熟的常用网络营销工具，实现营销信息的发布、传递以及与用户之间交互等所派生出的相应网络营销方法，如借助搜索引擎工具开展的搜索引擎营销（SEM）服务，借助电子邮件工具开展的病毒式营销服务、许可E-mail营销服务，借助企业网站开展的网站营销服务、借助网络广告开展的网络广告服务等。这些工具方法在Web1.0时代就已出现而且目前已经发展得十分完善，应用也十分普遍，因此称为经典方法。

3.1 企业网站营销服务

企业网站营销是指依托营销型企业网站开展营销，是一种技术和营销策略相结合的营销手段或方法，目的是最大限度地提高潜在客户的转化率。

3.1.1 营销型企业网站的含义与构成

1. 营销型网站的含义

营销型网站是指以现代网络营销理念为核心，以搜索引擎良好表现、用户良好体验为标准，能够更好地将访客转化为顾客的企业网站。所有营销型企业网站首先必须对搜索引擎友好，即让搜索引擎能很方便地找到，并方便用户浏览。

营销型网站是为满足企业营销需求而构建的,以网络营销为核心目标的企业网站,其按功能可分为以客户服务为主的网站、以销售为主的网站、以国际市场开发为主的网站等类型。

2. 营销型企业网站的构成要素

完整的营销型企业网站一般包括网站结构、网站内容、网站功能、网站服务四要素。

1) 企业网站的结构

网站结构是为了向用户表达企业信息所采用的网站栏目设置、网页布局、网站导航、网址层次结构等信息的表现形式。

(1) 网站栏目结构。企业网站栏目可分为一级、二级、三级、四级等多个层次,其中一级栏目一般不应超过 8 个,而栏目层次以三级以内比较合适,这样对于大多数信息,用户可以在不超过 3 次点击的情况下浏览到该内容页面,不至于因栏目数量或者栏目层次过多给浏览者带来麻烦。

(2) 网页布局。网页布局是指当网站栏目结构确定之后,为了满足栏目设置的要求而进行的网页模板规划,其主要包括网页结构的定位、网站菜单和导航的设置、网页信息的排放位置等。信息排列位置的一般原则:将最重要的信息(如产品促销信息、新产品信息)放在首页最显著的位置;与网络营销无关的内容尽量不要放在主要页面;企业 Logo 一般放置在页面左上角;公司介绍、联系信息、网站地图等网站公共菜单一般放在网页最下方。

网页布局设计时应考虑用户浏览网页时注意力的"F 现象"。人们在浏览页面的时候一般是按照左上→右上→左→中→左下的浏览习惯进行网页浏览的,用户对网页浏览视线注意力呈"F"形,即网页浏览的"F 现象"。

微型案例 3-1

用户浏览网页时注意力的"F 现象"

美国一家专门研究网站和产品易用性的公司 Nielsen Norman Group 使用精确的"眼球跟踪设备"来研究网页浏览者的网页浏览行为,并发布了一个关于用户网页浏览行为的研究结果:用户对网页的浏览视线呈"F"形。用户更倾向于在网页顶部阅读长句,随着网页越往下,他们越不会阅读长句。其发现的内容具体包括:

- 用户擅长筛选出一页中无关的信息,将注意力集中到小部分突出的网页元素中。
- 访问者对图片中有人物直视自己的内容非常注意。但如果图片中的人物犹如职业模特则没有吸引力,因为这样的人不具有亲和力。
- 图片放在网页正中间会对访问者产生阻碍。
- 消费者对于搜索引擎结果中的广告链接几乎不注意。

作为网页设计人员,从中可以得出的结论是:对于任何一个页面,用户往往关注某些重要的区域,在这些区域中应该放置最希望用户接受的信息,而不应该是用户登录注册的信息。

2) 企业网站的内容

网站内容是通过网站向用户传递的所有信息,包括所有可以在网上被用户通过视觉或听觉感知的信息,如文字、图片、视频、音频等。营销型企业网站的一般内容主要包括公司信息、产品信息、顾客服务信息、促销信息、销售和售后服务信息等。

3) 企业网站的功能

网站功能是为实现发布各种信息、提供服务等必需的技术支持系统,网站功能直接关系到可以采用的网络营销方法以及网络营销效果。营销型企业网站的常见功能主要包括信息发布、会员管理、订单管理、在线调查、产品管理、在线帮助、邮件列表、流量统计等。

4) 企业网站的服务

网站服务是网站可以提供给用户的价值,如问题解答、优惠信息、资料下载等,网站服务是通过网站功能和内容实现的。

营销型企业网站的常见服务包括产品说明书、常见问题解答、产品选购和保养知识、在线问题咨询与即时信息服务、优惠券下载、会员社区、会员通信、RSS 订阅等。

3.1.2　营销型企业网站建设规划问题

网站建设规划是指在网站建设前对市场进行调查和需求分析,确定网站目标和功能,并根据需要对网站建设中的技术、内容、费用、测试、维护等进行整体计划。有关网站规划的主要任务、方法、内容、一般步骤等详细内容,有兴趣的读者可以参阅《电子商务基础与应用》(陈晴光主编,清华大学出版社 2015 年第 2 版)第 7 章,本书着重讨论目前企业网站在建设规划方面应该遵循的原则及主要相关问题。

1. 营销型企业网站建设的原则

营销型企业网站建设应遵循系统性、完整性、友好性、简单性、适应性 5 项基本原则。

(1) 系统性原则。即在网站策划和建设过程中用系统的、整体的观念来看待企业网站。

(2) 完整性原则。即企业网站的基本要素合理、完整,网站的内容全面、有效,网站的服务和功能适用、方便。

(3) 友好性原则。友好性是网络营销导向的企业网站优化思想的体现,包括对用户友好、对网络环境友好、对经营者友好。

(4) 简单性原则。即建造最短的信息传递渠道,使得信息传递的效率最高,而噪声和屏障的影响最小。

(5) 适应性原则。即企业网站的功能和表现形式需要适应不断变化的网络营销环境。

2. 企业网站建设规划方面存在的主要问题

调查发现,目前许多企业网站在规划设计与建设方面存在严重问题,诸如企业网站总体策划目的不明确,缺乏网络营销思想指导,企业网站栏目规划不合理,导航系统不完善,重要信息不完整,在线顾客服务比较欠缺,网站过于追求美术效果致使美观有余而实用不足,网站优化思想没有得到起码的体现等。所存在的问题直接影响到网站的专业性,甚至对企业形象造成负面影响。企业网站问题归纳起来,主要表现在以下几个方面。

(1) 网站规划问题。主要表现为整体规划不合理,主辅菜单不清晰;网站建设导向不明确，重点不突出；栏目过多或者过少；各栏目缺乏统一规划，整个网站比较杂乱；网站的促销功能没有得到明显体现等。

（2）栏目结构设置问题。主要表现为菜单采用图片形式，图标标识不明确，无文字说明，需要用户移动鼠标进行猜测；菜单层次过多，有效信息层次太深，需要多次点击才能找到有效信息；过多采用鼠标响应式菜单，栏目设置不合理，使得用户难以发现需要的信息；栏目设置有重叠；栏目名称意义不明确，容易造成混淆；全 Flash 首页和菜单，无法优化处理，也没有相应的文字说明；栏目过于简单，重要信息不完整，有效信息少。

（3）网站首页设计问题。主要表现为采用大型图片或者 Flash，真正用户关心的信息在首页没有体现，需要多次点击；过大的 Flash 严重影响首页下载速度；首页有效信息量小；首页无标题；主页布局比较乱，重要信息没有得以重点体现；打开网页弹出多个窗口，影响正常浏览；追求创意效果，很难理解网站要表达的意思。

（4）页面内容问题。主要表现为重要信息不完整，如缺乏联系方式和产品介绍等；页面信息小，需要多次翻页；有与企业形象、产品、促销等方面无关的信息；产品详细介绍内容过少；内容页面没有标题，或者所有网页全部使用公司名为标题；部分内容陈旧，缺乏时效性；部分栏目无任何内容。

（5）网页字体和美工方面的问题。主要表现为过分注重美术效果，大量采用图片，影响网页下载速度；过分注重美观，有些连基本信息内容都用图片格式，影响基本信息获取；文字太小、文字颜色暗淡、采用深色页面背景等，影响正常视觉；页面过于花哨，甚至接近于游戏网站等。

3. 网站的可信度建设

网站的可信度，就是用户对网站的信任程度，是影响用户转化的重要因素之一。研究表明，影响网站可信度的细节问题主要有网站基本信息不完整、产品介绍过于简略、没有明确的个人信息保护声明、没有固定联系方式、商业网站使用免费邮箱、网站信息久不更新、网站首页下面的计数器显示浏览量很小等。

如果企业花了大量工夫让访问者通过搜索引擎找到自己的网站，但却无法转化为购买客户，那么之前的努力是没有意义的。所以，网站可信度对于一个营销型企业网站来说非常重要。增加可信度可从以下个几方面着手考虑：

（1）网站身份。包括基本的联系信息，如地址、电话号码、电子邮件、网站的所有者、目的和使命等。

（2）广告和内容。广告应通过标签或其他可视标识将其与新闻和信息明确区分开来。

（3）顾客服务。顾客服务应明确说明本营销型网站与其他网站之间的财务关系、购物的所有费用、退换货政策等。

（4）个人信息保护。应尽量用简明的语言陈述个人信息保护政策，并发布在显著位置。

此外，网站应该经常检查，以发现那些错误、容易造成误解的信息，并及时进行修改。

微型案例 3-2

斯坦福大学提出网站可信性建设十大准则

斯坦福大学经过3年研究，于2006年归纳总结提出网站可信性建设十大准则，遵循这十大准则可以增强网站访问者对网站的信任度。斯坦福大学提出的网站可信性建设十大准则包括：①网站信息的准确性易于验证；②网站显示出有一个真实的企业或组织存在；③强调团队中的专家和你提供的内容及服务的专业性；④显示出网站背后有值得信任的团队存在；⑤让用户很方便联系到你；⑥网站设计的专业性；⑦网站易于使用并且对用户有用；⑧经常更新网站内容（或者至少要显得网站最近被更新过）；⑨促销性内容要适可而止；⑩避免文字错误，无论是多么微小的失误。斯坦福大学的研究者认为，如果希望通过网站赚钱，让网站访问者通过网站形成对公司的信任就是促成客户转化的关键因素。

4. 网站设计对搜索引擎的影响

企业网站是搜索引擎营销服务的基础，对于搜索引擎营销服务的效果具有很大影响。网站设计对搜索引擎影响的基本表现：由于网站设计本身的严重问题导致不能被搜索引擎检索，或者网站虽然可以被检索，但反馈信息对用户没有吸引力。

动态网页对搜索引擎的影响：有些动态网页无法被搜索引擎检索，用户检索反馈的信息与点击后看到的内容可能不一致等。为此，应采取"静动结合"的网站设计原则，即尽可能采用静态网页，将动态发布的信息转化为静态网页。

3.1.3 营销型企业网站优化

网站优化是一项系统性很强的工程，关系到网络营销的总体策略，既要考虑网站各项功能的实现，又要适应用户的浏览习惯、对搜索引擎友好，还要兼容不同类型的浏览器，确保网站维护的便利性等。

1. 网站优化的含义

网站优化是指在充分考虑满足用户的需求特征、清晰的网站导航、完善的在线帮助等的基础上，使得网站功能和信息发挥最好的效果。也就是以企业网站为基础，与网络服务商（如搜索引擎网站等）、合作伙伴、顾客、供应商、销售商等网络营销环境中各方面因素建立良好的关系，通过对网站结构、内容、功能和服务等关键要素的合理设计，使得网站的功能和表现形式达到最优效果。

2. 网站优化的主要内容

网站优化主要包括三方面的内容：对用户获取信息的优化、对网络环境（搜索引擎等）的优化、对网站运营维护的优化。

（1）对用户获取信息的优化：即以用户需求为导向，设计方便的网站导航，网页下载速度尽可能快，网页布局合理并且适合保存、打印、转发，网站信息丰富、有效，有助于用户产生信任。

（2）对网络环境（包括搜索引擎）的优化：网站对搜索引擎友好、便于积累网络营销网站资源、在同类网站中容易建立可信度等。

（3）对网站运营维护的优化：充分体现网站的网络营销功能，使各种网络营销方法可以发挥最大效果；网站便于日常信息更新、维护、改版升级，便于获得和管理注册用户资源等。

3. 营销型企业网站优化的原则

营销型企业网站优化设计的总体原则是：网站优化应坚持用户导向而不仅仅是搜索引擎优化；网站优化以网站结构、网站内容、网站功能和服务为基础。

营销型企业网站优化设计中具体还应考虑以下基本要素：

（1）网站结构设计合理，信息有效。
（2）网页下载速度快，尽量采用静态网页，至少保证网站重要信息页面为静态网页。
（3）网站简单易用，尤其要注意网站导航方便，设计一个网站地图。
（4）网站功能运行正常，网站链接有效，用户注册/退出方便。
（5）为每个网页设计一个合适的标题，设计 Meta 标签中的关键词和网站描述。

网站优化的期望结果：第一，用户可以方便地浏览网站的信息、使用网站的服务，即增强网站的易用性；第二，网页内容可以更顺利地被搜索引擎进行索引，即网站要对搜索引擎友好；第三，当用户通过搜索引擎检索时，相关网页内容可以出现在理想的位置，并且提供给用户有吸引力的摘要信息，使得用户能够发现有关信息并引起兴趣，进而通过检索结果的引导进入网站获取详细信息；第四，对于网站运营人员则可以对网站方便地进行管理维护，有助于各种网络营销方法的应用。

4. 网站易用性和搜索引擎友好性的关系

网站优化要求增强网站的易用性和搜索引擎的友好性。其实，网站易用性和搜索引擎友好性是同一问题的两个方面，两者的最终目的是一致的。网站易用性从用户获取信息的角度描述网站设计；搜索引擎的友好性从网站容易被搜索引擎收录并且获得好的检索效果的角度说明网站设计应该关注的重要因素。

搜索引擎友好意味着网站的网页内容更容易被搜索引擎收录，搜索引擎友好的最终目的同样是为了用户可以更加方便地获取信息。

3.1.4 营销型企业网站推广

网站推广是网络营销服务的主要内容之一，其基本思想是建立尽可能多的网络营销信息传递渠道，为用户发现网站并吸引用户进入网站提供方便。网站推广工作通常在网站发布之后进行，但在策划和建设过程中就有必要制定网站推广方法，网站推广方法需要网站技术和设计的支持。网站建设对网站推广方法产生直接影响，网站建设是网站推广的基础。

1. 网站推广常用方法

网站推广是通过各种具体方法来实现的，所有的网站推广方法实际上都是对网站推广工具和资源的合理利用，常用的基本方法有搜索引擎推广、电子邮件推广、资源合作推广、信息发布推广、病毒性营销、快捷网址推广、网络广告推广、综合网站推广等。

1) 搜索引擎推广

搜索引擎推广是指利用搜索引擎、分类目录等具有在线检索信息功能的网络工具进行网站推广的方法。由于搜索引擎的基本形式可以分为网络蜘蛛型搜索引擎(简称搜索引擎)和基于人工分类目录的搜索引擎(简称分类目录),因此搜索引擎推广也相应地有基于搜索引擎的方法和基于分类目录的方法,前者包括搜索引擎优化、关键词广告、竞价排名、固定排名、基于内容定位的广告等多种形式(相关详细内容参见本书 3.2.2 节),而后者则主要是在分类目录合适的类别中进行网站登录。随着搜索引擎形式的进一步发展变化,也出现了其他形式的搜索引擎,不过大都是以这两类方法为基础。

2) 电子邮件推广

所谓电子邮件推广,即以电子邮件为主的网站推广手段,包括电子刊物、会员通信、专业服务商的电子邮件广告等方法。许可 E-mail 营销是电子邮件推广的重要应用形式(有关许可 E-mail 营销的详细内容参见本书 3.3 节)。

3) 资源合作推广

每个企业网站都拥有自己的资源,如网站的访问量、注册用户信息、网络广告空间、有价值的内容和功能等,这些网站资源可通过网站交换链接、交换广告、内容合作、用户资源合作等方式与合作伙伴之间开展资源共享,实现相互推广扩大收益的目的。在这些资源合作形式中,交换链接是最简单的一种合作方式,也是新网站推广最有效的方式之一。

4) 信息发布推广

将有关的网站推广信息发布在其他潜在用户可能访问的网站上,利用用户在这些网站获取信息的机会实现网站推广的目的。适用于信息发布的网站包括在线黄页、分类广告、供求信息平台、行业网站,以及论坛、博客网站、社交网站等。

信息发布是免费网站推广的常用方法之一,尤其在互联网发展早期,网上信息量相对较少时,往往通过信息发布的方式即可取得满意的效果。随着网上信息量爆炸式增长,这种依靠免费信息发布的方式所能发挥的作用日益降低,同时由于更多更有效的网站推广方法的出现,信息发布在网站推广中的重要程度也明显下降。因此依靠大量发送免费信息的方式已经没有太大价值,不过一些针对性、专业性的信息仍然可以引起人们极大的关注,尤其当这些信息发布在相关性比较高平台上时,也可以收到较好的推广效果。

5) 网络广告推广

网络广告是常用的网络营销策略之一,在网络品牌、产品促销、网站推广等方面均有明显作用。网络广告的常见形式包括 Banner 广告、关键词广告、分类广告、赞助式广告、E-mail 广告等。

Banner 广告所依托的媒体是网页,关键词广告属于搜索引擎营销的一种形式,E-mail 广告则是许可 E-mail 营销的一种,可见网络广告本身并不能独立存在,需要与各种网络工具相结合才能实现信息传递的功能。因此也可以认为,网络广告存在于各种网络营销工具中,只是具体的表现形式不同。将网络广告用于网站推广,具有可选择网络媒体范围广、形式多样、适用性强、投放及时等优点,适合于网站发布初期及运营期的任何阶段。关于网络广告的详细介绍参见本书 3.4 节的相关内容。

6) 病毒性营销

病毒性营销方法是利用用户之间的主动传播,让信息像病毒那样扩散,从而达到推广的目的。病毒性营销方法实质上是在为用户提供有价值的免费服务的同时,附加上一定的推广信息,常用的工具包括免费电子书、免费软件、免费 Flash 作品、免费贺卡、免费邮箱、免费即时聊天工具等可以为用户获取信息、使用网络服务、娱乐等带来方便的工具和内容。如果应用得当,这种病毒性营销手段往往可以以极低的代价取得非常显著的效果。关于病毒性营销的详细介绍参见本书 3.5 节的相关内容。

7) 快捷网址推广

快捷网址推广是合理利用网络实名、通用网址以及其他类似的关键词网站快捷访问方式来实现网站推广的方法。快捷网址使用自然语言和网站 URL 建立对应关系,为习惯使用中文的用户提供了极大的方便,用户只需输入比英文网址要更加容易记忆的快捷网址就可以访问网站,用自己的母语或者其他简单的词汇为网站更换一个更好记忆、更容易体现品牌形象的网址。例如,选择企业名称或者商标、主要产品名称等作为中文网址,这样可以大大弥补英文网址不便于宣传的缺陷,因而在网址推广方面有一定的价值。随着企业注册快捷网址数量的增加,这些快捷网址用户数据也可相当于一个搜索引擎,这样当用户利用某个关键词检索时,即使与某网站注册的中文网址并不一致,也同样存在被用户发现的机会。

8) 综合网站推广

除了上述常用网站推广方法之外,还有许多专用性、临时性的网站推广方法,如有奖竞猜、在线优惠券、有奖调查、针对在线购物网站推广的比较购物和购物搜索引擎等,有些甚至建立一个辅助网站进行推广。有些网站推广方法可能别出心裁,有些网站则可能采用有一定强迫性的方式来达到推广的目的,如修改用户浏览器默认首页设置、自动加入收藏夹、甚至在用户电脑上安装病毒程序等。真正值得推广的是合理的、文明的网站推广方法,应拒绝和反对带有强制性、破坏性的网站推广手段。

需要指出的是,网站推广是个系统工程,而不仅仅是各种网站推广方法的简单应用。在网站推广的实际解决方案中,通常是在网站推广总体策略指导下,将上述网站推广方法根据其特点选用相应的方式进行有机组合,同时综合应用更高级的网站推广手段。

2. 营销型网站推广的阶段与特征

1) 网站发展的四个阶段

一个网站从规划到稳定发展一般要经历四个基本阶段:即网站规划与建设阶段、网站发布初期、网站成长期、网站稳定期。网站发展阶段与访问量正常增长的曲线关系如图 3-1 所示。

网站建设期是指从网站规划到网站建成发布之前的这段时间;网站发布初期通常是指网站正式对外宣传之日开始半年左右的时间;网站成长期是指网站经过发布初期的推广拥有了一定的访问量,并且访问量仍处于快速增长中,不同网站这个阶段持续的时间会有较大的不同;网站进入稳定期的标志是访问量增长率明显减缓,但访问量维持在历史较高数量水平上下波动。网站从发布到进入稳定发展,一般需要一年甚至更长时间。

2) 营销型网站推广的阶段特征

与网站发展的四个阶段相对应,网站推广在网站发展的不同阶段,其工作目的和特点

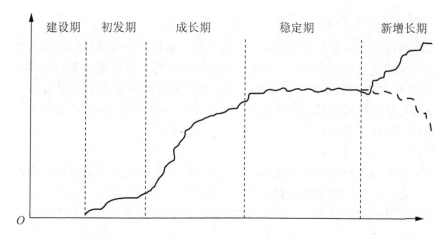

图 3-1 网站发展阶段与访问量增长曲线示意图

都相应地有所不同,呈现出阶段性特征。

(1) 网站规划与建设阶段网站推广的特点:①这个阶段网站并没有建成发布,真正意义上的网站推广并没有开始,网站推广工作很可能被忽视;②网站推广实施操作存在一定的困难,过程控制比较复杂;③网站推广效果需要在网站发布之后得到验证。

(2) 网站发布初期推广的特点:①这个阶段网络营销的经费预算还比较富裕;②网络营销人员有较高的热情;③网站推广具有一定的盲目性;④网站推广的主要目标是扩大用户对网站的认知程度。

(3) 网站增长期推广的特点:①这个阶段网站推广方法具有一定的针对性;②网站推广方法需要进行相应的调整;③相关人员开始重视网站推广效果的管理;④网站推广的目标将由用户认知向用户认可转变。

(4) 网站稳定期推广的特点:①这个阶段网站访问量增长速度减慢;②访问量增长不再是网站推广的主要目标;③网站推广的工作重点将由外向内转变,保持网站的稳定并谋求进入新的增长期。

网站推广稳定期的特点表明,网站推广是一项持续的工作,网站发展到稳定阶段并不意味着推广工作的结束,仅意味着初级推广工作达到阶段目标,是新一个推广工作周期的开始。

3) 网站推广四阶段的主要任务

(1) 网站规划与建设阶段。主要任务是网站总体结构、功能、服务、内容、推广策略的制定;网站开发设计及管理控制;网站优化设计的贯彻实施;网站的测试和发布准备等。

(2) 网站发布初期。主要任务是常规网站推广方法的实施,尽快提升网站访问量,获得尽可能多的用户的了解。

(3) 网站增长期。主要任务是常规网站推广方法效果的分析,制定和实施更有效的、针对性更强的推广方法,重视网站推广效果的管理。

(4) 网站稳定期。主要任务是保持用户数量的相对稳定,加强内部运营管理和控制工作,提升品牌和综合竞争力,为网站进入下一轮增长做准备。

3. 营销型网站推广技巧

网站推广的目的之一是为网站带来更大的流量,而分析众多的推广方法,几乎都发现推广后存在着网站流量变动非常大,呈现出不稳定的趋势,可能前一天的流量很高,过了1~2天,网站的流量又跌到推广前的状态,这种不稳定的状态称为流量流动。做网站推广是为了获得有效稳定的流量,让网站能够留得住用户,才能产生后续的经济效益。那么如何使网站推广发挥最大的效益,获取网站稳定的流量呢?

1) 锁定网站精准客户端

对于营销型的商务网站来说,获得精准的流量能够帮助企业节省成本,为产品带来潜在客户和目标客户。这种精准的流量能够十分明显地转化为成交率,非常有利于产品的销售。通过搜索引擎关键词或网络广告访问网站的客户通常都是非常有意向的客户,对产品有咨询和了解的欲望能促使其产生搜索和点击的动作。可以在网站关键词优化、竞价关键词和网络广告制作与投放方面做精心的选择和策划以获得这种访问精准的客户。

2) 编辑精练的网站内容

网站用户主动访问网站是为了浏览网站上对其有用的内容,一个网站的内容能否让用户驻足并不是因其内容很多很广,而主要看这个网站的内容是否精练。"精练"在网站内容上可以理解为以下几种意思:①网站的内容都是精华,精华一部分来自于网络搜集,更大的一部分应来自于网站的原创;②网站的内容是精选某一行业或者其他几个相关行业的内容;③网站的内容是精明地利用用户的浏览心理来选定。

3) 持之以恒地进行网站基础推广工作

网站基础推广工作是指日常所进行的网站推广工作,包括软文推广、友情链接推广、论坛推广、博客推广、网摘推广、百科推广、邮件推广及微博推广等。网站推广想要取得明显的效果需要持之以恒、坚持不懈地进行网站的基础推广工作,才能为网站带来更多的流量。

4) 适当利用搜索引擎竞价排名

网站推广如果想在短时间内达到预期效果,搜索引擎竞价排名是个不错的选择,如百度、谷歌竞价排名的效果非常明显,当然都是需要付费的。竞价获得流量的质量非常高,但必须把握相关的关键字选择和设置技巧。

5) 合理运用网络广告

付费广告也是获取稳定流量的方式之一,通过购买或者与其他网站互换广告位来实现网络广告的投放,让潜在客户通过广告点击来访问企业网站,让目标客户通过网站发现其产品。选择网络广告这种形式尤其需要注意考察投放网站的访问客户群、网站流量等,这是直接影响广告投放效果的因素,也是广告投放能否为网站带来稳定流量的关键因素。

6) 交换链接

交换链接或称互惠链接,是具有一定互补优势的网站之间的简单合作形式,即分别在自己的网站上放置对方网站的Logo或网站名称并设置对方网站的超级链接,使得用户可以从合作网站中发现自己的网站,达到互相推广的目的。交换链接的作用主要表现在获得访问量、增加用户浏览时的印象、在搜索引擎排名中增加优势、通过合作网站的推荐增加访问者的可信度等几个方面。同时,获得其他网站的链接也就意味着获得了合作伙伴和该领域同类网站的认可,已经超出了是否可以增加访问量本身的意义。

3.1.5 营销型企业网站评价与诊断

网站评价与网站诊断是网络营销服务的重要内容之一,可以为发现网站问题、修订网络营销策略提供依据,在网络营销服务中具有重要的地位和作用。

1. 网站诊断评价对网络营销服务的价值

网络营销专家冯英健认为,企业网站是综合性的网络营销工具。网站诊断评价对于网络营销服务的价值可以概括为以下几点。

(1) 全面的网站诊断评价有利于及时了解企业网站的问题,帮助企业网络营销时少走弯路,降低贻误时机可能造成的损失。由于网站的功能、结构、内容等要素决定了哪些推广策略更有效,网站专业评价可以为制定有效的网站推广策略提供决策依据。

(2) 网站专业性评价可以获得专业网络人士的分析建议,对有效开展网络营销工作具有指导意义。网站专业性评价结果可以为改善网站基本要素以及网站升级再造提供参考,有助了解网站的专业性与主要竞争者相比的优势和差距。

(3) 综合性网站诊断评价报告是检验网站前期策划和网站建设专业水平的依据之一。

2. 网站评价指标体系

网站评价可以由网站自行评价,也可以选择第三方机构进行评价。若要有效地进行网站评价,首先需有一套完整的网站评价指标体系。由于网站评价指标体系的建立比较复杂,一般企业大多选择第三方评价模式。下面介绍一种网络营销导向的企业网站评价指标体系,该指标体系由一级指标及二级指标构成,其中一级指标包括整体指标、网站设计指标、网站内容指标、网站技术指标、网站推广指标及网站安全指标共6个;一级指标下分别有若干二级指标。

1) 整体指标

(1) 域名。域名是互联网上的一个服务器或一个网络系统的名字,它具有唯一性。

(2) 链接有效性。这是衡量网站链接质量的客观因素,如果网站的链接都是一些不可用的死链接,那么用户就会觉得这个网站的质量较差,不能用它链接外部的资源。

(3) 下载时间。下载时间指标用进入网站以及从一个网页、网站进到下一个网页、网站需要等待的时间衡量。调查显示,一个网页的打开时间超过 20 秒会引起浏览者的厌恶感。

(4) 网站流量。网站的流量代表了一定时期内访问其网站的网民数量,流量大说明企业在网站设计、网站推广两个方面做得比较成功。

(5) 点击率。一般的网站评估都有该项指标,可以用来反映网站的知名度和吸引力。该指标容易统计,但存在一定的不科学性。例如,可以通过点击机器人来伪造点击率。

(6) 黏性。指每个访问者的页面浏览数(Page Views Per User)。这是一个平均数,是在一定时间内所有访问者浏览的页面数量与所有访问者数量相除的结果,即一个用户浏览的网页数量。这一指标表明了访问者对网站内容或者产品信息感兴趣的程度,也就是常说的网站的"黏性"。

2) 网站设计指标

网站设计代表电子商务企业在网络市场上的形象，因此网站设计指标占有重要地位。

(1) 整体风格。风格是站点独特的不同于其他网站的地方，包括色彩、技术、交互方式等，能让浏览者明确分辨出这是网站独有的，即使只看到其中一页也可分辨出是哪个网站。

(2) 整体结构。这是指网站版式结构如何，站点提供的信息板块在页面中的分布状态、色彩选用、页面底色与文字、图片的色彩搭配等。

(3) 页面层次。这是指是否可以在网站任何一级页面上都能立即返回主页或上一级页面，是否能在各个栏目之间自由跳转，能否跳转很少的页面就可以找到某个页面或者某个内容，能否在三个链接内浏览整个网站。

(4) 导航功能。网站应该有很清晰易懂、层次化的导航栏，或在比较明显的位置或容易找到的页面建立自己的网站地图，使浏览用户在网站不至于"迷路"。

(5) 主题概念一致。一个网站的设计一定要有鲜明主题，否则根本不能组织网站的信息内容。零散的没有主题的网站，会让用户觉得网站的内容没有连贯性，很难锁定客户。

3) 网站内容指标

网站的使用价值在于其丰富、充足的信息资源，网站内容的优劣成为衡量一个网站的重要尺度。可选取的二级指标有：

(1) 信息内容范围。指网站包括的领域信息资源，是否包含专著、论文、研究报告、会议信息等；从信息源来看，是否有文本信息、图形图像信息、音视频信息等。

(2) 信息时效性。时效性由网页内容的更新频度（速度、周期）表示，频度高、周期短、速度快为最佳。

(3) 资料新颖性。资料的新颖、独特与完整，是否具有特色信息，是否拥有自主开发的数据库等。

(4) 信息资源组织的有序度。指信息资源组织的有序程度，包括结构是否清晰、层次是否简明等。

(5) 使用方便性。包括用户方便程度、个性化界面、交互方式与强度、链接状况、网站地图、搜索引擎、保存用户信息。

(6) 公司资料信息。是否提供公司地址、电话、E-mail，以便缩短用户得到问题反馈的时间，在最短的时间内满足用户的要求。

(7) 新颖度。网站设计新颖度也是决定用户访问量的要素。

4) 网站技术指标

(1) 是否有BBS留言板。BBS的开发是技术上的一个较为复杂的项目，公司有一个自己开发的BBS留言板，可以减少漏洞，对公司技术人员也是一个考验。

(2) 是否有免费邮箱。邮箱系统的开发比起BBS来需要更高的技术要求，如果企业网站可以开发自己的免费邮箱系统，对增加用户的回访率也会起很大作用。

(3) 交互性状态。包括用户与网站的交流以及用户之间的交流两个层次。这种交流可以让用户更好地了解和利用网站的服务，同时也将用户的要求及时传递给网站管理者。

(4) 制作精度。包括是否使用切图技术与 CSS 样式，数据库构建完整程度等。

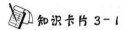知识卡片 3-1

CSS 样式：CSS 是 Cascading Style Sheet 的缩写，译作"层叠样式表单"，是用于(增强)控制网页样式并允许将样式信息与网页内容分离的一种标记性语言。

(5) 是否使用 xml、.net 技术。xml 和 .net 技术是目前网站设计的新技术，这两种技术可以大大提高网站的安全性。

(6) 有无交易平台。这是指商业网站是否具有安全的交易平台，是使用别人的交易平台还是自己具有构建交易平台的技术水平。

(7) 特殊状况考虑。这是指对于不同浏览者的使用情况，在程序中是否做出了相应的处理。例如，对于不同浏览器的用户是否有提示，是否有相应的解决办法。

5) 网站推广指标

如果网站不做宣传和推广工作，网站就没有任何的价值，这就与企业建设网站的初衷完全不符合。营销型企业网站的推广指标主要有：

(1) 各大搜索引擎的排名。网上有种类繁多的搜索引擎，一个营销型企业网站推广是否做得好，在百度、雅虎等各大搜索引擎中的排名是十分重要的参考。

(2) Meta 的使用。Meta 标签是记录当前页面信息的元素，如字符译码、作者、版权、关键字等。

(3) 适当的关键词。用户搜索目标信息和企业网站很大程度上习惯于通过搜索引擎，所以一些具有战略性的关键词是十分重要的。

(4) 网站服务。提供一个及时、友好的回复与服务将有助于企业和网站及时了解顾客和市场需求，迅速地建立用户网络、掌握用户群和开发出潜力无穷的新客户群。

(5) 其他网站提供的交换链接的数量。

6) 网站安全指标

任何计算机网络都会存在着风险，网络风险的评估应对组成网络系统的硬件系统和软件系统进行综合评估，主要由以下二级指标组成：

(1) 网站硬件设备评估。网站硬件设备包括网站物理设备、网络传输介质、网络连接设备、网络操作系统。网站硬件设备的风险直接影响整个商业网站运行情况，甚至可以导致网站无法访问和数据库的破坏。

(2) 计算机病毒的防治。计算机病毒已经成为危及计算机网络风险的主要因素，特别是互联网络，这一风险要素表现得极为明显。

(3) 服务器风险的评估。服务器系统是网络系统中至关重要的组成部分，是对网络风险进行评估时应充分考虑的重要因素。

(4) 数据库系统的风险评估。数据库系统是整个网络系统中的核心部分，也是最脆弱、最容易受到内部和外来攻击的部分之一。

以上指标仅为参考指标，实际应用中可以根据各企业的具体情况选择侧重点，甚至增加或减少指标类型，以达到对该企业更为有效的评估。

微型案例 3-3

美国 btobonline 的网站评价方法

美国专业电子商务资讯网站 www.btobonline.com 根据网站建设在营销效果上的体现，每年评估全美 800 个知名企业网站，评出各行业 B2B 企业在网站建设方面的佼佼者。

btobonline 制定的网站评比总分是 100 分，对每个网站重点进行 5 个方面的考核。这 5 类指标是：

（1）网站信息质量高低。网站提供的信息质量和信息呈现方式；公司业务的介绍情况；是否有关于产品和服务的信息；是否有完整的企业和联系信息；是否有产品说明或评估工具，以区别于其他同类产品。

（2）网站导航易用度。网站信息是否组织良好，尤其当公司拥有庞大用户群的时候；是否有站内搜索引擎；网站各部分是否很方便地链接互通。

（3）网站设计优劣。网站设计的美观及愉悦程度；文本是否容易阅读；图片是否使用适当；是否创造性地采用了声频与视频手段增强宣传效果。

（4）电子商务功能。能否实现在线订购、支付。

（5）网站的特色应用。网站是否有社区或论坛；是否有计算器或其他可以增强用户体验的工具；访问者能否注册电子邮件通信；用户能否通过网站获得即时帮助；网站是否有通往相关信息互补性资源的链接。

（资料来源：http://abc.wm23.com/caiyu）

3. 自行实施网站诊断的建议

自行实施网站诊断可以从网站规划与网站栏目结构、网站内容及网站可信度、网站功能和服务、网站优化及运营评价等方面进行。

1）网站规划与网站栏目结构诊断

（1）网站建设的目标是否明确？网站要为用户提供哪些信息和服务？

（2）网站导航是否合理？用户通过任何一个页面可以回到上级页面以及回到首页吗？

（3）各个栏目之间的链接关系是否正确？是否有一个简单清晰的网站地图？

（4）通过最多 3 次的点击，是否可以通过首页到达任何一个内容页面，是否可以通过任何一个页面到达站内其他任何一个网页？

（5）网站栏目是否存在过多、过少，或者层次过深等问题？

2）网站内容及网站可信度诊断

（1）是否提供了用户需要的详尽信息，如产品介绍和联系方式？是否提供了产品销售信息、售后服务信息和服务承诺？

（2）网站内容是否更新及时？过期信息是否及时清理？

（3）网站首页、各栏目首页以及各个内容页面是否分别有能反映网页核心内容的网页标题？是否整个网站都用一个网页标题？

（4）网站首页、各栏目首页以及各个内容页面 HTML 代码是否有合理的 Meta 标签设计？

（5）公司介绍是否详细？是否有合法的证明文件？

3）网站功能和服务诊断

（1）网站是否可以稳定运行？访问速度是否过慢？

（2）为用户提供了哪些在线服务手段？用户关心的信息是否能在网站首页直接找到？

（3）网站是否可以体现出产品展示、产品促销、顾客服务等基本的网络营销功能？

4）网站优化及运营评价诊断

（1）网站总共有多少个网页？被主流搜索引擎收录的网页数量是多少？占全部网页数量的百分比是多少？是否有大量网页未被收录，或者在搜索结果中表现不佳？

（2）网站的 PR 值是多少？如果首页 PR 值低于 3，那么是什么原因造成的？是否有某些栏目页面 PR 值为 0？

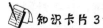知识卡片 3-2

PR 值：全称为 Page Rank（网页级别），用来表现网页等级的一个标准，级别为 0—10，是谷歌用于评测一个网页重要性的一种方法。

（3）网站搜索引擎优化是否存在不合理的现象？是否有搜索引擎优化作弊的嫌疑？

（4）网站是否采用静态网页？如果采用动态网页技术，是否进行了合理的优化？

（5）对搜索引擎的友好性如何？网站首页、各栏目首页以及各个内容页面是否有合理的有效文字信息？

（6）网站访问量增长状况如何？网站访问量是否很低？是否因网站优化不佳所致？

（7）与主要竞争者比较，网站在哪些方面存在明显的问题？

3.1.6 典型案例：牛蛙网的整体外包服务

牛蛙网是成立于 2009 年的一家网络营销整体外包平台，据称曾辅导 6200 多家企业建立网站实现网络赢利。牛蛙网主要是针对传统企业开展网络营销与电子商务项目的整体服务需求，提供包括项目策划、团队培训、网络推广、网站建设、资源整合等内容的一站式服务。

2012 年 8 月 29 日，牛蛙网第二十六期"网络营销快速启动服务"（简称"i 启动"）在深圳拉开大幕。据悉本次"i 启动"吸引了来自 20 个城市的 120 余名企业家及其精英团队，创下了牛蛙网历次"i 启动"服务到场人数之最。

1. 牛蛙网的 4 大系统化服务

牛蛙网为客户特别配备了 6 人以上的专业项目服务团队（包括专家顾问、项目经理、网络推广专员、网站开发工程师、网站编辑等），可在规定时间内为客户提供系统化服务。

（1）网络营销战略顾问服务。牛蛙网由拥有丰富网络营销项目成功操作经验的专家担任主顾问，以一对一现场顾问的方式提供咨询服务，指导企业的网络营销项目进行网络市场调研、定位最佳网络商业模式、策划产品的网络独特卖点和营销战略等。

（2）交易型网站建设服务。目前企业网站正从原始的"形象展示型"网站，逐步转型为具备强大营销能力的"成交型"智能网站。牛蛙网以其荣获 2011 年国家技术专利的最新网站运营系统——自动成交型网站和专业网站设计团队，帮助企业网站从简陋的"企业画册"轻松升级为网络"商城"和"精品店"。

(3) 网络推广服务。由牛蛙网专业网络推广团队为企业编制全套网络营销文案,并启动执行百度、阿里巴巴、淘宝网、微博营销、邮件营销等网络推广战术,让企业即使没有自己的网络营销团队,也可做好推广,获得订单。

(4) 网络营销团队培训服务。牛蛙网可提供系统的企业网络营销培训服务,由专家顾问团队担任培训导师,采用全年循环授课的集训模式,为企业打造高执行力的网络营销团队。

2. 牛蛙网营销服务的成功案例

(1) 指导企业建网站卖奔驰,业绩超 3000 万元。中升汇驰是一家上市公司,专营奔驰的威霆、唯雅诺、凌特等系列的高端商务车,之前从来没尝试过网络营销,觉得几十万元的奔驰车怎么可能在网上卖出去,直到 2011 年 9 月,抱着试试看的态度,在牛蛙网的指导下建立了网站并进行了网络推广。结果不到两个月,中升汇驰的网上业绩竟然超过了 480 万元,而每月只需要花 8000 元网络推广费。半年以后,总共只花了 5 万元网络推广费,中升汇驰的网上业绩已经突破了 3000 万元。

(2) 牛蛙网的免费网络推广让服装企业每月节省 13000 元。香港杜氏国际服装设计有限公司通过牛蛙网的免费网络推广,网站在搜索引擎上的排名有非常好的提升效果,当然公司销售额也是直线上升。当时杜氏在牛蛙网的指导下对公司网站进行了优化,效果比以前的付费推广还要好,网站在谷歌、百度里面基本上出现在第一页,有时甚至可以排到第一或者第二,这样企业一个月大约可以节约 13000 元的付费推广费用。

3. 案例评析

牛蛙网顺网络营销发展之"势"、行网络营销之"道",御网络营销推广之"术",在日新月异的网络时代,携手中国传统企业开辟出了一条新的发展之路。

(1) 牛蛙网通过推出以"网络营销项目顾问和现场执行落地"为核心服务的"i 启动"项目,针对需要轻松、快速启动网络营销项目的传统企业,现场提供网络营销定位、网络推广战术实操、网络团队培训等一系列服务,把课程培训、顾问咨询、项目执行相结合,强调实际操作,其打造的"30%时间培训+30%时间顾问+40%时间现场执行"的团队服务模式,消除了单纯的网络营销培训"缺乏针对性""缺乏行动力"等常见弊端。到场企业家可在专业项目经理一对一辅导下,熟练掌握在百度、阿里巴巴、淘宝(天猫)、其他行业门户等多个平台的推广战术,现场完成独特卖点提炼、关键词设定、产品信息描述及自动成交型网站框架搭建等多项工作,让企业家能听懂、能学会、能应用网络营销,并且能够现场获得有成效的网络营销整体解决方案。

(2) 牛蛙网"授人以渔"的网络营销服务模式不仅在网络营销领域内有着极强的影响力,在教育培训行业内也受到重视,认为这是帮助中国传统企业开拓商业模式,步入互联网领域的良好选择。

3.2 搜索引擎营销服务

搜索引擎营销(SEM)是根据用户使用搜索引擎的方式,利用用户检索信息的机会,尽可能将营销信息传递给目标用户。简单来说,搜索引擎营销就是基于搜索引擎平台的网络营销,它利用人们对搜索引擎的依赖和使用习惯,在人们检索信息的时候尽可能将营销信息传递给目标客户。

搜索引擎营销服务有广义和狭义之分。狭义的搜索引擎营销服务是指为开展搜索引擎营销所提供的相关辅助活动、过程或结果,如搜索引擎优化(SEO),包括受众分析、关键词投放、创意撰写、着陆页优化、数据追踪与分析、策略调整、搜索引擎定位与排名等搜索引擎优化方法。

广义的搜索引擎营销服务,即基于搜索引擎平台的一切网络营销活动、过程和结果,包括现阶段的搜索引擎营销和搜索引擎优化,即 SE＋工具＋SEO 的整合。搜索引擎营销服务追求最高的性价比,以最小的投入,获得最大的来自搜索引擎的访问量,并产生商业价值,其核心思想是基于网站有效文字信息的推广。

3.2.1 搜索引擎营销的原理

1. 搜索引擎的基本工作原理

搜索引擎按其工作原理可分为三种类型,即全文搜索引擎、目录索引搜索引擎和元搜索引擎。了解搜索引擎的工作原理,对于利用搜索引擎开展营销服务会有很大帮助。

1) 全文搜索引擎工作原理

全文搜索引擎(Full Text Search Engine)是从互联网上提取各个网站的信息(以网页文字为主),建立起数据库,并能检索与用户查询条件相匹配的记录,按一定排列顺序返回结果,向用户提供查询服务。在美国,搜索引擎通常就是指这类基于互联网的全文搜索引擎,这种引擎收集互联网上几千万到几亿个网页数量不等,并且每一个网页上的每一个词都被搜索引擎所收录,也就是所谓全文检索。国外典型全文搜索引擎包括谷歌、Altavista、Inktomi、Infoseek 等,国内有百度等。

全文搜索引擎的工作原理:全文搜索引擎的自动信息搜集功能一般通过定期搜索和提交网站搜索这两种方式实现。

(1) 定期搜索。即每隔一段时间(如谷歌一般是 28 天),搜索引擎定期主动派出"蜘蛛"程序,对一定 IP 地址范围内的网站进行检索,一旦发现更新或新的网站,它会自动提取网站的信息和网址加入自己的数据库。当用户使用搜索服务时,搜索引擎在数据库中搜寻用户输入的关键词,如果找到与用户要求内容相符的网站,便采用特殊的算法计算出各网页的信息关联程度,如网页中关键词的匹配程度、出现的位置/频率等,然后根据关联程度高低,按顺序将这些网页链接制成索引返回给用户。

(2) 提交网站搜索。即由网站所有者主动向搜索引擎提交网址,然后搜索引擎在一定时间内(2 天到数月不等)专门向该网站派出"蜘蛛"程序,扫描并将有关信息存入数据库,以备用户查询。当用户以关键词查找信息时,搜索引擎会在数据库中进行搜寻,如果找到与用户要求内容相符的网站,便采用特殊的算法——通常根据网页中关键词的匹配程度、出现的位置/频次、链接质量等,计算出各网页的相关度及排名等级,然后根据关联度高低,按顺序将这些网页链接返回给用户。

需要说明的是,由于近年来搜索引擎索引规则发生了很大变化,主动提交网址并不一定能保证网站可以进入搜索引擎数据库,因此目前最好的办法是多获得一些外部链接,让搜索引擎有更多机会找到指定网站并自动将其收录。

2) 目录索引搜索引擎工作原理

目录索引(Search Index/Directory)，顾名思义就是将网站分门别类地存放在相应的目录中，因此用户在查询信息时，可选择关键词搜索，也可按分类目录逐层查找。如果以关键词搜索，返回的结果与搜索引擎类似，也是根据信息关联程度排列网站，只不过其中人为因素要多一些。如果按分层目录查找，某一目录中网站的排名则是由标题字母的先后顺序决定(也有例外)。与全文搜索引擎相比，目录索引也有许多不同之处。

（1）搜索引擎属于自动网站检索，目录索引则完全依赖手工操作。用户提交网站后，目录编辑人员会浏览该网站，并根据一套自定评判标准或主观印象，决定是否接纳该网站。

（2）搜索引擎收录网站时，只要网站本身没有违反有关的规则，一般都能登录成功。而目录索引对网站的要求则高得多，有时即使登录多次也不一定成功。

（3）在登录搜索引擎时，一般不用考虑网站的分类问题，而登录目录索引时则必须将网站放在一个最合适的目录。

（4）搜索引擎中各网站的有关信息都是从用户网页中自动提取的，所以从用户角度看拥有更多的自主权；而目录索引则要求必须手工另外填写网站信息，而且还有各种各样的限制，如果工作人员认为所提交网站的目录、网站信息不合适，可以随时对其进行调整。

目录索引类搜索引擎虽然有搜索功能，但严格意义上不能称为真正的搜索引擎，只是按目录分类的网站链接列表而已。用户完全可以按照分类目录找到所需要的信息，不依靠关键字进行查询。目录索引类搜索引擎中最具代表性的有雅虎和新浪分类目录搜索。在默认搜索模式下，一些目录类搜索引擎首先返回的是自己目录中匹配的网站，如国内搜狐、新浪、网易等；而另外一些则默认的是网页搜索，如雅虎。

目前，搜索引擎与目录索引有相互融合渗透的趋势，原来一些纯粹的全文搜索引擎现在也提供目录搜索，而一些老牌目录索引则通过与知名搜索引擎合作扩大搜索范围。

3) 元搜索引擎工作原理

元搜索引擎(Meta Search Engine)接受用户查询请求后，同时在多个搜索引擎上搜索，并将结果返回给用户。著名的元搜索引擎有 InfoSpace、Dogpile、Vivisimo 等，中文元搜索引擎中具代表性的是"搜星"搜索引擎。在搜索结果排列方面，有的直接按来源排列搜索结果，如 Dogpile；有的则按自定的规则将结果重新排列组合，如 Vivisimo 等。

2. 搜索引擎营销的目标层次原理

搜索引擎营销是基于网页文字内容的营销方式，其前提是网页内容可以被搜索引擎检索并成为其可见网页。搜索引擎营销的目标层次原理认为，在不同发展阶段，搜索引擎营销具有不同的目标，其最终的目标在于将浏览者转化为真正的顾客，从而实现销售收入的增加。搜索引擎营销的目标一般可分为4个层次，即存在层、表现层、关注层和转化层，如图3-2所示。

从图3-2中可以看出，搜索引擎营销目标的4个层次从下到上目标依次提高。

第一层是搜索引擎营销的存在层。存在层的含义就是让网站中尽可能多的网页能够被搜索引擎收录，也就是增加网页的搜索引擎可见性。因此，存在层的目标就是在主要的搜

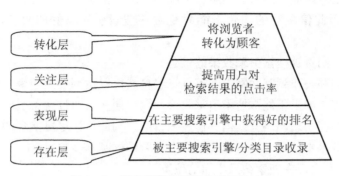

图 3-2 搜索引擎营销服务的目标层次

索引擎或分类目录中获得被收录的机会。存在层是搜索引擎营销的基础,离开这个层次,搜索引擎营销的其他目标也不可能实现。

第二层是搜索引擎营销的表现层。表现层的目标是在被搜索引擎收录的基础上尽可能获得好的排名,即在搜索结果中有良好的表现。因为用户关心的只是搜索结果中靠前的少量内容,如果利用主要的关键词检索时网站在搜索结果中的排名靠后,那么就有必要利用关键词广告、竞价广告等形式作为补充手段来实现这一目标。同样,如果在分类目录中的位置不理想,则需要同时考虑在分类目录中利用付费等方式获得靠前排名。

第三层是搜索引擎营销的关注层。关注层的目标直接表现为网站访问量指标方面,也就是通过搜索结果点击率的增加来达到提高网站访问量的目的。由于只有受到用户关注、经过用户选择后的信息才可能被点击,仅仅做到被搜索引擎收录并且在搜索结果中排名靠前并不一定能增加用户的点击率,更不能保证将访问者转化为顾客。因此,要通过搜索引擎营销实现访问量增加的目标,需要从整体上进行网站优化设计,并充分利用关键词广告等搜索引擎营销专业服务。

第四层是搜索引擎营销的转化层。转化层是前面3个目标层次的进一步提升,是各种搜索引擎方法所实现效果的集中体现,其目标是通过访问量的增加转化为企业最终收益的提高。从访问量转化为收益是由网站功能、服务、产品等多种因素共同作用所决定的,因此转化层的目标在搜索引擎营销中属于战略层次的目标,其他3个层次的目标则属于策略范畴。

3. 搜索引擎营销信息传递的一般过程

搜索引擎实现营销信息传递的一般过程是:首先,企业将信息发布在网站上成为以网页形式存在的信息源,并使网站/网页信息能被搜索引擎收录到索引数据库;其次,用户利用关键词或分类目录进行检索,搜索引擎则在检索结果中罗列相关的索引信息及其链接URL;最后,用户根据对检索结果的判断,选择有兴趣的信息并点击 URL 进入信息源所在网页,完成企业从发布信息到用户获取信息的全过程。搜索引擎实现营销信息传递的这个过程,也说明了搜索引擎营销的基本原理。

1)构造适合于搜索引擎检索的信息源

信息源通常是指企业网站中的各种信息,其被搜索引擎收录是搜索引擎营销的基础,这也是网站建设之所以成为网络营销服务基础的原因。由于用户通过检索后要访问信息源获取更多信息，因此信息源的构建不能只是站在搜索引擎友好的角度，应该包含用户友好。

2）创造网站/网页被搜索引擎收录的机会

网站建设完成并发布到互联网上并不意味着自然可以达到搜索引擎营销的目的，无论网站设计多么精美，如果不能被搜索引擎收录，用户便无法通过搜索引擎发现这些网站中的信息，当然就不能实现网络营销信息传递的目的。因此，让尽可能多的网页被搜索引擎收录是网络营销的基本任务之一，也是搜索引擎营销的基本步骤。

3）让企业信息出现在搜索结果中靠前位置

网站或网页仅仅被搜索引擎收录还不够，还需要让企业信息出现在搜索结果中靠前的位置，这就是搜索引擎优化所期望的结果。因为搜索引擎收录的信息通常都很多，当用户输入某个关键词进行检索时会反馈大量的结果，如果企业信息出现的位置靠后，被用户发现的机会就大为降低，搜索引擎营销的效果也就无法保证。

4）以搜索结果中有限的信息获得用户关注

通过对搜索引擎检索结果的观察可以发现，并非所有的检索结果都含有丰富的信息，用户通常并不能点击浏览检索结果中的所有信息，需要对搜索结果进行判断，从中筛选一些相关性最强、最能引起用户关注的信息进行点击，进入相应网页之后获得更为完整的信息。做到这一点，需要针对每个搜索引擎收集信息的方式进行有针对性的研究。

5）为用户获取信息提供方便

用户通过点击搜索结果而进入网站或网页，是搜索引擎营销产生效果的基本表现形式，用户的进一步行为决定了搜索引擎营销是否可以最终获得收益。搜索引擎营销与网站信息发布、顾客服务、网站流量统计分析、在线销售等其他网络营销工作密切相关，在为用户获取信息提供方便的同时，与用户建立密切的关系，使其成为潜在顾客，或者直接购买产品。

3.2.2 搜索引擎营销方式

常用的搜索引擎营销服务方式主要包括竞价排名、分类目录登录、搜索引擎登录、付费搜索引擎广告、关键词广告、来电付费广告、搜索引擎优化（搜索引擎自然排名）、地址栏搜索、网站链接策略等。

1. 竞价排名

所谓竞价排名也是搜索引擎关键词广告的一种形式，按照付费最高者排名靠前的原则，对购买了同一关键词的网站进行排名。竞价排名服务，是由客户为其网页购买关键字排名，按点击计费的一种服务。客户可以通过调整每次点击付费价格，控制自己在特定关键字搜索结果中的排名，并通过设定不同的关键词捕捉到不同类型的目标访问者。

竞价排名一般采取按点击收费的方式，可以方便地对用户的点击情况进行统计分析，也可以随时更换关键词以增强营销效果。目前最流行的点击付费搜索引擎主要有百度、雅虎等。

2. 分类目录登录

（1）免费登录分类目录。这是最传统的网站推广手段，目前多数重要的搜索引擎都已开始收费，仍有少数搜索引擎可以免费登录。但网站访问量主要来源于少数几个重要的搜索引擎，即使登录大量低质量的搜索引擎，对网络营销的效果也没有多大意义。搜索引擎的发展趋势表明，免费搜索引擎登录的方式已经逐步退出网络营销舞台。

（2）收费登录分类目录。此类搜索引擎营销与网站设计本身没有太大关系，主要取决于费用，网站需缴纳费用之后才可以获得被收录的资格和一些搜索引擎提供的固定排名服务。随着搜索引擎收录网站和网页数量的增加，用户通过分类目录检索信息的难度也在加大，同时，由于大量的信息没有登录到搜索引擎，也使得一些有价值的信息无法被检索到，这也就意味着分类目录型的搜索引擎营销效果在不断降低，即使付费登录也避免不了这种状况。

3. 搜索引擎优化

目前较为流行的搜索引擎优化（SEO）方式是搜索引擎定位（Search Engine Positioning）和搜索引擎排名（Search Engine Ranking），主要目的是增加特定关键词的曝光率以增加网站的能见度，进而增加销售的机会。搜索引擎优化分为站外 SEO 和站内 SEO 两种，有关搜索引擎优化的详细内容参见本书 3.2.3 节。

4. 购买关键词广告

关键词广告也称"关键词检索"，简单来说就是在搜索引擎的搜索结果中发布广告的一种方式。与一般网络广告不同之处仅仅在于，关键词广告出现的位置不是固定在某些页面，而是当有用户检索到网站所购买的关键词时，才会出现在搜索结果页面的显著位置。购买关键词广告即在搜索结果页面显示广告内容，实现高级定位投放，用户可以根据需要更换关键词，相当于在不同页面轮换投放广告。

不同的搜索引擎有不同的关键词广告显示，有的将付费关键词检索结果出现在搜索结果列表最前面，也有出现在搜索结果页面的专用位置。由于关键词广告具有较高的定位程度，可以随时修改有关信息，具有合理的收费模式等，因而逐渐成为搜索引擎营销的常用形式。

5. 网页内容定位广告

基于网页内容定位的网络广告（Content-Targeted Advertising）是搜索引擎营销模式的进一步延伸，广告载体不仅仅是搜索引擎的搜索结果网页，也延伸到这种服务的合作伙伴的网页。尽管目前国内基于网页内容定位的搜索引擎营销还没有进入实用阶段，但在国外这种模式的应用已十分广泛。

6. 付费搜索引擎广告

付费搜索引擎广告有多种计费方式，目前常用的主要有每千人成本（CPM）、每点击成本（CPC）、每行动成本（CPA）、每回应成本（CPR）、每购买成本（CPP）、包月方式、按业绩付费（PFP）、来电付费广告（TMTW）等。各种计费方式的含义等详细情况参见本书3.4.4 节的相关内容。

从目前的发展趋势来看,搜索引擎在网络营销中处于十分重要的地位,受到越来越多企业的认可。同时,搜索引擎营销的方式也在不断发展演变,因此应根据环境的变化选择搜索引擎营销的合适方式。

3.2.3 搜索引擎优化

搜索引擎优化是网站建设专业水平的自然体现,优化内容通常包括网站内容优化、关键词优化、外部链接优化、内部链接优化、代码优化、图片优化、搜索引擎登录等。搜索引擎优化的最高境界是忘记搜索引擎优化,让每个网页都带来潜在顾客。

1. 搜索引擎优化的定义

搜索引擎优化(SEO)是网站优化的组成部分,是通过对网站栏目结构、网站内容、网站功能和服务、网页布局等网站基本要素的合理设计,使用户更加方便地通过搜索引擎获取有效的信息。搜索引擎优化重视的是网站内部基本要素的合理化设计,是为用户获取信息和服务提供方便,并非只是考虑搜索引擎的排名规则。

SEO的主要工作是通过了解各类搜索引擎如何抓取互联网页面、如何进行索引以及如何确定其对某一特定关键词的搜索结果排名等技术,来对网页进行相关的优化,使其提高搜索引擎排名,从而提高网站访问量,最终提升网站的销售能力或宣传能力。

搜索引擎优化是针对搜索引擎对网页的检索特点,让网站建设各项基本要素适合搜索引擎的检索原则,从而使搜索引擎收录尽可能多的网页,并在搜索引擎自然检索结果中排名靠前,最终达到网站推广等营销目的,即采用所谓的**白帽技术**实现。

> **知识卡片 3-3**
>
> **白帽技术**(White Hat):在搜索引擎优化方面,使用正规符合搜索引擎网站质量规范的手段和方式,使网站在搜索引擎中的关键词获得良好的自然排名。白帽技术是较为流行的网络营销方式,主要目的是增加特定关键字的曝光率以增加网站的能见度,进而增加销售的机会。

2. 搜索引擎优化对网络营销服务的价值

搜索引擎优化对网络营销服务的价值主要体现在以下几个方面。

(1) 搜索引擎优化后网站通过搜索引擎自然检索获得的用户访问量会显著提高(通常可能超过80%)。

(2) 通过对网页内容的优化,用户通过搜索结果中有限的摘要信息感知对网站的信任,这也是网络品牌创建的内容和方法之一。

(3) 当用户通过搜索引擎检索结果信息的引导来到网站之后,可以获得有价值的信息和服务,搜索引擎优化与网站内容等要素的优化是不可分割的。

(4) 对提高用户转化率提供最大的支持;对竞争者施加营销壁垒。

3. 搜索引擎优化的原则

(1) 要始终坚守用户导向的网站优化思想,提供原创高质量的营销信息,丰富网站内容。

（2）要按照搜索引擎给网站管理员的建站指南行事，听取那些愿意分享搜索引擎优化专业知识的专家提供的搜索引擎优化建议。

（3）不要在网页中夹带隐藏文本，不要在网站内设置那些违反搜索引擎网站管理员指南的网站链接，否则网站很可能会被搜索引擎认定为优化作弊而被永久性删除。

（4）不要过度运用内部链接和锚文本链接，这对搜索引擎优化没有多大意义；不要大量复制其他网站内容，这样不仅侵犯他人的著作权，也影响自己网站的形象。

（5）不要随意对网站进行"搜索引擎优化"，除非确信自己100%明确搜索引擎优化专业知识和优化步骤及优化技巧。

4. 对搜索引擎不友好的网站特征

（1）网站结构层次不清，网站导航系统让搜索引擎"看不懂"。

（2）网页中大量采用图片或Flash等富媒体形式，没有或很少可检索的文本信息。

（3）网页没有标题，或者标题中没有包含有效的关键词；网页正文中有效关键词比较少；在网页代码中堆砌关键词。

（4）在网页代码中使用用户不可见的文本信息（如字体颜色与背景色一样、尺寸为1个像素的滚动字幕等）；大量使用动态网页让搜索引擎无法检索。

（5）网站URL层次过多；复制的网页内容（多个URL指向的网页内容一样）；采用过渡页、桥页等欺骗搜索引擎的方法。

（6）没有被其他已经被搜索引擎收录的网站提供的链接；网站与大量低质量的网站链接，如没有相关性的网站、作为Link Farm的网站、自动链接网站、留言簿等；网站中含有许多错误的链接。

（7）网站中充斥大量欺骗搜索引擎的垃圾信息，如过渡页、桥页、颜色与背景色相同的文字等；网站内容长期没有更新。

5. 搜索引擎优化的基本内容

搜索引擎优化的一般内容可归纳为以下方面：网站栏目结构和网站导航系统优化；网站内容优化，包括网页标题、Meta标签设计、网页正文内容；网页布局、网页格式和网页URL层次优化；网站链接策略等搜索引擎优化的其他问题。

1）网站栏目结构的搜索引擎优化

（1）网站结构优化要点：从搜索引擎优化的角度看，要分析什么样的网站结构是合理的，网站结构是否满足搜索引擎优化需要，有哪些评价指标，网站结构要素的优化对用户获取信息有哪些影响。

（2）合理的网站栏目结构的主要表现：通过主页可以到达任何一个一级栏目首页、二级栏目首页以及最终内容页面；通过任何一个网页可以返回上一级栏目页面并逐级返回主页；通过任何一个网页可以进入任何一个一级栏目首页；通过网站首页一次点击，可以直接到达某些最重要内容网页（如核心产品、用户帮助、网站介绍等）；通过任何一个网页经过最多3次点击可以进入任何一个内容页面。主栏目清晰并且全站统一，有一个表明站内各个栏目和页面链接关系的网站地图，每个页面有一个辅助导航。另外，如果产品类别/信息类别较多，设计一个专门的分类目录是必要的。

2) 网站内容的搜索引擎优化

（1）网站内容优化的主要指标：每个网页都有独立的、概要描述网页主体内容的网页标题；每个网页都应该有独立的反映网页内容的 Meta 标签（关键词和网页描述）；每个网页标题应该含有有效关键词；每个网页主体内容应该含有适量的有效的关键词文本信息；对某些重要的关键词应保持其在网页中相对稳定。

（2）企业网站网页标题设计的常见问题：第一，大多数网页没有独立的标题；第二，网页标题设计不包含有效关键词；第三，网页标题与网页主体内容的相关性不高，表现为通用网页标题无法保证网页标题与每个网页内容都具有相关性，或者过于"优化"网页标题包含大量"重要关键词"，造成网页标题臃肿而且与网页正文内容相关性不高。

（3）网页标题设计的一般原则：其一，网页标题不宜过短或者多长，一般来说 6～10 个汉字比较理想，最好不要超过 30 个汉字；其二，网页标题应概括网页的核心内容；其三，网页标题中应含有丰富的关键词。

3) 网页布局、网页格式和网页 URL 层次优化

（1）网页布局优化。网页布局的搜索引擎优化需要从用户和搜索引擎两个角度来考虑，通常网页布局需要注意以下几点：①最重要的信息要出现在最显著的位置；②希望搜索引擎抓取的网页摘要信息出现在最高的位置；③网页最高位置的重要信息以及首页滚动更新的信息宜保持相对稳定，以便搜索引擎抓取信息；④一些重要信息的位置安排和表现形式应考虑用户浏览网页注意力的"F 现象"等访问习惯。

（2）网页格式和网页 URL 层次优化。动态网站建设采用静态网页形式只是有助于搜索引擎索引信息，但并不意味着只要是静态网页就一定会被搜索引擎收录，还取决于网页中有文字信息和网页的链接关系等。动态网页希望被搜索引擎收录，则需要增加该网页 URL 被链接的机会，这种链接可以是在自建网站上，也可以是在其他网站上。因此，网页格式优化一般采取"静动结合"的对策。

网页 URL 层次的搜索引擎优化要点如下：①网站首页，必须保证把 index 文件放在根目录下；②一级栏目首页，网页 URL 最好不超过 2 个层次；③详细信息页面，例如企业信息和产品，最好不超过 4 个层次。

4) 网站链接与搜索引擎优化

由于谷歌、百度等技术型搜索引擎把一个网站被其他相关网站链接的数量作为评估网站级别的因素之一，因此在搜索引擎优化中需要适当考虑网站链接。

但要注意搜索引擎并不把链接广度作为考察被外部网站链接的唯一因素，它同时还要考察外部链接网站的质量。因此，搜索引擎优化时网站内容的相关性是最重要的因素，网站链接仅处于次要地位。

6. 搜索引擎优化中的作弊等问题

1) 搜索引擎垃圾信息的含义

搜索引擎垃圾(Spam)是指为了搜索引擎优化而有意设计的便于搜索引擎蜘蛛发现的信息，如大量重复的关键词、用户不可看到的文字等。

不同搜索引擎对垃圾信息的定义有一定的差别。例如，被谷歌视为垃圾信息的常见情形有隐藏的文字或链接、容易误解或堆积的词汇、与谷歌检索不匹配的网页、伪装的网

页、欺骗性的网址重新指向、专门针对搜索引擎的入门网页、复制的网站或网页等。

2) 搜索引擎优化作弊的含义

所谓搜索引擎优化作弊，是指利用搜索引擎的算法漏洞而采取的欺骗性优化手段，以达到增加网站收录、权重和排名等目的，如通过攻击搜索引擎的某个主要因素来确定具体关键词的排名。由于技术型搜索引擎在网站排名过程中完全由蜘蛛程序自动完成，未有人工参与，为那些针对排名原理而采用欺骗蜘蛛程序的手段提供了成功的可能性。

搜索引擎优化作弊也有内、外部之分，外部作弊多以链接建设为主，内部作弊主要指的是关键词堆砌、镜像网站、跳转页和重定向等**黑帽技术**。

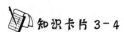

黑帽技术(Black Hat)：指在搜索引擎优化过程中通过一些类似作弊的方法或技术手段，以不符合主流搜索引擎优化原则规定的手法来获得短时间内较好的搜索引擎优化效果的一种技术。黑帽 SEO 的主要特点是短、平、快，为了短期内的利益而采用作弊方法，因而随时会因搜索引擎算法的改变而面临惩罚。

3) 搜索引擎优化中的常见作弊行为

许多企业为了提升其网站在搜索引擎的排名，往往会进行搜索引擎优化，但有些却在无意间做了被搜索引擎认为是"优化作弊"的行为，当然也有些企业是有意为之。企业在进行搜索引擎优化时，首先应对搜索引擎作弊行为有个清晰的认识。以下是一些常见的作弊行为：

（1）隐藏文本或隐藏链接。一般指网页专为搜索引擎所设计，但普通访问者无法看到的文本内容或链接。在形形色色的隐藏技术中，最常见的就是把文本或链接文字的字体颜色设置为与背景色相同或十分接近，或通过样式表把文字放在不可见层等。隐藏文本内容，意欲在不影响网站美观的前提下通过包含大量关键词的网页提高关键词相关性，有的关键词与网站内容无关但很热门，只是希望网页能在这些热门关键词下得到好的排名和流量，从而达到改善搜索引擎排名的目的；隐藏链接，意欲在不影响网站美观的前提下通过在其他页面添加指向目标优化页的隐形链接，通过提升链接得分而改善搜索引擎排名。

现在大多数搜索引擎都能检测隐藏技术并视其为作弊，因而包含隐含文本的网页面临被搜索引擎降低排名甚至删除列表的惩罚。虽然在谷歌上不乏使用隐形技术而侥幸逃脱的网站，但通过添加可视文本内容并保证一定的关键词密度其实也可达到相同的优化效果。

（2）网页与搜索引擎描述不符。一般发生于先向搜索引擎提交一个网站，等该网站被收录后再以其他页面替换该网站。"诱饵行为"（Bait and Switch）就属于此类偷梁换柱之举——创建一个优化页和一个普通页，然后把优化页提交给搜索引擎，当优化页被搜索引擎收录后再以普通页取而代之。

（3）误导性或重复性关键词。所谓误导性关键词（Misleading Words），即在页面中使用与该网页毫不相干的误导性关键词来吸引查询该主题的访问者访问网站。这种做法严重影响了搜索引擎所提供结果的相关性和客观性，为搜索引擎所深恶痛绝。重复性关键词（Repeated Words）也被称为关键词堆砌欺骗（Keyword Stuffing），它利用搜索引擎对网页正文和标题中出现的关键词的高度关注来对关键词进行不合理地（过度）重复以提高关键词密度，从而提高网页针对关键词的相关度。类似的其他做法还包括在 HTML 元标识中大量堆砌关键字或使用多个关键字元标识来提高关键词的相关性。随着搜索引擎算法的改进，关键词密度已经不是一个重要的因素，这种作弊手法很容易被搜索引擎察觉并受到相应惩罚，只能给网站带来麻烦。

（4）隐形页面(Cloaked Page)。即对实际访问者或搜索引擎任一方隐藏真实网站内容，向搜索引擎提供非真实的搜索引擎友好的内容以提升排名。这种作弊方式是使用程序或脚本检测来访问的是搜索引擎还是普通用户，如果是搜索引擎，网页就返回经过优化的网页版本；如果来访的是普通用户，则返回另外一个版本，而通常用户无法发现。检测的方法是看一下这个网页的快照。

（5）欺骗性重定向(Deceptive Redirects)。指把用户访问的第一个页面(着陆页)迅速重定向至一个内容完全不同的页面。"鬼域"（Shadow Domain）是最常见的欺骗性重定向技术，通过欺骗性重定向使用户访问另外一个网站或页面，一般利用 HTML 刷新标识来实现。还有一种情况就是当用户打开某个网站，该网站声称其网站已移至新域名下，并请用户点击新域名链接进入网站，但当用户进去后发现这个链接是一个"会员"链接，这也属欺骗性重定向行为。

（6）门页或桥页(Doorway/Bridge Page)。通常是用软件自动生成大量包含关键词的网页，或对某一关键词专门制作一个优化的页面，然后从这些网页做自动链接指向或重定向到目标页面。有时候为动态页面建立静态入口，或为不同的关键词建立不同网页也会用到类似方法，但与桥页不同的是，前者是网站实际内容所需而建立的，是访问者所需要的，而桥页本身无实际内容，只针对搜索引擎做了一堆充斥了关键词的链接而已，大部分情况下这些桥页都是由软件生成的杂乱无章的文字。

（7）复制的站点或网页。最常见的当属镜像站点(Mirror Sites)，通过复制网站或网页的内容并分配以不同域名和服务器，以此欺骗搜索引擎对同一站点或同一页面进行多次索引。现在大多数搜索引擎都提供有能够检测镜像站点的适当的过滤系统，一旦发觉镜像站点，则源站点和镜像站点都会被从索引数据库中删除。

（8）作弊链接技术/恶意链接(Link Spamming)。典型的作弊链接方式包括链接工厂(Link Farms)、大宗链接交换程序(Bulk Link Exchange Programs)、交叉链接（Cross Link)等。链接工厂亦称"大量链接机制"，指由大量网页交叉链接而构成的一个网络系统。这些网页可能来自同一个域或多个不同的域，甚至可能来自不同的服务器。一个站点加入这样一个"链接工厂"后，一方面它可得到来自该系统中所有网页的链接，同时作为交换，它需要"奉献"自己的链接，借此方法来提升链接得分，从而达到干预链接得分的目的。如今搜索引擎已能很容易地发现这类作弊方式，而且只要发现，不管属有意还是无意，"链接工厂"中的所有站点都将受到搜索引擎的处罚。

（9）日志欺骗行为。通过对一些页面等级较高的站点进行大量的虚假点击以求名列这些站点的最高引用者日志中，从而获得它们的导入链接。谷歌已然意识到这种行为并对利用这种途径获得导入链接的站点采取相应措施。

（10）门域(Doorway Domain)。专为提高特定关键词在搜索引擎中的排名所设计的富含目标关键词的域名，然后重定向至其他域名的主页。由于搜索引擎一般忽略自动重定向至其他页的页面的检索,所以不提倡使用这种技术。

(11) 购买的链接(Link Buying)。虽然在其他网站买广告是很正常的一件事,但如果所购买的广告链接纯粹是为了提高网页级别(PR)或为了操纵搜索引擎排名的话,也会被当作作弊手段。目前区别正常广告和作弊手段的界限很模糊,但如果网站被认为是通过购买链接来作弊,也没办法去和搜索引擎争辩。

4) 搜索引擎优化作弊的后果

优化作弊会导致后期网站有可能被搜索引擎严厉惩罚。一旦被搜索引擎认定网站有作弊行为,一般将会受到以下两种惩罚:

(1) 网站被降级:即原来好的排名大部分会下降,搜索引擎收录网站的页面也会减少。

(2) 网站被封杀:一旦网站被某个搜索引擎封杀,将意味着这个网站彻底从这个搜索引擎中消失。想重新恢复收录,除了要去除所有的作弊手段外,还需要漫长的等待。

总之,企业网站搜索引擎优化作弊的后果是不堪设想的,因为一旦网站被删除之后就很难获得收录机会,或者在更改错误后要经历至少几个月的等待时间,这会对企业的品牌形象建设造成巨大的损害,降低企业的品牌号召力。因此,企业在重视搜索引擎优化的同时,也要注意避免片面追求网站排名而进行搜索引擎作弊的行为。

3.2.4 搜索引擎营销效果评估

搜索引擎营销是目前网络营销发展最为迅速的领域,与任何一种营销方式类似,搜索引擎营销的整体投资回报高低也是由多方面因素影响的,在对其营销效果评估时,目前业界集中关注的因素包括搜索排名、网站流量、品牌、点击率、点击成本、点击欺诈率等,因而相应地出现了多种评估模式。应该说,单纯的某一方面都无法有效地解释搜索引擎营销的效果。

1. 基于网站流量的评估方式

按照网站从某搜索引擎中所获取流量的多寡来评估网站在该搜索引擎中的营销效果,是较为常用的方式。以流量来评价一个网站的优劣,出现在互联网商业化的早期——"注意力经济"阶段,这个阶段的网站需要以流量作为吸引风险投资的依据,而且在当时的技术条件下也没有更加合理有效的手段来评测流量的价值。

在影响网站流量的诸多因素中,搜索排名是目前研究人员关注的主要方向之一。Atlas就搜索引擎排名对网站流量的影响曾提出了一种算法,该算法认为印象(Impression)和点击率(CTR)是当用户决定搜索某一关键词时影响网站流量的两大因素。要产生一个印象,需要当广告作为搜索结果的一部分出现时才被记数,印象的数量基于竞价关键词被搜索的次数和该广告在该关键词下的排列位置。点击率的测算公式是:点击率=点击数/印象数。

以流量来评价搜索引擎营销效果的最大局限在于:没有区分流量的类型和有效性。所以,该方式至多可以作为企业进行关键词竞价的参考依据。

2. 基于营销效果的评估方式

营销效果从广义讲指的是由于采取搜索引擎作为营销工具所直接或间接产生的各种结

果，如流量的增加、品牌的加强、用户黏性的增强等。应该说，基于效果的评估方式包含基于流量的方式，但更加注重这些流量所带来的综合效应。在传统媒体广告的信息传播过程中，引起消费者的"注意"特别重要，广告是否有效，首先与该广告有没有视觉冲击力有关。与传统媒体（网络门户）采用内容上追求"利、奇、知、实、新"，形式上满足"情、感、活、动"的广告不同，目前搜索引擎广告还是以纯文字为主，这就省却了在传统广告中对视觉效果的要求，而更多以用户意图为指向，将用户带往目标页面。

那么，搜索引擎广告是如何吸引用户点击的呢？由于通用搜索引擎的自然搜索结果与赞助商广告是同时显示的，搜索用户通常会被划分为几类，如从不点击右侧的广告、偶尔点击搜索广告及经常点击等类型。根据对相关问题的调查显示，点击右侧赞助商广告的被调查者一般对搜索引擎的搜索技巧具有一定程度的了解，同时往往具有相当程度的互联网操作能力，有时也表现出一些希望参与实际网上购物的现象。偶尔点击的用户往往是因为在某次查询中，因在搜索结果中无法找到相关进行在线交易的页面，而点击右侧可进行实际交易的网站，排除因好奇、恶意等其他不可控因素而发生的点击情况。

以百度为例，百度的自然搜索结果中混杂了以交易为主的站点页面，如图3-3所示，产生这样的搜索结果主要是因为百度对自然搜索结果使用了竞价排名的方式。百度之所以采用这样的方式，原因之一或许是因为国内用户（包括中小企业）对搜索引擎的了解还处于初级阶段，对所谓的用户体验没有足够深刻的体会。百度的这种竞价方式，正好迎合了当前中国搜索用户的特点，并在一些较商业化、较品牌化的关键词方面有自身的特点。

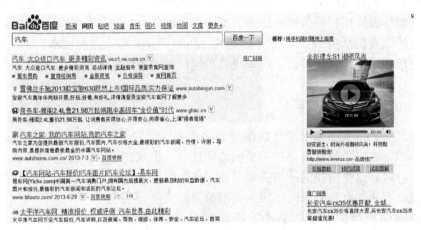

图3-3 百度搜索结果页面首页（关键词：汽车）

搜索结果右侧的广告可吸引那些具有明显的网上交易倾向的用户，同时由于用户对搜索引擎的使用程度及习惯等因素，使自然搜索结果的转化率要略高于右侧广告。但值得广告主考虑的是，若是采用以效果作为评估搜索引擎营销效果的手段，应该从用户群的细分、关键词的选择、着陆页设计等方面进行考虑，并且在权衡两个不同机制的搜索营销策略上注意对成本的控制，以及这些效果的预期。

3．基于机会的评估方式

在搜索引擎营销中，通常将"机会"一词理解为获得一位用户或完成一次交易的可能性。由于用户使用搜索引擎行为的复杂性,对"机会"一词,在不同的企业营销环境中会有不同的理解,有的以用户完成了个人信息的填写为依据,有的依据实际完成的交易等,以某种量的形式来代表这种可能性。

首先来完整地看一下从搜索引擎过来的用户如何完成一次交易的过程。目前,在主要的搜索引擎中输入如"鲜花"或"Flowers"这样的关键词后,不论是自然搜索结果,还是赞助商广告,均是以网站的主页作为用户访问的起点。这说明网站的设计者及搜索引擎营销人员希望以主页上的内容来吸引用户进一步浏览,以达到最终的各种深层实际行为。进入主页后,在假设满足用户需要的情况下,若欲购物,第一次访问该网站的用户会被要求注册,填写用户的个人信息,这里就产生了一个机会。因为即使用户没有在线购买商品,但掌握了用户的信息,也可以使用传统的手段,如电话营销、电子邮件、手机短信息等方式进行推广。当用户完成个人信息的填写后,或许下一步便是在线填写询价单或是拨打咨询电话。用户产生这样的行为,很大程度上说明用户已对产品表示了某种程度上的满意,转化的机会也更大。

基于机会的评估方式最大的特点是:将整个用户的网站浏览过程进行了划分,每一个划分都可视为一个机会。所以在考核营销人员时便有了可量化、可细分的参考依据。企业可以根据这些指标(如个人信息填写数量、在线询价单填写数量、电话咨询数等)对营销人员的业绩进行考核。但该模式也存在一定的弊端,不适用于非电子商务类网站。因为非电子商务类网站并不涉及交易,于是便无法依据上述的指标合理有效地评估网站的营销效果。另外,电话咨询数如何反映到搜索引擎营销上是个问题。调查结果显示,大多数用户更倾向于访问自己所熟悉的交易型网站,并且在访问熟悉网站时,会采用直接在浏览器地址栏中输入 URL 或是通过收藏夹的方式访问。用户完全可以在第一次访问时通过搜索引擎,而在第二次访问时,通过上述两种方式,如何区分这样的情况值得更为细致的研究。

综上所述,三种方式在评估搜索引擎广告最终效果上处于不同的层次:从流量到效果,再到机会,评价的接口与用户距离越来越近,而评估的口径越来越大,复杂性也逐渐增加。

4. 基于"类供应链"分析的评估方式

类供应链是一种基于传统供应链概念的、信息双向互动的、各环节均能有机会与其最终用户接触的互联网营销模式。在一条传统概念的供应链中,每一个环节都是一个相对独立的产业,这些产业相互连接,从事着不同的分工职能。在互联网营销领域,这些产业的网站也扮演着与其在传统领域中相同或相似的作用,称为"类供应链"。

知识卡片 3-5

供应链(Supply Chain):据美国产品和库存控制协会(APICS)的定义,供应链是由自主或半自主的企业实体构成的网络,这些企业实体共同负责与一类或多类产品相关的采购、生产并最终将产品送达顾客等各项活动。

在上述关于搜索引擎营销效果评估的研究方法中,虽没有出现将搜索引擎营销与网站经营完全分割的现象,但还是存在着"重搜索,轻网站","重搜索引擎优化,轻网站功能分析",以及将搜索引擎营销的评估局限于具有在线交易功能的电子商务网站的情况。以评价在线交易类网站的标准来概括非在线交易类网站,或是简单地认为只要做好搜索引擎优化和竞价策略等工作,便能获得相应不错的营销效果显然是一种误解,这样在评价网站的搜索引擎营销效果时,就会出现有失偏颇的现象,而基于"类供应链"的评估在一定程度上能弥补这种不足。

1)"类供应链"的特征

"类供应链"中不同环节的搜索引擎营销效果,主要受其所面对的用户群特点的影响。这里的用户既包括供应链中其他环节网站的客户,也包括终端客户,如个人性质的客户。针对这两类客户的不同特点,搜索引擎营销策略和效果显然不相同。

(1) 用户群特征。处于产业链上游的企业网站所面对的浏览者可能是这一行业下游网站的采购人员或营销人员,其共同点是:①对本行业有比较深入的认识,对产品的最新情况有着极大的兴趣;②熟悉本行业内的主要网站;③登录主要行业网站获取信息要多于使用搜索引擎;④在利用搜索引擎查询行业信息时,所用关键词大多较为专业。

(2) 信息的传递方向。在表现形式上,与传统供应链中产品与用户的接触只能在终端上发生单向的信息传递不同,在互联网中处于"类供应链"各个位置的环节都有机会与其最终用户接触,表现为一种发散型的"供应链",用户可能会从一些提供服务的网站中获得信息,然后从一些提供交易功能的网站中进行在线交易,或通过传统手段与卖家进行沟通、买卖商品。搜索引擎营销在这条"类供应链"中所起到的作用,就是尽量增加处于不同位置的网站被有不同要求的客户发现的概率;而企业所要做的便是定位自己在这条供应链的位置,将真正的潜在客户找出来,并将自己所拥有的信息或产品传递给恰当的客户。在实际运作中,"类供应链"中的各环节都可以与某一用户群取得某种形式的联系。如访问出版社网站的用户,或许只是希望了解些该出版社出版了哪些书籍,而并非购买;访问在线图书零售商的用户,则可能更多地是为了进行在线购买图书行为;而访问豆瓣等书评类网站的用户,则更倾向于了解不同的人对某书的评价,随后再考虑是否购买(在线或线下)。由此产生的用户的不同需求反映到搜索引擎营销上,则需要分别考虑访问这些不同功能网站的用户行为、搜索关键词分布、市场竞争情况、用户细分、网站优化设计等情况,以寻求尽可能高的转化率。

此外,传统供应链的信息流、资金流和物流等都是单向运动的;在"类供应链"中,各环节之间的信息流是双向的。

2)基于"类供应链"的搜索引擎营销评估模型

搜索引擎营销是以预测用户如何使用搜索引擎为起点的,用户的行为、用户的需求(包括具体产品或服务、征询信息资讯等)、用户对某一行业的了解程度等都可以作为评估网站搜索引擎营销效果的参考因素,单纯地以搜索排名和流量来判定具有不同功能的企业网站的搜索引擎营销效果是片面的。考虑网络营销中的"类供应链"现象及搜索引擎营销的特点,可按以下指标对基于"类供应链"概念的搜索引擎营销效果进行评价:

(1) 搜索引擎搜索结果排名。这里的搜索排名指的是同一类型网站中的排名竞争(如当当网与卓越网),搜索关键词的选择要避免通用化,尽量与自身业务相靠拢。细化指标包括通用关键词的排名/流量、自身特定关键词的排名/流量、竞价排名的单位成本、反向链接的数量和质量、搜索引擎优化的单位成本等。在基于"类供应链"概念的搜索引擎营销评估方法中,搜索引擎的结果排名并不占太高的比重。

(2) 流量的有效性。细化指标包括从与自身相关的搜索关键词所带来的搜索流量中所引起的某种交易行为或询价行为等。其计算公式为

$$P_{EV} = \frac{V_{FEV}}{V_{TV}} \times 100\%$$

式中,V_{TV} 是指整个网站的实际行为量。

(3) 交叉流量的有效性。其计算公式为

$$P_S = \frac{V_{OV}}{V_{TV}} \times 100\%$$

式中,V_{OV} 指"类供应链"其他主体的搜索流量所带来的实际行为量。

(4) 在线销售百分比。这一指标适用于那些侧重于在线交易的网站。其计算公式为

$$P_S = \frac{V_{AS}}{V_{TS}} \times 100\%$$

式中,V_{AS} 指搜索引擎流量所带来的实际销售量;V_{TS} 指整个网站的在线销售量。

这里所指的实际销售量并不将那些因业务操作失误(如未将商品交付到客户手中)而未完成的交易计算在内。

(5) 因搜索引擎营销而带来的非网络流量。对评估搜索引擎营销所带来的效果而言,如何有效地将非线上营销效果加以考虑,其比重是个难题,但营销者依然可以通过一些询问、抽样调查等方式来获得相关数据。这些数据包括用户电话询问的数量、电子邮件询问的数量、短信息询问数量等。各种测度模式及其评估指标与相关特征,归纳起来如表 3-1 所示。

表 3-1 各种测度模式及其评估指标特征

类别	指 标	说 明	级别	取值
搜索流量测度	特定关键词排名/流量	广告主选取的与自身业务相关的关键词在主流搜索引擎的排名及带来的流量	1	搜索排名/流量
	搜索引擎优化成本	包括内部 SEO 的成本以及外包 SEO 的成本	1	货币单位
	单位流量成本	即从主流搜索引擎中带来一个流量的成本	1	货币单位
	竞价排名成本	包括单个竞价关键词的成本和所有竞价的总成本	1	货币单位
	交叉流量	指从"类供应链"中其他环节所带来的搜索流量	1	流量大小
	通用关键词排名/流量	行业内通用关键词在主流搜索引擎中的排名及所带来的流量	2	搜索排名/流量

续表

类别	指标	说明	级别	取值
客户转化测度	单位交易成本	指产生一类交易所需要的成本	1	货币单位
	交易行为流量	指搜索流量中进行了某种交易行为的流量	1	流量大小
	在线销售行为流量	指搜索流量中进行了在线交易行为的流量	2	流量大小
其他测度	电话问询数量	因搜索而带来的电话问询数量	2	问询数量
	电子邮件问询数量	因搜索而带来的电子邮件问询数量	2	问询数量
	短信问询数量	因搜索而带来的短信问询数量	2	问询数量

总之，网站所处的不同行业应该在搜索引擎的营销评估方式上有所侧重，搜索引擎已经成了广告投放的途径之一，但不是唯一的途径；行业的固有观念、固有用户群、用户群的使用行为等都会对搜索引擎营销的效果产生影响。

5. 评价搜索引擎营销服务效果的注意事项

短期的网站流量和在线销售指标通常不能正确反映搜索引擎营销的实际效果，搜索引擎广告或者搜索引擎优化推广等网络营销服务所带来的效果可能是多方面的（如对网下销售的推动），也可能是长期的（如对网络品牌的提升），因此，应全面地综合评估网络营销的效果。

1) 全面考量影响搜索引擎营销效果的因素和相关方法

（1）影响搜索引擎营销效果的因素。主要有企业网站建设的专业性、被搜索引擎收录和检索到的机会、检索结果被用户发现并点击的情况等。

（2）增强搜索引擎营销效果的方法。主要有采用搜索引擎营销组合策略，包括付费搜索引擎广告和搜索引擎优化策略组合、关键词广告与网页展示广告同时采用等；充分利用搜索引擎提供的分析管理工具（如谷歌网站地图）、搜索引擎提供的网站管理员指南、搜索引擎获取的关于网站的信息、网站访问统计分析报告、各种网站优化测试工具等。

2) 关注长尾理论对搜索引擎营销效果的影响

图 3-4 是 searchenginewatch.com 创始人、资深搜索引擎营销专家 Danny Sullivan 对用户利用 100 个关键词通过 Overture 检索时为网站带来的访问量产生的"长尾现象"。

从示意图中可以看出，与"二八定律"不同的是，长尾理论中"尾巴"的作用是不能忽视的，评价搜索引擎营销效果时不应该只关注头部的作用。举例来说，长尾理论对于搜索引擎营销中的关键词策略非常有用，虽然少数核心关键词或通用关键词可以为网站带来可能超过一半的访问量，但那些搜索人数不多然而非常明确的关键词的总和——即长尾关键词同样能为网站带来可观的访问量，并且这些长尾关键词检索所形成的顾客转化率更高，往往也大大高于通用关键词的转化率。例如，一个利用通用词汇"律师"进行检索到达网站的访问者与一个搜索"北京商标权纠纷律师"到达网站的访问者相比，后者更加容易转化成该网站的客户，这也是研究用户关键词检索行为分散性以及长尾关键词策略的价值所在。

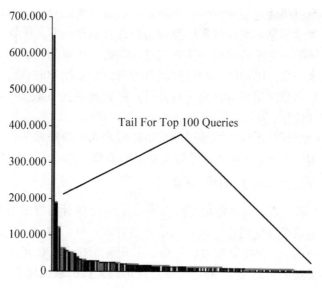

图 3-4　100 个关键词通过 Overture 检索带来的访问量

3.2.5　典型案例：e 龙的搜索关键词营销

1. e 龙公司概况

e 龙旅行网是一家在线旅行服务公司，依靠网站和呼叫中心为会员提供旅游资讯及预订等一站式服务，其业务范围覆盖全球酒店及机票预订、休闲度假产品、特约商户、集团差旅等服务。e 龙公司总部设在北京，并在上海、广州、深圳、南京、杭州、成都、武汉等城市设立分公司。2004 年 10 月，e 龙公司在美国 NASDAQ 上市。

目前，e 龙公司可提供国内 230 多个城市的 2800 多家星级酒店及海外 120 个国家和地区的 40000 多家星级酒店价格低至 2～7 折的预订服务，北京、上海、深圳等 50 多个中国主要商务旅游城市的出、送机票服务，以及全球 720 多个旅游目的地的全套度假产品服务等。

2. e 龙公司早期在搜索引擎上的投资策略分析

e 龙公司从 2003 年便开始在搜索引擎上投放付费关键词，当时购买"旅行""订酒店""航班""旅游""酒店""酒店预订"共 6 个词，每个词约 1500～3000 元，投放在百度、3721、新浪、搜狐等搜索引擎上，针对每个关键词采用定价排名的付费方式按月付款。

e 龙的这个早期搜索引擎营销策略存在以下问题：

（1）付费方式选择不当。从 e 龙公司的特点来看，旅游业竞争者繁多，并且不断有新产品组合推出，同时 e 龙网有很多产品（3000 多家酒店、各条航班信息、各个度假线路），如果针对每个酒店都进行定价排名的购买，将是一笔很大的费用，而竞价排名则不用对未产生点击的关键词付费。因此，在付费方式的选择上，e 龙公司应采用竞价排名的方式。

（2）搜索引擎网站不集中。e 龙公司早期除了选择专业的搜索引擎网站，如百度、3721 外，还选择了门户网站（如新浪、搜狐）的搜索引擎。随着各搜索引擎越来越专业性地发展，用户也逐渐习惯通过专业的搜索引擎来寻求自己的信息。所以，不应该分散投资在各个门户网站的搜索引擎，而应该集中投资用户通常选择的专业搜索引擎。

（3）关键词太局限。出于按定价付费方式进行购买，所买的关键词有很大的局限，很难与消费者输入完全一致。因此应全面研究消费者进行信息搜索时都会考虑的关键词，这也需要一定的跟踪技术来对消费者行为进行分析。在后面讲述e龙公司后期采取的搜索引擎营销策略时将详细论述。

（4）没有建立效果评估系统。搜索引擎营销需要全面地跟踪评估体系才能衡量到每个词的营销效果。在这一点上，e龙公司没有设立跟踪系统，也很难知道投资回报。

3. e龙公司后期采用的搜索引擎策略分析

经过多年来的经验沉淀，e龙公司逐渐摸索出了适合自身的搜索引擎策略：选择关键词采取竞价排名与搜索引擎优化推广两者相结合的方式进行，对竞标价格在承受范围内的关键词，如"北京酒店""香格里拉酒店"等，采用竞价排名广告形式；而对价格较贵的关键词，如通用类关键词"旅游""酒店"等，则采用搜索引擎优化进行推广。同时，e龙公司将搜索引擎不仅仅看作一种广告方式，而是从建立企业品牌的角度去考虑相关问题。e龙公司选择关键词的具体方式如下：

（1）选择相关的关键词。e龙公司选择的是与自己的产品或服务相关的关键词，如"北京酒店""香格里拉酒店"等。对于相关热门核心词，通过e龙自有竞价系统竞价，修改竞价系统的参数，将关键词对应广告维持在可承受出价的广告位置。

（2）选择具体业务的关键词。在挑选关键词时还有一点要注意，就是避免拿含义宽泛的一般性词语作为主打关键词，而是要根据业务或产品的种类，尽可能选取具体的词。如e龙公司曾经选择很广泛的关键词"酒店""旅游""机票"，结果发现这类关键词的搜索量非常大，但转化率却极低。分析用户的行为习惯，会发现用户在寻找信息时，更会从具体的词开始，如"北京酒店""上海打折机票"等。这类具体的关键词，不仅竞争商家相对少一些，因此价格可以更低，而且对用户的感受也更好，因为用户会觉得他找到的是他直接需要的信息。

（3）选择品牌类关键词。e龙公司刚开始做搜索引擎营销时，只选择产品属性类关键词。在后面的跟踪分析中，发现很多用户对e龙品牌有一定认识，寻找信息时可能会直接找e龙，而这些用户不一定都知道e龙网站的地址，于是可能会通过搜索引擎寻找e龙的相关信息。搜索引擎营销时应该考虑这部分用户的需求。因此，除了属性类关键词，还应考虑品牌类关键词。所以，e龙公司在后来选择搜索引擎关键词时，还包含了"e龙""e龙旅行网""e龙酒店"等品牌类关键词。

（4）选择错拼词。在品牌类关键词的选择中，需要考虑一些用户可能会错拼的词，这种错拼来自于用户对e龙品牌的不确定。因为用户很可能是从线下的某个广告或者朋友推荐知道了e龙，在其搜索信息时不一定知道准确的e龙公司品牌名字，而且即使知道也因输入习惯不同会有不同的输入方式，如中英文的不同或同音字的不同等。在实际中监测到的用户在寻找e龙旅行网时产生的输入有"e龙网""e龙机票""易龙网""艺龙""elong""yilong""义龙""e隆"等。所以，应全面收集这些用户可能会考虑的关键词，而且这些词会非常便宜，因为不会有别的公司去竞争购买。

(5) 选择组合型关键词。e 龙公司十分注意对组合型关键词的选择,如"打折北京酒店""特价北京机票"等。这样淘来的客户是有一定价格敏感度的用户,会更渴望像 e 龙这样的提供低价酒店和机票的信息。当用户在搜索这类信息时能找到 e 龙,时间长了搜索到 e 龙的人多了,知名度就会逐渐提高。当知名度提高到一定程度时,消费者就会目的明确地缩小搜索范围搜索这类信息,以便更快速准确地找到相应的站点,例如把公司和产品的名字一同作为搜索的关键词,也可能把公司名字和其提供的服务连在一起。

(资料来源:sem.baidu.com/award/2011-09-15,编者有删改)

4. 案例点评与思考

对于 e 龙公司来说,搜索引擎是一个让用户找到自己的好途径。e 龙公司从 2003 年便开始了搜索引擎营销。但在初期阶段,只是一种发布广告的方式,没有成熟的营销策略;后来开始逐渐摸索适合自身的搜索引擎营销策略。实践证明,搜索引擎营销对 e 龙公司是一种有效获取新用户的营销方式。从 e 龙公司搜索引擎营销的案例中,可以得到如下启示:

(1) 不仅将搜索引擎看作是广告发布的渠道,还应重视搜索引擎对品牌的影响;选择竞价排名的搜索引擎付费方式,并同时重视对搜索引擎的优化。

(2) 要分析目标用户行为,在关键词的选择上要注意品牌类关键词、错拼词、相关联的关键词和组合关键词,用更多便宜的长尾词去平衡竞争激烈的热门词的成本;从搜索引擎上可发现竞争对手,在广告语上应注意产品和服务的差异化和排名优势。

(3) 不要用毫不相干的热门关键词吸引访问量,那样做不仅会浪费钱,还会让消费者对产品感到模糊。例如,如果 e 龙公司选择热门的"游戏""MP3 下载"等关键词,虽然可能带来更大的流量,但这并不是要求旅游类服务的目标用户人群,其点击只会带来浪费。

(4) 对于经济状况能够负担竞价排名开销的公司,竞价排名广告可以作为首选;对于广告预算比较受限的公司,则可把搜索引擎优化作为搜索引擎营销的首选。另外,可采用两种推广方式的有机结合。竞价排名广告具有见效快、效果稳定的优势,但如果只用竞价排名广告进行推广,则会减少利润空间。搜索引擎优化虽不如竞价排名广告见效快,但从长远来看,它却具有投资回报高的优势,两者的有机结合可取长补短,有效降低广告成本。

3.3 E-mail 营销服务

E-mail 营销(即电子邮件营销)是随着互联网而产生的一种全新营销方式,是互联网对全球商业最直接的贡献,它打破了传统媒体在发布地域和发布时间上的限制,传播范围极其广泛,广告覆盖面极大,成本极其低廉,到达率也相当可观,且方便快捷、反馈率高,营销效果好。E-mail 营销可以按照接受者的具体公司、地理位置和所在国家进行精确定位发送,企业进行 E-mail 营销的目的在于增进与潜在客户或现有客户的关系,从而建立品牌、发掘新客户、提高客户忠诚度,并保持业务的延续性。

3.3.1 许可 E-mail 营销的定义与分类

E-mail 营销是以电子邮件作为平台与企业和顾客进行联系的新型营销,是网络营销服务信息传递的有效方式,也是网络营销中的主要顾客服务手段之一。真正的 E-mail 营销是基于用户许可的 E-mail 营销,它比传统的推广方式或未经许可的 E-mail 营销具有明显的优势,如可以减少广告对用户的滋扰、增加潜在客户定位的准确度、增强与客户的关系、提高品牌忠诚度等。

1. 许可 E-mail 营销的定义

营销专家 Seth Godin 在 1999 年出版的《许可营销》(Permission Marketing)一书中最早对"许可营销"理论进行了系统研究。根据他的观点,许可营销就是企业在推广其产品或服务的时候,事先征得顾客的"许可",得到潜在顾客许可之后,通过 E-mail 的方式向顾客发送产品或者服务信息。获得收件人的许可而发送的邮件,不仅不会受到指责,而且用户对邮件内容关注的程度也较高。至于获得用户许可的方式有很多,如用户为获得某些服务而注册为会员,或者用户主动订阅的新闻邮件、电子刊物等。许可营销概念一经提出,就受到网络营销人员的普遍关注并得到广泛应用。

许可 E-mail 营销是在用户事先许可的前提下,通过 E-mail 的方式向目标用户传递有价值信息的一种网络营销手段。对于企业而言,E-mail 营销是企业应用一定的软件技术和营销技术,以互联网为载体,以发送 E-mail 的方式实施的,与现有的用户及潜在用户沟通,实现企业经营战略的一种营销技术。许可 E-mail 营销是网络营销方法体系中相对独立的一种,既可以与其他网络营销方法相结合,也可以独立应用。

E-mail 营销有 3 个基本因素:基于用户许可、通过 E-mail 传递信息、信息对用户有价值。这三个因素缺少任何一个都不能称之为有效的 E-mail 营销,因此真正意义上的 E-mail 营销是许可 E-mail 营销,若无特别说明,本书所述 E-mail 营销均指许可 E-mail 营销。

2. E-mail 营销的分类

E-mail 营销按照不同的角度和特点,可以划分出多种类型。

1) 按照 E-mail 地址的所有权分类

潜在用户的 E-mail 地址是企业重要的营销资源,根据用户 E-mail 地址资源所有权的形式,可将 E-mail 营销分为内部 E-mail 营销和外部 E-mail 营销,或者叫内部列表 E-mail 营销和外部列表 E-mail 营销。

内部列表 E-mail 营销是一个企业或网站利用一定方式获得用户自愿注册的资料来开展的 E-mail 营销;外部列表 E-mail 营销是指利用专业 E-mail 服务商或者可以提供相关服务的专门机构提供的用户 E-mail 地址来开展的 E-mail 营销服务。

2) 按照营销计划分类

根据企业的营销计划,可分为临时性 E-mail 营销和长期 E-mail 营销。前者包括不定期的产品促销、市场调查、节假日问候、新产品通知等;后者通常以企业内部注册会员资料为基础,主要包括新闻邮件、电子杂志、顾客服务等各种形式的邮件列表,这种列表的作用要比临时 E-mail 营销更持久,主要表现在顾客关系、顾客服务、企业品牌等方面。

3)按照 E-mail 营销的功能分类

根据 E-mail 营销的功能,可分为顾客关系 E-mail 营销、顾客服务 E-mail 营销、在线调查 E-mail 营销、产品促销 E-mail 营销等。

4)按照 E-mail 营销资源应用方式分类

按照是否将 E-mail 营销资源用于为其他企业提供服务,E-mail 营销可分为经营型和非经营型两类。开展 E-mail 营销需要一定的营销资源,获得和维持这些资源本身也要投入相应的经营资源,当资源积累达到一定的水平,便拥有了更大的营销价值,不仅可以用于企业本身的营销,也可以通过出售邮件广告空间直接获得利益。当以经营性质为主时,E-mail 营销实际上已经属于专业服务商的范畴了。

3.3.2 许可 E-mail 营销服务环境与技巧

1. 许可 E-mail 营销所需的环境条件

E-mail 从普通的通信方式发展成为营销工具,需要具备一定的环境条件。

(1)有一定数量的用户 E-mail 地址。开展 E-mail 营销的前提是拥有潜在用户的 E-mail 地址,这些地址可以是企业从用户或潜在用户资料中自行收集整理,也可利用第三方的潜在用户资源获得。

(2)有专业的 E-mail 服务提供商,或者企业内部拥有开展 E-mail 营销的能力。

(3)用户对于接收到的信息有一定的兴趣和反应,如产生购买、浏览网站、咨询等行为,或者增加企业的品牌知名度等。

当这些环境条件成熟之后,E-mail 营销才能有效地开展。

2. 许可 E-mail 营销的一般过程

开展 E-mail 营销的过程,也就是将有关营销信息通过 E-mail 的方式传递给用户的过程,一般需要经历下列几个主要步骤:

(1)制订 E-mail 营销计划,分析所拥有的 E-mail 营销资源。
(2)决定是否利用外部列表,并选择服务商。
(3)针对内部和外部邮件列表分别设计邮件内容。
(4)根据计划向潜在用户发送 E-mail 信息。
(5)对 E-mail 营销活动的效果进行分析总结。

需要说明的是,不同企业在不同阶段开展 E-mail 营销的内容和方法是有区别的,以上所述是进行 E-mail 营销一般需要经历的过程,并非每次 E-mail 营销活动都要经历这些步骤。

3. 许可 E-mail 营销应遵循的基本原则

(1)及时回复。在收到 E-mail 的时候,要养成顺手回复的习惯,即使是"谢谢,来信已经收到"也会起到良好的沟通效果。通常 E-mail 应该在一个工作日之内回复客户,如果碰到比较复杂的问题,要一段时间才能准确答复客户,也要简单回复一下,说明情况。实在没有时间回复，可以采用自动回复 E-mail 的方式。

（2）避免无目标投递。不采用群发的形式向大量陌生 E-mail 地址投递广告，这不但收效甚微，而且容易变为垃圾邮件，损害企业形象。

（3）尊重客户。不要向同一个 E-mail 地址发送多封同样内容的信件，当对方直接或间接地拒绝接受 E-mail 时，绝不可再向对方发送广告信件，要尊重对方，否则就是垃圾邮件。

（4）内容要言简意赅。客户时间宝贵，在看 E-mail 的时候多是走马观花，所以信件要言简意赅，充分吸引客户的兴趣，篇幅过长会使客户放弃阅读。在发送前一定要仔细检查 E-mail 内容，语句通顺，没有错别字。

（5）附上联系方式。信件一定要有签名并附上电话号码，以免消费者需要找人协助时，不知如何联络。此外，邮件内容若能在正文里面显示，就不要采用附件形式。

（6）尊重隐私权。征得客户首肯前，不得转发或出售发信人名单与客户背景。

（7）坦承错误。若未能立即回复客户的询问或寄错信件，要主动坦承错误并致歉。不能以没有收到 E-mail 做借口弄巧成拙，不但无法吸引客户上门，反而把客户拒之门外。

4. 开展许可 E-mail 营销的技巧

许可 E-mail 营销的有效性已经被许多企业的实践所证实，但如果方式不当，群发邮件会对品牌形象造成损害，而且许可 E-mail 营销和垃圾邮件同样都有潜在的负面影响。如果公司在与消费者的第一次接触中就表现得很好，会增进消费者对公司的信任并促使其接受公司以后所提供的各种服务。因此，开展许可 E-mail 营销需要有一定的技巧。

（1）给顾客一个必须做出答复的理由。通过利用互联网的人机对话功能，利用 E-mail 形式上的小游戏、清道夫搜索清除和瞬间就知道输赢的活动来吸引顾客，让消费者决定其需要得到什么样的电子邮件。

微型案例 3-4

扬扬迪尼公司总是使网上冲浪者们有强烈的欲望去读它的那些电子邮件广告和网上广告，已有超过 100 万个的互联网冲浪者同意会去阅读来自某些公司的产品信息，这些公司有斯普瑞特公司、读者文摘公司和大联盟棒球公司等，用户的目的是为了争夺奖品，如一次去加勒比海的旅行机会等。

（2）使 E-mail 的内容个性化。网络使公司能够根据顾客过去的购买情况或合作情况，将其发送的 E-mail 的内容个性化，同时顾客也更乐于接受个性化的信息。

微型案例 3-5

著名网上书店亚马逊的站点通过顾客的购物历史记录向那些愿意接受建议的顾客发送 E-mail 并提出一些建议，而赢得了许多忠诚的客户；IBM 公司的"聚焦于你的新闻文摘"站点将有选择的信息直接发送到顾客的 E-mail 信箱中，那些同意接收新闻信件的顾客可以从一个有兴趣的话题概况清单中选择其所需的内容。

（3）为顾客提供一些从直接邮寄邮件中所得不到的东西。直接邮寄活动需要花费大量的时间去准备、实施。而 E-mail 营销的实施要快得多，所以它们能够提供一些对时间敏感的信息。

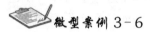 微型案例 3-6

  网络上的一个旅游站点旅游城曾不断地向顾客发送被称之为票价观察者（Fare Watchers）的 E-mail，它提供最后一分钟的廉价机票；美特俱乐部则利用 E-mail 向其数据库的 34000 个顾客提供折价度假方案。

  (4) 加深个性化服务。个性化服务不仅仅是在邮件里加上客户的名字，而应该创建更多的个性化许可 E-mail 活动。关于客户的信息除了名字和地址外还应该有更加详细的内容，创建一个与产品和服务相关的客户数据库，有助于维持许可列表的忠诚度，改善信噪比，并增加回应率。

  (5) 了解许可的水平。客户许可的水平有一定的连续性，在每一封发送的邮件中都包含着允许加入或退出营销关系的信息，用某些条件限制顾客退出营销关系是没有必要的。电子化营销服务模块化对满足顾客的需求有更加明显的效果，可以在一系列不同的 E-mail 服务项目中提供顾客所需要的特定信息，如新闻邮件、特定产品信息、降价信息等，使顾客能够选择最能满足需求的服务，同时还可以传达对产品兴趣和频率敏感的信息。

  (6) 开展提醒服务。研究表明，33% 的 E-mail 登记了提醒服务。提醒服务专注于现行顾客需求并塑造了将来顾客的购买行为，开展预定提醒服务即对顾客进行了定位服务，包括时间提醒（如生日）、补充（如替换、升级）和服务备忘录（如预定维护）等。

  (7) 采用交叉品牌/交叉商业计划。交叉品牌及与伙伴公司合作的营销战略是 E-mail 营销实践的部分内容，开展这些计划有利于建立与核心顾客社区的高度信任，影响新顾客社区并建立营销杠杆，并迅速扩张许可 E-mail 活动的宽度和价值。

  (8) 投资的绩效评价和回报。开展营销活动应该识别一个特定计划的总体反应率（例如点击率和转化率）并跟踪顾客的反应，从而将顾客过去的反应行为作为将来的细分依据。然而，调查中发现，将近 70% 的营销人员在 E-mail 营销活动中既没有测试点击率，也没有测量转化率。投资的绩效评价和回报应该作为营销计划的基本内容。

  (9) 改进"频率"管理。E-mail 联系的频率应该与顾客的预期和需要相结合，这种频率预期与具体环境有密切关系，从每小时更新到每季度的促销诱导。这一点非常重要，因为顾客需要相应的、定位的内容和服务来取得许可，长期不变的非定位的 E-mail 信息将造成已经建立营销关系的顾客撤销其许可。

3.3.3 内部列表 E-mail 营销

1. 内部列表 E-mail 营销的基本含义

  内部列表也就是常说的邮件列表，通常人们把利用内部列表开展 E-mail 营销的方式称为"邮件列表营销"，是企业/网站利用一定方式获得用户自愿注册的资料来开展 E-mail 营销的方式，一般是以邮件列表的形式出现，常见的如新闻邮件、会员通讯、电子刊物等。

2. 开展内部列表 E-mail 营销的 3 个基础条件

开展内部列表 E-mail 营销需要解决 3 个基本问题：向哪些用户发送电子邮件？发送什么内容的电子邮件？如何发送这些邮件？因此，开展内部列表 E-mail 营销需要以下 3 大基础作支撑：

（1）邮件列表的技术基础。从技术上保证用户加入、退出邮件列表，并实现对用户资料的管理，以及邮件发送和效果跟踪等功能。

（2）用户 E-mail 地址资源的获取。在用户自愿加入邮件列表的前提下，获得足够多的用户 E-mail 地址资源，是 E-mail 营销发挥作用的必要条件。

（3）邮件列表的内容。营销信息是通过邮件列表向用户提供的，邮件的内容对用户有价值，才能引起用户的关注，有效的内容设计是 E-mail 营销发挥作用的基本前提。

3. 企业应用内部邮件列表的基本问题

随着企业对网络营销认识的加深和网络营销环境的进一步成熟，在进行邮件列表经营决策时，应考虑此下 4 个基本问题：

（1）经营资源评估。如果已经建立了企业网站，根据网站目前的状况，通过网站访问者和现有用户、合作伙伴的推荐等方式，是否有可能获得足够多的用户？如果企业网站正在策划阶段，那么，通过网站的功能定位和潜在用户分析，认为是否有必要建立自己的邮件列表？是否有能力开发或者租用邮件列表发行系统？是否有能力提供稳定的邮件列表内容？如果上述问题的回答是肯定的或者基本可以肯定，就应该建立自己的邮件列表。

（2）邮件列表的期望功能。根据企业自身的特点，对邮件列表的期望是不同的，当决定建立自己的列表时，还要进一步考虑的一个问题是，期望邮件列表在哪些方面发挥作用？是用于顾客服务，还是以新产品推广为主？或者多个方面兼顾？当然，如果可能的话，谁都希望拥有一个威力强大的邮件列表，如果暂时做不到这一点，或者用户特征决定了不可能做到面面俱到，那么定位于某种或者某些功能会更加现实一些。

（3）邮件列表的类型和内容。邮件列表的功能直接影响到邮件列表的内容，反过来，内容和形式也在影响着邮件列表的功能，两者是相辅相成的关系。如果网站拥有丰富的行业信息、产品知识、专业文章、研究报告等相对比较客观和中立的内容，那么，建立一个定期发行的行业电子刊物是不错的选择；而如果未来的邮件列表内容主要是本公司新产品的信息和产品优惠措施，那么，建立一个不定期发行的新产品介绍、在线优惠券为主要内容的顾客关系邮件列表，可能是更明智的决策。

（4）建立邮件列表的时机。积累用户资源是一项艰苦、长期的工作，如果条件许可，建立邮件列表应该是越早开始越好。从一些比较重视网络营销的企业网站来看，大部分都设有不同类型的邮件列表，但总体来说，目前能有效利用内部列表开展 E-mail 营销的企业还比较少。因此，企业应尽快建立邮件列表，不仅是为自己创造了一个营销工具，也为创造企业竞争优势增加了一个有力的筹码。

4. E-mail 地址资源的获取

怎样收集 E-mail 地址呢？一种是建立邮件地址订阅列表；还有一种最简单的办法就

是从别人手中购买。但购买所得的地址可能已失效，或者可能由于别的商家已经进行过大规模的散发广告活动，使其开始有逆反情绪了。所以，最好的办法是自己去收集。

最直接的主动收集方法，就是制造某种网上特殊事件让客户参与进来，如竞赛、评比、猜谜、网页特殊效果、优惠、售后服务、促销等。用这种方式来有意识地营造自己的网上客户群，不断地用 E-mail 来维系与他们之间的关系。目前常用的获得内部列表用户 E-mail 地址的基本方法如下：

（1）充分利用网站的推广功能。仅仅靠在网站首页放置一个订阅框是不够的，需要设置在显著位置并且给用户以提醒。

（2）合理挖掘现有用户的资源。在向用户提供其他信息服务时，不要忘记介绍最近推出的邮件列表服务。

（3）提供部分奖励措施。比如，通过邮件列表发送在线优惠券，以引起用户加入邮件列表的积极性。

（4）向朋友、同行推荐。如果对邮件列表内容有足够信心，可邀请朋友和同行订阅。

（5）其他网站或邮件列表的推荐。新的电子杂志如果能够得到相关内容的网站或者其他电子杂志的推荐，对增加新用户会有一定的帮助。

（6）提供多渠道订阅。多渠道增加了潜在用户了解并加入的机会。

（7）争取邮件列表服务商的推荐。如果采用第三方的专业发行平台，可以取得发行商的支持，在主要页面进行重点推广。

5. 内部列表 E-mail 营销的管理

对于通过各种途径所获取的内部列表 E-mail 地址资源，要进行分类整理，对邮件用户进行细分，进行有效的应用和有序的管理。能有效利用 E-mail 营销的电子邮件营销公司应该让愿意"进入"列表的用户方便地进入，而当其要"出去"时也很方便地退出。

应用内部列表 E-mail 进行营销活动，不仅需要自行建立或者选用第三方邮件列表发行系统，还需要对邮件列表进行维护管理，如用户资料管理、退信管理、用户反馈跟踪等，对营销人员的要求比较高，在初期用户资料比较少的情况下，费用相对较高，随着用户数量的增加，内部列表营销的边际成本在降低。

3.3.4 外部列表 E-mail 营销

1. 外部列表 E-mail 营销的基本含义

外部列表 E-mail 营销是利用专业服务商的用户电子邮件地址来开展 E-mail 营销，也就是以电子邮件广告的形式向服务商的用户发送信息，自己并不拥有用户的 E-mail 地址资料，也无须管理维护这些用户资料。

尽管很多网站都开始有各种类型的邮件列表，但由于用户资源、管理等方面的限制，内部列表并不一定完全能够满足开展 E-mail 营销的需要，尤其对于许多中小网站，企业用户资源积累时间比较短，潜在用户数量比较少，不利于迅速扩大宣传。同时，由于缺乏专业人员，以及投入的资源限制，即使建立了列表，使用列表的效率也比较低。因此，为了某些特定的营销目的，需要建立外部列表，需要专业服务商的服务进行外部列表的

E-mail 营销。而对于没有建立自己内部列表的企业，与专业服务商合作则是最好的选择。

2. 开展外部列表 E-mail 营销的基础条件

对于外部列表来说，技术平台由专业服务商所提供。因此，开展外部列表 E-mail 营销的基础条件也就主要包括专业 E-mail 营销服务商的确定、潜在用户的 E-mail 地址资源的选择和 E-mail 营销的内容设计。

（1）专业的 E-mail 营销服务商。专业的 E-mail 营销服务商拥有大量的用户资源，可以根据要求选择定位程度比较高的用户群体，有专业的发送和跟踪技术，有丰富的操作经验和较高的可信度，因而营销效果也有其独到之处。

（2）潜在用户的 E-mail 地址资源。从国内目前的 E-mail 广告市场来看，可供选择的外部列表 E-mail 营销资源主要有免费电子邮箱提供商、专业邮件列表服务商、专业 E-mail 营销服务商、电子刊物和新闻邮件服务商、专业网站的注册会员资料等。

（3）E-mail 营销的内容设计。提供外部列表 E-mail 营销服务的专业服务商，其重要优势在于拥有 E-mail 营销专家和专门的 E-mail 营销技术方案，专业人员可以为广告用户提供从营销策略制定、用户列表选择、邮件内容设计到邮件发送和跟踪评价的整套建议。

3. 外部列表 E-mail 营销应用的常见问题

在利用外部列表开展 E-mail 营销时，由于服务商本身的资源、专业水平和技术水平等因素的限制，往往会出现一些表面看似简单，但实际上非常严重的问题。因此，即使将 E-mail 营销活动委托给服务商来操作，仍然需要营销人员进行监控和跟踪管理。

（1）发送电子邮件的机构。这个问题在内部列表中没有任何疑问，但在部分外部列表中，如免费邮箱服务商和专业 E-mail 营销代理商，广告客户委托这些机构发送电子邮件，那么发件人应该是广告客户还是服务商？从服务商的角度来看，这个问题本来并不重要，只要将邮件内容送达用户的 E-mail 邮箱，就算完成了任务。但从广告客户的利益来看，意义就大为不同，因为不同的发件人对用户的信任程度有很大关系。一般来说，如果广告客户的知名度本身已经很高，以客户的名字来发送 E-mail，效果会更好一些。因为发件人显示的内容也是一种信息传递方式，即使用户不打开邮件阅读，从发件人名称也可以对该公司的品牌增加一些印象。

（2）发件人的显示方式。发件人的显示方式很重要，但如果邮件无法回复，或者回复地址是与服务商和广告客户都没有关系的地址，那么事实上就已经满足了垃圾邮件的基本特征。一些服务商为回避大量的邮件退回，或者用户回复广告邮件发泄不满等原因，往往不愿意让自己的邮箱地址作为发件人和退信的地址。服务商逃避责任，后果只能由广告客户来承担，不仅要花正规 E-mail 广告的费用，还要承担发送垃圾邮件的风险，这对于广告客户来说，显然是不公平的，同时也表现出服务商不可信赖的一面。

（3）用第三方的邮件服务器发送 E-mail 广告。例如，A 公司委托 B 公司投放 E-mail 广告，但收件人看到的信息却是来自与两个公司都没有关系的第三方邮件服务器，这种状况显然是 E-mail 营销服务商在借用其他公司的邮件服务器发送电子邮件，这样发送的 E-mail 广告显然无法让收件人产生信任。

（4）明确邮件主题。邮件主题直接影响到 E-mail 的开信率，同时也表明了 E-mail 活动的专业水平，邮件主题的设计是 E-mail 营销内容设计中的重要工作，不是随便一个邮件主题就可以的，也不是为了哗众取宠。

（5）邮件无法正常显示。由于收件人电脑操作系统、电子邮件软件系统等原因，有部分用户收到的邮件可能出现乱码、图片和多媒体文件无法正常显示的现象，尤其当邮件中采用富媒体或者其他新技术时，出现这种情况的可能性更高。对于这个问题的解决方法，一方面是在邮件发送前进行多方位的测试；另一方面，为收件人着想，尽量少用一些过于新颖的技术，技术本身并不是 E-mail 营销取得成功的充分条件。

（6）邮件广告的新颖性。有些企业在开展 E-mail 活动时，为了获得收件人的注意，有时会要求一些别出心裁的花样，如用户接收邮件后自动弹出网页、要求收件人发送收条以确认收到了邮件、修改用户电脑注册表，或者在短期内大量重复发送邮件等，这些做法虽然引人注意，但让用户非常厌烦，不仅无法获得理想的营销效果，甚至会招致用户的强烈抗议，严重影响企业形象。

4. 外部列表 E-mail 营销与内部列表 E-mail 营销的功能和特点比较

内部列表和外部列表由于在是否拥有用户资源方面有根本的区别，因此开展 E-mail 营销的内容和方法也有很大差别，内、外部列表 E-mail 营销的主要功能和特点如表 3-2 所示。

表 3-2 内部列表 E-mail 营销和外部列表 E-mail 营销的功能和特点比较

主要功能和特点	内部列表 E-mail 营销	外部列表 E-mail 营销
主要功能	顾客关系、顾客服务、品牌形象、在线调查、产品推广、资源合作	品牌形象、在线调查、产品推广
投入费用	相对固定，取决于日常经营和维护费用，与邮件发送数量无关，用户数量越多，平均费用越低	没有日常维护费用，营销费用由邮件数量、定位程度等决定，邮件发送数量越多，费用越高
用户信任程度	用户主动加入，对邮件内容信任度高	邮件由第三方发送，用户对邮件的信任程度取决于服务商的信用、企业自身品牌、邮件内容等因素
用户定位程度	高	取决于服务商邮件列表的质量
获得新用户的能力	用户相对固定，对获得新用户效果不显著	可针对新领域的用户进行推广，吸引新用户能力强
用户资源规模	需要逐步积累，一般内部用户比较少，无法在很短时间内向大量用户发送信息	在预算许可的情况下可以同时向大量用户发送邮件，信息传播覆盖面广
邮件列表维护和内容设计	需要专业人员操作，无法获得专业人士的建议	服务商专业人员负责，可对邮件发送、内容设计等提供建议
E-mail 营销效果	因是长期活动，较难准确评价每次邮件发送的效果，需长期跟踪分析	由服务商提供专业分析报告，可快速了解每次活动的效果

（资料来源：冯英健. 网络营销理论与实践 [M]. 北京：清华大学出版社，2008.）

由表 3-2 可以看出，内部列表 E-mail 营销以少量、连续的资源投入，获得长期、稳定的营销资源，在顾客关系和顾客服务方面的功能比较显著。外部列表 E-mail 营销是用资金换取临时性的营销资源，与同部列表 E-mail 营销方式属于资源的不同应用和转化方式。由于外部列表 E-mail 营销比较灵活，可以根据需要选择投放不同类型的潜在用户，因而在短期内即可获得明显的效果。

3.3.5 许可 E-mail 营销服务效果评估

在 E-mail 营销服务中，通过对一些指标的监控和分析，不仅可以用来评价营销服务的效果，而且可以通过营销服务中发现的问题，对营销活动进行一定的控制。

1. E-mail 营销的评价指标体系

对 E-mail 营销活动进行评价，一般有以下几类指标。

（1）获取和保持用户资源阶段的评价指标。主要包括有效用户总数、用户增长率、用户退出率等。

（2）邮件信息传递评价指标。主要包括反映实际邮件传送的送达率、退信率等。

（3）用户对信息接收过程的指标。主要包括开信率、阅读率、删除率等。

（4）用户回应评价指标。主要包括直接收益、点击率、转化率、转信率等。

2. E-mail 营销的有效性

E-mail 是企业与客户沟通的一种手段，通过 E-mail 营销可以将企业最新的产品信息送达消费者，也可以将企业文化、最新动态传递给顾客。要做好 E-mail 营销，首先要有一个专业的技术平台，其次要尽量多地获得用户电子邮件地址资源，最后就是丰富邮件列表的内容，使邮件列表能包含对用户有用的信息，从而吸引用户加入。

（1）内部列表 E-mail 营销的有效性主要表现在：稳定的后台技术保证；获得尽可能多的用户加入列表；保持 E-mail 营销资源稳定增加；信息送达率高，尽可能减少退信；邮件内容获得认可，有较高的阅读率；邮件格式获得用户认可；获得用户信任并产生高的回应率；用户资源对企业有长期营销价值；在企业品牌、顾客关系、顾客服务、产品推广、市场调研等方面发挥作用。

（2）外部列表 E-mail 营销的有效性主要表现在：邮件可以送到尽可能多的用户的电子邮箱；回应率指标不低于行业平均水平；所获直接收益大于投入的费用，可达到期望目标。

3. 影响 E-mail 营销效果的主要问题

（1）垃圾邮件对 E-mail 营销效果的影响：主要表现为降低了用户对 E-mail 营销的信任，从而降低了回应率；有价值的信息淹没在垃圾邮件中，很容易被误删；邮件服务商的屏蔽，降低了正规邮件的送达率；反对垃圾邮件对许可 E-mail 营销的伤害。

（2）用户行为变化对 E-mail 营销的影响：部分许可邮件并不规范，影响用户行为；任何不感兴趣的电子邮件都被认为是垃圾邮件——不管这些邮件是否是自己曾经主动订阅的。

3.3.6 典型案例:"新江南"的 E-mail 广告

1. 公司网络营销现状

"新江南"是一个旅游公司,公司网站已经建立两年多的时间了,但是网站的功能比较简单,主要是公司介绍、旅游线路介绍、景点介绍等。虽然网站上有一个会员注册区,有用户 1000 多人,但是由于疏于这方面的管理,已经有半年多的时间没有向会员发送过信息了,最后一次发送是元旦前的促销信息,向会员发送新增的旅游线路。因此,公司内部的营销资源非常有限,还需要借助于专业服务商来发送 E-mail 广告。

2. "新江南"公司的 E-mail 营销实施

"新江南"公司为了在"五一黄金周"之前进行公司旅游项目促销,营销人员计划将网络营销作为一项主要的促销手段,其中将 E-mail 营销作为重点策略之一。由于公司在网络营销方面以前并没有多少经验,因此这次活动计划将上海作为试点城市,并且在营销预算方面比较谨慎,并不打算大量投入广告,仅选择部分满足营销定位的用户发送 E-mail 广告。由于暂时没有条件开展网上预订活动,所以主要是利用 E-mail 广告进行品牌宣传,并为网下传统渠道的销售提供支持。

(1) E-mail 服务商的选择。在服务商的选择上,"新江南"首先对服务的邮件列表定位程度、报价和提供的服务等方面进行了比较分析,在多家可提供 E-mail 营销服务的网站中,"新江南"最终选择了新浪上海站,该网站有一份关于上海市白领生活的电子周刊,订户数量超过 300000 个,这份电子刊物将作为本次 E-mail 营销的主要信息传递载体。

(2) E-mail 广告投放策略。为了确保此次活动取得理想的效果,计划从 3 月 26 日开始连续四周投放 E-mail 营销信息,发送时间定为每周三,前两次以企业形象宣传为主,后两次针对公司新增旅游路线进行推广。

(3) E-mail 广告的内容设计。确定了 E-mail 服务商和广告投放策略后,该公司的市场人员接下来的主要任务是设计 E-mail 广告的内容,针对内部列表和外部列表分别制作,并且每个星期的内容都有所不同。

3. E-mail 营销效果

E-mail 营销活动结束后,当网络营销人员分析每个月的公司网站流量时,吃惊地发现,在进行 E-mail 营销期间,公司网站的日平均访问量比上个月增加了 3 倍多,日均独立用户数量超过了 1000 人,而平时公司网站独立用户数量通常不到 300 人,尤其在发送邮件的次日和第三日,网站访问量的增加尤为明显,独立用户数量的最高纪录日达到了 1500 多人。从这次活动,公司的营销人员也发现了两个问题:一是内部列表发送后退回的邮件比例相当大;二是企业网站上的宣传没有同步进行,来到网站浏览的用户的平均停留时间只有 3 分钟,比活动开始前用户的平均停留时间少了 2 分钟。

(资料来源:http://www.0571e.com/htm,作者有删改)

4. 案例评析

"新江南"公司 E-mail 营销能够成功,主要得益于其对 E-mail 服务商的正确选择和采取了适当的 E-mail 广告投放策略，以及其对 E-mail 广告内容的精心设计。

案例还启示企业开展 E-mail 营销应该注意以下事项：第一，确定目标顾客群。首先应考虑是建立自己的邮件列表还是利用第三方提供的邮件列表服务。第二，制定发送方案。应尽可能与专业人员一起确定目标市场，找出潜在的用户，确定发送的频率。发送 E-mail 联系的频率应该与顾客的预期和需要相结合，这种频率预期因时因地因产品而异，从每小时更新到每季度的促销诱导。千万不要认为发送频率越高，收件人的印象就越深。过于频繁的邮件"轰炸"，会让人厌烦。研究表明，同样内容的邮件，每个月至多以发送 2~3 次为宜。此外，电子邮件应该有明确的主题。邮件的主题是收件人最早看到的信息，邮件内容是否能引人注意，主题起到相当重要的作用。邮件主题应言简意赅，以便收件人决定是否继续阅读。第三，发送 E-mail 收集反馈信息，并及时回复。可以选定群发邮件，也可针对某些顾客进行单独发送。开展营销活动应该获得特定计划的总体反应率（例如点击率和转化率）并跟踪顾客的反应，从而将顾客过去的反应行为作将来的细分依据。当接到业务问询时，应及时做出回复，最好在 24 小时以内。注意养成一天查收信件数次的习惯，并做到及时回复。这样做不仅表示对问询的重视，也显示出工作高效和对顾客服务的重视。在对潜在顾客的问询做出及时回复之后，还应该在两三天内跟踪问询 2~3 次。跟踪联系意在确认对方是否确实收到了回复，同时也给对方受重视的感觉，传达出商家希望赢得这笔业务的诚意。

3.4 网络广告营销服务

网络广告营销是网络营销内容体系中的不可缺少的组成部分，既可以独立采用，也可以与其他网络营销服务方法相结合。据艾瑞咨询发布的中国互联网广告核心数据，2013 年度中国网络广告市场规模达到 1100 亿元，同比增长 46.1%，与上年保持相当的增长速度，整体保持平稳增长，网络广告整体市场呈现上扬发展趋势。目前，我国互联网广告服务市场呈现良好的发展势头，2010—2017 年中国网络广告市场规模及预测情况如图 3-5 所示。

根据易观智库 EnfoDesk 产业数据库发布的《2013 年第三季度中国网络广告市场季度监测》数据显示，2013 年第三季度中国互联网广告运营商中，百度、阿里巴巴、谷歌分别以 30.8%、15.9%、5.5% 的市场份额，占据市场前三位置。2013 年第三季度中国互联网广告运营商市场格局呈现如图 3-6 所示特征。

网络广告营销涉及的内容非常广泛，如网络广告设计、网络媒体投放策略、网络广告效果监测等，但主要价值体现在品牌形象、产品促销等方面。几乎所有的网络营销活动都与品牌形象有关，而在所有与品牌推广有关的网络营销手段中，网络广告的作用最为直接。标准条幅广告（Banner）曾经是网上广告的主流，随着网络营销服务的普及和发展，新的广告形式不断出现，新型广告由于克服了标准条幅广告条承载信息量有限、交互性差等弱点，因此获得了相对较高的点击率。

（资料来源：根据企业公开财报、行业访谈及艾瑞统计预测模型估算，http://www.iresearch.com.cn.2014.1）

图3‐5　2010—2017年中国网络广告市场规模及预测

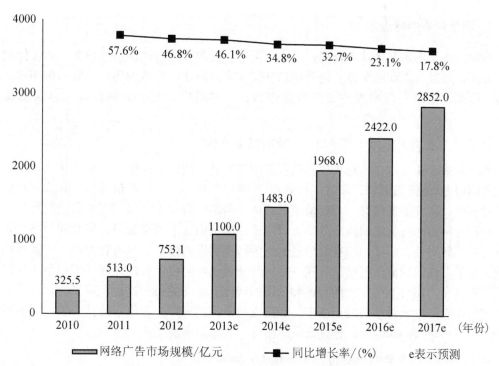

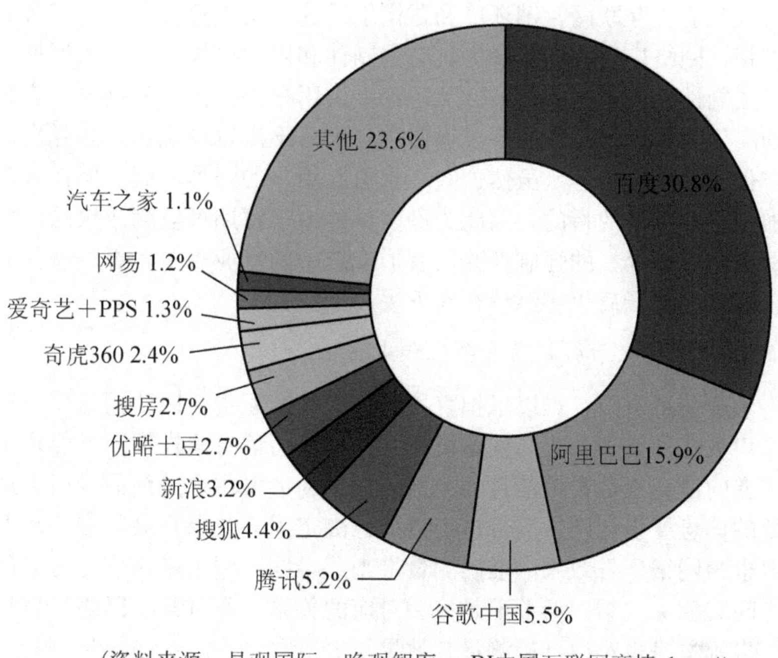

（资料来源：易观国际·晚观智库·eBI中国互联网商情, http://www.eguan.cn）

图3‐6　2013年第三季度中国互联网广告运营商市场收入份额

3.4.1 网络广告的特点

网络广告采用多媒体技术，提供文字、声音、图像等综合性的信息服务，不仅能做到图文并茂，而且可以双向交流，使营销信息能准确、快速、高效地传达给每一位用户。与广播、电视、报纸、杂志等传统广告媒体相比，网络广告在多方面体现出自身的显著特点。

1. 网络广告需要依附于有价值的信息和服务载体

用户是为了获取对自己有价值的信息来浏览网页、阅读电子邮件，或者使用其他有价值的网络服务（如搜索引擎、即时信息等），网络广告是与这些有价值的信息和服务相依赖才能存在的，离开了这些对用户有价值的载体，网络广告便无法实现网络营销的目的。因此，在谈论网络广告的定向投放等特点时应该正确认识这个因果关系，即并非网络广告本身具有目标针对性，而是用户获取信息的行为特点要求网络广告具有针对性，否则网络广告便失去了存在的价值。网络广告这一基本特征表明，网络广告的效果并不是单纯取决于网络广告自身，还与其所存在的环境和依附的载体有密切关系，这也说明了为什么有些形式的网络广告可以获得较高的点击率，如搜索引擎关键词广告和电子邮件广告等，而网页上的一般Banner和Button广告点击率却在持续下降的事实。

2. 网络广告具有强制性和用户主导的双重属性

网络广告的表现手段很丰富，是否对用户具有强制性关键取决于广告经营者而不是网络广告本身。早期的网络广告是非强迫的被动性传播，由受众主动性选择，这种对于用户的无滋扰性也使其成为适应互联网营销环境和营销手段的一大优势。但随着广告商对于用户注意力要求的扩张，网络广告逐渐发展为具有强制性和用户主导性的双重属性，而且表现手段越来越多，强制性越来越严重。虽然从理论上讲用户是否浏览和点击广告具有自主性，但越来越多的广告商采用强制性的手段迫使用户不得不浏览和点击，如弹出广告、全屏广告、插播式广告、游走广告等。虽然这些广告引起用户的强烈不满，但在客观效果上往往可以达到增加浏览和点击的目的，因此为许多单纯追求短期可监测效果的广告客户所青睐。目前对于网络广告所存在的强制性并没有形成统一的行业规范，更没有具有普遍约束性的法律法规，因此这种矛盾仍将继续存在下去。

3. 网络广告的核心思想在于引起用户关注和点击

由于网络广告承载信息有限，难以承担直接销售产品的职责，因此网络广告策略的核心思想在于引起用户关注和点击。这与搜索引擎营销传递的信息只发挥向导作用类似，即网络广告本身所传递的信息不是营销信息的全部，而是为吸引用户关注而专门创造并放置于容易被发现之处的信息导引。网络广告这个特征也决定了其效果在品牌推广和产品推广方面更具优势，但也为网络广告效果的准确测量带来了难度，因为网络广告可以测量的指标与最终的收益之间有相关关系，但并不是一一对应的关系，而且某些网络广告形式如纯文本的电子邮件广告等本身也难以准确测量其效果。

4. 网络广告具有交互性

网络广告交互性的真正意义在于体现出用户、广告主和网络媒体三者之间的互动关系，具有灵活的互动性和选择性，因此有时也称为交互式广告。也就是说，网络媒体提供高效的网络广告环境和资源；广告主可以自主地进行广告投放、更换、效果监测和管理，也可以随时得到用户的反馈信息，并根据用户的要求和建议及时做出调整；而用户则可以根据自身需求选择感兴趣的广告信息及其表现形式，获取自认为有用的信息，也可以通过在线提交表单或发送电子邮件等方式向厂家（广告主）请求特殊咨询服务。网络广告只有建立这三者之间良好的互动关系，才能营造大多数企业应用网络广告所需的和谐环境，让网络广告的价值最大限度地发挥出来。这种互动关系具有一定的理想特征，但目前在搜索引擎营销中常用的关键词广告、竞价排名等形式中已经初步显示了其价值。

此外，用户在网站上提供的个人资料，如对某种产品或生活方式的偏好等，也将成为广告商推出不同广告的依据。

微型案例 3-7

居住在上海某地区的李姓用户，曾经表示过自己夏天对某种小容量洗衣机的向往，这也成为厂商了解客户需求的信息，厂家后来据此"度身定做"出一整套促销方案。

网络广告的交互性是由互联网上信息互动传播与共享的特点所决定的。因此，网络广告主要通过"拉"方法吸引受众注意，受众可自由查询，可避免传统"推"式广告中受众注意力集中的无效性和被动性。

5. 网络广告传播范围广且无时空限制

网络广告的传播具有广泛性，不受时间和空间的限制。广告主通过互联网可以将广告信息 24 小时不间断地在任何地点发布并传播到世界各地，突破了传统广告只能局限于一个地区、一个时间段的限制；而受众只要具备上网条件，就可以在其任一连接网络地点在任何时间内随意浏览广告信息，这是其他广告媒体无法实现的。

6. 网络广告定向与分类明确

网络广告最大的特点就在于它的定向性。尽管传统广告铺天盖地，如精心制作的电视广告，收音机里充满诱惑力的广告语，报箱内或门缝下被人塞入的一份份宣传单等，然而这类广告由于没有进行定向和分类，往往收效甚微。网络广告不仅可以面对所有互联网用户，而且可以根据受众用户确定广告目标市场。例如，生产化妆品的企业，其广告主要定位于女士，因此可将企业的网络广告投放到与妇女相关的网站上，通过互联网把适当的信息在适当的时间发送给适当的人，实现广告的定向。从营销角度来看，这是一种一对一的理想营销方式，它使潜在客户与有价值的信息之间实现了精准匹配。

7. 网络广告可实现精确有效的统计

传统媒体广告的发布者无法得到诸如有多少人接触过该广告的准确信息，一般只能大致推算一下广告的效果。而网络广告的发布者则可通过权威的广告统计系统提供庞大的用户跟踪信息库，从中找到各种有用的反馈信息；也可以利用服务器端的访问记录软件，如 Cookie 程序等，追踪访问者在网站的行踪，包括其曾点击浏览过哪些广告信息。访问者的这些行踪都被储存在 Cookie 中，广告商通过这类软件可以随时获得访问者的详细记录，即点击的次数、浏览的次数,以及访问者的身份、查阅的时间分布和地域分布等。

对网络广告随时监测其投放的有效程度,具有重要的实际意义。一方面,精确的统计有助于企业了解广告发布的效果,明确哪些广告有效,哪些无效,并找出原因,及时对广告投入的效益做出评估,以便调整市场和广告策略。另一方面,广告商可根据统计数据评估广告的效果、审定广告投放策略,及时采取改进广告的内容、版式、加快更新速度等顺应消费者的举措,进一步提高广告的效益,避免资金的浪费。

8. 网络广告内容丰富、形象生动

传统广告由于受媒体的时间和版面的限制,其内容只能删繁就简突出少数重点;而网络媒体突破了时间与空间的限制,拥有极大的灵活性。第一,网络广告的内容可以策划得非常详尽丰富,一个站点的信息承载量一般可大大超过传统印刷宣传品。第二,网络广告的表现形式可以采用动态影像、文字、声音、图像、表格、动画、三维空间、虚拟现实等,创作人员可以根据广告创意需要进行任意的组合创作,从而有助于最大限度地调动各种艺术表现手段,制作出形式多样、生动活泼,能够激发消费者购买欲望的广告。

9. 网络广告易于实时修改

传统媒体广告从策划、制作到发布需要经过很多环节的配合,广告一旦发布后信息内容就很难改变,即使可改动往往也需付出高昂的经济代价,因而难以实现信息及时更改。网络广告由于有自动化的软件工具进行创作和管理,能以低廉费用按照需要及时变更广告内容。

10. 网络广告具有低成本高效率性

网络广告无须印刷,与其他传统广告不同,它的费用成本相对较低,其平均费用仅为传统广告的3%。这样低廉的广告费用,使得很多无力进行大规模传统广告投放的企业,有能力通过互联网在全球范围内宣传其企业与产品。同时,更为重要的是网络促销广告的传播效率高。网络广告属于互动式媒体广告,主动查找本公司广告的消费者一般带有较强的目的性,因而网络广告在到达目标顾客方面的能力要优于传统广告,通过网络广告不仅能够提高广告主对目标顾客的选择能力,而且可以促进企业由大众沟通模式向个体沟通模式的转变。

11. 网络广告的创意具有一定的局限性

网络广告的创意需要考虑网络媒体的特性,因此也具有一定的局限性。例如,Web页面上的旗帜广告效果很好,但是创意空间却非常小,其常用的最大尺寸约合15厘米宽,2厘米高。要在如此小的空间里创意出有足够吸引力、感染力的广告,是对广告策划者的巨大挑战。

12. 网络广告可供选择的广告位有限

一方面,网络广告由于受网页布局的限制,可供选择的广告位往往很有限。例如,旗帜广告一般都放置在每页的顶部或底部两处(通常位于页面顶部的旗帜广告效果比位于底部要好),因此可供选择的位置少。图标广告虽然可以安置在页面的任何位置,但由于尺寸小,所以不为大多数广告主所看好。另一方面,由于许多有潜力的网站还没有广告意识,网页上至今不设广告位置,从而使广告越来越向几个有影响的导航网站聚集,这些网站页面上播映旗帜广告的位置也就成为广告主竞争的热点,进一步加剧了广告位置的紧张性。因此,广告商们不得不采用在一个位置上安置几个旗帜广告轮换播映的滚动广告形式,如搜狐主页的顶部就轮流播映着联想、诺基亚等多家公司的广告。

总之,网络广告本身有自己的特点,虽然网络广告还存在着诸多的问题,但凭借上面所列举的种种优势,网络广告深深地吸引着众多的客户,随着网络的发展与普及、网民人数的日益增加,网络广告也将进入一个高速发展的时期,其效益将越来越得以显现。

3.4.2 网络广告的类型

网络广告的表现形式丰富多彩,而且正处在发展过程中。目前,在国内外的网站页面上常见的网络广告形式大致有以下几种。

1. 旗帜广告

网络媒体在其网站的页面中分割出一定大小的一个画面(视各媒体的版面规划而定)发布广告,因其像一面旗帜,所以称为旗帜广告。它通常有四种形式:全幅,尺寸为 468×60 像素;全幅加直式导航条,尺寸为 392×72 像素;半幅,尺寸为 234×60 像素;直幅,尺寸为 120×240 像素。旗帜广告允许客户用极简练的语言、图片介绍企业的产品或宣传企业形象。旗帜广告还可分为非链接型和链接型两种。非链接型不与广告主的主页或网站相链接,浏览者也可以点选,进而看到广告主想要传递的更详细的信息。为了吸引更多的浏览者注意并点选,旗帜广告在制作上经历了由静态向动态的演变。动态旗帜广告利用多种多样的艺术形式进行处理,往往做成动画形式,具有跳动效果或霓虹灯的闪烁效果,非常具有吸引力。此种广告重在树立企业的形象,扩大企业的知名度。

2. 按钮广告

这是网络广告最早的和最常见的形式。它显示的只是公司、产品和(或)品牌的标志,点击它可以链接到广告主的主页或站点。按钮广告通常有 4 种形式,即 125×125 像素(方形按钮)、120×90 像素、120×60 像素、88×31 像素(小按钮)。按钮广告的不足在于其被动性和有限性,它要求浏览者主动点选,才能了解到有关企业或产品的更为详尽的信息。

3. 主页广告

主页广告是指将广告主所要发布的信息内容分门别类地制作成主页,置放在网络服务商的站点或企业自己建立的站点上。这种广告可以详细地介绍广告主的各种信息,如企业营销发展规划、主要产品与技术特点、商品订单、年度财务报告、企业联盟、主要经营业绩、售后服务措施、联系办法等,从而使用户全方位地了解企业及企业的产品与服务。

4. 网幅广告

网幅广告(包含 Banner、Button、通栏、竖边、巨幅等)是以 GIF、JPG、Flash 等格式建立的图像文件,定位在网页中大多用来表现广告内容,同时还可使用 Java 等语言使其产生交互性，用Shockwave等插件工具增强表现力。目前常见的网幅广告模板如图3-7所示。

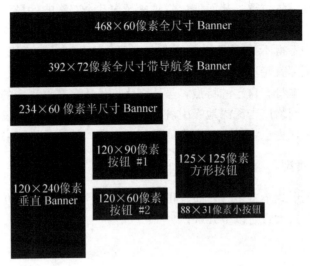

图3-7 网幅广告模板

网幅广告分为三类：静态、动态和交互式。

(1) 静态网幅广告。在网页上显示一幅固定的图片，它也是早年网络广告常用的一种方式。它的优点就是制作简单，并且被所有的网站所接受。它的缺点也显而易见，在众多采用新技术制作的网幅广告面前，它就显得有些呆板和枯燥。事实也证明，静态网幅广告的点击率比动态的和交互式的网幅广告低。

(2) 动态网幅广告。拥有会运动的元素，或移动或闪烁，它们通常采用GIF89的格式，把一连串图像连贯起来形成动画。大多数动态网幅广告由2～20帧画面组成，通过不同的画面，可以传递给浏览者更多的信息，也可以通过动画的运用加深浏览者的印象，它们的点击率普遍要比静态的高。而且，这种广告在制作上相对来说并不复杂，尺寸也比较小，通常在15k以下。正因为动态网幅广告拥有如此多的优点，所以它是目前最主要的网络广告形式。

(3) 交互式网幅广告。当动态网幅广告不能满足要求时，一种更能吸引浏览者的交互式广告产生了。交互式广告的形式多种多样，比如游戏、插播式、回答问题、下拉菜单、填写表格等，这类广告需要更加直接的交互，比单纯的点击包含更多的内容。交互式广告分为HTML和富媒体两种。Html Banner允许浏览者在广告中填入数据或通过下拉菜单和选择框进行选择，它可以让浏览者选择要浏览的页面，提交问题，甚至玩游戏。这种广告的尺寸小、兼容性好，连接速率低的用户和使用低版本浏览器的用户也能看到。

图3-8所示的广告是阿里巴巴在雅虎中国上投放的Html Banner，通过选择页面的不同目录，用户就可以直接链接到阿里巴巴相关页面。实际上，这个Banner已经成为一个小型的搜索引擎入口。

5. 文本链接广告

文本链接广告是以一排文字作为一个广告，点击就可以进入相应的广告页面。这是一种对浏览者干扰最少，最简单但却较为有效果的网络广告形式。

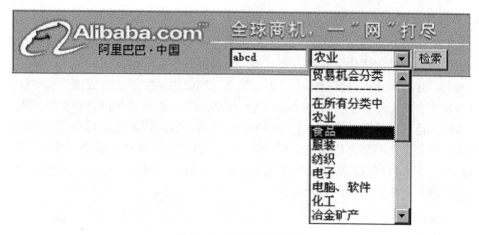

图 3-8 交互式网幅广告

6. 电子邮件广告

电子邮件广告具有针对性强、费用低廉的特点，且广告内容不受限制。特别是它可以针对具体某一个人发送特定的广告，为其他网上广告方式所不及。

7. 赞助式广告

赞助式广告的形式多种多样，如 TCL 赞助搜狐世界杯频道。广告与内容的结合可以说是赞助式广告的一种，表面看来它们更像网页上的内容而并非广告。在传统的印刷媒体上，这类广告都会有明显的标示，指出这是广告，而在网页上通常没有清楚的界限。

8. 插播式广告（弹出式广告）

访客在请求登录网页时强制插入一个广告页面或弹出广告窗口。它们有点类似电视广告，都是打断正常节目的播放，强迫观看。插播式广告有各种尺寸，有全屏的也有小窗口的，而且互动的程度也不同，从静态的到全部动态的都有。浏览者可以通过关闭窗口不看广告（电视广告是无法做到的），但是它们的出现没有任何征兆，肯定会被浏览者看到。

9. 富媒体（Rich Media）

一般指使用浏览器插件或其他脚本语言、Java 语言等编写的具有复杂视觉效果和交互功能的网络广告，其使用是否有效一方面取决于站点的服务器端设置，另一方面取决于访问者的浏览器是否能顺利查看。一般来说，富媒体能表现更多、更精彩的广告内容。

10. 其他新型广告

其他新型广告形式，如视频广告、路演广告、巨幅连播广告、翻页广告、祝贺广告等。

3.4.3 网络广告的发布

目前，网络广告的发布方式和途径可谓丰富多彩，可以利用自建网站或他人网站发布广告，也可以利用广告交换服务网络、电子邮件、新闻组等多种方式发布广告。

1. 利用自建网站发布广告

这是最常用的发布网络广告的方式之一。企业利用自建网站发布广告，可以完全自主地对广告的内容、画面结构、互动方式等各种因素进行全面策划。

实际上，企业网站本身就是一个广告。但是，网站也不能像传统媒体广告那样所有的页面全都被广告所充斥，根据目前网站的运作实践来看，如果一个网站只提供广告，而不能同时提供其他信息的话，肯定不会有众多的访问者。因此网站这种特殊的广告形式，其定位应放在树立企业的整体形象上。所以许多企业的网站上通常还提供一些非广告信息，如时事新闻、名人轶事以及可供访问者免费下载的软件、游戏等，总之，必须能给访问者带来一定的利益，使其成为网站的常客。

2. 借助他人的网站发布广告

这也是目前常用的网络广告发布方式。互联网上的网站非常多，为达到尽可能好的效果，应当选择合适的网站来投放自己的广告。选择投放广告网站的基本原则如下：

（1）选择访问率高的网站。互联网上有许多访问流量较大的网站，它们一般都是搜索引擎或较有影响的 ICP，其中搜索引擎可作为首选网站，如雅虎、搜狐、ChinaByte 等，这些网站的访问流量每天高达几万次甚至几十万次。需要指出的是现在许多导航网站都提供了很多供客户发布广告的展位（如图 3-9 所示）。

图 3-9 新浪主页

（2）选择有明确受众定位的网站。互联网上还有许多专业性的网站，其特点是访问人数较少，覆盖面也较窄，但访问这些网站的网民可能正是广告的有效受众。从这个角度看，有明确受众定位的网站，其有效受众量不一定比搜索引擎少。因此，选择这样的网站放置广告，获得的有效点击次数甚至可能超过搜索引擎，正所谓"小市场大占有率"。

3. 利用广告交换服务网络

如果要在多个网站上发布广告，加入广告交换服务网络也是一种十分重要的途径。在互联网上有一些专门从事全球范围内广告自由交换服务的网络，它能为加盟者之间提供互惠互利、互为免费的广告交流活动。凡拥有自己主页的用户，都可以加入这个网络。

广告交换网络的运作机制是：广告主按照服务网络的要求制作一个宣传自己的旗帜广告传送给交换服务网络，登记注册后，便成为该网络的成员。然后在自己的网页上加入交换网服务商提供的一段 HTML 代码，这样每当有人浏览其网页时，交换网中有关成员的广告即会在该网页上自动显示，同样的原理，该广告主的广告也会出现在交换网这些成员的网页上，达到了互换广告的目的。广告交换网络是以等量交换为原则的，交换网络的服务器将统计各成员网页被浏览的次数，根据这个数字，交换网络会将某个成员的旗帜广告按其所选择的类别等量地送到其他成员的网页中显示，这样就可以实现相对公平地在成员中互换广告。

目前，国内外有许多这样的广告交换网，国内比较著名的如网盟、广告联盟，国际上著名的如 Link Exchange 等。

4. 利用电子邮件发送广告

利用电子邮件列表发送广告信息也是一种常用的广告发布方式。电子邮件列表也叫邮件组，相当于一份地址清单，由于每个邮件组中的客户都是按某一主题编排的，因此邮件组可以为企业提供精确细分的目标市场，所产生的回应率是比较高的。

企业可根据其客户建立或通过正常渠道购买他人的邮件列表(有些邮件组中不允许做广告，因此要想利用邮件组做广告，首先要弄清楚这个邮件组是否允许做广告)，此后便可以定期向这个邮件组发送广告信息了。最好的方法是使用邮件列表软件设置自己的邮件列表，或利用服务器上所带的邮件列表，一般的服务器托管服务提供商都会向用户提供这项服务。

5. 使用新闻组发布广告

随着互联网商业化程度的普及和深入，目前各种议题不同的 Usenet 中已经产生了许多专门交流商业信息的讨论组，一些著名公司如 Microsoft、Sun 等都建立了自己的新闻组。因此在这些新闻组中发布广告，其效果是十分明显的。

目前，互联网上绝大多数新闻组都是英文的，中文的新闻组很少，且大多是娱乐性的内容。因此通过新闻组发布广告，对于那些产品目标定位于国际市场的企业来说，不失为一种经济、实用的方式。

6. 利用传统媒体发布网址广告

企业可在各种其他媒体上购买空间发布广告，如在传统广告中加入一条类似于企业地址之类的 Web 网址。据统计，国外 10% 的电视广告中都带有网址；在我国，一些企业的广告中也开始出现自己的网址，以期将人们吸引到自己的网站上来。

3.4.4 网络广告的计费方式

付费网络广告有多种计费方式，目前常用的主要有每千人成本(CPM)、每点击成本

(CPC)、每行动成本(CPA)、每回应成本(CPR)、每购买成本(CPP)、包月方式、按业绩付费(PFP)、来电付费广告(TMTW)等。

1. 每千人成本

每千人成本（即 Cost Per Mille，CPM，或 Cost Per Thousand，Cost Per Impressions），指的是广告投放过程中，听到或者看到某广告的每一人平均分担多少广告成本。CPM 取决于"印象"尺度，通常理解为一个人的眼睛在一段固定的时间内注视一个广告的次数，传统媒介多采用这种计价方式。例如，若一个广告横幅的单价是 1 元/CPM 的话，意味着每一千个人次看到这个广告的话就收 1 元，以此类推，10000 人次访问的主页就是 10 元。至于每 CPM 的收费究竟是多少，要根据该主页的热门程度（即浏览人数）所划分的价格等级，采取固定费率。国际惯例是每 CPM 收费从 5 美元至 200 美元不等。

2. 每点击成本

每点击成本(Cost Per Click，CPC)是指以每点击一次计费。这样的方法加上点击率限制可以加强作弊的难度，是网站宣传推广的最优方式，但不少经营广告的网站觉得此类方法不公平。例如，虽然浏览者没有点击，但是已经看到了广告，对于这些看到广告却没有点击的流量来说，网站成了免费信息提供者，有很多网站不愿意做这样的广告。

3. 每行动成本

每行动成本(Cost Per Action，CPA)是指广告主为每个行动所付出的成本，也称按效果付费成本。这里的"效果"是指广告投放实际效果，即按回应的有效问卷或订单来计费，而不限广告投放量。每次行动的费用，根据每个访问者对网络广告所采取的行动收费，包括形成一次交易、获得一个注册用户或者对网络广告的一次点击等。广告主为规避广告费用风险，只有当网络用户点击旗帜广告，链接广告主网页后，才按点击次数付给广告站点费用。CPA 的计价方式对于网站而言有一定的风险，但若广告投放成功，其收益也比 CPM 的计价方式要大得多。

4. 每回应成本

每回应成本(Cost Per Response，CPR)是指以浏览者的每一个回应计费。这种广告计费充分体现了网络广告"及时反应、直接互动、准确记录"的特点，但这个显然是属于辅助销售的广告模式，对于那些实际只要亮出名字就已经有一半满足的品牌广告要求，大概所有的网站都会给予拒绝，因为得到广告费的机会比 CPC 还要渺茫。

5. 每购买成本

每购买成本(Cost Per Purchase，CPP)是指广告主为规避广告费用风险，只有在网络用户点击旗帜广告并进行在线交易后，才按销售笔数付给广告站点费用。

无论是 CPA 还是 CPP，广告主都要求发生目标消费者的"点击"，甚至进一步形成购买才予以付费；CPM 则只要求发生"目击"（或称"展露""印象"），就产生广告付费。

6. 包月方式

目前国内的很多网站是按照"一个月多少钱"这种固定收费模式来收费的，这对客户和网站都不公平,无法保障广告客户的利益。尽管现在很多大的站点多已采用国际上通用的网络广告收费模式 CPM 和 CPC 计费,但很多中小站点依然使用包月制。

7. 按业绩付费

按业绩付费(Pay-For-Performance,PFP)的基准有点击次数、销售业绩、导航情况等,这种计价模式将得到广泛的采用。

8. 来电付费广告

来电付费广告(Tell Me Tell World,TMTW,又称 Pay Per Call)即展示不收费,点击不收费,只有接到客户有效电话才收费。

9. 其他计价方式

除了上述计费方式外,某些广告主还可能会提出个别特殊议价方法,如以搜集潜在客户名单多少来收费(Cost Per Leads,CPL)、以实际销售产品数量来换算广告刊登金额(Cost Per Sales,CPS)等。

相比而言,CPM 和包月方式对网站有利,而 CPC、CPA、CPR、CPP 或 PFP 则对广告主有利。目前,比较流行的网络广告计价方式是 CPM 和 CPC,其中 CPM 最为流行。

3.4.5 网络广告营销服务效果的衡量

网络广告的效果评价关系到网络媒体和广告主的直接利益,也影响到整个行业的正常发展,广告主总希望了解自己投放广告后能取得什么回报,于是就产生了这样的问题,究竟怎样来全面衡量网络广告的效果呢?传统的报纸、电视广告,效果确实比较难统计。但网络广告不同,访问者的浏览行为能够被追踪统计,可就此分析出网络广告的效果。

1. 衡量网络广告效果的指标

网络广告最为得意之处,就在于其营销效果的可测量性,因而可以制订准确的收费标准,如基于广告显示次数的 CPM 计价法,或者基于广告所产生效果的 CPC 或 CPA 计价法。但是,随着 Banner 广告的平均点击率从最初辉煌时期的 30% 降低到 0.5% 以下,如果仍然按照可测量的反馈信息来评价网络广告,显然不能充分反映真实的效果。目前,网络广告效果分析中最常用的有如下 9 个指标:

1) 点击(Hits)

顾名思义,点击就是反映访问者点击了多少次广告。为了统计方便,可以把广告链接到一个单独的页面,这样只用看这个页面在页面排行报表中的页面浏览就能知道点击数。如果是不方便链接到一个单独页面,如为了搜索引擎优化(SEO),在 Text Link 广告中往往直接链接到首页,这时可以查看来源 URL 报表,看从放置广告的 URL 过来的访问就能知道广告的流量。很多广告系统会提供点击数据。

2) 访问(Visits)

如果访问者多次点击广告,并且相邻两次点击的间隔不超过半小时,那都会被统计为一次访问。投放网络广告就是为了吸引访问者,当访问者点击了一次广告后,多余的点击对广告投放者来说是缺乏价值的,访问指标的统计有助于过滤这种多余的点击。这个指标可在页面排行报表或来源 URL 报表中获得。

3）独立访问者（Unique Visitors）

这个指标是统计有多少人点击了广告，而不是点击或访问了多少次。可以用 IP 或 Cookie 来统计，用 IP 得到的就是独立 IP 数。统计广告的独立访问者，需要用访问过滤器（Visit Filter），过滤掉其他流量，专门对来自广告的流量进行统计。

4）进入页面的跳出率（Bouncerate of Landing Page）

广告所链接的目标网站页面就是这个广告的进入页面，也称登录页面（Entry Page 或 Landing Page）。如果访问者访问了进入页面后没有再访问下一个页面而是直接退出，称之为跳出。跳出次数占这个广告的访问次数的比率，就是跳出率（Bounce Rate）。跳出率在跳出页面报表和来源网站报表中都能看到，跳出率越低越好。

跳出率高表示存在问题，一般可能存在的问题是：①广告的投放对象有问题。假设目标网站主要是卖婴儿用品的，如果在某搜索引擎中购买"历史"这个关键词的广告，就属于广告的投放对象不对，因为搜索"历史"的访问者此刻很可能对婴儿用品缺乏兴趣。②广告的内容有问题。广告中没有说清楚自己干什么，或者为了吸引访问，故意误导访问者，诱使他们点击。当他们访问到目标网站时，发现不是他们需要的，就会离开。③进入页面的设计有问题。可能页面表达的信息不够清楚、购买链接没有放在显眼的位置、页面不够美观等，很多种原因都可能造成弹出率过高，需要具体网页具体分析。进入页面的设计与优化是网站设计中非常重要的一部分，往往进入页面的好坏就决定了一个访问者对这个网站先入为主的整体印象，所以一定要特别重视进入页面的设计。

5）访问路径（Visit Path）

访问路径就是用户访问页面的次序，在访问路径报表能看到统计结果。研究访问路径时，重点分析访问者是否在按照预先设想的流程访问网页，如果访问者没有按照预想访问页面，可能是因为网站的设计问题，但也可能反映了访问者真正关心的问题与预想不同。

6）退出页面（Exit Page）

很多访问者没有到最后付款或注册就退出了，知道他们是在什么页面退出的很重要。访问者的退出位置在退出页面报表可以看到，报表中排位靠前的网页要仔细研究，看那些网页的设计是否有问题，还要看整个的流程设计是否有问题。

7）访问者成本

用总的广告费用除以独立访问者数量，从而得出每个访问者的成本。这个指标很重要，经常是用来比较不同广告优劣的重要指标。

8）转换率（Conversation Rate）

转换率就是从网络广告过来的访问者中最终成为付款客户的比率。这个指标主要针对以销售为目的的网站，如果网站并不是以销售为目的，可以变通一下，如以访问者在网站注册账号的比率为转换率，即注册率。

如果网站是线上销售，转换率是最好统计的。只要统计从广告过来的访问者中有多少人访问到了最后的交易完成页面即可（如果是注册率，那就统计最后的注册完成页面）。如果是线下销售的，那就要通过电话或其他方式来调查客户是从什么渠道来的。

9) 广告费用的投入产出比

以销售为目的的网站，一旦知道了转换率，就能计算出广告所产生的销售额，用这个销售额除以广告费用，就是广告的投入产出比。如果这个比值大于100%，那就表示这个广告是赚的。对于在线销售网站来说，这个指标是最重要的决定性指标。不以销售为目标的网站没有这个指标，评估最终的效果则要用其他指标来综合评估。

2. 网络广告效果的评价方法

网络广告效果的评价方法很多，下面从定性和定量的角度介绍3种基本的评价方法。

1) 对比分析法

无论是Banner广告，还是邮件广告，由于都涉及点击率或者回应率以外的效果，因此，除了可以准确跟踪统计的技术指标外，利用比较传统的对比分析法仍然具有现实意义。当然，不同的网络广告形式，对比的内容和方法也不一样。

对于E-mail广告来说，除了产生直接反应之外，利用E-mail还可以有其他方面的作用，如E-mail关系营销有助于与顾客保持联系，并影响其对企业产品或服务的印象。顾客没有点击E-mail并不意味着不会增加将来购买的可能性或者增加品牌忠诚度，从定性的角度考虑，较好的评价方法是关注E-mail营销带给人们的思考和感觉。这种评价方式也就是采用对比研究的方法：将那些收到E-mail的顾客的态度和没有收到E-mail的顾客作对比，这是评价E-mail营销对顾客产生影响的典型的经验判断法。利用这种方法，也可以比较不同类型E-mail对顾客所产生的效果。

对于标准标志广告或者按钮广告，除了增加直接点击以外，调查表明，广告的效果通常表现在品牌形象方面，这也就是许多广告主不顾点击率低的现实而仍然选择标志广告的主要原因。当然，品牌形象的提升很难随时获得可以量化的指标，不过同样可以利用传统的对比分析法，对网络广告投放前后的品牌形象进行调查对比。

2) 加权计算法

所谓加权计算法，就是对投放网络广告后的一定时间内，对网络广告产生效果的不同层面赋予权重，以判别不同广告所产生效果之间的差异。这种方法实际上是对不同广告形式、不同投放媒体或者不同投放周期等情况下的广告效果比较，而不仅仅反映某次广告投放所产生的效果。显然，加权计算法要建立在对广告效果有基本监测统计手段的基础之上。

微型案例3-8

网络广告效果的加权计算法

第一种情况，假定在A网站投放的Banner广告在一个月内获得的效果为：产品销售100件(次)，点击数量5000次。第二种情况，假定在B网站投放的Banner广告在一个月内获得的效果为：产品销售120件(次)，点击数量3000次。如何判断这两次广告投放效果的区别呢？可以为产品销售和获得的点击分别赋予权重，根据一般的统计数字，每100次点击可形成2次实际购买，那么可以将实际购买的权重设为1.00，每次点击的权重为0.02，由此可计算上述两种情况下广告主可以获得的总价值。

第一种情况，总价值为：$100 \times 1.00 + 5000 \times 0.02 = 200$

第二种情况，总价值为：120×1.00＋3000×0.02＝180

可见，虽然第二种情况获得的直接销售比第一种情况要多，但从长远来看，第一种情况更有价值。这个例子说明，网络广告的效果除了反映在直接购买之外，对品牌形象或者用户的认知同样重要。

权重的设定，对加权计算法最后结果影响较大，如假定每次点击的权重增加到0.05，则结果就不一样。如何决定权重，需要在大量统计资料分析的前提下，对用户浏览数量与实际购买之间的比例有一个相对准确的统计结果。

3) 点击率与转化率

点击率是网络广告最基本的评价指标。也是反映网络广告最直接、最有说服力的量化指标。不过随着人们对网络广告了解的深入，点击它的人反而越来越少，除非特别有创意或者有吸引力的广告。造成这种状况的原因可能是多方面的，如网页上广告的数量太多而无暇顾及、浏览者浏览广告之后已经形成一定的印象而无须点击广告，或者仅仅记下链接的网址，在其他时候才访问该网站等，因此，平均不到1％的点击率已经不能充分反映网络广告的真正效果。于是，对点击以外的效果评价问题显得重要起来，与点击率相关的另一个指标——转化率，被用来反映那些观看而没有点击广告所产生的效果。

"转化率"最早由美国的网络广告调查公司AdKnowledge在其《2000年第三季度网络广告调查报告》中提出，AdKnowledge将"转化"定义为受网络广告影响而形成的购买、注册或者信息需求。研究表明，浏览而没有点击广告同样具有巨大的意义，营销人员更应该关注那些占浏览者总数99％的没有点击广告的浏览者。

AdKnowledge的调查表明，尽管没有点击广告，但是全部转化率中的32％是在观看广告之后形成的。该调查还发现了一个有趣的现象：随着时间的推移，由点击广告形成的转化率在降低，而观看网络广告形成的转化率却在上升。点击广告的转化率从30分钟内的61％下降到30天内的8％，而观看广告的转化率则由11％上升到38％。这一组数字对增强网络广告的信心具有很大意义，但问题是转化率怎么来监测，在操作中还有一定的难度，大概仍然要参照上述第一种对比分析法。

3. 网络广告效果测定的标准

广告效果可以分为广告的经济效果、广告的心理效果和广告的社会效果。网络广告效果，即广告通过网络媒体发布后所产生的作用。网络广告效果测定主要是测量上网者对网络广告所产生的反应。例如，对于通栏广告来说，上网者有以下3种选择：没注意，浏览但不点击，点击。网络广告效果监测在收集以上数据的基础上，再综合上网者的其他变量，从而得出一系列指标，作为衡量网络广告效果好坏的标准。

(1) 被动浏览。主要是以浏览者进入广告页面的次数为标准。

(2) 主动点击。这种效果评估标准是指网络广告效果的好坏关键要看浏览者是否点击了该广告，点击的次数有多少。

(3) 交互。交互是网络媒体与传统媒体的又一重要区别，网络广告很好地体现了交互这一特点，浏览者在浏览广告的同时还要与广告赞助商形成信息的交流，这样的网络广告才是有效的。该指标评价广告效果主要依据目标受众主动与广告赞助商联系次数的多少。

(4) 销售收入。广告能引起销售收入，那么广告当然是有效的，问题在于销售收入在多大程度上依赖于网络广告。因为引起销售的因素很多，包括促销、公关、产品、价格、销售渠道、消费者的消费行为特性等，所以以销售效果为标准来衡量网络广告效果是困难的。

一般来说，达到四种衡量的标准的难易程度与广告衡量的准确程度是正相关的。即衡量广告效果的标准越易达到，这种衡量的准确程度就越低。所谓衡量效果的准确与否，都是相对的概念，对于不同类型、不同目的的广告要选择不同的测量方法，如衡量企业形象广告效果，就应该用浏览率或点击率作为标准，采用销售效果为标准就不太适合。每种效果测定的标准都要通过具体的试验以及实践的经验来最终确定。如对于 Banner 广告来说，研究点击率和广告的面积、文件类型、广告与页面内容的相关性等的关系是非常有意义的。

3.4.6　典型案例：361°"勇敢做自己"

2008 年奥运会在北京举办，这对众多的中国运动品牌企业来说，既是机遇，也是挑战。谁能抢占先机，谁就能赢得进一步发展壮大的机会。以生产运动系列产品、配件以及运动休闲产品为主的 361°体育用品有限公司也没有放弃这次机遇。2007 年，361°与腾讯合作，在腾讯网迷你首页推出了富媒体广告——"决胜 08 中国，勇敢做自己"，掀开了运动产业备战"2008 奥运"的序幕。

1. 广告设计

广告画面以奥运烽火燎原为背景，轮流展示了 361°篮球、田径、羽毛球和足球系列服饰，画面人物动感十足。广告语"让世界听到我们的声音"瞬间激发国人奋发向上的民族自豪感，最终以"决胜 08 中国，勇敢做自己"收尾，成功表达了 361°的品牌诉求。

Smart Creative 利用富媒体广告的优势，将此广告的设计要素和表现形式完美融合，信息传达流畅十足。

2. 广告主要特色

（1）广告创意。广告文字热情激昂，将品牌与奥运巧妙衔接，使网民仿佛置身奥运决战之巅。

（2）广告画面。画面以浓黑和金黄为主色调，图片和文字以张扬的姿态快频率交错出现，在短时间内冲击观众眼球，极富冲击力，凸显富媒体广告优势。

（3）广告主题。以迎接奥运为主题，结合强烈的国家荣誉感烘托出广告主的民族运动品牌特色。

3. 总体效果

361°将其专业运动的品牌定位与奥林匹克运动精神紧密结合，实现了新的成长与飞越。在沃顿商学院、CCTV 全球资讯榜与经济观察报、腾讯网联合举办的"影响中国"年度评选中，361°与世界 500 强企业同时获最高奖项，成为入选企业中最年轻、发展速度最快的品牌。

4. 案例分析

361°的成功离不开营销方式的创新。361°以民族性为基调，以中国情感为 2008 年战略主元素,"决胜 08 中国,勇敢做自己"成功表达了其品牌诉求,奏响了民族品牌的最强音。

(1) 有针对性地选择广告载体,保持目标人群和品牌形象的一致性。361°选择腾讯作为广告投放的载体,较好地实现了对目标用户的锁定。腾讯的用户主要以 15—30 岁的人群为主,他们不仅思想十分活跃,而且喜欢尝试新鲜的事物,追逐潮流和品质,具有鲜明的主体意识,拥有很强的消费欲望和消费能力,这与 361°年轻的品牌形象和潜在的核心消费人群有着极高的契合度。

(2) 巧妙地选择广告形式,成功地传递品牌诉求。广告采用富媒体形式,以奥运烽火燎原为背景,轮流展示了 361°篮球、田径、羽毛球和足球系列服饰,画面人物动感十足。浓黑和金黄的主色调,快频率交错出现的图片和文字,在短时间内冲击观众眼球,极富震撼力。广告语"让世界听到我们的声音"瞬间激发国人奋发向上的民族自豪感,最后以"决胜 08 中国,勇敢做自己"结束,成功表达了 361°的品牌诉求。

3.5 病毒式营销服务

病毒式营销不是利用病毒进行营销,而是指将市场信息像病毒传播一样传递给他人,使之在曝光率和影响上产生几何级增长的速度的一种营销推广策略。这种策略可以耗费较少的人力、物力,将信息在短时间内快速地、爆炸式地传递给成千上万的消费者。现在几乎所有的免费 E-mail 提供商都采取类似的推广方法。

微型案例 3-9

百事可乐的病毒式营销

对市场营销人士来说,最困难的是如何深入了解消费者的思维并将自己的信息传达到他们的脑子里。通常的方式是尽量提高信息传递的声音,期望着嗓门越大,被听到的概率越高。但是病毒却有着更精明的方法:它们能够找到一个途径,利用一眼看去似乎全然不搭界的路径接近自己的载体,从而牢牢依附在载体身上。病毒式营销的先行者之一百事可乐公司在 Mountain Dew 饮料的营销计划中,给孩子们这样一个机会:孩子们只要收齐 10 个饮料购买的凭证再加上 35 美元一并寄到百事公司,就可以拿到一个摩托罗拉的传呼器。传呼器在孩子心中是很酷的玩意儿。当然,孩子们自己得负责购买传呼器的服务,而百事公司则有权每周给这些孩子发出百事饮料的传呼信息。

百事可乐借助孩子们对于传呼器的喜爱,推出此促销方案,其实那个传呼器也就只有 35 美元而已,但在孩子们看来是自己赚了,百事可乐还借助这个传呼器更容易地推广自己的产品活动,无疑是双赢的表现。

(资料来源:http://www.chinacons.com/SuccessCase,2010-05-31,作者有删改)

3.5.1 病毒式营销的概念

病毒式营销(Viral Marketing)是一种常用的网络营销方法,是通过用户的口碑宣传网络,使营销信息像病毒一样传播和扩散,利用快速复制的方式传向数以千计、数以百万计的受众，常用于进行网站推广、品牌推广等。病毒式营销利用的是用户口碑传播原理，在互联网上这种"口碑传播"更为方便，可以像病毒一样迅速蔓延，因此病毒式营销成为一种高效的信息传播方式，而且由于这种传播是用户之间自发进行的，因此几乎是不需要费用的网络营销服务手段。

病毒式营销的基本思想：通过提供有价值的信息和服务，利用用户之间的主动传播来实现网络营销信息传递的目的。病毒式营销背后的含义是如何充分利用外部网络资源（尤其是免费资源）扩大网络营销服务信息的传递渠道。

病毒式营销并不是什么新概念，它与通常说的"口口相传""草根传播"和"关系营销"没有本质差异，区别只在于病毒式营销较多运用在互联网营销中。病毒式营销的巨大威力就像一颗小小的石子投入了平静的湖面，一瞬间似乎只是激起了小小的波纹，转眼湖面又恢复了宁静，但是等待一会儿，就会看到波纹在不断进行着层层叠叠的延展，短短几分钟整个湖面都起了震荡，这就是病毒式营销的魅力。一个经过深思熟虑的病毒式营销策略会将这个小小的波纹以令人无法想象的速度向外无限期扩展，从而产生意想不到的效果。

病毒式营销在网络营销服务方法体系中占有重要的地位，因此，在认识了病毒式营销的基本思想之后，还有必要进一步了解病毒式营销的特点和一般规律，这样才能设计出成功的病毒式营销方案。

3.5.2 病毒式营销的特点

病毒式营销的本质是为用户提供免费的信息和服务。虽然病毒式营销的实施过程通常无须费用，但病毒式营销服务方案设计是需要成本的。网络营销服务信息不会自动传播，需要依据其特点进行一定的推广。具体来讲，病毒式营销具有以下特点：

1. 具备有吸引力的"病原体"——信息源

任何信息的传播都要为渠道的使用付费。之所以说病毒式营销是无成本的，主要指它利用了目标消费者的参与热情，但渠道使用的推广成本是依然存在的，只不过目标消费者受商家的信息刺激自愿参与到后续的传播过程中，原本应由商家承担的广告成本转嫁到了目标消费者身上，因此对于商家而言，病毒式营销是无成本的。

目标消费者并不能从传播信息中获利，为什么会自愿提供传播渠道？原因在于传播者传递给目标群的信息不是赤裸裸的广告信息，而是经过加工的、具有很大吸引力的产品和品牌信息，而正是这一披在广告信息外面的漂亮外衣，突破了消费者戒备心理的"防火墙"，促使其完成从纯粹受众到积极传播者的变化。

微型案例 3-10

网络上盛极一时的"流氓兔"证明了"信息伪装"在病毒式营销中的重要性。韩国动画新秀金在仁为儿童教育节目设计了一个新的卡通兔，这只兔子相貌猥琐、行为龌龊、思想简单、诡计多端、爱耍流氓、只占便宜不吃亏。然而正是这个充满缺点、活该被欺负的弱者成了反偶像明星，它挑战已有的价值观念，反映了大众渴望摆脱现实、逃脱制度限制所付出的努力与遭受的挫折。"流氓兔"的Flash出现在各BBS论坛、Flash站点和门户网站，私下里网民们还通过聊天工具、E-mail进行传播。如今这个网络虚拟明星衍生出的商品已经达到1000多种，成了病毒式营销的经典案例。

2. 几何倍数的传播速度

大众媒体发布广告的营销方式是"一点对多点"的辐射状传播,实际上无法确定广告信息是否真正到达了目标受众。病毒式营销是自发的、扩张性的信息推广,它并非均衡地、同时地、无分别地传给社会上每一个人,而是通过类似于人际传播和群体传播的渠道,产品和品牌信息被消费者传递给那些与其有着某种联系的个体。例如,目标受众读到一则有趣的 Flash,其第一反应或许就是将这则 Flash 转发给好友、同事,众多人参与的"转发大军"就构成了成几何倍数传播的主力。

3. 高效率的接收

大众媒体投放广告有一些难以克服的缺陷,如信息干扰强烈、接收环境复杂、受众戒备抵触心理严重。以电视广告为例,同一时段的电视有各种各样的广告同时投放,其中不乏同类产品"撞车"现象,大大减少了受众的接受效率。而对于那些可爱的"病毒",是受众从熟悉的人那里获得或是主动搜索而来的,在接受过程中自然会有积极的心态;接收渠道也比较私人化,如手机短信、E-mail、封闭论坛等(存在几个人同时阅读的情况,这样反而扩大了传播效果)。以上优势,使得病毒式营销尽可能地克服了信息传播中的噪声影响,增强了传播的效果。

4. 更新速度快

网络产品有自己独特的生命周期,一般都是来得快、去得也快,病毒式营销的传播过程通常是呈 S 形曲线的,即在开始时很慢,当其扩大至受众的一半时速度加快,而接近最大饱和点时又慢下来。针对病毒式营销传播力的衰减,一定要在受众对信息产生免疫力之前,将传播力转化为购买力,方可达到最佳的销售效果。

3.5.3 病毒式营销战略的基本要素

病毒式营销的实质是利用他人的传播渠道或行为,自愿将有价值的信息向更大范围传播。若提供的信息或服务没有价值,无论如何哀求或恐吓都不会产生真正的病毒性传播效果。

任何一种营销手段都是为了达到一定的目标。实践中发现,一些营销人员为采用病毒式营销而费尽心机,甚至以此作为目标,这无异于舍本逐末;同时,也出现了一些肤浅的认识,以为只要在邮件的底部写上"请访问我们的网站",或者"请将此邮件转发给你的同事和朋友"之类的语言就是病毒式营销。

事实上,有效的病毒式营销战略的基本要素有 6 个方面:提供有价值的产品或服务、提供无须努力的向他人传递信息的方式、信息传递范围很容易从极小向很大规模扩散、利用公众的积极性和行为、利用现有的通信网络、利用别人的资源进行信息传播。在制订和实施病毒式营销计划时,应该进行必要的前期调研和针对性的检验,以确认自己的病毒式营销方案是否满足这 6 个基本要素。

1. 提供有价值的产品或服务

在市场营销人员的词汇中,"免费"一直是最有效的词语,大多数病毒式营销计划以提供有价值的免费产品或服务来引起注意，例如，免费的 E-mail 服务、免费信息、免费"酷"按钮、具有强大功能的免费软件等。"便宜"或者"廉价"之类的词语可以产生兴趣，但是"免费"一词通常可以更快引人注意。

2. 提供无须努力的向他人传递信息的方式

病毒只在易于传染的情况下才会传播，因此，携带病毒式营销信息的媒体必须易于传递和复制，如 E-mail、网站、图表、软件下载等。病毒式营销在互联网上得以极好地发挥作用是因为即时通信变得容易而且廉价，数字格式使得复制更加简单，从营销的观点来看，必须把营销信息简单化，使信息容易传输，越简短越好，最经典的是"Get your private, free E-mail at……"

3. 病毒式模型可迅速扩充

为了便于病毒式营销信息迅速扩散，传输方法必须能从小到大迅速改变，使信息传递范围能很容易地由小向很大规模扩散。有时为了满足病毒式营销信息扩散的需要，必须迅速增加邮件服务器(如 Hotmail)，否则将抑制需求的快速增加。如果病毒的复制在扩散之前就扼杀了主体，就什么目的也不能实现了。

4. 利用公众的积极性和行为

巧妙的病毒式营销计划要利用公众的积极性。是什么原因在网络的早期使得"Netscape Now"按钮需求数目激增？是由于人们渴望酷。贪食是人们的驱动力，同样，饥饿、爱和理解也是驱动力。通信需求的驱动产生了数以百万计的网站和数以十亿计的 E-mail 信息。为了传输而建立在公众积极性和行为基础之上的营销战略将会取得成功。

5. 利用现有的通信网络

研究表明，每个人一般都生活在一个 8~12 人的亲密网络之中，网络之中可能是朋友、家庭成员和同事；根据在社会中的位置不同，一个人的宽阔网络中可能包括二十、几百或者数千人。例如，一个服务员在一星期里可能定时与数百位顾客联系。网络营销人员早已认识到这些人类网络的重要作用，无论是坚固的、亲密的网络关系，还是松散的网络关系。互联网上的人们同样也发展关系网络，许多人收集 E-mail 地址以及喜欢的网站地址，会员程序开发这种网络作为建立允许的邮件列表。学会把自己的信息置于人们现有的通信网络之中，将会迅速地把信息扩散出去。

6. 利用别人的资源

最具创造性的病毒式营销计划是利用别人的资源达到自己的目的。例如会员制计划，在别人的网站设立自己的文本或图片链接，提供免费文章的作者，试图确定他们的文章在别人网页上的位置，发表的新闻可能被数以百计的期刊引用，成为数十万读者阅读的文章。营销信息若能被别的印刷新闻或网页转发，耗用的是别人的资源。

此外，扩展鼓动性的应用也是利用他人资源的有效途径。有资料表明，有 75% 以上的顾客曾经收到过熟人的推荐，被调查的成功营销人员中，有 50% 利用已经建立起来的可信任的顾客关系产生杠杆作用，采取过鼓动性实验营销计划(病毒式营销)。此外，20% 的电子邮件用户利用熟人的"口碑"宣传发现并浏览新的网站。

3.5.4 病毒式营销的实施步骤

病毒式营销并不是随便可以做好的，需要遵照一定的步骤和流程。成功实施病毒式营销一般需要经历以下 5 个步骤：

（1）病毒式营销方案的整体规划和设计。应该进行病毒式营销方案的整体规划，确认病毒式营销方案符合病毒式营销的基本思想，即传播的信息和服务对用户是有价值的，并且这种信息易于被用户自行传播。

（2）构思独特的创意。病毒式营销需要独特的创意，并且精心设计病毒式营销方案（无论是提供某项服务，还是提供某种信息）。独创性的病毒式营销计划最有价值，跟风型的计划有些也可以获得一定效果，但要做相应的创新才更吸引人。同样一件事情，同样的表达方式，第一个是创意，第二个是跟风，第三个做同样事情的则可以说是无聊了，甚至会遭人反感，因此病毒式营销之所以吸引人就在于其创新性。在方案设计时，特别需要注意的是如何将信息传播与营销目的结合起来。如果仅仅是为用户带来了娱乐价值（如一些个人兴趣类的创意）或者实用功能、优惠服务而没有达到营销的目的，这样的病毒式营销计划对企业的价值就不大了；反之，如果广告气息太重，可能会引起用户反感而影响信息的传播。

（3）合理设计网络营销信息源和信息传播渠道。虽然病毒式营销信息是用户自行传播的，但是这些信息源和信息传递渠道需要进行精心设计。例如，要发布一个节日祝福的 Flash，首先，要对这个 Flash 进行精心策划和设计，使其看起来更加吸引人，并且让人们更愿意自愿传播。其次，还需要考虑这种信息的传递渠道，是在某个网站下载（相应地在信息传播方式上主要是让更多的用户传递网址信息），还是用户之间直接传递文件（通过 E-mail、IM 等），或者是这两种形式的结合？这就需要对信息源进行相应的配置。

（4）原始信息的发布和推广。即对病毒式营销的原始信息在易于传播的小范围内进行发布和推广。最终的大范围信息传播是从比较小的范围内开始的，如果希望病毒式营销方法可以很快传播，那么对于原始信息的发布也需要经过认真筹划，原始信息应该发布在用户容易发现、并乐于传递这些信息的地方（如活跃的网络社区），如果必要，还可以在较大的范围内去主动传播这些信息，等到自愿参与传播的用户数量比较大之后，才让其自然传播。

（5）病毒式营销效果的跟踪和管理。当病毒式营销方案设计完成并开始实施之后（包括信息传递的形式、信息源、信息渠道、原始信息发布），对于病毒式营销的最终效果实际上自己是无法控制的，但并不是说就不需要进行这种营销效果的跟踪和管理。实际上，对于病毒式营销的效果分析是非常重要的，不仅可以及时掌握营销信息传播所带来的反应（如对于网站访问量的增长），也可以从中发现这项病毒式营销计划可能存在的问题，以及可能的改进思路，将这些经验积累起来，以便为下一次病毒式营销计划提供参考。

3.5.5 病毒式网络营销服务的新形式

病毒式营销的价值是巨大的，一个好的病毒式营销计划远远胜过投放大量广告所获得的效果。目前，在计算机网络环境下，病毒式营销呈现出一些新的表现形式。

1. 网络软文营销

所谓"软文"，是指那些为了推广自己的网站而写的经验分享或者教育学习类的文章。这类文章通过特定的概念诉求、以摆事实讲道理的方式使消费者走进企业设定的"思维圈"，以强有力的针对性心理攻势，迅速实现产品的销售。例如，一篇题为《以××网站为例讲解图片类网站的 SEO 技巧》的文章，虽然形式上是在以实例的方式生动地讲解图片类网站的搜索引擎优化（SEO）方法，但是网友们在阅读这篇文章的同时，会有意无意地点击文章里出现的一些链接，这也在无形之中增加了"××网站"的流量，如果网友发现这个网站做得还不错，说不定会成为其"固定客户"。

这类文章的另一个效果就是可能被反复转载。如果这篇文章写得确实非常受欢迎，可能会有很多人转载，这样，转载的文章再被转载，最后浏览这篇文章的人数将会以几何倍数增长，点进那个网站的人数也会跟着增长。

2. 输入法营销

一些输入法的开发商在输入法中捆绑一些该公司的其他服务，如搜狗输入法会捆绑一些搜狗工具条的功能等，通过输入法这个工具的推广而"占领"用户的桌面。这样当用户需要用到一些服务时，就会优先使用该公司提供的相关服务。

3.5.6 典型案例：美国墨菲古德酒厂的招聘

1. 案例描述

2009 年 6 月，位于美国索诺玛镇的墨菲古德酒厂向全球的求职者发出了招聘广告，希望招聘一位写手，要求这位写手进驻位于加州索诺玛谷中的酒庄住上 6 个月，而这位写手每天的工作就是品酒、学习酿酒，并把这些过程和心得写下来，发布在博客、即时微型博客 Twitter、交友社交网站 Facebook 等网站上。当然，要符合这个标准，墨菲古德酒厂还有更具体的要求，如这个人需要有媒体经验，需要提交已经在上述网站中发表过的文章以及 60 秒的录像片段，供招聘方参考。

为此，墨菲古德酒厂给这个职位开出了 1 万美元的月薪，时间是半年。如此丰厚的待遇，在当时的经济形势下，即使在美国也吸引了不少人提交申请，而且其中不乏媒体名人。

为了这次招聘，墨菲古德酒厂还专门建立了一个招聘网站，应聘者可以在这个网站上发布自己的视频短片，网友们可以给这些视频短片投票。酒庄的老板雷迪说，整个活动是希望借由 Twitter、Facebook、YouTube 等社群网站，拉近一般人和葡萄酒的距离，点燃大家对葡萄酒的兴趣。

墨菲古德酒厂收到了近千份视频短片。为了进一步扩大影响，墨菲古德酒厂把这些视频短片同步发布在著名视频网站 YouTube 上。大多数应聘短片的内容与常规简历内容相似，其中也有很多有意思的短片，例如应聘者中有一个挪威男子，在镜头中用甜美、缓慢、有节奏的语调说："让我来告诉你，为什么我是最适合这个职位的人。"或者是简单的视频语言，例如一女性品一小口葡萄酒后，转向镜头说："哦，我没看到你，嗨！"活动进行到这里，无论是哪个招聘者胜出，对酒厂来说已经不太重要，重要的是酒厂已经通过这个招聘活动成功地完成了一次营销。

通过此项招聘，墨菲古德酒厂不仅找了一个为自己宣传品牌形象的社交网站发烧友，而且达到了其真正目的——在竞争激烈的市场环境中，赢得了大量潜在消费者的关注，而其花费只是正常广告的一小部分。

（资料来源：选自《实战商业智慧》杂志 2009 年第 25 期，编者有删改）

2. 案例评析

（1）这个营销活动是参照 2009 年 1—5 月澳大利亚昆士兰观光局的"世界最理想工作"活动而设计的，虽然是一次模仿式的营销，但墨菲古德酒厂同样得了想要的推广效果——赢得了潜在消费者的广泛关注。更妙的是，该酒厂成功地将自己从那些将在几个月后出现的模仿者中分离开来，树立了自己先驱者的形象。

（2）墨菲古德酒厂的这个活动在模仿中也有自己的创新，如该酒厂专门建立了一个活动网站，供应聘者自己发布视频短片并让网友给这些视频短片投票，同时选择 YouTube 等拥有大量访问率的网站提供了多种简单、便宜的工具，也促使大量网络写手跃跃欲试。

（3）墨菲古德酒厂的活动已将病毒式营销向前推进了一步，花小量的资金，取得最大的效果，这正是病毒式营销的魅力所在。

3.6　网络会员制营销

传统营销渠道中，企业为了扩大经营规模、稳定销售渠道、团结分销成员和服务分销成员，通常会采用会员制营销。会员制营销模式指的是采用系统的管理和长远的渠道规划，利用企业的产品、品牌、视觉标识、管理模式及利益机制来维系分销渠道，并组建相对固定的会员组织，实现利益共享、模式共享、信息沟通和经验交流的作用，它是深层的关系营销。

在互联网环境下，企业把传统渠道中的会员制营销理论移植到网络渠道，从而产生了网络会员制营销。目前，网络会员制营销已成为电子商务网站推广等网络营销服务的主要手段。

3.6.1　网络会员制营销的基本概念

微型案例 3-11

网络会员制营销的兴起

亚马逊公司于 1996 年 7 月发起了一个"联合"行动，其基本形式是这样的：一个网站注册为亚马逊的会员（加入会员程序），然后在自己的网站放各类产品或标志广告的链接，以及亚马逊提供的商品搜索功能。当该网站的访问者点击这些链接进入亚马逊网站并购买某些商品之后，根据销售额的多少，亚马逊会付给这些网站一定比例的佣金。从此,这种网络营销方式开始广为流行并吸引了大量网站参与——这个计划现在称之为"网络会员制营销"。

(资料来源:http://www.baike.com,编者有删改)

所谓网络会员制营销(Affiliate Programs),是指通过电脑程序和利益关系将无数个网站连接起来,将商家的分销渠道扩展到世界的各个角落,同时为会员网站提供了一个简易的赢利途径,最终达到商家和会员网站的利益共赢。网络会员制营销,国内也称其为"联属网络营销""会员制计划"等。

网络会员制营销模式是一种商家与加盟会员利益共享的网络营销服务方法。如果说互联网是通过电缆或电话线将所有的电脑连接起来,实现了资源共享和物理距离的缩短,那么网络会员制计划则是通过利益关系和电脑程序将无数个网站连接起来扩展分销渠道。一个网络会员制营销程序应该包含一个提供这种程序的商业网站和若干个会员网站,商业网站通过各种协议和电脑程序与各会员网站联系起来。

3.6.2 网络会员制营销的原理和形式

1. 网络会员制营销的基本原理

网络会员制营销主要是通过利益关系和计算机程序将不同地域的无数网站连接起来以扩展商家的分销渠道,同时为会员提供赢利途径。一般来说,企业网站需要首先注册成为某个提供网络会员制营销服务的电子商务网站的会员(加入会员程序),然后在自己的网站放置各类产品或标志广告的链接,以及这个电子商务网站所提供的商品搜索功能;当该网站的访问者点击这些链接进入这个电子商务网站并购买某些商品之后,根据销售额的多少,这个电子商务网站付给这些会员网站一定比例的佣金。从本质上讲,网络会员制与连锁经营会员制是一样的。

2. 网络会员制营销的基本形式

目前,网络会员制营销的基本形式主要有连锁经营会员制和零售会员制等。

(1) 网络连锁经营会员制。连锁经营是一种商业组织形式和经营制度,是指经营同类商品或服务的若干个企业,通过互联网以一定的形式组成一个联合体,在整体规划下进行专业化分工,并在分工基础上实施集中化管理,把独立的经营活动组合成整体的规模经营,从而实现规模效益。

(2) 网络零售会员制。网络零售会员制主要被零售商所采用,它是一种直接面对消费者的会员制。零售会员制主要目的是为了保持老顾客,当消费者向零售商店缴纳一定数额的会费或年费取得会员资格后,便成为该店的会员,享受一定的价格优惠或折扣。

3.6.3 网络会员制营销的价值

网络会员制营销模式对于广告主、加盟会员以及直接用户带来的价值可以归纳为以下几个方面,这也是网络会员制营销的主要功能。

1. 对广告主的价值

(1) 按效果付费,节约广告主的广告费用。广告主在加盟会员网站上投放广告,与投放在门户网站不同,一般并非按照广告显示量支付广告费用,而是根据用户浏览广告后所产生的实际效果(如点击、注册、直接购买等)付费,这样就不会为无效的广告浏览支付费用,因此网络广告费用会更为低廉。另外,对于那些按照销售额支付佣金的网站,如果用户通过加盟网站的链接引导进入网站(如亚马逊网站),第一次并没有形成购买,但用户仍然会记着亚马逊网站的网址,以后可能直接进入网站而不需要继续通过同一会员网站的引导,那么亚马逊并不需要为这样明显的广告效果支付费用。因此,对于商家来说更为有利,这种额外的广告价值显然胜过直接投放网络广告。

(2) 为广告主投放和管理网络广告提供了极大的便利。网络联盟为广告主向众多网站同时投放广告提供了极大便利。在传统广告投放方式中,广告主通过广告代理商或者直接与网络媒体联系,由于各个网络媒体对广告的格式、尺寸、投放时间、效果跟踪方式等都有很大的差别,广告主如果要同时面对多个网络广告媒体的话,工作量是巨大的,这也在一定程度说明为什么只有少数门户网站才成为广告主投放网络广告的主要选择。实际上,大量中小型网站,尤其是某些领域的专业网站,用户定位程度很高,广告价值也很高,但因网站访问量比较分散,广告主几乎无法选择这些网站投放广告,这无论是对于广告主还是网站主来说都是损失。网络联盟形式完全改变了传统网络广告的投放模式,让网络广告分布更为合理。与网络广告投放的便利性一样,广告主对于网络广告的管理也比传统方式方便得多。有些网络广告内容的有效生命周期不长,或者时效性要求较高,如果要在大量网站上更换自己的广告,操作起来也会是很麻烦的事情。采用网络联盟模式之后,只要在自己的服务器上修改一下相关广告的代码,不希望出现的广告即刻就消失了,而新的广告立刻就会出现在加盟网站上。

(3) 扩展了网络广告的投放范围,同时提高了网络广告投放的定位程度。相对于传统的大众媒体,定位性高一直是网络广告在理论上的优势,但在传统门户网络广告投放的模式下,实际上很难做到真正的定位。即使选择某个相关的频道,或者某个专业领域的门户网站,也无法做到完全的定位。基于内容定位的网络广告则真正做到了广告内容与用户正在浏览的网页内容相关,更为重要的是,这种定位性很高的网络广告可以出现在任何网站上,从而拓展了网络广告的投放范围。

2. 对加盟会员的价值

(1) 为加盟会员网站创造了流量转化为收益的机会。对于加盟的会员网站来说,通过加盟网络会员计划获得了网络广告收入或者销售佣金,将网站访问量转化为直接收益。一些网站可能拥有可观的访问量,但因为没有明确的赢利模式,网站的访问量资源便无法转化为收益,通过参与会员制计划,可以依附于一个或多个大型网站,将网站流量转化为收益,虽然获得的不是全部销售利润,而只是一定比例的佣金,但相对于自行建设一个电子商务网站的巨大投入和复杂的管理而言,无须面临很大的风险,这样的收入也是合理的。对于以内容为主的网站,获得广告收入是比较理想的收益模式,而通过加盟广告主的联盟计划,则可以获得广告收入。例如,加入易趣网站的创业联盟,通过会员网站引导而成为易趣网站的注册会员,将获得易趣网站支付的引导费用,这样就很容易地实现了网站流量资源到收益的转化。

(2) 丰富了加盟会员网站的内容和功能。有时网站增加些广告内容的点缀能发挥意想不到的作用，不仅让网页内容看起来更丰富，也为用户获取更多信息提供了方便，尤其是当网络广告信息与网站内容相关性较强时，广告的内容便成为网页信息的扩展。对于广告主为在线销售型的网站，比如当当网上书店，加盟会员在网站上介绍书籍内容的同时，如果用户愿意，可以根据加盟网站的链接直接开始网上购书行动，尤其是当网站为读者精心选择了某一领域最有价值的书籍，为用户选择书籍提供了更多的方便。

在网络营销教学网站(www.wm23.com)中有一个网络营销与电子商务书籍栏目，其中大部分书籍都可以通过链接直接在当当网购买，这个栏目内容主要来自当当网上书店，作为网络营销教学网站的一部分，为学习网络营销的读者提供了详细的在线购买相关专业书籍的信息，比自行到当当网选择要更为省时。

3. 对直接用户的价值

网络会员制营销模式大大扩展了商家的网上销售渠道。网络会员制最初就是以网上销售渠道的扩展取得成功而受到肯定，其应用向多个领域延伸并且都获得了不同程度的成功，直到现在，网络会员制营销模式仍然是在线销售网站拓展销售渠道的有效策略之一。

微型案例 3-13

以国内最大的中文网上书店当当网来说，自从 2000 年开创当当联盟以来，经过几年的发展，至今仍然非常重视这一在线销售渠道策略，在 2004 年 10 月份还对当当联盟栏目进行了全新的改版，增加了更多会员可供选择的链接形式，并改进了账户查询等技术功能。国内另一家知名在线零售网站卓越网，也在 2004 年开创了网站联盟，这充分说明了网上零售商对于网络会员制联盟价值的肯定。

3.6.4 实施网络会员制营销的方法

网络会员制营销已经被证明是企业网上营销战略的成功模式。目前，成功地实施网络会员制营销，一般可以采用以下方法：

（1）了解竞争对手。了解其他实施会员制的竞争对手网站，想办法让自己的计划比他们的更吸引人，尤其给联盟会员提供比竞争对手更高的佣金。

（2）回头客佣金制度(Residual Commissions)。如果某会员带来的购买者下次进行重复购买，该会员可以再次获得佣金，如此累计。这类服务适合每年续费的产品(如主机租赁)，这种佣金制度无疑会使计划非常吸引人。

（3）提供终生佣金制度。长期有效的佣金政策使得会员将它作为一项长期事业来经营，也能减少短期内没有成效而被放弃的情况。

（4）为加盟会员提供销售支持。不要冷落加盟会员，提供最大支持，帮助其成功销售产品。例如，可以提供给会员的资料：为他们做电子杂志广告；提供促销信或促销广告；提供具有品牌宣传效果的电子书；会员案例推荐；E-mail 相关课程；提供产品宣传文章。

（5）快速回复会员邮件。对会员邮件在第一时间做出反馈，不仅提高工作效率，也让会员感受到对他们的重视，而不会产生被冷落的感觉。

（6）提供销售技巧和建议。给会员提供一些促销技巧与建议，让其在销售过程中采纳这些建议以提高成交机会。

（7）用更高的佣金和红利奖励高级会员。可采用"坡度佣金制度"，对带来销售特别多的会员让其享受额外高的奖励。

（8）为加盟会员提供新闻邮件。通过 E-mail 会员通信，在邮件中与会员分享销售技巧，与会员保持良好、亲密的接触。新闻邮件内容可以包括以下主题：共享优秀会员挣高佣金的秘诀；展示优秀会员网站并分析成功销售的原因；列出当月佣金排行榜。

（9）准确跟踪会员销售情况。如果加盟网站带来了销售而会员制程序却没有记录下来，将会使口碑变得极为糟糕。

（10）参与会员制论坛。加入会员制论坛讨论，与其他会员分享各种专业性体会。遵守论坛纪律和规则，在你的帖子中加上你的会员制签名。

3.6.5 典型案例：eBay 的网络会员制联盟服务

1. eBay 概况

eBay 成立于 1995 年 9 月，是目前世界上最大的在线拍卖网站，拥有注册用户 3000 多万人，根据 Jupiter Media Metrix 发布的 50 家最大网站排名，2001 年 5 月，eBay 的独立用户数量为 1923.6 万人，排名第 12 位。从销售收入来看，根据 Nielsen NetRatings 和 Harris Interactive 的研究报告，2001 年 5 月，在线拍卖网站收入达到 5.56 亿美元，比 2000 年同期的 2.23 亿美元增长了 149%，eBay 在 2001 年 5 月的收入占全部网上拍卖的 64%，当时收入为处于该领域第二位公司的 4 倍，让竞争对手望尘莫及，而且 eBay 的访问者转换率也是最高的，将近 1/4 的网站访问者成为购买者。

2. eBay 的网络会员制实施

eBay 的网络会员制营销开始于 2000 年 4 月，当时是与 ClickTrade 合作开展的，这个会员制营销计划提供的佣金是按照注册用户数量来计算的，从会员网站链接来的访问者成为注册用户，会员可以获得 3 美元的佣金。eBay 在与 ClickTrade 合作的一年中有 20000 个会员网站加盟。2001 年 4 月 18 日，eBay 开始与 Commission Junction 合作，不过 ClickTrade 的会员制程序最初还可以继续使用，以后将逐步转移到 Commission Junction 的系统中。Commission Junction 是第三方会员制营销方案提供商，提供第三方的用户访问跟踪、实时报告系统、佣金结算，并解决会员账号管理中的一切问题。eBay 与 Commission Junction 合作开始第二个会员制营销计划的同时，也将佣金水平从原来支付给每个注册用户 3 美元上升到 4 美元，这样又大大地激发了会员的积极性。新计划实施 1 周后，就有 3000 个网站加盟成为会员，6 个星期后会员数量达到 12000 个。有数字表明，在 2001 年 5 月份中的一个星期，通过 Commission Junction 会员制程序获得的点进次数超过 50 万次，简直不可思议。

与一般网站花费大量金钱吸引用户的做法不同，eBay 并没有为用户提供什么特别的激励手段，没有优惠券，也没有免费送货政策，用户加入 eBay 完全是出于自愿。根据 eBay 2001 年第一季度的财务报告，获得每个注册用户的平均成本为 14 美元，而通过会员制营销计划支付给会员的佣金为 4 美元，显然，这个佣金支出是很合算的。eBay 的网络营销方式主要有 3 种：网络广告、用户口碑和公共关系，而会员制营销是网络广告的一种形式，整个网络广告部门只有 15 个员工，其中还包括 3 名业务拓展人员。eBay 网络会员制计划的成功也得益于同其属下公司 Half.com 的协作，Half.com 在书籍、CD、电影、DVD 以及游戏方面的经营十分成功，Half.com 的会员制营销与 eBay 相互配合，互为推广，由此也获得了为数不少的会员。

3. eBay 成功实施网络会员制的主要做法

eBay 目前已是美国五大广告主之一，其成功实施网络会员制的主要做法可归纳为以下几方面：

1）招募管理最佳网络联盟的经理

eBay 拥有 5 个全职的管理网络联盟的经理，负责美国 eBay 的网络会员制联盟，其各自的职责如下：

（1）与最大 100 家联盟网站发展个人关系（如 Earthlink 等），包括工作以外的时间进行私人接触，尤其在贸易展会等重要场合。

（2）对部分细分行业的联盟会员网站进行不断改进和跟踪，以获得改进会员制体系的新思路，将会员联盟制度提升到一个新的水平。

（3）与技术开发团队一起工作，保证系统正常运作，完成系统升级，解决技术 bug，并研究开发会员制系统的新工具、新应用。

（4）面向所有联盟会员每月发送一次会员通信邮件。

（5）鼓励新老会员发掘那些被 eBay 忽略的细分商品类目。为此，eBay 一旦发现某特殊细分领域有很成功的联盟网站，就会积极跟进。

2）广告投放的限制与规范

eBay 对于联盟会员如何促销虽然没有任何限制，但对使用 eBay 商标进行搜索引擎营销制定了一些规范，并且还积极推行反垃圾邮件法案。eBay 会员制之所以赢得广大联盟会员的支持，得益于它高质量的广告源输出系统。据 Marketing Sherpa 调查显示：17.78% 的提供网络联盟的网站不会经常更新其广告输出源。但 eBay 是少数几个经常更新广告数据源并且广告源很容易整合到联盟网站的商家之一，其采取的措施包括：

（1）开放系统 API。eBay 意识到人们可能首先通过搜索引擎作为购物入口而不是直接进入 eBay 平台进行购物，因此对开放数据持一种开放态度。联盟网站可以进入 API，因此几乎所有的 eBay 信息（包括价格）都能及时发布在联盟网站上。

（2）提供 API 编辑工具包。会员可以将它嵌入自己的网站，以目录的形式体现，会员可以定制自己网站的商品目录。

（3）AdContext 产品可以根据会员网站上的不同内容展示相应的 eBay 广告。

3）改进佣金制度

eBay 团队开发了一套等级佣金制度。一般会员制等级佣金是基于总收入提成，而 eBay 基于最佳转化类型进行提成，这就鼓励联盟网站针对最佳转化类型来优化他们提供的商品和内容，以吸引更多高质量转化类型用户。这种特殊的佣金等级层次包括：①最新注册用户；②某段时间内实施了购买或销售的最新注册用户；③基于交易量的等级等。

4）全球拓展经验

eBay在全球都拥有网站联盟会员，其全球化市场拓展措施主要包括：

（1）从不使用翻译软件来翻译广告或站点内容，而寻找本地专业人士进行本地化翻译。

（2）在每个国家都鼓励当地的顶级会员网站将业务拓展到其他国家。例如，德国的联盟网站可能将业务拓展到美国，而很多美国的联盟站点都向全世界拓展。

（3）灵活的佣金政策。在一些新开发的市场上，eBay为了发展更多注册用户，采取注册获取佣金的政策，而在一些更加成熟的市场上，eBay采用交易后提取佣金的政策。

（4）管理的集中与放权。eBay授权每个国家的本地化团队管理当地的会员联盟，eBay总部每个月召开远程电话会议，半年进行一次小组见面会议。

（资料来源：http：//www.0571e.com/html，作者有删改）

4．案例评析

（1）eBay非常重视发展自己的网络会员制联盟体系，联盟会员网站也为其带来了可观访问量和销售额。eBay的网络会员制营销成功经验要点包括：招募和管理最佳网络联盟经理；制定合理的广告投放规范；基于最佳转化类型改进佣金制度；针对全球各地的不同情况制定相应的市场拓展措施。

（2）eBay的网络会员制营销计划推出后可以在短期内取得成效，与其采用第三方解决方案提供商合作有一定的关系。因为专业成熟的解决方案有助于企业迅速开拓市场，有效地避免自行开发程序在早期可能产生的一些漏洞和问题而影响会员的信心和企业的形象，并且对现行业务不会有什么较大的影响。此外，由于很多会员担心会员制营销计划中存在欺诈成分（如用删除订单记录或者其他方式减少支付给用户的佣金），这也正是第三方解决方案的主要优势之一。正如网站流量统计一样，自己的统计数字没有足够的说服力，第三方提供的数据可信度更高一些。当然，作为第三方的监测机构本身应该有一定的知名度和权威性。

（3）案例中eBay在与ClickTrade合作了一年之后转而采用Commission Junction的解决方案，这说明并不是什么解决方案都适合自己的公司，随着形势的不断发展，企业需要扩展、升级原有的解决方案。转换解决方案是比较复杂的事情，既要保证新的系统稳定运行，又要将原来的会员资料与新的系统实现无缝转移。因此，在选择会员制营销的第三方解决方案时，应对此有足够的准备，因为在会员制计划实施过程中难免会遇到各种意外的情况，尤其现在网络行业较多动荡，每天都可能有网站从网上消失，受到这种形势的影响，网站之间形成的各种合作、联盟等会随着网站的倒闭而终结，甚至合作协议还没有正式开始，其中的一方就可能已经不存在了。尽管有各种各样不可预知的问题，但第三方解决方案对网络会员制营销的发展无疑有重要作用，电子商务的发展也为第三方解决方案提供了发展空间。

本章小结

企业网站、搜索引擎、E-mail、网络广告等常用网络营销工具所派生出的相应网络营销方法，目前已经发展得十分完善。本章着重介绍了营销型企业网站的基本构成、优化、推广等问题；介绍了搜索引擎营销的原理、方式、优化服务、效果评估；许可 E-mail 营销的含义、技巧、邮件列表服务等；网络广告的特点、类型、发布及计费方式、效果衡量方法等；病毒式营销的概念、特点、基本要素、实施步骤等；网络会员制营销的概念、原理和形式、价值与方法等内容。对于每种网络营销服务的方法，本章都配有相应的案例，以说明该方法的应用。

复习思考题

（1）本章引例中运用了什么样的网络营销方法？应用该方法需要具备哪些基本要素？这个案例给了我们什么样的启示？

（2）目前营销型企业网站通常存在哪些问题？试举例说明，并讨论如何对其进行优化处理。

（3）搜索引擎优化的基本原则和内容是什么？搜索引擎优化作弊通常有哪些表现形式？应该如何正确地评价搜索引擎营销的效果？

（4）E-mail 营销的三要素是什么？内部列表与外部列表 E-mail 营销有什么区别？

（5）网络广告的发布有哪些可用的途径？你认为现阶段应该如何增强网络广告的营销效果？

（6）成功实施病毒式营销需要把握哪些关键问题？各研讨学习小组成员用"头脑风暴法"每人提出一个开展病毒式营销的活动方案，在小组讨论的基础上，每组挑选一个最好的方案在全班进行交流。

（7）如何有效地实施网络会员制营销？你认为提供网络会员制营销第三方解决方案服务的市场发展空间如何？

案例研讨

【案例资料】 四川百世兴食品产业有限公司主要生产"酒鬼花生"系列产品。2007年百世兴推出了"花生部落"的创意，将旗下产品全部由"花生部落"统一起来，然后细分出传统的"酒鬼花生系列"和新开发的时尚"馋库系列"，在兼顾20世纪六七十年代的消费群体的同时，百世兴将推广重心转向了"80后"。

为配合新品上市，百世兴建立了"百世兴花生部落"互动网站。在网络广告设计上，百世兴虚拟了一个充满欢乐的"花生部落"，通过音乐和视频，从视觉和听觉两个方面直观地向浏览者传递"百世兴花生部落"产品品牌所希望传递的快乐理念。页面整体色调以橙色为主，图形设计上沿用了"花生男"标准形象，辅以线条、花纹、卡通物品等视觉元素，营造出欢乐的氛围。在"花生男"角色动画的设计上，加入了一些调皮、搞笑的动作，如用嘴接花生、模仿摇滚明星弹吉他、跳眉来眼去舞等，给浏览者带来更加新奇、有趣的用户体验。

新颖的宣传形式使百世兴的新品销售异常火爆，其中"馋库系列"花生，以其新鲜的口味和鲜艳的包装备受年轻女孩的青睐。通过巧妙打造"花生部落"，百世兴迅速实现了由传统品牌向时尚品牌转换的品牌延伸。百世兴以"花生部落"为主题的营销推广，取得了显著的效果。

（资料来源：http：//wenku.baidu.com，编者有删改）

分析上述案例，思考以下问题：

（1）案例中四川百世兴食品产业有限公司主要运用了哪些网络营销工具和方法？

（2）运用网络广告进行营销有什么技巧？需要注意哪些关键问题？

（3）案例通过运用网络营销工具实现了什么价值？从中我们可以得到什么启示？

扩展阅读

[1] 陈光锋. 玩赚你的网站：网站运营必备手册[M]. 北京：机械工业出版社，2010.

[2] 田欣. 赢在搜索：搜索引擎营销给企业带来什么[M]. 北京：人民邮电出版社，2009.

[3] 张志. 榨干百度谷歌：搜索引擎广告大赢家[M]. 北京：电子工业出版社，2011.

[4] 杨帆. SEO攻略：搜索引擎优化策略与实战案例详解[M]. 北京：人民邮电出版社，2009.

[5] [美] Jeanniey Mullen, David Daniels. 电子邮件营销密码：每天一小时E-mail营销轻松掌握[M]. 薛剑韬，译. 北京：人民邮电出版社，2009.

[6] 李雪萍，刘丽彦. 网络广告策划、设计与制作[M]. 北京：化学工业出版社，2012.

[7] [美] Susan Sweeney. 锦囊妙计：网站推广101招[M]. 李翔昊，等译. 北京：人民邮电出版社，2012.

[8] [美] 赫尔姆斯泰特. 会员制销售·网上创收[M]. 北京：电子工业出版社，2002.

第4章 Web2.0与社会化网络营销服务

教学目标

- 熟悉博客营销、微博营销的作用和常见形式,掌握企业博客、营销微博的写作原则,掌握微博营销的实施策略与技巧;
- 熟悉即时信息营销的特点、作用和常用工具类型,熟悉微信营销的方式和特点;
- 熟悉社交网站营销的概念、特点,理解其理论基础,掌握其实施方法和技巧;
- 了解网络视频营销的含义,熟悉其营销信息传播渠道和服务方式及服务内容;
- 了解Wiki营销、网络软文营销、电子书营销、论坛营销的含义与特点。

教学要求

知识要点	能力要求	相关知识
博客营销	(1) 博客营销特征的概括能力; (2) 企业博客写作原则的理解能力和写作技巧的运用能力	(1) 博客、博客营销的含义及常见形式; (2) 博客营销的基本特征及其价值; (3) 企业营销博客的写作原则、写作技巧
微博营销	(1) 微博营销概念、特点的理解能力和微博营销实施能力; (2) 营销微博的写作能力	(1) 微博营销的概念、特点、作用; (2) 营销微博的写作技巧; (3) 实施微博营销的基本原则、策略、技巧
即时信息营销	(1) 运用常见即时信息工具开展营销活动的能力; (2) 微信营销理解和应用能力	(1) 即时信息营销的含义、特点、作用、工具类型; (2) 微信营销的方式、特点、优势; (3) 微信与微博的区别

续表

知识要点	能力要求	相关知识
社交网站营销	(1) 社交网站营销概念、特点、理论基础的理解； (2) 社交网站营销实施能力	(1) 社交网站概念、类型，社交网站营销服务特点； (2) 六度分割理论、150定律； (3) 企业实施社交网站营销的一般过程和技巧
网络视频营销	网络视频营销的应用能力	(1) 网络视频营销的含义、服务方式、服务内容； (2) 网络视频营销信息传播渠道、事件视频营销
Wiki营销、网络软文营销、电子书营销、论坛营销、网络图片营销	(1) 运用Wiki词条、网络软文营销的能力； (2) 电子书、论坛、网络图片营销技巧的运用	(1) Wiki的含义、特点、营销方式、与博客的区别； (2) 网络软文营销的含义、特点，软文的形式； (3) 电子书营销的含义、特点，论坛营销的实施技巧，网络图片营销的表现形式

基本概念

社会化网络营销　博客营销　微博营销　即时信息营销　微信营销　社交网站营销　网络视频营销
Wiki词条营销　网络软文营销　电子书营销　论坛营销

"可可丽人"微博体验营销与章鱼效应

"可可丽人"面膜是海洋传说化妆品集团旗下的新产品，专门针对网络销售。为了让更多的人了解这个全新的网购品牌，2012年2月开始，可可丽人在新浪微博上策划了系列面膜体验活动，短短两个月时间里便聚集了上万名面膜爱好者，并且在微博上收到了大量有关"可可丽人"面膜的反馈内容，把"粉丝"牢牢地稳固在体验营销上。这一切是如何做到的呢？

第一，明确的定位。"可可丽人"面膜在企业微博上的定位很清晰，就是要聚集那些在微博上爱美、爱护肤、爱分享的面膜控们，并给这些女孩子们打上#面膜控#的标签，于是，"可可丽人"面膜的官微上发布了这样一条微博：

#面膜控征集令#可可丽人#100份面膜礼包免费体验#行动开始啦！跟帖申报说明你的肌肤状况以及你最想要体验我们六大系列(http://t.cn/zOz53mj)哪款面膜，说明理由并转发@好友参加，就有机会获得体验参与面膜护肤行动。还有#面膜控达人奖#16份可获得想要的面膜。

有了这样的清晰定位，接下来就是策划各种体验互动活动，寻找和发现一批"粉丝"群体。

第二，品牌主导声音的体现。"可可丽人"同步开通企业博客和微博，并通过这两个地方大量分享与企业品牌、生产基地、产品、团队、公司文化相关的系列真实故事，来说明拥有这个网络新品牌的公司在供应链上的实力、产品质量的把控以及对客户的负责。

第三，体验活动的连续性。两个月时间里，"可可丽人"连续策划了6期"面膜控征集令"活动，每次活动发放不同组合的赠品和奖品给面膜控们体验,一共发放 200 多份赠品和奖品,聚集了上万名喜欢面膜的"粉丝"。

第四,体验活动形式多元化。6 期"面膜控征集令"活动中,"可可丽人"综合运用了微试用、竞赛、投票、秒杀等多种互动方式,这样给"粉丝"不断的新鲜感和惊讶感,并且一直在愉悦的过程中来完成。

第五,顾问加入对话。活动中"可可丽人"的面膜顾问也参与其中与试用者互动,交流面膜使用中的一些个性问题,让这些参与者感受到品牌的用心、专业及亲近,建立信任感。

第六,通过 QQ 群聚集。"可可丽人"把在活动中获奖的"粉丝"分期分批加入到面膜控 QQ 群中,既方便大家相互交流,同时也容易引导这些"粉丝"参与微博上的互动及反馈。每天 QQ 群中都会出现大量的有关面膜知识、使用技巧等方面的内容,在活跃"粉丝"的组织上起到了非常重要的作用,创造了互动的机会。

第七,鼓励用户反馈。这是整个体验活动中最精华的部分。连续 6 期活动中,"可可丽人"都设置了体验反馈的激励机制,两个月时间里,在微博上搜"可可丽人",就有 6000 多条面膜控们使用"可可丽人"产品的晒单反馈,博客中也积累了 130 多篇"粉丝"的反馈案例。

第八,给活跃"粉丝"各种推荐和荣誉。在活动中,对积极参与、积极反馈的面膜控"粉丝","可可丽人"会通过 QQ 群、微博、企业博客进行推荐,让这些"粉丝"感受到自己备受重视,感受到企业对她们的尊重。

就这样,"可可丽人"把体验营销当成一个系统来做,把产品用最平常却最有用的方法推了出去,收获了知名度。

(资料来源:《实战商业智慧》第 211 期,2012-08-06,编者有删改)

 点评: 让体验者最终都成为品牌推广大使

传统企业在微博上组织体验营销活动,绝不能像熊瞎子掰苞米,掰一个扔一个,而是应该学章鱼,尽量产生"章鱼效应"。大家都知道八爪章鱼,有 8 条感觉灵敏的触腕,表面看它在水面浮动,但是由身体派发出去的每只爪子,只要抓住一个固定物,它就会利用每条触腕上的 300 多个吸盘,稳定吸附在固定物上生存衍生,这就是"章鱼效应"。

"可可丽人"这次成功的体验活动,说明了微博上的体验营销是一个系统工程,它首先需要策划,表现新意,明确定位和目标;其次需要设计一系列环环紧扣的愉悦活动;其三还要不断地为聚集起来的"粉丝"创造互动分享的资源和条件,给她们提供舞台,让她们发出自己的声音,并制定激励方案,以此让体验者最终都成为品牌推广大使。

Web2.0 是继 Web1.0 单纯通过网络浏览器浏览 HTML 网页模式之后的新一代互联网提供的在线服务模式,其内容更丰富,关联性和工具性更强。Web1.0 的主要特点在于用户通过浏览器获取信息;Web2.0 则更注重用户的交互作用,用户既是网站内容的浏览者,也是网站内容的制造者。所谓网站内容的制造者,是说互联网上的每一个用户不再仅仅是互联网信息的读者,同时也成为互联网信息的作者。对于技术研究者而言,Web2.0 是 SNS、博客、RSS 等社会性软件的兴起;博客们则认为 Web2.0 是人与人之间更为便捷、更具个性的互动;在风险投资商眼中,Web2.0 又代表了新的商业机会和行业游戏规则。

在 Web2.0 时代,经典的营销模型正悄然发生改变,社会化网络营销正在兴起。企业网络营销服务的关键在于建立对消费者强大的"感知"能力,并且将线上与线下充分打通,实现互动方式上的创新。

社会化网络营销是博客、RSS、SNS等Web2.0应用的一个综合表现，其核心是注重与用户的交互作用，让用户既是营销信息的浏览者，同时也是营销信息内容的建设者。在Web2.0环境下，由于用户能够方便畅达地表达自己对所消费产品的意见，因此这些社会化网络媒体(包括博客、微博、社交网站、论坛、图片和视频分享、百科等)的内容先天具备再次推广产品的价值。基于Web2.0的社会化网络营销业务类型如图4-1所示。

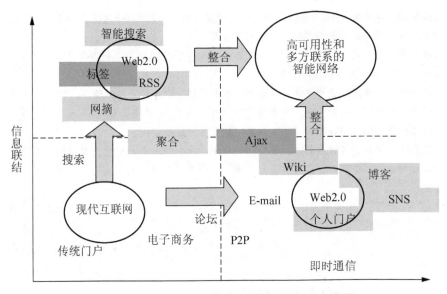

图4-1 基于Web2.0的社会化网络营销业务类型

Web2.0环境下社会化网络营销的核心竞争力是服务，通过让更多用户使用独特的、难以复制的数据而获得价值；同时把用户作为开发者，通过用户的"自服务"而获得集体智能，一般采用轻型用户界面以及商务模型服务于"长尾"。

4.1 博客营销

博客的全名应该是Web Log，后来缩写为Blog，也称网志。博客是一个易于使用的网站，可以在其中免费发布想法、迅速与他人交流以及从事其他活动。截至2013年12月底，我国博客和个人空间网民数量为4.37亿人，网民中博客和个人空间的使用率为70.7%。随着网络博客的广泛应用，博客营销服务受到了很大的关注。

4.1.1 博客营销的含义与特征

1. 博客营销的含义

从形式上看，博客营销是利用博客这种网络应用形式开展的网络营销服务，是企业或个人利用博客网络交互平台，发布并更新企业或个人的相关概况及信息，并且密切关注和及时回复平台上客户对于企业或个人的相关疑问以及咨询，帮助企业或个人零成本获得搜索引擎的较前排位,以达到宣传目的的网络营销服务手段。

从内容上看,博客营销是一种基于个人知识资源(包括思想、体验等表现形式)的网络信息传递形式。开展博客营销的基础问题是对某个领域知识的掌握、学习和有效利用,并通过对知识的传播达到营销信息传递的目的。

从渠道上看,博客营销是通过博客网站或博客论坛,利用博客作者个人的知识、兴趣和生活体验等传播商品信息的营销服务活动。

博客营销的本质在于通过原创专业化内容进行知识分享,建立起信任权威,形成个人品牌,进而影响读者的思维和购买。博客营销的本质是公关行为,可以简单概括为以网络信息传递形式表现个人思想、表现个人体验、分享个人知识资源。

2. 博客营销服务的基本特征

将博客应用于网络营销,有其自身的特点,归纳起来体现在以下几个方面。

(1) 博客营销以个人行为和观点为基础。营销导向的博客需要以良好的文字表达能力为基础,因此,企业的博客营销依赖于拥有较强的文字写作能力的营销人员。博客信息的主体是个人,博客在介绍个人的职务、工作经历、对某些热门话题的评论等信息的同时,对企业也有一定的宣传作用,尤其是在某领域有一定影响力的人物,所发布的文章更容易引起关注。通过个人博客文章内容可以提供给读者了解企业信息的机会,如公司最新产品的特点及其对该行业的影响等。

(2) 企业博客营销思想应与企业网站内容策略相结合。一般来说,企业网站的内容是相对严肃的企业简介和产品信息等,而博客文章内容题材和形式多样,因而更容易受到用户的欢迎。通过在企业网站上增加博客内容,博客人员(Blogger)从不同层面介绍与企业业务相关的问题,为用户提供更多的信息资源,在增加顾客关系和顾客忠诚方面具有一定价值,尤其对于拥有众多用户消费群体的企业网站,如化妆品、服装、运动健身、金融保险等领域更加有效,因此企业的博客营销思想有必要与企业网站内容策略相结合。

(3) 持续的创作热情与合适的博客环境是博客营销良性发展的必要条件。一个企业偶尔发表几篇博客文章很难实现博客营销长久的价值,利用多种渠道发布尽可能多的企业信息,并坚持长期利用才能发挥其应有的作用。一些博客网站虽然注册的博客用户数量很多,但真正能坚持每天(或者一定周期)发表文章的并不多。事实上并非每个人都是思想家,不可能每天都会有源源不断的新观点,因此一些博客在注册之后可能很久没有新文章发表,甚至浅尝辄止,这样当然就发挥不了传递企业营销信息的作用。如何促使企业的博客人员有持续的创造力和写作热情,也是博客营销策略中必须考虑的问题。利用博客营销的企业有必要创造合适的博客环境,并引入适当的激励机制。合适的博客环境是博客营销良性发展的必要条件,有利于激发作者的写作热情,并将个人兴趣与工作相结合,让博客文章成为工作内容的延伸,鼓励作者在正常工作之外的个人活动中坚持发布有益于公司的博客文章,这样经过一段时间的积累,将会有比较丰富的信息,企业在网上的记录多了,被用户发现的机会也会大大增加。因此,利用博客进行企业营销信息传播需要一个长期的、日积月累的过程。

(4) 博客营销必须正确处理个人观点与企业立场的关系问题。虽然网络营销活动是属于企业的,但从事博客写作的却是个人,这就存在一个问题:如何处理个人观点与企业营销策略之间的协调问题？如果所有的文章都代表公司的官方观点，类似于企业新闻或者公关文章，那么博客文章显然失去了个性特色，这样也很难获得读者的关注，从而失去了信息传播的意义。同时还要考虑的问题是，如果博客文章中只是代表个人观点，一旦与公司立场不一致会不会受到公司的制约？对此，Jupiter研究公司的副总裁盖丁伯格建议，企业应该培养一些有思想和表现欲的员工进行写作，文章写完以后首先在企业内部进行传阅测试，然后再发布到一些博客社区中。同时，盖丁伯格还建议作者不要忘记所写的东西是代表企业，不能泄露公司机密信息。但是，企业内部复杂的信息发布审查程序往往会降低博客写作者的积极性，甚至为了尽可能减少麻烦而难以表达真正引起用户关注的信息，从而影响了博客营销的效果。

（5）博客营销具有互动性。博客是一种媒介形式，其互动的特点有别于报纸、电影、电视、广播、广告等传统媒介。博客的互动性体现在以下几点：①博客具有评论系统，也可以称为跟帖、回复系统；②博客具有链接系统，包括好友或友情链接、最近访客等；③博客具有即时通信系统，如邮件发送、即时通信工具等；④博客具有博客圈系统，像博客群系统一样，保证了博主和博友之间的交流。通过礼貌回复、查看对方的资料及其与其他人互动的内容等互动方式，先将"过客"变"朋友"，再通过讨论业务等互动方式将"朋友"变"合作者"，建立新关系，发掘新机会，激发新点子。

（6）博客营销方式或工具不拘一格。博客最初出现的时候，许多人都认为不过是一种营销方式或者工具。但在实践过程中发现，博客营销是在"寻找"：它寻找消费者、寻找中间商、寻找供应商、寻找设计师、寻找策划师、寻找职业经理人……它以企业产品、企业文化、企业的价值观，寻找一切可以合作的人。不拘一格就是采取第三方博客或者以外包的形式，使企业相关营销信息尽可能地快速传播出去。

4.1.2 博客营销的价值

博客作为一种营销工具，发挥的是网络营销信息传递的作用。博客的网络营销价值主要体现在企业市场营销人员可以用更加自主、灵活、有效、低投入的方式发布企业营销信息，可以直接带来潜在用户、降低宣传推广费用、为用户通过搜索引擎获取信息提供机会、可以方便地增加企业网站的链接数量、以更低的成本对消费者行为进行研究分析、让营销人员从被动的媒体依赖转向自主发布信息等都是博客营销的典型体现。

博客营销具有细分程度高、定向准确、互动传播性强、信任程度高、口碑效应好、影响力大、能引导网络舆论潮流、能与搜索引擎营销无缝对接以及整合效果好等优势，在网络营销领域发挥着越来越重要的作用。博客营销给企业带来的价值主要体现在以下方面：

1. 博客因其更容易贴近用户而给企业直接带来潜在客户

博客先天的优势就是用户对博客有一种信任感。由于博客具有良好的互动性，且信息更新速度快，用户可以方便地在博客中相互访问、交流，能牢牢地吸引感兴趣的群体不断参与其中。直接将博客内容发布在博客托管网站上，如博客网属下的网站www.Blogger.com、谷歌属下的网站blogger等，这些网站往往拥有大量的用户群体，有价值的博客内容会吸引大量潜在用户浏览，从而达到向潜在用户传递营销信息的目的。用这种方式开展网络营销，是博客营销的基本形式，也是博客营销最直接的价值表现。

通过博客，企业可以把自己的观点、经营思想、知识等信息与网络消费者互动，达到"先卖思想，后卖产品"的至高境界。

2. 博客营销的价值体现在降低网站推广费用方面

网站推广是企业网络营销服务工作的基本内容，大量的企业网站建成之后缺乏有效的推广措施，因而网站访问量过低，降低了网站的实际价值。通过博客的方式，在博客内容中适当加入企业网站的信息（如某项热门产品的链接、在线优惠券下载网址链接等）达到网站推广的目的。"博客推广"是一种低成本网站推广方法，降低了一般付费推广的费用，可以在不增加网站推广费用的情况下，提升网站访问量。

3. 博客文章内容为用户通过搜索引擎获取信息提供了机会

多渠道信息传递是网络营销取得成效的保证。通过博客文章，可以增加用户通过搜索引擎发现企业信息的机会，增加其搜索引擎可见性，从而达到利用搜索引擎推广网站的目的。一般来说，访问量较大的博客网站比一般企业网站的搜索引擎友好性要好，用户可以比较方便地通过搜索引擎发现这些企业的博客内容。

所谓搜索引擎的可见性，也就是让尽可能多的网页被主要搜索引擎收录，并且当用户利用相关的关键词检索时，这些网页出现的位置和摘要信息更容易引起用户的注意，从而达到利用搜索引擎推广网站的目的。

4. 博客文章可以方便地增加企业网站的链接数量

获得其他相关网站的链接是一种常用的网站推广方式，但是当一个企业网站知名度不高且访问量较低时，往往很难找到有价值的网站给自己链接，通过在博客文章中为本公司的网站做链接则是顺理成章的事情。拥有博客文章发布的资格，可以增加网站链接的主动性和灵活性，这样不仅可能为网站带来新的访问量，也可增加网站在搜索引擎排名中的优势。

5. 博客可以实现以更低的成本对读者行为进行研究

当博客内容比较受欢迎时，博客网站也成为与用户交流的场所，有什么问题可以在博客文章中提出，读者可以发表评论，从而可以了解读者对博客文章内容的看法，博客文章的作者也可以回复读者的评论。当然，也可以在博客文章中设置在线调查表的链接，便于有兴趣的读者参与调查，这样扩大了网站上在线调查表的投放范围，同时还可以直接就调查中的问题与读者进行交流，使在线调查更有交互性，其结果是提高了在线调查的效果，也就意味着降低了调查研究费用。

6. 博客是建立权威网站品牌效应的理想途径之一

个人建立自己的博客，如果能坚持不懈地写下去，所营造的信息资源将会带来可观的访问量。在这些信息资源中，也包括所收集的各种有价值的文章、网站链接、实用工具等，这些资源可以为持续不断地写出更多的博客文章提供很好的帮助，形成良性循环。这种资源的积累实际上并不需要多少投入，但其回报却是可观的。对企业博客也是同样的道理，只要坚持对某一领域的深度研究，并加强与用户的多层面交流，便可获得用户的品牌认可和忠诚。

7. 博客让营销人员从被动的媒体依赖转向自主发布信息

在传统的营销模式下,企业往往需要依赖媒体来发布企业信息,不仅受到较大局限,而且费用相对较高。博客的出现,对市场人员营销观念和营销方式带来了重大转变,博客赋予每个企业、每个人自由发布信息的权力,如何有效地利用这一权力为企业营销战略服务,则取决于市场人员的知识背景和对博客营销的应用能力等因素。当营销人员拥有自己的博客园地之后,就可以随时发布所有自己希望发布的信息,只要这些信息没有违反国家法律,并且信息对用户是有价值的。

8. 促进品牌推广并减少广告费用

在品牌推广方面,博客往往能够达到"润物细无声"的效果,通常拟人化或拟物化的切入点更容易引起读者的共鸣。广告主不需要频繁在博客中投放广告,由于博客更容易受到搜索引擎的青睐,广告主在投放广告时更容易被搜索引擎收录。

9. 便于与读者互动,降低策划成本

很多企业在推出产品初期需要收集大量的观点和意见并进行分析,而通过阅读别人博客言论不仅可以扩大调查范围,还可以与用户进行交流,降低策划成本。

4.1.3 博客营销的常用形式

博客营销的表现形式多种多样,从功能方面看现阶段主要以博客广告的形式实现网络营销服务。博客广告是一种付费的网站广告形式,即将博客网站作为网络广告媒体在博客网站上投放广告,利用博客内容互动性的特性获得用户的关注。尽管博客广告目前的应用还不够成熟,一些行业对博客广告的价值还持观望态度,但一些技术含量高、用户需要获取多方面信息才能做出购买决策的行业在博客广告方面已经做出了成功尝试,这些行业包括IT产品、汽车和房地产业等。

博客营销从目前的应用途径来看大致可分为两大类:第一类是通过自行建立的博客进行营销活动,包括企业和个人自建的博客,如戴尔直通车、Google 黑板报、沃尔玛 Check Out 、联想 Voices of the Olympic Games 等企业自建博客,由企业雇员(包括老板)维护更新,直接向用户营销产品或服务;第二类是通过第三方博客媒体进行产品或服务的营销,包括第三方企业博客平台、第三方 BSP(博客托管服务商)公共博客平台、博客营销外包模式等,这些博客媒体一般都相对独立,如惠普通过 Feedsky 中介营销平台挑选出一批具有一定话语权的博客就属于此类。

1. 自建博客营销模式

(1) 企业网站自建博客频道。这种模式已经成为大型企业博客营销的主流方式。许多大型网站都已推出自己的博客频道,通过博客频道的建设,鼓励公司内部有写作能力的人员发布博客文章,可以达到多方面的效果。对企业外部,可以达到增加网站访问量、获得更多潜在用户的目的,对推广企业品牌、增进顾客认知、听取用户意见等方面均可以发挥积极作用;对企业内部而言,可以提高员工对企业品牌和市场活动的参与意识,增进员工之间以及员工与企业领导之间的交流,丰富企业的知识资源。

(2) 个人独立博客网站模式。作为独立的个体,除了以企业网站博客频道、第三方博客平台等方式发布博客文章之外,以个人名义用独立博客网站的方式发布博客文章也很普遍。由于个人拥有对博客网站完整的自主管理维护权利,因此个人可以充分地发挥积极性,在博客中展示更多个性化的内容。同一企业多个员工个人博客之间的互相链接关系也可以有助于每个个人博客的推广,多个博客与企业网站的链接对于企业网站的推广也有一定价值。

2. 第三方博客媒体营销服务模式

(1) 第三方企业博客平台模式。这种模式的博客营销是建立在第三方企业博客平台上,主要区别在于这种企业博客平台不同于公共博客以个人用户为主,而是专门针对企业博客需求特点提供的专业化的博客托管服务。使得各个员工的博客之间形成一个互相关联的博客群,有利于互相推广以及发挥群体优势。但该模式存在对提供这种服务的平台功能、品牌、服务、用户数量等依赖性较高,企业网站与企业博客之间的关系不够紧密,员工博客的访问量难以与企业网站相整合等问题,因而对企业的知识资源积累所发挥的综合作用有限。

(2) 第三方 BSP 公共平台模式。利用 BSP 提供的第三方博客平台发布博客文章,是最简单的博客营销方式之一,在体验博客营销的初期常被采用。第三方公共平台博客营销的好处在于操作简单,不需要维护成本。但该模式提供的博客服务通常作为个人交流的工具,对企业应用有一定限制。当然 BSP 也可以提供对企业的博客服务,如博客网的企业博客网站专门为企业发布信息,为不同行业、不同规模的企业提供了博客营销的捷径。

(3) 博客营销外包模式。由第三方专业机构提供博客营销服务。在可口可乐的博客营销案中,博客营销成为一种由第三方专业机构人员提供的服务,实际上属于企业博客营销工作的外包模式。这种外包模式的优点是,企业无须在博客营销方面投入过多的人力,无须维护博客网站或频道,相应地也降低了企业博客管理的复杂性。不过博客营销外包模式的缺点也很突出,往往具有阶段性的特征,在实际应用中具有一定限制。

4.1.4 企业博客写作原则与技巧

1. 企业博客写作原则

(1) 遵循基本写作法则。写作的基本法则是一定的,博客文章虽然不需要拘泥于传统的出版形式,但为了让读者能够轻松阅读,还是应遵循汉字拼写法则和基本语法。

(2) 内容简明扼要。博客写作虽然不需要考虑文章篇幅限制,但读者的时间是宝贵的,如果不直接说出自己的观点,读者可能不会耐心地看完博客。

(3) 兼具新闻和实用价值。博客文章需要具有新闻价值、趣味和幽默,一些博客没有注意这些,往往导致博客营销效果不理想;同时,博客内容"有用"是最重要的,人们订阅或者经常看企业博客的主要原因,是企业博客的内容对其日常工作和生活有用。

(4) 便于浏览和链接。人们往往订阅了大量的博客却没有时间每天全部细读,所以博客文章需要让读者能快速浏览抓住主旨,通常使文章便于快速浏览的最好方法是将主要观点列表。另外，应尽量为读者提供优秀的链接，让其他博客文章为之提供知识背景，让读者通过链接继续深入阅读。

（5）标题引人并做好编辑。标题需要简练、具有吸引力，并且与文章内容相符；博客发布前应该认真地逐字、逐句校对，满篇错别字、排版不工整是很令人厌恶的事。

（6）用第一人称。在一般的出版物中，惯例是作者保持中立；但博客不同，越表达出自己的观点越好，这也是博客写作与其他写作的最大区别。

此外，写作博客还需遵循更新适度、真实诚信的原则，同时应适当关注一些优秀博客，看看其哪些地方做得好，坚持不懈地学习，不断提高博客写作水平。

2. 企业博客写作技巧

企业博客写作有一定的技巧可以遵循。企业博客文章与个人博客虽然表达的都是个人观点，但侧重点有所不同，表达方式也有一定差异。对于一般企业而言，营销人员应该具备利用博客传播个人思想的能力，掌握一些博客写作技巧，能有效地发挥博客营销的价值。

1) 合理利用博客话语权

在传统公关模式下，很多企业通常都有明确的新闻发布规定，除了指定的新闻发布人员之外，一般人员不能通过公众渠道公开发布个人观点。因此在传统企业中，一般员工是没有话语权的，虽然个人也可以通过论坛、博客网站等发布信息，但通常要避免公开自己的身份，以笔名发布信息较为普遍。在互联网企业，尤其是在Web2.0时代，每个人都应该有表达自己观点的权力和机会，这是与传统企业管理模式的重要区别。

（1）个人观点与企业立场的区别。博客营销是一种基于个人知识资源（包括思想、体验等表现形式）的网络信息传递形式，虽然企业博客的目的是为了企业与用户的交流，但企业博客是通过员工的个人文章表现出来的，由于通过公司博客频道表达的是个人观点，因此任何人的博客文章都不能代表公司的官方立场。但是作为向读者传递信息的方式，读者会将个人观点与公司立场联系在一起，并且会从个人博客文章去推测甚至臆断企业的行为。因此，员工在企业博客文章写作时，应尽可能避免对容易引起公众关注的本企业的热点问题进行评论，如果实在要涉及这类问题，有必要在文章中声明仅属于个人观点，不代表公司行为。

（2）博客文章的保密问题。个人博客文章对公司经营管理另一可能的影响，是对公司机密信息的泄露问题。发布个人观点应有高度的保密意识，不是什么信息都可以随便公开发布的。一般来说，公司内部所有规范文档、客户资料、核心技术、项目开发计划、研究报告、技术资料等均属于核心机密，无论是否明确标明"机密"标识。此外，根据常识判断，其他如果公开后可能对公司造成不利影响的信息也有必要考虑保密问题。

2) 正确处理个人博客内容与企业营销策略之间的关系

企业博客频道是企业网络营销策略的一部分，但并不是每篇博客文章都要宣传企业文化、推广产品或者其他直接关系到企业营销活动的内容。如果一个企业的博客频道成了企业的又一个市场部或公关部，那么也就失去了博客的真正意义。

企业博客文章是员工个人发表的，依赖于员工的个人知识。个人博客文章与企业营销策略之间存在必然联系，但是具体到某个员工个人而言，并不能做到对每篇博客文章都考虑是否对企业营销活动发挥作用，实际上也没有这样做的必要。当发布一篇博客文章时，所需要考虑的仅仅是"这些内容对读者可能有价值吗？"网络营销博客一般不主张把个人博客文章写作局限于企业营销活动的需要。企业博客营销是一个日积月累、潜移默化的过程，当企业博客频道积累大量有价值的信息之后，这些内容对于潜在用户就会产生良好的营销效果。

3) 链接是博客营销的桥梁

博客文章主要通过互联网传播，超级链接是其一大特色。实际上，合理的超级链接也是博客文章与博客营销的桥梁。为了提供更丰富的信息，博客文章应适当链接涉及的相关内容的来源。虽然这样的链接本身并不是为了产品推广，但客观上可收到这种效果。因此可以说，在一定程度上，这种相关的超级链接发挥了企业博客文章与博客营销之间的桥梁作用。

4) 企业博客写作的分享与交流

企业博客是为了表达思想，与用户分享或交流某一领域的知识和信息，因此分享与交流是博客文章写作的基本出发点之一。若不与他人分享，也就无法写出受人欢迎的博客文章。

（1）企业博文分享。博客文章写作，首先需要一个开放的心态，愿意将自己获取的信息以及个人见解与他人分享，其中甚至包括博客作者不希望看到这些信息的人（如竞争对手）。因此，在写作博客文章时，不必过于考虑自己眼前的得失。

（2）企业博客写作交流。与业内人士进行切磋与交流，也是博客文章选题和写作的较好方法。不仅要自己写作和发布博客文章，也要经常关注同行和业内人士的观点，这样既可以扩大自己的知识面，又能获得更多的博客写作素材。

（3）了解用户的反馈。与读者分享与交流，也决定了企业博客文章在发布之后还需要了解用户的反馈，对于用户的咨询有必要做出回复。一篇受用户欢迎的博客文章，可以在很长时间内发挥其影响，这是一般的企业新闻所不具备的优点之一。

5) 博客文章的内容选择

博客的直接意思是"网络日志"，但作为企业博客文章显然不能只是工作流水账，而要体现在某一领域的思想，因此博客文章的内容取材在很大程度上受到工作环境的制约。如果整天接触不到业内最新的思想信息，仅凭埋头苦想是无法写出有价值的文章来的。

（1）关注外部信息资源，尤其是国内外最新研究动向。博客文章写作不是闭门造车，实际上如果没有外部信息的启发，仅凭自己苦思苦想很难写出有价值的文章。因此，要多关注与自身工作相关的外部信息资源，例如利用 RSS 订阅服务获取信息。

（2）某一领域个人观点/思想的连续反映。专注于某个领域的工作，如企业网站建设、搜索引擎关键词广告，或者外贸出口等，对某一领域进行深度跟踪研究，作为系列文章写作的方式，可以发掘源源不断的写作素材；或在某个阶段还可以进行适当的总结，通过早期的观点和内容，延伸出新的内容。当博客写作达到一定程度可能会发现，原来值得写并且可以写好的内容太多了。

（3）用另一种方式展示企业的新闻和公关内容，否则就失去了博客的真正意义。博客文章不要发布企业新闻和公关文章，并不是说就不能涉及这类问题。在博客文章中对公司进行一定的宣传是有必要的，也是合理的，但完全可以用另一种方式来表达。例如，要宣传某产品，可以引用与客户的谈话或者某业内人士的观点等第三方的语言来表达。

（4）产品知识、用户关心的问题等。作为企业工作人员，对本公司产品的理解会比一般用户更系统，尤其对于知识型产品和技术含量高的产品，用户需要了解各个方面的产品信息，在企业网站的在线帮助栏目中很可能找不到这些内容。如果自己对某些方面有深入体会，不妨与顾客分享自己的体会，在与用户交流的过程中，潜移默化地向用户传递产品信息，对用户的购买决策会有很大的帮助，也有助于建立顾客信任。

（5）公司文化传播。企业文化的内涵很广，博客本身也是企业文化的一种表现，企业的各种公开活动、内部培训等都可以理解为企业文化的不同表现形式。对于企业文化相关的话题，可以直接写在博客文章中，让更多的潜在顾客通过点点滴滴的企业文化来了解一个公司的品牌，从而进一步了解和接受其产品和服务，这也是博客营销最有魅力之处。

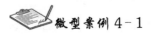
微型案例 4-1

新竞争力网络营销"成长的快乐"活动

新竞争力网络营销管理顾问每星期五下午有一个小时的交流活动，叫作"成长的快乐"，这是新竞争力企业文化的一种体现。大家在轻松的环境中一起交流自己最近看到的、听到的、想到的有趣的或者无奈的事情，以轻松的方式总结对某些问题的观点和认识，这些内容作为博客文章公开发表，与更多的潜在顾客分享，是挺有意义的。新竞争力网络营销管理顾问之所以有能力开设自己的企业博客频道，是由于积累了大量的知识资源，并且每天都在接触行业最新资讯，每天又有大量的客户咨询，所以具备企业博客营销的基础条件。

（资料来源：http://www.jingzhengli.cn，作者有删改）

每个公司都可能有自己独特的资源，如某市场人员经常在媒体发表文章，接受媒体采访，参加行业会议等，这些都可以作为企业博客文章的话题。当然作为知识营销的一种形式，并不是每个企业都有能力建立博客频道并开展博客营销服务，如果没有一定的知识资源，那么自然也就没有写作博客的资本了。如果一个企业没有合适的博客环境，那么也将会为开展博客营销带来较大困难。

（6）专业而不枯燥。博客营销文章让人喜欢看是非常重要的，要有一定的专业水平或行内知识，以及一定的趣味性。因为很难想象一个不懂得自己产品、没有产品专业知识的人能做好销售工作。营销博客不能什么都写，要围绕自己的产品来布局博客文章，要从不同的文章题材中体现专业知识，但同时也要注意内容不能太枯燥。

（7）巧妙的广而告之。很多博主简单地认为博客营销就是利用博客来做广告，让更多人了解自己的产品，于是干巴巴地写些广告语在博客里，没人看就去别人的博客到处留下自己的广告，要是还没作用，就到论坛上去发，结果劳而无功还令人反感。还有的人把博客营销文章写成产品说明书或产品资料，这些做法都不妥当。

博客文章重在给予和分享，博客营销文章真正能起到营销作用的核心在于文章能给读者或客户一定的实惠。因此，营销博客要保证每篇博文带来应有的信息量，除了要有知识含量和趣味性外，还要有经验的分享，让客户每次来看博客都有所收获，这也是黏住客户最好的方法。

4.1.5 典型案例：Feedsky 的 HP DV3000 博客推广服务

当越来越多的企业逐渐对单纯的承诺 PV（网页浏览量）产生的传播效果怀疑的时候，博客营销以自身独特的存在形态优势和传播效果优势脱颖而出，创造了越来越多的网络营销成功案例，HP DV3000 所作的博客营销就是其中之一。惠普通过 RSS 服务提供商 Feedsky.com 在国内博客圈进行了一场博客营销（Blog Marketing）活动，营销对象是惠普刚推出的一款笔记本电脑——HP Pavilion DV3000。从笔记本的发布，到后面的营销推广，一直有博客在背后推动，可以说是目前国内品牌和博客结合得最紧密的营销活动。

1. HP DV3000 博客营销的网络推广过程

HP DV3000 博客营销的网络推广过程可以分为以下五步：

第一步：HP DV3000 产品发布会，邀请领袖级博客现场同步直播。在发布会产品同步直播中，邀请到了 IT 圈中最有影响力的几个博客，而且加入了 Twitter 和 Flickr 这些相对"窄众"，但是在 IT 圈中很有影响力也几乎是只在 IT 圈子里流行的 Socail Network 产品的运用。不但借助名人博客自身的影响力一炮打响 HP DV3000 在 IT 圈群中的知名度，还依靠一些 IT 圈群专属的沟通交流工具提升了目标受众对 HP DV3000 的产品好感和惠普品牌好感。

第二步：邀请 IT 界领袖博客进行 HP DV3000 测评及讨论。在推广中以邀请的方式，请 IT 圈中极有影响力的博客撰写文章，但是内容引申到了产品性能方面的讨论。在第一步的网络推广中，HP DV3000 已经在 IT 圈群内拥有了一定的知名度。当大家纷纷对这款产品产生好奇之际，几位"重量级"人士又展开了对 HP DV3000 性能的详细评论。以"点"引发，从"点"串联成"线"，通过前两步的推广，HP DV3000 在 IT 圈群中已经完成了基本的产品信息告知和产品性能解析。

第三步：网络推广。面向用户展开一个形式新颖的博客接龙活动"我的数码混搭生活博客接龙大赛"，这是本次博客营销所有步骤中最成功的一步。"博客接龙大赛"这个名词听起来就颇有吸引力，而且门槛极低——只是简单的填写 3 个自己喜欢的产品名称和理由就可以了。推广方式也很值得以后的博客营销学习——Widget 的运用。Widget 是个很神奇的东西，许多博客都喜欢使用，它建立了独立博客与某一个平台之间的联系，使用 Widget 的博主会获得一定的利益——功能方面的、赢利方面的、推广方面的等；而对于提供 Widget 的平台来说，无异于拥有了无数个推广的终端（使用其的博客）。"低门槛"是刺激参与性的一个有效的方式；Widget 的运用让 HP DV3000 拥有了无限延展的传播平台；而"我的数码混搭生活"这个接龙主题，让此次博客营销跨出了 IT 圈，让所有拥有博客的人都有了参与的可能——由"线"（IT 垂直圈群）到"面"。

第四步：HP DV3000"我的数码混搭生活视频大赛"的博客辅助宣传，邀请若干名博客对视频大赛进行辅助推广。网络推广多少有些随意，不过既然前三步已经为 HP DV3000 建立了良好的推广基础，只是作为一个视频大赛补充推广的博客评论行为，自然也就不需要费力地邀请和推广了。博客营销的原始"推动力"已经形成，邀请变成了自愿参与，博客营销的话题效应也就因此而显现了。

第五步：邀请几个营销评论博客对整个大赛做网络营销角度的评论，以"营销评论"

的名义，将本次活动的影响进一步扩大。

活动结束后，惠普公司写了一个活动总结，同时邀请了4个营销型评论博客的代表就此活动发表看法。

整个过程简而言之就是：一个具有传播价值的话题（混搭），在有一定用户基数的平台（Twitter、Flickr、Feedsky、优酷网）上，由一群博客（话语权）引导着，在主办方奖励（惠普提供的笔记本及评论佣金）的"诱惑"下，形成了一个大的传播链条，并以"滚雪球"的方式影响更多人，引爆传播。

2. 案例评析

纵观整个博客推广流程，这是一个充满了新意和亮点的、推广思路和推广目标都极清晰的成功策划：五个推广步骤环环相扣，传播影响范围由小及大，每一个阶段的博客选择也非常有计划性和针对性（从点、到线、到面，再跨越到另一个领域）。

整个网络营销首先瞄准的是 IT 圈这个互联网上最活跃、博客营销最容易起步、最适合 IT 产品做网络推广的圈子，应该说 HP DV3000 最核心的目标受众也就是这个圈子。

这次营销活动的成功，话语权是最基本的前提。其次一个很重要的地方就在于 Feedsky 平台下积累了一批很不错的博客资源，而 Feedsky 作为活动的直接操作者，对于活动节奏的把握也很到位。但在一些细节的控制和引导方面，还存在一些改进空间。

总体来说，HP DV3000 的博客营销从策划到执行都做得非常成功，从中可以得到如下启示：①精准的目标群体分析；②对博客的精确选择；③网络推广步骤的循序渐进；④针对不同人群的不同传播主题。此外，选择好的沟通工具和沟通方式也能为网络营销起到促进作用。

4.2 微博营销

微博作为一种营销工具，不仅成本低，而且能第一时间收到客户的反馈，能够和客户进行平等的沟通与交流，对塑造品牌和促成销售都有直接的帮助。在人员有限、预算有限的情况下，微博更适合中小企业品牌的推广。

4.2.1 微博营销的概念

1. 微博营销的含义

微博营销是指借助微博平台进行的包括品牌推广、活动策划、个人形象包装、产品宣传等一系列的营销活动。微博营销以微博作为营销平台，每一个听众（"粉丝"）都是潜在营销对象，每个企业都可以在新浪、网易等平台注册一个微博，然后通过更新自己的微博向网友传播企业或产品的信息。企业微博每天更新的内容其实就是在与用户交流，通过用户感兴趣的话题，在潜移默化中达到营销目的，这样的方式就是所谓的微博营销。

微博营销成功的基础条件：拥有一个微博号、定期更新微博内容、所述内容能引起兴趣。当然，微博营销的成功并不仅仅取决于这3个方面，还会受到其他因素的影响。

2. 微博营销与博客营销的区别

相对于博客的"被动"关注,微博的关注则更为"主动"。从这个角度上来说,微博对于商业推广、品牌效应的传播更有价值。微博营销与博客营销的本质区别,可以从3个方面进行比较,如表4-1所示。

表4-1 微博营销和博客营销的本质区别

差异性	微 博	博 客
信息源表现形式的差异	微博内容短小精练,重点在于表达现在发生了什么有趣(有价值)的事情,而不是系统的、严谨的企业新闻或产品介绍	博客营销以博客文章(信息源)的价值为基础,并且以个人观点表述为主要模式,每篇博客文章表现为独立的一个网页,因此对内容的数量和质量有一定要求,这也是博客营销的瓶颈之一
信息传播模式的差异	微博注重时效性,同时,微博的传播渠道除了相互关注的好友("粉丝")直接浏览之外,还可通过好友的转发向更多的人群传播,是一个快速传播简短信息的方式	博客营销除了用户直接进入网站或者RSS订阅浏览之外,往往还可以通过搜索引擎搜索获得持续的浏览,博客对时效性要求不高的特点决定了博客可以获得多个渠道用户的长期关注
用户获取信息的差异	用户可以利用电脑、手机等多种终端方便地获取微博信息,发挥了"碎片时间资源集合"的价值	对于博客信息,用户也可以利用电脑和手机获取信息,但是其信息获取远不如微博方便、快捷

将以上差异归纳起来可以看出:博客营销以信息源的价值为核心,主要体现信息本身的价值;微博营销以信息源的发布者为核心,体现了人的核心地位,但某个具体的人在社会网络中的地位,又取决于其朋友圈子对其言论的关注程度,以及朋友圈子的影响力(即群体网络资源)。因此,可以简单地认为微博营销服务与博客营销服务的区别在于:博客营销可以依靠个人的力量,而微博营销则要依赖于社会网络资源。

4.2.2 微博营销的特点

微博分为个人微博和企业微博,相应地微博营销也分为个人微博营销和企业微博营销。作为一个基于用户关系的信息分享、传播、获取平台,微博具有信息传递快、保真性强的特点,许多企业、机构、网站等组织纷纷开通微博,作为企业发布官方信息和与网民交流互动的平台。微博营销服务也在实际应用中不断发展,逐步形成了其注重服务而非简单促销,注重与客户的互动与情感交流而不是直接单向地广告灌输等特点。

1. 微博营销的基本特征

微博营销最大的特点就是集成化和开放化,用户可以通过手机、IM 软件(如 Gtalk、MSN、QQ、Skype)和外部 API 接口等途径向其微博客发布消息。

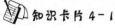
知识卡片 4-1

API 接口:即应用程序接口(Application Program Interface),是一组定义、程序及协议的集合,通过

API接口实现计算机软件之间的相互通信。API的一个主要功能是提供通用功能集，程序员通过调用API函数对应用程序进行开发，可以减轻编程任务。API同时也是一种中间件，为各种不同平台提供数据共享。

微博营销的基本特征可归纳为以下几个方面。

（1）营销信息表现形式多样性。从信息源表现形式的差异来看，微博营销信息具有多样化的特点，常常一句话、一张图片、一段视频就能传递大量的营销信息。因此，企业在进行微博营销时可以借助多媒体技术手段，在手机等多种平台上发布信息，用文字、图片、视频等一种或多种形式对产品进行描述，使潜在消费者更形象直接地接收信息。

（2）高速传播。微博最显著特征之一是其传播迅速。一条关注度较高的微博在互联网及与之相关的手机平台上发出后，短时间内通过互动性转发就可以抵达微博世界的每一个角落，达到短时间内最多的目击人数。

（3）便捷性。从获取信息的角度看，用户可以利用电脑、手机等多种终端方便地获取微博信息；从发布信息的角度看，微博营销优于传统的广告行业，发布信息的主题无须经过反复的行政审批，从而节约了大量的时间和成本。

（4）广泛性。微博营销的广泛性是指微博营销影响群体十分广泛。因为通过粉丝关注的形式进行病毒式的传播，影响面非常广泛；同时，品牌效应或名人效应能够使事件的传播量呈几何级放大。

（5）见效快。微博营销是投资少见效快的一种新型的网络营销模式，可以在短期内获得最大的收益。同时，微博内容言简意赅，通常最长的微博不会超过140个字，营销直接进入核心。微博快餐式的阅读，也让核心营销信息能迅速引起用户关注。

（6）主动性。微博营销是一种主动式营销，这也是微博营销和其他方式营销的明显区别之处。传统营销（如电视媒体、平面媒体等）都是通过广告手段，硬性地将产品推广到喜欢或者不喜欢的用户，其广告产生的流量转化率往往不尽如人意；而微博营销则是通过发布能引起用户兴趣的微博，让用户（"粉丝"）主动地转载宣传。一个好的微博内容，其被转载速度是惊人的，营销效果非常强大。

微型案例4-2

招商银行微博拥有2.4万人的粉丝圈，而这些粉丝又各有不同的圈子，通过转发使微博信息层层扩散，影响人群可达几十万甚至百万级别。

（7）互动性。微博上有许多信息是在传统媒体上看不到的，而公众对公共话题天生有一种关注心态，因而更容易形成互动。微博营销口碑互动优势明显，可以提高产品销量。例如，海尔曾首先在新浪上打开了营销战，但因缺乏互动导致效果很不理想。所以，微博营销还有一个重要的条件就是要多与粉丝或被关注的人互动，那样才能更有效地进行微博营销。

2. 微博营销的优势分析

国内微博网站的主要优势在于支持中文，并与国内移动通信服务商绑定，用户可以通过无线和有线渠道发布或更新个人微博，如微博用户可以通过手机以及短彩信随时随地发布信息。企业的微博营销是利用微博平台，宣传企业文化理念、促销产品、提供服务、收集市场信息、与消费者深入互动，进而不断扩大品牌影响力，获得低成本高传播的理想效果。微博与短信的传播方式不同，短信传播方式是"One To One"，而微博则是"One To N To N"。与短信相比，微博的传播速度更快，关注的人更多，时效性也更强，资费却比短信更低廉。微博营销服务的优势具体表现在以下方面：

（1）微博信息成本低廉。与传统广告动辄上千万的费用相比，利用微博传播信息的成本可谓非常低廉。首先，信息发布成本低。企业要更新微博，新浪、腾讯等微博平台均不收费用，如果用手机发布，则只需支付由运营商收取的标准短信或彩信费用。其次，信息搜索成本低。如果有人对某微博感兴趣，只需添加"关注"，就可以成为此微博的粉丝，相当于订阅了此微博的信息，此后微博每次更新的信息均会自动出现在粉丝的页面上；同时，微博还提供了搜索功能，可以通过关键词快速查找相关信息，对大量信息碎片进行深度发掘和整合。最后，信息传播的成本低。粉丝可以通过"转发"实现信息病毒式传播，真正实现"一呼天下应"的宣传效果。

（2）微博信息传播精准度高。微博用户只有在对企业感兴趣的情况下才会去关注企业微博，因而企业微博的粉丝都是企业的目标受众，其信息传播具有很高的精准度，企业可提供针对性的信息及相关服务。微博信息传播精准度的提高，将为企业提供更大的营销便利。

微型案例 4-3

诺基亚、摩托罗拉、三星微博直观、便捷、高效的传播使其大受企业青睐。LG 等手机品牌均在自己的官方微博上及时发布企业最新动态，包括新产品、新应用、常用机型的使用方法及升级、下载等相关内容，还有各种有趣的主题及图片等。2010 年 4 月，诺基亚首次通过微博进行手机产品的全球首发仪式，通过其新浪微博发布两款手机。为进一步提高精准度，微博平台还可以融合位置服务。例如，Twitter 网站推出用户地址位置共享服务，能够显示发送者上传信息的地理位置。

（3）微博营销信息实时性强。微博的实时搜索结果可融入搜索引擎，从而增加用户的实时体验。任何人、任何企业或机构都可以第一时间在微博上发布、传递和评论信息，使企业与目标受众之间可以实现更直接的沟通。实时性强有利于企业对目标受众进行认知管理和预期管理。例如，企业可以通过微博对新产品进行功能介绍或第三方评价，使得目标受众对于产品有正确的认知和预期，避免误解和不恰当的期望，降低受众不满意率。实时性强还有利于企业采纳用户建议，提高服务质量。借助微博，企业决策者能够直接接触市场第一线，掌握市场需求情况，追踪客户对于品牌的最新评价，避免市场信息逐级递减地传递。

微型案例 4-4

凡客诚品非常重视微博的沟通作用。例如，有的顾客在微博中建议凡客把逐层提交退换货的政策改为直接退换货，凡客经可行性研究之后，采纳了这个建议，从而为客户提供了更大的便利和优惠。

（4）微博粉丝忠诚度高。作为自媒体平台，微博具有很高的粉丝黏性。在微博字数有限制从而比较零碎和片断化的情况下，粉丝们更关注实际有效的信息，一旦某个微博主得到受众信任，就会成为受众锁定的信息提供源，形成比较稳定的"关注—被关注"关系。

据 DCCI 数据显示，微博用户每天都使用的比例达到 41.7%，2~3 天使用一次的用户达到 26.9%，仅使用一家微博的比例达到 41.9%，忠诚度相当高。

3. 微博营销的劣势分析

微博营销作为一个新兴的营销模式，市场潜力巨大，但也同样存在一些不足。

（1）微博需要有足够的粉丝才能达到传播的效果。人气是微博营销的基础，在没有任何知名度和人气的情况下去通过微博营销很难；同时，由于微博里新内容产生的速度太快，如果发布的信息粉丝没有及时关注到，就很可能会被埋没在海量的信息中。

（2）微博传播力有限。由于一条微博文章只有几十个字，其营销信息仅限于信息所在平台传播，很难像博客文章那样被大量转载；同时微博因缺乏足够的趣味性和娱乐性，一条信息也很难被大量转发，除非是极具影响力的名人或机构。

（3）微博营销也同样面临着市场挑战，这种挑战来自于自身和竞争对手。微博的发展非常迅速，微博营销的欺诈行为可能会更甚于其他交易平台，很多潜在的威胁目前还很难预料；同时在网络营销市场上，微博营销服务面临的竞争也十分激烈。

4. 微博营销的 PRAC 法则

每一个微博用户后面，都是一位活生生的消费者，微博平台已经成为很多企业提升品牌形象与促进产品销售的重要通道。作为一种新兴的营销模式，微博营销经过不断摸索和实践，正逐渐趋于标准化和专业化，业界也逐步形成了企业微博营销服务的 PRAC 应用法则。

所谓 PRAC 法则，是指微博营销中的平台管理（Platform）、关系管理（Relationship）、行为管理（Action）、风险管理（Crisis）四要素，涵盖微博运营体系中的 4 个核心板块。

1）平台管理（Platform）

很多企业微博往往只有一个微博账号，而一个微博账号却要说不同角色的话，如上午是一个客服人员，下午是一个领导。要用不同文体、文风，不同语气扮演不同的角色，很容易导致混乱，因此需要几个企业微博分担不同功能。PRAC 法则倡导"2+N 微博矩阵模式"，即以品牌微博、客户微博为主平台，补充添加运营领导员工微博、粉丝团微博、产品微博及活动微博，分别针对企业做微博营销时的不同用户处理问题。

2）关系管理（Relationship）

大部分企业微博没有太多关注关系管理，如意见领袖、媒体记者、编辑、媒体本身等，很多关系没有组织互动起来，微博就无法活跃，而基本处于自娱自乐状态。PARC 法则梳理出了以粉丝关注者、媒体圈、意见领袖为主的"3G 关系管理"模式，对企业微博和媒体微博、意见领袖微博、粉丝团的关系进行日常的维护和管理。

3）行为管理（Action）

行为管理主要是对引起注意、品牌推介、产品销售、活动推广等典型的微博营销行为进行管理。

4）风险管理（Crisis）

很多时候微博转发和扩散来自于一种情绪，如网友有时会产生愤怒和不满的情绪，这种情绪越转越大，严重的可能会引发一场危机。所以，情绪抚平需要有一些技巧，企业可以通过微博建立后台客服关系管理系统，对客户的问题进行及时回应。此外，必须考虑企业预算与活动实际影响的风险,当活动超过了企业预算,是应该增加经费还是叫停活动,也需要企业事先做好这方面的准备。

4.2.3 微博营销的作用

微博可以说是天然的网络营销服务平台,其基于状态、关系、身份、会话、分享之类的社交,拥有大量的用户基础,根据个人喜好和关注的用户群体形成了缜密的小圈子,相互影响、相互依托。这种"先有用户后建平台"的模式体现了微博时代网络营销形式的创新,使用微博发布实时营销信息,是最有效地满足用户对相关信息需求的一种方法。微博营销可采用的方式及其作用如图 4-2 所示。

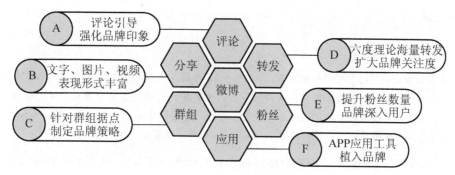

图 4-2 微博营销

微博营销服务平台本身就具有品牌及产品展示的功能,通过类似社区、圈子、部落的品牌微群交流可以吸引大批用户,创造商业资讯,还可以根据系统自动匹配的相关推荐对产品宣传进行优化。微博营销的作用具体可归纳为以下几个方面。

1. 提升企业知名度和可信度

广告可以一夜之间让企业家喻户晓,但是广告无法提升企业美誉度和可信度,然而微博却可以让企业直接与消费者对话,让消费者体验企业的服务和态度,消费者可以在微博上公开谈论企业的好与坏,分享自己的体验。这就是微博口碑营销的效果,良好的口碑传播可以极大地提升企业的美誉度和可信度。

2. 推广企业产品和服务

这是一个很传统的营销作用。企业在微博上可以发布企业刚生产的新产品或者推出的新服务,让消费者在微博上评论和交流对这些产品和服务的看法,并根据这些反馈信息及时调整营销策略,或者及时改进新产品和服务。

微型案例 4-5

在 Twitter 上,戴尔公司的@DellOutlet 这个专门以优惠价出清存货的微博在 2010 年已经有了近 150 万名关注者。而通过这一渠道宣传促销而卖出的个人电脑、计算机配件和软件,已经让戴尔公司进账 650 万美元以上。

3. 把微博作为公关工具

因为微博具有更新快、传播快、及时快捷的特点，一些不实信息也很容易瞬间传播。发生这种情况时，企业可以利用微博发布官方公告澄清事实，利用微博及时的特点主动平息相关事件，以达到抑制谣言传播的效果。

4. 用微博整合和跟踪品牌传播活动

在微博平台上可以开展不少的活动，如在新浪微博，可以开展勋章活动、达人活动，将户外的一些营销活动搬到一个拥有 1 亿多个活跃用户的平台上，效果会更好。至于微博营销活动如何举行，可以参照一些传统的方法，如抽奖活动、节日活动、玩网络小游戏领奖品、征文有奖等活动。

凡客诚品的官方微博@VANCL 粉丝团在 2009 年 11 月初发布了由徐静蕾设计、与 VANCL 合作出品的配饰。同时，VANCL 送给姚晨两条围脖。不久，姚晨在自己微博贴出了围巾照片，有 500 多条评论，当晚，VANCL 助理总裁@许晓辉便进行转发并评论"想免费得到和姚晨一样的围脖吗？跟帖第 190 楼、290 楼赠送和姚晨围脖一模一样的围脖各一条"，24 小时内就获得评论超过 300 条。

此外，微博其他方面的作用也有待挖掘，如作为售前咨询、售后服务的窗口；在企业内部管理中，管理者也可以通过微博了解员工心声，拉近与员工或同事的距离等。微博不仅仅是一个传播媒体，更不仅仅是一个娱乐工具，它有着巨大的潜能等待发掘。同时，微博营销的效果也可以根据微博的互动效果和转发效果去评定。

4.2.4 微博营销的基本原则

随着微博的发展，利用微博开展营销的活动也随之不断增加，要想提高微博营销力度，就必须遵循微博营销的基本原则。那么，微博营销应该遵循的原则是什么呢？

(1) 趣味原则。微博的语言和内容都不能太枯燥，如果没有趣味，微博的受众就不愿意转发微博内容；如果没有粉丝转发微博，微博就无法达到预期的营销效果。

(2) 互动原则。微博的魅力在于互动，互动是与粉丝建立良好关系、达到营销目标的重要途径。这个方面有很多企业做得不错，如美国网上卖鞋卖得很好的 B2C 企业 Zappos 等。"活动＋奖品＋关注＋评论＋转发"是目前微博互动的主要方式，但实际上更多的人是在关注奖品，对企业的实际宣传内容并不关心。因此，应该注意企业宣传信息不能超过微博信息的 10%，最佳比例是 3% 或 5%；更多的信息应该融入粉丝感兴趣的内容之中。相较赠送奖品，微博经营者认真回复留言，用心感受粉丝的思想，更能唤起粉丝的情感认同。当然适时结合一些利益作为回馈，粉丝会更加忠诚。抽奖活动或者是促销互动，都是非常吸引用户眼球的，能够实现比较不错的营销效果。抽奖活动可以规定，只要用户按照一定的格式对营销信息进行转发和评论，就有中奖的机会。奖品一定要是用户非常需要的，这样才能充分调动粉丝的积极性。如果是促销活动，一定要有足够大的折扣和优惠，这样才能够引发粉丝的病毒式传播。促销信息的文字要有一定的诱惑性，并且要配合精美的宣传图片。

(3)真诚原则。真诚不仅是微博营销的基本原则,也是做其他任何事情与互动交流的基本原则。微博营销的从业人员首先要摒弃传统营销中存在的侥幸忽悠的职业习性,以真诚的态度对待潜在朋友。

(4)乐观原则。在现实中人们往往更愿意与乐观开朗的人交朋友,微博上的互动交往也不例外,适度地与朋友分享一些有趣的东西是乐观原则的体现。实际上,无论是在国外的Twitter上,还是在国内的新浪微博、腾讯微博上,幽默的段子、恶搞的图片、滑稽的视频总是能获得大众的青睐。

(5)宽容原则。宽容意味着大气和绅士风度,没有多少人会喜欢苛刻性格的人。谷歌在"不作恶"价值观上的坚持,为其赢得了巨大的声誉。

(6)个性魅力原则。在微博上做推广的企业和个人很多,微博营销因此也竞争激烈,千篇一律的营销手段会使受众产生审美疲劳。个性魅力原则要求选择与企业品牌形象相符的微博营销人员。如果企业品牌形象是创造力强,那么微博营销人员最好是极具创新思维的人;如果企业品牌是体贴呵护(如女性用品企业),那么就选择一些善解人意的人来做微博营销。如果能够请到拥有大量粉丝的人气博主转发,也能够使营销的效果得到放大。

(7)有效控制原则。微博极高的传播速度结合传递规模,更会创造出惊人的力量,这种力量可能是正面的,也可能是负面的,因此必须有效管控企业微博这柄"双刃剑"。一篇微博看起来短短的百十字,但实际撰写难度与重要性非常高,需谨慎推敲所要发布的博文,以免不慎留下负面问题;一旦出现负面问题,要及时进行处理以控制局势,而非放任自流,更可怕的是到问题很严重的时候还全然不知。借助微博开展营销活动要善始善终,对过程积极进行良性引导。因为网络参与的自由度非常高,任由网民的主观意愿往往会导致事态向难以掌控的方向发展;对于互动对象的举动与信息反馈也不可掉以轻心,必须积极而谨慎对待,否则极可能产生**蝴蝶效应**的后果。总之,微博是一柄"双刃剑",企业既然决定拿起这把剑,就要谨慎并用心去经营。

知识卡片 4-2

蝴蝶效应(the Butterfly Effect):在一个动力系统中,初始条件下微小的变化能带动整个系统的长期的、巨大的连锁反应。这是一种混沌现象。美国气象学家爱德华·罗伦兹1963年在一篇提交纽约科学院的论文中分析了这个效应。对于这个效应最常见的阐述是:"一只南美洲亚马逊河流域热带雨林中的蝴蝶,偶尔扇动几下翅膀,可以在两周以后引起美国得克萨斯州的一场龙卷风。"其原因就是蝴蝶扇动翅膀的运动,导致其身边的空气系统发生变化,并产生微弱的气流,而微弱的气流的产生又会引起四周空气或其他系统产生相应的变化,由此引起一个连锁反应,最终导致其他系统的极大变化。

(8)模式创新原则。微博在全球范围内刚刚商业化应用不久,加之自身非常高的扩展性,使得微博营销的模式具有很大的探索空间。抓住机会有效创新,就可以从中轻松获益。虽然微博营销诞生不久,但有一些企业已经走在了前面,尤其美国一些企业已经取得了较为显著的成效,应该多参考借鉴这些成功案例,而后结合企业自身特点与客观环境进行创新。

微型案例 4-7

星巴克在微博上推出了自带环保杯可以免费获得一杯咖啡的互动活动,组织非常成功,网友纷纷上传自己领到免费咖啡时的照片,数以百万计的传播为星巴克的品牌形象做了大大的一次宣传。

4.2.5 营销微博的写作要求

很多企业和个人发现，虽然注册了微博，上传了头像并定期更新了内容，但还是没有多少粉丝量，达不到营销或推广目的。究其原因，主要是由于没有把握住营销微博的写作技巧。微博营销要想取得好的效果，写作营销微博时需要把握以下几个要点。

（1）用简洁的文字呈现内容的核心价值。可通过符号与后文分隔进行强调，相当于微博稿的标题，但并非等同于所要传播内容的实际标题，用以引起阅读、转发微博的兴趣。

（2）传递价值。营销微博要传递有价值的信息，这个价值不仅仅是告知一些优惠和赠品信息，微博的经营真谛是一种价值的相互交换，这个过程是各取所需、互利双赢的模式。微博对目标群体越有价值，对其的掌控力也就越强。

（3）创造视觉吸引力与个性特征。对于以文字主导的内容，即使原文没有配图也应该附上图片，它能扩大微博稿在读者屏幕上的面积；同时，企业微博要使人感觉有感情、有思考、有回应，有自己的特点与个性。

（4）取得粉丝的信任。微博营销是一种基于信任的主动传播，因此，通过微博发布营销信息时，只有取得用户的信任，用户才可能转发、评论，才能产生较大的传播和营销效果。

（5）连续定期发布微博。营销微博就像一本随时更新的电子杂志，需要定时、定量、定向发布内容，才能让粉丝养成观看习惯。这样当其每次登录微博后，便会期望了解企业微博有什么新动态，这无疑是一种成功的微博营销境界。

4.2.6 微博营销的实施策略与技巧

想要企业微博经营得有声有色，单纯在内容上传递价值还不够，必须讲求一些方法策略与技巧。例如，微博的话题如何设定，如何表达就很重要。如果博文是提问性的，或是带有悬念的，引导粉丝思考与参与，那么浏览和回复的人自然就多，也容易给人留下印象。反之，如果仅仅是新闻稿一样的博文，那么粉丝想参与也无从下手。

1. 微博账号的注册方法与配置技巧

1）微博账号的注册方法

注册微博非常简单，一般进入微博网站（如新浪微博、腾讯微博、搜狐微博）就会有注册操作提示。注册微博一般可通过手机号、E-mail 或 MSN 账号、QQ 号等方法来注册。在注册过程中，需要设置密码、一个昵称（可用真实姓名，也可用笔名或一句话）。当然，为了能够快速被人找到，最好是用真实姓名或常用的笔名。

注册微博后，建议申请实名认证，即对用户资料的真实性进行验证审核。特别是针对企业微博账号，企业领袖、高管的账号，行业内有影响力人物的账号，需要先获得微博服务平台认证。微博账号经过实名认证后，发布信息时会受到更严格的审核。获得认证的好处：一是与自己重名的微博用户相区分，防止其他人恶意注册后以自己的名义发布信息；二是有利于形成较权威的良好形象，使微博信息可被外部搜索引擎收录，且更易于传播。需要说明的是，认证并非一种荣誉，而是一种实名化的制度设计，所以不应存在收费认证的现象。

目前，微博实名认证分为个人认证和机构认证。以新浪微博为例，个人认证的范围包括娱乐、体育、传媒、财经、科技、文学出版、政府官员、人文艺术、游戏、军事航空、动漫、旅游、时尚等领域知名人士。个人认证的基本条件是绑定手机、有头像、粉丝数不低于100、关注数不低于50等。在实际操作中，非知名人士也可申请实名认证。机构认证则面向政府、媒体、校园、企业、网站、应用等官方账号。

2）微博账号配置技巧

（1）以企业名称注册一个官方微博，主要用于发布官方信息；同时注册一个企业领袖微博，对外凸显企业领袖个人魅力。企业领袖微博的操作需要相当谨慎，因为有可能会产生负面作用。

（2）对于同时开发多个产品的企业，应该针对每个主要产品发布一个产品官方微博，用于发布产品的最新动态；产品官方微博还可以充当产品客服的作用，或者说企业官方的客服也可以用个人名义创建微博，用来解答和跟踪各类企业相关的问题。

（3）企业内部多个专家可以用个人名义创建专家微博，发布对于行业动态的评论，逐步将自己打造为行业的"意见领袖"。

2. 微博营销实施策略

1）全员参与策略

微博是企业在公众面前展示形象、沟通交流的阵地。要想吸引越来越多的粉丝，仅靠一两个管理员是远远不够的，企业需要普通员工在微博上扮演起"形象大使"的角色，与众多粉丝做平等的交流，提供更多有趣的、更具个人视角的图文信息。

微型案例 4-8

东航公司是一家奉行全员参与策略的企业。在2010年年初，东航12家子公司和分公司的数百名美女空姐集体以"凌燕"打头的昵称注册新浪微博，并通过微博引导关于东航的舆论。一条微博批评东航商务舱座椅的一个"严重缺陷"，这条微博迅速得到了"凌燕"们的转发、评论和回复，"凌燕资深美女"表示公司已经开会讨论过这个问题并提出了新的座椅选择。在粉丝们看来，"凌燕"微博团队已经成为传达企业理念、表现员工风采的微笑天使，"凌燕"让人们更了解和喜欢东航。

2）取得粉丝的信任

微博营销是一种基于信任的主动传播。在发布营销信息时，只有取得用户的信任，用户才可能转发、评论，才能产生较大的传播效果和营销效果。获得用户信任最重要的方法就是不断保持与粉丝之间的互动，要经常转发、评论粉丝的信息，在粉丝遇到问题时还要及时地帮助其解决问题，让真诚、热情感动粉丝，与粉丝结成比较紧密的关系。

3）通过活动来做营销

抽奖活动或者是促销活动，都是非常吸引用户眼球的，能够实现比较不错的营销效果。例如，抽奖活动可以规定，只要用户按照一定的格式对营销信息进行转发和评论，就有中奖的机会。奖品一定要是用户非常需要的，这样才能充分调动粉丝的积极性。如果是促销活动，一定要有足够大的折扣和优惠，这样才能够引发粉丝的病毒式传播。促销信息的文字要有一定的诱惑性，并且要配合精美的宣传图片。如果能够请到拥有大量粉丝的人气博主帮企业转发，就能够使活动的效果得到最大化。

4) 微博广告策略

通过微博发布企业的营销信息时，在措辞上不要太直接，要尽可能把广告信息巧妙地嵌入有价值的内容当中。这样的广告因为能够为用户提供有价值的东西，而且具有一定的隐蔽性，所以转发率更高，营销效果也更好。像小技巧、免费资源、趣事都可成为植入广告的内容，都能为用户提供一定的价值。

3. 微博营销的实施技巧

1) 微博营销的服务技巧

开通微博账号后，应根据自己的喜好关注其他微博主。由于微博注重分享，可以"围观"其他人在传播什么信息和观点。当看到自己感兴趣的微博内容时，也可以转发和评论。

(1) 使用个性化名称。一个好的微博名称不仅便于用户记忆，也可以取得不错的搜索流量。这个与取网站名称类似，好的网站名称如百度、淘宝、开心网等都很简洁易记。企业的营销微博可以取企业名称、产品名称或者个性名称作为其微博的用户名称。

(2) 巧妙利用模板。微博平台一般都会提供一些不同风格模板供用户选择，用户可以选择与所在行业特色相符合的风格模板，这样更贴切微博的内容。当然，如果有条件也可以自己设计一套有个性特色的风格模板。

(3) 使用搜索功能。每个微博平台都会提供搜索功能，用户可以利用该功能对已经发布的话题进行搜索，检索查看相关内容及排名榜，与别人微博内容对比；也可以查看微博的评论数量、转发次数，以及关键词的提及次数，以了解微博的营销效果。

(4) 定期更新微博信息。微博平台一般对发布信息频率不太限制，但对于营销微博来说，其热度和关注度来自于微博的可持续话题。营销微博需要不断制造新的话题、发布与企业相关信息，才可以吸引目标客户的关注。由于先前发布的信息可能很快被后面的信息覆盖，要想长期吸引客户注意，必定要对微博定期更新，这样才能保证微博营销的持续效果。

(5) 善于回复粉丝的评论。通过微博进行营销需要积极查看并回复微博上粉丝的评论，被关注的同时也去关注粉丝的动态。如果想获取更多评论，就必须以积极的态度去对待评论，认真回复评论也是对粉丝的一种尊重。

(6) 灵活运用♯与@符号。微博中发布内容时，两个"♯"间的文字是话题的内容，可以在后面加入自己的见解。如果要把某个活跃用户引入，可以使用"@"符号，意思是"向某人说"，如"@微博用户欢迎您的参与"。在微博菜单中点击"@我的"，也能查看到有关自己的话题。

(7) 学会使用私信。与微博的文字限制相比较，私信可以容纳更多的文字。只要对方是你的粉丝，就可以通过发私信的方式将更多内容通知对方。因为私信可以保护收信人和发信人隐私，所以当活动展开时，发私信的方法会显得更尊重粉丝一些。

(8) 确保信息真实与透明。企业通过微博开展一些优惠促销活动时，应及时兑现并公开得奖情况，以获得粉丝的信任。微博上发布的信息要与企业网站等媒体发布的信息一致，并且在微博上及时对活动进行跟踪报道，以确保活动的持续开展，从而吸引更多客户加入。

(9) 准确定位。对于企业微博来说，粉丝众多当然是好事，但拥有价值粉丝更重要，因为企业最终目标是要微博粉丝转化出商业价值，这就需要准确进行微博定位。许多企业微博吸引的粉丝人数很多，但转载、留言的人很少，营销宣传效果不明显，这其中一个很重要的原因就是定位不准确。例如服装行业，应围绕一些服装产品目标顾客关注的信息来发布微博以吸引目标顾客的关注，而非只考虑吸引眼球，导致吸引来的并不是潜在消费群体。现在很多企业博客陷入完全以吸引大量粉丝为目的的误区，忽视了粉丝是否是目标消费群体这个重要问题。

(10) 避免单纯发布企业产品或广告内容。有的企业微博很直接，天天发布大量产品信息或广告宣传等内容，基本没有自己的特色，这种微博绝不会引人关注，自然也收不到营销的效果。微博不是单纯广告平台，微博营销的意义在于信息互动分享，而没兴趣是不会产生互动的。因此，要注意话题的娱乐性、趣味性、幽默感等。

2) 微博营销的优化技巧

(1) 选取热门关键词。微博关键词优化时，微博内容要尽可能地以关键字或者关键词组开头，并且加上"♯话题♯"。尽量利用热门关键词和容易被搜索引擎搜索到的词条，增加搜索引擎的抓取速率，但这些内容也要和推广的内容相关，考虑到听众，如果一味地为了优化而优化，那就得不偿失了。

(2) 微博的 URL 地址要简洁明了。注册微博号后微博的 URL 地址就变得尤为重要，因为要通过 URL 地址才能访问到微博，而且 URL 会影响到搜索引擎的搜索结果。

(3) 微博的个人资料要填关键词。微博中都有个人资料的介绍及选项的说明，这些个人资料也会被搜索引擎检索，因此在简短的个人资料中，应选择适当的时机填入要优化的关键词，以提升被搜索引擎抓取的概率。个人资料的内容与微博保持好的相关性，不仅能提升微博内容被搜索引擎抓取的概率，而且也不会让听众感到厌烦。

(4) 个人标签填写关键词。微博中个人资料里个人标签的填写，可以填入要优化的关键词，提升被搜索引擎抓取的概率，同时也能增加有共同标签或共同兴趣的粉丝的关注。

4.2.7　典型案例：新浪微博的"美好生活@中粮"

1. 中粮微博营销背景

中粮集团是中国最大的粮油食品进出口公司和实力雄厚的食品生产商，经营的东西与大众生活息息相关，但其老牌的国企背景，也给品牌的形象上涂抹了几分庄重，少了几分和蔼。在新时代，中粮欲从传播方式上塑造一个亲切和蔼、与大众亲密交流的形象。

活动时间：2010 年 7 月 26 日—10 月 31 日。以"美好生活"为连接点建立中粮品牌与世博之间的关联，使消费者深入了解"产业链·好产品·让生活更美好"的品牌理念。

2. 目标及目标受众

"美好生活@中粮"通过时下最火爆的工具新浪微博吸引海量的时尚年轻用户，并利用系列话题(分为过去、现在、未来)带领大家回忆过去，分享现在，畅想未来，一同发现生活中的美好。微博平台的无边界交流特性使中粮话题的传播速度以几何倍数递增，同时也吸引了明星达人参与。总之，中粮借此思维的引导活动提升了中粮的品牌好感与信任度，产生润物细无声的效果。其传播重点是覆盖以白领为主的网络使用者，同时白领阶层在健康饮食方面也属于意见领袖人物，起到引导消费理念的传播效果。

3. 传播策略

2010年为中国世博年，中粮世博赞助商的身份成为2010年重要的传播事件点。在通过电视、户外媒体进行赞助商身份的广泛告知以及栏目合作进行世博相关性投放之下，发挥网络媒体的特点，以更加深入、互动的方式加强中粮与世博概念的内涵关联，借由与世博品质的相互印证，体现"产业链·好产品"的品牌诉求。

在媒体平台选择上，洞悉新浪微博在影响力和用户增长速度上的巨大潜力，推出微博平台"美好生活@中粮"主题活动；基于消费者洞察的基础，以门槛低、易于与消费者产生共鸣的系列话题营销"发现美好"为主要机制，广泛吸引消费者参与，引发病毒式分享。140个字、一张图、转发/评论，从活动网站到个人微博，再到不同数量粉丝微博的长尾效应，这一次微博成为品牌营销的源点。与独立的微博个体不同，"美好生活@中粮"是一个完整的品牌互动传播平台。

4. 执行过程

整个"美好生活@中粮"的活动流程，就是通过一系列的用户参与（包括文字、图片和行为），引导并激发用户创造与美好有关、与世博有关、与中粮有关的内容和行为。在为期3个月的活动里，"美好生活@中粮"充分利用了新浪微博平台。

活动的核心平台是一个架设在新浪微博站内的Minisite作为活动的聚合页面，引导用户参与所有活动环节。为了最大限度地调动微博用户的参与热情，活动的整体设计最大限度地满足微博用户的用户体验需求，也就是说Minisite上的所有用户参与内容和行为都与用户自身的微博同步。为了更好地让用户有"参与过程"的体验，Ministie给每一个用户开设了一个个人页面，让用户可以更清晰地看到自己参与这个活动的过程和获得的奖品，这是一种不会影响用户参与微博体验的两全其美的做法。

在整个活动的具体环节上，"美好生活@中粮"又分为两个大的维度：第一个维度是时间维度："过去—现在—未来"3个大的时间板块随着活动的推移而更改，引导用户分别抒发与3大时间板块有关的美好情绪；第二个维度是板块维度：活动一共设计了5个板块可以让用户完全开放地选择参与。

"发现美好"是活动最核心的板块，参与形式就是用户配合每周推出的话题发布微博，用文字参与活动——这也是这个活动最核心、创造众多网民讨论的板块。

"相约世博"和"发现世博"是与世博会紧密关联的板块——用户可以在这里发布世博的照片和见闻，也可以通过活动设计的一个小程序指定自己的世博行程并相约好友一同前往，更可以看到哪个明星是网民呼声最高的想要一同相约前往世博的人。这样的设计，让"去世博"变成了一种好友之间交流感情的有趣行为，也通过网友发布的世博见闻让更多的人看到世博的美好。

"发现中粮"是展示中粮"产业链·好产品"的核心板块：每期会推出一款中粮的产

品,网友们可以通过上传照片的形式告诉好友他们在生活中发现了中粮的什么产品,这也是"中粮生产队"活动在体验过中粮产品制造过程之后,通过网友交流的方式对中粮产品诉求做的最直接的延续。

快消品的产品体验往往是一个很难突破的难题。本次活动重点在激发消费者的美好情感和自主乐趣,因此在设计上更多地采用了让消费者"自己发现"的形式,借助快速的分享和畅通的对话机制,让这些源自消费者的"发现"更为广泛地传播。同时,中粮将互动环节设计得更加具有趣味性和互动性,大大提升了消费者的参与热情。

5. 创意化执行

此次网络活动摒弃单纯的网络硬广告投放、板块植入造势的方式,结合微博独有的分享性、话题性,将"产业链·好产品·让生活更美好"的品牌诉求汇聚于"美好生活"进行深度融合。新浪微博平台提供了活动最大化的非商业资源配合和最优化传播。

活动共设置五大板块:主要板块"发现美好",以"过去—现在—未来"的时间顺序,从群体记忆、当下话题分享以及对未来美好生活的展望三个角度,与网民产生情感共鸣,引发讨论和分享,从而将"美好"的品牌印记嵌入网民记忆。"发现中粮""粮呈美景""世博闪拍""相约世博"这4个板块,则鼓励网友随时随地发现中粮产品,呈现世博园内美好温馨的时刻,引导网友上传分享与世博相关照片,并且为有世博行计划的网民提供约伴同游的平台,建立世博与中粮集团的关联,映衬"世博高级赞助商"身份,借世博为品牌做强有力的**背书**。

知识卡片 4-3

背书(Endorsement):原意指在支票等背后签名表示支付、收到或同意转让等。在中国台湾经常使用其衍生意义,指认可、支持。例如,为某人背书,意思就是对某人的话表示认可和支持。现在网络上说:在某事上甲(集团)完全支持、拥护或服从乙(集团),也有时形容为甲为乙"背书"。

6. 活动效果

活动各阶段和各板块都取得了良好的效果,其中"发现美好"板块的参与量为801232次,"发现中粮"板块的发送量为87371次,"粮呈美景"板块的转发量为122385次,"世博闪拍"板块的发送量为77636次,"相约世博"板块的发送量为105841次。活动中广告总曝光量为2075530374次,官方微博"中粮美好生活"积累粉丝23万个以上。

7. 案例启示

微博营销效果的决定因素与微博营销的要点密切相关。根据"美好生活@中粮"这个案例,可以具体分析一下微博营销达到理想效果的决定因素。

(1)选择正确微博平台。微博在国内蓬勃发展,但在选择微博进行营销时还是要注意各类微博的关注度和参与人数等。中粮进行品牌理念宣传之所以选择新浪微博,就是考虑了其良好的影响力。

(2)选择正确的目标客户。有价值的粉丝才会对微博营销起到积极的促进作用。中粮在活动开展前注意到目标客户的重要性,进行了一系列调查来确定目标客户,从而开展一系列活动吸引相应微博用户。

（3）系统规划。中粮微博营销取得巨大成功的原因之一，是其在活动开始之前就进行了全体布局，不仅从时间维度上规划，还有板块的划分，有效地引导了用户积极参与。

（4）传递价值。中粮虽然有板块进行其产品宣传，但其最主要的是进行理念宣传，即"美好生活"。现在很多用户都注重自身健康，而中粮的"美好生活"则慢慢地告诉用户"什么是美好生活"，在此过程中逐步加深微博用户对其品牌理念的印象。

4.3 即时信息营销

即时信息（Instant Messaging，IM）是目前企业网络营销服务过程中进行在线客服、维护客户关系的有效工具。IM 最初由 3 个以色列青年于 1996 年开发出来并取名叫 ICQ，在 1998 年当 ICQ 注册用户数达到 1200 万个时，被著名的互联网服务提供商美国在线以 2.87 亿美元的天价收购。目前 ICQ 主要市场在美洲和欧洲，已成为世界上较有影响的即时通信系统。

即时信息在中国网民中的使用率很高，截至 2014 年 6 月底，我国即时通信网民规模已达 5.64 亿人，使用率为 89.3%，在各应用中增长规模第一，尤其以手机端的发展更为迅速。手机即时通信网民规模为 4.59 亿人，使用率为 87.1%，网民规模增长率和使用率均超过即时通信整体水平。手机上网的进一步普及，尤其是智能终端的推广，以及手机聊天工具的创新，使得即时通信成为中国网民第一应用。

4.3.1 即时信息营销的含义

即时信息营销也简称 IM 营销，是企业借助各类即时通信工具推广产品和品牌的一种手段，其常用的主要服务形式是企业网站在线交流和即时广告等。

即时通信工具是一个终端服务，允许两人或多人使用网络即时地传递文字信息、档案、语音与视频交流。借助即时通信工具，企业可以实现与客户零距离、无延迟、全方位的沟通，特别是企业网站或电子商务网站，即时通信工具的合理利用，既可以与客户保持密切联系、促进良好关系，也可以有效促进销售、实现商务目的。

企业建立网店或者网站时一般会提供即时通信工具，借助即时通信工具通过网络在线交流，潜在的客户如果对产品或者服务感兴趣，便会主动和在线的商家联系。同时，企业也可以通过即时通信工具发布一些产品信息、促销信息，或者可以通过图片发布一些网友喜闻乐见的表情，达到推广产品和企业品牌的目的。

即时通信软件是目前我国上网用户使用率最高的软件。聊天一直是网民们上网的主要活动之一，网上聊天的主要工具已经从初期的聊天室、论坛变为以 QQ 为代表的即时通信软件。大部分人只要上网就会开着自己的 QQ，作为使用频率最高的网络软件，即时聊天已经突破了作为技术工具的极限，被认为是现代交流方式的象征，并构建起一种新的社会关系。

4.3.2 即时信息营销的特点

即时信息营销最基本的特征就是即时信息传递，具有高效、快速的特点，无论是品牌推广还是常规广告活动，通过即时信息都可以取得巨大的营销效果。

1. 即时信息营销服务的优点

即时信息平台有着与生俱来成为营销平台的可能。利用即时信息平台开展营销主要具有以下优点：

（1）提供在线咨询并及时解决问题，提高交易的可能性。
（2）充当与客户的最优接触点和良好的综合营销服务平台角色。
（3）可以借助病毒式营销作为强力助推器达到营销目的。

此外，利用即时信息平台开展营销的门槛低，精准性高，而且灵活性很大，回报速度快，覆盖面广，不受地域限制，可以面对国际市场。

2. 即时信息营销服务的缺陷

虽然即时信息工具在网络营销服务中有许多独特的优点，但同时也存在如下一些问题：

（1）各种不同的即时通信工具之间未能实现互通。由于即时信息工具较多，不同的用户可能使用不同的即时通信软件，各种软件之间不能直接交流，这样需要同时采用多种即时信息软件才能和多个用户进行交流。如果各种不同的即时通信工具之间可以实现互通，那么即时通信的应用将更为方便，信息传递也将更加有效。

（2）传递大量信息或者一对多信息有困难。并不是任何信息都适合实时交流，如有大量内容的信息、促销信息等，如果采用实时信息的方式，必然对接收者带来麻烦，因此有时还需要借助 E-mail 来承担这些任务。

（3）群发信息容易受到指责。从技术上可以做到同时向多个用户发送即时通信，事实上也有一些企业和个人在利用这种方式开展网络营销，如利用 IE 浏览器的"信使服务"和 QQ 群发信息等。但由于对接收者造成干扰，因此这种方法很容易受到指责，严重者将会被起诉，总体效果并不理想。

（4）即时通信传递信息不够规范。在商务活动中，通过这种实时聊天的形式进行信息交换显得不正规，也不便于对交流信息进行分类管理，同时还存在信息安全方面的隐患，用即时通信方式所发出的要约和承诺目前还无法被确认为有效的合同，当出现纠纷时受损失一方难以提出有效的证据。因此，在正规的商业活动中，即时通信还不能代替 E-mail 等其他比较规范的电子信息传递方式。

4.3.3 即时信息营销的作用

即时信息作为网络营销工具，在网络营销中的作用主要表现在增进顾客关系、在线顾客服务、在线导购、网络广告媒体，以及作为病毒性营销信息传播工具 5 个方面。

（1）实时交流增进顾客关系。快速、高效是即时信息的特点，如果存在信息传递障碍可以及时发现，而不是像 E-mail 那样需要等待几小时甚至几天才能收到被退回的消息。

即时信息已经部分取代了 E-mail 的个人信息交流功能，最近两年来我国互联网用户收发 E-mail 的数量持续下降的事实也说明了这一点。与此同时，即时信息已成为继 E-mail 和搜索引擎之后的又一常用的互联网服务。即时信息的实时交流功能在建立和改善顾客关系方面具有明显效果，尤其是网站内部的即时信息应用，成为企业与顾客之间增强交流的有效方式。

（2）在线顾客服务。随着顾客对在线咨询要求的提高，已经不能满足于通过 E-mail 提问几个小时甚至几天后才收到回复的状况，许多顾客希望得到即时回复，即时信息工具正好具有这种实时顾客服务的功能。由于实时顾客服务对客户服务人员提出了很高的要求，因此在一些企业中的应用还需要一个过渡过程。

（3）在线销售中的导购服务。实现一个在线销售流程需要多个环节，在完成订单前就要经历商品查询、阅读产品介绍、比较价格、了解交货时间和退货政策、最终选择商品并加入购物车，然后还要经过订单确认、在线付款等环节才能完成购物过程。在网上购物过程中只要有一个环节出现问题，这次购物活动就无法完成。在线购物中购物车被放弃的比例相当高，美国电子商务门户网站研究发现，顾客放弃购物车的比例高达 75%。美国一家研究咨询公司 Basex 的研究认为：如果采用合适的在线服务手段，如即时信息等，购物车被放弃的比例可以降低 20%。可见即时信息在网上销售咨询服务中具有重要价值。

（4）网络广告媒体。由于拥有众多用户群体，即时信息工具已成为主要的在线广告媒体之一，并较之一般基于网页发布的网络广告有其独到的优势，便于实现用户定位，可以同时向大量在线用户传递信息等。例如，国内用户所熟知的在线聊天工具 QQ 就有多种广告形式，系统广播功能就比一般网站上的 Banner 广告、文字广告等更能吸引用户的注意。

（5）病毒性营销信息传播工具。与电子书等网络营销工具一样，即时信息也可以作为一种病毒性营销信息的传播工具。例如，一些有趣的笑话、经典的情感故事、节日祝福、Flash 等都可以成为病毒性营销的载体，而即时信息则成为这些信息的传播工具。当用户在网上看到网页中有喜欢的内容时，往往会将该网页的 URL 借助即时信息方式向在线好友转发，通过用户之间的相互转发，即时信息工具在病毒性营销传播中也发挥了积极作用。

4.3.4 即时信息营销的工具类型

目前各类即时通信工具名目繁多，按装载的对象可分为手机即时通信（如手机短信、微信）和 PC 即时通信；按使用形式可分为网站文本即时通信、视频即时通信；按用途可分为通用性即时通信工具、专用型即时通信工具、嵌入式即时通信工具。

1. 通用性即时通信工具

这类即时通信工具应用范围广，使用人数多，并且捆绑服务较多，如邮箱、博客等。由于应用人数多，使得用户之间建立的好友关系组成一张庞大的关系网，用户对其依赖性较大。例如，很多专业用户不舍得放弃使用 QQ 的主要原因就是不能放弃多年来建立的 QQ 好友以及由好友关系建立的关系网。通用性即时通信工具属于网络营销利益主体外第三方运营商提供的服务，具有寡头垄断地位，进入门槛高，后来者难以与已经成熟的市场主导者抗衡。

通用性即时通信工具有利于经营和积累营销关系网，以 QQ、Skype 等为代表。

2. 专用型即时通信工具

这类即时通信工具的主要特点是，应用于专门的平台和客户群体，如阿里旺旺主要应用于阿里巴巴及淘宝、口碑等阿里公司下属网站，移动飞信则限于移动用户之间。这类即时通信工具与固有平台结合比较紧密，拥有相对稳定的用户群体，在功能方面专用性、特殊性较强，但由于应用人主要是自身平台的使用者，所以在应用范围、用户总量方面有一定限制，应用于有稳定客户群体和专业平台，并且有相当实力的大企业。

专用型即时通信工具有利于激发有效需求和为交易实现提供功能性服务，以阿里旺旺、慧聪发发、移动飞信等为代表。

3. 嵌入式即时通信工具

这类即时通信工具的主要特点是嵌入网页中，并且不需要安装客户端软件，直接通过浏览器就能实现沟通。这类软件适合企业网站的使用，配备特定的客服人员满足用户需求，是传统客服、客服热线功能的延伸和拓展，较多应用于中小企业。

嵌入式即时通信工具对中小企业保持与客户良好的关系起到关键的作用，以 53 客服等在线客服软件为代表。

需要强调的是，各种即时通信软件各有特点，但各个即时通信工具之间的用户并非彼此分离，而是存在很大程度的交叉、叠加，对各个即时通信工具来说用户具有"共享性"，在网络营销应用中，实现各个即时通信工具之间信息的互联互通，是进行即时通信工具网络营销应用的迫切需求，只有建立统一的接口标准，实现不同平台即时通信工具之间的信息互联互通，才能发挥进行即时通信工具网络营销应用的最高价值。

4.3.5 微信营销

微信是腾讯公司 2011 年推出的一个为智能手机提供免费即时通信服务的聊天软件，支持跨通信运营商、跨操作系统平台，用户可以通过手机、平板电脑、网页快速发送语音短信、视频、图片和文字信息。微信支持多种语言，提供公众平台、朋友圈、消息推送等功能，用户可以通过摇一摇、搜索号码、扫二维码等方式添加好友和关注公众平台，同时可以将内容分享给好友以及将用户看到的精彩内容分享到微信朋友圈。

截至 2015 年第一季度末，微信每月活跃用户已达 5.49 亿个，用户覆盖 200 多个国家，超过 20 种语言。此外，各品牌的微信公众账号总数已经超过 800 万个，移动应用对接数量超过 85000 个，微信支付用户则达到 4 亿个左右。

1. 微信营销的方式

微信营销是网络经济时代企业对传统营销模式的创新，是伴随着微信产生的一种网络营销方式。微信不存在距离的限制，用户注册微信后，可与周围同样注册的"朋友"形成一种联系，实现点对点的营销，即用户订阅自己所需的信息，商家通过提供用户需要的信息，推广自己的产品。开展微信营销可借助以下方式：

（1）网络漂流瓶。漂流瓶原是古代人们穿越广阔大海进行交流的一种有趣的传播方式，投进大海的漂流瓶不知道将漂向何方，被何人捡到，充满着未知的神秘气息。Web2.0环境下人们将这种形式搬到网络上，让人可以体验到这一古老的交流方式，如百度漂流瓶吧、百度漂流瓶俱乐部、QQ邮箱漂流瓶等。这种网络漂流瓶一般发出后，由网络自动分配，不定收件人，双方是完全陌生的，更容易吐露心声，这也是网络漂流瓶的一大特色。用户可以发布语音或者文字然后投入大海中，如果有其他用户"捞"到则可以展开对话，如招商银行的"爱心漂流瓶"用户互动活动就是个典型案例。

（2）位置签名。商家可以利用"用户签名档"这个免费的广告位做宣传，附近的微信用户能看到商家的信息，如饿的神、K5便利店等就采用了微信签名档的营销方式。

（3）二维码。个人用户可以通过扫描识别二维码身份来添加朋友、关注企业账号；企业则可以设定自己品牌的二维码，用折扣和优惠吸引消费者关注，开拓O2O营销模式（有关O2O模式的进一步介绍参见本书9.1.2节）。

（4）开放平台。通过微信开放平台，应用开发者可以接入第三方应用，还可以将应用的Logo放入微信附件栏，使用户可以方便地在会话中调用第三方应用进行内容选择与分享，使商品得到不断的传播，进而实现口碑营销。

（5）公众平台。微信公众平台是腾讯公司在微信的基础上新增的功能模块，通过这一平台，个人和企业都可以打造一个微信的公众号，并实现和特定群体的文字、图片、语音的全方位互动沟通。通过微信公众平台，可以实现大量微信应用，助力品牌扩展。公众平台的作用有：①二维码订阅，即通过发布公众号二维码，让微信用户随手订阅；②消息推送，即通过用户分组和地域控制，实现精准的消息推送，直指目标用户；③品牌传播，即借助个人关注页和朋友圈，实现品牌的病毒式传播。

2. 微信营销的特点

微信一对一的互动交流方式具有良好的互动性，精准推送信息的同时更能形成一种朋友关系。基于微信的种种优势，借助微信平台开展客户服务营销也成为继微博之后的又一新兴营销渠道。微信营销的特点主要表现在以下几个方面。

（1）点对点精准营销。微信拥有庞大的用户群，借助移动终端、天然的社交和位置定位等优势，每个信息都是可以推送的，能够让每个个体都有机会接收到这个信息，继而帮助商家实现点对点精准化营销。

（2）形式灵活多样。微信营销可采用漂流瓶、位置签名、二维码、开放平台、公众平台等多种方式进行。

（3）强关系的机遇。微信的点对点产品形态注定了其能够通过互动的形式将普通关系发展成强关系，从而产生更大的价值。通过聊天等互动形式与用户建立联系，可以解答疑惑、讲故事甚至可以"卖萌"，用一切形式让企业与消费者形成朋友关系，人们不会相信陌生人，但是会信任"朋友"。

3. 微信营销的优势

微信营销的优势主要体现在以下几个方面。

（1）高到达率。营销效果很大程度上取决于信息的到达率，这也是所有营销工具最关注的地方。与手机短信群发和邮件群发被大量过滤不同，微信公众账号所群发的每一条信息都能完整无误地发送到终端手机,到达率高达100%。

(2) 高曝光率。曝光率是衡量信息发布效果的另外一个指标,与微博相比,微信信息拥有更高的曝光率。在微博营销过程中,除了少数一些技巧性非常强的文案和关注度比较高的事件被大量转发后获得较高曝光率之外,直接发布的广告微博很快就淹没在了微博滚动的动态中了,除非是刷屏发广告或者用户刷屏看微博。而微信是由移动即时通信工具衍生而来,天生具有很强的提醒力度,如铃声、通知中心消息停驻、角标等,随时提醒用户收到未阅读的信息,曝光率高达100%。

(3) 高接受率。目前微信用户数量已超过3亿个,微信已经成为类似手机短信和E-mail的主流信息接收工具,其广泛性和普及性是开展微信营销的重要基础。由于微信公众账号的粉丝都是主动订阅而来,信息也是主动获取,完全不存在垃圾信息遭到抵触的情况。

(4) 高精准度。事实上,那些拥有粉丝数量庞大且用户群体高度集中的垂直行业微信账号,才是真正炙手可热的营销资源和推广渠道。例如,酒类行业知名媒体"佳酿网"旗下的酒水招商公众账号,拥有近万名由酒厂、酒类营销机构和酒类经销商构成的粉丝,这些精准用户粉丝相当于一个盛大的在线酒会,每一个粉丝都是潜在客户。

(5) 高便利性。移动终端的便利性再次增加了微信营销的高效性。相对于PC电脑而言,未来的智能手机不仅能够拥有PC电脑所能拥有的任何功能,而且携带方便,用户可以随时随地获取信息,而这会给商家的营销带来极大的方便。

4. 微信和微博的区别

微信和微博最大的区别在于"精准"两个字。微博是由微博主发一条微博,然后"粉丝"可以通过看自己的微博主页,即能看到微博主发的内容,但现在人们关注微博主发的微博是随机的。而微信就不同,微信公众平台账号发一条群发消息,所有关注的人都会收到这条消息。

微信上普通用户之间需要互加好友,才能互相发布信息,是一种闭环的结构,构成了用户之间对等的对话关系;微信交流形式是一对一的,不适于信息的广泛传播。而微博普通用户之间则不需要互加好友,双方的关系并非对等,而是多向错落、一对多;微博信息是开放式扩散传播的。

微信是私密空间内的闭环交流,微信用户主要是双方同时在线聊天;而微博则是差时浏览信息,用户各自发布自己的微博,粉丝查看信息并非同步,而是刷新查看所关注对象此前发布的信息。这种同时与差时也决定了微信与微博的功能与内容之差。

微信和微博的区别可归纳为以下几点:

(1) 微博是自媒体;微信则兼具自媒体和用户管理(Customer Relationship Management,CRM)的双重身份。

(2) 微博是一对多;微信是一对一,更具有针对性。

(3) 微博更偏向传统广告;微信则是真正的对话。

(4) 微博的曝光率极低;微信的曝光率几乎是100%。

(5) 微博是开放的扩散传播;而微信是私密空间内的闭环交流。

(6) 微博是弱关系;微信是强关系,用户价值更高。

(7) 微博是一种展示工具,注重传播;微信是一种联络工具,注重交流。

4.3.6 典型案例：腾讯网"可口可乐火炬在线传递"

1. 案例描述

2008年3月24日，2008颗火炬在线传递火种在腾讯QQ即时通信工具上从不同方向开始蔓延传播。与现实中2008年北京奥运圣火一样，网络火炬接力所到之处引来无数尖叫和沸腾，短短130天内就有超过6200万人在网络传递了圣火，参与人数之多也创下了国内互联网营销的纪录。

有哪一种营销方式能在短短的130天时间里，吸引1.35亿双眼球的关注，超过6200万个中国网民主动参与，引起7600万条议论、产生251万个讨论热帖，短时间内达到热度广度双丰收？这就是获得《成功营销》杂志评选"2008十大成功营销品牌与案例奖"的"腾讯&可口可乐火炬在线传递营销活动"。

在活动结束后，火炬手的QQ图标并未消失，所有参与活动的用户将通过QQ即时通信软件面板中的熊熊火炬支持奥运盛会的体育健儿。

8月底，第一棒网络火炬手们收到了腾讯网寄来的实物徽章，让许多人长久铭刻在心。

可口可乐公司内部人士表示：正如腾讯网的口号，这一策划在网民中间引起极大的回响和共鸣，因此最终成就了如此之大的影响，并取得了多赢的营销效果。

2. 案例评析

此次在线火炬传递有几个关键词值得注意：数据效果、互动式体验、精确化接触和差异化品牌诉求。

（1）腾讯网庞大的用户基础以及软件技术的发展，为可口可乐奥运火炬在线传递创造了技术和通路上的可能性，这为火炬在线传递活动的蔓延扩散提供了平台支撑。3.5亿个腾讯用户基础上的每日清晰数据收集，为合作伙伴可口可乐带来了每一刻活动情况，最终提供了多种数据化的明晰营销效果。

（2）互动式体验则是此次活动中非常到位、非常成功的一点。活动中火炬传递以邀请代替灌输，以互动代替单向沟通，实现消费者的互动参与。腾讯与可口可乐通过邀2008名第一棒火炬在线传递大使，实现受众的卷入互动，通过这些大使的传递，实现更多的用户参与互动，使得整个活动实现广泛蔓延。

QQ用户参与在线火炬传递只是消费者参与互动的一个方面。同时火炬传递大使还可以在icoke.qq.com线上平台上传个人照片，写下个人的奥运心情，还可以到Qbar参与火炬在线传递的讨论等，实现全方位的用户互动。与此同时，通过可口可乐在线火炬传递，QQ用户得到了一次参与奥运的机会和体验，满足的是受众对参与奥运的心理需求，这本身就是一种价值交流。参加线下火炬传递的几乎都是各行各业的名人，但火炬在线传递则是人人都可以参加的，这种完全草根化的参与方式更易为普通百姓所接受，同时也更有利于广泛传承发扬奥林匹克精神。在此次活动中还设置了多种虚拟奖项和实物奖项，调动了网民的参与积极性，延长了传播时间。

（3）QQ用户作为此次活动的接触点，与可口可乐核心消费群体高度重合。在这次的营销传播活动中，QQ 既是品牌与受众的接触点，也是品牌传播的端口，达到了活动与用户的一对一接触，并且通过图标、小窗等手段让用户维持对这一活动的持续关注，从而达到受众与活动每分每秒的第一时间精细接触。

（4）以上的种种活动为此次的合作方可口可乐打造了一个与其他奥运赞助商完全不同的"营销盛世"，最终完成了品牌推广的差异化。

对于任何一个想尝试在线营销的广告主来说，可口可乐火炬在线传递活动都是一个百看不厌的经典案例，无论是看最终的营销效果评估数据，还是从最初的策划、创意初衷，以及执行过程，都堪称精彩，因此它捧得成功营销案例奖是毫无悬念的。

4.4 社交网站营销

随着互联网 Web2.0 技术的发展，一种名为 SNS(Social Network Sites，社交网站)的应用受到人们的广泛关注，以 Facebook、Friendster、人人网、开心网、白社会等平台为代表，网民正逐渐形成基于网络社交关系的参与和分享习惯。SNS 以其真实、参与、互动、对话、时效、公开等特点为企业提供了巨大的营销优势，客户可以使用社交网站和其他简单而有效的网络媒体传播营销信息，允许几乎任何人无数个点之间的连接。截至 2014 年 6 月，我国社交网站用户规模为 2.57 亿个。

4.4.1 社交网站营销的概念及特点

1. 社交网站营销的含义

社交网站(SNS)专指旨在帮助人们建立社会性网络的互联网应用服务，它是基于六度分割理论发展起来的社会网络关系系统的网络形态，以网络人际关系为核心，无限扩张其人脉，为用户提供随时、随地的互动沟通和人际关系管理。

社交网站营销是利用 SNS 网站借助社会化媒体的分享和共享功能，在六度分割理论基础上实现的一种营销服务。通常以病毒式传播的手段，让产品在很短时间里被众多的人知晓。

微型案例 4-9

黑天鹅蛋糕的社会化媒体营销

黑天鹅蛋糕是国内著名烘焙企业好利来集团推出的顶级蛋糕品牌，也是好利来集团倾力打造的中国顶级蛋糕。2009 年 12 月 24 日首批黑天鹅"尊贵至美系列"，已在北京、天津、沈阳等城市陆续上市。这个系列 24 款蛋糕造型华美堪称艺术品，由来自法国的美食家吉罗德·玛里第特与 8 位好利来金牌蛋糕师合力打造，选用全球顶级原料，采用最纯正的工艺与最严苛的质量保障体系，力求将欧洲蛋糕的品质文化理念、日本蛋糕的口味调制理念和好利来蛋糕的情感表达理念融为一体。

黑天鹅蛋糕面临两项挑战：其一，如何有效扩大黑天鹅蛋糕品牌影响力及清晰传递品牌奢华理念。其二，传统行业如何更好地利用社会化媒体融入消费者之中。

黑天鹅蛋糕的目标受众定位为高端人群。这类人群经济能力强，喜欢有品位的生活，愿意纪念每一个纪念日。黑天鹅蛋糕就是要这群人认同、赞同黑天鹅蛋糕倡导的生活态度，从而深刻地、发自内心地认知黑天鹅蛋糕的品牌品质、品牌理念。

中海互动首先将黑天鹅蛋糕营销所涉及的媒体类型划分为 Paid Media、Owned Media、Earned Media 三大类，然后为其规划出各个平台不同的身份和使命，并以不同平台的营销目标为基础整理出一套完善的平台内容发布机制和对话机制。以通过社交媒体与已有用户和潜在用户进行融入及互动为目标，结合最新的 LBS 社交网络模式，建议客户开发了移动终端 IOS 系统上的 APP 应用程序，完成了黑天鹅蛋糕在移动终端应用领域的初期占位和 Owned Media 范围的扩大的使命。在开心网等社交网站平台中建立了黑天鹅蛋糕官方 ID，有目的地寻找潜在用户，寻找已有的谈论声音进行融入交流，解决用户的实际需求和疑惑；建立素材库用于对微博内容管理的支撑；与美食达人积极互动进行关系的建立与维护，通过对名人资源的运用从而达到影响力的进一步扩散。

（资料来源：http：//www.meihua.info/knowledge/case，编者有删改）

社交网站营销是集广告、促销、公关、推广于一体的营销手段，是在精准定位基础上展开的网络营销服务，偏重于口碑效应的传播。简单地说，社交网站营销就是在社交网站上通过广告、口碑传播等进行品牌推广、产品推销等活动。社交网站营销以社会化网络与传统的论坛相结合构建的更为强大的网络社区作为媒介进行信息传播，像 Facebook、Twitter、开心网、校内网、51 网等就是社交网站营销的经典媒介。

2. 社交网站的类型

社交网站在中国经过几年的摸索和尝试，目前发展非常迅速，已经形成了社交网络业务市场。目前市场上社交网站大致可分为以下四大类：

（1）以休闲娱乐和交友为主的社交网站。这类网站以休闲娱乐和帮助打造个人关系圈而受到广泛欢迎，如开心网、51 网、QQ 校友、猫扑、优酷网等。

（2）以物质消费为主的社交网站。这类网站主要以餐饮娱乐、房地产交易、生活服务等形式开展社交服务，涉及各类产品消费、休闲娱乐、生活百事，如大众点评网、口碑网等。

（3）以文化消费为主的社交网站。这类网站实际上是一个社交、互动及增值服务的互联网平台，以书籍、影视、音乐等城市独特的文化生活吸引一大批忠实的用户，如豆瓣网、聚友网、友宝网等。

（4）综合型社交网站。这类网站可以为用户提供生活、社会、文化、情感、娱乐、文学、经济、教育、科技、体育等综合信息，同时也为用户提供稳定安全的数据存储空间和便捷的交流平台，如 Facebook、白社会、协助网等。

3. 社交网站营销服务的特点

社交网站营销的核心是关系营销，社交的重点在于建立新关系，巩固老关系。社交网站营销的主要特点体现在以下几个方面：

（1）强大的用户资源。社交网站上没有特定的用户群体，人员分布很广泛，全国各地、各行各业都有；可以作为普遍宣传手段使用，也可针对特定目标，组织特殊人群进行重点宣传。

（2）用户依赖性高。由于社交网站积累了较多的资源，所以社交网站用户可以很容易在网站上找到想要的信息，从而拥有较高的用户黏度。

（3）可信度高。社交网站营销直接面对消费人群，目标人群集中，宣传比较直接，可信度高，更有利于口碑宣传。

（4）互动性较强。在社交网站，人们可以就自己喜欢的当下热点话题进行讨论，也可以通过投票和提问，调动所有人的智慧。

（5）反馈及时。社交网站直接掌握消费者反馈信息，可以针对消费者需求及时对宣传战术和宣传方向进行调查与调整。

微型案例 4-10

汽车品牌蒙迪欧的社交网络发布会

2011年3月28日，福特旗下高端汽车品牌蒙迪欧2011款全新亮相人人网，成为首个使用社交媒体发布新款汽车的品牌。在这场以"蒙迪欧就是答案"为主题的社交网络发布会中，蒙迪欧发布了五个关于新车的互动视频，而答案就藏在蒙迪欧的上市广告片中。在网友找到答案之后，活动网站还会公布含有答案的完整版视频，让网友围观分享。和新车发布会同时上线的还有福特蒙迪欧人人网公共主页，粉丝们每天都能在这里了解关于新款蒙迪欧"更强动力，更低油耗"的绿色驾驶秘密，蒙迪欧也将在此获取更多的消费者反馈信息，与消费者亲密对话。这次合作还动用了人人网全新的广告形式进行了大规模的新车曝光，包括登录页超大疯狂广告、带社交元素的社会化广告等。通过人人网的社交平台，将福特蒙迪欧的品牌理念、上市信息和产品诉求，最大范围地传递给核心消费者，并且获得消费者的认可与好感。

4.4.2 社交网站营销的理论基础

1. 六度分割理论

20世纪60年代，美国耶鲁大学的社会心理学家米尔格兰姆设计了一个连锁信件实验。米尔格兰姆把信件随机发送给居住在内布拉斯加州奥马哈的160个人，信中写有一个波士顿股票经纪人的名字，并要求每名收信人把这封信寄给自己认为是比较接近这名股票经纪人的朋友。朋友收到信后，再把信寄给他认为更接近这名股票经纪人的朋友，最终大部分信件都寄到了这名股票经纪人手中，每封信平均经手6.2次到达。于是，米尔格兰姆提出六度分割理论（Six Degrees of Separation），认为世界上任意两个人之间建立联系，最多只需要6个人。

社交网站营销的理论基础正是"六度分割"。六度分割理论指出：任何两个陌生人之间所间隔的人不会超过6个。也就是说，最多通过6个人就能够认识任何一个陌生人，这就是六度分割理论，也叫小世界理论（Small World Phenomenon）。

微型案例 4-11

一家德国报纸接受了一项挑战，要帮法兰克福的一位土耳其烤肉店老板，找到他和他最喜欢的影星马龙·白兰度的关联。结果经过几个月，报社的员工发现，这两个人只经过不超过6个人的私交，就建立了人脉关系。原来烤肉店老板是伊拉克移民，有个朋友住在加利福尼亚州，刚好这个朋友的同事是电影《这个男人有点色》的制作人的女儿在女生联谊会的结拜姐妹的男朋友，而马龙·白兰度主演了这部片子。

（资料来源：http://baike.baidu.com/view/59960.htm）

六度分割理论并不是说任何人与人之间都必须要通过6个层次才会产生联系，而是表达了这样一个重要的概念：任何两位素不相识的人之间，通过一定的联系方式，总能够产生必然联系或关系，如图4-3所示。显然，随着联系方式和联系能力的不同，实现个人期望的机遇将产生明显的区别。

图4-3 六度分割理论示意图

2. 150定律

英国人类学家罗宾·邓巴曾对人类大脑和社会网络进行过一些研究，根据其对灵长类动物和人类的研究结果，邓巴博士认为人类脑皮层的容量决定了其社会交往对象的数量。对任何时代而言，人类能够维持的有效人际关系数量是非常稳定的，即人类能够维持最大人际关系数量为147.8人（约150人），人们将其研究理论称之为"150定律"（Rule of 150）。后来马尔科姆·格兰德威尔考证了一个名为"郝特兄弟会"的欧洲农民组织，这个组织有个约定俗成的规定：聚集人数限定在150人规模内，如果超过这个数字，就将它发展成两个。

150定律与社交网络相结合，能形成更大圈子的稳定人际关系。此理论近似六度分割理论，可以将人脉连接成可编制的网络。

3. 六度分割理论与150定律产生聚合的商业价值

六度分割与互联网的亲密结合，已经开始显露出商业价值。人们在近几年越来越关注社会网络的研究，很多网络软件也开始支持人们建立更加互信和紧密的社会关联，这些软件被统称为"社会性软件"（Social Software）。例如，博客就是一种社会性软件，因为博客写作所需要的个性和延续性，已使博客作者圈这种典型的物以类聚的生态形式，越来越像真实生活中的人际圈。国外现在更流行的是一种快速交友，或者商业联系的工具，如LinkedIN。人们可以更容易在全球找到与自身有共同志趣的人、更容易发现商业机会、更容易达到不同族群之间的理解和交流等。

社会性软件的核心思想其实是一种聚合产生的效应。人、社会、商业都有无数种排列组合的方式，如果没有信息手段聚合在一起，就很容易损耗掉。WWW（World Wide Web）成功地将文本、图形聚合在一起，使互联网真正走向应用；即时通信又将人聚合在一起,产生了ICQ、QQ这样的工具。然而这还是虚拟的,虚拟虽然是网络世界的一种优势,但是与商业社会所要求的实名、信用隔着一条鸿沟。通过熟人之间通过"六度分割"产生的聚合,则可以产生一个可信任的网络,这其中所蕴含的商业潜能无可估量。

聚合作为社会研究的对象也具有实际价值。康奈尔大学的科学家开发了一个算法,能够识别一篇文章中某些文字的"突发"增长,而这些"突发"增长的文字可以用来快速识别最新的趋势和热点问题,因此能够更有效地筛选重要信息。过去很多搜索技术都采用了简单计算文字/词组出现频率的方法,却忽略了文字使用增加的速率。如果这种方法应用到广告上,就可以快速找到潜在的需求风尚。社会、网络、地域、商业、博客、社交网站等,一旦找到聚合它们的商业价值,被改变的绝不仅仅是网络世界。

六度分割理论与150定律作为社交网络营销服务的理论基础,很好地阐述了一个网状的社会结构,增强了不同节点之间的联系,然而它并不完整,作为社交网络营销服务的理论基础还需要在实践应用中不断发展与完善。

4.4.3 社交网站营销的实施技巧

在基于Web2.0的社交网络环境下,消费信息的获得不再是一个主动搜索的过程,而是关系匹配—兴趣耦合—应需而来的过程。营销信息传播的含义甚至也在发生改变,不再单纯是广而告之想要告诉别人的信息,而是去响应、点燃那些人们已经蕴含在内心、表达在口头、体现在指尖的需要。那么,如何有效地开展社交网络营销活动?

1. 实施前的准备

企业开展社交网络营销活动,首先需要明确以下几个问题:营销活动目标客户是谁?营销的目标是什么?采用什么样的营销策略?营销的媒介和平台是什么?如何科学地评价营销活动的效果?

其次需要准备好以下内容:

(1) 创建大量的有价值的新闻事件、视频、Twitter、博客来吸引关注。

(2) 建立多种渠道让公司品牌的粉丝或者公司自身能够以多种方式来推广自己(双向的),比如Twitter、Myspace、Facebook等。

(3) 开展对话。一般社会化媒体的社交网站营销不是全部都能由企业控制,应允许用户参与和对话,并且尊重用户。

2. 企业实施社交网络营销的一般过程

社交网络营销的一般过程包括接触消费者、让消费者产生兴趣、消费者与品牌互动过程、促成行动、分享与口碑传播5个步骤。

(1) 接触消费者(Touch):为了满足用户的情感交流、社交网站互动、APP娱乐等消费者诉求而提供的各种产品和服务,这些产品成为广告主接触用户的途径,为广告主直接定位目标用户提供条件。

(2) 让消费者产生兴趣(Interest):将企业精准定向的Banner广告通过广告创意与目标用户群相结合,同时通过好友关系的传播再结合品牌娱乐化引起用户的兴趣,激发用户的潜在消费欲望。

(3) 消费者与品牌互动过程(Interactive)：在不影响用户操作体验的前提下，通过APP植入的方式与消费者进行互动，增加消费者对品牌的认知。

(4) 促成行动(Action)：通过之前消费者和品牌的互动，娱乐过程中提升消费者对品牌的认知度、偏好度和忠诚度，从而实现用户线上或是线下的购买行为。

(5) 分享与口碑传播(Share)：用户与品牌的互动和购买行为并非最终目的，社交网络营销期望用户在产品体验之后，分享自己的使用心得，然后通过好友间的信任关系对企业品牌和产品进行分享传播，从而带来更高的关注度，形成更广更大的客户群体，最终形成循环的源源不断的营销过程。

3. 实施社交网络营销的技巧

1) 不断推出创新的营销方式

社交网络营销由于形式和技术的限制，仅仅基于社交平台的营销能够发挥的空间已经很小，无论是@好友，还是在社交游戏中植入广告，这些方式带给消费者的新鲜感正在迅速退去，未来的趋势是将社交网络上的营销与线下的营销活动打通，形成一整套跨越线上线下的整合营销方案，国外已经不乏类似的例子。

微型案例 4-12

2011年11月，美国的鲜花礼品公司1-800-Flowers在Facebook上完成了一次颇具创意的营销活动。朋友过生日的时候，在社交网站上送一件虚拟的小礼物已经成为今天许多人增进感情的一种方式，1-800-Flowers从中看到了机会。用户只要在Facebook上安装一个1-800-Flowers的App，就能够花一美元为朋友送上一枝虚拟鲜花；接着1-800-Flowers会统计"寿星"收到花的种类和数量，随后将这些"虚拟鲜花"变为真的鲜花送到寿星家中。更有趣的是，在包裹鲜花的包装纸上印满了送花朋友们的Facebook头像。

2) 转变个体消费者关系

社交网络的基础是个体消费者关系。社会媒体首先在同类人群中发现影响者或意见领袖，邀请有影响力的顾客参与对话，说出其体验或对品牌的感受，同时也邀请其他顾客参与。

微型案例 4-13

美国一家银行的某位高管在Twitter上提供真正的个性化服务；ING Direct(荷兰国际集团旗下具有独立法人资格的网上银行)加拿大分部的CEO则在Facebook上露面，建立消费者对品牌的依赖感；麦当劳邀请了妈咪运动的成员(妈咪运动是博客和社区网站最有影响力的目标之一)参观麦当劳的厨房，看麦当劳的食物是如何达到质量标准的，并在"妈妈的质量通讯"博客上分享她们的体验。

3) 发起传统品牌促销活动

如何利用社会媒体来获得目标顾客的关注？其实工具并不重要，关键在于知道人们想要什么、受众在哪里。企业应该将网络看成一个允许双向沟通的工具，并借此接触客户，与其进行有效对话。社交网站是关于品牌及其认知度的平台，用户会考虑这些信息是否有用且可信，并会对有违社交网络社会化、信任本质的虚假促销信息做出激烈反应。如果企业在社会媒体上制造虚假的记录、视频、内容和评论来支持营销效果，只会带来坏结果。

 微型案例 4-14

加拿大哥伦比亚省的花旗银行曾在 Facebook 发布"注册退休储蓄计划"产品的新闻,提升它在年轻人中的品牌知名度,在社交网络普及以前公司很难接触到这些年轻人;戴尔公司则在 Twitter 上向 60 万名粉丝发送信息,销售出了 300 万美元的产品,戴尔已成为 Twitter 网站上粉丝最多的前 100 名账号之一;其他品牌如捷蓝航空、美国全食超市和扎珀斯在 Twitter 上也有大量的粉丝。阿迪达斯曾借助社交网络的力量,将一款新鞋的质量问题带来的负面影响降到了最低。

4) 培养内部关系和文化

企业对社交网站的运用不仅仅在于外部,还可以通过内部平台授权员工,询问员工对如何提高效率、应对营销挑战或是参与外部社会媒体的想法。内部员工也是顾客,其中许多人已经是公司品牌的粉丝,如果提供一个平台,公司就会收获很多真知灼见。如果员工被邀请参与订阅型(Subscription-based)的内部社区中,会觉得自己与网络更相关。维持一个活跃的社区需要有人引导(如来自 IT 部门的人员),并要有基本的社交网络准则,如网络礼仪和机密性——明确哪些内部信息可以发布在防火墙之外等。

企业已不能再仅仅依靠传统的销售信息吸引大量顾客,应该更多地了解顾客在讨论什么,有什么情感,并参与其谈话。当顾客知道企业正在努力尝试改变时,也更愿意倾听企业的声音。

 微型案例 4-15

Peppers & Rogers 集团、美国 SAS 软件研究所和 Jubelirer Research 公司发起的 2009 "客户体验成熟度监测研究"表明,个性化客户关系仍然是个挑战。在制定区别对待跟踪策略,对各产品和渠道的客户体验进行管理方面,只有 18% 的受访者认为它们表现良好或优秀。这对企业的社交网络准备工作、依赖个体互动获得深刻的认识方面提出了严峻的挑战。

把每个消费者都视为有话要说的真正个体,这将挑战基本的营销假设,企业还有大量工作要做。要让社交网站真正植根于高层管理人员心中,企业需要重建营销文化。

5) 开发或收购新产品和服务

产品创新是企业生存的先决条件,并且会受到社会媒体的巨大影响。最近的研究表明,社区使用者参与的、受社会媒体帮助的产品研发活动会产生更多、更新、更可行的商业用途。

微型案例 4-16

戴尔的社区网站创意风暴表示:"作为戴尔的顾客,请将你们希望戴尔开发的新产品和服务告诉我们……我们希望本网站能够鼓励你积极坦率地表达你的想法。"该网站把产品和服务分成许多类别,参与者都可以参与讨论。

联合利华的"多芬真美无界限"活动,成功地把联合利华的形象由成熟稳重扭转为前卫时尚。该活动就是与多芬的核心受众进行直接的病毒式营销沟通。

产品开发者在调查某种产品供应、改变价格或改变产品/服务的功能后,越来越多地采用社会论坛来获得反馈。在论坛中企业要有勇气把产品最坏的一面展现出来,与顾客进行真正对话和交流体验，找出顾客不满意的方面，并鼓励消费者说一些正面的评价。

利用社会媒体改进或开发新产品/服务的企业，目标在于更简单地确定顾客优先事项，接触企业内部人员并不具备的技能和想法，从而更快地走向市场，这将极大地降低获取和留住顾客的成本。

4.4.4 社交网站营销的效果评价

早期的社交网站营销人员通常只是想获得意见，并不真正关心效果。随着价值的增长，人们越来越关注社交网站营销服务的绩效衡量。到目前为止，人们评价社交网站营销服务的绩效大多采用传统的数量指标，如网站流量、网站点击率、打开率、点击次数、在线时长、回复与非回复率、留言率及评论率等。这些指标对于评价社交网站营销服务的绩效都有一定的作用，但仅通过这些来衡量，往往会滋生一种"越多越好"的心态。实际上，成功的社交网站营销更多地依赖于定性的评价、互动氛围、质量和顾客利益等满意的信号。这些定性的测量结果可以普遍应用于网络营销服务，是项目实施的重要依据，并且实现了企业高层管理人员对社交网站投资回报的期望。

社会媒体在衡量消费者行为方面已经越来越科学，甚至可以记录顾客潜意识的瞬间转变，计算能力和事件驱动的追踪模型都能比以往获得更深刻的见解。因此，企业高层决策制定者应该知道如何利用数据来判断互动的深度、互动的特点及品牌认知。

对消费者怎样权衡不同的需求、产生的结果及与产品互动的行为进行建模，一直是传统顾客关系管理的组成部分。利用诸如 Facebook 这样的社交网络工具，行为建模不仅能帮助追踪个体客户，而且它自身也可以是关系流程的一部分。

广告代理机构也在寻求测量工具，并在分析和建模方面进行了大量的投入，以求改进预测水平，制定对客户有意义的绩效指标。企业确切地知道应该在哪里投放广告、投放多长时间，以及跨媒体投放广告可能产生的相互影响，将有助于量化客户转换时刻并将其转化为购买成本模型。一些广告代理商正设法解决"数据是如何收集的"这一问题，建模算法可以解释某种特征应答及非特征应答，可以解释能追踪到的行动及追踪不到的行动。

但总体来说，社交网站营销服务作为一项商业实践，目前仍处于发展的初级阶段。企业必须高度关注消费者的接受程度，搞清楚作为一种社会媒体的社交网络在营销服务方面究竟可以在多大程度上发挥作用。

4.4.5 典型案例：开心网的"悦活种植大赛"

"悦活"是中国某粮油食品进出口集团旗下的首个果蔬汁品牌，在其上市之初，并没有像其他同类产品那样选择在电视等媒体上密集轰炸，而是选择了互联网。当时开心网正火，于是在2009年该集团与开心网达成合作协议，以当时最火的开心农场游戏为依托，推出"悦活种植大赛"，通过社交网站站点来进行营销推广，显然这次的社交网站营销做得很成功。

1. "悦活"产品品牌特色

"悦活"源于当下流行的乐活概念，由音译 LOHAS 而来，是英文 "Lifestyles of Health and Sustainability" 的缩写，意为以健康及自给自足的形态过生活，强调"健康、可持续的生活方式"。"悦活"的四大品牌主张是：产地限定、加工全程零添加、产品信息全程可追溯、支持生态农业。当时生产"悦活"果蔬汁的包装瓶上醒目地标上了"产地限定""无添加"和"100%FRUIT JUICE"字样。定价是280毫升4.9元，超出同类果汁饮料。

"悦活"的目标群：向往乐活生活的都市白领，年龄在25—40岁，受教育程度高，对生活追求健康，对产品要求自然。

2. 活动筹备阶段

2008年6月，"悦活"找到了开心网，希望能在这个刚刚流行起来的社交类网站上投广告。但当时的开心网并没有考虑发展广告业务，以"目前业务重点以发展客户为主"拒绝了这笔生意。2009年3月，"悦活"再次找到这家网站，因为这年2月底开心网在页面上推出了一款新游戏——花园种植，随着花园的人气飙升，大部分的开心网用户黏在上面种地、偷菜、忙得不亦乐乎。可两个月之后，大部分用户已经升到最高级别，重复种植已经没有兴趣。花园组件兴趣减弱，一些社区论坛上出现了"你最可能因为什么厌倦开心网花园游戏"的投票，绝大部分投票者都选择"没有新作物""钱多了就变成数字，没有意义"。

"悦活"品牌公司通过了解开心网用户的活动轨迹和喜好程度，迅速选择合适时间进入，从2009年2月到5月，花园的玩家需要新东西来刺激兴趣，正好可以借此把产品转化为新亮点，将虚拟的种植辅以现实的奖品刺激。于是委托竞立传媒代理，和开心网继续商谈一年前的合作意向。从商谈合作到线上推广，仅一个月时间。

3. 活动阶段

2009年5月16日，"悦活种植大赛"正式上线。用户直接在果园界面的道具商店内领取悦活产地场景卡，安装后再到种子商店中购买悦活种子，播种后即开始参赛。

在开心网花园的悦活种子代表了悦活品牌的5个产品品种：红色5+5、橙色5+5、悦活石榴、悦活番茄、悦活橙子。通过果实饱满的形象表现以及开心网花园场景卡，悦活的产品被巧妙植入。

游戏中网友不但可以选购和种植悦活果种子，还可以将成熟的悦活果榨成悦活果汁，并将虚拟果汁赠送给好友。游戏中还设置了这样一个环节：每周从赠送过虚拟果汁的用户中随机抽取若干名，获得真实果汁赠送权。悦活品牌公司为此拿出1万套礼盒作为奖品，在现实中赠送礼盒。

除此以外，在游戏当中还可以抽取牧场小白兔。在这次活动的基础上，悦活又在开心网设置了一个虚拟的"悦活女孩"，并在开心网建立悦活粉丝群，用户可以和"悦活女孩"共同分享、探讨生活中的种种。通过这个虚拟"悦活女孩"，向用户传播悦活的理念。

线上活动持续时间从5月16日到6月25日，8月15日集团在北京西单大悦城设立了一个酷似开心网"悦活种植大赛"的场景，让悦活果园的玩家有机会在现实版开心花园里过一把偷果子的瘾。活动仅开始两天，已吸引了近3万人参与。

4. 活动效果

这次活动获得了极大的成功。活动刚上线便受到追捧，第一天上线注册访问量已经超过了10万人次，悦活的粉丝群超过了10万个。两个月的时间，参与悦活种植大赛的人数达到 2280 万人，悦活粉丝群的数量达到 58 万个，游戏中送出虚拟果汁达 102 亿次。

几乎每位玩家的农场角上都竖立着"悦活"的标志。同时，线上的活动也带动了线下的销售。很多消费者在购买果汁时就能说出产地，这是因为游戏中设置了 4 个产地场景卡，代表了悦活果蔬汁的原料产地。不同的场景卡能让游戏中的果实提前成熟，用户因此对悦活产品的产地印象深刻。根据某咨询公司调研报告，悦活的品牌提及率短短两个月从零提高到了 50% 多，品牌价值直线上升。

（资料来源：http：//wenku.baidu.com，编者有删改）

5. 案例评析

（1）由于该活动植入的自然巧妙、生动有趣，所以活动刚上线便受到追捧，悦活玩转开心农场把虚拟变成现实，为游戏增添趣味，提升了用户的积极性。

（2）悦活将活动第二阶段命名为"悦活城市季"，巧妙地将现实中向来非常火爆的中国城市排名的概念引入其中——悦活城市指数排名领先的前 3 名城市将获得"最 LOHAS"城市称号，一经推出就能拨动城市人敏感的神经，吸引无数的眼球，同时一些公益举措也随之亮相。如此一来，"种果""偷菜"这样的寻常小事顷刻间升级为关乎城市 PK 的荣誉之战，引得整日于办公室的枯燥乏味中的白领们纷纷摩拳擦掌争相加入，并呈燎原之势迅速在开心网的 3000 万个用户中蔓延开来。

（3）"悦活种植大赛"仅仅是一场网络活动，但就是这样一场小小的网络活动，却牵动了 3000 多万个白领精英，借助社交网站开展网络营销的巨大影响力由此可见一斑。

4.5 网络视频营销

中国互联网数据平台的相关数据显示，网络视频是用户人均单日访问时间最长的应用。截至 2014 年 12 月，中国网络视频用户规模达 4.33 亿，其中手机视频用户规模为 3.13 亿。2008—2014 年中国网络视频行业用户规模数据分析如图 4-4 所示。网络视频用户规模及使用率是开展网络视频营销服务的重要基础。

4.5.1 网络视频营销的含义

网络视频营销是指企业通过数码技术将各种产品营销现场的实时视频图像信号或展示企业形象的视频信号以各种视频短片形式放到互联网上，从而达到一定宣传目的的营销手段。网络视频广告的形式类似于电视视频短片，但平台却在互联网上。

微型案例 4-17

2006 年 11 月，一个叫作"如何在 YouTube 上现眼"的视频在两天内吸引到了 40 万人次的观看次数。视频中顶着鸟窝头的年轻人在镜头前完成了各种各样悲剧性的演出，似乎命运在任何时候都与他作对。在看热闹的心态趋势下，网民们把这段视频"点"上了排行榜的第一名，并且传播到各大网站中。虽然这段视频看起来简单而粗糙，像极了"家庭滑稽录像"里的作品。不过，在视频结束后，观众会在页面上发现这其实是松下"不可否认的电视"的活动广告。这个活动让人们用视频"描述某件不可否认的事情"，获胜者将会获得一台液晶电视和手持摄像机。最终，这个活动吸引到了十几万人参与其中，取得了非常好的效果。

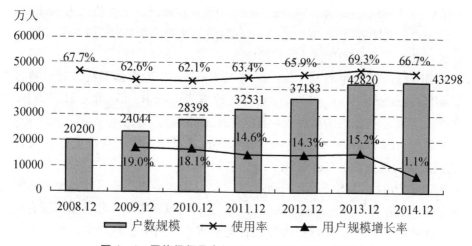

图 4-4 网络视频用户规模和使用率(2008—2014 年)
(资料来源：CNNIC 中国互联网络发展统计调查，2015 年 2 月)

企业将包含营销信息的各种视频与互联网结合，使得这种营销形式既具有电视短片的感染力强、形式内容多样、极富创意等特征，又具有互联网营销的互动性、主动传播性、传播速度快、成本低廉等优势。

4.5.2 网络视频营销信息传播渠道

网络视频营销的营销信息传播目前主要有利用互联网进行网络视频直播、利用网络流媒体系统进行营销视频传播等几种渠道。

1. 利用互联网进行网络视频直播

网络视频直播是将电视直播手段与互联网视频系统相结合的一种传媒或宣传手段，主要由音视频编码工具、流媒体软件与数据、视频服务器网络主机、接入网络、播放端等元素组成。

(1) 音视频编码工具。用于创建、捕捉和编辑多媒体数据，形成流媒体格式，这可以由音视频编码工作站、音视频切换器、摄像设备组成。

(2) 流媒体软件与数据。流媒体服务器软件系统、编码软件，还有文件格式如 WMV、ASF 等的视频流。

(3) 视频服务器网络主机。用于安装流媒体系统，并且存放和控制流媒体的数据。

(4) 接入网络。主要是直播现场网络接入。

(5) 播放端。就是供客户浏览的端口，可以是网络播放器，也可以是网站页面，还可以是户外 LED 视频显示器。

2. 利用网络流媒体系统进行营销视频传播

目前可用于营销视频传播的网络流媒体系统主要有微软的 WMS 流媒体系统、RealNetworks 公司的 RealServer 与 Helix Server 流媒体系统、苹果公司的 QuickTime

Streaming Server 流媒体系统、Adobe 公司的 FMS 流媒体系统等。

（1）微软的 WMS(Windows Media Services)流媒体系统。文件格式为 ASF(Advanced Stream Format)，文件后缀为 .asf 和 .wmv，对应的客户端播放器是 Media Player。适用于视频点播与直播，且与 P2P 技术容易结合。

（2）RealNetworks 公司的 RealServer 与 Helix Server 流媒体系统。对应的客户端播放器是 RealPlayer 或 RealOne Player，它的文件格式包括 RealAudio、RealVideo 和 RealFlash 三类。适用于视频点播与直播，且与 P2P 技术容易结合。

（3）苹果公司的 QuickTime Streaming Server 流媒体系统。这类文件扩展名通常是 .mov，它所对应的播放器是 QuickTime。

（4）Adobe 公司的 FMS(Flash Media Server)流媒体系统。是目前视频和实时通信领域业界领先的解决方案，与 Adobe Flash Player 运行时紧密集成，几乎横跨所有操作系统和屏幕，文件格式是 FLV。优点是占用缓存与带宽小，用于视频分享是最有效的，缺点是不能运用 P2P 技术。

4.5.3 网络视频营销服务方式

1. 网民自创视频内容

网民的创造性是无穷的，而且在视频网站，网民们不再被动接收各类信息，而是能自制短片上传并与别人分享。除浏览和上传之外，网民还可以通过回帖就某个视频发表见解和评分。因此，企业完全可以把广告片、新产品信息以及一些有关品牌的元素等放到视频平台上来吸引网民的参与而达到营销的目的。例如，企业可以向网友征集视频广告短片，对一些新产品进行评价等，并给参与者一定的奖励。这样不仅可以让网友有收入的机会，同时也是非常好的宣传机会。

2. 病毒式网络视频营销

开展网络视频病毒式营销的关键在于企业需要有好的、有价值的视频内容，然后寻找到一些易感人群或者意见领袖帮助传播。网民看到一些经典的、有趣的、轻松的视频总是愿意主动去传播，通过受众主动自发地传播企业品牌信息，视频就会带着企业的信息像病毒一样在互联网上扩散。

3. 事件视频营销

所谓事件视频营销，是指企业通过策划、组织和利用具有新闻价值、社会影响以及名人效应的人物或事件，吸引媒体、社会团体和消费者的兴趣与关注，以求提高企业或产品的知名度、美誉度，树立良好品牌形象，并最终促成产品销售或服务消费的手段和方式。由于这种营销方式具有受众面广、突发性强、宣传成本低等特点，能在短时间内使信息传播达到范围最大、效果最优，近年来已成为国内外流行的一种公关传播与市场推广手段。

事件营销一直是线下活动的热点，国内很多品牌都依靠事件营销取得了成功，其实，策划有影响力的事件，编制一个有意思的故事，将这个事件拍摄成视频，也是一种非常好的方式，而且有事件内容的视频更容易被网民传播，将事件营销思路放到视频营销上将会开辟出新的营销价值。

微型案例 4-18

2008年中国汶川遭遇了前所未有的8.0级地震，5月18日在央视为四川汶川大地震举办的赈灾晚会上，王老吉公司向地震灾区捐款1亿元，此举让含着眼泪收看晚会的全中国电视观众赞叹不已。王老吉是一个民营企业，一亿元的金额有可能是企业一年的利润，企业如此慷慨的行为让所有人为其叫好。

4．整合传播

由于每一个用户的媒介和互联网接触行为习惯不同，这使得单一的视频传播很难有好的效果。因此，视频营销首先需要在公司的网站上开辟专区，吸引目标客户的关注；其次，也应该跟主流的门户、视频网站合作，提升视频的影响力；此外，对于互联网的用户来说，线下活动和线下参与也是重要的一部分，因此通过互联网上的视频营销，整合线下的活动、线下的媒体等进行品牌传播，将会更加有效。

4.5.4 网络视频营销服务内容

1．视频拍摄

主要采用DV或摄像机进行企业宣传片的拍摄，关键点是视频策划与剪辑。企业宣传片是企业自主投资制作的专题片，一般主要介绍企业的主营业务、产品、企业规模及人文历史等。企业宣传片制作分前期与后期两部分：前期包括策划及拍摄两部分；后期包括剪辑、特效、动画、影音合成等。企业宣传片的拍摄在清晰度上可采用标清、高清等模式，它仍然属于广告行业而不是新闻行业范畴。

企业宣传片从内容上分主要有两种，一种是企业形象片，另一种是产品直销片；从宣传目的上分4种，即企业宣传片、企业形象片、企业专题介绍片和企业历史片。企业宣传片已成为每个企业必需的展示方式，每个企业都希望借助片子充分展现企业的现有发展状态，表现其价值取向、文化传承、经营理念、产业规模等。

企业宣传片对企业内部的各个层面有重点、有针对、有秩序地进行策划、拍摄、录音、剪辑、配音、配乐、动画、特效、合成输出制作成片，目的是凸显企业独特的风格面貌、彰显企业实力，让社会不同层面人士对企业产生正面良好印象，从而建立对该企业的好感和信任度，信赖其产品与服务。通过赋予独特内涵，帮助企业树立具有竞争力的综合形象。

企业宣传片的直接用途主要有促销现场、项目洽谈、会展活动、竞标、招商、产品发布会、网络宣传推广等。

2．网络视频后期制作

网络视频最关键的是内容策划而不是拍摄技术，至于拍摄技术一般用DV拍摄就可以了，有特殊要求的可以用标清格式拍摄。网络视频后期制作主要是 Flash 动画和三维动画效果的制作。

1) Flash 动画

Flash 是美国的 Macromedia 公司于 1999 年 6 月推出的优秀网页动画设计软件。它是一种交互式动画设计工具，用它可以将音乐、声效、动画以及富有新意的界面融合在一起，以制作出高品质的动画效果。Flash 动画说到底就是"遮罩＋补间动画＋逐帧动画"与元件（主要是影片剪辑）的混合物，通过这些元素的不同组合，从而可以创建千变万化的效果。

2) 三维动画

三维动画又称 3D 动画，是三维动画软件在计算机中首先建立一个虚拟世界，设计师在这个虚拟的三维世界中按照要表现的对象的形状尺寸建立模型以及场景，再根据要求设定模型的运动轨迹、虚拟摄影机的运动和其他动画参数，最后按要求为模型赋上特定的材质，并打上灯光。当这一切完成后就可以让计算机自动运算，生成最后的画面。三维动画可以用于广告和电影电视剧的特效制作（如爆炸、烟雾、下雨、光效等）、特技（撞车、变形、虚幻场景或角色等）、广告产品展示、片头飞字等。

4.5.5　典型案例：Blendtec 的"搅得烂吗"视频短片

一家生产搅拌产品的企业，会如何推广其产品，以显示产品强大的搅拌功能？或许，应该向美国 Blendtec 公司学一学。在全国最大的视频网站 YouTube 上，一个名为"Blendtec"的用户上传了一系列名为"搅得烂吗"的视频短片。

短片中的主角是一个文质彬彬、头发斑白的老头，叫汤姆，他穿着白大褂，戴着黑框的护目镜，很像一名科学家。如在"搅得烂吗之 iPhone"中，他手里拿着一部刚刚上市的 iPhone 手机，说："我喜欢我的 iPhone 手机，它能做好多事情，但是它搅得烂吗？这是个问题。"说完，他忽然把 iPhone 扔进了旁边的一部搅拌机里。在慢镜头回放的时候，iPhone 已经在巨大声响中变成了一堆黑色的粉末，还冒着烟雾。紧接着，老头揭开搅拌机盖子，说了一句："冒烟了，别去闻！"现在，所有人都知道 iPhone 被搅烂了。这段不到两分钟的搞笑视频，很快就吸引了众人的注意，浏览量迅速上升，一周便攀上了 YouTube 排行榜前列。据统计，这段视频两个月内被观看了近 270 万次，很多人还把该链接转发给亲朋好友，一时间引起了很多关注和议论。

1. 起因

2006 年 10 月 30 日，一个名叫乔治的人往 YouTube 上传了第一个"搅得烂吗"视频，视频演示的是将大理石放到搅拌机里的情形。乔治说："很多人家里的搅拌机可能连冰块都没法弄碎，他们一定会牢牢记住这个可以粉碎大理石的机器！"果然，这段只有 56 秒的视频很快就跃上 YouTube 的点击率排行。随即，其他网站开始争相转载，一周之后这段视频的总点击量达到了惊人的 600 万次。

这正中了食品搅拌机生产商 CEO 汤姆先生的下怀。他在公司里总是用各种各样奇怪的东西测试自家生产的搅拌机。有一天，市场总监乔治·赖特突发奇想，决定把这些人所罕见的古怪测试过程录下来，统统发到网上。

视频中的汤姆几乎把所有能够想到的玩意儿都塞进了桌上的搅拌机里。扑克、火柴、灯泡,甚至是大理石!每段视频的开头,老头儿都会戴着防护眼镜来上一句:"搅得烂吗?这是一个问题。"事实上"Blendtec"并不是一个无聊的人,而是一个公司的名称,粉碎iPhone 也不是为了显摆,而是为了显示那个搅拌机的强大功能。Blendtec 公司位于美国犹他州的奥勒姆市,是一家专门生产搅拌机、沙冰机等食品加工机械的制造企业。视频中那个将 iPhone 扔到搅拌机里的汤姆,就是公司的创始人兼 CEO,63 岁的汤姆·迪克森。"搅得烂吗"系列的第一次视频制作只花费了 50 美元,乔治用这些钱买了一件白大褂、注册了一个网址,还采购了一系列用于搅拌的物品,包括一把园艺耙子、一只烤鸡和一套麦当劳巨无霸套餐等。

2. 发展

在第一段视频受到广泛关注后,Blendtec 就开始陆续推出系列视频。每一次他们都会找一样新玩意儿,然后按照这个风格新拍一段上传。至今共上传了 73 段视频,平均每个月更新 3 次。被选作"牺牲品"的包括高尔夫球棒、棒球、50 颗弹珠、人造钻石、摄像机、iPod、生蚝、打火机等各种东西。尽管视频的情节和结果都类似,但观众们还是乐此不疲地观看。

为了增加视频的趣味性,Blendtec 在公司的网站上已专门列了一张表格,向网友征询可以用来搅拌的物品。倘若哪位有好的建议,只需填上并写明原因,留下自己的邮箱,然后提交给 Blendtec 就可以了,只要觉得合适,他们就会采纳然后制作。

3. 效果

因为"搅得烂吗"系列视频,汤姆还分别上了美国国家广播公司早间谈话节目《今日》和午夜谈话节目《今夜》。在《今日》节目里,汤姆搅拌的是一只烤鸡和一听罐装可乐的混合物;而在《今夜》节目中,他搅拌的则是一个钉耙柄。此外,《华尔街日报》《商业周刊》和《福布斯》等著名媒体都对"搅得烂吗"系列视频进行过报道。

自从"搅得烂吗"视频推出以后,Blendtec 的家用搅拌机总销量增长了 7 倍,是公司成立以来最佳的业绩,"搅得烂吗"系列视频也被营销界喻为"最好的虚拟营销手段"。公司营销部门也从成本中心变成了赢利中心,因为除了带动家用搅拌机的销售大幅上升之外,公司还从视频网站广告、各类商业演讲以及跟其他厂商合作推广品牌等活动中获得了不少收入,其数目已接近 6 位数。

4. 案例启示

(1) 好奇心也是营销的驱动力。好奇心能使一个人产生一种强大的获取信息的动力,期望去对事实真相一探究竟。在这个"搅得烂吗"的案例中,Blendtec 正是借助人们的好奇心,将一个普通的搅拌器化身成一个无所不能的搅拌"金刚",以低成本的表演方式、出人意料的表演内容,迅速吸引了观众的注意力。观众在会心一笑中也记住了 Blendtec 搅拌器的强大功能,可以说 Blendtec 借助消费者的好奇心从而使自己的知名度暴涨。

(2) 巧妙地应用自身的功能来宣传自己。Blendtec 的"搅得烂吗"系列视频营销浑然天成,与其他案例借由另一件相关的创意来牵扯到自己不同,Blendtec 巧妙地应用了自身的功能来宣传自己。其以 50 美元一则视频的营销投入，创造出惊人的 7 倍的销售增长，更是堪称营销传奇。

4.6 其他 Web2.0 营销服务

4.6.1 Wiki 词条营销

1. Wiki 的含义及特点

1) Wiki 的含义

Wiki 一词来源于夏威夷语的"wee kee wee kee"，发音 wiki，原本是"快点快点"的意思，被译为"维基"或"维客"。Wiki 是一种多人协作的写作工具，支持面向社群的协作式写作，为协作式写作提供必要帮助。Wiki 站点可以由多人（甚至任何访问者）维护，每个人都可以发表自己的意见，或者对共同的主题进行扩展与探讨。

Wiki 也是一种超文本的人类知识网格系统，可以在 Web 的基础上对 Wiki 文本进行浏览、创建、更改，而且代价远比 HTML 文本小。与其他超文本系统相比，Wiki 系统具有使用方便及开放等特点，可以帮助人们在一个社群内共享某领域的知识。

2) Wiki 的特点

与博客、论坛等常见系统相比，Wiki 有以下特点：

（1）使用方便。主要体现 Wiki 可以快速创建、更改网站各个页面内容；文本格式简单，基础内容通过文本编辑方式就可完成，使用少量简单的控制符测试加强文章显示效果；链接方便，通过简单的"[[条目名称]]"可以直接产生内部链接，外部链接的引用也很方便。

（2）自组织性。Wiki 整个超文本的相互关联关系也可以不断修改、优化；系统内多个内容重复的页面可以被汇聚于其中的某个，相应的链接结构也随之改变。

（3）可增长性。Wiki 页面的链接目标尚未存在，就可以通过点选链接创建这些页面，使系统得以增长；可以通过记录页面的修订历史，取得页面的各个版本。

（4）开放性。Wiki 社群内的成员可以任意创建、修改或删除页面；系统内页面的变动也可以被来访者清楚观察得到。

3) Wiki 与博客的区别

Wiki 和博客作为新兴的网络亚文化，都有相对成熟的网站制作等技术支持，其所依托的网站一般都要具有彰显个性、张扬自我的特点。但这两者也有明显的区别（如表 4-2 所示）。

（1）Wiki 站点一般都有一个明确的严格共同关注的主题，Wiki 站点的内容要求有高度相关性；Wiki 的协作是针对同一主题作外延式和内涵式的扩展，一般将同一个问题谈得很充分很深入。而博客是一个简易便捷地发布个人心得、关注个性问题的展示与交流的综合性平台。一般的博客站点都会有一个主题，但这个主题往往很松散，而且一般不会去刻意地控制内容的相关性，所以博客的主题常会在不知不觉中就发生变化。

表4-2　Wiki与博客的不同

Wiki	博客
Wiki通常由一系列随时可以再编辑的条目构成，并多按照主题分类和组织	博客通常由一系列经常变更的流水记录构成，并按照日期倒序排列
Wiki是多数人写、多数人看，每个人既是阅读者，同时也可以是书写者	博客是一个人或少数人写、多数人看，阅读者被动接受，只能在文后添加评论
Wiki没有权威或中心，以主题为主线，最强调协作、客观和中立，适合社区的知识管理与知识积累，一般适合作资料库、知识库和信息库等	博客多以个人为中心，以个人思想为主线，最强调个性化，适合个人知识管理和言论表达，一般适合作网络日记等
Wiki注重协作性，主题相对明确，内容关联性很强，组织紧密	一般是少数人关注的蔓延，主题相对松散，基本不会刻意控制内容的相关性
Wiki是体现开放、协作、平等、共享等网络文化的优秀代表	博客是个人性和公共性的结合，具有一定的共享精神和价值
Wiki允许人人当记者和编辑	博客允许人人当记者

（2）Wiki非常适合于做一种"百科全书"性质的站点，个性化在这里不是最重要的，信息的完整性和充分性以及权威性才是真正的目标。Wiki由于其技术实现与含义的交织和复杂性，如果任由社群成员漫无主题地去发挥，最终连Wiki建立者自己都会失去方向。而博客注重的是个人思想的交流，个性化是博客的最重要特色。博客的交流一般是小范围的，通常是访问者对一些或者一篇博客文章以评论的方式进行交互。

（3）Wiki使用最多也最合适的就是去共同进行文档的写作或者文章/书籍的写作。特别是技术相关的（尤以程序开发相关的）FAQ，更多的也是更合适地以Wiki来展现。博客也有协作的意思，但是协作一般是指多人维护，而维护者之间可能着力于完全不同的内容。这种协作在内容而言是比较松散的。任何人、任何主体的站点都可以博客方式展示，都有它的生机和活力。

2．Wiki词条营销服务方式

Wiki词条营销服务主要是以关键字为主，由关键字作为入口，最常用的营销手段就是在词条上面安置各种广告，如正文内容广告、URL链接广告、图片广告、图片文字注释广告、相册广告、名片广告等，以引导用户进入目的网址。目前Wiki词条营销服务具体方法主要有以下两种。

（1）为产品编辑词条。把产品的名称当作词条进行创建，为产品作详细介绍，但编辑词条时，要尽量客观地分析，以说明文的形式进行讲述，不要带有感情色彩。

（2）在词条中适当添加链接。方法是：先选择与公司产品相近的词条进行编辑或创建，然后在文中引用公司名字作为范例，同时把公司名作上外链，词条编辑时通常没有外链选项，但可以在源代码中加入，如：{<A href=" http：//abc.wm23.com/CXBBJU/"＞北京大学出版社}。

调查表明，URL链接广告是目前应用最多的Wiki推广模式之一。不同Wiki平台上的词条所包含的外部链接比例有较大差异，其中互动百科平台的词条中含有URL链接的比例最高，66.2%的词条包含 URL 链接信息。

3. Wiki 词条营销的优势

Wiki 由词条组成，每一个词条概念都经过全社会按 Wiki 严格的编辑规则编辑。词条经过多次编辑后，其内容的可信度和权威性会大大提高。因此，Wiki 词条营销具有以下优势：

（1）Wiki 可以更好地满足用户的搜索习惯。相对于搜索引擎而言，Wiki 关键词检索的结果往往更接近用户的真正意图。从信息获取的过程来看，搜索引擎只是提供了一个链接或是方向标；而 Wiki 则不仅仅是检索工具，自身还提供检索结果。搜索引擎涵盖的范围要比 Wiki 的广。但目前人们面临的不是信息缺乏的问题，相反这个世界正被过量信息所淹没，真正的问题在于如何过滤并且获取到可靠的信息。搜索引擎通常提供了太多的内容，其中多数是无意义的，在耗费了大量的时间和精力后，人们往往依旧无所适从，尽管搜索引擎也会对所链接页面的内容进行一定程度的关联度分析。Wiki 基于中立和开放的编辑模式，会把各方面的信息做客观的总结，再通过人工将信息整理、分类，形成一种网状的链接，各个条目之间的关联性十分智能，这是搜索引擎无法完成的。而且，从信息获取成本角度来看，当 Wiki 的条目达到或超过某一特定数量之后，使用 Wiki 查找信息，所付出的时间和人力成本要比搜索引擎的少得多。例如，现在 Wikipedia 英文版的条目数已经超过了 110 万条，它所拥有的知识已经形成了规模效应。国外相当数量的群体在搜索信息，尤其是事实型信息时，往往都是先使用 Wikipedia，然后才是谷歌、雅虎等搜索引擎。

微型案例 4-19

小倩想了解华硕系列的笔记本，她先通过某搜索引擎搜索"华硕笔记本"，结果为其找到相关结果约 46100000 个，出现的是各个代理或厂家的网站，真正能对华硕笔记本浅显说明的不多，再加上一堆的术语，对于不了解术语的小倩来说，即便是将配置说明得非常详细，也根本无法确定某个参数是高了好还是低了好。而后小倩借助于 Wiki 平台的问答系统，将自己的问题输入问答系统后不久，就收到了很多不同方面的说明和其他人对该问题的评价，相对网页搜索的几个厂家而言，广大的网络用户的回答是非常全面的，任何人都可以对某一个问题阐述自己的观点并得到较好的展示，搜索结果的用户体验也就非常高。在对众多讨论的观点进行总结后，小倩很快得到了比较满意的答案。

（2）利用 Wiki 平台推广易于被收录浏览。由于 Wiki 的全民互动可参与性高，用户群体广泛，内容的涉及面广而且实用性也很强，信息被收录和被用户搜索浏览到的概率更高。因此，找到内容相关性高的 Wiki 推广站点，用户浏览信息比较明确，只要网站的信息有用，点击率就会增加。由于搜索引擎对 Wiki 的友好性高，外链质量一般也较好，如果有实际的产品出售，转化率也会相应地提高。

4.6.2 网络软文营销

1. 相关定义

所谓软文，是基于特定产品的概念诉求与问题分析，对消费者进行针对性心理引导的一种文字模式，如新闻、第三方评论、访谈、采访、口碑等。软文营销是指通过特定的概念诉求，以摆事实讲道理的方式使消费者走进企业设定的思维圈，以强有力的针对性展开心理攻势迅速实现产品销售的一种营销方式。

微型案例 4-20

美国著名黑人领袖马丁·路德·金在华盛顿主持了一次有 25 万人参加的为了争取自由而举行的示威集会，发表了一篇令美国人民至今难忘的演说《我有一个梦想》。实际上，马丁·路德·金的演讲词"我有一个梦想"就是最好的软文营销模板，文中讲到"我心怀这样一个梦想，那就是我们终能填平所有的人间沟壑，夷去所有的世间屏障，变崎岖为康庄，易坎坷成平原……"其已经超越了为自己、一个小团体而奋斗的狭隘和局限，达到为全美国所有黑人的自由而鞠躬尽瘁的最高境界，收到了很好的宣传效果。

软文营销从本质上来说，是企业柔性渗透的商业策略在广告形式上的实现，通常借助文字表达与舆论传播使消费者认同某种概念、观点和分析思路，从而达到企业品牌宣传、产品销售的目的。

微型案例 4-21

国外有一家著名的 DIY(Do It Yourself)家装连锁店，其成功的秘诀就是为消费者省钱，每个员工的首要职责是告诉消费者采用哪些装修材料、工具既能满足他们的要求，又能最省钱。有一位消费者为了解决一个难题，欲购买一套价值 5000 美元的工具，该连锁店的一名员工为其提供了一个简单的解决方案，只花了 5 美元，消费者能不感动吗？下一次需要时能不来吗？

许多人会说这样的商店太傻了，应该让消费者尽量多花钱，才是快速致富之本。但这家商店这样为消费者着想，得到实惠的消费者奔走相告，广告费分文未花，每天的来客常常多得装不下，有了人气，财源自然滚滚而来。

网络软文营销则是指在各种电子网络(主要是互联网)环境下进行的软文营销，是企业利用互联网技术，整合众多网站优势资源，把企业的相关信息以软文的方式，及时、全面、有效、经济地向社会公众广泛传播的一种网络营销方式。网络软文营销服务采用的营销方式主要有企业或产品的新闻发布、论坛营销、QQ/MSN 等聊天工具营销、即时信息及 E-mail 营销、博客营销、社交网站营销等。

2. 网络软文营销的特点

(1) 具有隐蔽性。软文不同于网络广告，没有明显的广告目的，而是将要宣传的信息嵌入文字，从侧面进行描述，属于渗透性传播。其本质是商业广告，但以新闻资讯、评论、管理思想、企业文化等文字形式出现，让受众在潜移默化中受到感染。

(2) 内容丰富，形式多样，受众面广。软文由于文字资料的丰富性，传递的信息极其完整，并且不拘泥于文体，表现形式多样，从论坛发帖到博客文章、网络新闻；从娱乐专栏到人物专访；从电影到游戏……几乎遍布网络的每个角落，因此，大部分的网络用户都是其潜在消费者。

(3) 吸引力强，可接受度高。软文的宗旨是制造信任，它弱化或者规避了广告行为本来的强制性和灌输性。一般由专业的软文写作人员在分析目标消费群的消费心理、生活情趣的基础上，投其所好，用极具吸引力的标题来吸引网络用户；然后用具有亲和力或者诙谐、幽默的文字以讲故事等方式打动消费者，而且文章内容以用户感受为中心，处处为消费者着想，使读者易于接受。尤其是新闻类软文，从第三者的角度报道，消费者从关注新闻的角度去阅读，信任度高。

（4）低成本，高效益。传统的硬广告受版面限制，传播信息有限，投入风险大，成本较高。相比之下，软文营销具有高性价比的优势，信息量大，而且不受时间限制，可以在网站上永久存在。国外一份权威调查显示：企业在获得同等收益的情况下，对软文营销的投入是传统营销工具投入的 1/10，而信息到达速度却是传统营销工具的 5～8 倍。此外，软文有非常好的搜索引擎效果，通过软文营销企业的网络整合营销服务，可以进行二次传播。

（5）以消费者为中心。作为网络营销的一种新方法，软文营销主张先将重点放在研究消费者的需求和欲望上，以消费者为中心，按照消费者的需求去制定软文；研究消费者为满足其需求愿意支付的成本，然后进行双向沟通，直到达成双方都满意的价格；着重考虑给消费者提供方便，以最省时省力的方式获取信息，并着重加强与消费者的沟通和交流。

此外，软文还能够产生病毒式营销的效应，此外软文营销也还具有其他优势，如外链建设、SEO 等。

3. 软文的形式

软文之所以备受推崇，一个主要原因就是硬广告的效果下降、电视媒体的费用上涨，而媒体对软文的收费暂时比硬广告要低很多，在资金不是很雄厚的情况下软文的投入产出比较科学合理。软文主要有以下几种形式。

（1）悬念式。也可以叫设问式，核心是提出一个问题，然后围绕这个问题自问自答。例如"人类可以长生不老？""牛皮癣真的可以治愈吗？"等，通过设问引起话题和关注是这种方式的优势。但应注意所提出的问题要有吸引力，答案要符合常识。

（2）故事式。通过讲一个完整的故事带出产品，使产品的"光环效应"和"神秘性"给消费者心理造成强暗示，使销售成为必然。例如"1.2亿元买不走的秘方""神奇的植物胰岛素""印第安人的秘密"等。听故事是人类最古老的知识接受方式，所以故事的知识性、趣味性、合理性是软文成功的关键。

（3）情感式。情感一直是广告的一个重要媒介，软文的情感表达由于信息传达量大、针对性强，更容易使人心灵相通。例如"19年的等待，一份让她泪流满面的礼物"就很容易打动人。情感式最大的特色就是容易走进消费者的内心，所以"情感营销"一直是营销百试不爽的灵丹妙药。

（4）恐吓式。恐吓式软文属于反情感式诉求，情感诉说美好，恐吓直击软肋，如"高血脂，瘫痪的前兆""天啊，骨质增生害死人"等。实际上恐吓形成的效果要比赞美和爱更具备记忆力，但是也往往会遭人诟病，所以应用时一定要注意把握度。

（5）促销式。促销式软文常常跟进在上述几种软文见效时，如"一天断货三次，西单某厂家告急""中麒推广免费制作网站了"等。这种软文或者是直接配合促销使用，或者是渲染产品的供不应求，通过"攀比心理""影响力效应"多种因素促使受众产生购买欲。

（6）新闻式。所谓事件新闻体，就是将欲宣传的信息内容以新闻事件的手法去写，让人感觉就仿佛是刚刚发生的事件。但要注意这种文体需紧密结合企业的自身条件，多与策划沟通，不要天马行空地写，否则可能会造成负面影响。

(7) 诱惑式。诱惑式软文的写作往往用实用性、能受益、可占便宜等吸引访问者,让访问者主动点击这篇软文或者直接寻找相关的内容。因此,诱惑式软文要求能给访问者解答一些问题,或者告诉访问者一些对其有帮助的东西,当然也包括一些打折的信息等。

4. 经典软文案例

穿"哈特威"衬衫的男人

美国人最后终于开始体会到买一套好的西装而被穿一件大量生产的廉价衬衫毁坏了整个效果,实在是一件愚蠢的事。因此在这个阶层的人群中,"哈特威"衬衫就开始流行了。

首先,"哈特威"衬衫耐穿性极好——这是多年的事了。其次,因为"哈特威"剪裁——低斜度及为顾客定制的衣领,使得穿起来显得更年轻、更高贵。整件衬衣不惜工本的剪裁,因而更为舒适。下摆很长,可深入裤腰。纽扣是用珍珠母做成——非常大,也非常有男子气,甚至缝纫上也存在着一种南北战争前的高雅。

最重要的是"哈特威"使用从世界各地进口的最有名的布匹来缝制他们的衬衫——从英国来的棉毛混纺的斜纹布,从苏格兰奥斯特拉德来的毛织波纹绸,从英属西印度群岛来的海岛棉,从印度来的手织绸,从英格兰曼彻斯特来的宽幅细毛布,从巴黎来的亚麻细布……穿上这么完美的衬衫,会使您得到众多的内心满足。

"哈特威"衬衫是缅因州的小城渥特威的一个小公司的虔诚的手艺人所缝制的。他们世世代代在那里已整整工作了114年。如果想在距离最近的店家买到"哈特威"衬衫,只需写张明信片寄给G.F.哈特威即可。

案例分析:这则广告是美国赫赫有名的广告大师大卫·奥格威最为称道的得意之作。开篇第一句话点出一件公认的愚蠢的事"穿一件廉价衬衫毁坏了整个效果",立即吸引了受众的注意力和好奇心。受众在心中也许会有这样的共鸣:的确很愚蠢,可有什么办法呢?随即文案娓娓道来,让人感觉"哈特威"衬衫就是避免愚蠢的法宝,它有这样那样的优点,穿了它会有这样那样的效果。看完不禁让人长叹一声:呀,我真该去买一件"哈特威"!

这个平面广告中使用了**USP理论**和BI理论。广告文案内容首先突出产品的差异性,通过鲜明的对比强调该产品与廉价衬衫的不同,它更能满足人们穿着既得体又高雅的需求。语言有力,让人信服。其次,强调它多年积累的信誉,不惜工本的剪裁,高质量的原料,以及为顾客量身定做的特点,综合形成了一个代表优越质量和高贵品位的品牌形象。同时,文案的写法极具故事吸引力,朗朗上口,尽管多达数百字,但读者很快就能读完,津津有味。

知识卡片 4-4

USP理论:USP即"独特的销售主张"(Unique Selling Proposition),表示独特的销售主张或独特的卖点。USP是罗塞·里夫斯在20世纪50年代首创的,他当时是美国Ted Bates广告公司董事长。里夫斯比较早地意识到广告必须引发消费者的认同,他认为USP是消费者从广告中得到的东西,而不是广告人员硬性赋予广告的东西。一个广告中必须包含一个向消费者提出的销售主张。这个主张要具备三个要点:一是利益承诺,强调产品有哪些具体的特殊功效和能给消费者提供哪些实际利益;二是独特,这是竞争对手无法提出或没有提出的;三是强而有力,要做到集中,是消费者很关注的。USP在广告发展史上具有广泛而深远的影响。

4.6.3 电子书营销

一般认为，电子书（Electronic Books，eBook）是指将文字、图片、声音、影像等信息内容数字化的出版物，以及置入或下载数字化文字、图片、声音、影像等信息内容的、集存储介质和显示终端于一体的手持阅读器，即包括内容、阅读器和阅读软件。有时，甚至网络出版都被冠以电子书的称谓。

电子书营销是指某一主体（个人或企业）以电子信息技术为基础，借助电子书这种媒介和手段进行营销活动的一种网络营销形式。企业或网店主可以通过制作实用电子书并嵌入广告内容，然后发布供人免费下载。这种方式常常被用来传递产品或者网站信息。

电子书营销只有以下两个步骤：①制作电子书，电子书可以自己或委托专业公司制作，内容可以围绕网店或产品主题；②发布并推广电子书。

1. 电子书营销的特点

电子书作为网络营销工具，其本身以及营销活动具有以下特点：

（1）信息完整并可长期保存。电子书与网页不同，不需要一个页面一个页面地逐个打开，一部电子书的内容是一个完整的文件，读者下载后书中所有的信息都将完整地被保留，而且书中内容不会因为原提供下载的网站发生变动而改变，只要读者不从电脑等设备上删除，电子书可以长期保存，随时可供阅读。

（2）可以离线阅读。从网上下载后电子书即可用各种阅读设备离线阅读，这样不必像其他网上信息一样必须在线浏览，毕竟不是所有用户任何时候都可以方便地上网。而一本有价值的书往往会得到读者的反复阅读，并有可能在多人之间传播。正是在这样的阅读和传播中，电子书营销实现了其病毒式营销，达到宣传和获得新用户的目的。

（3）便于继续传播。获得尽可能多用户的阅读是电子书营销的关键，而电子书下载后可以方便地通过 E-mail、P2P 等方式向别人继续传播，甚至可以在一定范围内共享，如果书中内容对读者有足够的吸引力，这种继续传播是自发的，效果也会更好。

（4）促销和广告信息形式灵活。由于电子书本身具有平面媒体的部分特征，同时又具有网络媒体的部分优点，如具有超链接功能、显示多媒体信息等，因此促销和广告信息可以采用多种形式，如文字、图片、多媒体文件等，读者在线阅读时，还可以点击书中的链接直接到达广告目的网页。

（5）电子书营销具有互动性。用户可以在线试读和评论，还可以将自己喜欢的书籍推荐给好友或者直接为好友在线购买。电子书营销采用"免费消费＋广告"的方式是一种可行而又有效的营销策略，很多数字出版物供应商会选择定时定期将部分产品免费销售的策略，从而获得用户对电子书的关注，在推广企业产品和品牌的同时吸引大量广告商。此外，基于互联网销售便于检索，因而提高电子书、作者和出版社的知名度对于电子书的销售也起着至关重要的作用。

（6）电子书营销与阅读器密不可分。电子书作为数字化产物，其存在必须依托一定的载体，"电子书＋阅读终端"的组合在营销过程中是不容忽视的。电子书的格式除了要与其内容相关联，最重要的是要有相关阅读终端可以识别，电子书格式可兼容的阅读终端越多，市场就越大；同样，阅读终端可识别的电子书格式越多，其价值就越高，市场潜力也就越大。因此,电子书和阅读终端两者是相辅相成的。

(7) 电子书营销效果可以测量。由于电子书所具有的网络媒体特征,其中的电子书广告具有网络广告的一般优点,比如可以准确地测量每部电子书的下载次数,并可记录统计下载者的分布等,这样便于对潜在读者做进一步的研究以测度电子书的营销效果。

2. 电子书营销的优势

电子书营销和其他网络营销模式相比,具有以下优势:

(1) 比平面广告(包括传统和网络)更自由、更便宜。平面广告尤其是网络平面广告一般只能显示一行字或者一张图片,能展示的内容相当有限;大型网站动辄一天上万的价格更是让众多中小企业望之兴叹。而电子书则对广告的内容和形式基本没有限制,可以完全自由定制文字内容和配图,同时加强了读者的阅读体验;且电子书营销的投资费用远低于其他宣传费用,只需一次性投入数千元,便可以带来非常稳定的有效客流量。如果与搜索引擎营销相结合,则效果更好。

(2) 比 E-mail 营销更精准。E-mail 漫无目标的群发往往招来客户的厌恶感,而且如今的邮箱服务商对付垃圾邮件的技术已越来越强,邮件营销的效率也越来越低。而电子书营销则不一样,电子书都是被目标客户主动下载的,而且企业产品信息和电子书内容高度融合,目标客户很容易自然接受,因此目标客户的转化率远高于邮件营销。

(3) 比广告联盟更有效。目前的广告联盟很多,但 CPC(按关键字点击效果付费)模式存在很多问题,客户容易被误导,不但没有获得实际的营销效果,还容易导致客户把受骗的原因认定到企业网站。而电子书营销是以传播知识为主体,告诉客户他们最需要的企业信息,因此客户在接受了企业信息之后还会感激企业。

(4) 比软文、活动等更具生命力。软文的隐形传播效果虽好,但网络的海量信息让软文的生存周期太短;各种活动虽然一时热闹,但信息宣传时间也不能延续。而电子书营销相当于软文的升级版,由于读者一般会收藏并经常看,可随时查找,因此比软文的效果更持久。

综上所述,电子书营销承接了网络营销的精准营销精髓,并且传播便利,成本低廉;同时,电子书营销传播手段多样,不受制于他人,完全独立操作,因此具备了实效宣传、自由控制等特点;此外,电子书将企业信息完全植入目标客户电脑当中,保证了信息传播的长久性以及多次传播的可能性。

3. 典型案例:沃尔沃汽车的互动数字杂志

品牌:沃尔沃

平台:IDM

类型:体验式营销

沃尔沃通过通联传媒为旗下 S40、S80、C70 三款车型定制多种内容的互动数字视频杂志。借助互动数字视频杂志用户可以动态地了解沃尔沃汽车各个组件的构造和特性,自由搭配喜欢的车身颜色,潜在用户在获取信息的过程中,通过新媒体的视频、动作及声音效果的体验,对沃尔沃独特的"安全""新时尚"等理念会有更深刻的感受,在一对一的沟通中达到了很好的营销效果。

案例分析:沃尔沃通过与消费者的互动强化了品牌理念,同时也获得了用户关注点的宝贵数据；对于一些成熟的品牌来说，在互联网上利用电子书或电子杂志等新媒体数字化、虚拟化的技术与消费者进行沟通，不失为一种有效促进营销的手段。

像手机、IT、汽车这类产品需要大量的资讯和信息分享，消费者的潜在需求已经存在，铺天盖地的硬性广告不一定能够增加很强的消费需求，这就对企业的营销思路如何创新提出挑战。如果在消费者收集信息的渠道上做一些互动推动，如以电子书为载体在搜索引擎及网站的相关频道里，把企业产品或活动内容放上去，消费者有兴趣，就会主动做出回应。

4.6.4 论坛营销

论坛营销是企业利用论坛这种网络交流的平台，通过文字、图片、视频等方式发布企业的产品和服务信息，让目标客户更加深刻地了解企业的产品和服务，宣传企业品牌、加深企业的市场认知度的网络营销活动。

微型案例4-22

安琪酵母《一个馒头引发的婆媳大战》

安琪酵母股份有限公司是国内最大的酵母生产企业。酵母在人们的常识中是蒸馒头和做面包用的必需品，很少直接食用，而安琪酵母公司却开发出酵母的很多保健功能，并生产出可以直接食用的酵母粉。要推广酵母粉这种人们完全陌生的食品，安琪公司首选论坛进行推广，于是开始在新浪、搜狐、TOM等有影响力的社区论坛里制造话题。因为在论坛里，单纯的广告帖永远是版主的"眼中钉"，也会招来网友的反感，制造话题比较让人能够接受。

2008年6月，当时有很多关于婆媳关系的影视剧在热播，婆媳关系的关注度也很高。因此，公司策划了《一个馒头引发的婆媳大战》事件。事件以第一人称讲述了南方的媳妇和北方的婆婆关于馒头发生争执的故事。

帖子贴出来后，引发了不少的讨论，其中就涉及了酵母的应用。这时，由专业人士把话题的方向引到酵母的其他功能上去，让人们知道了酵母不仅能蒸馒头，还可以直接食用，并有很多的保健、美容功能，比如减肥。由于当时正值6月，正是减肥旺季，而减肥又是女人永远的关注点。于是，论坛上的讨论，让这些关注婆媳关系的主妇们同时也记住了酵母的一个重要功效——减肥。为了让帖子引起更多的关注，公司选择有权威的网站，利用它们的公信力把帖子推到好的位置。

在接下来的两个月时间里，安琪酵母公司的电话量陡增。消费者在百度上输入了"安琪酵母"这个关键词，页面的相关搜索里就会显示出"安琪即食酵母粉""安琪酵母粉"等10个相关搜索，安琪酵母获得了较高的品牌知名度和关注度。

企业实施网络论坛营销，应把握以下技巧：

（1）选择合适的网络论坛。网络上论坛数量众多，如何在众多论坛中选择合适的论坛开展营销是企业面临的第一个问题。一般来讲，企业可根据市场定位和客户群体来选择论坛，也可以根据论坛影响力选择人气旺的论坛，以保证推广有一定的受众基础。

（2）在论坛注册的技巧。首先，注册用户名(ID)时要精心设计，主要包括头像和签名档的设计，头像可以设置为企业的Logo或者设置为推广目标的照片，签名档可以设置企业的详细信息和联系方式等；其次，ID的名称一定要有一定的意义以方便记忆，一般不要用没有任何意义的字母和文字。

（3）主题帖撰写与发布技巧。主题帖的策划是网络论坛推广最为关键的内容，往往直接决定了营销效果，主题帖撰写需要设计好标题和正文。丰满的内容是论坛营销效果的坚实保障，而优质标题则是论坛营销成功的关键因素。标题一定要考虑如何吸引人们的眼球，要站在网民的角度来看待问题。标题的拟定大致遵循以下 3 个规则：使用的语言要符合网络用语的习惯，尽量使用网络化的语言；要有震撼性或者让人感到特别惊异和好奇，能够引起大众点击的兴趣；最好能结合网络热议的热点话题等。此外，要注意发布帖子的格式、字体、图片大小、视频音频的格式等，让人看着赏心悦目。

微型案例 4-23

在王老吉为汶川大地震灾区提供大额捐款之后，天涯社区出现了"封杀王老吉"的帖子，这个"正话反说"的"封杀王老吉"倡议，在天涯社区发出后，迅速成为最热门的帖子，很多网友刚看到标题后本来是要进去愤怒驳斥，但看到具体内容后却都是会心一笑并热情回帖。到当天下午，帖子几乎已遍及国内所有的知名社区网站与论坛。这个标题就很好地将上述 3 个规则有机融合，成为论坛标题的经典案例。

（4）回复帖子的技巧。对于自己所发表的主题帖要及时顶帖，尽量使帖子始终处于一屏，保证被目标用户所浏览。维护帖子不要一味地夸奖，可以把握好尺度尝试从反面去辩驳以挑起争论，把帖子"炒热"从而引起更多网友的注意。回复他人帖子要认真，切忌"顶""路过""收到"等灌水式回复；应该在论坛中积极参与讨论，注意看其他会员有什么疑难问题并积极帮助解决，久而久之就会在大家心目中建立起一个权威形象，所推广的产品或服务也会被大家信任。

（5）要遵循论坛规则，与论坛用户和管理层搞好关系。企业在进行论坛推广的时候，必须遵循论坛的规则，一定不要触犯论坛的发帖规则，以免遭遇被删帖、禁止发言等处罚；与管理员搞好关系，多提一些对论坛有用的建议。

4.6.5 网络图片营销

网络图片营销是指将公司提供的产品、服务以及公司的联系方式等信息制作成静态或动态的图片，通过多样的网络平台将信息传递到客户手中，并使客户产生需求。图片根据其表现形式分为静态图片和动态图片两种，静态图片主要使用的格式为 JPG 格式，动态图片主要使用的格式为 GIF 格式，制作图片的常用工具有 Photoshop、Fireworks 等。

网络图片营销目前已经成为常用的网络营销方式之一。人们时常会在 QQ 上接收到朋友发过来的有创意图片，在各大论坛上看到以图片为主线索的帖子，这些图片中多少也掺有了一些广告信息，比如图片右下角带有网址等，这其实就是图片营销的一种方式。目前，国内的图片营销方式多种多样，只要有创意，就可以很好地运用图片进行网络营销。

本 章 小 结

在 Web2.0 时代，经典的营销模型已悄然发生改变，社会化网络营销等各种新型营销模式正在如雨后春笋般兴起。本章着重介绍了博客营销、微博营销的含义、特点、作用或价值、写作原则、实施技巧，以及博客营销与微博营销的区别等；介绍了即时信息营销的含义、特点、作用、工具类型等，并着重介绍了微信营销；介绍了社交网络营销服务的概念、特点、理论基础、实施方法技巧与效果评价；介绍了网络视频营销的含义、方式与服务内容等；介绍了 Wiki 词条营销、网络软文营销、电子书营销、论坛营销、网络图片营销等方法。各种主要营销工具和方法都配有典型案例加以诠释，以帮助读者更好地理解掌握相关知识和内容。

复习思考题

（1）博客营销有哪些形式？写企业营销博客需要遵循什么原则？有何技巧？
（2）微博营销有哪些优势？实施微博营销有哪些策略和技巧？
（3）即时信息营销有什么特点？微信营销与微博营销有什么区别？
（4）社交网站营销的理论基础是什么？网络视频营销信息的传播渠道有哪些？
（5）什么是网络软文营销？什么是论坛营销？
（6）中小型企业应该如何利用社会化网络开展营销？试结合具体企业谈谈你的想法，并分小组讨论其可行性。

案例研讨

【案例资料一】 国外一家家庭脊柱按摩诊所，通过社会化媒体途径与客户交流，取得了较好的效果。这是一位博士开的，他拥有一家网站、一个博客以及 Twitter 账户，自己制作视频，同时也活跃在 Facebook 上。他会每天浏览健康类网站，寻找读者可能会感兴趣的话题，同时努力每周更新几次博客，并通过 Facebook、Twitter 主动同潜在用户互动。

大家可能比较关心的是，一个工作繁忙的按摩治疗师，他是如何挤出时间来写这些实用信息同时也不耽误工作的呢？而他的做法是，每天用半小时的时间来浏览健康类网站，寻找读者可能会感兴趣的话题。同时努力做到每周更新几次博客，而且尽量写得简洁，这样不会花费太长时间。写完的博文，他会将日志链接添加到 Facebook 的日志中，并通过 Twitter 将其发送给他的跟随者。

他有一个明智的做法对于一些企业是可以借鉴的。他的患者在初次看病时要填写新患者表格，除了与健康相关的常规问题，他通常还会在表格中问下列问题："为了与我们的患者保持联系，我们会使用一些社会媒体。你经常使用 Facebook、Twitter 或者常发短信吗？"如果患者的回答是肯定的，他就加他们为 Facebook 好友了。

有记者和他对话的时候，他说："我的患者都会觉得很惊讶。之后，我会去访问他们的 Facebook 页面，并尝试就我看到的话题进行评论。"他还使用视频帮助患者辅助治疗，并告诉患者以下这些信息："在你回到家后，我希望你可以做一些锻炼。我会发送给你一条链接，你可以点此访问我网站上的视频来查看我对这些锻炼的说明。"这种方式非常受患者的欢迎。

这位博士说，自从经常使用社会媒体以来，诊所的患者增加了 20%。他举了一个例子,他在 Facebook 上关注了一个大学好友,发现她有背部疼痛的毛病,于是联系了她。现在,她也成为这位博士的病人了。博士同时也建议其他的企业家也使用这种社会媒体,这种类型的信息不是关于自己的介绍,也不是要推销商品,这些信息对人们大有帮助,不要担心你提供的信息不够完善,都可以来尝试。

(资料来源:http://www.club.1688.com,编者有删改)

分析上述案例,思考以下问题并展开讨论:

(1) 案例中这位按摩治疗师主要运用了什么网络营销方法?在运用该营销方法时需要注意哪些关键问题?

(2) 案例所运用的营销方法取得了什么效果?从中我们可以得到什么启示?

【案例资料二】 一名加拿大连锁零售店的营销总监正在设法说服他的同事们采用新的网络工具,如 Facebook、Twitter 或 Youtube 与顾客建立联系,他认为社交网络已经在商界得到了前所未有的应用。由于公司削减了营销预算,他迫切需要一种廉价的方式来巩固企业的营销能力。然而,营销总监的这一提议遭到了同事的抵制。部分原因是,大多数企业高管仍然沉醉于过去的工作模式,还不认同社交网络的价值主张。营销总监虽然很想发起一场低成本的营销活动,但手头并没有足够的数据来证明此可以获得的收益。此外,他担心连锁零售店的顾客年龄层次分布较广,也许并不适合使用社交网络。

这是现实中营销的两难境地,许多企业营销人员都会碰到这样的问题,不能确定社交网络会如何适应业务战略,也不清楚如何判定社交网络对业务的价值。如果你在工作中遭遇到这种情况,你会如何应对?

扩展阅读

[1] 张军翔.玩转博客·微博·轻博客营销[M].北京:兵器工业出版社,2012.

[2] 杨伟龙,等.博客营销:建立、管理、活用[M].北京:中国人民大学出版社,2009.

[3] 胡玉萍.网络成名致富之道:博客推广与精准营销[M].北京:机械工业出版社,2011.

[4] [美]杰米·特纳,列什马·沙阿.社会化媒体运营:如何利用社会化媒体赚钱[M].王莹,李林林,译.北京:中国人民大学出版社,2013.

[5] [美]伊文思.社会化媒体营销技巧与策略[M].王正林,等译.北京:电子工业出版社,2012.

[6] 王金泽.微信营销完全攻略[M].北京:人民邮电出版社,2013.

第 5 章 Web3.0 营销服务

教学目标

- 理解 Web3.0 的含义及其与 Web1.0 和 Web2.0 的区别；
- 熟悉 Web3.0 营销服务的特点；
- 熟悉基于 Web3.0 的营销新模式，掌握其营销服务特点。

教学要求

知识要点	能力要求	相关知识
Web3.0 概念	对 Web3.0 概念的理解能力	(1) Web3.0 的含义； (2) Web3.0 与 Web1.0 及 Web2.0 的区别
Web3.0 营销服务的特点	对 Web3.0 营销服务特点的理解	Web3.0 营销信息的聚合化和个性化、信息检索的精准化和智能化、服务的整合化和高效化
基于 Web3.0 营销新模式	(1) 对众包营销、Widget 营销、威客营销的运用能力； (2) 对 Web3.0 下精准营销、嵌入式营销的理解和应用	(1) 众包的概念、类型、与外包的关系；众包营销的理论基础、价值和局限性； (2) 精准营销的定义、核心思想、实施优势和策略； (3) 嵌入式营销的核心理念、主要特征、基本方式； (4) Widget 的定义、分类，Widget 营销的特点、商业价值； (5) 威客营销的含义、价值、运营机制

第5章　Web3.0营销服务

基本概念

Web3.0　Web3.0营销　嵌入式营销　Widget营销　众包营销　精准营销　威客营销

导入案例

Facebook平台的Widget营销服务

戴尔与广告公司Federated Media以及Facebook的Graffiti应用程序（用户能够涂鸦并将作品展示在自己的档案）合作开展以环保为主题的竞赛ReGeneration。参赛者用图像回答问题What does green mean to you。2008年1月，经过半个月的竞赛产生7303件作品，更有100多万个用户参与投票，然后从前150幅作品挑选出各类别的最终优胜者。毫无疑问，这是一场成功的营销活动，因为戴尔通过所有达到的途径宣传客户关心的事物。目前Graffiti有860多万个使用者，每日的活跃用户有253830个。正因为Graffiti是Facebook的应用程序，人们可以通过News Feeds和用户档案了解该竞赛，Federated Media在Graffiti用户常去的网站（如BoingBoing和Make）做广告，这些广告会带用户回到Graffiti应用程序。

点评：　通过社会人际网站构建品牌

这个案例是品牌广告主早期在社会人际网站通过用户构建品牌的尝试。Federated Media和Graffiti从戴尔这里挣到钱，戴尔也已经达到吸引用户以及让他们参与到品牌建设的目标。至于是否从这次营销活动获得更多的销售额，这还有待考察。不过，重要的是这是一个以品牌构建为主要目标的活动，而不是旨在提升销售额，戴尔所要达到的目标是未来能销售更多的电脑，因此这是一次成功的尝试。

5.1　Web3.0的概念

Web3.0不仅是一种技术上的革新，而且是统一的通信协议，是通过更加简洁的方式为用户提供更为个性化的互联网信息资讯定制的一种技术整合，是互联网发展中由技术创新走向用户理念创新的关键。

1. Web3.0的含义

Web3.0的概念最初由比尔·盖茨于2005年提出，并很快成为互联网业界的热门词汇。盖茨认为Web3.0就是让个人和机构之间建立一种互为中心而转化的机制，也就是说个人在一定程度上可以转化为机构，机构在一定的环境下也可以像个人一样，拟人化地进行其商业行为而进一步拉近和网民的距离。

关于什么是Web3.0，目前仍然是众说纷纭。被誉为互联网之父的蒂姆·伯纳斯·李认为Web3.0就是**语义网**，因为从技术上讲，Web3.0的诞生源于语义网。伯里昂·索尼斯则认为Web3.0的特别之处是多方面的，其演化方向也呈现多样化；Web3.0可以将网络转变成一个数据库，使网络朝着人工智能技术、语义网、地理空间或3D空间等方向发展。索尼斯的定义从技术的角度表现了Web3.0更多的特征。

知识卡片 5-1

语义网（Semantic Web）：由万维网联盟的蒂姆·伯纳斯·李在 1998 年提出的一个概念，它的核心是：通过给万维网上的文档添加能够被计算机所理解的语义（Meta Data），从而使整个互联网成为一个通用的信息交换媒介。语义万维网通过使用标准、置标语言和相关的处理工具来扩展万维网的能力，它包含了文档或文档的一部分，描述了事物间的明显关系，且包含语义信息，以利于机器的自动处理。

此外，谷歌的前 CEO 埃里克·施密特认为 Web3.0 是各种应用程序的组合，这些应用程序都相对较小，数据以云形式存储，具有运行速度快、可定制性强、病毒式传播（通过社会化网络、E-mail 等渠道）等特点，并且可以在任何设备上运行。创新工场的 CEO 李开复博士指出 Web3.0 有两个特性：一是网络化，数据和应用可以全部存储在网络服务端，不再需要在计算机上运行；二是个性化，在任何一台电脑或终端上打开浏览器，就能进入属于自己的世界。荷兰阿姆斯特丹自由大学的黄智生教授认为，Web3.0 并不等同于语义网，但语义网技术是 Web3.0 的重要技术基础。

综合现有文献，本书对 Web3.0 的理解是：其一，Web3.0 是这样一种网络，其网站内的信息可以直接与其他网站相关信息进行交互，能通过第三方信息平台同时对多家网站的信息进行整合使用；其二，用户在互联网上拥有自己的数据，并能在不同网站上使用；其三，完全基于 Web，用浏览器即可以实现复杂的系统程序才具有的功能。简单地说，Web3.0 就是基于用户需求的智能过滤器和多元化需求满足平台。

Web3.0 的核心软件技术是语义网和人工智能，Web3.0 以实现人与人、人与机器的更加个性化、精准化和智能化交流为理念，适合多种终端平台，实现信息服务的普适性。

2. Web3.0 与 Web1.0 及 Web2.0 的区别

根据现有的研究，Web3.0 与 Web1.0 及 Web2.0 的区别可以概括如下：Web1.0 的特征是以静态、单向阅读为主，用户仅仅是被动参与；Web2.0 则是一种以分享为特征的实时网络，用户可以实现互动参与，但这种互动仍然是有限度的；Web3.0 则以网络化和个性化为特征，可以提供更多人工智能服务，用户可以实现实时参与。表 5-1 对 Web1.0、Web2.0 和 Web3.0 进行了比较。

表 5-1　Web1.0、Web2.0 和 Web3.0 的比较

比较项目	Web1.0	Web2.0	Web3.0
核心理念	以门户网站为中心	以个人为中心	以个性和智能为中心
内容结构	模块化信息	可重用的微内容	微内容＋标准属性信息
使用模式	读（浏览）	读写（参与和互动）	读写和可管理
交互方式	互联网—用户单向浏览	互联网—用户—互联网、用户—用户双向浏览	互联网、用户—互联网、用户多向浏览
信息交换机制	超链接跳转机制	站内网页信息交换机制	底层数据库信息交换机制

续表

比较项目	Web1.0	Web2.0	Web3.0
网络结构	集中	分布	集中规则下的分布
典型应用	网易、新浪（门户网站）	博客中国、豆瓣网（门户网站＋个人空间＋搜索）	微软的 Windows Live、阔地网络（个性化信息聚合＋智能搜索＋Widget API）

从技术上看，Web1.0依赖的是动态HTML和静态HTML网页技术；Web2.0则以博客、TAG、社交网站、RSS、Wiki、六度分割、XML、AJAX等技术和理论为基础；Web3.0的技术特点是综合性的，语义网是实现Web3.0的关键技术。

从应用来看，传统的门户网站如新浪、搜狐、网易等是Web1.0的代表；博客中国、亿友交友等是Web2.0的代表；Facebook、Eyeos、雅蛙、阔地网络等是Web3.0的代表。

如果说Web1.0的本质是联合，那么Web2.0的本质就是互动，它让网民更多地参与信息产品的创造、传播和分享，改变了传统的互联网阅读模式，把内容生产开放给用户，实现人与人交互，共同创造信息内容。这个用户创造内容的过程是有价值的，但Web2.0却没有体现出网民劳动的价值，缺乏商业价值。Web3.0是在Web2.0的基础上发展起来的能够更好地体现网民的劳动价值，并且能够实现价值均衡分配的一种互联网方式。

Web3.0对Web2.0时期杂乱的微内容进行最小单位的继续拆分，同时进行词义标准化、结构化调整，使微信息之间可以互动，使Web3.0满足复杂程序（如财务软件等）对微信息的需求，以达到商务运营所要求的标准。Web3.0在信息的同步、聚合、迁移的基础上加入了信息平台集中效验并分类存储，使分布信息能和平台信息进行智能交互，并能对原始信息进行提炼与加工。基于Web3.0对信息的智能整合，将对互联网营销带来巨大的变化。

5.2 Web3.0营销服务的特点

随着Web3.0在互联网上的广泛应用，其对网络营销也产生了重要的影响。Web3.0的最大价值不是提供信息，而是提供基于不同需求的过滤器，每一种过滤器又都基于一个市场需求。推动Web 3.0营销的关键因素包括浏览习惯、浏览方式、更加智能的信息、更符合需求的用户体验，以及互联网的进一步开放。简单地说，Web 3.0营销服务是新技术和快速变化的用户购买趋势的聚合。

Web3.0营销服务引入了智能搜索、智能网络和**虚拟现实**等技术，将改变现有互联网的应用模式，使得基于Web3.0的营销活动具有个性化、聚合化、模块化等特征。

知识卡片 5-2

虚拟现实(Virtual Reality，VR)：这一名词是由美国VPL公司创建人拉尼尔在20世纪80年代初提出的，也称灵境技术或人工环境。虚拟现实集成了计算机图形技术、计算机仿真技术、人工智能、传感技术、显示技术、网络并行处理等技术的最新发展成果，是一种由计算机生成的高技术模拟系统。其主要特点在于可由计算机产生一种人为虚拟的环境,这种虚拟的环境是通过计算机图形构成的三维数字模型,并编制到计算机中去生成一个以视觉感受为主,也包括听觉、触觉的综合可感知的人工环境,从而使得在视觉上产生一种沉浸于这个环境的感觉,可以直接观察、操作、触摸、检测周围环境及事物的内在变化,并能与之发生"交互"作用,使人和计算机很好地"融为一体",给人一种"身临其境"的感觉。

1. Web3.0营销信息的聚合化和个性化

Web3.0最大的特点是信息的聚合以及提供个性化的信息服务。聚合化一直是网络营销模式的特点之一,将网络作为一个平台为用户交换信息、获得想要的商品提供帮助。在Web3.0技术发展的支持之下,聚合化变得更加容易、更加准确、更加贴近用户,并且在个性化的基础上,更容易实现用户需求的聚合化呈现。Web3.0的聚合化营销平台以微单元(即模块)构成,用户可以创建自己需要的信息单元模块平台,从整个网络来抓取所需要的信息。

由于Web3.0平台是由微单元构成的,信息可直接通过底层数据库进行交互和整合,同时在TAG/ONTO/RSS基础设施和语义网等的支撑下,结合对用户定制的背景及其偏好的分析和跟踪,实现基于用户偏好的不同网站信息的个性化聚合服务,并按一定的标准要求推送给用户。用户可定制个人的信息门户,通过定制可以在门户内享受多个站点的个性化信息聚合服务和交流等活动。

与现有的关键词竞价排名不同,Web3.0时代的个性化搜索结果完全基于用户的自身需求,是按照用户给定的智能化代理程序进行筛选之后得到的结果,会让人更容易接受,并且更易于让消费需求转化成消费行为。

2. Web3.0信息检索的精准化和智能化

Web3.0时代的网络是智能化网络,聚合了各网站的信息,能根据不同用户提供智能检索服务。Web3.0对UGC(用户生成的内容)和标签进行筛选性过滤及整合,促使信息的特征性更加明显,并对用户的发布权限进行长期认证,从而分离出不同可信度的信息,以便用户快速检索到高可信度的UGC信息源。

同时,Web3.0智能搜索引擎可进行语义的智能学习和理解,通过对用户提交的自然语言进行智能化抽取、组合,并结合用户偏好处理技术,对用户的行为特征和背景进行深入挖掘分析,向用户提供准确的结果,甚至是问题的解决方案。Web3.0时代的个性化智能搜索使营销商只需要通过搜索引擎将自己的营销网页或营销信息跟相应的搜索词结合,就能够轻松地把商品推介给消费者。

3. Web3.0跨语言和跨平台的信息交互

Web3.0打破了用户终端的局限性,除计算机外,手机、电视、PDA等都可以享受互联网服务。另外,Web3.0实现了微内容的标准化和结构化,满足通过底层数据库直接进行信息交互,从而达到跨平台的信息共享;Web3.0的翻译引擎突破语言的限制,让全世界的人在互联网上没有语言障碍地进行互动,利于范围更广的知识交流和共享,实现全世界的模糊无限和信息和谐。

4. Web3.0 服务的整合化和高效化

Web3.0 采用个性化引擎和个人喜好信息处理技术，对用户的行为特征进行分析归纳，从而帮助网络用户高效、准确地搜索到感兴趣的信息内容，提高用户信息搜索整合效率。例如，分享图片的 Flickr、分享学术论文的 CiteULike 等功能相对单一的网站，在 Web3.0 时代可以实现在同一平台上的联合，依据用户的喜好和需求，在博客的基础上将网摘、即时通信、好友、博客、E-mail 等应用整合。

此外，Web3.0 下的个人信息门户支持用户自由选择互联网应用信息，并通过建立可信的社交网站、可控的博客/Vlog/Wiki 等实现可信内容与用户访问的对接服务。Web3.0 环境下，信用度越好的用户发布的信息被认为可信度越高，并将信息授予较高的权重或者置顶。通过这种互动模式，既提高了信息源发布者的可信度，同时也使得那些有用、真实的信息能更快地呈现给用户，以提高信息的使用率、降低用户查找信息的时间损耗。

5.3 基于 Web3.0 营销的新模式

Web3.0 的核心理念是个性、精准和智能。在 Web3.0 背景下，网站内的信息可以直接与其他网站相关信息进行交互，能通过第三方信息平台同时对多家网站的信息进行整合使用，从而增加了数据信息的可获取性。Web3.0 的方向就是以用户为中心，用户在互联网上拥有自己的数据，并能在不同网站上使用，完全基于 Web 用浏览器即可实现复杂系统程序才能实现的系统功能。基于 Web3.0 网络的特点，出现了以下几种新的网络营销服务方式。

5.3.1 Web3.0 下的众包营销

1. 众包的概念

众包（Crowdsourcing）一词是由美国记者 Jeff Howe 在《连线》杂志 2006 年 6 月刊上首次提出的，此后众多学者包括 Howe 自己在内，都对众包的概念界定进行了补充。目前关于众包的定义较为有代表性的观点认为，众包是一种特殊的新兴的大众网络聚集方式，它指一个公司或机构把过去由员工或者承包商完成的工作任务，以自由自愿的形式外包给非特定的大众网络或虚拟社区的做法。对于众包概念的理解，要把握以下几点：

（1）众包最突出的一个特点是企业把原本由组织内部的员工所应承担的部分职能外包给了企业外部的大众，这种新型商业模式变革式地改变了劳动力的组织方式。

（2）承担企业内部某些工作的这一大众群体是没有清晰界定的，这些大众往往并不是该行业或领域的专业人员，大多是利用自己的业余时间参与众包活动的，也就是说众包参与者往往仅仅是业余爱好者。

（3）在参与众包的过程中，大众不再是过去被动接受产品和服务的消费者，而是主动的参与者，其可以决定是否参与以及如何参与。

从营销的角度看，众包是一种可以聚集人才、利用智慧，同时又可以降低成本和时间的新型网络营销服务模式。

微型案例 5-1

小米公司曾在研发 MIUI 操作系统的时候采用了众包模式,即通过与小米论坛上的粉丝互动征集意见,每周快速更新版本,做出产品改进。小米手机的研发也延续了这一模式:在手机新功能开发之前会通过论坛提前向用户透露一些想法,或者在正式版本发布前一两周,让用户投票选择需要什么样的产品。这种众包的模式让小米手机获得了出人意料的成功,尽管不断被诟病,反而使其越来越成熟。

2. 众包的类型

众包的基本类型主要包括集体智能(或大众智慧)、大众创造、大众投票和大众集资四种。

(1) 集体智能。企业利用集体智能的方法是通过建立一个人数众多的、来源广泛的、多样化的劳动力网络,然后通过这些拥有丰富多元化知识的群体来解决难题或者来预测某种事物的发展。InnoCentive 就是一个利用集体智能的众包网络平台,借助这个平台,企业在网络社区张贴企业内部无法解决的研发难题,征募全世界的人才帮助企业进行研发。科学爱好者可以申报自己的解决方案,胜出者将会得到来自企业的奖励。

(2) 大众创造。大众创造是企业将内部的任务外包给大众,由大众来创造某种产品或服务。维基百科、百度百科、优酷网、土豆网都是大众进行创造的平台。例如,用户在维基百科和百度百科的网站上创建、编辑、修订、增补各种词条,共同完成一部百科全书;优酷网和土豆网的用户进行视频的制作、上传、浏览、收藏、评论、打分等互动行为,用户已经参与到了网站的平台架构之中,并创造了本应由企业提供的产品和服务。

(3) 大众投票。大众投票是利用大众的辨别能力,对海量信息进行组织分类。例如,搜索引擎网站将大众对某类产品的搜索结果进行排列,从这些结果中,厂家可以了解哪些样式或类型的产品最受大众欢迎。亚马逊根据分析消费者购买图书的偏好向其他有类似偏好的读者推荐他们可能喜欢的书籍。

(4) 大众集资。大众集资是让大众代替银行和其他机构提供基金,例如 Kiva.com 通过大众集资的方式为小公司和个人提供小额贷款。

在企业的众包实践中并不总是独立运用某种单一的模式,这四种类型的众包模式是可以在实践中组合应用的。

微型案例 5-2

在 Threadless.com 网站的众包模式运作过程中几乎运用了所有种类的众包模式。Threadless.com 是一家在线 T 恤衫厂商的网站,在该网站所有参与者都可以向网站提交 T 恤设计,用户投票选择优胜者,其他人可以购买这些 T 恤。Threadless 的用户进行着 T 恤产品的设计;大众投票选择 T 恤,选出了满足其需求的产品,确保了产品的销路;大众选择生产线,确定产量,并负责市场推广、促销以及销售工作等企业价值活动。

3. 众包与外包的关系

众包与外包是既有联系又有区别的两个概念。众包是一种利用互联网突破地域约束,以全世界人才为基础的超级外包;众包是企业为合理组织资源而进行的多维度外包,是纵横交错的外包。这种观点并非将众包等同于外包,或者说将众包视为外包的一种,而是从内部资源不足引发资源配置由内部积累转化为外部利用以及扩大组织边界的角度阐述了众包与外包的相同点。

当然，众包与外包的区别也显而易见。外包是20世纪80年代流行起来的商业用语，至今理论界尚未形成权威定义，它指将公司或机构不擅长的或者占用时间、人、财、物的业务以合约的形式委托给外部专业的公司，达到节省成本、集中精力于核心业务、善用资源、获得独立及专业人士的专业服务等目的。众包与外包的区别主要表现在以下方面：

(1) 参与主体不同。通常在外包中企业借助的是外部的专业化资源，外包的承包方通常是具有某方面优势资源的组织，能够以更短的时间或更低的成本完成这些工作和任务；而众包借助于企业外部任何可能的大众，这些大众很多时候并不是这一领域的专业人士，很多时候仅仅是些业余爱好者。

(2) 企业与其他参与主体的合作方式不同。外包倾向于组织间的合作；众包则更倾向于大众的参与，强调企业与大众进行交互，使大众参与到企业的价值创造活动中。众包的基础在于大众能够掌握的技能，从而以创意的形式进行深化，其开发者必须是大众级的。

(3) 合作的出发点不同。企业实施外包的原因更倾向于降低成本；而企业运用众包的原因更倾向于解决企业内部遇到的难题，寻求企业外部的创意。

众包营销模式已经对一些产业产生了颠覆性的影响，如美国某跨国公司耗费几十亿美元也无法解决的研发难题，被一个外行人在两周的时间内圆满完成。众包模式被视作将掀起下一轮互联网高潮、颠覆企业传统商业模式的创新模式。

4. 众包营销的理论基础

众包营销服务平台把客户看成是最大的创新之源。把客户整合到企业创新活动中是一种重要的竞争战略，即开放式创新；企业通过组织创意竞争，基于互联网平台收集来自客户的创意，也是一种把客户整合到创新过程的有效方式。开放式创新和创意竞争是众包营销模式的两个理论基础。

1) 开放式创新

将客户整合到创新活动中是一种价值创造模式，企业通过把客户整合到创新过程的初始阶段，收集他们的创意。这些客户创意表明了其愿望和需求，被称为"需求信息"；客户的建议被称为"解决信息"，解决信息不仅代表了需求信息，同时也描述了这些创意如何才能变成市场上的产品。

把客户整合到创新过程的实质含义是：开放企业的创新活动，以获得产生创新的潜在观点或创意，以便进入创新阶段。也就是说，由于更多的组织积极地参与，大量的潜在创意涌进企业的创新过程，因此企业会获得更多的创意。美国学者詹姆斯·索罗维基如此描述这种情形：在解决问题、培养创新、明智决策，甚至预测方面，大众的智慧强于少数不管有多聪明的智者。"智力聚集"和"集体智慧"正是众包营销模式突出优势的潜在假设。

主要有三种整合集体创意到初始创新阶段的实践方式：领先用户方法、互联网工具包以及创意竞争。领先用户方法可系统地识别具有创意的客户，即领先用户，并且使其与企业员工一起形成工作小组，产生新产品和服务的创意；此外，在互联网工具包的帮助下，用户可以通过互联网或独立的应用软件自行设计新产品；通过互联网的创意竞争，企业可以收集众多来自客户的创意。

2)创意竞争

一次创意竞争可以定义为一个组织者发出的邀请——一个企业与大众或目标群体之间达成某种约定,在事先约定的期限内,由参与者提交一个特定主题的创意,评审委员会评估提交的创意并决出优胜者。

在创意竞争的引导中,企业的目的是把客户整合到创新初始阶段,因此,创意竞争是一种扩大潜在创意来源的方法。创意竞争的竞争性,鼓励参与者提交具有创新性的独特创意。尽管在开放式创新情境下的创意竞争研究有限,但是创意竞争的实践领域已经成为一种整合客户到创新活动中广为采用的方法。

基于Web3.0网络开展创意竞争,创意通过网络平台提交之后,可以在网络平台上展示并点评,也可讨论设置被其他参与者评价。Web3.0网络技术给这些提供便利,使企业能获得大量的客户参与竞争,同时也降低了组织者和参与者的精力与成本消耗。

5.众包营销的价值

众包营销简化了传统的招投标体系,常被用来收集合理化建议,其在特定行业也能让产品发生质变。显然,除了口碑传播,众包营销还蕴含着更大的价值。

1)实现合理化建议并促进产品销售

传统合理化建议收集需要通过会议或征集的方式进行,面窄且作秀的成分比较多;而Web3.0环境下这种障碍感被打破,人与人之间的隔阂在六度分割理论之下实现了最好的消除。通过众包的方式收集合理化建议,让提供建议者以口碑传播的方式,带动更多的用户产生产品黏合度和品牌美誉度,进而让产品更好地销售。

微型案例 5-3

服装类电商网站 Threadless 在短时间内崛起,其诀窍很简单,这个网站每周举办设计竞赛,近700名参加者将 T 恤衫设计上传到网站,然后经过投票选出其中6个设计进行印制。Threadless 让浏览者按5分制给设计打分,网站员工从最受欢迎的作品中选出优胜者。6位幸运的设计者每人获得1000美元的现金和奖品,他们的名字还会被印在制成品的标签上,公司则得到了胜出的设计。而这些根本不是出自职业设计师之手的 T 恤则大受欢迎,每个月这个网站可以卖出6万件 T 恤,每年有超过500万美元以上的利润。

2)灵活运用利益导向策略让产品本身发生质的转变

众包营销是否难以实现其网络化大生产的终极目标,而仅仅流于一种口碑营销手段呢?它有没有可能通过网民的参与,实现更高层次的自造生产力呢?要实现这一层面的突破,关键在于如何运用好利益导向策略。

微型案例 5-4

暴雪公司出品的知名网络游戏《魔兽世界》的成功其实就有众包的贡献。在这款游戏中,有一个很特别的设定,即游戏在设计之初开放了一个名为 UI 的接口,任何人都可以通过这个接口设计各种能够为游戏提供方便的插件,如显示对手的血量、快捷设定动作类型、游戏地图 GPS 等。这些插件被玩家设计出来后,可以上传到相关网站上供其他用户下载,每一个玩家都可以根据自己的需求来设计或加载不同的插件,从而让更多的魔兽玩家享受到更加丰富的游戏乐趣。

这种众包营销中一个显而易见的特征就是利益导向。尽管大多数身兼玩家和业余设计者两项身份的人并没有如微型案例5-3中那些为Threadless设计T恤的业余设计师那样直接获得金钱的报酬，但其对这款游戏的热爱成为直接驱动他们去设计插件、去完善游戏的原动力，成为一种利益导向。

微型案例5-5

利益导向的驱动在苹果的应用软件商店（App Store）之中显示明显。苹果公司的iPhone、iPad等产品，其最大的赢利点其实不在于产品本身的销售收入，而是销售之后，应用软件商店模式激发了开发者去制造大量物美价廉的软件。这一模式类似插件，只不过它可以让开发者赚到钱，使开发者可以更容易地在更大范围内和最终消费者发生联系，直接参与销售分成，把价值链的阻力降到最低。数量众多的程序开发者形成了手机在线软件商店的产品生产基地，而开发者们可以在上面发布自己的作品，满足商用条件后即可上线销售，获得高额的回报。其推出之后，在2012年年初用户全球下载量已经突破250亿大关，应用总数突破65万个，开发者获利达到50亿美元。

这种让全球各类开发者参与到利润分成的方式无疑极大地刺激了参与者的积极性，这一有着极强利益诱惑的导向策略也使得苹果的众包营销为其产品带来了质量上的飞跃。

微型案例5-6

国内众包营销的探索，如腾讯通过Q+开放平台，以利润分成的方式，意图吸纳来自各方的应用软件参与其中，形成一个有效的众包营销体系。再如，K86带来的奇迹首先是惊人的价格。在市场上需要2万余元才可能制作出来的网站，在这里只需要2000元，甚至1000余元。用户可以花几百元设计一个企业Logo，还可以用同样的价钱买到图书封面设计、Flash制作等，甚至有人悬赏几十元为自己征集面试时自我介绍的台词。

此外，众多微博平台都推出了开放接口，供网民设计各种应用来让微博在基础应用体系之上变得更为丰富多彩；一些电子商务网站也在积极推出类似Threadless一样的DIY产品供网民选择。只有Web3.0标准的网站可以方便地在数据、功能上充分实现彼此的互通、互动。

总之，众包中参与的大众已经不再是纯粹的产品和服务的被动接受者，而是价值的共同创造者；在众包中由于大众的参与，企业可以以较低的成本利用企业外部蕴藏的大众的智力资源，这将有利于弥补内部资源不足，贴近市场和需求，提升企业竞争力，企业的创新模式更加开放；而众包中松散的、参与者自愿参与的类似网络的组织结构，能充分调动位于网络节点上的大众的能动性。因此，大众的参与对于未来企业的发展至关重要。

6. 众包营销的局限性

众包营销目前的实践效果不如预期，一直将众包作为招牌的智能手机行业中，也只是将众包作为一个简单易行的用户体验测试。现阶段众包营销的局限性主要表现在以下方面：

（1）在现阶段众包的效果大多依然局限于概念营销层面，而没有真正形成生产力。这其实是固有观念使然，而唯有转变观念，根据自身产品特征，选择"自造影响力"或"自造生产力＋自造影响力"相结合，才可以让众包这种全新的概念落到实处。

（2）大量众包营销案例中，真正落到实处的很少，许多运用众包的企业更多地将众包概念当作一个宣传噱头，即类似征集最新产品名称大奖赛那样，只是用来造势而没有真正用在经营和产品上。例如，在某汽车厂商的众包营销中，几乎没有真正意义上众包之后由用户设计的汽车出现在市面上，而细枝末节上的调整则不足以证明众包的效果。

当然，从另一层意义上，由于许多产品（如汽车类产品）需要相当精细化的加工和设计，普通网民并不具备真正实现协助化生产的能力，这种众包由于先天不足，只能作为一种设计的辅助手段和营销的推广手段存在。由此可见，众包营销并不是万能的，它具有极强的行业局限性，在很多需要较强专业技术和研发经验的精密设计行业中仅能作为一种营销手段。

需要说明的是，在众包中并非所有的众包活动都是由大众合作进行生产的，有时某些活动是由大众中的个体来完成的。成功的众包营销在于灵活运用利益导向策略，不仅仅使企业在口碑上获益，更能让产品本身发生质的转变。未来的互联网是合作、共赢、资源互补、互促的互联网，这也是众包营销模式生存的关键。

5.3.2　Web3.0下的精准营销

1. 精准营销的定义

精准营销（Precision Marketing）由现代营销理论大师菲利普·科特勒于2005年提出，是指通过定量和定性相结合的方法对目标市场的不同消费者进行细致分析，根据其不同的消费心理和行为特征，在精准定位的基础上，依托现代信息技术手段建立个性化的顾客沟通服务体系，实现企业可度量的营销效果的营销方式。

精准营销有四个层面的含义：一是目标对象的选择性，即尽可能准确地选择目标消费者，进行针对性强的沟通；二是沟通策略的有效性，即策略尽可能有效，能很好地触动受众；三是沟通行为的有效性，即与目标受众沟通的高投资回报，减少浪费；四是沟通结果的可衡量性，即沟通的结果和成本尽可能可衡量。

企业实施精准营销需要采用有针对性的现代技术、方法和指向明确的策略，实现对目标市场不同消费者群体更精准、可衡量和高投资回报的营销沟通，需要更注重结果和行动的营销传播计划以及对直接销售沟通的投资。

2. 精准营销的核心思想

精准营销的核心思想是精确、精密、可衡量。精准营销的关键在于如何精准地找到产品的目标人群，再让产品深入消费者心坎里去，让消费者认识产品、了解产品、信任产品到最后的依赖产品。精准营销的核心思想是精准性和可控性，主要体现在以下几个方面：

（1）向顾客提供比竞争对手更多的"让渡价值"，实现一对一的营销，产品设计充分考虑消费者需求的个性特征，为顾客创造更大的产品价值。

（2）把消费者细分为不同的群组，针对不同群组的需求差异分别开展营销活动，以实现更佳的营销效果、更高的客户忠诚和更低的营销成本。

（3）通过直接媒体和直接手段及时向消费者传递产品信息，降低消费者搜寻信息的时间成本与精力成本，努力实现交货渠道的个性化和便捷性，减少顾客的交易费用。

3. 精准营销的优势

相对于传统营销涉及推销费用、广告媒体费用、仓储费用、渠道费用等需要十分高的管理和销售成本，精准营销能在一定程度上降低费用而效率却更高。精准营销可以降低整体顾客成本，顺应顾客个性化需求的趋势，其优势可归纳为以下几个方面。

(1) 精准营销通过可量化的精确的市场定位技术突破传统营销定位只能定性的局限。

(2) 精准营销借助先进的数据库技术、网络通信技术及现代高度分散物流等手段保障和顾客的长期个性化沟通，使营销达到可度量、可调控等精准要求，摆脱了传统广告沟通的高成本束缚，使企业低成本快速增长成为可能。

(3) 精准营销保持了企业和客户的密切互动沟通，从而不断满足客户个性需求，建立稳定的企业忠实顾客群，实现客户链式反应增值，进而达到企业长期稳定高速发展的目标。

(4) 精准营销借助现代高效广分散物流使企业摆脱繁杂的中间渠道环节及对传统营销模块式营销组织机构的依赖，实现了个性关怀，极大降低了营销成本。

(5) 精准营销顺应顾客讲求时间效率的趋势。相比较逛街购物，现代人更愿意把宝贵的时间投入工作、学习、交际、运动、休闲等更有意义的事情中，而网络精准营销订货、送货上门的优点为顾客的购物提供了极大的便利。

4. 实施精准营销的策略

精准营销建立在充分了解用户行为的基础上，其实施过程的关键步骤是营销客体定位，整个营销过程是一个迭代过程，其目的是使整个营销定位更趋于精确。

1) 建立顾客信息库是实施精准营销的基础

一般来讲，数据库是企业对所有重要顾客信息的记录，包括年龄、地址、电话号码、业务编码（工商业户）、查询来源、查询成本、购买经历等。完备的数据库便于企业进行精准营销，降低营销成本。借助数据库能精确列出每个顾客的地理位置、心理特征、购买记录等，并可通过对这些顾客资源进行有效整合分析获取商机。例如，根据顾客购买记录，可以推断哪些顾客会对企业新近推出的产品感兴趣；也可以找出企业的**优质客户**，并以向其赠送礼物卡等方式吸引这些顾客下一次购买。

知识卡片 5-3

优质客户(Key Account)：又被称为重点客户、主要客户、关键客户、大客户等，是指对产品（或服务）消费频率高、消费量大、客户利润率高而对企业经营业绩能产生一定影响的主要客户。

优质客户有两个方面的含义：其一指客户范围，客户不仅包括普通的消费者，还包括企业的分销商、经销商、批发商和代理商；其二指客户的价值，不同的客户对企业的利润贡献差异很大，通常20%的优质客户贡献了企业80%的利润。

对数据库中所有消费对象、购买频率、消费金额等资料进行研究、细分，从中发现共性和有针对性的东西，可据此及时调整企业宣传定位和营销策略上的偏差。

一个完整的资料库实际上就是整个市场的缩影，要建立企业的数据库并利用好数据库需要从以下几个方面着手：

(1) 通过可行方式收集客户及潜在客户的信息。例如，包装食品的消费者信息通常通过赠券、抽奖、派发保证卡和调查等方式获得。

(2) 获取信息后组建数据库。所有的信息都必须按某种标准进行分类统计存入数据库，再把关键信息通过一定途径定期传送，以充分发挥数据库的作用。关键信息包括折扣促销信息、新产品活动信息、新的服务信息、与消费者有关联或对其有帮助的个性化信息等。如果企业缺少信息采集、整理的意识，即便是拥有丰富的信息资源也得不到充分的开发和利用。

(3) 拥有完整的客户数据库后做好数据挖掘。创建数据库后，应以所有可能的方式研究数据，如按地区、国家、顾客、产品、销售人员、邮编分类，根据数据库中的顾客信息特征比较不同的市场销售业绩，判定营销策略和促销手段，有针对性地帮助企业决定制造适销的产品以及给产品制定合适的价格，从而更好地挖掘市场潜力、建立顾客忠诚度。

2) 按照企业战略目标进行企业市场细分与市场定位

要实施精准营销，首先要在市场细分的基础上选择明确的目标市场，并且清晰地描述目标消费者对本企业产品(服务)的需求特征。市场细分的目的是使企业能集中力量对准最核心的目标客户群，有效地实施营销目的。通过市场细分，一方面可以更准确地发现消费者需求的差异性和需求被满足的程度，更好地发现和抓住市场机会，回避风险；另一方面可清楚掌握竞争对手在各细分市场上的竞争实力和市场占有率的高低，以便更好地发挥自己的竞争优势，选择最有效的目标市场。面对众多的竞争者，企业需要给自己的产品一个清晰、独特的市场定位，以便使其产品脱颖而出，这是开展精准营销的必要基础。

3) 确定客户寻找工具

客户寻找工具是企业能否寻找到潜在顾客的关键，有了明确的目标市场和清晰的产品定位，接下来的关键问题是如何找到目标顾客，而且是精准、经济地找到。这要求企业有相应的工具，并掌握好方法。常用的主要工具有手机短信、呼叫中心、E-mail 广告、门户网站、博客、搜索引擎、**窄告**等。

知识卡片 5-4

窄告(Narrow AD)：一种新型的网络广告模式，通过运用互联网技术、业界独有的窄告发布系统，使广告客户的广告内容与网络媒体上的文章内容、浏览者偏好、使用习性、浏览者地理位置、访问历史等信息自动进行匹配，并最终发布到与之相关或匹配的文章周围。窄告强调传播的精准性，即在合适的时间和地点，把合适的信息传递给合适的人。

4) 精心组合产品

在将营销管理提高到精准化程度的过程中，产品组合应该放在首位，面对特定的客户，确定好区隔市场，明确哪类产品是卖给哪类顾客的。可以利用以下3种方式来增加销售：一是增加产品线，利用原有的良好的市场声誉来推广新产品；二是增加现有产品线的长度，成为拥有全线产品的公司，来满足不同需求的整体市场；三是加强产品组合的一致性，在特定的领域中获取好的声誉。

5) 实施差异化价格策略

根据需求差异细分市场，根据各市场特点对同一产品制定不同价格或者对有微小差异的产品制定不同价格,且价格差异与成本费用差异不成比例,以更多地占有消费者剩余,使企业利润最大化。利用差异化定价可以实现多赢,为那些对价格敏感的顾客提供获取低价的机会,对那些不能储存的产品增加需求量。企业在向部分市场的顾客销售打折时不会影响另一细分市场顾客的销售价格,从而实现企业收益的最大化。

6) 有效控制整个营销活动过程

开展营销活动,其本质就是营销信息的传递,企业能否把恰当的营销信息传递给恰当的营销客体,是营销活动能否成功的一个关键因素。营销活动的发起应该从对客户需求的洞察和分析入手,结合相应的营销活动规划、产品规划、品牌规划等策划相关的网络营销活动,借助网络与目标顾客进行双向、互动、有效率地沟通,让顾客了解、喜爱企业及企业的产品,并最后形成购买行为。

7) 为客户提供个性化增值服务

精准营销的最后一环是售后客户保留和增值服务,宜针对每个顾客的不同需求或潜在需求,提供彰显个性并具有附加价值的服务。例如,顾客实施购买行为以后,企业需要可靠的物流配送及结算系统来支持顾客购买行为的最终完成。忠诚顾客带来的利润远远高于新顾客,通过个性化的精准顾客服务体系,可以留住老顾客,吸引新顾客,达到顾客的链式反应。

总之,随着科技的发展和社会的进步,人们越来越关注自我、强调个性,消费者的需求越来越多样化、分散化,传统营销方法已越来越难以满足顾客的需要。精准营销要求企业在精确的市场细分和市场定位的前提下,选择恰当的工具与顾客沟通,实施全过程管理并提供优质的服务,充分考虑消费者需求的个性特征,增强产品价值的适应性,降低顾客的满足成本,同时培养消费者对企业的偏好与忠诚。

5.3.3 Web3.0下的嵌入式营销

嵌入式营销是一种基于顾客价值链的新型产业营销方式,在对产业顾客价值链分析的基础上,综合考虑顾客需求和竞争对手的行动,寻找企业资源能力与顾客赢利模式之间独特的价值匹配,并将其嵌入顾客的价值链上,使营销活动成为顾客创造价值的不可或缺的一部分,从而建立长期稳定的营销关系。

1. 嵌入式营销的核心理念

嵌入式营销理念来源于IT的**嵌入式系统**,是以效率和价值为主线,以嵌入式团队活动为实施内容,抓住客户的需求动机和市场环境的变化要求,全面多角度、实时地关注质量、产品设计、成本、技术服务、交付、生产以及售后服务,使客户满意最大化,从而达到与客户建立长期合作的目的。

> **知识卡片 5-5**
>
> **嵌入式系统**(Embedded System):一种完全嵌入受控器件内部,为特定应用而设计的专用计算机系统,通常以控制程序存储在 ROM 中的嵌入式处理器控制板的形式,作为装置或设备的一部分。根据英国电器工程师协会的定义,嵌入式系统为控制、监视或辅助设备、机器或用于工厂运作的设备。

嵌入式营销体现了现代营销中的顾客满意、竞争导向和关系营销3个核心理念。第一，嵌入式营销关注顾客满意，在保证顾客满意的基础上，提供价值链增值服务；第二，嵌入式营销在为顾客提供附加价值的同时，需要考虑竞争者的反应与行动，只有采取与竞争者不同的营销活动才能达到嵌入式营销的目的；第三，嵌入式营销是注重关系的营销新思维，将自身的营销活动嵌入顾客的价值链中，有利于企业与顾客建立起长久且稳定的营销关系。在嵌入式营销所涉及的3种营销理念中，关系营销居于核心地位，嵌入式营销的实质是要与顾客建立一种稳固的营销关系。

2. 嵌入式营销的主要特征

嵌入式营销作为一种产业营销的新思维，其超越现有竞争空间，为顾客提供价值链增值服务，具有区别于一般营销方式的特征。嵌入式营销的主要特征体现在以下方面：

（1）嵌入式营销是一种针对产业市场顾客价值链的营销方式。嵌入式营销超越了现有的市场边界和竞争空间，为顾客提供价值的同时，把自己的营销活动深入顾客的价值链上，成为其创造价值的不可或缺的一部分。由于只有产业顾客才可以分析其价值链活动，其方法并不适用于对消费者的营销，但一些理念也可以为之提供参考。同时，嵌入式营销不仅仅着眼于产品和质量，更是从顾客满意的角度出发，就整个客户业务流程建立相应的价值传递链条流程，其涵盖的范畴已经超出单纯的产品和服务范畴，而是从客户的需求动机出发尽可能地提供附加价值，以实现流程价值最大化。

（2）嵌入式营销是一种基于客户端工作的模式。这种思想直接来源于IT的嵌入式系统理念，Web3.0环境使企业更进一步具备了对信息及时获取与处理的快速反应能力。由于企业能与客户进行及时、全方位的沟通，不同的部门由不同的嵌入式团队中的相应人员进行针对性服务，保证了客户的需求能得到及时的、不失真的处理。

（3）嵌入式营销是基于产品载体上的服务营销。嵌入式营销是一种一对一的服务营销模式，服务包含市场、销售、生产、交付、技术协助和合作、售后服务等角度，全面支持客户的业务流程，从而达到客户的满意，获取客户的忠诚度。

（4）嵌入式营销要求建立分布式组织架构。这种分布式组织架构授权基于客户端的团队进行现场实时工作，可以避免传统的组织运作方式中存在的反应滞后等缺点，以整个业务活动和组织的营销理念为向导，为客户和项目带来极大的活力。

（5）嵌入式营销注重长期稳定营销关系的建立。嵌入式营销是一种连接客户、集团后台总部并进行互动协同的过程，注重与客户达成亲密的伙伴关系，基于信任和承诺进行全面的合作，甚至共享工作流程和工作价值观。这种合作既是信任和承诺的保证，又会进一步巩固双方的信任关系。

（6）嵌入式营销以技术合作为主导。嵌入式营销是一种以技术合作为基础的营销模式，通常是围绕某新产品的开发流程，运用企业自身优势领域的核心能力，为客户提供增值服务。

3. 嵌入式营销的基本方式

嵌入式营销的一般流程：首先通过分析产业顾客的价值链活动，寻找与企业资源能力相匹配的独特价值；其次分析顾客满意因素和竞争对手的反应与活动，创造独特价值并嵌入顾客价值链中；最后评价嵌入式营销，保持或创新嵌入式营销的营销活动，以建立和维持与顾客长期稳定的营销关系。这其中以嵌入内部物流、运营、市场营销最为典型。嵌入式营销的业务模式如图 5-1 所示。

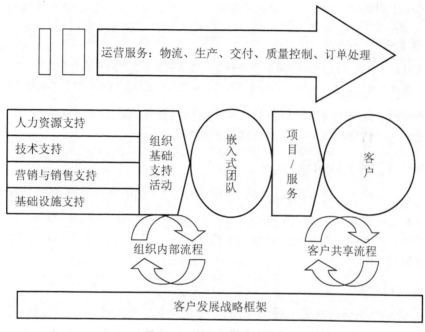

图 5-1 嵌入式营销的模式

（1）嵌入顾客内部物流。即分析企业顾客在其产品生产过程中内部物流的相关活动（如投入品的进货、仓储和分配等），并将自己的营销活动与之相结合的营销方式。

微型案例 5-7

安富利电子元件部获得海尔的库存所有权，成为其供应链的合作伙伴正是借助了嵌入式营销的力量。安富利电子元件不仅为海尔提供所需要的电子元件，更为重要的是其增值的供应链服务，为海尔提供定期的库存分析，按需要进行自动补给，以确保库存保持在最佳水平。安富利正是抓住了这些本来是由海尔自己来解决的内部后勤问题，将营销活动嵌入海尔的价值链中，成为海尔创造价值的一部分，从而结成稳定的合作关系。

（2）嵌入顾客运营。所谓嵌入顾客运营，是指在营销过程中将营销活动嵌入产业顾客价值链中的运营环节的一种嵌入式营销方式。

微型案例 5-8

金域公司是一家生产乙肝检测试剂的厂家，为了避免与众多竞争对手的价格战，通过分析医院的产业价值链发现只有少数医院才有试剂最终的检测仪器，大量的医院在使用了试剂之后都要通过其他机构进行最终检测。金域公司于是买进一台检测仪器，在销售其检测试剂的同时为医院免费提供检测，这样不仅吸引了大量的顾客，而且自己所提供的服务成为医院价值链中运营活动的一部分，建立了稳定的供货关系，最终确立了其在行业中的领先地位。

（3）嵌入顾客营销活动。即通过分析产业顾客的价值链，将企业的营销活动和顾客价值链中的市场营销相结合，比如将生产企业的产品库存、搬运、销售渠道选择等与顾客（经销商）的产品收集、储存、散发和最终消费者的购买等活动相联系展开嵌入式营销。在这方面的典型应用案例，如各种专业的连锁店。

微型案例 5-9

国美电器通过分析家电企业的价值链，了解销售渠道在家电企业中的重要位置，为了达到吸引产业顾客进入其店面进行销售，建立了全国性的连锁商店，成为家电企业分销活动中不可或缺的一部分。

嵌入式营销不仅在上述三种价值链活动中运用，在其他的主体活动中也可以采用，如淘宝网上推出的"猜你喜欢"就是嵌入式营销的雏形。

5.3.4 Web3.0 下的 Widget 营销

基于 Web3.0 的个人信息门户提供了开放的 Widget API（微件应用程序编程接口），支持用户自行开发并提交 Widget（微件）工具。Widget 是一种很小的应用程序，用户可自由定制这些工具，实现在个人信息门户中的可移动式嵌入和自由整合，从而实现各应用站点数据的智能聚合。

1. Widget 的起源

Widget 源于苹果公司电脑工程师 ArloRose 的创想。1998 年，他在 Mac 操作系统使用一个可以更换皮肤的 MP3 播放器时突发奇想：如果桌面上运行的所有工具都能够更换皮肤或外观，将是很酷的事情，他称之为"Konfabulator"。

2003 年 2 月，Konfabulator1.0 正式发布，这个运行在苹果操作系统上的小工具中的主执行文件就叫 Widget；2003 年 7 月，Konfabulator1.5 发布，其主执行文件 Widget 得到进一步开发并开始流行，Konfabulator 也更名为 Widget；2004 年 11 月，Widget1.8 发布，这个版本的 Widget 支持 Windows 和 Mac 操作系统；几个月之后 Widget2.0 正式版对外发布，它是继 Konfabulator1.0 之后的又一个正式版，以其漂亮、实用、个性化等特征使得喜欢 Widget 的人越来越多。

2. Widget 的定义

从表现形式来讲，Widget 是一块可以在任何基于 HTML 的 Web 页面上执行的代码，表现形式可能是视频、地图、新闻、小游戏等。

从功能上看，Widget 是一种提供在线的功能性和内容的应用软件，同时也是一种全新的广告方式，其分布遍及潜在的海量网站。

从结构组成上看，典型 Widget 通常包含以下文件：

（1）Widget 配置文件。包含 Widget 的基本信息，如名称、尺寸、作者和安全信息。
（2）首页文件。类似于网页中的 index 文件，给出 Widget 的基本结构和内容。
（3）图像。所有图像文件都在名为 images 的文件夹中。
（4）JavaScript 脚本文件。所有脚本文件都在名为 script 的文件夹中。
（5）Stylesheet 样式表文件。所有样式表单都在名为 style 的文件夹中。

与其他在线广告不一样，Widget 由消费者自己以个人网站、概况网页、博客等方式上传到网站，是由其听众拉动而非由商家推动的。大量的上传者不仅仅是会员，在其建立 Widget 的同时也成为商家的宣传者。

3．Widget 的分类

Widget 种类繁多，可以分别从不同的角度对其进行分类。

1）根据应用程序接口的终端分类

根据应用程序接口终端的不同，Widget 可以分为以下 3 类：

（1）基于操作系统桌面的 Widget，如 Windows、Vista、Leopard 等。

（2）基于互联网页面的 Widget。其中根据网站类型不同，又可以细分为门户网站 Widget；个人门户 Widget（如 NetVibes、PageFlakes、iGoogle、雅虎等）；博客 Widget（如新浪博客、搜狐博客等）；社会人际网站 Widget（如 Facebook、MySpace 等）。

（3）基于手机客户端的 Widget，如 iPhone 等。

2）根据 Widget 功能分类

根据 Widget 功能划类，Widget 可分为以下类型：

（1）交友类 Widget。主要有留言、即时通信、发送虚拟物品和管理人际网络等功能。用户可以通过这类 Widget 与已有人际网络中的朋友保持联系，也可以认识新朋友。

（2）娱乐类 Widget。用户可以借此自娱自乐，如在个人主页上养宠物、用鼠标涂鸦、选择有趣的标签以显示自己个性；也可以利用 Widget 提供的分享功能与人分享信息，如 Graffiti、Bumper Sticker 等。

（3）游戏类 Widget。主要为休闲类游戏，如拼字游戏、扑克、吸血鬼之战等。

（4）信息类 Widget。为用户提供最新的内容，网站往往会专注于某一垂直内容，主要通过 RSS 聚合的方式展现，如 CBSSports.com 等。

（5）影音类 Widget。例如 iLike、Movies、视/音频 Web2.0 等第三方网站，通过 API 接口将开发的 Widget 与社会人际站点的开放平台相接，用户不需要再登录到母网站，通过 Widget 即可访问到所需信息和服务。同时，第三方网站也能够以这种方式获得更多用户。

（6）工具类 Widget。可用来管理日程安排、设置纪念日提醒，如 Birthday Calendar 等。

4．Widget 营销的特点

Widget 营销允许广告客户顺从用户意愿进行，可以与用户进行对话，这是一种全新的营销思想，是通过其他途径难以做到的。从商业的角度看，Widget 营销主要有以下特点：

（1）精准的受众群体。Widget 通过用户主动接受的行为实现营销信息的传递，因此喜爱或兴趣是实现 Widget 添加的主要驱动，据此可以判断用户的喜好。Widget 用户分布呈群体特征，通常同类 Widget 的用户非常有可能是同一类人群，从而积累起某一特征的用户群。

（2）病毒式传播能力。Widget 营销信息的扩张是以点带面的病毒式传播，用户可以自由地添加 Widget 到网页、个人档案主页和博客，然后在数字化的人际关系网络下，以

Widget 作为媒介进行病毒式传播。Widget 可以加快数据信息在整个网络的流动性并确保高效地到达,其影响力常常引起**马太效应**。例如,iLIKE 曾用 1 周的速度在 Facebook 获得 100 万个用户,可见其病毒式传播的强大能力。

> **知识卡片 5-6**
>
> **马太效应**(Matthew Effect):指"好的愈好,坏的愈坏,多的愈多,少的愈少"的一种现象。名字来自于《圣经·马太福音》中的一句话:"凡有的,还要加给他叫他多余;没有的,连他所有的也要夺过来。"社会学家从中引申出了"马太效应"这一概念,用以描述社会生活领域中普遍存在的两极分化现象。

(3)开放性。Widget 通过 API(即 Application Programming Interface,应用程序编程接口)将两个网站或平台和应用联系起来,使得网站间不再只是通过超链接的简单连接,而是使各网站的用户和数据有机会分享融合并得到最大限度的利用,帮助用户能更自由地使用更贴切的网站服务。

(4)功能性。Widget 是强调实用性的小型应用程序,具有一定的功能性,它既可以用于帮助用户提高工作效率,也可以非常有趣地让用户轻松一刻。每个 Widget 都有自己的主题功能,如传送时钟和预报天气信息、订阅电子报纸和博客、在线播放喜欢的音乐列表及个人生活照片集、与好友或者网友临时组配玩休闲类游戏等。

(5)交互性。Widget 作为前台应用提供了丰富的网站功能,如使用 Flash 或者 AJAX,只需占据页面一小块地方,就能与用户间产生各种交互操作,像网页中的网页。同时,Widget 通过 API 与网站联系起来,通过函数进行机器间的交流,传输用户信息和使用情况。

(6)周期性。Widget 一般只有较短的生命周期,它能在短时间内有效吸引用户的目光,但也容易很快被用户弃而不用,不能在长时间内维持新鲜感吸引用户的注意力。不同类型的 Widge 其生命周期也有所不同,可能是几天、几周或者几月,大多在一开始花较多时间参与在 Widget 中,但热情一旦衰退,Widget 的使用就急速下滑。

(7)信息精练、形式多样。Widget 主动从互联网获取的信息一般尺寸很小,方便嵌入终端快速运行;同时 Widget 信息有多种呈现形式,如幻灯片、视频、地图、新闻、小游戏等,并且能将狭窄单调的浏览器窗口变为广阔绚丽的桌面空间。

5. Widget 营销的商业价值

Widget 是一种全新的与用户接触的方式,打破网站用户间以及网站平台相互的隔阂。从营销的角度来讲,它是一种新媒体,其参与性和互动性都有优势。因为 Widget 具有跨平台性,可以嵌入任何开放的地方,而用户就是嵌入 Widget 的实施者。人们不必每次使用新服务都重复输入个人信息、添加好友将现有的人际网络复制,用户通过添加 Widget 应用就可传送已有信息到网站。

Widget 营销的商业价值在于,用户可以在不是自己营造建立的社区中获取商品信息,可以在其他平台上交易并带来销售收入。Widget 的商业模式不需要想尽一切办法让用户停留在某个网站上,无论用户在哪里,通过 Widget 传送最专注、最相关的内容,就可以将商品和服务带到哪里。运用 Sliverlight、Adobe Air 等工具开发 Widget，将会与桌面和手机链接起来以真正实现跨平台集成的商业应用。

5.3.5 Web3.0 下的威客营销

威客最早出现于 2005 年，它源于英文单词 Witkey，是 wit(智慧)与 key(钥匙)的合成词，直接意思为 The key of wisdom(智慧的钥匙)。在网络时代，凭借自己的创造能力(智慧和创意)在互联网上帮助别人，而获得报酬的人就是威客。威客可以是一类互联网应用网站，也可以是这类网站的注册用户。通俗地讲，威客就是在网络上出卖自己无形资产(知识商品)的人，或者说是在网络上做知识(商品)买卖的人。

1. 威客营销的含义

威客营销就是利用威客这种网络应用形式开展网络营销，主要是指参与用户通过互联网平台互动性完成知识技能与经济价值的平等置换，解决商业、生活等方面出现的问题，从而让知识技能体现出其应有的商业价值。

企业可以通过威客招标来吸引悬赏型威客关注企业的网站、产品或者服务，也可以进一步引导其来企业网站注册，真正了解和宣传企业；还可以通过百度知道以问答的方式来推广其网站、服务、产品、品牌等，同时方便百度等搜索引擎检索出来。

威客网站的理念是把企业或个人的难题交给网络志愿者去解决。方法是：企业提出问题并通过互联网发布和传播，请求志愿者给出解决方案，志愿者个人或小组接受任务并完成，企业奖励胜出者并获得解决方案所有权。威客营销与搜索引擎等营销工具相结合，更有利于企业进行各种信息的宣传。

微型案例 5-10

几年前，美国甘耐特报业集团做过一个 Witkey 试验，将旗下 90 家报纸的新闻部开放给公众，任何人均可通过网站对正在发生的新闻提供消息或意见，如果信息被报社采用，提供者将获得奖励。一位读者报料称，新房子开通自来水和排水管道有关部门竟然要收 2.8 万美元。报社以往的做法是派记者立即调查，一段时间后调查报告才见诸报端。而这次记者在网上让读者帮忙找出费用奇高的原因，结果这份报纸收到了来自国内外读者的海量响应，网站流量 6 周内出现前所未有的高涨，发行量迅速攀升。通过这次试验，甘耐特不仅节约了采访费，掌握了翔实的新闻材料，还免费获得了巨大的潜在读者群，这是一个成功的威客营销案例。

2. 威客营销模式的核心运营机制

机制是指系统为了实现某种功能的内在工作方式，包括其组成部分的相互作用，以及这些组成部分之间因发生变化而形成的相互联系。运营机制是一种有规律运动过程，影响着各要素的结构、功能、相互作用及其功能发挥作用的原理和运行方式，它是一种动态的事务。因此，威客营销模式的运营机制可以理解为：为了保证威客营销网站能正常运营的内在工作方式，这些工作方式相互作用、相互联系。

威客营销模式就其本质来说可以看成 C2C 型电子商务模式。威客网站为威客们提供了一个零门槛的营销交易环境，扮演着一个将知识、经验、智慧转化为经济效益的市场角色，一般由任务发布系统、知识库系统、检索系统、交易系统四大模块组成；需求方在威客网站提供的互动平台上发布所遇到的难题或所研究的课题信息，威客则通过该平台提交解决方案。目前，大量学者对威客的运营模型进行了探讨并提出了具体方案，其本质都离不开威客网站的基本运营模型，如图 5-2 所示。

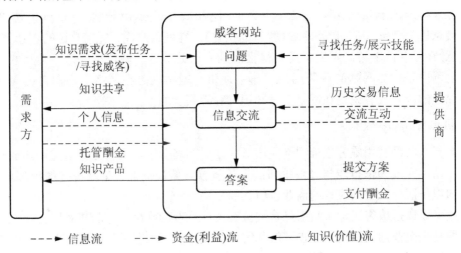

图 5-2　威客网站的基本运营模型图

从图 5-2 可以看出，威客网站的基本运营模型中主要涉及的内容是需求方与提供商之间的利益传递，其问题与答案通过威客网站进行信息传递，整个运营过程中需求方、提供商与网站进行创造价值活动。按照主体导向的不同，威客营销模式运营机制可以分为由需求方主导的运营机制与由提供商主导的运营机制。

1) 由需求方主导的运营机制

由需求方主导的运营机制是指由平台方建立起的威客模式服务平台，制定相关的知识服务合约，吸引各种类型的威客进驻，整合威客提供商与威客需求方信息，建立类似传统商业的加盟运营模式，对威客成员信息进行需求匹配，共同创造财富。需求方主导的运营机制的核心在于通过平台方整合利益三方的服务流、信息流和资金流，建立起相关架构让提供商和平台方全力为自身服务。

目前以需求方为主导的威客营销网站主要分为两大类：一类是以需求方为主导的现金交易型威客网站，包括猪八戒威客网、任务中国、创意网、威客中国等网站；另一类是以需求方为主导的非现金交易问答式威客网站，包括百度知道、爱问知识人、天涯问答、外包网等网站。其中现金交易型威客模式占据着主流，其运营机制根据运营方式又可分为以下三类：

(1) 现金悬赏模式。现金悬赏模式是现在大多数威客网站采用的模式，如图 5-3 所示，即客户发布任务后预付全部赏金给威客网站，网站收取 20％ 的费用，其余赏金支付给最终由客户选出的任务完成最好的威客。

(2) 招标模式。为了完善现金悬赏模式的不足，招标模式的运营方式便应运而生。招标模式如图 5-4 所示，指的是威客凭借其大致的计划方案以及以往的成绩和信用状况参与竞标，一旦中标成功，接下来再执行具体的项目任务，赏金随项目完成进度逐步支付。

(3) 威客地图模式。威客地图模式是借用了知识管理理论中的知识地图的概念，即知

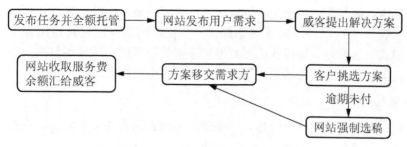

图 5-3 现金悬赏模式运营步骤图

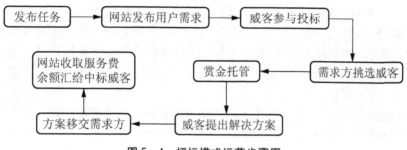

图 5-4 招标模式运营步骤图

识的导航系统,它表明了不同知识存储间重要的动态关系,通过互联网将人的地理位置、擅长技能、联系方式、服务项目、个人空间五大属性聚集起来,形成了关于人的搜索引擎。需求方可以通过发布自己的需求,然后根据自身的需求主动从备库的服务商中搜寻合适的威客,进而进行相互的沟通交流来完成下一步的任务实施和交易。

2)由提供商主导的运营机制

由提供商主导的运营机制是指在平台方服务规则的要求下,威客将自己的技能、知识、智慧等智力作品放在网站上展示销售,或是主动在网站上展示出所拥有的技能及所能服务的范围,由需求方按其需求来选择服务。

提供商主导的运营机制的核心在于提供商能否提出有价值、有吸引力的服务或产品,通过平台方的信息整合,展现给需求方供其选择,这种营销模式是利于威客的。在这种运营机制下,平台方作为中介桥梁,建立相关技术标准、服务标准,需求方与提供商按平台方所规定的合约进行交易。目前,由提供商主导的运营机制是一种比较新型的运营方式,模式并没有像需求方主导的那样成熟,因此它的任务运营方式相对来说比较简单。

由提供商主导的运营机制分为两大类,一类是独立运营的提供商主导,另一类是依附运营的提供商主导。独立运营的提供商主导是指网站中只有提供商自己展示方案的形式,没有其他形式。依附运营的提供商主导是指网站中除了有提供商自己展示方案的形式外,还有需求方主动提出任务的方式,它是一种混合型的威客模式,这种混合型的威客模式虽然主体部分仍是以需求方为主导的,但是仍有一部分是以提供商为主导的。

独立运营的提供商主导模式兴起的时间比较晚,大致在 2008 年。在刚起步阶段更多的是以创意产品的交易为主,在网站中展现出自己的创意商品,供需求方来选购。之后在 2010 年左右,国外开始出现以"我能为您提供"为主题的知识、创意服务网站,这种网站并不直接提供具体的商品,而是告诉需求方所具有的某方面特长技能,可以帮助需求方来完成任务。2011年我国以"我能为您提供"为主题的服务网站开始出现。依附运营的提供商主导模式是需求方主导模式成熟后发展起来的子项目,网站参与用户不再被动地让人去选择自己的产品,而是主动地告诉需求方所能提供的服务。

3. 威客营销的价值

企业在威客营销模式中获得价值,一是通过采纳志愿者的解决方案,直接将其贡献转化为产品价值的一部分;二是提供一个供用户交流分享创作内容的平台,由平台方建立相关技术标准、服务标准,并通过用户交流分享创作的内容产生直接销售或广告收入,其他各参与方按平台方所规定的合约和规定按比例分享知识服务费收入。

IBM的调查显示,在国际上,只有35%的CEO负责创新工作的领导,而中国有高达58%的CEO亲自负责创新。在中国人们通常认为创新是企业中研发人员的事情,然而更多的能人高手存在于所谓的"外行人"中,这些外行人的创新能力可以击溃专业化的门槛,一样能够被公司所采用。

威客营销已经成为新的商业模式,被视作将掀起下一轮互联网高潮的创新模式。威客营销借助互联网开展资源互补、协同创新、合作共赢的经营活动,为每一个企业和个人提供价值实现、技能展示的创新平台,在这个平台上,企业与个人互利互惠共同创造财富。

4. 威客营销模式存在的问题

威客网站目前还处于发展阶段,虽然已出现了一些在互联网业界内比较有影响的威客网站,威客模式理论也起源于中国并一直处于不断发展和完善之中,但目前威客网站在运营方面也还存在一些问题,其突出表现在以下几个方面:

(1) 定价机制方面。存在"需求方出价较少→威客流失或威客完成任务的质量低→需求方不满意,不想付款→威客不满意,流失"的恶性循环问题。

(2) 信用机制方面。大都是基于任务发布者与中标者的互评,信用值的计算与任务的悬赏金额无关或者没有考虑作弊情况。

(3) 赢利机制方面。目前威客网站主要的赢利方式是服务费形式,即从知识产品交易金中抽取一定比例金额作为服务费,赢利能力有待提升。

(4) 信息服务机制方面。目前绝大多数网站能做到为客户与威客间、威客与威客之间、网站与威客间、网站与客户间开辟沟通渠道,但是这些渠道处于一种散乱和媒介形式单一化的状态,很少网站能将这些沟通渠道整合运用,几大网站相互之间的沟通方式都有所欠缺。

此外,威客网站也存在信息服务能力不足、赢利模式单一、智力成果浪费严重、智力成果知识产权归属不清等问题。这些问题的存在,制约着威客营销模式的发展。

5.4 应用案例:雅蛙网

1. 雅蛙网营销服务的特点

雅蛙网是一家基于Web3.0理念的个性化聚合平台,创造性地推出"RSS聚合+搜索定制聚合＋个性化平台"的模式,致力于让每一个用户可以自由聚合海量信息,能轻松自由地创建自己的社会化网络体系。

雅蛙网独创了基于 Widget Rank 的聚合技术,实现搜索定制聚合模块化,并应用在雅蛙的服务上,加强用户对信息获取的便捷性。雅蛙创新的 Widget Rank 聚合技术和算法,能够自动有效地分析、抓取和聚合任何博客、论坛、网站的 RSS 地址,并按照网民自由选择的阅读方式呈现,使雅蛙迅速成为网民阅读新闻、博客和个性化的重要平台。

雅蛙运用 Web3.0 技术带给用户全新的体验:第一,搜索定制,即关键字聚合。输入感兴趣信息的关键字,雅蛙网就能在海量信息中立刻找到用户所想要的信息;同时,用户也可以聚合、定制这样的信息放到雅蛙平台上。以后每次打开雅蛙后,不需再输入搜索就能看到需要的最新信息了。第二,个性化平台。基于 Web3.0 的理念,全新界面模块化,可以自由新建模块和页面,随意拖曳、编辑模块内容和风格,如果注册后,雅蛙将自动保存用户的个性平台并生成一个唯一的二级域名,用户可以自由展示其个性和风格,雅蛙将带来良好的用户体验和惊喜。

2. 雅蛙网的服务产品

雅蛙网推出的服务产品主要有以下几类:

(1) 个性化门户。基于 Web3.0 的理念,全新的模块化界面,用户可以随意拖曳、编辑内容和风格,以展示其个性和风格。

(2) 互动平台。基于"社交网络＋雅蛙榜＋圈子"的模式,用户可以随意监控定制数据,展示自己的品位和个性,结交更多的朋友。

(3) 雅蛙榜。风格新鲜热辣,用户可以借此推荐其博客或网站;另外,通过雅蛙榜推荐出来的热点内容,也一定是用户感兴趣的。

(4) 雅蛙联盟。汇聚中小网站站长和博客,实现自我收益的平台,轻松建站,分享雅蛙网带给你的广告收益。

(5) 雅蛙 Widget API。新闻、图片、游戏、音乐等应有尽有。雅蛙网拥有开放的 API 接口,帮助用户开发与实现其各种奇思妙想。

3. 案例评析

雅蛙网是目前 Web3.0 应用的典型代表。第一,雅蛙网实现了网站信息自由聚合,真正做到了以人为本的 Web3.0 网络理念;第二,Web3.0 不是一个超脱的新理念,而是一个在 Web1.0 和 Web2.0 理念上的升华和人性化体验,在雅蛙网有兴趣相投的人非常自由地聚合在一起交流、讨论,正是 Web3.0 理念的体现;第三,雅蛙网开发的很多实用工具能让用户轻松体验在一个网页内聚合博客、QQ 空间、行业资讯、收发邮件、天气预报、搜索引擎等工具,一个页面就能实现所有互联网信息的互通。

总之,Web3.0 的诞生使得网站内信息可以直接和其他网站信息进行交互,能通过第三方信息平台同时对多家网站信息进行整合使用;用户在互联网上拥有自己的数据,并能在不同的网站上使用;完全基于 Web,用浏览器即可实现复杂的系统程序才具有的功能。

本章小结

真正的Web3.0是让用户可以通过简单的检索入口，跨越不同的应用平台共享不同社区的信息，以实现一站式智能化检索。本章介绍了Web3.0的概念，分析了Web3.0与Web1.0和Web2.0的区别以及Web3.0营销的特点；着重介绍了Web3.0下的众包营销、精准营销、嵌入式营销、Widget营销、威客营销模式。

复习思考题

(1) 什么是Web3.0营销？有什么特点？试结合教材的相关内容，进一步查阅有关资料，分析目前Web3.0应用中存在的问题，并分小组展开讨论。

(2) 众包与外包有什么区别？众包营销的理论基础是什么？众包营销有哪些局限性？

(3) 什么是精准营销？你认为实施精准营销需要把握哪些关键要素？试结合具体企业案例加以说明。

(4) 嵌入式营销和Widget营销分别有哪些主要特点？

(5) 威客营销模式的核心运营机制是什么？试分小组进一步查阅有关资料，对威客营销模式的主要价值、存在问题以及发展前景进行分析并展开讨论。

案例研讨

【案例资料】 2011年在淘宝奥克斯旗舰店举办了"空调玩定制，万人大团购"的活动，奥克斯将Web3.0营销策略引入大家电业，进行了一次成功的营销运作。企业的技术实力、团队力量辅以成功的营销策略，让奥克斯在白电竞争激烈的中国市场杀出一条飞速成长之路，哈佛商学院甚至将"奥克斯倍增奇迹"作为一个经典的企业案例编入案例库中。

1. 团购成势

在2009年，奥克斯就在行业内率先提出将团购的销售思路与传统的家电销售融合到一起，在寒冷的冬日举办了"寒冬送暖奥克斯大型团购空调节"活动。依靠在空调行业内具有开创精神的团购策略，奥克斯抢先发力冬季空调市场，抓住消费者需求。而奥克斯从6月份开始的"百团大战"更是在节能惠民政策停止后给消费者最大幅度的优惠，一人团、两人的"牵手团"、三人的"桃园团"，团购的数量越多，优惠的幅度就越大，让消费者觉得又有趣又获得实惠。奥克斯深谙团购的真味。

奥克斯空调凭借"空调销量超额完成年度任务"的契机，发动了线下团购的攻势。据了解，在活动期间选购奥克斯空调的用户，即便一人也可享受团购价：1.5P高效节能空调2599元，大1.5P直流变频团购价售2999元。而如果同时购买2台奥克斯空调的顾客，即组成"牵手团"，可额外享受100元结义团购价；而同时购买3台奥克斯空调的顾客更可视为"桃园团"，额外享受200元结义团购价。

2. 团购变阵

由于网络先天拥有数量庞大的用户，依附于网络兴起的团购成为一种新兴的电子商务模式。以往的团购都是消费者在网络上寻找有相同需求的卖家共同组团，增加买方与卖方的议价能力。网络团购已经成为目前团购最主流的方式。

此次奥克斯"百团大战"不再拘泥于线上模式，将实惠的团购带到线下，让消费者有的放矢选购自己心仪的产品，避免了消费者在各家团购网站间穿梭、注册的烦琐以及不熟悉电脑操作的消费者望"网"兴叹的无奈。

由于线下团购在搜集海量消费者需求上要逊于线上模式，奥克斯推出了"一人成团"的全新模式，"牵手团""桃源团"让消费者即便不能联系到和自己一样有购机需求的朋友，也可以享受团购的实惠。

(资料来源：http：//info.1688.com，2011.06.17，编者有删改)

认真阅读上述案例材料，思考以下问题：

(1) 案例中奥克斯企业运用了哪些 Web 3.0 营销策略？

(2) 案例对于我们开展网络营销可以提供什么样的启示？

扩展阅读

[1] [美]泰斯纳. Web 3.0 营销实战：巧夺先机[M]. 凌凤琪，赵瑾，译. 北京：电子工业出版社，2012.

[2] [美]杰夫·豪. 众包：大众力量缘何推动商业未来[M]. 朱文静，译. 北京：中信出版社，2009.

[3] [美]杰夫·萨宾，格莱士·布雷巴克. 精确营销[M]. 魏青江，方海萍，译. 北京：高等教育出版社，2008.

[4] 李燕，陈晓华. 中国式众包：威客智慧的商业价值[M]. 北京：科学出版社，2011.

第 6 章 移动营销

教学目标

- 理解移动营销的含义，掌握移动营销的基本特征，了解移动营销的发展历程；
- 熟悉移动营销服务的原则、内容和常用方法；
- 熟悉移动营销的业务模式和赢利模式；了解移动营销面临的问题与发展前景。

教学要求

知识要点	能力要求	相关知识
移动营销的定义与特点	对移动营销定义、特点的理解能力	移动营销的定义和基本特征
移动营销服务	(1) 对移动营销服务原则的理解能力； (2) 对移动营销服务方法的运用能力	(1) 移动营销服务原则、内容、参与者； (2) 基于WAP网站平台的营销服务、基于3G手机信息的营销服务
移动营销的应用模式	对移动营销应用模式的运用能力	(1) 移动营销的业务模式； (2) 移动营销的赢利模式

第6章 移动营销

基本概念

移动营销　移动营销服务　WAP　推送模式　独立WAP网站模式　短信网址模式

导入案例

诺基亚+《神话》的精准互动营销

某周五的下午，在北京某外企工作的李明一边继续手头的工作，一边迫切等待即将来到的周末。因为他手里有北京新世纪影城的两张电影票，早已约了女朋友共同去看即将上映的大片《神话》。周三，他曾收到一条以《神话》为背景的彩信："在线寻宝赢诺基亚手机或电影票！"他浏览了相关手机网页（WAP）后按照提示参加了活动，并赢得了两张电影票。

"片子的确不错。"看完电影后，李明在车上又通过手机上网浏览了诺基亚6101的相关信息（这款手机之前在彩信和电影中都出现过），因为他觉得自己也该换款新手机了。这正是诺基亚所期望的一个成功营销受众的例子。

再看诺基亚赞助《天下无贼》这部电影的过程，据诺基亚合作方空中传媒广告中心高级经理介绍，当时的移动营销活动主要分三步：第一，确认用户群。在空中传媒提供的300万用户群的详细资料中，通过一些参数的制定，如年龄、所用机型、消费偏好等，空中传媒帮助诺基亚来实现发送的用户甄别和区域甄别，将内容发送到该机型的目标用户群手机上，同时采取MMS（彩信）＋WAP（手机网页）＋SMS（短信）的形式发送内容。第二，建设了WAP品牌专区，设计SMS在线互动答题、MMS广告转寄、WAP在线游戏、视频下载及剧照活动。第三，通过数据（到达率、打开率、WAP访问量等）的收集和用户参与的轨迹（WAP浏览轨迹、MMS广告转寄等）统计此次营销效果，并为下次营销活动的改进做准备。

诺基亚中国营销的主打策略就是和多部电影大片合作，从《天下无贼》《三岔口》到《神话》，在其中的每次合作中，都少不了移动营销的配合。

（资料来源：http：//www.ppzw.com，编者有删改）

点评：　一对一的拉动式营销凸显移动营销魅力

移动营销下的目标受众不再是混沌的消费者。借助手机这样个人化的媒体，就等于进行一对一营销。移动营销使消费者由被动接受信息，变成受产品或服务信息的吸引而主动参与营销活动，通过这种拉动的力量，让企业和消费者的关系更加紧密。这种营销方式还更加有利于企业追踪消费者，计算营销成本。最重要的是手机对于大部分人来说是必需品，媒体黏合度已经达到了百分之百，即时、互动、准确的个性化营销将成为下一波主流。

在客户关系维护方面，移动营销也促进了商家和消费者之间更方便的沟通。当定位系统跟得上的时候，移动营销还能促进消费者的冲动购物需求。从这些方面来说，移动营销的确潜力很大，但还需要技术、法律、内容服务商等多方面合作发展。

移动营销主要研究无线互联网中的网络营销问题，包括手机网络营销方法、WAP网站建设与推广、网站的手机浏览兼容性问题、3G手机网络营销应用模式等。移动营销基于定量的市场调研，深入研究目标消费者，全面制定营销战略，并运用和整合多种营销手段，来实现企业产品在市场上的销售目标。

6.1 移动营销概述

移动营销(Mobile Marketing)诞生于日韩,后在欧洲兴起并在北美增长。2000年中国移动短信业务(SMS)开通,标志着我国移动营销市场开始起步,2005年年初开始迅速推广,经历了发展初期和市场培育期后,现已逐渐成为各类网络营销服务商重点推荐的服务之一,并涌现出了一些成功的商业模式和案例,成为网络营销业界的一大亮点。移动营销是网络营销的一个重要组成部分,但在某些具体的操作方法方面会存在明显的差异。作为一种营销模式,移动营销的价值正在逐步得到认可。

6.1.1 移动营销的定义

移动营销早期也被称作无线网络营销、无线行销或手机互动营销,到目前为止,还没有一个被普遍接受的定义,一些研究机构和专业协会对移动营销给出了各自的定义。

Manecksha(2000)提出移动营销是一种能直接与任何个人,通过任何网络和任何装置,在任何地点、任何时间进行沟通的新兴营销方式。Mort & Drennan(2002)则认为移动营销是适用于手机、智能型手机(Smart Phone)、个人数码助理(PDA)等通信设备和行动环境下的营销活动,并提出方便性(Convenience)、成本(Cost)、机不离手(Compulsion Touse)、情景感知(Contextually Sensitive)是移动营销的四大成功关键要素。

美国移动营销协会(AMA,2003)将移动营销定义为:对介于品牌和终端用户之间作为通信和娱乐渠道的移动媒体的使用。移动营销是随时随地都能够带来即时、直接、交互沟通的一种渠道,概而言之,就是通过移动渠道来规划和实施想法,对产品或服务进行定价、促销、流通的过程。移动营销协会(Mobile Marketing Association,MMA)2009年所提出最新的定义认为:移动营销是组织通过使用任何的无线媒介(主要是手机和掌上电脑)作为信息传递和回应的载体、跨媒介营销传播的即时沟通程序,针对消费者(也就是终端用户)对时间和地点敏感性的、个性化的互动性,打造出最适合消费者的营销信息。

以上定义中,对移动营销的两个特性达成了共识:首先是交互性,移动电话是一种很好的即时交流媒介,消费者能在收到营销信息后立即将回应传送给营销者,使营销者通过基于位置的服务提供更适合和更深入具体的信息;其次是营销信息特制化,也就是营销者通过潜在消费者的发讯地和发讯时间等资讯传送给消费者最适合的营销信息,即基于位置的服务。

综合上述各种定义,本书认为:移动营销是基于企业整体营销战略,以移动设备及无线通信信息系统为载体,在移动终端上直接向目标受众精确地传递时间和地点敏感性的、个性化的信息或进行促销,并通过与消费者的信息互动达到提升品牌、客户沟通等市场营销目标的商业活动。

正确理解移动营销的定义,需要把握以下几点:①移动营销是企业整体营销战略的一部分,移动营销的目的在于提升品牌知名度,改进客户信任度和提高企业收入;②移动营销的载体是各种移动终端和无线通信系统,是短信、彩铃、彩信、声讯、流媒体等多种形式的集合;③移动营销强调交互性,以便提升营销信息带给消费者的价值;④移动营销直接面向目标受众传递信息,即直接面对事先已经定位的用户而不是大众,具有强烈的个性化特征。

6.1.2 移动营销的基本特征

移动营销是一种基于交互式、随时随地通信技术的营销手段,它通过移动通信平台,针对移动人群进行产品营销、服务营销和品牌营销。从策略层面而言,移动营销以客户数据库为基础,选择合适的时间、地点开展发布广告、销售产品、提供基于移动性的服务等营销活动,通过与客户个性化和人性化的接触,与客户保持长期互动关系,培养客户的品牌忠诚度。

移动营销的基本特征主要体现在以下方面:

(1) 拥有高度的便携性和黏度。移动终端具有随身性,实用有趣的应用服务让人们大量的碎片时间得以有效利用,吸引越来越多手机用户参与其中;平台的开放也给手机用户更多个性化选择;基于信任的推荐可帮助企业打造出主动传播的社交网站,快速形成品牌黏度。

(2) 高度精准性。移动营销借助手机报刊、短信等投放系统,通过精准匹配将信息实现四维定向(时空定向、终端定向、行为定向、属性定向),在浩瀚人海中锁定与自己项目匹配的目标人群,并把新的信息有效地传递给与之相配的目标群体。

(3) 成本相对低廉。降低企业营销成本,拓展企业市场是企业的永恒需求。基于移动互联网络的移动营销具有满足这种需求的明显优势,其以低廉的成本、广泛的受众规模成为企业提升竞争力、拓展销售渠道、增加用户规模的新手段,并受到越来越多企业的关注。

(4) 强调品牌的重要性。品牌是企业与消费者建立信任的中间体,它能够通过自身的价值将消费选择的复杂度降低,塑造品牌可以提高目标消费群体的品牌忠诚度。移动营销带来方便性和选择多样性的同时也带给消费者困惑,塑造品牌在无线世界里显得尤为重要。

(5) 重视企业客户服务与客户关系。移动营销要求企业重视客户关系与客户服务。企业对客户表示关怀,从与客户建立商业关系到个人关系,关注客户满意,使客户获得完美的消费体验,是获得客户信任和提升客户对品牌忠诚度的关键。总之,移动营销关注客户,为客户创造特殊的购物体验,主张买者和卖者新的对话方式,企业与客户建立起一种"随时随地"背景下的以客户为中心的一对一学习型关系。

(6) 将与客户互动看成是学习的过程。通过移动营销服务平台与客户的每一次接触都会增进对客户的了解,并将所获得的信息经过整合后转化为一种知识与企业的潜能相结合,形成企业的核心竞争力。

总之,移动营销带给企业的不仅是一种新的营销技术手段,更是一种创新的营销策略。

6.1.3 移动营销发展历程

移动营销最初主要是以移动广告的形式出现,随着移动通信系统的发展,产生了新的移动广告类型，移动营销也获得进一步发展。下面从信息来源、信息的内容形式和经营模式、干扰性、接收者的态度和反馈等方面具体分析不同阶段移动营销的发展情况。

1. 1G 下的移动营销

在 1G 阶段只有语音通信，移动营销表现为有限的移动广告，主要以移动电话为媒介进行促销活动，通常需要接线员或录音信息向消费者促销产品和服务，这种方式提供了一对一互动式营销。由于应用程序的限制和过高的成本，移动营销在 1G 阶段没有很好地展开。

（1）信息来源（广告商）。由于高成本和手机广告应用很低，使得广告商的进入壁垒很高。在 1G 时代，只有那些收益高并且需要向客户详细说明其产品和服务的公司和组织才会选择用手机广告进行推广，如保险公司，因此广告商的数量和种类是很有限的。

（2）信息内容形式和经营模式。1G 的移动广告是人工电话信息或录音电话信息。由于电话呼叫的成本很高，所以移动广告采用直销模式。广告商通过市场细分找到目标客户，并且给其打电话。因此在 1G 时代，广告商需要被动地提供促销信息，移动广告效益很低。

（3）干扰性。由于 1G 时代的移动营销很少，几乎不存在竞争，也很难转移消费者的注意力，并且 1G 的广告宣传采用直销模式，直接对消费者进行促销和沟通，消费者都认真对待，因此其外部干扰性低。

（4）接收者的态度和反馈。由于刚推出的移动电话和移动通信服务使消费者对移动广告很陌生，导致消费者对移动广告不看好，并且移动广告的高成本使得不能传播给每一个人，此时消费者对垃圾信息的认知度很低。

此外，由于广告的传播是由接线员来实现的，消费者可直接快速的反馈给接线员，但对录音信息的反馈较少。

2. 2G 和 2.5G 下的移动营销

在 2G 和 2.5G 阶段实现了数字传输，对移动营销产生了巨大的影响。2000 年年初短信（SMS）的普及为移动广告创造了一个解决方案，成为移动营销的一个代表，在 2005 年西欧移动营销的主要形式就是 SMS。此外，移动广告在这个阶段也有了进一步发展，WAP、GPRS 的成熟提升了互联网接入能力，使得 2G 广告逐渐发展起来并被人们所认识。

知识卡片 6-1

GPRS（即 General Packet Radio Service，通用分组无线服务技术）：是 GSM 移动电话用户可用的一种移动数据业务。这项技术位于第二代（2G）和第三代（3G）移动通信技术之间，常被描述成"2.5G"。它通过利用全球移动通信系统（Global System of Mobile Communication，GSM）网络中未使用的 TDMA（Time Division Multiple Access，时分多址）信道，提供中速的数据传递。

（1）信息来源。由于 SMS 和 WAP 可以低成本地发送给许多目标客户，使得 2G 广告成为具有吸引力的营销选择，因此在 2G 阶段广告量剧增。但是广告的种类还很受限制，纯文本的 SMS 无法满足一些产品和服务的要求，特别是对那些需要色彩、图片、声音和动态效果的产品，如汽车、音乐专辑或戏剧等。

（2）信息内容形式和经营模式。SMS 广告是此阶段主要的营销形式，移动设施之间可以互发纯文本内容的短信。SMS 作为广告工具可快速、低成本地将营销信息发送给目标客户。WAP 技术的应用使得 WAP 广告可承载于 SMS 短信中，让用户可上网收集更多信息。WAP 广告特征类似于互联网广告，具有互动性、定制性、容易测量。另一个经营模式是向用户发送有优惠内容的信息，许多公司在此阶段采用移动广告，使得有优惠信息的广告更具竞争力。因此在 2G 阶段，经营模式是基于用户允许的前提和有优惠的内容。

（3）干扰性。此阶段 SMS 广告的竞争非常强，每个公司都尽其最大的努力来吸引用户的注意。由于纯文本 SMS 广告不仅很难有专门的设计，而且同其他媒体的视音频广告相比竞争力很差，因此会受到一定的外部干扰。

（4）接收者的态度和反馈。优惠便捷的 SMS 广告可自由、频繁地发送，但消费者认为手机是个人通信工具，骚扰性短信会引起反感。因此从 2G 阶段开始，产生了消费者的权利和隐私问题，相关的法律也出现。如在美国，由 FTC(Federal Trade Commission，联邦贸易委员会)和 FCC(Federal Communications Commission，联邦通信委员会)建立的 National Do Not Call Register(美国谢绝来电计划)，只要用户注册，电信营销就不能发送给该用户。此外，由于 SMS 广告结合 WAP 链接，使得广告商可直接获得客户的反应并与其互动。

3. 3G 下的移动营销

随着更高的传输速率和更大的带宽，3G 系统不仅使 2G 业务应用得更广，还支持传输图片、音乐和视频。移动广告更是多样，如短信、彩信、移动电视广告、动画、游戏等，给消费者提供全新体验。

（1）信息来源。3G 阶段广告的种类在逐步增加，图片、声音、视频、游戏等多媒体作用在 3G 阶段得到体现，因此，那些需要色彩、动态效果的产品和服务(如电影、唱片、餐厅等)可以运用 3G 广告进行宣传。

（2）信息内容形式和经营模式。3G 下的移动广告形式多样，如彩信、手机电视广告、游戏、动画等，其中最主要的形式是彩信。彩信与短信的不同之处在于彩信能提供多种应用，并且彩信广告可以和音乐、游戏、动画相结合，使内容更丰富、更有吸引力。因此，彩信的运营模式是体验营销，营销者可采用 3G 广告的体验营销策略来吸引消费者的注意力。在未经消费者许可的前提下发送广告信息会引起反感，也就是说，广告商要在消费者许可的条件下向其发送有优惠的彩信、移动电视广告。

（3）干扰性。此阶段越来越多的公司和组织采用移动广告作为其营销策略，使得竞争非常激烈，但拥有丰富音视频效果的彩信比 2G 阶段纯文字广告更容易吸引消费者的注意力，因此干扰性总体变化不大。

（4）接收者的态度和反馈。消费者的权利和隐私问题再一次兴起。铺天盖地的广告信息导致了消费者的警惕性和不信任，且未经消费者的同意向其发送广告会引起不满。同时，对垃圾邮件和诈骗类广告的监管法律在此阶段也相应出台。此外，3G 广告为广告商提供了一些渠道来收集消费者的反馈信息，如彩信与 WAP 结合，消费者可点击链接进入网站搜寻更多信息，这有助于广告商了解消费者的反应和反馈信息。

综合以上分析，移动营销的发展历程总结如表 6-1 所示。

表 6-1 移动营销(广告)的发展历程

发展阶段		1G	2G+2.5G	3G+4G
实施时间		1970	1980	1990
广告商		数量和种类很有限	数量和种类比较丰富	数量和种类最丰富
广告信息	形式	语音，电话营销	语音，电话营销 短信，WAP 广告等	语音，电话营销 短信，WAP 广告等 彩信，移动电视广告等
	内容	语音描述	语音描述 文本信息	语音描述 文本信息 图片、声音、视频、动画等多媒体的呈现
	运营	直销	直销 许可下的激励营销	直销 许可下的激励营销 体验营销
广告的干扰性		基本没有竞争	较多的竞争和干扰	最强的竞争和较少的干扰
消费者	态度	认知度低	认知和隐私问题较强	认知和隐私问题最强
	反馈	直接反应	通过 WAP 广告间接反应	通过 WAP 广告间接反应

6.2 移动营销服务

所谓移动营销服务，是指专业从事营销服务的公司在强大的数据库和云端服务支持下，利用移动终端获取云端营销内容，为商业企业或个人提供技术支持和整体解决方案。移动营销服务一般通过多种形式，如手机互联网、短信回执、短信网址、彩铃、彩信、声讯、流媒体等，帮助工商企业或个人把个性化即时信息精确有效地传递给消费者个人，达到一对一的互动营销目的。就企业而言，移动网络服务平台优化了企业组织体系和业务流程，消除了内部交流的障碍，使企业在降低运营、管理成本的同时，提高了客户服务的稳定性、连续性和及时性。移动营销服务在改变企业营销战略的同时，还会引起企业经营理念的变化，有助于企业开展互动营销，实行差别化策略，满足客户个性化的信息服务需求。

6.2.1 移动营销服务原则

1. 用户自愿与隐私保护原则

移动营销服务的首要原则应是用户自愿，并尊重与保护用户的个人隐私。企业在实施移动营销的过程中，应避免对用户的骚扰，避免被用户投诉，这是一项基本准则。

由于手机已经成为特定的个人专用物品，服务与功能的使用几乎都是收费行为，尊重用户隐私与意愿已经成为移动通信事业的立足之本，也是移动营销活动展开的首要原则。

任何违背用户意愿的活动都会遭到用户的投诉,从而被迫终止。移植到手机内容市场的无线广告,要传递到目标受众,必须得到用户的允许,充分尊重用户的个人意愿,由用户自主选择接受,并且对由此所获得的用户信息加以严格的保护。对于中国市场来说,尽早出台相关的法律法规,明确责任,对于手机市场和移动营销产业链上的各方都是有益处的。

2. 信息内容与消费者需求的相关度原则

手机用户并非一概拒绝无线广告信息。调查表明,手机用户希望通过手机等手持设备接收其喜欢的游戏、活动、电视节目、网站、体育及其他感兴趣的内容。因此对于无线推广最重要的是,通过明确的预先说明让消费者主动订阅手机信息,以确保其所接收的信息和广告都是真正感兴趣的内容。因此无线运营商应反复强调移动营销内容与消费者需求的相关度,无论是跨媒体促销还是关于本地产品的信息内容,都必须是消费者期望的信息。

微型案例 6-1

市场研究公司 Gartner 曾调查发现,手机消费者还是愿意接收无线广告,但前提是能够向他们提供一些优惠性的东西,并且应让广告信息看起来不像是广告才行。因此,Gartner 的研究主管 MichaelKing 总结称,手机用户愿意主动订阅手机广告信息,但接收到的手机广告应看起来是信息而不是广告。手机营销可以更多地采用游戏、打折及其他增值优惠的方式发送广告。

6.2.2 移动营销服务内容

移动营销的服务内容主要通过 WAP 网站平台表现出来。WAP(Wireless Application Protocol,无线应用协议)是一项全球性的网络通信协议,向移动终端提供互联网内容和先进的增值服务协议标准,将互联网的丰富信息及先进的业务引入移动电话等无线终端之中。WAP 定义可通用的平台,把目前互联网上 HTML 语言的信息转换成用 WML(Wireless Markup Language)描述的信息,显示在移动电话的显示屏上。WAP 只要求移动电话和 WAP 代理服务器的支持,而不要求现有的移动通信网络协议做任何的改动,因而可以广泛地应用于多种无线网络。

由于 WAP 网站受流量速度限制,因此移动营销服务内容必须短小精悍,直奔主题,而不需要太多的修饰。现阶段通过 WAP 网站,可表现以下一些内容:

(1) 市场动态:及时发布新闻和促销信息。
(2) 域名查询:输入域名即可查询是否被注册。
(3) 关键词查询:如产品关键词购买情况查询。
(4) 无线下单:给出简单的在线订单表格,手机填写发送后即可获得即时订单服务。
(5) 产品价格:列出各类产品的价格。

根据 Frost & Sullivan 的研究,移动营销可以增加顾客忠诚度,并有望成为一种有效的、真正可以产生效益的大众媒体。现行无线技术(如蓝牙和语音识别等)将有助于网络操作者和广告主发送更加吸引人的交互信息,受益于移动营销的群体包括网络管理员、技术人员、解决方案供应商等。

6.2.3 移动营销服务参与者

移动营销服务涉及多方面参与者,包括内容和应用服务提供商、门户和接入服务提供商、无线网络运营服务商、支持性服务提供商、终端平台和应用程序提供商以及最终用户。

1. 内容和应用服务提供商

内容和应用服务提供商包括内容制作商、内容集成商、全球互联网三部分，为不同的客户群提供各种形式的内容和服务，包括广告、音频、图片和视频等。

2. 门户和接入服务提供商

门户和接入服务提供商又分为两种类型，即门户网站运营商和互联网服务提供商。它们共同为用户提供无线网络接入服务，使得内容和应用服务提供商所提供的移动服务产品能顺利地到达用户，进而实现移动商品的价值。

3. 无线网络运营服务商

无线网络运营服务商包括无线网络基础设施运营商和无线服务提供商，它们共同为服务提供商和用户搭建信息传递的通道。

4. 支持性服务提供商

支持性服务提供商主要为无线网络运营服务商提供各种支持性服务，如搭建无线传输网络必要的硬件设施和程序，以及提供付费支持和安全保证等。

5. 终端平台和应用程序提供商

终端平台和应用程序提供商是包括终端平台提供商、应用程序提供商和终端设备提供商在内的致力于为用户提供良好服务界面的集合体。

6. 最终用户

最终用户就是利用无线终端设备享受移动商务的个体，也是价值链中价值分配的价值提供者，包括个人用户和企业用户。

6.2.4 移动营销服务方法

移动互联网接入设备由于自身的特点限制，不可能将常规网络营销的方式全盘照搬到无线领域。不过，移动营销服务方式在很多方面仍然可以参考有线网络营销服务的基本方法，如建立 WAP 网站供用户查阅相关信息、向用户发送 E-mail 和语音信息等。目前市场上一些网络营销服务商在移动营销服务方式上进行了许多有益的尝试，如采用手机管理虚拟主机空间和域名信息的服务、通过手机取回会员和代理商账户密码、实现域名状态实时监测等。

1. 基于 WAP 网站平台的营销服务

随着 GPRS 的普及以及 3G 通信技术的全面应用，WAP 网站日益成为移动商务一族的首选，手机作为互联网终端的功能也日益显现出来。就目前而言，推出 WAP 网站的主要是门户网站、彩信图铃网站、手机游戏网站等。传统企业要开展 WAP 网络营销，也需要首先建设自己的 WAP 网站。

借助 WAP 网站平台服务，目前主要有以下方法可以用来开展移动营销：

(1) 移动电子公告板服务(Wireless E-News Services)。主要包括推送用户关心的信息到用户移动设备端，如公司通知等；支持个性化定制所关心的信息，如关心的股票等；其他各种信息服务，如用户调查、企业内部投票等。

(2) 移动电子邮件服务(Wireless E-mail Services)。包括提供个人用户联络列表的功能、与企业内部的现有电子邮件系统的无缝集成、与互联网邮件系统(新浪、网易等)的无缝集成，以及支持在个人移动设备通知与邮件有关服务的改变等。

(3) 移动企业通信助理(Wireless Phone Directory Services)。通过移动设备对企业内部个人信息的登记、修改及查询；与企业内部电子邮件系统的无缝集成，如通过通信助理进行手机或邮件服务；移动设备对公共日历及其企业内部日历的查询；纪念日或重大活动在个人移动设备上的提醒服务。

(4) 无线信息搜索引擎(Wireless Information Search Engine)。主要包括企业内部信息的搜索及查询、互联网公共信息的搜索及查询、与移动邮件系统的集成等。

2. 基于3G手机信息的营销服务

基于3G手机信息的移动营销服务方式主要可归纳为以下几种：

(1) 用户相对被动接受的销售促进方式。即推送WAP信息的方式，以短信群发公司"凯威点告"为代表，主要推出点告与直告业务。所谓点告，即通过多个无线互联网站将客户的广告精确地投放到其目标消费者手机上的定点广告投放模式；直告即手机直投广告的简称，是建立在手机用户许可的前提下的，将广告直接投放到用户手机上的广告投放模式。

(2) WAP网站代理方式。该方式以"魅媒科技"为代表。"魅媒科技"的营销服务主要是以WAP网站免费的内容吸引用户访问，然后利用流量做类似目前互联网广告的手机广告。WAP网站代理模式适合各类促销型活动和产品的推广，同时也是实效营销的最佳渠道。

(3) 小区广播方式。这种方式以"北京天拓"为代表，以手机的小区广播功能为基础，向进入特定区域的用户发送商场广告等信息。这种服务既为移动运营商带来利益，同时又能给商场带来商机，客户也非常满意，三赢局面得以实现。小区短信系统的诱人之处还在于其为商户定制的信息方便简单，新业务的开展方便快捷，信息发布管理虽严格但不烦琐，系统的调试安装方式简单易行。这种模式非常适合区域化商户的促销，尤其是各类传统商户，其定向、定位技术能大大提升营销的效果。

(4) 定制营销方式。定制营销方式的典型代表是"上海聚君"，公司采取会员制，只针对会员进行广告推送，会员可以自主选择广告种类。"上海聚君"分别与联通和移动签署协议，为这两家移动运营商发展手机广告会员，只针对会员进行广告推送，会员可以自主选择广告种类，更重要的是互动营销，对会员看广告进行赠费补偿。

6.3 移动营销的应用模式

随着中国移动通信行业的迅速发展，手机用户及移动数据的使用也迅速增加，企业的营销创新空前活跃，移动营销迎来良好的发展机遇，涌现出多种可利用的应用模式和赢利模式。

6.3.1 移动营销的业务模式

移动营销可以让企业以手机或平板电脑等多种移动终端为渠道，通过短彩信、二维码、APP（即英文 Application 的简称，指智能手机的第三方应用程序）等各种移动应用，面向消费者进行精准高效推广，并凭借移动互联网先天具有的即时交互性、易于分享性、精准位置化服务的特色，为消费者提供实时、贴身、个性化的服务，实现企业营销价值的最大化。目前企业移动营销业务模式归纳起来主要有以下几种：

1. 推送模式

推送模式（PUSH 模式）是指企业通过无线通信系统的群发功能，直接向用户发送带有广告性质或以营销为目的的短信或彩信。由于短信操作简单，成本较低，传播对象群体规模大，并且可以针对特定的对象展开营销，因此，短信营销在推送模式中应用最广，在整个移动营销中也占很大份额。

短信营销具有很强的针对性和快捷、高效、准确等特点，可以开展在特定区域（如机场、车站、卖场、酒店、旅游景点）、特定时间（如活动、促销、开业）针对特定人群（如本地、外地移动用户）发送特定短信的无线增值服务。由于短信的文本远比无线上网文件小，无论是传输过程、打开速度还是存储容量都具有很大的优势，短信营销模式非常适合区域化商户的促销，尤其是各类传统商户，运用移动定向、定位技术将大大提升营销效果。

随着移动通信技术的进步，短信营销业务向更高层次发展，出现了支持多媒体传送功能的 MMS 业务。MMS 业务最大的特色就是能够传递功能全面的内容和信息，包括彩色图片、声音、动画等。通过彩信方式，企业可发布产品图片、电子优惠券和企业 Logo 形象等。

知识卡片 6-2

MMS（即 Multimedia Messaging Service，**多媒体短信服务**）：移动服务商称其为"彩信"，可以用于传送文字、图片、动画、音频和视频等多媒体信息。

MMS 的工业标准是由 WAP Forum（WAP 论坛）和 3GPP（3G Partnership Project）所制订的，MMS 被设计成可以在 WAP 协议的上层运行，它不局限于传输格式，既支持电路交换数据格式，也支持通用分组无线服务 GPRS 格式。MMS 的工作原理为在高速传输技术 EDGE（Enhanced Data Rates for GSM Erolution，是一种提高数据速率的新技术）和 GPRS 的支持下，以 WAP（无线应用协议）为载体传送视频、图片、声音和文字。

推送模式的优点在于可直接将企业的营销信息迅速传递给用户，且覆盖率较广；缺点是如果企业对信息的内容、信息发送的时机把握不好的话，容易引起用户的反感，比较普遍的情况是用户对自己所不感兴趣的信息，会在仔细阅读前就把它删除。因此企业采取这种方式来推送信息，最好应建立许可与退出机制，如在给消费者发送第一条信息时，应提示其可以通过某种方式避免以后接收该公司类似的信息。这样企业在接收到拒收信息后，就会把用户的个人资料加入它们的屏蔽名单中，以后该消费者就不会再收到类似的信息了。这既保证了以后信息发送的有效性，也增强了用户对企业的友好感。

2. 独立 WAP 网站模式

独立 WAP 网站模式包括在企业自建的 WAP 网站和在第三方知名 WAP 网站上宣传

两种方式。无论在何地、何时，只要使用具有 WAP 功能的移动终端（如手机、PDA 等），连接到一个与互联网相连的 WAP 网关，就可以随时随地访问互联网，在 WAP 站点上浏览新闻、在线聊天、收发邮件、下载文件等。

WAP 网站为企业提供了又一个营销平台，企业在 WAP 网站上可以做广告、提供电子折扣等业务。消费者主动在 WAP 网站上获取电子折扣的形式可以帮助商家避免无效的打折浪费，以及打折信息传播方向单一和范围有限等问题，还可以通过网络技术的分析来帮助企业实现精确的促销。比如消费者在浏览手机产品信息时，该网站会向消费者发送手机产品的折扣信息，并运用流媒体等多种多样的形式展示，以提高用户反馈的比例。

随着移动营销的发展，其对企业的吸引力也越来越大。企业除了短信、彩信的推送外，还可以与知名 WAP 网站合作，在 WAP 上做信息宣传或开展互动营销活动。目前在国内比较知名的 WAP 网站有：移动梦网（wap.monternet.com）、3G 门户（wap.3g.cn）、空中网（kong.net）、摩网（wap.moabc.com）、手机新浪（sina.cn）等。2005 年，亚洲最大的金融服务集团之一的新加坡星展银行开始在空中网的无线互联网上投放品牌广告，这是国际金融服务机构首次尝试将无线互联网作为其品牌推广的渠道，也是国内无线互联网门户获得的第一笔金融行业的广告订单。

3. WAP 组合模式

WAP 组合模式包括三种模式，分别为 PUSH 模式与 WAP 的组合模式、二维码与 WAP 的组合模式、手机搜索引擎与 WAP 的组合模式。

1）PUSH＋WAP 模式

PUSH＋WAP 模式是采用短信或彩信推送的形式加上无线网络的超链接形式进行的移动营销。一条简洁的文字短信或直观彩信发送给手机，对该信息感兴趣的用户可以点击或链接进入无线网络的相关介绍，获得更详细、更丰富的资料。

这种模式既可以节约企业的营销费用，同时还可以通过这两种手段轻而易举地计算并统计出移动网络的点击率，进而确定真正的有效受众。有效受众的确定，可以提升营销信息的传播效力和价值，也为广告商的付费和后期用户管理提供了方便。

2）二维码＋WAP 模式

手机二维码是二维码的一种，可以印刷在报纸、杂志、广告、图书、包装以及个人名片上，用户通过手机扫描二维码或输入二维码下面的号码即可实现快速手机上网，随时随地下载图文、音乐、视频，获取优惠券，参与抽奖，了解企业产品信息。通过中国移动提供的条码识别上网应用服务，支持手机二维码功能并可拍照的用户可用手机拍下二维码，从而访问到企业的 WAP 网站；不支持手机二维码功能的用户也可以将二维码的编号发送短信到 700066，同样可以访问到相关网页。

3）手机搜索＋WAP 模式

该模式是通过一系列的关键词进行搜索，来获取企业 WAP 网站信息。该模式的应用首先要求企业选择某一特定关键词，如果关键词选择不当，企业的目标客户将很难找到企业网站和广告。关键词的选择要综合考虑企业名称、行业名称、产品、网站内容、竞争对手网站内容、用户使用关键词频率等多种因素。其次，企业要将 WAP 网站提交给搜索引擎公司，可选择几家重要的搜索引擎公司，这可使企业的网站获得较为高效的推广。

移动搜索引擎广告一般分为竞价排名和右侧赞助商连接。竞价排名是移动搜索的主要收入来源，是一种网络搜索引擎推广方式，它已经在互联网搜索产品的经营中取得了成功，并已经成为商家营销的重要手段。目前，很多商家都会购买若干个关键词，从而使自己在被搜索时能够获得靠前的位置。事实证明，排名靠前的企业能够获得更多的商机。右侧赞助商连接是企业通过赞助搜索引擎公司，从而获得出现在搜索页面右侧的机会。

为了更为有效地运用这一模式，企业需要对各家搜索引擎营运商及各类广告形式进行长期监控与研究，以选择更为合理的搜索引擎营运商、搜索引擎广告形式、付费方式，并进行效果监控以及成本控制等，从而使企业可以以较低的成本获得较为丰厚的收益。

4. 移动短信营销模式

移动短信营销模式包括企业自建短信互动营销平台模式和短信网址模式两种。

1) 企业自建短信互动营销平台模式

企业自建短信互动营销平台是在数据业务的基础上发展起来的，主要是利用手机进行各种营销管理活动，包括收集信息、宣传企业、销售产品、维系客户关系等。由于手机的随身携带性、互动性、便捷性，使企业可以随时随地收集信息、传播信息以适应市场变化的需求。顾客通过这个平台可轻松获取对其有价值的信息，并及时向企业反馈有关感想和经验体会，方便地与企业交流。因此，手机短信互动营销平台具有显著的信息传播优势。

企业可以采取两种方式自建互动营销平台。一种方式是企业向移动运营商申请短信端口号，通过互联网连上移动运营商的网关，即可实现功能强大的短信群发功能。顾客可通过编制指令发送到指定号码即可查询与反馈各种信息。另一种方式是向移动运营商直接申请"企信通""集信通"等业务，由运营商来帮助企业搭建短信平台。如联通"双向集信通系统"是基于手机短消息的多功能双向信息发布平台，通过这个平台，各企事业单位可以面向客户发送各种商业短信，以无线形式实施市场宣传、信息、客户管理等。

2) 短信网址模式

短信网址指的是移动互联网上用自然语言注册的网址。该模式是利用SMS短信方式或WAP寻址方式为移动终端设备快捷访问无线互联网内容和应用而建立的寻址方式，它由中国移动通信联合会、信息产业部电信研究院、中国移动、中国联通共同发起成立的"短信网址联合信息中心"于2005年推出和管理，并授权新网互联为短信网址首家授权注册服务机构，为企业用户提供了一个更加灵活的业务服务和营销接口。短信网址与域名概念类似，都是企业在网络上的身份识别特征，只不过域名是在互联网络上，而短信网址是在移动网络上且针对用户做营销，其营销可以达到反馈及时、传达迅速的效果。

企业注册短信网址后，手机用户就可以发送其注册名称到短信网址统一号码50120实现与企业的信息互动，企业也可以方便地面向手机用户进行营销和互动服务。企业通过短信网址可开展短信咨询、短信留言、短信投诉等一系列客户服务活动，降低企业客服成本、获得客户资料、了解客户需求、解决客户问题。短信网址在各个行业都有广泛的应用，例如商场可以发布打折促销信息，餐饮行业可实现短信订餐等。

短信网址的注册十分方便，每年的注册费也较低，且无须专业人士进行维护，只需不时地更新回复栏目的信息即可。目前已有不少企业利用短信网址开展移动营销，如中国基金网、利郎、安踏、诺亚舟等。

5. 终端捆绑嵌入模式

这种模式是将广告以图片、彩铃、游戏等形式嵌入手机等终端设备中，或者将广告内容嵌入手机软件中，是一种极具创新性和挑战性的新型广告模式。该模式的主要特点是对终端的占有，是手机广告一个行之有效的模式。但终端的覆盖率是广告主特别关心的问题，因此，移动营销策划者借鉴终端捆绑嵌入模式时还需关注手机厂商的情况。

微型案例 6-2

摩拜美迪公司是终端捆绑嵌入营销模式的代表，摩拜美迪将广告以图片、屏保、铃声和游戏等形式植入国内每年出产的3000多万台彩屏手机里，并且通常以买断的方式，在一个品牌的每部手机里投放3~4个广告，并将1/3的广告收入分给手机厂商。

以上是目前移动营销领域的主要业务模式，企业在运用这些营销模式时，还应综合考虑其他营销手段，与其他传播渠道交叉配合进行市场推广活动。例如，在新产品上市前期，可以先通过电视、户外广告等媒体建立足够的市场知名度，然后通过手机广告发送不定时特价销售等活动的相关信息，同时在投放营销信息时给用户一定的折扣或优惠，从而收到更好的移动营销效果。

6.3.2 移动营销的赢利模式

移动通信网络有可控制、可管理的特点，用户付费习惯和收费体系非常成熟，从而使得以手机为终端的移动营销也有着清晰的赢利模式。

1. 短信收费

短信互动无疑是无线营销产业链上各个方面获利的最大手段之一。这种赢利方式由参与各方相互确定一定的收费标准，以及各方的分成方式。

微型案例 6-3

短信互动在湖南卫视2005年的"超级女声"节目创了极高的收视率，与节目比赛互动的短信投票仅仅在总决赛一晚，前三甲的短信投票数量就达到800多万条，可以想象短信互动为"超级女声"带来了多少经济利润，为整个产业链贡献了多少收益。据中国社科院发布的《2006年：中国文化产业发展报告》所称，"超级女声"的短信收入主要由两部分构成：短信投票和向观众发送有关超级女声等节目资讯的短信增值服务。湖南卫视大约能从每场比赛的短信收入中分得100万元。而总决赛期间短信投票数量激增，每场总决赛的短信收入至少200万元，7场比赛就是1400万元，加上预赛期间的共有3000万元左右的收入。"超女"对于社会经济的总贡献至少达到几十亿元。

2. 按使用频率收费

传统的广告无法提供按使用频率付费的服务，由于无线营销具有一对一的精确性、定向性、分众性和互动性的特点，未来无线营销可能会出现受众观看广告、广告主埋单的情形。按使用频率收费方式，客户投放的广告如果没有被点击，则意味着在数百家著名网站上进行了免费的广告和宣传。这种方式打破了以往移动增值业务应用必须由用户来付费的使用习惯，改由商家广告主来付费，用户得到收益，有利于加深用户对广告的印象，并与广告主形成一种良好的互动关系，同时延展运营商的产品线，提升品牌形象。

微型案例 6-4

2005年1月10日，窄告网与万网、新网、商务中国、中企网、互世纪辰光、信诺立、国政网这8家窄告推广联盟发起单位，以及大连三和、郑州景安、宁波中页等上千家合作伙伴与推广联盟，正式推出窄告"按点击收费"的服务模式，按每次点击0.2元的价格，使中小企业、机构能利用网络进行最具针对性、最有吸引力的定向宣传。

3．按效果收费

移动营销中所包含的对广告效果量化的评估，使得以此为依据的"按效果付费"成为可能。手机广告反馈率以及成交额都可以作为广告效果的考量指标，因此，运营商和服务提供商可以尝试与广告主就广告效果进行分成的业务模式。例如，针对特定受众的不同传播手段的组合，排定媒介计划、媒介投放，并为客户提供无线广告实时监控平台监测的数据以及最终分析结果，然后据此再调整投放计划，使企业的广告费得到最大价值，这也是移动营销的价值与魅力所在。

6.4 移动营销面临的问题及前景

6.4.1 移动营销中的问题

关于移动营销面临的问题，除了法律和行业标准等宏观因素之外，概括来说目前主要表现为移动营销中的用户许可问题、移动营销的个人信息保护问题、移动营销的方法策略问题、移动营销的服务质量问题等方面。

1．移动营销中的用户许可问题

正如有线网络营销中的许可原则一样，要向无线用户发送营销信息，也需要事先得到用户的许可，否则就成为侵犯用户权利的垃圾信息，这也是移动营销面临的危机之一。如果上网用户同时也是移动电话用户，那么用户在通过互联网注册个人信息时，也可以选择是否同意通过移动电话接收服务商的营销信息，这种获得用户许可的方式和有线网络营销没有什么区别，只是发送的信息内容需考虑移动电话接收的特点，如字符数的限制和发送时间问题等。

有些企业为了追求信息的大量传播，不经用户许可就发送营销信息，使得众多非主动搜索的信息传递到用户的手机上，侵害了用户的权益，会给移动营销带来严重的负面影响。

2．移动营销的用户个人信息保护问题

由于掌握了丰富的用户信息数据资料，企业可以精准地向用户传递有关营销信息，与用户进行沟通。但是，也有些企业在营销中过度使用用户信息，或把用户信息用于其他用途，使用户隐私面临被泄露的问题，个人信息安全得不到保障。

第6章 移动营销

移动互联网与个人电脑互联网有一个很大的区别,通过 DSL 或者光缆上网的时候感觉不到运营商的存在就直接上到了各个网站,但手机上网受运营商的控制却非常明显,因此用户个人信息保护等问题就显得尤其突出。

3. 移动营销方法策略问题

移动营销应用发展的时间不长,相关方法策略还不够完善。对于免费接收带广告的内容与付费接收不带广告的内容两种选择,调查显示消费者还是倾向于免费,宁可内容中夹带广告。年龄在 16—35 岁的手机用户是手机内容需求最大的群体,其对手机中的多媒体内容更感兴趣,喜欢视频、新闻以及其他娱乐内容。通过移动平台广告是一个接触这些年轻群体的极好方式。

罗伊网的研究表明,大约 20% 被调查的移动用户声称可以通过手机等无线设备接收某些形式的广告内容;另有 1/3 的手机用户为了获得有针对性的广告愿意提供一些个人信息;40% 的手机用户购买非语音通信服务如文本信息、图片信息和移动 E-mail,不过 1/3 的手机用户认为价格过高是其不购买无线服务的原因。因此,手机广告商必须弄清楚手机用户的真正心理和需求,了解其希望接收什么信息,哪些信息是不被接收的,才能确定有效的营销方法和正确的营销策略。

微型案例 6-5

2007 年的移动营销广告的调查发现,在投放过手机广告的日本企业中,接近 75% 的企业表示发送了图片手机广告,60% 的企业发送文字手机广告,40% 发送手机 E-mail 广告。在各种手机广告形式中,图片、Banner 广告和手机 E-mail 广告是受访者感兴趣的广告形式,在之前已投放过手机广告的企业也更倾向于使用这几种形式的广告。

4. 移动营销的服务质量水平问题

移动营销的服务质量水平问题包括媒介接受能力与受众需求满足两个方面,这一直是影响移动营销效果的大问题。一些企业在进行移动营销时盲目追求形式多样性,而忽视了媒介的接受能力,手机媒介的信息流量并非都完全支持多媒体信息的传播。另外,手机媒介本身也是多样的,并非所有手机都能接受各种形式的营销信息,因此,盲目地、缺乏针对性地群发手机短信息并不能收到好的营销效果。

另外,由于受众的需求是多元化、个性化的,在没有调查用户需求之前就盲目发送营销信息,不仅不能满足受众的需求,反而会引起其反感,从而导致营销效果低下。

尽管目前在移动营销领域还存在许多问题,但移动营销的发展前景依然非常广阔。

6.4.2 移动营销发展前景与趋势

随着移动互联网的快速发展,移动营销作为很多产品和服务的赢利来源,被高度关注,整个产业链在不断完善、竞争中又充满合作,整个行业呈现出无限广阔的发展前景。

未来移动营销将主要受以下三大因素影响:一是广告主迁移。广告主,尤其是品牌广告主,将部分预算转移到移动营销上,会从资金投入上刺激产业链下游的企业积极加入,体现自身价值。二是网络广告公司的技术和商务能力的提升。网络广告公司作为产业链的中间环节,对整个行业的发展起到决定性的作用,它们能力的提升会同时增强广告主和移动媒体的信心,帮助行业均衡健康的发展。三是移动媒体价值的提升。目前移动媒体的营销价值被低估,优质媒体数量较少,移动媒体价值的提升将在很大程度上刺激广告主的投入。

在未来的发展中,这三个方面也将是关注的重点,标志着移动营销行业的发展趋势。

6.5 典型案例:"上海聚君"的无线互动营销服务

1. 活动背景

2006年9月,首届"华赛CFR2000联合杯"在上海举行。这是一个全部由中国车手、中国自制赛车、完全在中国进行的世界级方程式赛车系列赛事。由于时间和预算都很有限,这个赛事的主办方华赛体育公司(简称"华赛")想用一种创新的推广模式来宣传这个比赛,于是找到一家做无线互动营销的公司——上海聚君信息技术有限公司,希望通过无线互动营销的方式,在最短的时间内推广"华赛"品牌,并吸引2000人的现场人气,提升"华赛"和赞助商的媒体价值,同时建立车迷会,实现华赛与车迷的互动,以提高"华赛"运动品牌价值及其国际声望,获得一个好的社会效应。

2. 解决方案

上海聚君策划并实施详尽的"华赛"互动活动方案,提供无线发布技术平台及解决方案,并提交此次项目投放数据报告、用户反馈数据,分析并深层挖掘精准数据库,提供每个活动的效果统计数据,分析用户的关注度、活跃度,并基于移动平台开发赛车游戏,提供人性化的顾客服务,实时记录车迷反馈。

上海聚君特别注重在活动的各个互动环节吸引手机用户参与,来实现与"华赛"随时、随地、直接的互动,并为配合参与积极性的提高做出了一整套积分奖励系统,靠这种新颖程度来吸引用户继续参与后续活动,达到主办方所需的推广目的,同时推动赞助商的品牌宣传。

上海聚君提供的"华赛"车迷会组建方案:将关注赛车运动的人群集中到车迷会中,逐步建立忠诚度,细分用户数据,建立庞大的手机数据库,为今后的活动提前做推广及发布信息,为受众提供全新的互动方式与通道。赛车爱好者利用这个平台可以了解其所需要的信息,同时也为参与活动组织的赞助方赢得正面口碑,吸引大量的人群参与,形成较大的活动影响力。

3. 活动效果

活动取得了圆满成功,结果让双方都有些喜出望外。通过上海聚君制定的手机互动营销计划,增加了品牌曝光度、持续关注率、人际传播频率,加深了品牌文化传播程度,获得55万人次关注赛事,手机方式沟通和积分奖励使得近10万人持续关注赛事,5万人通过人际传播知晓,最后有超过2万人到现场观看了比赛——这个数字几乎是当初期望的10倍。

"华赛"车迷会有 5 万名稳定会员数据资料,其中 3 万名经过再细分。详细数据报告包含:俱乐部成员数据(手机号码、积分、参与)、现场观众的手机数据、PalmPal 网站参与用户数据。在对"华赛"会员的后续维护中,上海聚君采用了品牌知识问答、"华赛"最新资讯等方式,通过无线互动方式为"华赛"进行有效的客户关系管理和持续沟通。

(资料来源:article.pchome.net/content-155775.htm,2007)

4. 案例评析

上海聚君利用手机新媒体,通过多个体验式互动营销活动提升了"华赛"的媒体价值。相比于传统媒体,手机新媒体以其低成本、高到达率卓显优势;同时,手机细分人群,精准化营销既节约了营销成本,又击中了目标人群;手机的互动性可以获得用户反馈,跟踪用户行为,引导用户关注,并可将用户的关注度导向某一特定的传统媒体;最为特殊的一点是,手机新媒体还可带动用户之间的互动沟通,在人群间造成话题效应。

值得注意的是,本案例中上海聚君在一开始就分析了一个庞大的数据库,然后有针对性地向潜在顾客发送信息,并且对参与手机互动营销的用户会有一定的金钱补偿,从而保证了其有兴趣参与。"细分用户,精准营销,实时互动,数据库整合,会员管理机制",这些便是上海聚君的做法与核心价值所在。将手机变成媒介并不是一件难事,重要的是创意设计、执行制作、分析挖掘等广告营销行业中最有价值的部分。

手机互动营销必须与其他传统媒体形式结合。以传统媒体的介入弥补手机表现形式及数据传送能力的不足,同时尽量挖掘手机媒体的优势,即互动性及精确到达率。这也意味着,手机互动营销是广告营销方式的一种补充,而不是替代关系。

本 章 小 结

移动营销是一个值得重视的新领域。本章给出了移动营销的定义,分析了移动营销的基本特征,介绍了移动营销的发展历程;阐述了现阶段移动营销服务的原则、内容、参与者和方法;着重介绍了移动营销的业务模式和赢利模式;分析了移动营销存在的问题和发展前景。

复习思考题

(1) 移动营销比邮件列表营销具有更多的优势,是对邮件列表营销的替代和补充。这个观点对吗?

(2) 如何正解理解移动营销的定义?移动营销的基本特征是什么?

(3) 移动营销服务应遵循什么原则?

(4) 移动营销有哪些业务模式?分别有什么特点?

(5) 移动营销的发展前景如何?在小组研讨会上说出你的看法并阐明依据。

案例研讨

【案例资料】 "移动商街"隶属于北京伟库电子商务科技有限公司(以下简称"用友伟库"),起初是一款移动电子商务拳头产品,经过几年的运作,现已发展为强大的移动营销服务平台,能够承载众多移动营销服务应用产品。

"移动商街"一经推出就定位于打造中国最大的移动营销服务平台,借助于用友在企业管理软件领域的丰富产品体系,"移动商街"将其理念阐释为:融合全球3G商用成功经验,以互联网和移动互联网两大网络为载体,将管理软件、移动应用、营销与服务整合为一体,为中小企业提供"全在线、全互联"的移动商务解决方案和应用服务。因此,全程式是"移动商街"服务模式的最大特点,体现在多应用支撑、双重人气汇聚和三重价值实现等方面。

一是"移动商街"不断推出各种移动商务应用,瞄向商家营销的全过程,几乎可以支撑营销环节的任何业务需求。这些应用在移商旺铺的基础上分为移商宝和移商套件两类,例如宝箱、折扣券卡、移商定位、广告猎狗等,涵盖数据采集、信息推送、交易支付、社区互动等多个业务环节。对于商家来说,"移动商街"既是商务平台,又是信息通道平台,能够在手机端优化展示商铺信息,实时传送营销信息并开展互动营销,为移动营销的实施提供了全程式的便捷服务。

二是"移动商街"不断汇聚商家和消费者会员双重人气,既保证了移动店铺的完美呈现,又保证了移动商铺的人气流量,全程关注商家与消费者的利益诉求。在商家层面,不断发展更多高质量的商家入驻,重点目标包括携程网、旅游行业协会等能提供商品服务内容信息和优惠、折扣信息的内容合作伙伴;百盛、中友、三环家具城等依托其实体经营的实体合作伙伴;燕京啤酒、中青旅等有品牌推广和促销优惠的项目合作伙伴。在消费者层面,专注于个人消费领域,倡导移动化生存方式,已开通的区域商街上汇聚了各地知名商家,可以随时随地提供各种资讯和服务,包括娱乐、餐饮、酒吧、旅游、招聘、培训、书碟等热点服务,可以说,如果消费者一天当中有10件事,其中有8件都能够借助"移动商街"来解决,每天都要用到"移动商街"上的服务,对"移动商街"有使用习惯和依赖关系。

三是"移动商街"具有占位、应用和投资三重价值,价值的关联效应为商家提供了全程式的价值实现选择。在"移动商街"占据移动商务的优势地段,对品牌、业务和商机能进行有效保护;商家既可以立足于自己建立应用,进行保护性投资,也可以着眼于与其他机构合作,包括进行转让,为财富升值进行增值性投资。随着应用的全面铺开和深化,"移动商街"三重价值会实现递归式的循环放大。

"移动商街"作为移动营销服务平台,其连接商家和消费者的方式可以用P2B2C来概括,即"移动商街"同时服务于商家和消费者,商家和消费者各自需求的实现也必须通过"移动商街"。在"移动商街",入驻的商家可通过移动网铺进行市场营销、产品推广和形象展示,为会员提供商业服务,促进销售,并可实现移动交易和支付,节省成本;消费者会员可通过手机获得及时有用的消费和生活服务信息,比较、选择和消费,了解商家并参与互动,享受折扣、奖品和积分回报等实惠。

(资料来源:《科技智囊》,2012年3月)

认真阅读上述案例材料,思考以下问题,并分小组展开讨论:

(1) 用友伟库"移动商街"运用了怎样的移动营销服务模式?该模式有什么特点?

(2) 中小企业应该如何运用移动营销服务模式?从案例中可以得到哪些启示?

扩展阅读

[1] [美]珍妮·霍普金斯,杰米·特纳. 引爆移动:通过移动技术和工具驱动业绩增长[M]. 黎涓,吴睿,译. 北京:电子工业出版社,2013.

[2] [美]克鲁姆. 移动营销的魔力:让你的客户无处可逃[M]. 唐兴通,等译. 北京:电子工业出版社,2012.

[3] 朱海松. 手机媒体:手机媒介化的商业应用思维与原理[M]. 广州:广东经济出版社,2008.

[4] 许政. 运营商应该如何开展基于数据库的移动营销服务[J]. 中国新通信,2007,12.

[5] 冯和平,文丹枫. 移动营销[M]. 广州:广东经济出版社,2007.

[6] [美]纽厄尔. 无线营销[M]. 徐涛,张扬,译. 北京:华夏出版社,2003.

第三篇 网络营销服务策略

第7章　网络营销 4P 策略

第8章　新型网络营销策略

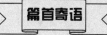

凡战者，以正合，以奇胜。

——《孙子兵法》

推销的要点不是推销商品，而是推销自己。

——世界吉斯尼汽车销售冠军：乔·吉拉德

第 7 章 网络营销 4P 策略

教学目标

- 理解网络产品的含义并掌握其特点,熟悉网络营销产品的类型与开发策略;
- 掌握网络营销价格特点,了解网络营销的定价目标和方法,熟悉其定价策略;
- 理解网络营销渠道的定义,熟悉网络营销渠道的特点、类型、功能;
- 理解网络促销的概念,熟悉网络促销的常用策略和实施流程,了解网络促销效果评价的基本思想与方法。

教学要求

知识要点	能力要求	相关知识
网络营销的产品策略	(1) 对网络产品的定义和特点的理解; (2) 网络营销产品策略的应用能力	(1) 网络产品的定义、特点、市场生命周期; (2) 网络营销的产品类型、网络消费行为特点、新产品开发策略
网络营销的价格策略	(1) 对网络营销价格特点的理解; (2) 网络营销的定价方法、策略的实际运用能力	(1) 网络营销价格的特点; (2) 网络营销需求导向定价法、竞争导向定价法; (3) 低价渗透策略、高价撇脂策略、个性化定制生产定价、使用定价、拍卖定价、密封投标定价、差异定价、声誉定价、收益最大化定价策略
网络营销的渠道策略	(1) 对网络营销渠道的定义和特点的理解; (2) 网络营销渠道策略的应用能力	(1) 网络营销渠道的定义、特点、类型; (2) 网络营销渠道的沟通功能、分销功能
网络营销的促销策略	网络促销概念和策略的理解与运用能力	(1) 网络促销的概念; (2) 网络公共关系促销、网上销售促进、网上折价促销、网上赠品促销、网上抽奖促销、积分促销; (3) 网络促销的实施流程; (4) 影响网络促销绩效的因素

网络营销服务及案例分析

 基本概念

　　网络产品　虚体产品　产品生命周期　需求导向定价法　招投标定价法　拍卖定价法
　　网络营销渠道　网络促销　网上销售促进　公共关系促销

 导入案例

吉利汽车的"秒杀"促销

　　2011年的11月11日，由于连续出现6个"1"而被戏称为"神棍节"，吉利汽车全球鹰品牌也趁机推出了形式多样的优惠促销活动，其中以五折秒杀双色熊猫汽车的活动最具吸引力，秒杀价格更是史无前例的降低至29900元。此次优惠促销活动于2011年11月11日在全球鹰淘宝官方旗舰店举行。其中在半价秒杀环节，全球鹰品牌推出4辆1.3L手动挡无敌型蓝白双色熊猫，售价29900元。秒杀活动分4个时段，分别于当天9：00、10：00、15：00、16：00展开。秒杀伊始，用户需首先支付4999元预付款，获取"买车资格权"。在得到客服电话确认的前50名用户中，首先付清余款的用户即可秒杀成功；没有秒杀成功的用户，全球鹰旗舰店全额退还预付款。全球鹰品牌在11月11日—22日，优惠力度空前，如GX车型现金让利4000元，单色熊猫最低八六折销售。

　　2012年12月14日—15日，吉利汽车在年末之际推出"吉利汽车，暖冬盛惠——1元风暴"年底限时大促销，只要购买吉利汽车再加1元钱便可享最高10000元超值大礼包，这"1元风暴"可谓威力十足，震慑所有汽车厂商，秒杀各大厂商促销政策。2013年10月14日—11月11日，吉利帝豪全系车型均能通过天猫秒杀；2014年1月8日—7月31日，吉利帝豪开展"疯狂秒杀半价提车"活动，只需要登录抢车族网(www.qiangchezu.com)在指定的时间秒杀到所需爱车就可享半价购车的优惠。帝豪EC7最低半价35900元！帝豪EC7-RV更是只要34400元！

（资料来源：编者据相关销售资料整理）

 点评： 抓住特定时间利用特殊方式开展营销活动可以事半功倍

　　本案例所陈述的事件，是吉利汽车为扩大其通过网络渠道开展汽车销售业务而在多种网络平台上举行的销售宣传推广活动。这些活动选在一些特定的时间举行，又采用了当下盛行的网络秒杀形式，吸引了众多年轻消费者的关注，而这些年轻消费者正是吉利汽车品牌潜在的消费人群，不仅扩大了吉利汽车品牌的影响力，同时也增加了其网络平台销量。案例启示：要善于抓住特定时间采用目标客户群体喜闻乐见的方式开展促销活动，从而可以以较低的成本投入，收到远超预期的营销效果。

　　20世纪60年代，美国营销学学者麦卡锡提出了著名的4P营销组合策略，即产品(Product)、价格(Price)、渠道(Place)和促销(Promotion)，认为一次成功和完整的市场营销活动，意味着以适当的产品、适当的价格、适当的渠道和适当的促销手段，将适当的产品和服务投放到特定市场的行为。这个4P营销组合策略也同样适用于网络营销，但在网络环境下4P营销策略在具体内涵和实施方法上有其新的特点。

7.1　网络营销产品策略

　　在网络营销中，传统的产品已转化为实物产品、服务产品和信息产品等形式，而且实物产品在网络营销中也被赋予了新的含义。因此，网络产品具有比传统产品更为丰富的内容和层次，企业网络营销的产品策略也相应地有了更多的新创意。

7.1.1 网络产品的概念及特点

网络产品是传统产品在网络环境下的继承、发展和创新，网络产品营销可以不受时间和空间的限制。此外，网络产品与传统产品相比，还具有成长性、整合性、超前性、高效性、经济性和技术性等特点。

1. 网络产品的定义及层次

网络产品是指企业在网络营销过程中为满足网络消费者的某种欲望和需要而提供的企业网站、相关资讯、企业生产的产品与服务的总和。根据网络营销环境下产品在满足消费者需求中的不同属性，网络产品的整体概念可分为5个层次，如图7-1所示。

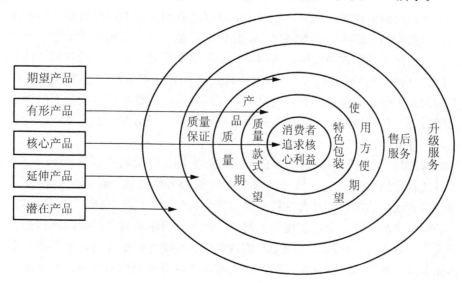

图7-1 网络产品的概念

（1）核心产品层次：也称核心利益或服务层，是指产品能够提供给消费者的最为核心或最基本的效用或利益。这一层次的利益是目标市场消费者所追求的共同的无差别的利益，如消费者购买电脑通常是为了获得能满足自己学习、工作、娱乐等方面需要的效用。

（2）有形产品层次：也称产品形式层，是指产品在市场上出现时的具体物质形态，是核心利益的物质载体。对于实物产品，它主要由产品的质量水平、材质、式样、品牌、包装等因素构成；对于服务产品则由服务的程序、服务人员、地点、时间、品牌等构成。

（3）期望产品层次：也称个性利益层次，不同消费者对同种产品所期望的核心效用或利益一般是相同的，但除核心利益之外，不同消费者对产品所期望的其他效用又会表现出很大的个性化色彩。同时，不同细分市场或不同个体消费者所追求的产品利益又是富有个性的。例如，不同消费者购买面包所期望的核心效用或利益都是充饥，但有的消费者喜欢豆沙面包，有的消费者喜欢果酱面包，有的消费者却喜欢奶油面包等。在网络营销中，顾客作为主导地位，消费呈现出个性化的特征，不同的消费者可能对产品要求不一样，因此产品的设计和开发必须满足顾客这种个性化消费需求。

(4) 延伸产品层次：也称延伸利益层，是指消费者选择网上购物时希望得到的一些附加利益的总称，通常包括销售服务、保证、优惠、信贷、免费、赠品等内容。它是产品的生产者或经营者为了帮助消费者更好地获得核心利益与个性化利益而提供的一系列服务。

(5) 潜在产品层次：也称潜在利益层次，是在延伸产品层次之外，由企业提供的能满足顾客潜在需求的产品层次。它主要是产品的一种增值服务，其与延伸产品的主要区别是顾客没有潜在产品层次仍然可以很好使用顾客需要的产品的核心利益和服务。

2. 网络产品的特点

从理论上讲，在网络上可以营销任何形式的实物产品，但现阶段受各种因素的影响，主要是那些物流配送较为方便的商品，诸如书籍、CD、软件、旅游等比较适合于在互联网络上销售。一般而言，适合在互联网上销售的产品通常具有以下特性：

(1) 数字化或信息化的产品形式。理论上通过互联网可以营销任何形式的产品，但最适合网上营销的产品是那些易于数字化、信息化的产品，即一般属于质量差异不大的同质产品或非选购品。不同形式的产品，其网络营销策略的重点是不一样的，如经营音乐、电子图书、信息软件、信息服务、网上咨询、远程教育、远程医疗等这类商品，商家投资小，消费者购买方便，商品可以直接通过网络实现配送，消费者只需按几下鼠标就可以完成全部购物过程。如果企业经营的产品是大型机械设备，网络营销的主要任务就是企业形象的宣传与产品品牌的推广，而非在线销售。

(2) 品牌产品。对于那些名牌企业的产品或知名网站经销的产品或名牌产品，虽然属于质量差异比较大的异质产品，但已经被众多的消费者购物实践证明货真价实、质量可靠，消费者只管认牌购物，不必再花费太多的精力和时间去比较选择。因此，尽管不属于挑选性小的同质产品，但也可以实现网上营销。例如，海尔系列产品的网络营销都比较成功，这是因为：首先，要在网络浩如烟海的站点中获得浏览者的注意，必须拥有明确、醒目、较高知名度的网上品牌；其次，网上购买者虽然可以面对很多选择，但无法进行购物体验，只能认牌购物，以减小购物风险。所以，在网络营销中，生产商与经销商的品牌同样重要，具体要从品牌知名度的提高与美誉度的形成两方面做工作。

7.1.2 网络营销的产品类型

在互联网（包括移动网络）上销售的产品，按照其形态性质的不同可分为两大类：即实体产品和虚体产品。网络产品类型及其常见形式如表7-1所示。

表7-1 网络产品类型

商品形态	商品品种		举 例
实体商品	普通商品		消费品、工业品等
虚体产品	数字产品		电脑软件、电子游戏等
	服务	普通服务	远程医疗、飞机票、火车票、入场券网上订购、饭店、旅游服务预约、医疗预约挂号、网络交友服务等
		信息服务	法律咨询、医药咨询、股市行情分析、金融咨询、资料库检索、电子新闻、电子报刊、研究报告等

1) 实体产品

实体产品也称有形产品,是指具有具体物理形状的物质产品,如普通消费品、工业品、旧货等。通过网络销售实体产品的过程中,买卖双方主要通过互联网进行交互式沟通交流。网络消费者通过卖方的主页选择欲购买的商品,以在线下订单的方式表达自己对品种、质量、价格、数量的选择;卖方则将面对面的交货方式改为邮寄产品或送货上门,与传统的购物方式有所不同。在实体产品的网络销售过程中,互联网主要起到了分销渠道的作用,网络零售商与分销商则构成了网络市场的商家主体,如当当网、亚马逊等。

2) 虚体产品

虚体产品也称无形产品,它是相对于有形产品而言的,这种产品一般不具备具体的产品形态,即使表现出一定形态也是通过特定的载体呈现。例如,通过网络向航空公司购买电子机票,所获得的产品是无形的。虚体产品的最大特点是其物流可以通过互联网在线完成,产品的性质和性能则必须通过其他方式才能表现出来。通过网络进行销售的虚体产品主要有两类:数字类产品和服务类产品。

(1) 数字类产品主要指计算机软件类产品,包括计算机系统软件、应用软件以及电子游戏等。企业通过网络来销售数字类产品时,可以采用两种方式:一种是由顾客直接从网上下载该产品;另一种方式是与有形产品类似,将无形产品通过一定的介质(光盘、磁盘等)进行有形化,通过送货上门的方式,送达给网络订购者。

(2) 服务类产品可以按照服务产品的性质划分为普通服务产品和信息服务产品两类。普通服务产品指一般的网上服务,如远程医疗服务、网上旅游服务、远程教育服务等;信息服务产品指专门提供有关增值信息和进行咨询的服务,如股市行情分析、信息库检索和查询、电子新闻、研究报告等。

7.1.3 网络营销的新产品开发

随着社会的发展和科学技术的进步,不断开发新产品成为企业在市场上求得生存和发展的重要条件之一。在 Web 环境下,由于信息与知识的共享、科学技术扩散速度的加快,企业的竞争从原来简单依靠产品的竞争转为拥有不断开发新产品能力的竞争。另外,网络市场上**绿色产品**的发展、产品开发完成时间和产品生命周期的缩短、消费要求个性化发展等,都对网络新产品的开发提出了新要求。所以,在开发新产品时必须首先研究在电子商务时代消费者的消费行为与需求特点,进而确定网络营销新产品的定位和新产品的开发与服务策略。

知识卡片 7-1

绿色产品(Green Products):生产过程及其本身节能、节水、低污染、低毒、可再生、可回收的一类产品,也是绿色科技应用的最终体现。绿色产品能直接促使人们消费观念和生产方式的转变,其主要特点是以市场调节方式来实现环境保护为目标。

1. 网络消费行为的特点

(1) 网络购物环节简化,促销的流通费用降低。电子商务使购物环节大大简化,能为企业节省巨额的促销和流通费用，使产品的价格降低成为可能。消费者可以在全球范围内寻找最优惠的价格，甚至可以绕过中间商直接向厂家购买，因而能以低价实现购买。

（2）消费者的消费行为更加理智。消费者可以在短时间内通过网络在大量的供应商中反复比较，对商品的价格精心衡量，不再会因为不了解市场行情而受骗上当。

（3）消费需求变得更加多样化、个性化。在网络营销环境下，消费者可直接参与商品生产和商业流通，可向商家和生产企业提出对商品的特殊需求，定制化商品变得越来越普遍。

2. 网络营销新产品的定位

新产品定位是将企业新开发出来的具体产品定位在消费者心中，让消费者一产生类似的需求，就会联想到这种产品。在网络环境下，消费需求变得更加多样化，对不同的消费者提供不同风格的商品已不再是天方夜谭。个性化消费者可直接参与生产和商品流通，向商家和生产厂家主动表达自己对产品的欲望，企业可以根据消费者的需求设计、生产出产品。

微型案例 7-1

顾客上网向戴尔公司提出自己对所要购买电脑的各种部件的具体要求，然后下单子。戴尔公司根据消费者的具体要求装配好电脑，通过自建的配送渠道，将满足消费者特殊要求的电脑送到顾客的手中。

3. 网络营销产品研发的新思维

网络营销新产品的研制与开发，首先需要形成新产品的构思和概念。新产品的构思可以来源于顾客、科学家、竞争者、公司的专业技术人员、公司的销售人员、中间商和高层管理者，但最主要还是来源于市场，即由顾客来引导产品的构思。企业可以通过其网络数据库系统来处理网络营销活动中的数据，发现顾客的现实需求和潜在需求，从而形成网络营销产品构思，进而指导企业网络营销策略的制定和网络营销活动的开展。其次，在网络营销中顾客可以全程参加概念形成后的产品研制和开发工作，而不再是简单地被动接受测试和表达感受。由于许多产品并不能直接提供给顾客使用，需要许多企业共同配合才有可能满足顾客的最终需求，这就要求在新产品开发的同时，更加注意加强与以产品为纽带的协同企业的合作。

4. 网络新产品的开发策略

网络产品与传统产品一样具有一定的市场生命周期。所谓网络产品市场生命周期，是指网络产品从研制成功投入市场开始，经过成长、成熟阶段，最终到衰退、被淘汰为止所延续的全部时间。一般要经历四个阶段：产品的投入期、成长期、成熟期、衰退期，如图 7-2 所示。

网络产品市场生命周期的长短主要取决于市场的需求和新产品的更新换代程度。不断研究和开发新产品，是使企业永葆竞争活力的关键所在。我国古代兵法主张在战争中要出奇制胜，这个思想移植到商战中就是要不断创新，做到"人无我有，人有我廉，人廉我新，人新我转"。网络营销新产品开发策略主要有以下几种类型。

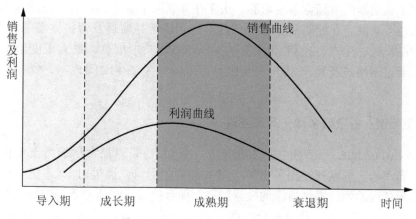

图 7-2　网络产品市场生命周期图

(1) 全新产品策略。即开发一个全新市场的产品。这种策略一般主要应用于创新公司。进入网络时代，市场要求发生了根本性的变化，消费者的需求和消费心理也发生了重大变化。在产品开发的过程中，如果有很好的产品构思和服务概念，就可以凭借这些产品构思和服务概念开发新产品获得成功。这种策略是网络时代中最有效的策略。

(2) 仿制新产品策略。指对国际或国内市场上已经出现的产品进行引进或模仿、研制生产出的产品。互联网环境下技术扩散速度非常快，利用互联网迅速模仿和研制开发这类产品，不需要太多的资金和尖端技术，比研制全新产品要容易得多。但由于在网络时代新产品开发速度的加快和产品生命周期的缩短等因素的影响，这种策略只能作为一种对抗的防御性策略；同时，企业应注意对原有产品的某些缺陷和不足加以改造，而不应全盘照抄。

(3) 现有产品线外新增加的产品策略。即补充公司现有产品线的新产品。由于在网络时代市场需求差异性加大，市场分工越来越细化，每种新产品只能对准较小的细分市场，这种策略不但能满足不同层次的差异性需求，而且还能以较低风险进行新产品开发。

(4) 对现有产品的改良或更新换代策略。即提供改善功能或较大感知价值并且能替换现有产品的新产品。在网络营销市场中，消费者挑选商品的范围、权利与传统市场营销相比大大增加。所以，企业为了满足消费者的需求，必须不断改进现有产品和进行更新换代，否则就会被市场淘汰。目前，产品的信息化、智能化和网络化是必须考虑的，如电视机的数字化和上网功能等。

(5) 降低成本的产品策略。即提供同样功能但成本较低的新产品。网络时代，消费者虽然注意个性化消费，但其消费行为变得更加理智，会更注重产品为其带来的价值，同时考虑所花费的代价。因此，提供相同功能但成本更低的产品更能满足日益成熟的市场需求。

(6) 重新定位的产品策略。企业的老产品经过重新定位进入新的市场而被称为该市场的新产品。这类新产品约占全部新产品的7%，在网络营销初期可以考虑，因为网络营销的市场空间更加广泛，企业可以突破时空限制，以有限的营销费用去占领更多的市场。

上述产品开发策略各有其优势和特点，企业可以根据自身特点选取合适的新产品开发方式，以利于在激烈的市场竞争中取胜。由于在互联网中企业和顾客可以随时随地进行信息交换，通过互联网企业能够高速度、低成本地实现产品项目及营销方案的调研和改进，使企业的产品设计、生产、销售和服务等各个环节能共享信息，最大限度地实现顾客满意。因此，通过网络进行新产品开发及服务，可以大大减少时间成本、资金成本、劳务成本。

7.1.4 典型案例：谷歌的多样化产品策略

谷歌(www.google.com)创立于 1998 年，创始人是斯坦福大学的博士生拉里·佩奇和谢尔盖·布卢姆。谷歌开发出了世界上最大的搜索引擎，通过对 30 多亿个网页进行整理，可为世界各地的用户提供适需的搜索结果，而且搜索时间通常不到半秒。目前谷歌每天可提供 2 亿次查询服务，几乎占全球所有搜索量的 2/3，而且这一数字还在不断上升，更重要的是，谷歌的全球用户满意率高达 97％。

谷歌能够在市场上保持强大竞争力，得益于其多样化的产品策略。谷歌坚持多样化发展的策略推出多类产品，最终巩固了其在搜索引擎领域、移动领域等多个领域的统治地位。

1. 谷歌的产品家族

1) 网络产品类

这类产品主要包括搜索产品、广告产品、交流与内容发布、软件开发产品、地图、统计类产品等。

（1）搜索产品：如 Google Blog Search 是谷歌搜索引擎的一部分，用来专门搜索互联网上 Blog 中的海量信息；Google Catalogs 是一个邮购目录搜索引擎；Google Directory 是谷歌的目录搜索服务；Google Movie Showtimes 是谷歌提供的电影上映时间搜索服务；Google Local 本地搜索，其数据来自 Google Maps；Google Image Search 是谷歌的图片搜索；Google Scholar 是用来搜索论文、技术文档等专业资料的搜索服务；Google Web Search 是谷歌网站默认的搜索服务等。

（2）广告产品：如 Google Adwords 是谷歌在搜索引擎上发布广告的工具；Google AdSense 是谷歌提供的广告服务等。

（3）交流与内容发布：Blogger 是谷歌提供的 Blog 服务；Gmail 是谷歌提供的免费邮件服务；Google Alerts 是谷歌提供的一种通知服务，可实现新闻定制；Google Answers 是谷歌的问答站点等。

（4）软件开发产品：如 Google Code 是谷歌用来推广及发展开源软件的一种服务；Google Web Toolkit 是谷歌开源 Java 软件开发框架，允许网页开发者用 Java 创建 Ajax 应用程序等。

（5）地图：如 Google Earth 是谷歌的地图服务；Google Maps 是谷歌提供的在线地图引擎等。

（6）统计类产品：如 Google Analytics 是谷歌免费提供的网站统计服务，它能统计网站的来访者及流量情况并以图表方式显示出来；Gapminder 可通过动画与互动的界面显示和比较国家间的数据及变化趋势，如人口、平均寿命、人均收入等。

2) 桌面软件产品类

这类产品必须安装在计算机中才能使用,如 Google Desktop 以工具条的形式提供搜索服务、聚合 feed、书写便条、查看天气等功能;Picasa 是谷歌的桌面数码相片管理程序等。

3) 移动产品

这类产品主要有硬件产品(包括手机、平板电脑、智能移动终端)、移动服务产品、可下载的手机产品、独立应用程序、其他软件的扩展类产品等。

(1) 硬件产品:如 Nexus One、Nexus S、Galaxy Nexus 手机,Nexus 7、Nexus 10 平板电脑,Google Glass 智能移动终端等。

(2) 移动服务产品:如 Google SMS 是谷歌的一个手机短信服务;Google Mobile 与 Google SMS 手机短信服务类似,但使用的是 WAP;Google News 即谷歌新闻等。

(3) 可下载的手机产品:如 YouTube 是被谷歌收购的视频网站;Mobile Updater(仅限黑莓手机使用)可让所有谷歌移动产品保持最新状态等。

(4) 独立应用程序:如 Google Talk 是谷歌推出的即时通信及语音通信软件,以及 AdWords 编辑器、谷歌拼音输入法等。

(5) 其他软件扩展类产品:如 Google 工具栏、Google 浏览器同步、谷歌金山词霸等。Google 产品家族如图 7-3 所示:

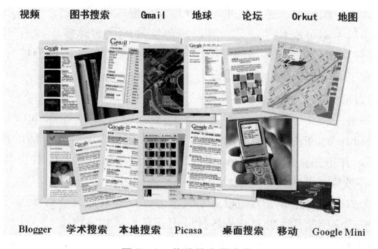

图 7-3 谷歌的主要产品

2. 谷歌的多产品策略

1) 在搜索方面

对于网络中数目庞大惊人的网页,谷歌使用网络并行计算中稀疏矩阵分解的并行算法,简化对网页的计算量,缩短了计算时间和网页的更新周期。谷歌提供不少于 117 种语言的搜索服务,并提出分类搜索和 MapReduce 简化分布式编程模式。MapReduce 让谷歌的程序可以自动在普通机器组成的集群中以并行方式分布执行大规模海量数据运算。

2) 在广告方面

谷歌在其广告竞价体系上一贯强调相关性,程序员对于技术的执着与理解在左侧的搜索中得到体现,而在右侧时时出现的广告是谷歌的主要赢利来源。在谷歌广告竞价模型的设计和实现上,谷歌坚持"用户利益至上"的原则,即让用户看到其最想看到的广告。这种广告模式支撑了谷歌股票的高位走势。谷歌提出的口号是"无论您的预算是多少,您都可以在 Google 和我们的广告联网中展示广告",并利用"仅当有人点击您的广告时,您才需要支付费用"这种按实效、成本低廉的付费方式吸引着广大中小客户。

谷歌提供了一个网络的平台,通过 AdWords 和 AdSense 在互联网上将传统意义上的商家和媒体很好地结合在一起。Google AdWords 提供了多种广告格式,从外观来讲,最常见的格式是文字广告,其次是图片广告;从投放定位的方法来讲,可以分为"以关键字定位的广告""以网站定位的广告"两种。

Google Adwords 广告展示位置有两类,包括 Google.com 搜索页右侧和 Google 联网的网页。其中 Google 联网是指除 Google.com 外,加入 Google 广告计划、用于展示企业广告的网站,包括搜索网络和内容网络两种。Google 联网数量有上千个,如网易、腾讯、华军网、天极网等。广告主可以自主选择是否在 Google 联网上发布广告,以及在哪些 Google 联网上发布广告。

3) 在移动领域

借助一个外形更加统一、抓人眼球的设计理念,谷歌的网络服务(如 Gmail、Maps)正逐渐成为用户心目中不可取代的产品。谷歌服务主导的平台越多,将用户转移到安卓和 Chrome 操作系统的代价就越小。跨平台实现无缝切换使得谷歌能够维护自身的移动广告业务,也更夯实了其继续推进创新的能力。

4) 在开源方面

谷歌使用的是一种在 Ubuntu 版本上修改过多次的被称为 Goobuntu 的 Linux 系统。谷歌在使用 Ubuntu 的同时也为其提供资金,开放其在 Linux 开发方面的源码(当然并不是全部)和补丁,并主办类似的 Ubuntu 开发者的峰会。在谷歌上搜索一次,就会有一台运行 Linux 的谷歌服务器为用户传回结果。

谷歌在开源方面主要在 3 个方向投入了大量力量,分别是服务器端运行开源软件、基于桌面操作系统的应用软件、针对喜爱各种应用开发人员的 APIs。

5) 在工具方面

Google Earth 是谷歌 2005 年向全球推出的新产品,用户可以通过一个下载到自己电脑上的客户端软件,免费浏览全球各地的高清晰度卫星图片。谷歌提供的免费 Picasa 工具管理用户的相片,用户可以从谷歌网站下载安装。启动时 Picasa 会自动开始寻找电脑上的所有照片、图片,把发现的照片有条有序地呈现在 Picasa 首页上。

此外,谷歌正在采取措施更密切地整合其产品。例如,谷歌推出一款名为 Google Apps 的免费软件包,是一种在线的应用服务。通过 Google Apps,用户可以向其他人提供带有私人标志的电子邮件、即时通信、日历工具、网站设计工具、协同办公工具等。谷歌的"云计算"(Cloud Computing)将能够通过 Web 上的远程数据中心的服务器提供计算服务,用户可以通过许多有线和无线设备访问这些服务。

3. 谷歌的主要成功因素分析

单就搜索引擎领域而言,谷歌是无可争议的世界霸主,无论是其技术、访问量、数据库还是其他方面都遥遥领先。如今谷歌已经将其触角伸到了各个领域,并且在多领域都取得了骄人的业绩。

(1) 谷歌的新产品开发策略是让其成功的关键因素之一。谷歌能够继续领跑诸雄关键就在于其不断创新。一个个新产品新技术的研发,让谷歌成为无人匹敌的互联网巨头。从初始的 Page Rank 网页排名算法,到后来提供不少于 117 种语言的搜索服务,并提出了自己的分类搜索,再到之后的 MapReduce、AdSense、AdWords、Linux 系统、火狐浏览器、Ubuntu 内核、GNU 工具、APIs、Picasa 工具等都为之注入新鲜血液,让广大用户越来越离不开谷歌带来的便利。

谷歌的新产品开发策略不仅仅是创新,还体现在"念旧"上。在当今汉字拼音输入法微软拼音、加加拼音、紫光拼音、搜狗拼音和智能 ABC 五分天下的时候,似乎已经不需要别的拼音输入法了,谷歌却推出了自己的拼音输入法。利用其强大的搜索功能,结合各种拼音的优点打造,智能推测极强。其独创的与 Google 账号同步技术以及很多个性化功能,使其瞬间就成为各大网站的下载热点。

(2) 谷歌成功的另一个重要因素是让客户更多地接触到信息。谷歌刚开始时专注搜索,以搜索速度快(一般情况下在 0.5 秒内就可完成)、搜索结果信息全面(能使用 100 多种语言在瞬间抓取约 42.8 亿个网页、8.8 亿张图片)和个性化等著称,导致用户激增,最终从每天 10000 个搜索结果直线跃升到如今的 2.5 亿个。谷歌世界领先的 Pagerank 技术、关键字技术和冗余文件过滤技术等也令其他公司难以超越。

(3) 谷歌追求合作双赢。谷歌并不是只顾自身单枪匹马奋战,Google Adsense 让用户把它的广告放在用户的网站或者博客中,只要有一定的点击率,用户就会得到谷歌的付费。这是一个双赢的结果,谷歌既赚到了钱,又赢得了用户的好感,而用户也可以有所收益。谷歌还将自身的搜索引擎授权给别的网站使用,如给网易等知名网站使用,也收到了良好的效益。

4. 谷歌多产品策略的启示

(1) 重视客户需求。谷歌能够成为世界最值得信赖品牌的一个很重要的因素在于,它总是从用户的角度考虑问题。广告占谷歌财务收入的 97%,但是所有人都只感觉到谷歌的各种服务都是免费的,与用户之间显得十分友好。谷歌每一次改进服务的背后,都吸取了大量宝贵的用户意见。

(2) 互联网搜索大有作为。谷歌首次踏入互联网搜索市场时,市场格局与目前大相径庭。当时,搜索业务被少数几家公司主导,这些公司虽然知道应该做什么,但对如何实施却没有明确的想法。谷歌的出现打破了这种局面,它向业界证明,依靠 Web 社区和独特创意,互联网搜索可以做大。

(3) 主导每一个市场。谷歌在其所涉足的每一个领域,都希望起到主导作用。例如,在搜索市场,谷歌已经占据主导地位;在云计算市场,谷歌希望成为领跑者;在手机市场,谷歌 Android 系统的成功也有目共睹。

（4）多样化发展并保持站在创新的前沿。谷歌允许1000朵花同时开放，然后将这些五颜六色的花朵制作成一个姿态万千的花束。具备了多样化的潜质，谷歌才成为创新的先驱而不是创新的牺牲品。

7.2 网络营销价格策略

网络营销价格是指企业在网络营销过程中买卖双方成交的价格。价格是网络营销4P组合中产生收入的唯一要素，营销组合的其他要素都只代表成本。在传统市场营销中，价格作为4P之一是十分重要的竞争手段，由于网络市场不同于传统的有地域限制的局部市场，因而网络营销的定价策略在很多方面有别于传统策略。

狭义的价格是指人们为得到某种商品或服务而支出的货币数量；广义的价格是指消费者为获得某种商品或某项服务与销售者所做的交换，这其中包括货币、时间、精力和心理担忧等。网络营销价格包括两层含义：一是可以量化的成本，这是价格的狭义理解，也是通常人们头脑中的价格概念，可称之为产品（服务）的标价；二是不可量化的无形成本因素，也就是顾客在交易过程中所付出的除货币成本外的其他所有成本。

7.2.1 网络营销价格的特点

网络营销价格的形成是极其复杂的，受到多种因素的影响和制约。一般来说，影响企业产品网上定价的因素包括传统营销因素和网络自身对价格的影响因素。

在传统的营销组合中，企业自主定价，产品到达消费者时价格是固定的，消费者只是被动地接受。传统营销制定价格策略时，依据的是产品成本、需求状况和竞争状况。由于网络营销减少了中间环节，会节省一定的经营成本，加之互联网及时性、互动性和信息自由的特点，企业、消费者和中间商对产品的价格信息都有比较充分的了解，这使得网络营销在价格策略方面呈现出与传统营销不同的特点。

1. 价格标准化

在传统的市场营销活动中，价格策略主要考虑产品的生产成本和同类产品的市场价格。由于信息不对称，厂商往往对不同国家、不同地区、不同层次的消费者采取不同的价格；或是利用消费者的消费心理，采用各种心理定价策略以获取最大利润。但由于互联网的全球性和互动性，网络营销市场是开放的、透明的，消费者可以利用互联网及时获得同类产品或相关产品的不同价格信息，对价格及产品进行充分的比较，这必然会给实行地区价格差异的企业带来巨大冲击。为消除这种不利影响，企业需努力使价格差异减少，最终实行价格标准化。

2. 价格弹性化

互联网已使得单个消费者可以同时得到某种产品的多个甚至全部厂家的价格以做出购买决策，这就决定了网上销售的价格弹性很大。因此，企业在制定网上销售价格时，应充分检查所有环节的价格构成，做出最合理的定价决策。网络营销的互动性使消费者拥有更多的信息，讨价还价的能力增强，可以和企业就产品价格进行协商。企业必须以比较理性的方式拟订和改变价格策略，根据企业竞争环境的变化不断对产品的价格进行及时恰当的调整。另外，由于网络上的消费者有较强的理性，企业在制定价格策略时更要考虑消费者的价值观念，企业可以根据每个消费者对产品和服务提供的不同要求来制定相应的价格。

3. 价格趋低化

在网络环境下，企业营销人员可以直接和消费者打交道，而不需要经过传统的中间环节，使企业产品开发和促销成本降低，企业可以降低产品的价格促销。同时，由于互联网的开放性和互动性，网上市场的产品及价格变得透明，消费者可以就产品及价格进行充分的比较和选择，拥有极大的选择余地。因此，网上产品价格比传统营销中产品的价格更具有竞争性，这迫使网络营销者以尽可能低的价格推出产品，增大**顾客让渡价值**。

知识卡片 7-2

顾客让渡价值（Customer Delivered Value）：整体顾客价值（Total Customer Value）与整体顾客成本（Total Customer Cost）之间的差额部分。整体顾客价值是指顾客从给定产品和服务中所期望得到的全部利益，这包括产品价值、服务价值、人员价值和形象价值。整体顾客成本则是顾客在购买商品和服务过程中所耗费的货币成本、时间成本、精力和精神成本。

4. 定价难度大

对于网络消费者而言，网上信息更易于搜索，借助搜索引擎可以从全世界的网站海洋中寻找所需产品和服务。消费者也可以从一个内容丰富的网站上找到与需要解决问题有关的信息，或者通过注册 BBS 或聊天室获得世界上不同地方志趣相投者的观点和体验。网站的这种代理作用已被用来减少购买者搜索各种在线商店的成本，并把各种各样的物品变为经济上有效的市场。新的代理（如可以搜索、购物、代表网络用户比较价格和式样的软件）赋予网络购物者更大的购买权力和选择权力，为消费者创造巨大的定价自由，使得网络营销者的定价难度增大。

5. 定价以顾客需求为主导

在网络营销时代，根据产品成本进行定价逐步被淡化，逐渐发展为以顾客需求为导向进行定价。互联网的发展使需求由过去的被动选择转变为主动选择，顾客的需求引导着企业的生产，消费者可以根据市场信息来选择购买或定制自己满意的产品或服务。

7.2.2 网络营销的定价目标

定价目标是指企业通过制定产品价格所要达到的目的。企业在为产品定价时，首先必须有明确的目标。不同企业、不同产品、不同市场、不同时期有不同的营销目标，因而也就要求采取不同的定价策略。但是，企业定价目标不是单一的，而是一个多元的结合体。在网络营销中，企业定价目标主要有以下几种。

（1）以维持企业生存为目标。当企业经营管理不善，或由于市场竞争激烈、顾客的需求偏好突然发生变化等原因，而造成产品销路不畅、大量积压、资金周转不灵，甚至濒临破产时，企业只能为其积压了的产品定低价，以求迅速出清存货收回资金。但这种目标只能是企业面临困难时的短期目标,长期目标还是要获得发展,否则企业终将破产。

(2) 以获取当前理想的利润为目标。追求当前利润的最大化,而不考虑长期效益。选择此目标,必须具备一定的条件,即当产品声誉好并在目标市场上占有竞争优势地位时,方可采用,否则还应以长期目标为主。

(3) 以保持和提高市场占有率为目标。市场占有率是企业经营状况和企业产品竞争力的直接反映,它的高低对企业的生存和发展具有重要意义。一个企业只有保持或提高市场占有率,才有可能生存和发展。因此,这是企业定价选择的一个十分重要的目标。一般要实行全部或部分产品的低价策略,以实现提高市场占有率这一目标。

(4) 以应付或抑制竞争为目标。有些企业为了阻止竞争者进入自己的目标市场,而将产品的价格定得很低,这种定价目标一般适用于实力雄厚的大企业。中小企业在市场竞争激烈的情况下,一般是以市场为导向,随行就市定价,从而也可以缓和竞争、稳定市场。

(5) 以树立企业形象为目标。有些企业的定价目标是"优质优价",以高价来保证高质量产品的地位,以此来树立企业的形象。

企业定价目标一般与企业的战略目标、市场定位和产品特性相关。企业价格的制定应主要从市场整体来考虑,它取决于需求方的需求强弱程度和价值,取决于接受程度及来自替代性产品的竞争压力的大小。在网络营销中,现阶段许多企业进入网络市场的主要目的是占领市场以求得更多的生存和发展机会,然后才是追求企业的利润。因此,目前网络营销产品的定价一般都是低价,甚至是免费,以期在快速发展的虚拟市场中寻求立足机会。

网络市场一般可分为两个部分,即消费品市场和生产资料市场。对于消费品市场,企业必须采用相对低价的定价策略来占领市场;对于生产资料市场,购买者一般是商业机构和组织机构,购买行为比较理智,所以企业可以采用通过网络技术降低企业、组织之间的供应采购成本而带来双方价值增值的双赢策略。总之,企业应选择合适的定价目标以促进企业的长期、稳定发展。

7.2.3 网络营销的定价方法

企业在确定了定价目标、掌握了各有关影响因素的资料后,就可以开始具体的定价工作。定价实质上是企业怎样把它提供给消费者的利益转变成它可得到的利润。任何企业都不能只凭直觉随意定价,而必须借助于科学的、行之有效的定价方法。

从营销学的基本理论来分析,传统市场营销定价的基本原理也同样适用于网络市场。但是,网络市场与传统市场相比存在着很大的差异,这种差别就导致了网络市场的定价方法不同于传统市场的定价方法。在网络市场中,企业重点研究如何满足客户的需要,以成本为导向来确定产品价格将逐渐被淡化,而以需求为导向确定价格成为主要方法;同时竞争导向中的投标定价法和拍卖法也在不断得到强化,如拍卖网站Yabuy.com将拍卖法这种定价方法在网络上发挥得淋漓尽致。

1. 需求导向定价法

在网络环境下,价值法和区分需求定价法得到充分的应用。首先,价值法的关键问题,即如何准确地进行价值评估,在网络市场中得到很好的解决。企业可以利用网络的互动性和快捷性的特点,及时、准确地掌握消费者或用户的预期价格,从而比较正确地确定商品的价格，避免估价过高或偏低现象的发生。

其次，在网络市场上，企业也可以通过网络互动性和快捷性的特点，比较准确地把握消费者需求的差异变化，使区分需求定价法得到更有效的发挥。例如，在传统的市场营销中，商品价格的高低主要是根据其样式的新颖程度、外观的漂亮程度来确定的，而忽视了消费者的个性化需求和多样化需求；而在网络营销中，企业可让消费者根据自己的需求，自行设计产品的外观、式样、花色、档次，并依此来确定商品的价格，使消费者的个性化和多样化需求得到更好的满足。

2. 竞争导向定价法

在网络市场中，同样存在着竞争，而且这种竞争并不逊色于传统市场的竞争。在网络市场中，目前以竞争为导向进行定价的方法主要有招投标定价法和拍卖定价法。

（1）招投标定价法。招投标定价法是招标单位通过网络发布招标公告，由投标单位进行投标而择优成交的一种定价方法。它是买方引导卖方通过竞争成交的一种方法，通常用于建筑包工、大型设备制造、政府大宗采购、劳务贸易等。一般是由买方公开招标，卖方竞争投标、密封递价，买方按物美价廉的原则择优录取，到期公开开标，中标者与买方签约成交。这种定价法对于招标单位来说，扩大了招标单位对投标单位的选择范围，从而使企业能在较大范围内以较优的价格选择投标单位；对于投标单位来说，不仅增加了投标的营销机会，而且使企业能获得较为公平的竞争环境，为企业的发展创造了良机。

（2）拍卖定价法。拍卖定价法是市场经济中常用的一种定价法，它是指拍卖行受出售者委托在特定场所公开叫卖，引导买方报价，利用买方竞争求购的心理，从中选择最高价格的一种定价方法。目前，许多拍卖行在网上进行有益的尝试，使拍卖定价法在网络营销中得到了较快的发展。例如，日本的 AUC 网在网上实施了旧车拍卖，并取得明显效果。预计在不远的将来，拍卖法将会在网络市场中得到更广泛的应用。

需要强调的是，拍卖价格与投标价格的形成有所不同，其区别在于前者是买方公开竞价，后者是卖方密封递价。

7.2.4 网络营销的定价策略

产品的销售价格是企业网络营销过程中一个十分敏感而又最难有效控制的因素，它直接关系着市场对产品的接受程度，影响着市场需求量即产品销售量的大小和企业利润的多少。企业要想制定出科学合理的价格，必须对成本、顾客品味和竞争活动中不断发生的变化进行及时的追踪，确定企业合理的定价目标，从而确定产品的价格。另外，定价又是网络营销活动中最活跃的因素，一个企业或它的竞争对手往往可以在瞬间根据市场需求改变价格。

由于网上信息的公开性和消费者易于搜索的特点，网上的价格信息对消费者的购买起着重要的作用。消费者选择网上购物，可以方便地获取大量的产品信息，从而择优选购。网络定价的策略很多，本节主要根据网络营销的特点，着重阐述低价渗透策略、个性化定制生产定价策略、使用定价策略、拍卖定价策略等。

1. 低价渗透策略

低价渗透策略，就是企业把产品以较低的价格投放网上市场，吸引网上顾客，抢占网上市场份额，提高网上市场占有率，以增强网上市场竞争优势。低价能使企业取得最大网上市场销售量，并且能够有效阻碍竞争者的跟进与加入。

　　1）直接低价定价策略

　　直接低价定价策略就是在公开价格时一定要比同类产品的价格低，定价时大多采用成本加一定利润，有的甚至是零利润，一般是由制造商在网上进行直销时所采用。采取这种策略一方面是因为企业产品通过互联网直销可以节省大量的成本费用；另一方面是为了扩大宣传、提高网络市场占有率。

　　采用这一策略应注意以下三点：首先，在网上不宜销售那些顾客对价格敏感而企业又难以降价的产品；其次，在网上公布价格时要注意区分消费对象，要针对不同的消费对象提供不同的价格信息发布渠道；最后，因为消费者可以在网上很容易地搜索到价格最低的同类产品，所以网上发布价格要注意比较同类站点公布的价格，否则价格信息的公布会起到反作用。

　　2）折扣定价策略

　　折扣定价策略即在原价基础上进行折扣来定价，让顾客直接了解产品的降价幅度以促进顾客购买。在实际营销过程中，网上折扣定价策略可采取会员折扣、数量折扣、现金折扣、自动调价、议价策略等。例如，为鼓励消费者多购买本企业商品，可采用数量折扣策略；为鼓励消费者按期或提前付款，可采用现金折扣策略；为鼓励中间商淡季进货或消费者淡季购买，也可采用季节折扣策略等。目前网上商城绝大多数要求消费者成为会员，依会员资格在购物时给予折扣。

　　3）促销定价策略

　　企业为拓展网上市场，但产品价格又不具有竞争优势时，可采取网上促销定价策略。

　　2. 高价撇脂策略

　　高价撇脂策略是指在产品生命周期的投入期，企业产品以高价投放市场攫取高额利润，犹如从牛奶中撇走奶油一样。以后，随着销量和产量的扩大、成本的降低，再逐步降低价格。

　　3. 个性化定制生产定价策略

　　个性化定制生产定价策略是在企业具备定制生产条件的基础上，利用网络技术和辅助设计软件，帮助消费者选择配置或者自行设计能满足自身对产品外观、颜色等方面的具体需求的个性化产品，同时承担自己愿意付出的价格成本。

　　这种策略是利用网络互动性的特征，根据消费者的具体要求来确定商品价格。网络的互动性使个性化行销成为可能，也将使个性化定价策略有可能成为网络营销的一个重要策略。

　　4. 使用定价策略

　　所谓使用定价策略，就是顾客通过互联网进行必要的注册后，不必完全购买就可以直接使用企业的产品或服务，企业则按照顾客使用产品的数量或接受服务的次数进行计费。这既减少了企业为完全出售产品进行大量不必要的生产和包装的浪费，还可以吸引那些有顾虑的顾客使用产品，扩大市场份额。采用这种定价策略，一般要考虑产品是否适合通过互联网传输，是否可以实现远程调用。目前比较适合的产品有软件、音乐、电影等。

5. 拍卖定价策略

网上拍卖是目前发展较快的领域，随着互联网市场的拓展，将有越来越多的产品通过互联网竞价拍卖。由于目前购买群体主要是消费者市场，个体消费者是目前拍卖市场的主体，因此，这种策略并不是目前企业首要选择的定价方法，因为它可能会破坏企业原有的营销渠道和价格策略。比较适合网上拍卖竞价的是企业的一些原有积压产品，也可以是企业的一些新产品，可以通过拍卖展示起到促销作用。

6. 密封投标定价策略

密封投标定价策略就是企业根据招标方的条件，综合考虑竞争对手出价水平、企业出价的可获利水平以及中标概率大小等确定标的价格的方法。

7. 差异定价策略

企业在制定网上销售价格时，应注意所有环节的价格构成，与传统营销渠道中产品价格保持一定的差别，即使价格相同，也应充分体现网络产品的价值不同。

8. 灵活定价策略

在网络营销环境中，企业应注意两个影响定价因素的改变：一是市场的垄断性在减少，消费者在一定程度上控制交易，企业面对趋于完全竞争的市场，采用价格垄断是行不通的；二是消费者的购物心理趋于理智，网络为其提供了众多的商品信息，有条件对商品进行综合比较后选择价位适中或性价比高的商品。所以，企业进行产品定价时应加强灵活性。

微型案例 7-2

美国的通用汽车公司允许消费者在互联网环境中，通过公司的导引系统自己设计和组装所需的汽车。在这一过程中，用户首先确定自己可接受的价格标准，然后导引系统根据价格显示符合用户要求的汽车式样，用户还可以在系统上进行适当的修改，使公司最终生产的汽车恰好能满足消费者价格和性能上的要求。

9. 收益最大化策略

在许多情况下，最大化收益比最大化价格更好。企业制定的复杂定价方案不仅要经得起消费者的比较，而且要使收益最大化，尽管实际上平均价格并不一定提高。例如，许多航空公司通过网站出售陆续坐满或即将起飞的飞机机票，或者降低出售或者是拍卖；同时也可以利用外部服务，如利用价格网站来了解市场环境或出售最后一分钟的空位，以使一次航班收益达到最大化。

此外，免费价格策略也是网络营销中常用的营销策略。虽然这种策略一般是短期的和临时的，但它对于促销和推广产品却有很大的促进作用，许多新型公司往往就是凭借这一策略获得成功的。目前，企业在网络营销中采用免费策略的目的，一是先让用户免费使用，等习惯后再开始收费；二是想发掘后续商业价值，是从战略发展的需要制定定价策略，主要目的是先占领市场，然后再在市场中获取收益。

总之，企业可以根据自身产品的特性和网上市场的发展状况来选择合适的价格策略。但无论采用哪种定价策略都应与其他策略相配合，以保证企业总体营销策略的实施。

7.2.5 典型案例：亚马逊的差别定价策略

差别定价是网络营销的一种基本定价策略，有人甚至认为网络营销中必须始终坚持差别定价。然而，并没有什么经营策略在市场上可以无往不胜，差别定价虽然在理论上很好，但在实施过程中却存在着诸多困难。下面以亚马逊（amazon.com）一次不成功的差别定价实验作为案例，分析企业实施差别定价策略时面临的风险以及一些可能的防范措施。

1. 亚马逊实施差别定价实验的背景

1995年7月，杰夫·贝索斯在西雅图创建的亚马逊网上书店开始正式营业，1997年5月股票公开发行上市。从1996年夏天开始，亚马逊公司成功地实施了联属网络营销战略，在数十万家联属网站的支持下，亚马逊迅速崛起成为网上销售的第一品牌；到1999年10月，亚马逊的市值达到了280亿美元，超过了西尔斯（Sears Roebuck & Co.）和卡玛特（Kmart）两大零售巨头的市值之和。在2000年亚马逊已成为互联网上最大的图书、唱片和影视碟片的零售商，亚马逊经营的其他商品类别还包括玩具、电器、家居用品、软件、游戏等，品种达1800万种之多。此外，亚马逊还提供在线拍卖业务和免费的电子贺卡服务。

但是，亚马逊的经营也暴露出不小的问题。虽然亚马逊的业务在快速扩张，但亏损额也在不断增加，在2000年头一个季度中，亚马逊完成的销售额为5.74亿美元，较前一年同期增长95%；第二季度的销售额为5.78亿美元，较前一年同期增长了84%。但是，亚马逊第一季度的总亏损达到了1.22亿美元，相当于每股亏损0.35美元，而前一年同期的总亏损仅为3600万美元，相当于每股亏损0.12美元，亚马逊2000年第二季度的主营业务亏损仍达8900万美元。亚马逊的经营危机也反映在其股票的市场表现上，亚马逊的股票价格自1999年12月10日创下历史高点106.6875美元后开始持续下跌，到2000年8月10日，亚马逊的股票价格已经跌至30.438美元。在业务扩张方面，亚马逊也开始遭遇到了一些老牌门户网站（如美国在线、雅虎等）的有力竞争。在这一背景下，亚马逊迫切需要实现赢利，而最可靠的赢利项目是它经营最久的图书、音乐唱片和影视碟片，实际上，在2000年第二季度亚马逊就已经从这三种商品上获得了1000万美元的营业利润。

2. 亚马逊的差别定价实验

2000年的亚马逊还是一个缺少行业背景的新兴的网络零售商，当时亚马逊不具有巴诺（Barnes & Noble）公司那样卓越的物流能力，也不具备像雅虎等门户网站那样大的访问流量，亚马逊最有价值的资产就是它拥有的2300万个注册用户，亚马逊必须设法从这些注册用户身上实现尽可能多的利润。因为网上销售并不能增加市场对产品的总需求量，为提高在主营产品上的赢利，亚马逊在2000年9月中旬开始了著名的差别定价实验。

亚马逊选择了68种DVD碟片进行差别定价实验。实验当中，亚马逊根据潜在客户的人口统计资料及其在亚马逊的购物历史、上网行为和上网使用的软件系统,确定这68种碟片的差异报价水平。例如,名为《泰特斯》(Titus)的碟片对新顾客的报价为22.74美元,而对那些对该碟片表现出兴趣的老顾客的报价则为26.24美元。通过这一定价策略,部分顾客付出了比其他顾客更高的价格,亚马逊因此提高了销售的毛利率。但是好景不长,这一差别定价策略实施不到一个月,就有细心的消费者发现了这一秘密,通过在名为DVDTalk(www.dvdtalk.com)的音乐爱好者社区的交流,成百上千的DVD消费者知道了此事,那些付出高价的顾客当然怨声载道,纷纷在网上以激烈的言辞对亚马逊的做法进行批评,有人甚至公开表示以后绝不会在亚马逊购买任何东西。更不巧的是,由于亚马逊前不久才公布了它对消费者在网站上的购物习惯和行为进行了跟踪和记录,因此,这次事件曝光后,消费者和媒体开始怀疑亚马逊是否利用其收集的消费者资料作为其价格调整的依据,这种猜测让亚马逊的价格事件与敏感的网络隐私问题联系在了一起。

为挽回日益凸显的不利影响,亚马逊的首席执行官贝索斯只好亲自出马做危机公关,指出亚马逊的价格调整是随机进行的,与消费者是谁没有关系,价格实验的目的仅仅是为测试消费者对不同折扣的反应,亚马逊"无论是过去、现在或未来,都不会利用消费者的人口资料进行动态定价"。贝索斯为这次事件给消费者造成的困扰向消费者公开表示了道歉。不仅如此,亚马逊公司还试图用实际行动挽回人心,承诺给所有在价格测试期间购买这68部DVD的消费者以最大的折扣。据不完全统计,至少有6896名没有以最低折扣价购得DVD的顾客,已经获得了亚马逊退还的差价。至此,亚马逊的价格实验以完全失败而告终,不仅在经济上蒙受了损失,而且它的声誉也受到了严重的损害。

3. 亚马逊差别定价实验失败的原因

亚马逊的管理层在投资人要求迅速实现赢利的压力下开始了这次有问题的差别定价实验,结果很快便以全面失败而告终,那么,亚马逊差别定价策略失败的原因究竟何在?其实,亚马逊这次差别定价实验从战略制定到具体实施都存在严重问题。

1) 战略制定方面

首先,亚马逊的差别定价策略同其一贯的价值主张相违背。在亚马逊的网页上,亚马逊明确表述了它的使命:要成为世界上最能以顾客为中心的公司。在差别定价实验前,亚马逊在顾客中有着很好的口碑,许多顾客想当然地认为亚马逊不仅提供最多的商品选择,还提供最好的价格和最好的服务。亚马逊的定价实验彻底损害了它的形象,尽管亚马逊为挽回影响进行了及时的危机公关,但亚马逊在消费者心目中已经永远不会像从前那样值得信赖了,至少人们会觉得亚马逊是善变的,并且会为了利益而放弃原则。

其次,亚马逊的差别定价策略侵害了顾客隐私,有违基本的网络营销伦理。亚马逊在差别定价的过程中利用了顾客购物历史、人口统计学数据等资料,但是它在收集这些资料时是以为了向顾客提供更好的个性化服务为幌子获得顾客同意的。显然,将这些资料用于顾客没有认可的目的是侵犯顾客隐私的行为。即便美国当时尚无严格的保护信息隐私方面的法规,但亚马逊的行为显然违背了基本的商业道德。

此外,亚马逊的行为同其市场地位不相符合。据研究人员对网络营销不道德行为影响的分析,亚马逊违背商业伦理的行为曝光后,不仅它自己的声誉受到影响,整个网络零售行业都受到了牵连。因为亚马逊本身就是网上零售的市场领导者,占有最大的市场份额,所以它无疑会从行业信任危机中受到最大的打击，由此可见，亚马逊的差别定价策略是极不明智的。

总之，亚马逊差别定价策略从战略管理角度看有着诸多的先天不足，这从一开始就注定了它的"实验"将会以失败而告终。

2）具体实施方面

由于亚马逊的差别定价实验在策略上存在着严重问题，这决定了这次实验最终失败的结局，但实施上的重大错误是使它迅速失败的直接原因。

首先，从微观经济学理论的角度看，差别定价未必会损害社会总体的福利水平，甚至有可能导致帕累托更优的结果，因此，法律对差别定价的规范可以说相当宽松，规定只有当差别定价的对象是存在相互竞争关系的用户时才被认为是违法的。但同时，基本的经济学理论也认为一个公司的差别定价策略只有满足以下三个条件时才是可行的：一是企业是价格的制定者而不是市场价格的接受者；二是企业可以对市场进行细分并且阻止套利；三是不同的细分市场对商品的需求弹性不同。DVD市场的分散程度很高，而亚马逊不过是众多经销商中的一个，所以从严格意义上讲，亚马逊不是DVD价格的制定者。但是，考虑到亚马逊是一个知名的网上零售品牌，以及亚马逊的DVD售价低于主要的竞争对手，所以亚马逊在制定价格上有一定的回旋余地。当然，消费者对DVD产品的需求弹性存在着巨大的差别，所以亚马逊可以按照一定的标准对消费者进行细分，但问题的关键是，亚马逊的细分方案在防止套利方面存在着严重的缺陷。亚马逊的定价方案试图通过给新顾客提供更优惠价格的方法来吸引新的消费者，但它忽略的一点是：基于亚马逊已经掌握的顾客资料，虽然新顾客很难伪装成老顾客，但老顾客却可以轻而易举地通过重新登录伪装成新顾客实现套利。至于根据顾客使用的浏览器类别来定价的方法同样无法防止套利，因为网景浏览器和微软的IE浏览器基本上都可以免费获得，使用网景浏览器的消费者几乎不需要什么额外的成本就可以通过使用IE浏览器来获得更低报价。因为无法阻止套利，所以从长远角度，亚马逊的差别定价策略根本无法有效提高赢利水平。

其次，亚马逊歧视老顾客的差别定价方案同关系营销的理论相背离。亚马逊的销售主要来自老顾客的重复购买，重复购买在总订单中的比例在1999年第一季度为66%，一年后这一比例上升到了76%。亚马逊的策略实际上惩罚了对其利润贡献最大的老顾客，但它又没有有效的方法锁定老顾客，其结果必然是老顾客的流失和销售与赢利的减少。

最后，亚马逊还忽略了虚拟社区在促进消费者信息交流方面的巨大作用，消费者通过信息共享显著提升了其市场力量。的确，大多数消费者可能并不会特别留意亚马逊产品百分之几的价格差距，但从事网络营销研究的学者、主持经济专栏的作家以及竞争对手公司中的市场情报人员会对亚马逊的定价策略明察秋毫，可能会把其发现通过虚拟社区等渠道广泛传播，这样，亚马逊自以为很隐秘的差别定位策略很快就在虚拟社区中露了底，并且迅速引起了传媒的注意。

比较而言，在亚马逊的这次差别定价实验中，战略上的失误是导致实验失败的根本原因，而实施上的诸多问题则是导致其惨败和速败的直接原因。

4. 亚马逊差别定价实验的启示

亚马逊的这次差别定价实验是电子商务与网络营销服务发展史上的一个经典案例，这不仅是因为亚马逊本身是网络零售行业的一面旗帜,还因为这是网络营销服务史上第一次大规模的差别定价实验,并且在很短的时间内就以惨败告终。从中可以获得哪些启示呢?

启示一:差别定价策略存在着巨大的风险,必须谨慎使用。差别定价策略一旦失败,它不仅会直接影响到产品的销售,而且可能会对公司经营造成全方位的负面影响,公司失去的可能不仅是最终消费者的信任,而且还会有渠道伙伴的信任。所以,实施差别定价必须慎之又慎,尤其是当公司管理层面临短期目标压力时更应如此。具体分析时,要从公司的整体发展战略、与行业中主流营销伦理的符合程度及公司的市场地位等方面进行全面分析。

启示二:实施差别定价过程中选择适当的差别定价方法非常关键。这不仅意味着要满足微观经济学提出的三个基本条件,更重要的是要使用各种方法造成产品的差别化,力争避免赤裸裸的差别定价。常见的做法有以下几种:

(1) 通过增加产品附加服务的含量来使产品价格差别化。网络营销的商品通常包含着一定的服务,这些附加服务可以使核心产品更具个性化,还可以有效地防止套利。

(2) 同批量定制的产品策略相结合。定制弱化了产品间的可比性,可以强化企业价格制定者的地位。

(3) 采用捆绑定价的做法。捆绑定价是一种极其有效的二级差别定价方法,捆绑同时还有创造新产品的功能,可以弱化产品间的可比性,在深度销售方面也能发挥积极作用。

(4) 将产品分为不同的版本。该方法对于固定生产成本极高、边际成本很低的信息类产品更加有效,而这类产品恰好也是网上零售的主要品种。

7.3 网络营销渠道策略

营销渠道是产品或服务从生产者向消费者转移过程的具体通道或路径,营销渠道本质上是对使产品或服务能够被使用或消费的一系列相互依存的组织的研究(Stern,1980)。随着市场环境的变化,企业的营销渠道在建立、应用、发展的过程中也在不断地变革和演化。

7.3.1 网络营销渠道的定义

互联网是一种新的营销渠道,美国著名渠道研究学者Rosenbloom(2003)将其命名为网络营销渠道、在线营销渠道或电子营销渠道,并给出网络营销渠道(Place)的定义:利用互联网获得产品和服务信息,从而使目标市场能够利用计算机或其他可行的技术购物,并通过交互式电子方式完成购买交易。

互联网直接把生产者和消费者连到了一起,将商品直接展示在顾客面前,回答顾客的疑问,并接受顾客的订单。这种直接互动与超越时空的电子购物,无疑是营销渠道上的革命。目前,许多企业在网络营销活动中除了自建网站外,大部分都通过中介商信息服务、广告服务、撮合服务等扩大企业影响,如中国化工网、医药网、纺织网等中介商,能帮助企业顺利地完成商品从生产到消费的整个转移过程,进而达到开拓市场的目标。

网络营销渠道是借助互联网的销售平台将产品从生产者移动到消费者的中间环节，是商品和服务从生产者向消费者转移过程的具体通道或路径。完善的网络销售渠道应该有网上订货、结算以及配送三大功能。

7.3.2 网络营销渠道的特点

网络营销渠道利用互联网提供可利用的产品和服务，以便使用计算机或其他能够使用技术手段的目标市场通过电子手段进行和完成交易活动。在传统营销渠道中，中间商是其重要的组成部分。中间商之所以在传统营销渠道中占有重要地位，是因为营销渠道利用中间商能够在广泛提供产品和进入目标市场方面发挥最高的效率。营销中间商凭借其业务往来关系、经验、专业化和规模经营，提供给公司的利润通常高于自营商店所能获取的利润。

互联网的发展和商业应用，使得传统营销中间商凭借地缘原因获取的优势被互联网的虚拟性所取代；同时互联网的高效率的信息交换，改变着过去传统营销渠道的诸多环节，将错综复杂的关系简化为单一关系。互联网的发展也改变了营销渠道的结构，使得网络营销渠道作用更广泛，结构更简化，费用更低廉。网络营销渠道呈现出以下特点：

（1）网络营销渠道反映了某一特定产品或服务价值实现过程所经由的通道。其一端连接企业，另一端连接消费者，是该产品或服务从生产者到消费者建立的沟通或分销过程。与传统渠道不同，网络营销渠道的传输媒介是互联网络。而且，不是所有产品都可以通过网络实现流通价值的全过程。对于实体产品的交易，物流环节需要线下完成。

（2）网络营销渠道承担分销功能时，产品或服务在渠道中通过购销环节转移其所有权，流向消费者。网络条件下，生产者可将产品直接销售给消费者，一次转移产品所有权或使用权，这时分销渠道最短。但在更多场合，生产者要通过一系列中间商转卖或代理专卖产品，在较长的分销渠道中多次转移产品所有权。渠道的长短决定了零售商、批发商的比较利益。

（3）网络营销渠道是一个多功能系统。它不仅要在虚拟市场中提供产品和服务以满足需求，而且要通过实施实体市场的促销活动来刺激网络市场的需求。

总之，网络信息渠道的主要特点在于，企业通过互联网发布产品或服务信息，了解消费者需求，掌握社会消费趋势，最终实现了从商家到消费者的信息流的传递，并引导完成从商家到消费者的资金流和物流的全过程。

7.3.3 网络营销渠道的类型

经典营销渠道理论将渠道划分为沟通渠道、分销渠道和服务渠道（Kotler 和 Keller，2008）。对于网络营销渠道，可以从渠道信息交互特点、渠道功能和应用等不同角度，将其划分为不同的类型。

1. 按渠道信息交互特点分类

利用互联网的信息交互特点，网络营销渠道可以分为两大类：一类是通过互联网实现的从生产者到消费（使用）者的网络直接营销渠道；另一类是通过融入互联网技术后的中间商机构提供的网络间接营销渠道。

1）网络直销渠道

网络直销渠道是指生产者通过互联网直接把产品销售给顾客的分销渠道，一般适用于大宗商品交易和产业市场的B2B的交易模式，这时传统中间商的职能发生了改变，由过去的环节的中间力量变成为直销渠道提供服务的中介机构，如提供货物运输配送服务的专业配送公司，提供货款网上结算服务的网上银行，以及提供产品信息发布和网站建设的ISP和电子商务服务商。网上直销渠道的建立，使得生产者和最终消费者直接连接和沟通。

通过网络直销：第一，生产者能够直接接触消费者，获得第一手的资料，开展有效的营销活动。第二，减少流通环节，给买卖双方都节约了费用，产生了经济效益。第三，企业能够利用网络工具（如电子邮件、公告牌等）直接联系消费者，及时了解用户对产品的需求和意见，从而针对这些要求向顾客提供技术服务，解决难题，提高产品的质量，改善企业的经营管理。

但是同时也要注意到，虽然网络直销能给企业直接面对消费者的机会，但是还应该建立高水准的专门服务于商务活动的网络信息服务中心，使其能吸引消费者前往访问。

2）网络间接销售

网络间接销售是指生产者通过融入了互联网技术后的中间商机构把产品销售给最终用户，一般适合小批量商品和生活资料的销售。传统中间商由于融合了互联网技术，大大提高了中间商的交易效率、专门化程度和**规模经济效益**。基于互联网的新型网络间接营销渠道与传统间接分销渠道有着很大不同，传统间接分销渠道可能有多个中间环节如一级批发商、二级批发商、零售商，而网络间接营销渠道只需要一个中间环节。

知识卡片7-3

规模经济效益（Scale Economies Effect）：或称规模经济效应，是经济学和生产经营管理中的词汇，是指适度的规模所产生的最佳经济效益。在微观经济学理论中它是指由于生产规模扩大而导致的长期平均成本下降的现象。

2. 按渠道功能和应用分类

按照渠道功能和应用，网络营销渠道可分为网络信息渠道和网络交易渠道两大类，如表7-2所示。

在表7-2中，对于网络信息渠道而言，包括发布企业和产品信息，但尚未搭建消费者互动平台的静态企业网站，以及接收顾客询问、E-mail，并允许用户注册，但未实现网上买卖的互动企业网站。对于网络交易渠道而言，包括实现网上销售和购买产品或服务的可交易网站，以及搭建供应商、消费者、内部部门、物流相结合的网络系统，实现商务交易电子化的整合网站。

表7-2 网络信息渠道和网络交易渠道的比较

比较渠道	渠道种类	子类别	说明
网络信息渠道	产品或服务的网络信息渠道	企业信息网站	网站主要介绍本企业的产品和服务、相关业绩、联系方式等(如真维斯服饰网、大宝化妆品网)
		信息中介	为实现网络交易建立的信息发布平台(如打折网、新品快播网)
	网络服务渠道	服务商在线服务	传统服务业的在线实现(如丁丁地图)
	网上中介服务渠道	网上银行	支持网络交易的电子支付和资金划拨
		内容订阅	提供高质量的内容订阅服务
		第三方物流	由第三方建立支持网络交易的物流配送模式
	虚拟社区		网上论坛、博客、社区网站等消费者之间,消费者与企业的交流场所(如篱笆网、开心网、新浪微博)
	广告服务		以网络广告为主要的收入模式(如百度、优酷网)
网络交易渠道	网络直销交易渠道	销售商网上店铺	批发商和零售商不通过其他中间商直接实现营销目标的在线销售模式(如钻石小鸟)
		制造商网上店铺	制造商直接通过互联网出售产品提供服务(如海尔商城)
		在线拍卖	在网上销售产品采取竞价拍卖模式,是传统拍卖的在线运用
		网上网下结合	实体店自建交易网站,实体、虚拟相结合的营销渠道(如华联超市、欧迪芬内衣、海尔商城)
	网络第三方交易平台	行业第三方交易平台	由第三方建立的专业性平台(如女鞋类"美眉拜平台"、运动类"卡路里平台"、偶像商品"快乐盒子平台"、手机类"北斗手机网"等)
		综合第三方交易平台	由第三方建立的网络交易平台实施网络销售的场所(如京东商城)
		传统企业与第三方平台	传统大企业与电子商务平台融合(如天猫商城旗舰店)

7.3.4 网络营销渠道的功能

网络营销渠道的功能是多方面的,网络营销渠道推进了企业的技术革新和产品与服务的演进,成为企业新的传播媒介;帮助消费者实现了网络购买,并不断改变分销渠道和零售模式,带给消费者对产品和服务的极大热情和预期,改变消费者传统的交易习惯。由此可见,网络营销渠道承担着互联网环境下的沟通与分销功能。

1. 网络营销渠道的沟通功能

传统营销管理中,渠道的出现是为了弥合生产厂商和最终用户之间的缺口,所以传统营销渠道的职能主要包括分类、整理、匹配、仓储、运输等。随着营销人员对营销渠道功能认识的变化，营销渠道由原来单纯的"物流"功能向增值服务功能转化，服务功能在现代营销活动中的作用越来越突出。

网络技术的普及和营销观念的发展，使营销渠道充当生产商和最终消费者之间信息搜寻、传递媒介、售后服务的作用日益被人们所认识，这部分功能包括调研、促销、联系、谈判、财务、承担风险等。而随着我国买方市场的出现，顾客在交易市场中的地位逐渐上升，人们越来越多地注意到渠道另一项独立出来的功能，即服务。此时企业通过渠道销售提供的不仅仅是产品，还包括信誉、感情等市场所需的附加功能。

按照这种思路，Daniel 和 Klimis(1999)从以下 5 个角度认识网络营销渠道功能。

(1) 从服务角度：向企业传达消费者的需求，是降低服务费用、提高产品质量和服务速度的工具。

(2) 从交易的角度：提供了通过互联网购买和销售产品、信息的能力，并提供了其他在线服务的可能。

(3) 从合作的角度：搭建了在组织间和组织内部新的合作框架。

(4) 从社区的角度：为社区成员提供了一个学习、分享和交流的集会场所。

(5) 从通信角度：借助电话、网络或任何其他电子媒介进行信息、产品或服务传递以及支付的过程。

2. 网络营销渠道的分销功能

在经济学中，分销的含义是建立销售渠道，即产品通过一定渠道销售给消费者。据著名营销大师菲利普·科特勒的定义，分销渠道是指某种商品或服务从生产者向消费者转移的过程中，取得这种商品或服务的所有权或帮助所有权转移的所有企业和个人。从分销的角度看，一个完善的网上销售渠道应有三大功能：订货功能、结算功能和配送功能。

微型案例 7-3

雅芳的网络营销渠道

作为"全球最有价值的 100 个品牌"之一的跨国公司，雅芳公司于 2000 年年底自主开发了一套基于互联网的经销商管理软件系统，简称 DRM 系统，雅芳称这套系统为"直达配送"。该系统是由雅芳公司帮助雅芳专卖店拓展业务而设计的电子商务系统软件，它利用互联网赋予的强大功能，将企业的顾客、零售商与企业各个部门联系起来，覆盖了公司销售策略、促销、订货、配送、销售、客户服务等整个交易过程，使经销商足不出户，就能实现与企业之间的信息流、资金流和物资流的准确、顺畅的流通和运转。通过 DRM 系统，经销商可以在互联网上查询产品信息，了解最新的市场促销活动。此外，借助 DRM 系统中的支付功能，经销商可以在网上订购产品，并通过银行的网上支付业务实行网上结算。此时，雅芳的供应链体系转变为"工厂生产—区域服务中心—送达经销商"模式。

1) 订货功能

网络分销渠道能够为消费者提供产品信息，用户和消费者通过浏览企业网页上的商品，选中以后可以直接下订单，并进行支付和交货。订货功能的实现通常由购物车完成，购物车的作用与超市中的购物篮相似，消费者选购商品后，将其放入购物车中，系统会自动统计出所购物品的名称、数量和金额，消费者在结算后，生成订单，订单数据进入企业相关数据库，为产品生产、配送提供依据。

2) 结算功能

消费者在购买商品后，可以通过多种方式进行方便地付款，因此企业应该有多种结算方式。目前国外有几种结算方式：信用卡、电子货币、电子支票等；而国内付款结算方式主要有邮局汇款、货到付款、信用卡、电子货币等。电子货币是一种以数字形式流通的货币，它通过一个适合于在互联网上进行的实时的支付系统把现金数字转换成一系列的加密序列数，通过这些序列数来表示现实中各种金额的币值。用户在开展电子货币业务的银行开设账户并在账户内存钱后，就可以在接受电子货币的商店购物了。但是电子货币对软件和硬件的要求都相当高，存在货币之间的兑换问题，以及电子现金丢失的风险。

一些网上银行提供电子钱包等工具。电子钱包是顾客在电子交易中常用的一种支付工具，是在小额购物或购买小商品时普遍使用的，以智能卡为电子现金支付系统。它有多种用途，具有信息存储、安全密码等功能。它彻底改变了传统的"一手交钱一手交货"的购物方式，是一种有效的安全可靠的支付方式。

3) 配送功能

一般来说，产品分为有形产品和无形产品。对于无形产品（如服务、软件及音乐等），可以直接通过网上进行配送。而有形产品的配送，则需要仓储和运输。一些网络企业将配送交给专业的物流公司进行。商品流通的过程包括信息流、商流、资金流和物流四个方面的传递，在网络比较发达的情况下，信息流、商流和资金流可直接通过网络渠道来完成，但是物流即商品的实体运动必须借助传统渠道通过存储和运输来完成。不是每个企业都有实力建立自己的完善的物流配送体系，专业的第三方物流公司就应运而生。因此，网上销售要获得快速、健康的发展，安全、高效的第三方专业物流公司尤显重要，专业配送公司的存在是国外网上商店得以迅速发展的原因所在。

7.3.5 典型案例：百度微购的渠道整合实验

1. 百度微购的渠道整合项目上线

2013 年 4 月 1 日，百度微购项目正式上线百度搜索。用户通过百度搜索相关关键词，百度会在相关网页中呈现部分电商网站的产品信息和图片，用户无须注册即可凭借验证手机号直接通过搜索页面进行购买。

从页面显示信息看来，目前百度的商品来源主要为京东商城和 1 号店，涉及的品类包括家用电器、手机数码、食品饮料、化妆品等，目前仅支持货到付款。

值得注意的是，早在 2013 年 1 月份百度就将百度微购作为一款 Web 应用测试上线，而当时主要的产品提供商是 1 号店。3 个月之后，百度微购已经作为搜索结果呈现，不过，百度此次上线的微购项目不仅仅涉及了流量的导入，还包含了对于下游渠道的整合，对于电商企业来说，一种联合与博弈的心态纠结在此体现得淋漓尽致。

2. 影响用户决策的商业联合

百度微购的发展路径：从初阶的流量截取和比价返利，到中阶的用户评价内容创造分享获利增加黏度,再到高阶的用户购买决策影响,最终对电商产生价值。影响用户决策,改变用户习惯成为百度微购项目看上去颇为理想的目标。事实上,"快速购买,无须注册"也是百度微购重点强调的一个优势。在百度微购的品牌推广中,微购项目被如是宣传:"无须注册,100%正品,全场货到付款,省去传统购物过程中注册、支付等烦琐流程,尽享购物便捷!"

在电商激烈的竞争环境下,几乎所有的商家培育起来的用户习惯都是用户需要注册之后才能购买。尽管所有的商家都尽量缩减用户从下单到购买的中间环节,但注册依然是一个必不可少的环节。商家需要用户资源,这会是其最核心的数据之一。但百度希望改变这一切,百度希望依托在产业链上强大的流量控制力整合商家。

据了解,除1号店和京东商城以外,在百度微购上线的商家还有当当网、苏宁易购、顺丰优选、走秀网等,而且这些资源是免费的。除了从百度搜索页面中免费提供一块区域用以展示商品以外,百度还将通过hao123.com等来宣传和推动百度微购项目的影响力。

(资料来源:classroom.eguan.cn,2013-04-08)

3. 案例评析

百度微购的渠道整合提供了一个免费的渠道,可以形成一个由强大参与者形成的可以改变用户习惯的联盟。对于百度来说,从关键词页面截取一块页面免费给商家用以展示商家产品虽然目前会损失一定收益,但从长远来看却意义深远;而对商家而言,能够免费拓展渠道和引入流量自然是好事。但是,这个联合参与者的合作建立在主导者(百度)的价值让渡和参与者对于未来获利的期望基础之上,如果一旦合作基础出现变动,那么整个联合就变得十分脆弱。一方面,电商企业在尽量将流量去中心化,远离百度;另一方面,电商企业又希望能够尽可能地利用百度的流量导入。电商企业对于百度作为强势流量渠道的这种双面态度,直接影响着百度微购的发展。不过,对于百度来说,微购项目让电商企业以一种参与者心态合作,在百度商业价值开发方面是有意义的。

7.4 网络促销策略

随着网络经济的快速发展,企业的市场竞争已从传统的竞争模式走向了网络竞争模式。现代企业竞争的最终目标是获得更多的顾客,使企业产品获得更好的销路。因此,企业除了要重视生产适销对路的产品和制定具有诱惑力的价格等传统营销要素外,还要重视产品的网络促销,设计并传播产品外观、特色、购买条件,以及产品将给目标顾客带来的利益等信息。

7.4.1 网络促销的概念

1. 网络促销的含义

促销是营销者向消费者传递有关企业及产品的各种信息,说服或吸引消费者购买其产品,以扩大销售量的一种沟通活动。网络促销是指利用计算机及网络技术向虚拟市场传递有关商品和服务的信息,以引发消费者需求,唤起其购买欲望和促成购买行为的各种活动。网络促销已成为现代企业提高竞争力、树立良好形象的重要工具。

与传统促销一样,网络促销的核心问题也是如何吸引消费者,为其提供具有价值诱因的商品信息。最常见的网络促销形式,是将公司的名称列入门户网站(如雅虎、搜狐、新浪等著名门户网站)的探索引擎中,尽可能让客户容易查询到公司的资料,使其能快速获得所需商品的信息。此外,发布网上广告也是目前最普遍的商业应用,如网页上常见的擎天柱广告、通栏广告、横幅广告、流媒体按钮广告、全屏广告等;与其他网站建立友情链接方便互访,也同样是网络促销的一个重要方面。

2. 网络促销的特点

网络促销突出表现为以下三个明显的特点。

第一,网络促销通过网络技术传递商品和服务的存在、性能、功效及特征等信息。它建立在现代计算机与通信技术基础之上,并且随着计算机和网络技术的不断改进而改进。因此,网络促销不仅需要营销者熟悉传统的营销技巧,而且需要相应的计算机和网络技术知识,包括相关软件的操作和硬件的使用。

第二,网络促销是在基于互联网和移动网络的虚拟市场上进行的,不受时间和地域的限制。互联网是连接世界各国的大网络,它在虚拟的网络社会中聚集了广泛的人口,融合了多种文化。所以,从事网上促销的人员需要跳出实体市场的局限性,采用虚拟市场的思维方法。

第三,网络促销面临的是全球统一的国际市场。网络虚拟市场将所有的企业,不论是大中企业还是小微企业,都推向了一个世界统一的市场。传统区域性市场的小圈子正在被一步步打破,全球性的竞争迫使每个企业都必须学会在全球统一的大市场上做生意。

3. 网络促销与传统促销的区别

虽然传统促销和网络促销都能引导消费者认识商品,引起消费者的注意和兴趣,激发其购买欲望,并最终实现购买行为,但由于互联网强大的通信能力和覆盖范围,网络促销在时间和空间观念上、在信息传播模式及顾客参与程度上都与传统的促销活动有了较大的变化。

(1) 时空观念的变化。目前社会正处于两种不同的时空观交替作用时期。在这个时期内,人们将要受到两种不同的时空观念的影响。也就是说,人们生活和生产是建立在工业化社会顺序、精确的物理时空观的基础上的,而反映现代生活和生产(包括生产、经营、营销、管理等)的信息需求又是建立在网络化社会柔性可变、没有物理距离的时空环境之上的。以商品流通为例,传统的商品销售和消费者群体都有一个地理半径的限制,网络促销则突破了这个半径成为全球范围的竞争;传统的产品订货都有一个时间的限制,而在网络上订货和购买可以在任何时间、任何地点进行。这就是现代所谓的电子时空观(Cyber Space)。时间和空间观念的变化要求网络营销者调整自己的促销策略和实施方案。

(2) 信息沟通方式的变化。促销的基础是买卖双方信息的沟通,在网络上双向、快捷、互不见面的信息传播模式,将买卖双方的意愿表达得淋漓尽致,也留给对方充分思考的时间。在这种环境下,传统的促销方法显得软弱无力,网络营销者需要掌握一系列新的促销方法和手段,撮合买卖双方的交易。

（3）消费群体和消费行为的变化。在网络环境下，消费者的概念和客户的消费行为都发生了很大的变化。网络消费群体具有不同于传统消费大众的消费需求，普遍实行大范围的选择和理性的购买，直接参与生产和商业流通的循环。这些变化对传统的促销理论和模式产生了重要的影响。

（4）网络促销与传统促销手段相互补充。网络促销虽然与传统促销在促销观念和手段上有较大差别，但由于它们推销商品的最终目的是相同的，因此，整个促销过程的设计具有很多相似之处。所以，对于网络促销理解，一方面应当站在全新的角度去认识这一新型的促销方式，理解这种依赖现代网络技术、与顾客不见面、完全通过 E-mail、即时通信工具、交流思想和意愿的商品推销形式；另一方面则应当通过与传统促销的比较去体会两者之间的差别，吸收传统促销方式的整体设计思想和行之有效的促销技巧，使网络促销与传统促销互为补充、相得益彰。

7.4.2 网络促销的常用策略

传统的促销方式主要有广告、销售促进、人员推销和利用公共关系宣传推广等方式，具有传递信息、提供情报、诱导需求、指导消费、扩大与稳定销售等功能。网络环境下，促销的手段和策略更为丰富。

现阶段网络促销通常采用的策略包括网络公共关系促销、网上销售促进、网上折价促销、网上赠品促销、网上抽奖促销、积分促销、网络广告促销、网站推广、发行虚拟货币促销等（有关网络广告促销详细内容请参见本书 3.4 节，有关网站推广详细内容请参见本书 3.1.4 节）。

1. 网上销售促进

网上销售促进是指企业运用各种短期诱因，在网上市场利用销售促进工具刺激顾客对产品或服务的购买和消费使用的促销活动。网上销售促进在刺激产品销售的同时，还可以与顾客建立互动关系，了解顾客的需求和对产品的评价。网上销售促进主要是用来进行短期性的刺激销售，一般主要有以下几种形式：

（1）网上有奖促销。在进行有奖促销时，提供的奖品要能吸引促销目标市场的注意；同时，要善于利用互联网的交互功能，充分掌握参与促销活动群体的特征和消费习惯，以及其对产品的评价。

（2）网上拍卖促销。网上拍卖市场是新兴的市场，由于快捷方便，能吸引大量用户参与网上拍卖活动。拍卖促销就是将产品不限制价格在网上拍卖，如 Compaq 公司与网易合作，通过网上拍卖电脑，获得很好的销售促进效果。

（3）网上免费促销。所谓免费促销，就是通过为访问者无偿提供其感兴趣的各类资源和服务，吸引访问者访问企业网站或网店，提高站点流量并从中获取收益。目前利用提供免费资源获取收益比较成功的站点很多，如提供搜索引擎服务的雅虎和搜狐等。

利用免费资源促销要注意的问题：首先要考虑提供免费资源的目的是什么。例如，有的是为形成媒体作用，有的是为扩大访问量形成品牌效应。其次要考虑提供什么样的免费资源。目前网上免费资源非常丰富，只有提供有特色的服务才可能成功，否则成为追随者，则永远不可能吸引访问者。最后要考虑收益是什么。免费促销的收益可能是通过增加访问量而从广告主获取直接收益，或者是扩大品牌知名度等间接收益。

2. 网络公共关系促销

公共关系是一种重要的促销工具，它通过与企业利益相关者（包括供应商、顾客、雇员、股东、社会团体等）建立良好的合作关系，为企业的经营管理营造良好的环境。网络公共关系促销是企业借助互联网作为媒体和沟通渠道，为改善与社会公众的关系，促进公众对企业的认识、理解及支持，达到树立良好企业形象、实现企业与公众的共同利益与目标的促销活动。网络公共关系既要收集信息、传递信息，还要反馈信息，是一种双向的交流，其作为营销沟通的手段，在提升企业形象、赢得顾客信任，为企业发展创造良好的外部环境方面发挥着越来越重要的作用。

网络公共关系与传统公共关系功能类似，但由于网络的开放性和互动性特征，使得网络公共关系又具有一些新的特点：一是主体主动性增强；二是客体参与性增强；三是能进行一对一的公关活动；四是效能提高。传统公共关系是"一对多"的双向沟通模式，由于媒介的限制，传播的效能大大降低。网络公共关系可以利用网络的及时互动性，进行"一对一"的个体沟通，其传播目标更具体，传播内容更深入，效果明显提高。

3. 网上折价促销

折价亦称打折、折扣，是目前网上最常用的一种促销方式。由于网上销售商品不能给人全面、直观的印象，也不可试用、触摸等原因，再加上配送成本和付款方式的复杂性，影响人们网上购物和订货的积极性，而幅度较大的折扣则可以促使消费者进行网上购物的尝试并做出购买决定。

目前大部分网上销售商品都有不同程度的价格折扣。打折券是直接价格打折的一种变化形式，有些商品因在网上直接销售有一定的困难性，便结合传统营销方式，可从网上下载、打印折价券或直接填写优惠表单，到指定地点购买商品时可享受一定优惠。

4. 网上赠品促销

赠品促销目前在网上的应用也很常见，一般在新产品推出试用、产品更新、对抗竞争品牌、开辟新市场情况下，利用赠品促销可以达到比较好的促销效果。大部分网上销售商都会在特定的时期附赠品。

赠品促销的优点：①可以提升品牌和网站的知名度；②鼓励人们经常访问网站以获得更多的优惠信息；③能根据消费者索取赠品的热情程度而总结分析营销效果和产品本身的反应情况等。

赠品促销应注意赠品的选择：①不要选择次品、劣质品作为赠品，这样只会起到适得其反的作用；②明确促销目的，选择适当的能够吸引消费者的产品或服务；③注意时间和时机，注意赠品的时间性，如冬季不能赠送只在夏季才能用的物品，另外在紧急情况下也可考虑不计成本的赠品活动以挽回企业公关危机；④注意预算和市场需求，赠品要在能接受的预算内，不可过度赠送赠品而造成营销困境。

5. 网上抽奖促销

抽奖促销是网上应用较广泛的促销形式之一，是大部分网站乐意采用的促销方式。抽奖促销是以一个人或数人获得超出参加活动成本的奖品为手段进行商品或服务的促销，网上抽奖活动主要附加在调查、产品销售、扩大用户群、庆典、推广某项活动等中。消费者或访问者通过填写问卷、注册、购买产品或参加网上活动等方式获得抽奖机会。

网上抽奖促销活动应注意以下几点：①奖品要有诱惑力，可考虑大额超值的产品吸引人们参加；②活动参加方式要简单化、有趣味性和容易参加，太过复杂和难度太大的活动较难吸引匆匆的访客；③保证抽奖结果的真实性、公正性、公平性，由于网络的虚拟性和参加者的广泛地域性，对抽奖结果应请公证人员进行全程公证，并及时通过 E-mail、公告等形式向参加者通告活动进度和结果。

6. 积分促销

积分促销在网络上的应用比起传统营销方式要简单和易操作。网上积分活动很容易通过编程和数据库等来实现，并且结果可信度很高，操作起来相对较为简便。积分促销一般设置价值较高的奖品，消费者通过多次购买或多次参加某项活动来增加积分以获得奖品。积分促销可以增加上网者访问网站和参加某项活动的次数，可以增加上网者对网站的忠诚度，可以提高活动的知名度等。

一些电子商务网站发行的"虚拟货币"是积分促销的另一种体现。这类网站通常通过举办活动来使会员"挣钱"，同时可用仅能在网站使用的"虚拟货币"来购买本站的商品，实际上是给会员购买者相应的优惠。

7. 网上变相折价促销

变相折价促销是指在不提高或稍微增加价格的前提下，提高产品的数量及服务品质，较大幅度地增加产品或服务的附加值，让消费者感到物有所值。由于网上直接价格折扣容易造成商品降低了品质的嫌疑，利用增加商品附加值的促销方法则更容易获得消费者的信任。

8. 网上联合促销

由不同商家联合进行的促销活动称为联合促销，联合促销的产品或服务可以起到一定的优势互补、互相提升自身价值等效应。如果应用得当，联合促销可起到相当好的促销效果，如网络公司可以和传统商家联合，以提供在网络上无法实现的服务。

7.4.3 网络促销策略的实施

对于任何企业来说，如何实施网络促销都是网络促销人员必然面对的挑战。营销人员首先必须深入了解商品信息在网络上传播的特点，分析网络信息的接收对象，设定合理的网络促销目标，然后通过科学的实施程序，打开网络促销的新局面。

根据国内外网络促销的大量实践，网络促销的实施流程可以按以下五个步骤进行。

1) 确定网络促销对象

网络促销对象是针对可能在网络虚拟市场上产生购买行为的消费者群体提出来的。随着网络的迅速普及，这一群体也在不断膨胀。目前网络消费群体主要包括产品的使用者、产品购买的决策者、产品购买的影响者三部分人员。

（1）产品的使用者，指实际使用或消费产品的人。实际的需求构成了这些顾客购买的直接动因。抓住了这一部分消费者，网络销售就有了稳定的市场。

（2）产品购买的决策者，指实际决定购买产品的人。在许多情况下，产品的使用者和购买决策者是一致的，特别是在虚拟市场上更是如此。因为大部分上网人员都有独立的决策能力，也有一定的经济收入。但在另外一些情况下，产品的购买决策者和使用者则是分离的。例如，中小学生在网络光盘市场上看到富有挑战性的游戏，非常希望购买，但购买决策往往需要学生的父母做出。婴儿用品更为特殊，产品的使用者是婴儿，但购买的决策者却是婴儿的母亲或其他有关的成年人。所以，网络促销同样应当把购买决策者放在重要的位置上。

（3）产品购买的影响者，指看法或建议上对最终购买决策可以产生一定影响的人。在低价、易耗日用品的购买决策中，产品购买影响者的影响力较小，但在高价耐用消费品的购买决策上，产品影响者的影响力较大。这是因为对高价耐用品的购买，购买者往往比较谨慎，希望广泛征求意见后再做决定。

2）设计网络促销内容

网络促销的最终目标是希望引起购买，这个最终目标需要通过设计具体的促销信息内容来实现。消费者的购买过程是一个复杂的、多阶段的过程，促销内容应当根据购买者目前所处的购买决策过程的不同阶段和产品所处的经济寿命周期的不同阶段特点来决定。一般来说，一项产品完成试制定型后，从投入市场到退出市场大体上要经历四个阶段：投入期、成长期、成熟期和衰退期。

（1）在新产品刚刚投入市场的开始阶段，消费者对该种产品还非常生疏，促销活动的内容应侧重于宣传产品的特点，引起消费者的注意。

（2）当产品在市场上已有了一定的影响力，促销活动的内容则需要偏重于唤起消费者的购买欲望，同时还需要创造品牌的知名度。

（3）当产品进入成熟阶段后，市场竞争变得十分激烈，促销活动的内容除了针对产品本身的宣传外，还需要对企业形象做大量的宣传工作，树立消费者对企业产品的信心。

（4）在产品的衰退阶段，促销活动的重点在于密切与消费者之间的感情沟通，通过各种让利促销，延长产品的生命周期。

3）决定网络促销组合方式

促销组合是一个非常复杂的问题。网络促销活动一般主要通过网络广告促销和网络站点促销两种促销方法展开，但由于企业的产品种类及销售对象不同，促销方法与产品种类和销售对象之间会产生多种组合方式。企业应当根据网络广告促销和站点促销两种方法的特点，同时考虑自身产品的市场和顾客情况合理组合，以达到最佳促销效果。

通常，网络广告促销主要实施"推战略"，其主要功能是将企业的产品推向市场，获得广大消费者的认可。一般来说，日用消费品，诸如化妆品、食品饮料、医药制品、家用电器等，网络广告促销的效果比较好。网络站点促销则主要实施"拉战略"，其主要功能是将顾客吸引过来，保持稳定的市场份额。通常，大型机械产品、专用品等采用站点促销的方法比较有效。

在产品的成长期，宜侧重于网络广告促销，重点宣传产品的新性能、新特点；在产品的成熟期，则应加强自身站点的建设，树立企业形象，巩固已有市场。企业应当根据自身网络促销的能力，确定两种或多种网络促销方法配合使用的比例。

4）制定网络促销预算方案

网络促销实施过程中，使企业感到最困难的是预算方案的制定。所有的价格、条件都需要在实践中不断比较和体会，并不断地总结经验，才可能用有限的精力和有限的资金收到尽可能好的效果，做到事半功倍。

（1）必须明确网上促销方法，选择合适的信息服务商。选择不同的信息服务商做宣传，支付的费用可能悬殊极大。这类似于选择不同的电视台上做广告，在中央电视台上做广告的价格远远高于在地方电视台上做广告的价格。企业通过自建站点进行促销宣传价格最低，但宣传的覆盖面可能最小。所以，企业应当明确网上的促销方法和组合方式，认真比较投放站点的服务质量和服务价格，从中筛选适合于本企业的、质量与价格匹配的信息服务商。

（2）需要确定网络促销的目标和投放内容。企业网络促销的目标通常是树立企业形象、宣传产品、宣传售后服务等。围绕这些目标再来策划投放的内容，包括文案的数量、图形的多少、色彩的复杂程度；投放时间的长短、频率和密度；广告宣传的位置、内容更换的时间间隔以及效果检测的方法等。这些细节确定好了，对整体的投资数额就有了预算的依据，与信息服务商谈判就有了一定的把握。

（3）需要明确促销信息的受众。因为在服务对象上，促销所针对的不同群体、不同阶层，以及宣传范围是国外或国内，各个站点有较大的差别。有的站点侧重于中青年，有的站点侧重于学术界，有的站点侧重于商品消费者。一般来讲，侧重于学术交流的站点的服务费用较低，专门从事商品推销的站点的服务费用较高，而某些综合性的网络站点费用最高。在宣传范围上，单纯使用中文促销的费用较低，使用中英文促销则费用较高。企业促销人员应当熟知自身产品的销售对象和销售范围，合理进行促销费用估算。

5）衡量网络促销效果

网络促销方案实施过程中，必须对已经执行的促销内容进行评价，衡量促销的实际效果是否达到了预期的促销目标，网络促销效果评价的具体方法请参见本书7.4.4节。

7.4.4 网络促销效果的评价

随着网络促销的广泛开展，要求对网络促销效果能进行科学、合理的评价。现代企业如何从传统的、定性的、单个的促销手段的评价转到现代的、定量的、整合的促销手段评价上来，对企业网络促销的健康发展至关重要。

1. 网络促销效果评价的基本思想

网络促销效果评价需要以客观事实或数据为基本依据，同时借助科学的方法和相应的分析经验，从结果和过程两个方面进行，既要分析企业网络促销的直接效果，又要评价企业网络促销过程的有效性。促销效果的评价具体应把握以下三点。

（1）网络促销效果评价要充分利用促销活动的统计数据。这些数据包括主页访问人次、点击次数、千人广告成本等，可利用网络软件对其进行统计分析。因为网络宣传不像报纸或电视等传统媒体难以确认实际阅读和观看的人数，在网上利用网络统计软件可以很容易地统计出站点的访问人数、广告的阅览人数,甚至可以告知访问者是第几位访问者。利用这些统计数字,网上促销人员可以了解自身的优势与弱点,以及与其他促销者的差距。

(2) 网络促销效果评价要建立在对实际效果全面调查的基础上。通过调查市场占有率的变化情况、产品销售量的增加情况、利润的变化情况、促销成本的降低情况,判断促销决策是否正确。同时,还应注意促销对象、促销内容、促销组合等方面与促销目标的因果关系的分析,从而对整个促销工作做出正确的判断。

(3) 网络促销效果的定量分析需要建立相应的评价指标体系和评价模型。

2. 影响网络促销绩效的因素

网络促销是企业以网络为媒介对网络广告、网站推广、销售促进和公共关系等各种网络促销方式进行的适当选择和综合编配,从而实现整体营销效果的企业营销活动。因此,影响网络促销绩效的因素可从网络广告、网站推广、销售促进、网络公共关系4个方面的成本和影响力因素去考虑。

(1) 网络广告的影响。网络广告是广告主以付费方式运用网络媒体劝说公众的一种信息传播活动,影响其效果的因素分为两类:广告成本和广告影响力。前者包括广告设计成本占销售额比重等;后者包括网络广告浏览率、点击率、回馈率、购买率等。

(2) 网站推广的影响。网站推广是指利用各种传媒让目标公众获知企业站点的活动,影响其效果的因素分为两类:推广成本和推广影响力。前者包括站点推广策划费用占销售额比重;后者包括站点链接规模、直接站点点击率、直接站点购买率等。

(3) 销售促进的影响。销售促进是指企业运用各种短期诱因,鼓励购买或销售企业产品或服务的促销活动。影响其效果的指标分为两类:销售促进成本和销售促进影响力。前者指销售促进服务成本占销售额比重;后者主要指销售促进购买量增长率。

(4) 公共关系的影响。公共关系是指企业为改善与社会公众的关系,促进公众对企业的认识、理解及支持,树立良好组织形象,实现组织与公众的共同利益与目标而进行的促销活动。影响其效果的因素也分为两类:公共关系成本和公共关系影响力。前者主要指公共关系成本占销售额比重;后者主要指公众反映指数。

综上所述,网络促销绩效的影响因素可归纳如图7-4所示。

3. 网络促销绩效评价的方法

绩效评价方法是指绩效评价时所采用的具体手段,它包括数据的处理方法、指标的合成方法、结果的分析方法、结果的比较方法等。没有科学的分析评价方法对数据的处理,就得不出正确的结论,分析模型、指标体系和实际的数据也就没有意义。因此,科学合理的评价方法是取得公正评价结果的重要保障。

1) 建立网络促销绩效评价指标体系

网络促销效果的定量评价需要有一个科学合理的指标体系为依据,可以根据上述影响因素构建一个绩效评价指标体系。构建网络促销绩效评价指标体系应该遵循以下原则。

(1) 目的性原则。构建的评价指标体系要以能客观、准确地反映促销的综合效果,为企业提供可用的决策信息为目的。

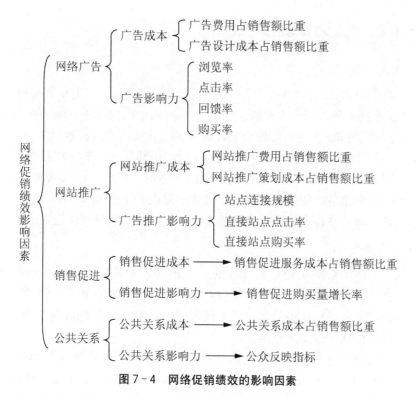

图 7-4 网络促销绩效的影响因素

(2) 科学性原则。构建的指标体系应能准确地反映实际情况,以利于通过指标的核算与综合评价,找出与竞争对手的差距,成为自我诊断、自我完善的有力工具。

(3) 全面性原则。构建的指标体系应能够多角度、多层次反映企业网络促销的效果,不但要有进行纵向比较的指标,也要有进行横向比较的指标。

(4) 实用性原则。评价指标要有明确含义,指标的核算应以现有统计数据为基础,且指标设计要突出重点,尽量简化,从而使指标体系在实际中易于操作。

2) 构建网络促销绩效评价参考模型

网络促销绩效评价模型的构建过程,实质上是指出从哪些方面和角度来衡量绩效,并建立不同衡量方面和角度之间的关系,运用数理统计、运筹学等方法建模。例如,可以把企业网络促销的绩效看作一个函数,自变量为影响其效果的主要因素,即企业网络促销的绩效=f(网络广告、网站推广、销售促进、公共关系);然后确定各影响因素的相关权重和贡献值。

3) 网络促销绩效的综合分析与评价报告

通过绩效数据,利用评价模型和相关方法进行计算、加工和处理,在一定的评价标准下经过综合分析得出关于网络促销绩效的判断和结论,并形成绩效评价报告。网络促销绩效评价报告是网络促销绩效评价工作的结论性文件,可作为网络促销优化改善的参考依据。

7.4.5 典型案例：华为3G星球的悬念促销

1. 营销背景

华为技术有限公司(简称"华为")是一家通信设备供应商。在近年兴起的3G大潮中，华为在全球3G上网卡的市场占有率高达55%；在国内采购招标中，华为占据中国电信超过50%、联通44%的3G上网卡市场份额，成为名副其实的"双料冠军"。

华为虽在3G终端B2B市场取得了极大的成功，但却是3G终端B2C市场的新兵。在2009年电信日之前，中国移动、中国电信、中国联通的广告已经铺天盖地，3G的传播充斥在广告市场的每个角落。华为希望借助本轮推广完成B2B品牌到B2C品牌的初期转化，初步建立消费者品牌，并逐渐成为一个消费者熟悉、信赖、购物时会优先选择的品牌。

2. 促销策略与实施

如何让低调的华为崭露头角是其面临的一大挑战，尤其在投入费用远不及各大运营商、产品的特点不被人熟知的情况下，华为需要用一种非常规的方式，即"没有广告商的广告"让其在这样纷乱的环境中凸显出来不被淹没，让消费者深刻理解华为3G上网卡产品，增强华为品牌的认知度及美誉度。

首先，华为提出"+华为3G就在你身边"的概念，以展示华为与3G的巨大联系，拉近与消费者的距离。华为抛开传统"狂轰滥炸"的曝光模式，采用悬念示众，设计了一场"没有广告商的广告"——只展示给用户一串神秘的计数器，数字随着时间的流逝不断增加，引发无限猜想。而强调的数字也是核心策略的另一重要组成部分，华为在全球终端市场占据约40%的市场份额，但国内的消费者却几乎不了解，悬念阶段的庞大数字给了消费者强大的视觉冲击力和深刻的印象，具象的数字也让更多的人意识到华为的实力所在。

从2009年4月13日开始，神秘计数器同时在新浪、网易等知名网站的显著位置出现，点击进入的后台页面(www.3gplanet.net)为世界各地的3G应用场景，没有任何广告商信息的流露，只有一句"世界就在你身边，4月16日，敬请期待……"，可谓吊足了胃口。在国内网络广告市场中，在各大主流网站首页如此大规模地同时出现无品牌Logo的广告还是头一次，众多网民及业内人士果真按捺不住内心的好奇，通过代码追踪、3G行业分析或利用自己的人脉四处打听这到底是谁家的广告。

4月16日，之前的悬念在同一时刻揭晓，数字定格在150000000，并告诉电脑前的受众："此刻，全球约有15000000人正在通过华为感触3G"。同时，之前的活动网站出现了名副其实的3G星球，主要呈现全球各地使用华为3G上网的情景，并为第三阶段"中国3G体验行动"做预热和铺垫。

"中国3G体验行动"也获得网民热情拥抱。3G星球将虚无缥缈的3G从空中拉回地面，让用户亲身感受到3G也可以"看得见，摸得着"。这是国内首次大规模的3G体验行动——让中国广大消费者第一次有机会如此近距离地体验3G，在线视频互动的营销方式也属国内首次，在网络营销方面具有划时代的历史意义。

活动每周邀请5位网络名人抢先体验华为3G，用笔记本电脑和华为3G上网卡畅游自由的3G生活。互动期间体验者可以通过活动平台利用3G功能和网民保持实时互动，例如视频直播、视频对话等,让消费者真切地感受到此次华为的传播口号"+华为3G就在你身边"。

视频直播作为活动的一大亮点,在媒介推广上也做了突破和创新。每天选取一位体验者进行两个小时的视频直播。由于直播预告及时到位,加上前期悬念营销的成功铺垫,直播页面多次接近瘫痪,许多网友反映抢不到麦,造成了一定范围内的轰动效应。

同时,活动还邀请了20位行业名人撰写与3G相关的文章,同步在他们各自的博客发表,并实现连通,以名博的力量带动华为3G向更广的范围传播。在广泛传播的另一重要渠道——内容营销上,华为通过在各大网站论坛发帖制造话题,引发用户讨论和关注。

3. 营销效果

三天的悬念广告共获得接近130万次点击,点击成本不到1元,华为的第一次亮相不仅赚足了曝光和点击,还收获了不错的口碑。活动期间,6篇帖子共在207个网站出现,总点击超过20万次,网友回复近8000条。而此次3G星球概念也引发了业界的大讨论,谷歌关于"3G星球"的搜索结果超过35万条。网站互动环节不仅利用视频直播吸引网友的广泛参与,让其了解并关注华为的3G产品;同时也通过与各大博主的强强联手,在舆论上制造出最响亮的声音。

(资料来源:tech.qq.com/a/20091030/)

4. 案例评析

通常,广告主总担心花了重金的广告会在纷繁的互联网环境中被埋没,于是要求Logo够大够醒目,本案例中华为公司大胆尝试使用大规模无Logo的悬念广告却获得了极大的关注,也得到各大媒体的强力支持。虽然人们对这种反传统的做法评价不一,但这样的争论实际上更大地刺激了业界对华为的关注,正好收到其促销推广的效果。

本案例充分利用互联网的互动性,采用3G真人体验留给了消费者大量的空间和想象力去交流。消费者们为好奇心所驱使,纷纷探讨无Logo广告是谁投的?"3G星球"要干什么?进而借助3G和体验者视频聊天、问答等,华为的广告,真正把消费者调动起来,让消费者行为成为传播的一部分,甚至是主题。这样的互动远比在创意上吸引网民动动鼠标、点击广告或者参与游戏来得更有价值。

企业在创新广告的做法时,应注意与企业的一贯作风保持一致,才不至于损害企业已有的形象。本案例中从广告的做法而言,与之前的移动3G促销活动区别很多,却极符合华为的低调作风。虽然这种做法——大笔的广告费投出去却不出现一丝企业信息,对于企业而言有足够的风险,但后来收到的良好促销效果却告诉人们一个道理,也正是互动营销的魅力所在:吸引消费者不仅是靠企业的单向推广宣传和让利优惠策略,更需要采用一些富有创意的创新形式真正打动消费者。而4G时代,华为将增大数字营销的投入力度,凭借4G端到端优势,抓住历史机遇,全面布局。

本 章 小 结

4P策略是经典的营销策略,在网络环境下应用也具有十分明显的特点。本章分别介绍了网络产品策略的概念、特点,网络营销产品的类型和网络新产品的开发策略;网络营销价格的特点，网络营销的定价目标、方法和策略；网络营销渠道的定义、特点、类型和功能；网络促销的概念、常用策略、实施流程以及效果评价思想与方法。

需要强调的是，首先，4P 策略中的四种因素是企业可以调节、控制和运用的，企业可以根据目标市场情况，自主决定生产什么产品，制定什么价格，选择什么销售渠道，采用什么样的促销方式。其次，这些因素都不是固定不变的，而是不断变化的。企业受到内部条件、外部环境变化的影响，必须能动地做出相应的反应。最后，这四种因素是一个整体，它们不是简单的相加或拼凑集合，而应在统一目标指导下，彼此配合、相互补充，能够取得大于局部功能之和的整体效应。

复习思考题

（1）企业网络营销如何避免走入价格战的误区？中小企业如何有效地实施网络品牌营销策略？试结合企业实例进行分析并分小组展开讨论。

（2）网络营销定价的一般目标是什么？有哪些常见的定价方法和策略？

（3）为什么亚马逊公司的差别定价实验会失败？从中我们可以得到什么启示？

（4）网络营销渠道有哪些功能？你认为百度微购的渠道整合实验前景如何？在小组研讨会上陈述你的观点并说明理由。

（5）网络促销与传统促销有什么区别？本章案例"华为 3G 星球的悬念促销"给予我们哪些有益的启示？

案例研讨

【案例资料】 2011 年"双十一"活动促销京东商城并没有出专门的合作方案，而是由市场部人员约谈相关商家确定不同的方案，想参加活动的商家需要完成的义务包括：如果是百货类商品，要求提供五折以下的商品，电子产品则要求专门提供特价机。能享受的权利包括：流量支持和口头承诺的保底销售额。为了防止 11 月 11 日当天订单高峰出现的物流拥堵，京东商城将促销时间进行了延长，从 11 月 1 日至 11 月 11 日，用户均可以享受促销。由京东商城提供的数据显示，光棍节促销期间，京东商城日订单量超过了 40 万单，同比增长超过 290%。

针对上网人群都有"昼伏夜出"的习惯，京东商城专门打造了一个品牌栏目叫作"夜黑风高"，意思是：在每天的晚上七点到第二天的早上七点钟，京东会在每天的促销活动之外再给消费者打包出一个特色促销节目，这一时段会有很多超低价的商品展现在消费者面前，这是一个为年轻人量身定制的特色专区。此外，当消费者在京东购买商品时，京东通常会按商品标价直接给消费者一定数量的折扣，若顾客购买某一特定商品，则可能免费获得京东相应的赠品。

（资料来源：http：//abc.wm23.com，编者有删改）

认真阅读上述案例材料，思考以下问题，并分小组展开讨论：

（1）案例中京东商城运用了哪些网络营销策略？这些营销策略有什么特点？

（2）网上商城应该如何有效地运用网络营销策略？从案例中可以得到哪些启示？

扩展阅读

[1] 华经. 科特勒营销思想精粹[M]. 北京：经济管理出版社，2012.

[2] 丁兴良. 做大单Ⅱ：大客户实战 4P 销售 42 招[M]. 广州：广东经济出版社，2011.

[3] 涂铭，等. 网络交易促销方式吸引力及其影响研究[J]. 工业工程与管理，2012，(12).

[4] 谭文曦，金雪聪. 大学生消费群体对不同促销方式的偏好研究[J]. 市场周刊(理论研究)，2013，(6).

第 8 章 新型网络营销策略

教学目标

- 理解网络营销 4C 策略的核心理念,熟悉网络消费者的行为特点,了解网络消费者购物成本、卖方成本,了解网络营销 4C 与 4P 策略的融合应用;
- 理解网络营销 4R、4S 策略的含义和特点,了解其实际应用方法。

教学要求

知识要点	能力要求	相关知识
网络营销 4C 策略	(1) 对网络营销 4C 策略核心理念的理解能力; (2) 对网络营销 4C 策略的运用能力	(1) 网络营销 4C 策略的核心理念; (2) 网络营销消费者策略、成本策略、便利策略、沟通策略的含义;网络消费者的行为特点;网络消费者购物成本、卖方成本; (3) 网络营销 4C 与 4P 策略的融合
网络营销 4R 策略	(1) 对 4R 营销理念的理解能力; (2) 对网络营销 4R 策略的运用能力	(1) 网络营销 4R 策略的含义、特点; (2) 网络营销 4R 策略与 4P、4C 策略的比较
网络营销 4S 策略	对 4S 营销策略的理解与运用能力	(1) 网络营销 4S 策略的含义、特点; (2) 网络营销 4S 策略与 4P、4C 策略的比较

第8章　新型网络营销策略

基本概念

网络营销4C策略　消费者策略　成本策略　便利策略　沟通策略　4R营销策略　4S营销策略

导入案例

海尔从"无所不洗"的洗衣机到网上定制冰箱

1996年，一位四川成都的农民投诉海尔洗衣机排水管老是被堵，服务人员上门维修时发现，这位农民用洗衣机洗地瓜（南方又称红薯），泥土大，当然容易堵塞。服务人员帮顾客加粗了排水管，顾客感激之余，埋怨自己给海尔人添了麻烦，还说如果能有洗红薯的洗衣机就好了。农民兄弟的这句话，被海尔人记在了心上。海尔营销人员调查四川农民使用洗衣机的状况时发现，在盛产红薯的成都平原，每当红薯大丰收的时节，许多农民除了卖掉一部分新鲜红薯，还要将大量的红薯洗净后加工成薯条。但红薯上沾带的泥土洗起来费时、费力，于是农民就动用了洗衣机。更深一步的调查发现，在四川农村有不少洗衣机用过一段时间后，电机转速减弱、电机壳体发烫。向农民一打听，才知道他们冬天用洗衣机洗红薯，夏天用它来洗衣服。这令海尔人萌生一个大胆的想法：发明一种洗红薯的洗衣机。1997年海尔为该洗衣机立项，成立研发小组，1998年4月投入批量生产。洗衣机型号为XPB40-DS，不仅具有一般双桶洗衣机的全部功能，还可以洗地瓜、水果甚至蛤蜊，价格仅为848元。首次生产了1万台投放农村，立刻被一抢而空。

每年的6—8月一般是洗衣机销售的淡季，每到这段时间很多厂家就把促销员从商场里撤回去。难道天气越热，出汗越多，老百姓越不洗衣裳？调查发现，不是老百姓不洗衣裳，而是夏天里5公斤的洗衣机不实用，既浪费水又浪费电。于是，海尔的科研人员很快设计出一种洗衣量只有1.5公斤的洗衣机——小小神童。小小神童投产后首先在上海试销，结果上海人马上认可了这种世界上最小的洗衣机。该产品在上海热销之后很快风靡全国，在不到两年的时间里，海尔的小小神童在全国卖了100多万台，并出口到日本和韩国。

2000年8月，海尔在全球开展"我的冰箱我设计"海尔冰箱B2C产品个性化定制活动，通过网站为用户提供了可以选择冰箱开门方式等十几个特殊个性化需求。哈尔滨市一宋姓居民用户因房间摆放需要，利用海尔网站提供的用户定制服务，为自己订购了一台海尔BCD-130E型号的三角形左开门冰箱，并要求7天内交货。海尔冰箱公司收到用户的这份特殊需求订单后，立即组织技术人员进行现场研制和技术改造，4天后终于生产出完全符合质量标准的左开门海尔冰箱，并在7天内如期送到了购买者家中。

目前海尔的国外客户只要根据当地气候、电压条件及风俗习惯订购特需冰箱，海尔均能在一周内拿出样机，一月内组织批量生产。

点评： 以消费者为中心的个性化定制服务营销是企业发展的动力源泉

海尔所提倡"用户永远是对的"这一服务理念，采取以顾客为导向的现代营销策略，从而能够牢牢把握并创造用户的需求，不断将产品更新换代，不断去开拓市场。从能洗地瓜的洗衣机、能打酥油的洗衣机，到三角形的冰箱等个性化产品，成为海尔发展的活力源。海尔卖的不是产品，而是为用户需求全面解决的方案，海尔正是在这种朴实的满足消费者需求营销观念的指导之下，以其优质的服务在消费者心目中树立了良好的形象。

个性化需求正成为新经济时代的消费趋势，家电企业只有洞悉更多的个性化市场需求，制造出更多的个性化产品，才能拥有更多的市场先机和市场份额。海尔冰箱率先推出的网上"定制冰箱"，也是国内第一台通过网上定制的家电产品，解决了家电产品在新经济时代如何满足消费者个性化需求这一难题，真正实现了生产厂商与消费者之间的零距离，在某种程度上代表了家电业的发展方向。

海尔从"无所不洗"的洗衣机到网上定制冰箱的实践，表明消费者被动接受商品的时代已经结束，消费者可以根据自己的需求、喜好设计定制产品，这也意味着企业的营销策略需要实现由传统营销模式向新经济时代满足消费者个性化需求经营方式的战略转移。

随着市场竞争日趋激烈和技术的不断更新，仅以4P策略引导企业营销实践显然已经不够。在网络环境和交易渠道多样的情况下，面对飞速发展的市场经济，任何一个企业要满足顾客多样化的需求，实现企业经营目标并获得发展，决不能孤立地使用某一因素和手段进行市场竞争，必须从目标市场需求和营销环境的特点出发，根据企业的资源和优势，综合运用各种市场营销手段，形成统一的、配套的市场营销战略，使之发挥整体效应，才能争取最佳效果。因此，继4P营销策略之后，在营销实践不断发展的过程中，特别是在网络环境下，又先后出现了4C、4R和4S等一系列新型营销策略。

8.1 网络营销4C策略

4C营销策略由美国北卡罗来纳大学罗伯特·劳特朋在1990年提出，强调以消费者需求为导向，重新设定了营销组合与传统4P相对应的四个基本要素：消费者(Consumer)、成本(Cost)、便利(Convenience)和沟通(Communication)。4C营销策略主张的观念：先研究消费者的需求和欲望，再制定产品策略；先研究消费者为满足需求所愿意付出的成本，再考虑定价策略；先考虑怎样能让消费者方便地购买到商品，再考虑渠道策略；先着重于加强与消费者的沟通和交流，再考虑促销策略。

网络营销4C策略的核心理念：强化以消费者需求为中心的营销组合。它强调企业首先应该把追求顾客满意放在第一位，产品必须满足顾客需求；同时降低顾客的购买成本，产品和服务在研发时就要充分考虑客户的购买力；然后要充分注意到顾客购买过程中的便利性；最后还应以消费者为中心实施有效的营销沟通。在网络营销中，消费者掌握了主动权，企业不再是市场的中心。因此，网络环境下应用4C策略整合企业的营销因素，实现消费者最大的需求满足和企业利润最大化的目标更有优势。

8.1.1 网络营销的消费者策略

1. 网络营销消费者策略的含义

4C营销策略中的消费者策略(Consumer Wants and Needs)是指以研究消费者的需求和欲望为中心，强调创造顾客比开发产品更重要。企业要把重视顾客放在第一位，不能仅仅卖企业想制造的产品，而是要提供顾客确实想购买的产品，满足消费者的需求和欲望比产品功能更重要。消费者策略体现了从产品为中心向顾客需求和期望为中心转移的营销思想，企业应在产品设计乃至销售过程中坚持以顾客的需求和期望为起点。

网络营销的消费者策略要求充分利用网上各种资源工具，以满足消费者需求为核心，以个性化的产品和良好的售后服务来满足消费者、吸引消费者，并发挥其主动性，加强网络消费者与企业的双向联系，建立消费者的服务数据库，形成真正的"一对一"网络营销体系。

在网络营销中居于主导地位的是消费者,个性化消费需求的回归使消费者在心理上要求自己成为主动方,互联网的互动性、实时性和无地域局限等特点使其实现主动方地位成为可能。企业以消费者需求和期望为中心进行网络营销,可以从论坛、统计数据等渠道广泛搜集在线数据,还可以让消费者在产品设计上扮演积极的角色。

2. 网络环境下消费者的行为特点

网络营销使商品交换活动空间由传统的有形产品交换空间向电子空间转化,因而网络环境下的消费者行为,与传统商业模式下的消费者行为有明显区别,并表现出其自身特点。

(1) 消费个性化突出。在过去标准化和工业化生产下,更多的追逐生产成本而忽略了消费者的个性。在互联网络环境下,消费者的选择空间越来越大,而且可以很方便地将自身的个性化需求凸显出来,于是个性化消费成为网络消费的主流。

(2) 消费行为理性化。这主要体现在三个方面:一是消费者可以利用网络和搜索引擎等技术工具方便地充分搜索并仔细筛选所需商品信息。二是由于网络上的商品琳琅满目,消费者可以对商品在更大范围进行质量、价格、服务、态度等各方面的选择比较。三是消费者主动性增强。由于各方面的原因,现代社会具有很强的不确定性,使得消费者更加追求心理稳定和平衡。在这种不确定性和追求平衡的心理作用下,消费者会更加主动地选择商品,这就使得消费者的网上购买行为偏向理性化。

(3) 需求产品的层次具有逆向扩展性和交叉性。按照**马斯洛需求层次理论**,人类的需求应该是先满足低层次的需求,再满足高层次的需求。而在网络营销中,经常是先满足了高层次的需求,然后再考虑低层次的需求,并且往往高层次的需求和低层次的需求同时考虑,如同时订购一本书和一个汉堡。

知识卡片 8-1

马斯洛需求层次理论:亦称"基本需求层次理论",是行为科学的理论之一,由美国心理学家亚伯拉罕·马斯洛于1943年提出。该理论将需求分成生理需求、安全需求、归属与爱的需求、尊重需求和自我实现需求五类,依次由较低层次到较高层次排列。五种需求可以分为两级,其中生理上的需求、安全上的需求和感情上的需求都属于低一级的需求,这些需求通过外部条件就可以满足;尊重的需求和自我实现的需求是高级需求,需要通过内部因素才能满足,而且一个人对尊重和自我实现的需求是无止境的。需求层次理论有两个基本出发点:一是人人都有需求,某层需求获得满足后,才会追求更高一层次的需求;二是在多种需求未获满足前,首先满足迫切需求;该需求满足后,后面的需求才显示出其激励作用。

(4) 对购物方便性与购买乐趣的追求并存。网络购物中,消费者一方面是追求方便、快捷,足不出户完成购物、支付;同时,很多人网上购物也不仅仅是为了购买商品,而是为了体验网上购物的快感。

(5) 价格仍然是影响消费心理的重要因素。正常情况下,网上销售的低成本将使经营者有能力降低商品销售的价格,并开展各种促销活动,给消费者带来实惠。例如,亚马逊书店比市场低15%~30%的书价对消费者就有很大的吸引。

3. 基于消费者行为的网络营销策略

1）满足消费者的个性化需求

网络消费者策略需要考虑如何满足消费者的个性化需求，为此可采取以下营销策略：

（1）建立和完善目标顾客数据库。个性化营销是建立在对顾客充分研究基础上的，因此，企业应该建立完备的目标顾客数据库，并与顾客保持良好关系，充分挖掘顾客价值。数据库资料应尽可能完善，应包括顾客姓名、电话、地址、消费记录及习惯、偏好等多种信息。

（2）为顾客提供差别化服务。亚马逊公司总裁杰夫·贝索斯曾说："如果我们有450万个顾客，我们就有450万个商店。"言下之意，亚马逊把每一个顾客都看作是一个市场。在工业化大生产时代这种观念是无法实施的，在网络营销中这个观念可以得到充分的体现。因此，企业应该在完善的数据库背后，充分考虑顾客价值，满足顾客需求。

（3）加强与目标顾客的沟通。企业应该以满足个性化需要为前提，充分与顾客进行交流沟通，才能不断更好地满足消费者需要。目前我国许多网站都推出了互动式的交流平台，就是一种体现。

2）采取合理的促销策略吸引消费者

网络促销是一种常用手段，也有很多的网络促销方式：一是折价促销。如当当网的书籍几乎都采用这种方式，按照定价的八五折销售等。二是赠品促销。如京东网上大部分的手机销售商都会采用这种策略，购买手机送内存卡、皮套、数据线等，通过这些强有力的赠品诱惑消费者。三是网上抽奖销售。如淘宝网在节假日期间，往往都会采用购物参加抽奖的活动。四是积分促销。如中国建设银行网络购物赠送积分，积分达到一定数额就可兑换相应奖品等；同时网络中采用积分的方式是非常容易操作的，参加也很方便。五是网上联合促销。由有关联的不同商家共同促销，如山地自行车和运动服装的商家可以联合促销。

3）注重承诺服务

网络环境下，由于买卖双方互不见面，消费者对产品、服务、售后的承诺更加重视，消费者对于服务的安全性及企业的信用更加重视。因此，企业必须制定明确的服务承诺并履行到位。如果企业为了吸引消费者而盲目夸大其词，最终不能兑现诺言，不仅会损害消费者利益，而且会造成消费者对企业的不满，影响顾客忠诚度。

总之，消费者策略要求以消费者为中心，通过研究消费者的需求进一步细分网络市场，针对不同消费者实行不同的营销策略，充分满足每个顾客的具体需求，从而达到定制营销。

8.1.2 网络营销的成本策略

网络营销的成本策略（Cost and Value to Satisfy Consumer Needs and Wants）是指消费者获得满足的成本或消费者满足自身的需要和欲望所愿意付出的成本价格。营销价格因素延伸为生产经营过程的全部成本，包括企业的生产成本和消费者购物成本。其中，企业的生产成本，即生产适合消费者需要的产品成本，本书在此不做讨论。企业要想在消费者支持的价格限度内增加利润，就必须降低成本。

1. 消费者购物成本

消费者购物成本,包括购物的货币支出、时间耗费、体力和精力耗费以及风险承担。

1) 消费者货币成本

货币成本是指消费者购买和使用产品所付出的直接成本和间接成本。对于网络消费者来说,网上购物的货币成本体现为网络使用费、通信费、支付直到商品送达所花费的费用总和。上述成本都是可以用货币来衡量的,消费者只要享受这样的服务,就要承担相应的成本费用。

从消费者的货币成本看,网络购物价格不再由厂商单方面制定,而是让定价主动权转移到消费者手中。所谓顾客主导定价,是指为满足顾客的需求,顾客通过充分了解市场信息来选择购买或者定制生产自己满意的产品或服务,同时以最小代价(产品价格、购买费用等)获得这些产品或服务。

微型案例 8-1

根据国外拍卖网站 eBay.com 的统计分析,在网上拍卖定价产品,只有20%产品的拍卖价格低于卖者的预期价格,50%产品的拍卖价格略高于卖者的预期价格,剩下30%产品的拍卖价格与卖者的预期价格相吻合,在所有拍卖成交产品中有95%的产品成交价格卖主比较满意。

2) 消费者精力和时间成本

4C营销策略同样重视消费者的精力成本。在网络营销中,顾客需要耗费大量的时间访问各种不同的网站,以便获得有关产品或服务的完整信息。相似产品的快速链接、详尽的产品信息介绍及一目了然的网络界面设计,都会让消费者节省下寻找产品的时间与精力,从而节省消费者的精力和时间成本。

3) 消费者体力成本

为顾客节约体力成本是网络销售的优势所在。商家应开展送货上门等服务项目,让消费者足不出户就可以获得想要的商品。这一特点使网络销售受到工作繁忙者、居住偏远地区者及行动不便者的青睐。

4) 消费者承担的风险

风险成本是一种隐形成本,是由一些不确定因素,如计算机病毒、黑客攻击、假冒伪劣产品、网络信息安全问题等产生的。消费者一旦涉足网上商务交易,就必须承担这种风险,这种风险感同样影响顾客网上交易的积极性。

2. 卖方成本

营销要付出成本,企业也需要对成本进行控制和管理。对于企业来说,网络营销系统开发与应用的费用按其经济用途划分,主要包括规划设计费用、设备及软件购置费用、工程实施费用、运行费用、故障损失费用、系统改进费用等。对网络营销系统费用识别与测算,一方面要充分积累资料,采用科学态度进行测算的定性与定量研究,使测算结果尽可能与实际一致;另一方面应认识到,企业网络营销系统费用具有潜在增长特征,不可能得出精确的费用测算结果,只能得到大概的结果。

1) 网络化建设成本

企业要进行网络营销，其网络化建设成本主要包括两部分：一是网络硬件及相关软件成本；二是网络维护成本。

(1) 网络硬件及相关软件成本。网络营销离不开计算机及计算机网络和各种软件的支持，因此硬件设备的购置和安装费用、网络服务软件成本、域名的注册费、空间租用费、网页设计费等都是企业必须投入的成本。

(2) 网络维护成本。网络维护成本是网络化建设的主要成本。企业一旦建立并运行网络系统，与之配套的服务和相关费用也就随之而来。从当今的发展趋势来看，网络设备在整个网络投资中的比例在迅速下降，同时维护网络正常运行的相关服务的投资比例逐渐占到主要地位。对于大型的企业网站，一般采用独立专线接入互联网，并由企业自己的技术人员自行维护；对于中小型企业来说，资金和技术水平都不足，租用虚拟主机是另一种较好的选择。

2) 网站推广成本

网站推广的目的是提高网站访问量。企业经营者必须投入一定的资源来提升网站的知名度，完善网站内部信息的搜索能力，对目标市场进行准确定位，让更多的潜在客户认识网站并经常访问网站。网站推广采用的方法：可以通过在主要搜索引擎注册、向行业网站请求作链接、交换链接、在访问量较大的网站中做广告来达到目的，也可以通过传统媒体如电视、报刊、户外广告来提高知名度；还可以通过开展有奖访问活动来吸引网民。利用各种手段推广网站，其所发生的成本构成企业营销成本的一部分。

3) 生产成本

按照企业在网上销售产品的性质，可以分为数字化产品、服务产品及实物产品三种。

数字化产品的生产成本主要是开发过程中的人力成本，包括企业对员工的工资支付、管理费用等。例如，微软的软件产品都是若干个开发小组历经多年开发而成的，其中企业要投入大量的人力资源也会产生成本。产品的价值实质并非在于产品载体，这是数字化产品的特点。

服务产品具有无形性、不可分割性、可变性和易消失性等多种特点。它的生产成本主要是它的人力资本。例如，新浪网站，它主要提供信息浏览服务，各种信息的采集、加工、整理等工作都必须付出人力成本；网络银行提供的是一种网上金融服务，网上证券交易则是目前互联网应用最成功的范例，它们的生产成本主要体现在必须付出的人力、管理成本。

实物产品的生产成本主要与企业的生产技术水平、原材料采购成本及劳动效率有关。互联网给企业带来的生产成本下降主要表现为企业可以通过建立一体化的信息传递和信息处理体系来提高管理水平，从而降低采购、库存成本，最终降低生产成本。

4) 配送成本

配送是按用户的订货要求在物流据点进行分货、配货工作，并将配好的货品送交收货方的活动。通过配送最终使物流活动得以实现，使得交易最终完成。

完成配送活动是需要付出代价的，目前有许多网站以"免费配送""限时配送"等方式营销，这种行为只能被看作是网站拓展市场的一种方式，其成本投入则更像是宣传推广成本。从长远发展考虑，企业应将配送成本控制在可赢利的范围之内。网络企业应该选择合理的有赢利的配送体系，在满足一定的顾客服务水平与配送成本之间寻求平衡。

5）顾客服务成本

网络化客户服务在为顾客提供更贴心服务的同时，也意味着增加更大的顾客服务成本。企业不能指望将网上客户服务工作全部扔给电脑，计算机系统可以立即给顾客回复一封似乎及时的电子邮件，却无法解决实质问题。所以，为提高顾客的满意度和忠诚度，企业必须投入更多的人力和物力开展顾客服务工作。例如，开通24小时在线服务，安装新的客户数据分析软件，以满足客户对个性化服务的要求；重新设计公司内部的管理系统以提高内部的信息交换速度，使之与外部的顾客服务系统要求的速度相一致。这些措施的根本目的是为了更好地服务于顾客，提高顾客忠诚度。

由于顾客在购买商品时，总希望把有关成本包括货币、时间、精神和体力等降到最低限度，以使自己得到最大限度的满足。因此，企业必须考虑顾客为满足需求而愿意支付的"顾客总成本"，努力降低顾客购买的总成本。例如，可通过降低商品进价成本和市场营销费用从而降低商品价格，以减少顾客的货币成本；努力提高工作效率，尽可能减少顾客的时间支出，节约顾客的购买时间；通过多种渠道向顾客提供详尽的信息、为顾客提供良好的售后服务，减少顾客精神和体力的耗费等。

总之，网络营销的成本策略要求企业站在顾客的立场考虑问题，不是如何运用价格策略获取高额利润，而是如何节约顾客成本，使顾客以最少的代价获得最大的利益。由于网络营销本身不是企业生产经营活动的目的，即使它能为企业带来更大的利益，也必须建立在有效的投入产出比例之上。成本将既是网络营销能够持续发展的关键，也是网络营销能否成为一种有效营销方式的关键。

8.1.3 网络营销的便利策略

便利策略（Convenience to Buy）是指购买的方便性。与传统的营销渠道相比，便利策略更重视服务环节，强调在销售过程中为顾客提供便利，让顾客既购买到商品，也购买到便利。企业要深入了解不同的消费者有哪些不同的购买方式和偏好，把便利原则贯穿于营销活动的全过程，售前做好服务，及时向消费者提供关于产品的性能、质量、价格、使用方法和效果的准确信息；售后应重视信息反馈和追踪调查，及时处理和答复顾客意见，对有问题的商品主动退换，对使用故障积极提供维修方便，大件商品甚至终身保修。

4C中的便利策略要求企业不应仅仅盯住销售渠道，而应该着重考虑为消费者购买商品提供方便。网络创造了一种随时随地的分销体系，它缩短了生产商和最终消费者间的距离，甚至替代了传统的批发商和零售商等中间环节。以顾客便利为中心设计销售渠道，可以有效地达到促进销售的目的，而不会进入一味降低成本或求多求全的误区。

8.1.4 网络营销的沟通策略

沟通策略（Communication with Consumer）是指与用户沟通，包括向消费者提供有关商店地点、商品、服务、价格等方面的信息，影响消费者的态度与偏好，说服消费者光顾商店、购买商品，在消费者的心目中树立良好的企业形象等。零售企业的管理者应该认识到，与消费者沟通比选择适当的商品、价格、地点、促销更为重要，更有利于企业的长期发展。

企业可以尝试多种营销策划与营销组合，如果未能收到理想的效果，说明企业与产品尚未完全被消费者接受。这时不能依靠加强单向劝导顾客，而要着眼于加强双向沟通，增进相互的理解，实现真正的适销对路，培养忠诚的顾客。

1. 互动营销

基于互联网的互动营销，强调企业利用各种网络营销工具和消费者进行交互式交流的双向推动，改变了传统营销中企业对消费者的推动方式，即由企业单向的推动消费者转变为企业和消费者的双向推动。传统的营销理论着重使用的促销手段是以企业为主题，让顾客被动地接受产品信息，不仅成本昂贵，还容易让顾客产生抵触情绪。4C策略中用沟通代替了促销，更能调动消费者积极性，建立起消费者忠诚。

2. 关于信息不对称问题

信息不对称问题在传统购物和网络购物中都不同程度地存在。网络购物中的信息不对称问题主要由三个原因导致：第一，技术门槛的提高。虽然大多数用户享受着高新技术带来的便利，但对于网络的后台运作很多人却一无所知。第二，金融操作的专业化。与传统营销一样，网络营销存在金融的操作失误风险。这要求金融机构增强危机公关意识，积极迅速地解决问题来赢得顾客。第三，买卖双方信息不对称。商家应采用实名注册，提供尽可能详细的商品信息；网络中介应严格检查经营者的真实性；消费者也应出具自身证明和消费能力证明。

8.1.5　网络营销4C与4P策略的融合

4C营销策略注重以消费者需求为导向，克服了4P策略只从企业考虑的局限。但是从企业的营销实践和市场发展的趋势来看，4C策略也有一些不足。首先，它立足的是顾客导向而不是竞争导向，而在市场竞争中，要取得成功既要考虑到客户，也要考虑到竞争对手。其次，4C策略在强调以顾客需求为导向时却没能结合企业的实际情况；最后，4C策略仍然没有体现既赢得客户、又长期地拥有客户的关系营销思想，被动适应顾客需求的色彩较浓，没有解决满足顾客需求的操作性问题。因此，在网络营销策略的实施过程中，重视分析网络市场环境及消费者的新特征，做好4C与4P的整合是一种较好的选择。

1. 以消费者(Consumer)的需求和欲望为中心的产品(Product)策略

在网络经济条件下，标准化产品和传统的产品形式受到挑战，网络消费者的个性化需求表现得比以往更强烈，消费者希望根据自己的需求对产品提出设计要求，因此应当把每一个消费者看作是一个目标市场，并根据其个性化的需求为其定制产品。网络时代的到来使大规模定制成为可能，能在不牺牲企业经济效益的前提下，最大限度地满足个别消费者的需求。大规模定制模式增强和巩固了企业与顾客的关系，使得营销的良性循环成为可能。

2. 让消费者花费最低成本(Cost)的价格(Price)策略

在网络环境下，产品的价格是完全透明的，企业应当从以往单纯考虑定价转移到研究消费者为满足需求所愿意付出的成本上来。企业要改变以往的定价思维，即由过去的"价格＝成本＋利润"的思维方式改为"利润＝价格－成本"。为此，企业需要想方设法降低生产经营各个环节的成本，才可能让消费者获得满意的价格，也才有可能获得较大的利润空间。

微型案例 8-2

日本的丰田汽车公司是这种思维方式的典型代表，他们把价格制定的权力交给了顾客，丰田只是在保证顾客满意的产品质量的前提下研究解决降低生产经营成本的问题，然后从价格与成本的差额中扩展利润空间。

3．以消费者的便利(Convenience)作为建设分销渠道(Place)的出发点

企业在制定价格时需要考虑顾客购物时愿意支付的最低货币成本，在分销渠道建设时还必须考虑到顾客整体成本中的其他三项，即时间成本、体力成本和精神成本。

传统的购物过程需要花费大量的精力、体力和时间，而顾客在购买产品时，总希望在获得更多的利益和最大限度满足的同时，把包括货币成本、时间成本、精神成本和体力等成本降到最低。因此，企业必须以顾客的"便利"为出发点，构建一个既能将成本控制到最低，又能高效运行的新型渠道模式，切实为消费者的购物提供时间、地点及品种的便利。

4．通过与顾客的沟通(Communication)实现促销(Promotion)

传统营销环境的强势促销不但花费大，而且容易引起消费者反感，促销效果较差。在网络环境下，顾客比以往有了更大的主动性和互动性，而且已不再满足于仅仅做一个消费者，企业可以借助网络通过增强与顾客的沟通来实现促销。例如，网络广告就在交互性、灵活性和快捷性、成本、感官性、传播范围、受众针对性、受众数量可准确统计等方面呈现出与顾客沟通的明显优势，进而实现促销目标。

8.1.6 典型案例：7天连锁酒店的4C营销策略

1．企业概况

7天连锁酒店集团创立于2005年，2009年11月20日在美国纽约证券交易所上市。截至2013年8月15日，7天连锁酒店已拥有分店超1800家，覆盖全国超过240个主要城市，业已建成经济型连锁酒店全国网络体系，能"7×24小时"提供网上预订、电话预订、手机触屏版、短信预订、手机客户端5种便利预订方式。7天连锁酒店秉承让顾客"天天睡好觉"的愿景，快乐自主的服务理念，致力于满足客户的核心住宿需求。

2．基于消费者需求的4C营销策略

目前，连锁酒店最大的顾客群体主要集中在中小企业商务人士及"背包族"。对于这类消费者而言，酒店环境舒适卫生安全、价格经济实惠、出入交通便利、手续办理快捷高效，是其选择酒店时最为关注的几个因素。为此，"7天"坚持"顾客感受第一"的理念，将核心消费者锁定并提供个性化服务。

1) 以消费者需求为核心，注重品牌体验式服务

（1）全面提升服务质量。"7 天"高度关注顾客"天天睡好觉"的核心需求，努力为顾客打造一个舒适如家的住宿环境。坚持以顾客切身感受为导向，并在服务细节上下功夫。例如，在保持价格优势的前提下，通过配置高质量淋浴设备、五星级标准大床，实现洁净毛巾封包，改善营养早餐搭配、提供睡前牛奶，升级隔音设施、室内拖鞋等措施，全面提高各项产品品质及舒适度。

（2）营造快乐服务氛围。"7 天"酒店服务人员基本都是年龄 20 岁左右的年轻人，充满朝气、善于沟通，不管是前台接待，还是电话咨询，都努力给人热情大方的感觉，有效减少了顾客对异地的陌生感，有助于顾客放松心情，营造一种轻松氛围。

2) 以"经济"性为中心，力求控制客户成本

为了满足消费者的"实惠"要求，"7 天"全面控制成本，在硬件设施配置上用心斟酌。摒弃了传统酒店客房中大衣柜、笨重书桌、浴缸等物品，转而将简约、实用、清新、便利的宜家式板式组合家具融入客房设计中，注重增添客房"家"的温馨感和实用性。

3) 以"便捷"为重心，为客户创造方便快捷

（1）交通环境便捷。"7 天"分店一般位于交通便利的地方，如市内长途汽车站、火车站等交通枢纽附近；主要会所如会展中心等附近；市内各大地标附近，如重庆解放碑、成都春熙路等，极大程度上满足了顾客出行方便的要求。

（2）预订方式高效。"7 天"成功构建了电子商务平台，同时还建立了互联网络、呼叫中心、短信预订、手机 WAP 及店务管理等一体化系统，顾客足不出户就能通过多种便捷方式完成客房资源的实时查询、预订、确认、支付等流程。既节约了顾客的时间、精力，又节约了"7 天"的人力资源成本，而且非常符合当代消费者"网络化"生活特点。

（3）网络信息分享便利。这主要表现在以下方面：①连锁分店信息全面化。"7 天"在其主页上提供了各家分店的详细信息，包括整体情况介绍、电子地图、会员评价、预订情况、房间价格、设施配套情况、乘车路线等，让顾客在预订之前能做出有效地选择，提前熟悉异地环境。②城市资讯向导化。为了给顾客提供更加丰富的信息，使其拥有精彩的异地游经历，"7 天"联合口碑网将相关城市的特色餐饮、娱乐、交通及其他生活资讯通过网络与消费者实现共享，成为名副其实的"网络导游"。

4) 以"真诚相待"为宗旨，实现交流方式多样化

（1）网络信息丰富实用。"7 天"酒店主页设置了"会员分享"板块，为非会员顾客提供了一个入住经验分享的自由平台。同时，"24 小时客服小秘书"及时在线回答最新活动、积分管理、预订导航、入住宝典等各类业务问题，让顾客通过网络与"7 天"零距离接触。

（2）精彩活动推陈出新。"7 天"通过开展一系列公益捐款、会员优惠、半价兑换、获取电子抵用券、征稿等增值活动，有效调动顾客的参与积极性。这种做法是比较明智的，既保护连锁酒店的价格体系的稳定，又对消费者变相提供不同质量水平的服务，采取差异化的应变策略来提高顾客满意度，创造新的**顾客价值**。

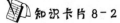

顾客价值(Customer Value)：由于供应商以一定的方式参与到顾客的生产经营活动过程中而能够为其

顾客带来的利益,即指顾客通过购买商品所得到的收益和顾客花费的代价(购买成本和购后成本)的差额,企业对顾客价值的考察可以从潜在顾客价值、知觉价值、实际实现的顾客价值等层面进行。

(3) 信息反馈积极互动。针对网上预订且本人入住的顾客,"7 天"设计出了"7 天连锁酒店服务质量调查"问卷,并配备了增加积分政策,鼓励顾客在亲身入住体验之后积极填写反馈;同时,"7 天"通过不定期召开会员主题座谈会、《7 天四季》刊物面向全体顾客征稿等接触形式认真倾听来自顾客的声音,作为不断改进服务的重要参考。

(资料来源:http://wenku.baidu.com/view;http://www.7daysinn.cn,2013-08-20,编者有删减)

3. 案例评析

7 天连锁酒店已成为中国经济型酒店行业的领先品牌之一,有效地运用以顾客需求为中心的 4C 营销策略是其获得成功的一个重要原因。

(1) "7 天"是一个经济型酒店,它的价格处于中等水平,但服务质量却较高,因此受到青年人的青睐。

(2) "7 天"酒店的设备虽没有其他酒店的那么完善,没有提供用餐,没有娱乐场所,可这种"静"恰恰是该酒店吸引顾客的一大亮点。舒适的房间、安静的环境可以使劳累了一天的客人能够很快入睡,更能体现出了"7 天"的"让顾客天天睡好觉"的经营宗旨。

(3) "7 天"注重利用科技和模式创新,给顾客带来更经济和更高品质的住宿生活。"7 天"建成了能够实现企业门户网站和数据库实时对接的电子商务平台,能够实现更为彻底的会员制直接模式,能同时接受互联网呼叫中心、短信、手机 WAP 等便利预订方式,这些是其能在业内处于领先地位的重要保障。

8.2 网络营销 4R 策略

4R 营销策略是随着市场的发展,针对 4C 营销策略的局限性提出的。4C 营销策略给网络销售计划的制订带来较为全面、系统化的指导,但从企业的实际应用和市场发展趋势看依然存在不足。首先,4C 营销策略以消费者为导向,着重寻找并努力满足消费者需求;而市场经济还存在竞争导向,企业不仅要看到需求,还需要更多地注意到竞争对手。其次,在 4C 营销策略的引导下,企业往往因被动适应顾客的需求而令其失去了自己的方向,为被动地满足消费者需求付出更大的成本,如何将消费者需求与企业长期获得利润结合起来是 4C 营销理论有待解决的问题。

鉴于以顾客战略为核心的 4C 营销策略的局限性,需要企业从更高层次建立与顾客之间的更有效的长期关系。2001 年美国学者唐·E. 舒尔茨(Don E. Schultz)在 4C 营销策略的基础上,提出以竞争为导向的 4R 营销策略,对 4P 和 4C 营销策略做了进一步的发展与补充。

8.2.1 网络营销 4R 策略的含义

舒尔茨的 4R 营销策略认为,企业需要随着市场的发展从更高层次上以更有效的方式在企业与顾客之间建立起有别于传统的新型的主动性关系，紧密联系顾客，以建立顾客忠诚为最高目标，提高对市场的反应速度。

4R 分别指代 Reaction（反应）、Relevance（关联）、Relationship（关系）和 Reward（回报）。4R 营销策略以关系营销为核心，注重企业和客户关系的长期互动，重在建立顾客忠诚。它既从厂商的利益出发又兼顾消费者的需求，是一个更为实际、有效的营销策略。

1. 反应

反应（Reaction）是指企业对瞬息万变的顾客需求迅速做出反应，并能及时提供相应的产品和服务，快速满足顾客需求的营销策略。

微型案例 8-3

一部 iPhone 让行将破产的苹果公司起死回生，并使得苹果公司迅速跻身世界最具价值企业的行列。这一切的发生都源自其对新科技、新需求的敏锐嗅觉。苹果公司的每一位产品研发人员不仅是新产品的设计者更是市场调查者，他们会走近消费者，时刻聆听顾客的需求，发现消费者的新需求，并对这些需求迅速做出反应：新产品的问世。

网络环境下，消费者的需求方式已逐渐转向需求个性化、感觉化，并且这种趋势日益明显，这使得企业无法预测和寻找其规律，以固定的经营方式应付瞬息多变的顾客需求。多数公司倾向于说给顾客听，却往往忽略了倾听的重要性。在相互渗透、相互影响的市场中，对企业来说最现实的问题不在于如何制定、实施计划和控制，而在于如何及时地倾听顾客的希望、渴望和需求，并及时做出反应来满足顾客的需求。这样一方面能抢占先机发现潜在市场，并迅速开发、占领市场；另一方面可充分了解顾客需求，最大限度地稳定顾客群，减少顾客流失，增强企业的竞争力。

2. 关联

关联（Relevance）指企业为顾客和用户提供的产品和服务不是单一独立的，而是形成集成化的系统完整的解决方案，从顾客实际应用需求、个性心理需求及潜在期望需求等多方面满足顾客；或者产生某种利益回馈机制吸纳消费者，在用户和企业之间建立长期合作的契约式关系。

在激烈的市场竞争中，顾客有很大的自主选择权。网络环境下顾客长期购买某种品牌的产品和忠实于某一企业的情况越来越少，易变性和高流动性成为现代顾客的特点。因此，企业必须通过各种有效的方式在业务、需求等方面与顾客建立关联，形成一种互助、互求、互需的关系，把顾客与企业联系在一起，以此提高顾客的忠诚度，赢得长期而稳定的市场。

微型案例 8-4

宝洁公司在成立之初，就确立了以顾客需求为导向的研发体系。至今宝洁公司在全球共设立了 700 多家研发机构，针对不同顾客的不同需求，推出了上千种产品，可以最大限度地满足顾客的各种需求。宝洁公司就是始终把自己的产品与顾客的需求联系在一起，从而与全球的消费者建立了牢固而长久的关联。

3. 关系

关系(Relationship)是指以系统论为基本思想的关系营销,将企业置身于社会经济大环境中来考虑企业的营销活动,认为企业营销是一个与消费者、竞争者、供应者、分销商、政府机构和社会组织发生互动作用的过程,通过识别、建立、维护和巩固企业与顾客及其他利益群体的关系活动,以诚实的交换及履行承诺的方式,使活动涉及各方面的目标在关系营销中实现。

关系营销要求通过不断改进企业与消费者的关系,实现顾客固定化。同时,企业要注意尽量对不同顾客的不同关系加以辨别,以便在进行企业市场营销时不至于分散营销力量。与顾客建立起良好的关系,从而获得顾客的满意和忠诚感,才能保持顾客并进一步把满意的顾客变成亲密的顾客。

微型案例 8-5

沃尔玛超市在与顾客建立良好关系方面做得比较成功。会员除了会享受到一些优惠外,每一位会员都会在节假日和超市有促销活动时收到沃尔玛超市的祝福短信和一些关于促销活动的信息,使顾客获得了归属感和尊重。沃尔玛超市还为每一位会员都建立了数据库系统,对其基本信息、购物金额、购物次数等做了详细的记载。针对不同的顾客采取不同的营销策略,从而收到了很好的营销效果。

企业最终的交易能否实现关键在顾客,因此建立顾客关系和维系顾客关系是关系营销的核心。研究表明,企业吸纳一个新顾客要比维持一个老顾客高出若干倍的费用和时间。失去老顾客就意味着失去市场,失去利润来源。因此,按照帕累托 ABC 分类法,企业应对 20% 的老顾客进行重点管理与维护,与其保持长久稳定的关系,建立良好的关系网。

知识卡片 8-3

ABC 分类法(Activity Based Classification):又称帕累托分析法、主次因素分析法、ABC 管理法,是项目管理中常用的一种方法。它是根据事物在技术或经济方面的主要特征,进行分类排队,分清重点和一般,从而有区别地确定管理方式的一种分析方法。

ABC 法则是帕累托二八法则衍生出来的一种法则。所不同的是,二八法则强调的是抓住关键,ABC 法则强调的是分清主次,并将管理对象划分为 A、B、C 三类,所以称为 ABC 分类法。

4R 营销策略认为,抢占市场的关键已转变为与顾客建立长期而稳固的关系,市场竞争的核心任务是把交易转变成一种责任,建立起和顾客的互动关系,而沟通则是建立这种互动关系的重要手段。

4. 回报

回报(Reward)是指企业通过贯彻上述营销思想,以满足顾客需求为前提,在充分实现顾客满意、社会满意和员工满意的基础上,达到企业满意。企业营销的最终目的在于获利,它的价值体现就是带来短期或长期的收入和赢利能力。

追求回报是企业营销的动力,是维持市场关系的必要条件,要求企业必须采取和融合更多的营销策略及策略组合,优化营销方案,并对方案的实施动态控制。一方面,要求企业降低成本，充分考虑顾客愿意支付的成本，实现成本最小化，并通过提高市场占有率实现规模经营；另一方面，要为顾客提供优质的有个性的高附加值产品与服务，满足不同顾客的需要。

因此，网络营销目标必须注重产出，注重企业在营销活动中的回报，一切营销活动都必须以为顾客及企业创造价值为目的。

微型案例 8-6

奥运营销已经为越来越多的企业所熟知和重视。2008年北京奥运会为中国的企业提供了奥运营销的契机，联想集团就是其中一位。通过奥委会全球官方合作伙伴的身份，联想集团在全球展开了全方位的奥运营销。产品外包装上"奥委会全球官方合作伙伴"的字眼分外醒目，联想的媒体广告在世界各地播放。联想也随着这些广告和奥运会为全世界人所熟知，产品知名度迅速提升，随之提升的还有产品销售量和企业利润。联想集团的奥运营销为企业取得了巨大的回报。

8.2.2 网络营销4R策略的特点

4R营销策略的最大特点是以竞争为导向，弥补了4C营销策略的不足，在新的层次上概括了营销的新框架，同时考虑了网络环境对营销各方的影响，主动地创造需求，运用优化和系统的思想去整合营销。其特点可概括为以下几点：

（1）4R营销策略以竞争为导向。根据网络环境下市场日趋激烈的竞争形势，4R营销策略着眼于企业与顾客建立互动与双赢的关系，在新的层次上提出了网络营销新思路，不仅积极地满足顾客的需求，而且主动地创造需求，通过关联、关系、反应等形式建立企业与顾客的独特关系，把企业与顾客联系在一起，形成独特竞争优势。

（2）4R营销策略真正体现并落实了关系营销的思想。4R营销策略提出了如何建立关系、长期拥有客户、保证长期利益的具体操作方式，这是关系营销史上的一个很大的进步。

（3）4R营销策略强调与顾客实现互动。4R营销策略的反应机制为建立企业与顾客关联、互动的关系提供了基础和保证，同时也延伸和升华了营销便利性。

（4）4R营销策略的追求回报使企业兼顾到成本和双赢两方面的内容。为了追求利润，企业必然实施低成本战略，充分考虑顾客愿意支付的成本，实现成本的最小化，并在此基础上获得更多的市场份额形成规模效益。这样，企业为顾客提供价值和追求回报相互促进并最终融合，从而达到双赢的目的。

8.2.3 网络营销4R策略与4P、4C策略的比较

营销实践的不断发展，极大地促进了营销理论和营销实践的发展，4R与4P、4C营销策略有各自的不同特点，在不同时期具有不同的效果，优势与劣势都比较明显。概括来说，4P营销策略奠定了营销理论的基础框架，对营销实践的大发展起到了重要的引导作用；4C营销策略是4P营销策略的发展和有益补充，对营销理论与实践的发展有很好的促进作用；4R营销策略则将营销理论层次进一步提升，对营销理论和营销实践的深入发展具有重要的推动作用。这三种营销策略的对比分析如表8-1所示。

表 8-1 4P、4C、4R 营销策略比较分析

对比项目	4P 策略	4C 策略	4R 策略
营销理念	企业导向	消费者导向	竞争者导向
营销模式	推动型	拉动型	供应链
满足需求	相同或相近需求	个性化需求	变化需求
营销方式	规模营销	差异化营销	整合营销
营销目标	满足现实的、相同或相近的顾客需求，并获得目标利润最大化	满足现实和潜在的个性化需求，适度培养顾客忠诚度	适应不断变化的需求，重视顾客忠诚度，实现各方利益最大化
顾客沟通	机械的"一对多"单向沟通	不太合理的"一对一"双向沟通	快速的"一对一"双向或多向沟通与合作
投资成本和时间	短期低，长期高	短期较低，长期较高	短期高，长期低

4R 营销策略通过形成快速的市场反应速度，了解不断变化的市场需求，进而建立与顾客的关联关系，将企业与顾客结合在一起，增加顾客的忠诚度，最后形成有效的营销优势。这种追求企业与顾客双向价值的策略，被称为"双赢"策略，是现代营销中一种非常有效的营销策略，对企业建立长久有效的市场竞争优势有极大的效果。4R 策略与 4P 和 4C 策略相比较，具有其独特的优势。

1. 4R 营销策略的竞争优势

4R 营销策略以竞争为导向，而在激烈的市场竞争中，顾客具有动态性，顾客忠诚度也会随着时间的变化而随时有可能转移到其他企业。因此，要想提高顾客忠诚度，赢得长期而稳定的市场，就需要企业始终强化竞争意识，并把它贯彻到企业经营的各个环节。4R 营销策略通过建立顾客档案数据库，与顾客保持一种互动、互助、互求和互利的关联关系，这样不仅能够适应顾客的需求，而且能够主动地创造需求，最终通过整合营销来提高顾客的忠诚度，从而形成独特的企业竞争优势。

2. 4R 营销策略的关系优势

4R 营销策略中的关系策略，要求企业在买卖关系的基础上建立起非交易的合作关系，以保证交易关系能够持续不断地发生。营销大师科特勒认为"企业的营销应成为买卖双方之间创造更亲密工作关系和依赖关系的艺术"，而 4R 营销策略恰恰就是这样一门综合艺术。它能够让交易变成责任，使顾客变为拥趸（坚定的支持者和拥护者），最终让买卖关系成为合作关系。

4R 营销策略与传统策略相比，已发生了 4 个根本性转变：①从交易营销转向关系营销；②从短期利益转向长期利益；③从以产品功能为核心转向以给顾客带来更多价值为核心；④从不重视顾客服务转向高度承诺。所有这一切的核心就是把营销、利益、质量和服务有机地整合起来，通过处理与顾客的关系来达到长期拥有顾客的目的。

3. 4R 营销策略的速度优势

在 4R 营销策略中的反应策略指导下，企业将网络作为快速反应的重要工具和手段，建立起市场的快速反应机制，提高企业的反应速度和回应力。当代先进的企业已从过去推测性商业模式转变成高度回应需求的商业模式，站在顾客的角度及时倾听顾客的建议、渴望和需求，并了解竞争对手的动向，对顾客的所有意见迅速做出反应并及时给予答复，这样可以最大限度地减小顾客的转移概率。

4. 4R 营销策略的效益优势

4R 营销策略中的回报策略，兼容了成本和效益的内容。营销的真正价值就在于它能为企业带来短期或长期的收入与利润，回报不仅是开展营销活动的内在动力源泉，也是维持企业与顾客长期关系的经济基础。所以，企业为顾客提供价值和追求回报是相辅相成的，在客观上为企业和顾客带来双赢的效果。当然，4R 营销策略也有其不足和缺陷。例如，与顾客建立关联、关系，需要实力基础或某些特殊条件，并不是任何企业可以轻易做到的。但 4R 营销策略提供了很好的思路，是经营者和营销人员应该了解和掌握的。

8.2.4 典型案例：ZARA 的 4R 营销策略

1. ZARA 概况

ZARA 是全球排名第三的服装零售商 Inditex 公司旗下 9 个品牌中最著名的旗舰品牌，被认为是欧洲最具研究价值的品牌。ZARA 已在全球 57 个国家和地区拥有近 2700 家分店，尽管 ZARA 连锁店只占 Inditex 公司所有分店数的 1/2，但其销售额却占到了公司总销售额的 75%左右。2007 年，ZARA 在全球营业额已达 70 亿欧元，股票市值则高达 311 亿欧元。

ZARA 的目标消费群是收入较高并且有着较高学历的年轻人，主要为 25－35 岁的顾客层，这一类的购买群体具备对时尚的高度敏感度并具备一定消费能力，但并不具备经常消费高档奢侈品牌的能力。为了满足目标消费群体的需求，ZARA 制定了一系列的营销策略，这些策略的成功实施正是 4R 营销策略的应用体现。

2. ZARA 公司 4R 营销策略的应用

1）全面与顾客建立稳定关联

国际服装界对 ZARA 公司的精辟评价是：一流的形象，二流的产品，三流的价格。这正是 ZARA 与顾客建立稳定需求关系的前提和基础。在竞争性市场下，顾客忠诚度是变化的，可能会被吸引转移到其他企业。要提高顾客的忠诚度，赢得长期而稳定的市场，就必须通过某些有效的方式在业务、需求等方面与顾客建立关联，形成一种互助、互求、互需的关系，把顾客与企业联系在一起，减少顾客流失的可能性。

（1）一流的形象。ZARA 的卖场形象高档、装修豪华，陈列则是由米兰及巴黎的顶级设计师根据最新流行时尚进行设计和搭配，给顾客营造出美好的购物感受。ZARA 卖场位置选择都是在每个城市的核心商业繁华地段，单店平均面积 1000 平方米以上，面积大者可达上万平方米，提供上万种服装，满足了顾客一站式购齐的愿望。一流形象营造的购物感觉使得顾客把逛 ZARA 店当作逛街必做的一项活动，与顾客建立起了稳定持续联系。

（2）二流的产品。二流产品是相对于国际顶级奢侈品牌来说的，ZARA 公司通过遍布世界各地的买手和公司一流的设计团队，从世界各地顶级品牌服装发布会及时尚场所中寻找设计灵感和流行元素，然后在极短的时间内设计生产并上市。为了提高上市速度，ZARA 在生产中尽量避免使用制作周期较长或档次较高的面料；在产品设计方面，不苛求细节，以生产优势追求当前时段最流行的产品，不求"形似"、只求"神似"。这样生产出的服装虽然总体上不如顶级品牌，但却会比它们提前几个月上市销售，大大吸引了追求时尚的消费群体。每当时尚杂志还在预告流行潮流时，ZARA 橱窗已在展示和销售这些内容。

（3）三流的价格。ZARA 的低价策略与众不同，ZARA 认为再好的产品，如果不卖出去也只是占用库房、资金的一堆废品而已，与其待价而沽，不如赶紧产生现金，促成二次生产。例如，ZARA 新加坡专营店的女式上衣有的只卖 19~26 新元，而同类型产品在其他品牌店要售到 40~60 新元。这种低价策略的实施使 ZARA 与顾客的时尚服装需求紧密地关联在一起，ZARA 的平民化时尚深入人心，大大提高了顾客对 ZARA 品牌的忠诚度。

2）建立极速供应链体系提高市场反应速度

缩短**前导时间**是服装业的制胜法宝之一。ZARA 的前导时间只有 12 天，远低于同行业 3~6 个月的平均时间。时装最大的特点就是多变，一部电影、一张专辑都可能改变人们对时尚的看法，而时装最动人处正是紧随时尚。当影视媒体、平面杂志中出现新的流行元素时，ZARA 只需几天的时间就可以完成对明星的装束或顶级服装大师创意作品的模仿。从流行趋势的识别到将迎合流行趋势的新款时装摆到店内，ZARA 平均只需两周时间，而其他国际品牌则需要 3~4 个月，国内服装企业更是在 6~9 个月。当时尚媒体正大力宣传明年趋势时，ZARA 已经将融合这些流行元素的时装摆上橱窗。极速的供应链体系使得 ZARA 与顾客追求时尚的心态保持同步，能够更快地吸引并打动顾客。

知识卡片 8-4

前导时间(leading time)：产品从设计，到生产、物流、销售的过程。前导可以引申为必要的前期准备，是后面的必要铺垫，而这个准备所花费的时间就是前导时间。缩短前导时间有两个好处：其一，对市场潮流的快速反应，不需要预先做好大量存货；其二，可以减少预测错误的风险，降低不受顾客欢迎度。

3）ZARA 独特的"缺货"关系营销

ZARA 不只是卖服装，它卖给顾客的是对流行时尚的承诺和对顾客追求时尚的责任承担。"消费者需要什么样的服装"是 ZARA 公司经营最重要的参考目标。在企业与客户的关系发生了本质性变化的市场竞争环境中，抢占市场的关键已转变为与顾客建立长期而稳固的关系，从交易变成责任，从顾客变成拥趸，从管理营销组合变成管理和顾客的互动关系。ZARA 依靠独特的"高速、少量、多款"销售策略与顾客建立起稳定而良好的关系。

ZARA 全球卖场的一线工作人员每天都仔细收集消费者对产品的建议，从颜色、款式到价格，经过 IT 系统汇总回西班牙总公司。设计部门会立即进行检索与讨论，并安排采购与生产，两星期后，依顾客建议而设计生产的新产品就可以在店内与顾客见面。除此之外，ZARA 还经常举办时装秀，第一时间向顾客传递时尚流行信号，并不断与顾客双向沟通，满足其个性化、差异化需求。

ZARA 不追求每种款式生产更多的数量，而是注重款式的多样性。ZARA 每年生产的服装款式超过 12000 种，比起它的许多竞争对手，ZARA 能在流行时装上提供更多的选择。ZARA 商店每周供货两次，因为很少有对已售完款式的再订购，商店每隔 3~4 天全部更新陈列，保持顾客的新鲜感。紧跟时尚趋势、频繁的更新和更多的选择，造就了 ZARA 对顾客的独特吸引力，从而大大增加了顾客对 ZARA 的偏好与忠诚度。与其他服装零售商相比，ZARA 每一款服装的生产数量都非常少，这就人为地创造了一种稀缺。越是不容易得到的，就越能激发人的购买欲望。ZARA 执行永远"缺货"的策略，对于同一种款式的服装，零售店的库存一般只有几件，只要顾客一时犹豫，就会错失最终拥有它的机会，因为明天看到的是摆放一新的货架，这种策略换来的是顾客每次光顾时的果断购买。

4）追求合理企业回报

回报是指企业以满足顾客需求为前提，在顾客满意、社会满意和员工满意的基础上来实现企业满意，企业满意在很大程度上取决于企业的回报。对企业来说，营销的真正价值在于其为企业带来短期或长期的收入和利润的能力。追求回报是营销发展的动力，同时回报是维持市场关系的必要条件。企业要满足客户需求，为客户提供价值，但不能做"仆人"。这要求营销必须考虑营销的成本与收入，实现收入最大化，边际成本最小化，以实现企业回报目的。ZARA 在促销、广告、库存等方面完全体现了合理追求企业回报的要求，目前公司 16.2% 的利润率远远高于美国第一大服装零售商 Gap 公司的 10.9%。

在广告宣传方面，ZARA 几乎不做广告宣传，它的广告成本仅占其销售额的 0~0.3%，而行业平均水平则是 3.5%，广告费用的节省是 ZARA 追求回报的一种体现。在价格折扣方面，ZARA 公司采用少折扣策略。因为公司的产品都是"少量、多款"，消费者如不在第一时间购买，就存在着再也买不到的风险，所以往往无法等到季末或岁末打折就会迅速购买。ZARA 的打折商品数量约占它所有产品总数量的 18%，只有竞争者的一半水平。在库存方面，ZARA 公司的极速供应链体系下，公司库存量降至非常低的水平；目前库存量是 15%~20%，远低于其他服饰业者的 40% 的平均水平。

（资料来源：http://manager.china-ef.com/article，2009-01-16）

3. 案例评析

在激烈的网络市场竞争环境中，对经营者来说最重要的问题不在于如何控制、制定和实施计划，而在于如何站在顾客的角度及时地倾听顾客的希望、期待和需求，并迅速做出反应，满足顾客的需求。ZARA 的成功在于其独特的市场定位和对 4R 营销策略的有效运用。首先，ZARA 的前导时间远低于同行业的平均时间，这种极速反应体系是 ZARA 成功的最关键因素。其次，ZARA 把奢华多变的时尚、品质与大众平价结合在一起，既摒弃了工业化生产服装的传统思路，也没有选择涉足奢侈品牌，而是让 T 型台上展示的华服，成为人们"买得起的时尚"，充分地满足顾客的需求。

8.3 网络营销 4S 策略

4R 营销策略也有缺陷,它要求企业同顾客建立关联,需要实力基础或某些特殊条件,并不是所有的企业都可以轻易做到的。因此,在营销实践中,人们又提出了 4S 营销策略。

8.3.1 网络营销 4S 策略的含义

4S 分别是满意(Satisfaction)、服务(Service)、速度(Speed)、诚意(Sincerity)。4S 营销策略强调从消费者需求出发,打破传统的市场占有推销模式,建立一种全新的"消费者占有"的行销导向。网络营销 4S 策略要求企业充分利用互联网络环境和信息技术,对产品、服务、品牌定期定量地进行消费者满意指数和消费者满意级度的综合性测评,并不断改进消费者满意级度,以服务品质的最优化促使达到消费者满意度最大化,进而提高消费者的忠诚度;同时,注重强化网络环境下企业抵御市场风险、经营管理创新、持续稳定增效的能力。

1. 满意(Satisfaction)营销策略

满意是人的一种感觉状态水平,它来源于对产品或服务所设想的绩效或产出与人们的期望所进行的比较。顾客满意(Customer Satisfaction)是指顾客对某件产品满足其需要的绩效与期望进行比较所形成的感觉状态,是顾客对企业和员工所提供产品或服务的直接综合性评价。简单地说,顾客满意是顾客对企业、产品、服务和员工的认可。科特勒认为,顾客满意是指一个人通过对一个产品的可感知效果与他的期望值相比较后,所形成的愉悦或失望的感觉状态。亨利·阿塞尔也认为,当商品的实际消费效果达到消费者的预期时就导致了满意,否则会导致顾客不满意。

满意营销策略是指企业营销要努力使顾客满意,强调企业以顾客需求为导向,以顾客满意为中心,要站在顾客立场上考虑和解决问题,把顾客的需要和满意放在一切考虑因素之首。

2. 服务(Service)营销策略

1) 服务营销的含义

服务营销是企业在充分认识满足消费者需求的前提下,为充分满足消费者需要在营销过程中所采取的一系列活动。这里服务包括以下几层含义:首先,服务是企业员工精通业务,对顾客态度亲切友善,用温馨的用户管理策略和行为来感动用户;其次,服务是指为顾客提供具有附加价值和潜在价值的产品,如服务网点的铺设、产品附件的无偿赠送、适时的回馈活动等。服务的运作目的是使消费者的满意度得到提升。

服务作为一种营销组合要素,真正引起人们重视是在 20 世纪 80 年代后期。一方面,由于科学技术的进步和社会生产力的显著提高,产业升级和生产的专业化发展日益加速,使产品的服务含量,即产品的服务密集度日益增大;另一方面,随着劳动生产率的提高,市场转向买方市场,随着消费者收入水平的提高,消费需求也逐渐发生变化,需求层次相应提高并向多样化方向拓展。随着社会分工的发展、科学技术的进步,以及人们生活水平和质量的提高，服务营销在企业营销管理中的地位和作用也变得日益重要。

2) 服务营销的特点

与实物产品比较，服务产品具有不可感知性、不可分离性、差异性、不可储存性和所有权缺位等特征，服务产品的特征决定了服务营销具有不同于实物产品营销的特点。

(1) 服务营销以提供无形服务为目标。

(2) 服务的不可分离性决定了服务产品的消费与服务产品的提供是同时进行的。也就是说，服务营销的过程是服务的消费者直接参与服务的生产，并与服务提供者密切配合的过程。

(3) 服务的差异性导致同一服务者提供的同种服务会因其精力和心情状态等不同而有较大的差异，同时消费者对服务本身的要求也参差不齐，这就使得服务营销工作稳定性差。

(4) 由于大多数服务的无形性以及生产与消费的同时进行，从而导致服务产品供需在时空上分布不平衡的问题。因此，服务营销需要调节供需矛盾，实现供需平衡。

(5) 服务的所有权缺位特征决定了在服务的生产和消费过程中不涉及任何实体的所有权转移，所以，服务营销不会发生所有权转移。

3) 服务营销的本质

(1) 服务营销的本质是实现顾客满意。研究表明：服务企业的"顾客满意—顾客忠诚—企业的赢利性"之间存在着极其明显的正相关关系，顾客满意是服务营销的立足之本。

(2) 服务营销的本质是管理服务质量。顾客对服务质量的判断取决于两个变量：一个是顾客期望的服务质量，另一个是顾客感知的服务质量。顾客对服务质量的判断来自于顾客对两个变量的比较。服务营销的本质就是通过运用各种营销资源来创造和提供高质量的服务，实现服务提供者和顾客双方各自所欲所求的一种管理活动。

(3) 服务营销的本质是建立互动关系。服务营销是顾客与服务提供者建立的接触关系。关系是服务提供者和顾客、利益相关者直接的相互信任、相互依赖的交互和沟通。关系具有信任、吸引和承诺的特征。服务营销是致力于创立、维持和发展服务提供者与顾客、利益相关者良好关系的一系列管理活动。

4) 服务营销的管理

服务营销是企业营销管理深化的内在要求，也是企业在新的市场形势下形成竞争优势的新要素。为了有效地利用服务营销实现企业竞争的目的，企业应注重服务市场的细分，服务差异化、有形化、标准化，以及服务品牌、公关等问题的研究与管理，以制定和实施科学的服务营销策略，保证企业竞争目标的实现。

(1) 服务市场细分。任何一种服务市场都有为数众多、分布广泛的服务需求者，由于影响人们需求的因素是多种多样的，服务需求具有明显的个性化和多样化特征。任何一个企业，无论其能力多大，都无法全面满足不同市场服务需求，都不可能对所有的服务购买者提供有效的服务。因此，每个企业在实施其服务营销战略时都需要把其服务市场或对象进行细分，在市场细分的基础上选定自己服务的目标市场，有针对性地开展营销组合策略。只有这样，才能取得良好的营销效益。

(2) 服务的差异化。服务差异化是服务企业面对较强的竞争对手，而在服务内容、服务渠道和服务形象等方面采取有别于竞争对手而又突出自身优势特征,以战胜竞争对手的做法。实行服务差异化可从以下3个方面着手:①调查、了解和分清服务市场上现有的服务种类、竞争对手的劣势和自己的优势,有针对性、创造性地开发服务项目,满足目标顾客的需要;②采取有别于他人的传递手段,迅速而有效地把企业的服务传送给服务接受者;③注意运用象征物或特殊的符号、名称或标志来树立企业的独特形象。

(3) 服务的有形化。服务有形化是指企业借助服务过程中的各种有形要素,把看不见、摸不着的服务产品尽可能地实体化、有形化,让消费者感知到服务产品的存在,提高享用服务产品的利益过程。服务有形化包括3个方面的内容:①服务产品有形化。即通过服务设施等硬件技术,如自动对讲、自动售货等技术来实现服务自动化和规范化;通过能显示服务的某种证据,如各种票券、牌卡等代表消费者可能得到的服务利益,区分服务质量,变无形服务为有形服务,增强消费者对服务的感知能力。②服务环境的有形化。服务环境是企业提供服务和消费者享受服务的具体场所和气氛,它虽不构成服务产品的核心内容,但它能给企业带来"先入为主"的效应,是服务产品存在的不可缺少的条件。③服务提供者的有形化。服务提供者是指直接与消费者接触的企业员工,其所具备的服务素质和性格、言行,以及与消费者接触的方式、方法、态度等如何,会直接影响服务营销的实现。为了保证服务营销的有效性,企业应对员工进行服务标准化的培训,让其了解企业所提供的服务内容和要求,掌握进行服务的必备技术和技巧,以保证所提供的服务与企业的服务目标相一致。

(4) 服务的标准化。由于服务产品不仅仅是靠服务人员,还往往要借助一定的技术设施和技术条件,因此这为企业服务质量管理和服务的标准化生产提供了条件,企业应尽可能地把这部分技术性的常规工作标准化,以有效地促进企业服务质量的提高,具体做法可以从下面5个方面考虑:① 从方便消费者出发,改进设计质量,使服务程序合理化。②制定要求消费者遵守的内容合理、语言文明的规章制度,以诱导、规范消费者接受服务的行为,使之与企业服务生产的规范相吻合。③改善服务设施,美化服务环境,使消费者在等待期间过得充实舒服,如设置座椅、放置书报杂志、张贴有关材料等,为消费者等待和接受服务提供良好条件。④使用价格杠杆,明码实价地标明不同档次、不同质量的服务水平,满足不同层次的消费者的需求。同时,在不同时期、不同状态下,通过价格的上下浮动调节消费者的需求,以保持供需平衡,稳定服务质量。⑤规范服务提供者的言行举止,营造宾至如归的服务环境和气氛,使服务生产和消费能够在轻松、愉快的环境中完成。

(5) 服务品牌。服务品牌是指企业用来区别于其他企业服务产品的名称、符号、象征或设计,它由服务品牌名称和展示品牌的标识语、颜色、图案、符号、制服、设备等可见性要素构成。创服务名牌,是服务企业提高规模经济效益的一项重要措施。因而,企业应注意服务品牌的研究,通过创名牌来树立自己独特的形象,以建立和巩固企业特殊的市场地位,在竞争中保持领先的优势。

(6) 服务公关。服务公关是指企业为改善与社会公众的联系状况,增进公众对企业的认识、理解和支持,树立良好的企业形象而进行的一系列服务营销活动,其目的是要促进服务产品的销售,提高服务企业的市场竞争力。通过服务公关活动,沟通与消费者的联系,影响消费者对企业服务的预期愿望,尽可能地与企业提供的实际服务相一致,保证企业服务需求的稳定发展。

总之,服务营销有利于丰富市场营销的核心——充分满足消费者需要的内涵,有利于增强企业的竞争能力,有利于提高产品的附加价值。服务营销的兴起,对增强企业的营销优势、丰富企业网络营销活动内涵有着重要的意义。

3. 速度(Speed)营销策略

传统意义上的速度单纯指对客户快捷的服务速度,而这里所说的速度,则统指新产品的开发速度、对渠道的应变速度、配合产品推广的促销速度,以及企业对内外部环境变化的快速反应能力等。

在现代信息技术与电子网络飞速发展的市场环境下,市场竞争已不再是"大鱼吃小鱼",而是"快鱼吃慢鱼"。速度意味着市场份额、利润,意味着企业在新进市场的影响力和话语权。随着技术的公开,行业门槛正在不断降低,小企业只需10周的时间就能把最初的创意推上市场,而一般情况下这一过程却至少需要两年。面对客户反馈中提出的意见,企业必须具备能够在很短的时间内对整个营销战略做出调整的能力。

微型案例 8-7

1999年年末,IBM公司首席信息官史蒂夫·沃德陷入焦虑之中。他发现,如果公司旗下遍布全球的信息技术队伍跟不上网络时代的步伐,那么那些反应敏捷的小企业就会把业务抢走,特别是抢走那些与网络有关的业务。因此,他提议建立"快速团队"(Speed Team)。这支队伍的成员都是那些曾经在很短的时间内完成了创造性的网络项目的IBM员工,其领导人更是两位以速战速决而格外引人注目的人物:互联网技术及运营部经理简·哈珀以及采购部经理雷·布莱尔。

企业网络营销的速度策略,在战术层面上意味着要用信息技术改造价值链,充分利用互联网等现代信息技术设施,用速度实现成本的有效性;在战略规划的层面上意味着企业要在执行过程中制定战略,而不是先定战略后执行;在对质量的理解上,以速度为中心的质量观强调要从静态质量走向动态质量,认为对质量的持续改善比质量本身更重要。满足顾客需要已经远远不够,速度策略强调的是更快地满足顾客需要。

4. 诚意(Sincerity)营销策略

传统意义上的诚意,指真诚地为客户服务,这是人与人之间不可缺少的润滑剂。诚意营销策略是指企业在所有经营运作过程中所具备的诚意,如与上游供应链的合作诚意、与下游分销渠道的双赢诚意、对社会的诚意等。

诚意营销策略要求必须以他人利益为重,用真诚来服务顾客,用真情服务感化顾客,以有情服务赢得无情竞争,以微笑与快速行动来服务顾客,向用户提供售前服务表示诚心,提供现场服务表示爱心,提供事后服务表示谢心,这样才能最终赢得顾客。

8.3.2 网络营销4S策略的特点

1. 4S策略的优势

4S市场营销策略的主要优点是建立起一种"消费者占有"的导向,要求企业针对消费者的满意程度对产品、服务、品牌不断进行改进,从而达到企业服务品质最优化,使消费者满意度最大化,进而使消费者对企业产品产生一种忠诚。

2. 4S策略的不足

4S营销策略目前尚处于探索阶段,还需要在实践中不断完善。对于一个企业来说,要使众多消费者满意,并且树立起企业的独特品牌有相当大的难度。这不仅关系到企业的决策层,更关系到企业的每一个员工的态度,要求建立起一定的企业文化,才能对顾客的服务最好,才能使得顾客达到满意,进而认可企业的品牌。

在网络营销实践中,4S营销策略通常与4P、4C营销策略结合使用,相互取长补短,相得益彰。

8.3.3 网络营销4S与4P、4C策略的综合应用

1. 产品(Product)＋消费者(Consumer)＋满意(Satisfaction)

实施以消费者满意为导向的产品策略。新产品的研发与推出,要以能够满足特定目标消费群的需求为导向。生产企业应当在目标消费者确定的前提下,充分调查了解消费者的需求。

产品差异化要以能够给消费者带来独特的利益和满足其主要需求为导向。企业为了提高产品的竞争力,同时也为了吸引消费者对产品的关注,通常都会采取差异化营销策略。企业在实施差异化营销策略、开发新产品或新市场的时候,都应以是否能够给消费者带来独特的利益和满足其主要需求为衡量标准。

2. 价格(Price)＋成本(Cost)＋服务(Service)

实施以满足消费者所愿意付出的成本为导向的服务价格策略。首先,企业可以根据消费者的认知成本制定服务价格,制定价格的关键是消费者对产品成本的认知,而不是销售成本。其次,企业可以通过降低消费者购物的附加成本等非货币成本来制定价格。在市场竞争中,许多企业在应对竞争者的削价策略时,往往采取单纯地跟进对手削价的做法。这种直接跟进削价的方式,往往会带来负面的影响。最佳的策略是:在保持本产品价格不变或价格略有提升的基础上,大大降低消费者为了购物所支出的附加成本,来应对竞争者的削价策略。因为消费者在购物的过程中会付出很多非货币成本,如时间成本、精力成本、体力成本等。

3. 渠道(Place)＋便利性(Convenience)＋速度(Speed)

实施以提高消费者购物便利性及速度为导向的渠道策略。在网络营销中,无论是企业的分销渠道还是服务渠道,都应给消费者提供方便迅速的服务,这样才能够使消费者感觉到企业产品与服务的吸引力。企业可以通过建立"直效营销"的模式来提高消费者购买本企业产品的便利性和速度。"直效营销"是企业直接面对目标消费者展开销售的一种有效的方法。

4. 促销(Promotion)＋沟通(Communication)＋诚意(Sincerity)

实施以真诚沟通为导向的促销策略。网络营销不仅要求企业的产品要以消费者为导

向，为其制定有吸引力的价格，使之易于被消费者购买，还必须与现实及潜在消费者进行真诚沟通。企业在营销中需要同时承担起沟通者和促销者双重角色，制定出极富沟通力的促销方案，实施具有沟通力的促销活动，这样才能赢得比竞争对手数量更多的忠诚顾客。

8.3.4 应用案例："苏宁易购"的 4S 营销策略

1. 企业概况

苏宁易购是苏宁集团旗下的综合性网上购物商城，其前身是苏宁电器网上商城。2009年，苏宁电器网上商城开始全新改版升级并更名为苏宁易购。2010年2月，苏宁电器公司的 B2C 网购平台"苏宁易购"正式上线。

苏宁易购的市场定位：以商品销售和为消费者服务为主，同时在与实体店面协同上定位于服务店面、辅助店面、虚实互动，为消费者提供产品资讯、服务状态查询互动，以及作为新产品实验基地，将消费者购物习惯、喜好的研究反馈给供应商设计，提升整个供应链的柔性生产、大规模定制能力。为此，苏宁易购全面实施了 4S 营销策略。

2. 苏宁易购 4S 策略的应用

1) 苏宁易购的服务（Service）营销

（1）"专业自营"是苏宁易购售后服务的特点。目前，苏宁在全国拥有 1800 多个售后网点，30 家高端技术服务中心，15000 名服务人员，500 名高技能电器技术师，提供安装、维修、保养等各项服务。

（2）客户服务方面，苏宁易购凭借苏宁电器建立的以呼叫中心为平台、以 CRM 为管理目标的客户服务体系，实现全国统一受理与回访，全国统一服务热线全天 24 小时服务。

（3）在物流配送方面，苏宁易购有先天优势。苏宁实体店能提供线下的体验或提货，也能参与配送，实体店的存在还能给客户带来更多的信赖和认可。同时，苏宁实体店在全国的布局，意味着它有符合全国布局的物流体系和仓库。

（4）苏宁易购通过网上商城论坛，提供了良好的双向沟通平台。客户可以借此了解产品和相关促销活动，向企业提出疑问和建议；苏宁易购工作人员也可以在论坛上发布相关问题的答案，解除客户心中的疑惑。

2) 苏宁易购的速度（Speed）营销

苏宁集团自 2005 年起就与 IBM 展开合作，并最终达成战略合作共识。双方联合开发的 ERP/SAP 系统至今仍是中国零售业最强大的系统之一，而且 ERP/SAP 系统已经和苏宁易购平台对接，顾客在网站上下的订单会第一时间传递到苏宁的后台信息管理系统，物流仓库能在第一时间进行反应。而苏宁电器原有的 B2B 平台也应用到苏宁易购的采购体系中，生产厂商能第一时间看到销售情况，并随时调整货源，让前后台的销售进行无缝关联，大大缩短了产品备货的反应时间，提高工作效率。

2011 年以来，苏宁易购加快发展，在产品拓展、页面设计、购物体验等方面全方位推进、完善，使得苏宁易购的快速反应能力进一步提升。

3) 苏宁易购的诚意（Sincerity）营销

网上购物存在产品宣传与实物不符、商品质量差、交易诚信度低等问题，消费者付费后往往无法获得购货发票,导致索赔困难。苏宁易购则致力于用真诚打造网上信誉品牌,为顾客提供正规的购物发票,对于数码相机、手机等3C产品提供保修、三包类售后服务。苏宁易购以良好的商品品质保证和真诚周到的售后服务,赢得消费者的信赖。

4)苏宁易购的满意(Satisfaction)营销

苏宁易购继承了苏宁电器积累的近20年家电零售经验,强调"品牌、价格、服务一步到位",从满足顾客需求的角度出发,与全球数万家厂商建立了高效、成熟的供应链关系,苏宁易购凭借此平台能够采购到更优质、价格更有优势的产品,为网站的货源、商品质量和品类提供有力保证,从而提供令顾客满意的产品和服务。

3. 营销效果与案例评析

苏宁易购依托苏宁电器集团强大的品牌支持和资金支持,给予消费者远超同行的品牌信誉度和信赖感。苏宁易购借助苏宁电器强大的供应链支撑和物流节点及售后服务网点的支持,在电子商务3C市场具有采购、价格、物流配送及售后服务等优势,同时产品的质量品质也有严格的保证。当然,苏宁易购也还存在诸多不足。例如,苏宁易购的网页打开速度偏慢,整个页面色彩过于繁复,容易造成消费者视觉疲劳;网站模式设计简单,大多是产品照片和企业介绍等,客户体验感不强。此外,苏宁易购的论坛也有待加强管理。

总体来看,苏宁易购依托苏宁电器集团的强大支撑,充分发挥可以利用的各种资源优势,运用4S营销策略,以其不俗的业绩迅速在B2C电子商务市场形成自身特色,就网络营销而言,可谓取得了很大的成功。同时,本案例也对传统家电零售商如何有效地应用网络营销成功转型给予了许多有益的启示。

本 章 小 结

4C营销策略注重以消费者需求为导向,克服了4P营销策略只从企业考虑的局限。但4C营销策略立足的是顾客导向而未考虑到竞争对手,被动适应顾客需求的色彩较浓,没有解决满足顾客需求的操作性问题。

4R营销策略的最大特点是以竞争为导向,主动创造需求,弥补了4C营销策略的不足。4R营销策略通过关联、关系、反应等形式把企业与客户联系在一起,形成竞争优势;其追求回报实施低成本战略,客观上达到的是一种双赢效果。但4R营销策略要求与顾客建立关联,需要实力基础或某些特殊条件,并不是所有企业都可以轻易做到的。

4S营销策略的主要优点则是建立起一种"消费者占有"的导向,要求企业针对消费者的满意程度达到企业服务品质最优化,进而使消费者对企业产品产生忠诚。但对于一个企业来说,要达到使消费者满意,并且树立起企业的独特品牌却有相当大的难度。

复习思考题

(1) 4C营销策略与4P营销策略相比有什么优越性?解决了什么营销问题?还存在哪些不足?

(2) 4R 营销策略的主要特点是什么？具有哪些优势？

(3) 4S 营销策略的含义是什么？你认为在营销实践中应如何有效地运用 4S 营销策略？

(4) 综合分析比较 4P、4C、4R 与 4S 营销策略的基本特点、优势与不足，试结合企业实际，就如何运用这些策略帮助企业开展网络营销谈谈你的想法，并分小组展开讨论。

案例研讨

【案例资料】 "饥饿营销"曾是小米手机的法宝，小米选择几轮限量发售、每轮开放购买的方式，销售成果惊人。这种模式随着智能手机市场迅速扩张，加大了厂商对供应链的管理难度，甚至引发了供应链体系的混乱。2012 年 4 月 9 日，小米科技 CEO 指出，小米手机过去进行饥饿营销有着很多客观的因素，但这样的销售策略将在今年出现巨大的改变，MIUIV5 手机系统会代替小米手机，这意味着小米的营销重心，将从手机的高性价比转移到系统、互联网服务比拼。

根据普华永道会计师事务所统计，小米公司 2012 年的纳税总额达到了 19 亿元。其中，小米手机 2012 年共销售 719 万部，约占中国智能手机市场份额 4.23%，达到 126.5 亿元含税销售额。目前小米手机已成为高通、夏普的大买家，在硬件配置上的升级空间减少。观察家表示，"智能手机市场的同质化现象愈发严重，小米手机在硬件上的优势开始下降，所以向系统和服务创新上转型是大势所趋。"

小米发力 MIUI，国内其他互联网公司也纷纷开发手机操作系统。目前，百度、阿里、盛大、360 等互联网公司均开发了手机操作系统，运营商也先后涉足，如移动推出 OPhone，联通推出沃 Phone、联想乐 Phone，但上述国内系统几乎都是基于安卓的改良，市场反应较为平淡。有业内人士表示，互联网公司从战略上布局手机基本可以分为三种目的：一是意在获取或提升用户流量，补充现有业务，然后通过流量变现获利，如小米、奇虎 360；二是受到苹果 iOS 成功的启发，向产业链上游转移；三是为了获取用户数据，完成从云端到终端的战略布局，提升云服务的能力，如淘宝、谷歌等。

（资料来源：21 世纪网，2013-04-16，作者有删改）

分析上述案例资料，思考以下问题：

(1) 小米手机营销重心的转移说明了什么问题？企业应该如何看待和应对市场的这种变化？

(2) 案例中小米手机在营销中面临的主要问题是什么？你认为小米手机应该采取什么样的营销策略应对所遇到的市场问题？

扩展阅读

[1] [美]罗杰·卡特赖特. 市场营销学[M]. 2 版. 刘现伟，张璋，译. 北京：经济管理出版社，2011.

[2] [美]艾登伯格. 4R 营销[M]. 文武，等译. 北京：企业管理出版社，2003.

[3] [美]菲利普·科特勒，等. 营销革命 3.0：从产品到顾客，再到人文精神[M]. 毕崇毅，译. 北京：机械工业出版社，2011.

第四篇　网络营销综合服务

第 9 章　网络零售服务
第 10 章　网络营销策划
第 11 章　行业网络营销综合应用

篇首寄语

不要过度承诺，但要超值交付。

——戴尔公司创始人：迈克尔·戴尔

在艰难时期，企业要想获得生存下去的机会，唯一的办法就是保持一种始终面向外界的姿态。若想长期生存，仅有的途径就是要使人人竭尽全力，千方百计让下一代产品进入用户家中。

——约翰·多伊尔

第 9 章 网络零售服务

教学目标

- 熟悉网络零售的模式类型,掌握网络零售平台建设和网络商品采购的一般方法;
- 了解网络零售商品的图片拍摄与处理的常用方法技巧,熟悉零售网店的运营管理。

教学要求

知识要点	能力要求	相关知识
网络零售的定义与模式类型	O2O 零售模式的理解和运用能力	(1) 网络零售的定义,O2O 模式的含义、特点; (2) O2O 零售模式与 B2C、C2C 的关系
网络零售平台的建设	(1) 开设 C2C 和 B2C 网店的能力; (2) 网店装修能力	(1) 选择网店建设平台需要考虑的要素; (2) C2C 网站开店的流程、B2C 网站开店的流程; (3) 网店装修风格、网店装修的基本内容
网络商品采购	网络商品的采购能力	(1) 网络商品的概念、采购的技巧; (2) 网络商品采购渠道的类型、选择策略
网络零售商品的图片拍摄与处理	网络商品的图片拍摄与处理能力	(1) 拍摄商品照片的步骤及光圈调节、景深控制、曝光补偿、白平衡调整、环境布光知识与方法; (2) 不同材质表面的拍摄方法、商品细节展示拍摄; (3) 图片处理软件光影魔术手(nEO iMAGING)和 Photoshop
零售网店的客户服务与交易管理	(1) 运用网络沟通工具进行网店客户服务的能力; (2) 网店交易管理能力	(1) 网络沟通工具、网店客户服务策略; (2) 网店交易管理的内容、淘宝店铺"已卖出宝贝"的管理

网络营销服务及案例分析

基本概念

网络零售　O2O模式　网店装修　网店风格　网络商品　网络商品采购渠道　白平衡

导入案例

"火锅神话"海底捞的O2O营销

海底捞火锅店在线下（Offline）坚持优质服务的同时，巧妙地利用线上（Online）这个口碑放大器，促进用户向线下转化，从而达到线上传播品牌和线下促进销售的正向循环。

海底捞第一家火锅店于1994年在四川省简阳市正式开业，直到1999年4月海底捞在西安市雁塔区开了第二家店，正式开始了扩张的步伐。到2003年后，海底捞开始和互联网结缘，并利用互联网成功地为其发展壮大创造了良好条件。

1. 利用互联网成功打入北京、上海等一线城市

2003年"非典"时期，海底捞适时地上线了官方网站。2004年7月，海底捞正式进入北京，在大慧寺路开设分店；2005年7月，海底捞的北京第二分店牡丹园店成立。

2005年，以Web2.0概念为宣传噱头的大众点评网、口碑网等点评类网站开始得到网民的广泛使用，海底捞也开始了通过点评网站来建立自身互联网口碑的征程。2005年7月，海底捞北京牡丹园店成立后仅几天，就开始有网友在大众点评网上对其进行点评。当年7月底，在大众点评网上有强大号召力的钻石级食神"李鸿章大杂烩"（俗称"李大人"）去海底捞用餐时对其中的一道菜提了一个小意见，海底捞店长态度特别好，这给"李大人"留下了良好印象。"李大人"在大众点评网上给了海底捞5星的评分，这给海底捞直接带去了大量的新客流，受益的海底捞开始把"李大人"这样在美食爱好者中有影响力的意见领袖当成座上宾。

2006年，海底捞在北京新开三家分店，每次都特意请像"李大人"这样的意见领袖前去试吃；2006年12月，海底捞在上海开了第一家店吴中路店，采取同样的方法邀请网民意见领袖前往试吃，甚至远在北京的"李大人"都被专门请去上海。正是由于意见领袖在网络上的大力推荐吸引了大批网民的关注，海底捞也因此受益，迅速在北京和上海打响了知名度。到2007年时，海底捞在北京的名气已经非常大，被网友评为"最受欢迎"的餐厅，当年仅在北京就新开了5家店。截至2013年5月13日，海底捞北京的牡丹园店、上海的吴中路店在大众点评网上分别累积了20376份和12465份点评，累积被浏览的人次都超过了110万。

2. 利用社交网络积极进行全网营销和销售

2006—2007年，海底捞利用点评类网站在互联网上建立了相当的知名度；由于积极触网和利用信息化来改善自身服务，海底捞入选2008度中国企业信息化500强企业。2008年后，以开心网、新浪微博和腾讯微信为代表的社交媒体和社交网络先后兴起，海底捞在重视和维护点评类网站的同时，开始了积极利用社交媒体和社交网络的探索。与此同时，海底捞还努力改善自己官网的用户体验，采取全网营销的方式为顾客服务。

2010年7月，海底捞成为最早开通新浪微博的火锅企业之一，迅速在微博上积累了大量粉丝。2011年4月，海底捞开通了腾讯微博，利用该微博和网民进行频繁沟通交流，并以"海底捞体"在微博上走红，为海底捞带去了极高的关注度。此外，海底捞在其他网络社会媒体（如开心网、人人网）也开设了账号，甚至还派员工组建了海底捞粉丝QQ群。

在利用社交媒体和社交网络营销推广的同时，海底捞还利用互联网进行产品销售。海底捞官方网站建设，除了有最基本的餐厅和最新菜品的查询服务外，还开通了官网的电子商务功能。早在2011年年初，海底捞就有了网上订餐和外卖服务，但这两项服务没有大规模推广开。2012年10月，海底捞的

"Hi 捞送"实现 24 小时营业,为不能到店消费的用户提供外卖服务;2013 年 4 月,海底捞在官网全面开通了 Hi 订餐,为用户提供网上订座加网上点菜的服务,在一定程度上缓解了海底捞等位难的问题。除了官方网站,海底捞也积极拓展其他渠道进行产品销售,其淘宝天猫网店在 2007 年 9 月成立,主要售卖海底捞底料及其他调料产品;2010 年,团购在中国兴起后,海底捞与部分口碑不错的团购网站合作,为配合新菜品和新店开张开展团购,并取得了良好的效果。

3. 利用移动网络加强客户关系管理

利用新技术手段加强客户关系管理一直是海底捞的追求。2012 年 9 月,海底捞上线移动客户端,用户可以实现随时随地查询门店和进行订座,并且初步融合了社交功能,通过客户端可以申请电子会员卡。2012 年 11 月,随着微信的日益流行,海底捞开通了微信公众账号,门店查询、在线预订座位、叫外卖都可以通过公众账号实现,与用户建立了一对一实时的沟通渠道。海底捞在 2013 年 5 月上线了门店信息化系统应用,服务员可以通过 iPad 等移动设备提供电子化点餐服务,使餐中业务各环节实现了信息一体化和智能化,有效地提高了顾客的就餐体验,并加强了客户关系管理。

4. 营销效果

从效果来看,海底捞算得上是中国餐饮行业线上部分做得最好的企业之一。通过 2012 年 10 月新浪微博开放平台的数据可以看出,海底捞的新浪微博的粉丝数位列餐饮企业前十,平均转发数排名第二,而平均评论数和粉丝活跃度更是高居榜首。

(资料来源:http://info.ceo.hc360.com,2013-05-20)

点评: 线上和线下融合打造企业零售市场核心竞争力

海底捞积极探索 O2O 模式并取得了很大成功。海底捞的成功根本原因是其实现了超乎顾客预期的线下(Offline)服务和线上(Online)口碑传播的完美结合。海底捞通过美食意见领袖把自己的品牌传播出去,这是一个实惠且有效的方式;而借助社交媒体和社交网络建立起全网营销渠道和销售渠道,则很好地利用了线上为线下服务。

O2O 线上线下结合是一种网络零售发展模式,海底捞的成功表明:中国餐饮企业可以更好地利用互联网,找到线上和线下的融合点,以 O2O 思维努力打造企业的核心竞争力。

当然,海底捞现在的 O2O 实践也有很多不足之处,如它的官方网站内容还过于单薄,其 APP 客户端目前没有结合 LBS,缺少与社交媒体和社交网络的分享对接功能;海底捞员工的整体教育水平并不很高。但海底捞在利用互联网新技术方面的意识十分强,并且能够加强对员工的培训和加大技术投入,敢于用新技术去改造和提升其传统服务,根据现实情况的变化而及时调整,采取相适应的策略措施,这些都值得从事零售服务的企业借鉴。

零售业是指以向最终消费者提供所需商品或服务为主的行业,而网络零售则是零售业中一种新兴的业务形态,同时也是网络营销服务的一项重要职能。本章从网络零售的概念及平台建设、网络商品的采购、网络零售商品的图片拍摄处理、零售网店的客户服务与交易管理等方面介绍网络零售服务。

9.1 网络零售的概念

网络零售是现代电子技术在零售企业销售过程中的应用。网络零售市场是虚拟市场,打破了传统零售业的时空限制,网络零售商可以以很低的成本将目标市场扩展到全国乃至全球。

9.1.1 网络零售的定义

网络零售目前尚无权威的统一定义。Harris 和 Dennis(2002)认为，网络零售是指通过互联网或其他电子网络渠道，针对个人或家庭的需求销售商品或提供服务。中国电子商务研究中心发布的《2009 中国网上零售调查报告》给出的定义称："网络零售是指交易双方以互联网为媒介的商品交易活动，即通过互联网进行信息的组织和传递，实现了有形商品和无形商品所有权的转移或服务的消费，买卖双方通过电子商务应用实现交易信息查询（信息流）、交易（资金流）和交付（物流）等行为。"艾瑞咨询集团(2011)则认为："网络零售是借助网络实现商品或服务从商家或卖家转移到个人用户（消费者）的过程，在整个过程中的资金流、物流和信息流，其中任何一个环节有网络的参与，都称之为网络购物。"

综合上述定义及目前网络零售业发展的特点，本书认为：网络零售是指借助以互联网为主的各种电子网络渠道，实现网络商品从供应商流向最终消费者的交易过程。这里电子网络泛指互联网和各种移动信息通信网络；网络商品包括有形商品、无形商品及服务；最终消费者可以是个人消费者，也可以是各种以最终消费为目的网购商品的团购群体、社会组织、政府部门或企业部门等；交易过程伴随着有形商品的所有权转移及服务的消费。

9.1.2 网络零售的模式类型

按照网络零售的参与者是企业或网络消费者及交易过程特点，目前网络零售可以分为 B2C 模式、C2C 模式、O2O 模式等类型。

1. B2C 网络零售模式

B2C(即 Business to Consumers)模式，是指企业与消费者之间的电子商务交易模式。这种网络零售模式又包括门户网站商城模式、店中店模式等，其中门户网站商城模式的代表性网店有新浪商城、海尔商城等，店中店模式的代表性网店有当当网、京东商城、天猫商城、亚马逊网络公司的店中店等。

2. C2C 网络零售模式

C2C(即 Consumers to Consumers)模式，是指消费者与消费者之间的电子商务模式，也称 C2C 卖场模式。简单地说，就是消费者提供服务或产品给消费者。C2C 网络零售平台就是通过为买卖双方提供一个在线交易平台，使卖方可以自行提供商品上网展示销售，而买方可以自行选择商品拍下付款或是以竞价方式在线完成交易。代表性的 C2C 卖场如拍拍、淘宝、易趣、有啊等。

3. O2O 网络零售模式

O2O(即 Online to Offline)零售模式，又称离线商务模式，是指线上营销线上购买带动线下经营和线下消费的一种商务服务模式。O2O 模式通过打折、提供信息、服务预订等方式，把线下商店的消息推送给互联网用户，从而将其转换为线下客户。O2O 模式特别适合必须到店消费的商品和服务，如餐饮、健身、看电影和演出、美容美发等。

1) O2O零售模式的特点

（1）对用户而言，O2O零售模式可以使其获取更丰富、全面的商家服务信息，能够更加便捷地向商家在线咨询并进行预订，能够获得相对于线下直接消费较为便宜的价格。

（2）对商家而言，O2O零售模式使其能够获得更多的宣传、展示机会以吸引更多新客户到店消费；掌握用户数据，推广效果可查、每笔交易可跟踪，大大提升对老客户的维护与营销效果；通过与用户在线沟通、释疑，更好地了解用户心理；通过在线有效预订等方式，降低线下实体店对黄金地段旺铺的依赖，大大减少租金支出，节约经营成本。

（3）对O2O平台本身而言，该模式与用户日常生活息息相关，能吸引大量高黏性用户，并能对商家进行有效的推广，可吸引大量线下生活服务商家加入；该模式还具有巨大的广告收入空间及形成规模后更多的盈利模式。

2) O2O与B2C、C2C的关系

虽然O2O与B2C、C2C一样，都是在线支付，但不同的是，通过B2C、C2C购买的商品是被装箱快递至消费者手中，而O2O则是消费者在线上购买商品与服务后，需去线下享受服务。

3) O2O模式与团购的关系

团购也是让消费者在线支付购买线下的商品和服务，再到线下去享受服务，可以看作是O2O模式的初级商业方法。团购与O2O模式的区别在于：O2O是网上商城长期性的经营活动，而团购是低折扣的临时性促销；对于商家来说，团购方式没有可持续性，很难变成长期的经营方法。

微型案例 9-1

广州有家名为摩卡巴卡的公司，通过自建网络展示平台，将家电与家居产品直接从生产厂家供给家庭，降低了代理商和家电卖场等渠道费用，让消费者以平价购买到高档家电和家居产品。与其他家电家居卖家不同的是，消费者需要在其官网上下单订购，而后享受线下的上门定制服务。当然，消费者也可以先到其设在天河区的体验店，接受导购提供的"量身"建议与设计后，再行在线支付。

9.2 网络零售平台的建设

目前，网络零售主要是通过在各种网络平台开设网店来实现的。企业或个人可以选择第三方网络零售平台开店，也可以自建网站开店，或者同时在多种不同平台上开店，具体选择何种平台要根据企业或个人的实际情况而定。一般来说，作为个人创业起步者，宜选择流量大、运营稳定的C2C网络平台（如淘宝网）开店；作为传统零售企业或者开店发展到一定阶段之后，根据产品特点和企业规模与实力，可以到零售平台上发展为B2C模式，也可以独立建站直接做B2C业务。

9.2.1 网店建设平台的选择

开设网店首先要选择一个合适的零售平台，借助零售平台的资源快速成长。一般来说，选择网店建设平台需要考虑以下要素。

1. 平台综合指标

平台综合指标主要指网站设计、排名、收费项目、支付工具、即时通信工具、信用评价机制、物流等。综合指标的高低主要体现在网站流量上，越是大型成熟的平台，各项指标越是占有明显优势，网站流量就高。

2. 结合网络销售商品的特点

网络销售的商品特点与平台特点相吻合很重要。不同平台各具特点，开设网店之前对拟销售商品及目标客户群体应有一个明确的定位。例如，淘宝网的特点在于所售商品价廉物美，提供进货、销售一条龙服务；拍拍的特点在于打造时尚运动购物平台，客户群体偏向年轻的学生族及刚毕业不久的时尚一族，买卖游戏等虚拟商品选择拍拍比较合适；易趣比较注重出口导向，鼓励卖家向国外销售，如果是做跨国零售交易，易趣相对适合些。

3. 平台性价比

如果处于创业起步阶段，一般选择同等服务下投资小、费用低的平台比较有利。目前淘宝、拍拍、易趣等平台都免收开店基础费用，淘宝的一些增值服务（如旺铺升级）也有所放开，拍拍除了缴纳诚信保证金外还可以积累虚拟财富值用于增值服务消费，易趣免店铺租金但其他费用较高。

如果处于创业中期，或者企业已经有了一定的资金积累，对店铺的经营要求会更高，可以适当地选择一些增值服务。增值服务能直接给网店带来更大的经济效益，虽然有些增值服务，如淘宝消费者保障服务、7天退换服务、现行赔付服务、淘宝直通车的推广服务等，通常需要缴纳几千元保证金，但有利于店铺商品推广，直接关系到用户购物体验。

4. 平台性能

平台操作的方便性、稳定性等因素也是影响开店的重要因素。如果操作不顺利，商品描述和发布、与客户沟通、发货等不同程度受到影响，直接影响店铺销售效率和业绩；同时，平台不稳定，造成店铺搬家或数据丢失，对网店营业都会造成不可估量和弥补的损失。从C2C零售平台看来，淘宝、拍拍比较符合中国人习惯，操作方便，界面人性化很强；易趣从国外平台延伸，许多营运方式不够中国本土化，以至于在界面操作不够方便，其改版频繁、基本收费项目和支付方式等方面也不太适合中国人习惯。

5. 平台用户口碑

网站的用户口碑关系到网民的购物信心，口碑好就会聚集人气，流量就大，有利于平台上运营网店的客流量。例如，淘宝一直以来致力于为店铺掌柜考虑，为用户支付安全考虑，在国人中赢得了比较好的口碑；拍拍的口碑主要靠与QQ口碑推广相结合的模式建立起来，在拍拍平台上做时尚产品的销售会比较适合。

6. 平台管理水平

平台管理的水平直接关系到店家与网络购物者的利益是否能够得到最大程度的保障，发生纠纷能否及时协调处理，资金安全是否让用户放心，购物者与店家的诚信体系是否健全等。对于流量大的平台，管理水平要求更高。

7. 配套物流服务水平

物流服务水平对发货环节有直接影响。此外，发货速度、运费设置等都关系到购物者收货时的直接体验。

总体而言，在知名网络零售平台上开设店铺的投资小，可使用资源多，开店简单，相当于站在巨人的肩膀上起步，优势十分明显；但这种网店个性化不够强，需要非常强的推广能力。自建网站开设独立网店，拥有属于自己的独立顶级域名，易于记忆，有助于品牌的建立、网站的营销和推广；但需要有较强的技术力量和相应的经济实力。

9.2.2 网店开设流程

网上开店的流程在许多方面要比开实体店简单得多，如淘宝、拍拍、易趣、百度有啊不需要实体店铺工商注册，只要在平台上注册和发布一定数量的商品就可以开设店铺。

1. C2C 网站开店的流程

（1）选择 C2C 网站平台。例如，选择淘宝网（www.taobao.com），并注册成为会员。

（2）通过实名认证。包括申请和关联银行账号，确定相应的支付工具。

（3）给物品拍照并上传照片。如果是加盟店形式，则直接下载商家提供的数据包。例如，采包网（www.caibaowang.com）是一家批发网络加盟总店，其提供的数据包经常更新供加盟店下载。

（4）商品描述与价格。对每件商品进行详细的描述，制定适宜的价格。

（5）开始经营。例如，在淘宝网上一般发布 10 件以上商品，便可以免费开店经营了。

2. B2C 网站开店的流程

B2C 网站开店需要有工商注册登记才可入驻。以天猫商城为例，开店流程如下：

（1）登录注册认证。登录网站申请企业支付宝账号，并完成支付宝账号的商家认证。

（2）进入在线申请页面。登录淘宝商城招商页面（zhaoshang.mall.taobao.com），点击"立即加入"。

（3）提交信息。在线输入提交公司（具有法人资格，已经在工商部门正式注册登记的公司）及品牌资料信息。

（4）签约。在线签订淘宝商城服务条款、服务协议及支付宝代扣协议。

（5）等待审核。提交相关资质及品牌资料等待淘宝店小二审核。资质资料包括企业营业执照副本复印件一份、税务登记证复印件一份、支付宝授权书一份（可点击下载）。品牌相关材料包括在淘宝经营的品牌清单等。若想申请品牌旗舰店，则需提供商标权证书复印件或国家商标局受理商标申请通知书复印件；若想申请品牌专卖店，则需要提供商标权（品牌）持有人所提供的商标权证书复印件、商标权（品牌）持有人向商户出具的授权书或授权合同复印件等材料。

（6）冻结保证金。在所申请的商家支付宝账号中充入 10000 元人民币，淘宝公司将会在查收后冻结作为商家保证金。

(7) 开店。完成以上 6 步店铺即开通。

9.2.3 网店装修

网络上开设的店铺要想容易被搜索到、被记住，店内界面一定要有特色，因此网店装修就显得十分重要。网店装修也称网店形象设计，包括店铺基本形象设计和高级功能形象设计。网店装修应既能够满足网店业务需要，又能适合网购者的审美要求。

1. 网店装修风格设计

网店风格是店铺形象的外在体现形式，它关系到一个网店的经营绩效。影响装修风格的要素包括店铺的整体色彩、色调、图片的拍摄风格等，装修风格应与网店经营的商品类型相协调。例如，卡通礼品店铺装修风格要显得活泼可爱，商品图片要时尚，色彩要鲜艳，商品描述和留言回复的口气要年轻化等；电子产品网店一般采用理性、专业、具有工业感的风格，商品图片简单明了，色彩不花哨，商品描述和留言回复专业、言简意赅；女装精品店定位要时尚漂亮，店铺装修精致内敛、简单大方，商品图片干净利落，色彩偏中性，商品描述和留言回复亲和、稳重。

2. 店铺装修的基本内容

店铺装修的基本内容包括店标、店铺名称、店铺的经营类别、人气类目和店铺介绍、友情链接管理、商品描述页面设计等方面。

1) 店标

店标可使顾客建立良好的第一印象，如果店标位置是空白的，则会降低顾客对网店的评价，因此要制作一个能反映网店特色的静态或动态图片作为 Logo。店标的格式一般为 GIF 或 JPG、JPEG、PNG，文件大小在 80KB 以内，建议尺寸为 80×80 像素的图片。

2) 店名

店铺取名可以参考以下几条原则：

（1）店名的容量不要超出 30 个汉字，一般短一点便于记忆。

（2）要充分利用关键字来提高搜索概率。因为顾客可能会通过搜索店铺这种站内搜索方式或者外部搜索引擎来查找店铺和店主，在店名里面加入相应的关键字，根据经营情况来设计和优化店名，就可以使店铺被更多的人搜索到。

（3）店名一定要简洁通俗，读起来要响亮畅达、朗朗上口。如果招牌用字生僻，读起来拗口，就不容易为浏览者熟记。

（4）店名别具一格，独具特色。用与众不同的字眼，使店名体现出一种独立的品位和风格，吸引浏览者的注意。

（5）店名用字要与自己的经营商品相关。让人从店名中就看出店铺的经营范围，有利于提高成交率；如果名字与商品无关，很可能导致浏览者的反感。

（6）用一些符合中国人审美观的字词，给人以美感。不要为引人注意而使用一些阴晦低俗、惹人反感的名字，这样的结果会适得其反。

总之，店名可以使用以下的关键字元素来进行组合：店铺或主营品牌、经营内容、定位特点等行业介绍类关键字；皇冠、钻石、好评率等信誉信息类关键字；包邮、打折、清仓、新货上架、热卖程度、收藏有奖等促销信息类关键字；原创手工、外贸原单、厂家直销等专业特色类关键字；在线情况、议价态度、发货周期等个性化关键字；商盟、满就送、搭配减价等淘宝组织或活动类关键字等。

图 9-1 列举了 4 个店铺名字，第一个会令人产生负面联想，容易引起顾客的误解；第二个使用了不易拼读的生僻字，不容易让顾客记忆，也不便于店铺搜索；第三个、第四个店名就符合以上店名设计原则的特点，容易记忆和被搜索到。

图 9-1 店铺取名对比举例

3）店铺类别与人气类目

根据店铺主营产品的类目选择店铺的类别，如食品/茶叶/零食/特产、珠宝/钻石/翡翠/黄金、彩妆/香水/护肤/美体等，以方便零售平台对店铺进行监管和用户分类浏览。

人气类目是为了方便卖家了解自己店铺的经营状态而添加的参数，此参数是参考店铺的商品数量和销售状态等数值，综合分析出店铺所涉及的商品类目中最有优势的一个类目。但是，无论店铺所涵盖的商品类目有多少，每个店铺只有一个人气类目。店铺的人气类目不需要手动修改，也不可以手动修改，这个数据只是帮助商家了解自己的优势类目，如果店铺的商品类目状态有所改变，那么系统也会做出相应的判断和更新。

4）店铺介绍与商品描述

店铺介绍是将店铺情况编辑成文字内容，可通过编辑器更改字体、颜色、大小、插入图片和链接等来突出重点信息，使文字的排版更加美观。

网络零售由于买卖双方不见面，商品信息主要通过文字、图片等描述方式传达。好的商品描述能够为店主招徕顾客，而过于粗糙的商品描述，顾客即使来了也会马上离去。

一般来说，用文字描述网络商品需把握以下几个要点：

其一，为商品起一个好的标题。标题应真实且符合商品性能特点，可由品牌、品名、规格、其他说明等组成，字数在 30 个字以内，顺序安排上以买家的关心程度排序。

其二，详细的商品说明，包括商品背景、规格和功能、使用特点、价格等内容。

其三，其他备注情况。如付款及交货方式的约定、"三包"服务条款、开店的心路历程、店铺经营理念、产品使用知识与技巧等，最好能与顾客进行情感交流，以吸引并打动顾客。

"最新款 OPPO MP4 S39 8G OPPOS39 送触摸笔 全国联保"，侧重售后服务和品牌；"《钻石店铺》康莉女鞋专卖店 * 10 款 110139202"，侧重卖家信誉；"130 万像素数码相机 260 元特卖"，侧重性能和价格；"粽子/滋补/礼品粽 [Z27]/情系五方"，侧重产品用途和时机，大打感情牌；"麦包包※DUDU 正品牛皮包 时尚手提斜挎包/两用包/女包｜kK60"，每款商品前都加店名，增加店铺的曝光率。

使用商品图片对网络商品进行描述也非常重要。在商品描述页面里插入一些细节图片,让顾客看清楚商品的材质、质感、做工、花纹图案等细节,能加深顾客对商品的直观感觉,增加其信任感。图片使用要以反映物品的真实状况为原则,可以借助图片工具进行美化,但不能造成顾客误解而引起投诉。商品图片描述的制作,一般要经过拍摄、图片处理等步骤(详情可参见本书 9.4 节)。另外,由于摄影和图片处理需要一定的专业技能和知识,网店可通过外包的形式委托给专业的摄影公司或图片处理公司来完成。

5) 商品发布

商品发布需要选择发布方式,填写商品名称、关键字、商品类目、商品描述、商品数量、上传图片描述等。

商品发布方式有一口价发布和拍卖方式。一口价发布是指设定固定价格,让买家可以立刻购买商家的商品;拍卖方式由卖家设置底价,再设置加价额度,让买家们竞价购买。此外,有些网络零售平台如淘宝网中好评率达到 97% 以上、发布权限为三星以上的卖家还能以团购方式发布。团购需设置团购价格和团购人数,买家达到团购人数交易才能达成。

6) 友情链接设置

交换友情链接是一种联合推广的有效方法,外部搜索引擎是通过抓取网页上的关键字来完成搜索指令的,因此友情链接的关键字对于站内推广和站外搜索都有一定的促进作用。淘宝和拍拍的店铺都有友情链接位,用来链接相关店铺地址。

7) 网店模板的使用

随着店铺装修设计的需求越来越普及,很多专业设计网店的工作室应运而生,这些工作室根据对商家需求的了解设计出各种模板供店家使用。店铺装修模板一般分为自定义页面模板、促销区模板、左侧模块和右侧模块等,商品则有专门的商品描述模板,但是任何网页模板的设计都离不开 html 源代码。所以,在店铺的日常运营中,无论是更换促销广告还是上新货,都要通过更换网页里的源代码来实施。承接店铺装修的工作室一般都是将 html 源代码保存为 txt 格式文件以后发给店主,只要使用"全选+复制"的方式将代码复制下来,然后粘贴到商品描述或公告栏或自定义页面模块的编辑器后发布即可。

在使用 html 代码编辑网页模板时要注意以下 4 点:①编辑时需要换行最好用"Shift+Enter"来操作,而不要直接用"Enter"键来换行;②不要从 Word 文档或其他网站复制文字来编辑模板,否则会影响模板的正常显示;③如果要编辑公告及动态效果的文字,应该先把文字在 txt 文档内编辑好再复制进来;④第一次编辑好的模板在发布之前最好存入一个 txt 文档做备份,下次发布商品时就用这个备份文件。

8) 可视化编辑

一般的零售店铺都可以采用开放的店铺装修方式,利用**可视化技术**和所见即所得技术,自由添加模块,配合各种新增功能定制出个性化店铺,为买家带来全新的购物体验。

知识卡片 9-1

可视化(Visualization)技术:利用计算机图形学和图像处理技术,将数据转换成图形或图像在屏幕上显示出来,并进行交互处理的理论、方法和技术。它涉及计算机图形学、图像处理、计算机视觉、计算机辅助设计等多个领域,成为研究数据表示、数据处理、决策分析等一系列问题的综合技术,包括科学计算可视化和信息可视化。

9.3 网络商品采购

网络商品采购是网络零售整个业务流程中一个十分重要的环节,需要综合考虑网络零售生态链上游供货商的特点与下游最终消费者的需求。

9.3.1 网络商品的概念

商品是用于交换的劳动产品,传统商品以其有形的物质属性来满足人们的消费需求。随着信息、网络技术的创新与推广,计算机与互联网紧密结合起来,电子商务在全球飞速发展,大大扩展了商品的交易范围,开辟出全新的生产与交易平台。于是,区别于传统商品的新型商品形式——网络商品,在现代市场经济中应运而生。

网络商品是新的商品形态,对于网络商品的概念,目前尚未形成统一权威的定义。狭义的网络商品是在互联网平台生产、交换、消费,可以满足现代社会某些特定需求的数字化、信息化的劳动产品与服务,它是由现代人类劳动创造、用于交换、具有价值和使用价值的新兴商品。狭义的网络商品以数字化为形式,以信息与知识为内容,以网络为流通载体,具有数字化、无形性、知识集聚等特点。

广义而言,从交易平台角度看,以互联网为平台进行交易的商品都可称为网络商品。从商品表现形态来看,网络商品包括在网络上进行交易的实体产品、虚体产品和服务活动。

综合各方对网络商品的理解,同时考察网络商品的特征及其发展趋势,本书认为,网络商品俗称网货,是指以互联网为主要渠道进行交易的有形或无形商品及服务。这个定义强调了"无形商品及服务"与实体商品一样,是网络商品的重要组成部分,也是网络商品区别于传统商品的重要特征之一。目前网络商品交易过程,包括资金流、物流和信息流的各个环节,主要依赖于互联网。

网络商品除了传统商品所具备的自然属性、社会属性外,还具有商品的个性化属性。换句话说,网络商品是异质性、个性化和体验化的,异质性是网络商品的基本特征。

互联网对商品的生产方式、销售渠道、流通过程、产品形态、价格构成等属性产生持续深度影响的过程,即为传统商品的"网货化"。销售渠道的变化只是"网货化"的开端,随着网货化的深入,互联网将为传统商品注入越来越多的互联网服务的价值。

9.3.2 网络商品采购的技巧

网络零售商采购网络商品的目的,是为了最终能将其销售出去,因此,站在最终消费者的角度选择网络商品,是网络商品采购中最重要的技巧。此外,还需注意以下技巧。

(1) 注重品牌效应。现阶段品牌是实质的保证,很多人都会受到品牌的影响。例如,淘宝网里的服饰商品,不知名的服饰往往会给人一种没有质量保证的感觉;相反,品牌服饰是一种外在的形象,给人一种心理安抚。

(2) 注重商品的个性化特色。每个人都有自己的需求,看待东西的眼光也不一样。例如,淘宝网的一些旗舰店,其搜罗的服装各有特色,款式、价格等根据消费者不同的需求,相应地给予了不同的定位。

（3）注意制约因素的影响。作为网络零售商，必须时刻注意消费者在不同阶段的需求。例如，服装会随着季节性的变化而影响销售。因此，网上店铺为了加大商品销售的数量，必须时刻注意外在环境的变化而相应地采取变更措施。

（4）质量的保证。网络商品最初给人的感觉是空泛的，只能看到网上的相关文字或图片资料。所以，要对商品给出一定的质量保证，才能让顾客放心地选择购买。

（5）信誉的影响。没有信誉的店铺，即使里面的商品再好，人们往往也不敢轻易地去购买；而信誉度高的店铺，因为有消费者的评价，可以放心地去购买。

（6）细看网络商品描述，拒绝文字游戏。优秀讲诚信的卖家通常会将自己所卖商品描述详尽，各项性能指标、规格、使用期限等逐一列举。遇到字意模棱两可的介绍，一定要向卖家询问清楚。有些不良卖家玩文字游戏，如声称"正品""正版"之类，如果买家没有事先仔细询问，等收到商品发现是假货要投诉时，对方就辩解自己没说卖的是假货，而只是说那是正品而非次品。

（7）多与卖家进行沟通。有任何疑问都尽量先和卖家沟通，以避免不必要的损失。网上批量采购商品，除要了解商品本身外，更重要的是要了解供货商的情况，其为人处事做生意的态度，可以流露在字里行间。

（8）保留交易手续。价格比较高昂的大宗货品一定要向卖家问清来路，如果卖家可以开发票，尽量索要发票。无论交易大小，与网络卖家之间的往来邮件、聊天记录等都需要保存，以防日后需要证据的时候拿不出来。

（9）计算好邮费。若选择网上批发采购，因为地域的关系邮费通常和所标价格不同，确定购买之前一定要与卖家事先协商妥当。

（10）纠纷处理技巧。遇到商品质量不好或是名不副实，要先与卖家进行积极的沟通；如果不能通过双方协商解决而产生纠纷，要及早投诉。

9.3.3 网络商品采购渠道类型

网络商品采购渠道是指网络商品从生产厂家转移到销售环节所经过的路线。所经过层次越多，渠道就越长，反之渠道则越短。目前，网络商品采购可通过个性化定制渠道、特色地域产品渠道、网络商品交易会、网站批发、加盟与代理、传统批发市场等渠道进行。

1. 个性化定制渠道

定制在传统采购渠道中是比较奢华的事情，但是在网络环境下，个性定制变得十分容易。例如，消费者可以根据自己的需要，在网上定制一些含个性化内容的杂志、T恤、茶杯等日常生活用品，或者一些网上个性化定制服务，以满足其个性需求。个性化定制网站通常针对个体的不同需求，为其提供独一无二的礼品或用品，顾客可以获得自己喜爱的个性化用品，网站则出售自己的创意，这就是个性化定制网站的商务模式。它以消费者为导向，并以柔性化生产取代定制化生产，形成产销合一的个性化定制网络商品采购渠道，方便消费者得到个性化的产品。

网络商品产销合一的个性化定制渠道也存在明显的不足，主要表现为定制产品通常有时间限制，定制可能给企业带来技术提升的困难，质量可能无法保证。此外，定制产品价格一般比较昂贵。

2. 特色地域产品

中国地大物博，不同的地域、气候形成了各种具有明显地域特色的产业。例如，浙江的永康五金、慈溪轴承、嘉善密封件、黄岩模具、嵊州领带等。这些地域特色产品，在质量和价格上具有相对的市场优势，网络零售又为其打破传统销售渠道的局限，跨地域开拓更广阔的市场提供了有利条件。

特色地域产品采购渠道存在的劣势主要是进货渠道方式单一、对地域依赖性较大、各地消费者的个性化需求不同可能出现众口难调的局面等。为此，网络零售商可以采取一些措施加以改善，如努力成为该特色产品在本地的代理商，由厂商负责输送货物，从而减少产品的进价成本；多加改革和创新，按地域间的不同特点加以改革以满足个性化需求等。

3. 网货交易会

网络商品交易会的展品一般都按一定的标准（如必须适合在网上销售，展品是网络热销或稀缺但将会热销等）经过精心筛选，商品较为集中，选择余地大。对企业而言，通过网络商品交易会可直接与终端消费接触，不仅可以使交易渠道扁平化，减少中间渠道的成本，同时还可更直接、快速地了解市场消费的需求动向。

网络商品交易会的主要劣势：由于地域局限，对有些远距离的采购商可能造成交通不便，费用成本（包括场地费、特装费、交通住宿费、样品托运费等）较高而加剧价格竞争，或者由于物品太过烦琐会有以次充好的现象等。因此，网络商品交易会在现场交易的同时，最好也开通网络交易，这样解决了采购商的突发状况，也可以提高交易率。

4. 加盟与代理渠道

加盟代理店渠道的主要优点是可以降低失败风险，拥有品牌的知名度，使企业保持较强的竞争力。由于加盟总部一般都有相应的成功开店模式，且由总部提供后勤与商品，加盟代理店只需要负责店务操作及店面管理，省事省时。同时，在选择一个连锁总店后，品牌的知名度会比独立开店要高一些，而且连锁加盟代理店的商品往往会不断地推陈出新，并能够掌握市场的第一手信息，使加盟代理店的竞争力也会不断增强。

加盟代理店的主要缺点：加盟代理由于要受总部规范的制约，通常会要求连锁保持一致性，必须按总部的规划做，让其加盟的每一家店看起来都制式化而且标准化；同时，加盟代理店还必须支付给总部一笔费用，包括加盟金、保证金及品牌授权的权利金等。

选择加盟应注意的问题：首先，要分析加盟企业的财务绩效、企业成长和管理品质、企业稳定性等因素；其次，应注意加盟本部的态度和服务、加盟总部与加盟店之间关系的评价；最后，加盟前最好先去公司总部的直营店考察。

5. 海外代购渠道

海外代购渠道的主要优势：其一，相对于从国内购买，海外代购可以保证买到来自欧美的真正原产商品，避免了买到在国内代加工的名牌、高精仿货的尴尬；其二，海外代购可以享受到平等的购物权利，让消费者享受到实惠的价格；其三，海外代购可选择范围更广，对于某些至今尚未进入中国市场的品牌，只能通过海外代购或网购。

海外代购渠道的主要缺点：代购买到的商品如果不满意，退换货十分麻烦；售后服务不方便，可能会因遇到不诚信的代购而没有售后保障；海外代购商品快递时间过长，在长途运输过程中可能遭遇到丢失、损坏等意想不到的情况。

选择海外代购渠道时，应多与卖家沟通，查看卖家资料，选择诚信度高的代购商，或选择一些知名度高及信誉比较好的网站。例如，购买美国商品，可以去美国本土的B2C网站或美国百货商店的直营网店、品牌的官网等进行代购。付款方式宜选择货到付款，或先支付少数订金，等收货后再支付余款。如果确实需要先付款，也应该通过贝宝、支付宝等第三方支付工具；同时，消费者还应该向卖家索取报关单等资料，以证明确实从海外购买。对于退换货的问题，因为增加了国际运输，退换的邮费比商品本身价值还要高，所以在代购前若条件允许，宜先去商品专柜看好产品的款式、尺寸、颜色等，以免造成不必要的麻烦。

选择国外代购时特别需要注意的是，不要贪便宜。除非特价促销，代购的名牌如果价格便宜一半以上，假货可能性大增，不要轻易购买。

6. 网站批发渠道

网站批发渠道一般在批发数量限制、批发价格透明化、库存压力、资金周转、款式更新等方面具有较大的优势。由于网上进货可以方便快捷地多次小额购进，相对传统渠道进货而言，买家的备货压力减少，库存积压的风险下降，资金占用时间和成本减少。同时，网络商品价格透明度进一步开放，更有利于买家的选择和衡量。

当然，网站批发渠道也有其不足。例如，买家不能现场看货，只能靠网上的图片来辨别货品质量等。选择网站批发渠道时宜多比较，在同等货源里选择那些有产品实拍图的商家。

除上述常见的网络商品采购渠道外，还有直接从生产厂家采购、常规方式从线下批发市场采购等渠道。

9.3.4 网络商品采购渠道的选择策略

选择网络商品采购渠道是一个较复杂的决策过程，应综合考虑多种影响因素，如商品因素、市场因素、供货方因素和网络零售商自身因素等，采取不同的进货渠道策略。

1. 直接渠道策略

直接渠道策略就是要找到网络商品的原生产厂家，直接从厂家进货。直接渠道策略的优点：可以降低进货价格，防止购进假冒伪劣商品。但采用直接渠道策略要考虑到原生产厂家距离的远近，若因距离过远造成货品运输成本过大则要调整策略。

2. 固定渠道策略

固定渠道策略就是要选择资信好、生产能力强、商品质量高的网络商品供货商，与之建立长期的合作关系，固定进货渠道。固定渠道策略可以通过良好的合作关系规范采购活动，适时保障市场供应，使买卖双方受益。这一策略通常适用于日常生活用品、需求量稳定的商品和厂家生产质量稳定的商品。

3. 区域渠道策略

区域渠道策略就是有针对性地选择货源市场。在市场商品供给极大丰富的情况下，很多商品因其特殊的生产环境和经营条件，形成了一些独具特色的商品货源产地或货源市场。网络商品通过区域渠道采购就是根据自身经营需要，选择有特色的网络商品原产地或货源市场作为进货渠道。该策略的优点是商品采购选择余地大，便于专门化经营。

4. 名优渠道策略

名优渠道策略就是选择名优商品厂家或供货商作为进货渠道。选择这一策略必须和零售企业的整体经营战略、目标市场定位相一致。名优渠道策略的优点是可以通过名优商品树立网络零售商的良好形象，提高零售企业经营档次，增加消费者对网络零售的信任度。但该策略通常只适用于大型网络零售企业。

5. 动态渠道策略

动态渠道策略就是根据市场变化不断选择新的、有发展潜力的进货渠道。采用这一渠道策略难度较大，它不仅需要充分、及时、准确的市场信息，还要有敢于开拓市场的胆量和魄力。动态渠道策略的优点是能灵活地适应市场变化，并不断推出新商品；但不利于建立和谐的工商关系，一般只适用于市场变化较快的商品。因此，网络零售商通常是根据采购不同网络商品的需要选用不同的进货渠道。

9.4 网络零售商品的图片拍摄及处理

网络零售的商品由于不能被顾客直接接触，只能通过网上文字和实物图片来展示。因此，拍摄高质量的网络零售商品照片也是网络零售的重要环节。为了能够从视觉上吸引顾客，有时还需要对照片进行美化处理。

9.4.1 网络零售商品的拍摄方法与技巧

1. 普通数码相机的一般操作方法

用普通数码相机拍摄网络商品照片一般需以下三个操作步骤：

第一步，设置拍摄模式。首先将功能模式按钮调整到"拍摄"模式，并选择"单张拍摄"；然后选择曝光模式，初学者可将按钮调整到"自动"选项，把闪光灯模式也选择为"自动"。

第二步，取景。在取景时眼睛要和液晶显示屏保持垂直角度，远近和大小通过相机的缩放控制按钮调节，通过观察液晶显示屏确定取景效果。

第三步，按快门。先半按快门调焦，当在取景器或 LCD 液晶显示屏上清晰后再果断按下快门，即完成一次照片的拍摄。按快门时手不要晃动，要尽可能保持拍摄的稳定性。

2. 通用拍摄技术

要想拍摄清晰、有层次感、构图效果美观的网货照片，需掌握光圈大小调节、景深控制、曝光补偿、白平衡调整与构图技巧以及环境布光知识与运用方法等通用拍摄技术。

(1) 调节光圈与景深，拍摄清晰有层次感的商品照片。在拍摄需要突出主体的商品照片时需采用小景深拍摄,当需要拍摄成套系列商品的照片时需采用大景深拍摄。对于专业相机与带手动功能的数码相机,要牢记"大光圈小景深,小光圈大景深"的原则,就能拍出有远近层次和虚实效果的照片。对"傻瓜机"来说,景深较难控制,需要通过选择不同的拍摄模式,如人像模式或使用微距功能才能拍出较好的景深效果。

(2)手动调节曝光补偿值,使画面达到最佳的亮度和对比度。同一台数码相机拍摄同一个场景,因为曝光补偿值的不同,画面的亮度和清晰度也有所区别。如果照片过亮,就需要减小曝光值(Expose Value,EV 值),做曝光负补偿,EV 值每减小 1.0,相当于摄入的光线量减少一倍,照片的亮度降低;如果照片过暗,就需要增加 EV 值,做曝光正补偿,EV 值每增加 1.0,相当于摄入的光线量增加一倍,则照片的亮度提高。可以按照不同相机的补偿间隔以 1/2(0.5 倍)或 1/3(0.3 倍)的单位来调节,但不管曝光值的调整是增还是减,最终的效果是要将照片调整到一个最佳的亮度。

(3)**白平衡**调整。所谓白平衡调整,就是在不同的光线条件下,调整好红、绿、蓝三原色的比例,使其混合后成为白色。一般家用数码相机多采用按照光源种类来区分的设置方式,如日光、阴影、阴天、闪光灯、荧光灯、钨丝灯和手动调节等。当现场光源很复杂,以上各种白平衡模式都不适用时,使用手动白平衡设置可以正确还原现场色彩。手动设置白平衡不需要将相机对准参照物聚焦,只需把相机改为手动对焦模式,将镜头设置为无限远对焦,然后拿一张白色打印纸或名片凑在镜头前完成手动设置,或者因地制宜地在现场找一些白色的东西做参照物来帮助完成手动白平衡的调整。

知识卡片 9-2

白平衡(White Balance):电视摄像领域一个非常重要的概念,是描述红、绿、蓝三基色混合生成白色精确度的一项指标。其基本含义是"不管在任何光源下,都能将白色物体还原为白色"。对在特定光源下拍摄时出现的偏色现象,通过加强对应的补色来进行补偿。

(4)网络商品拍摄的环境与布光。一张成功的商品照片与拍摄时的环境选择和布置密不可分。一般来说,小件商品适合在单纯的环境空间里拍摄,放到房间窗户边有自然光的地方即可。由于这类商品体积很小,在拍摄时也不必占用很大的空间和面积,如图 9-2(a)所示的微型摄影棚就能有效解决小件商品的拍摄环境问题。如果没有准备摄影棚,尽量使用白色或者纯色的背景来替代,如白纸和颜色单纯、清洁的桌面等,如图 9-2(b)所示。

拍摄大件网货可以选在一个空旷的场地,室内室外都可以。在室内拍摄时要尽量选择整洁和单色的背景,照片里不宜出现其他不相关的物体和内容,除非是为了衬托网货而使用的参照物或配饰。室内拍摄对拍摄场地面积(约 10 平方米)、背景布置(背景墙)、灯光环境(柔光箱、电子闪光灯)等都有一定的要求,具备以上的拍摄条件才能拍出具有专业感的照片。外景拍摄主要是选择风景优美的环境来作为背景,采用自然光加反光板补光的方式进行拍摄,这样的照片比较容易形成独有的个性特色和营造泛商业化的购物氛围。

拍摄静止的物体是一种造型行为,布光是让塑造的形象更具有表现力的关键,常见的布光方式如图 9-3 所示。

正面两侧布光:这是商品拍摄中最常用的布光方式,正面投射出来光线全面而均衡,商品表现全面、不会有暗角。

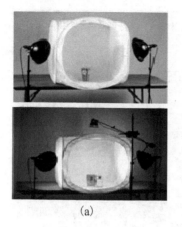
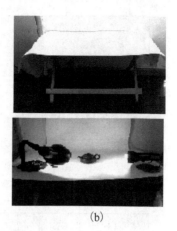

图 9-2 小件网货拍摄的布光方法

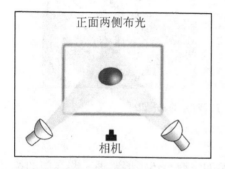
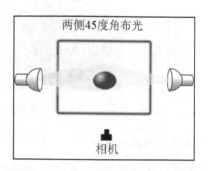

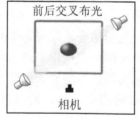

图 9-3 常见的布光方式

两侧 45 度角布光：使商品的顶部受光，正面没有完全受光，适合拍摄外形扁平的小商品，不适合拍摄立体感较强且有一定高度的商品。

单侧 45 度角的不均衡布光：商品的一侧出现严重的阴影，底部的投影也很深，商品表面的很多细节无法得以呈现。同时，由于减少了环境光线，反而增加了拍摄的难度。

前后交叉布光：从商品后侧打光可以表现出表面的层次感，如果两侧的光线还有明暗差别，那么就能既表现出商品的层次又保全了细节，比单纯关掉一侧灯光效果更好。

后方布光：从背后打光，商品的正面因没有光线而产生大片阴影，无法看出商品的全貌，因此，除拍摄需要表现如琉璃、镂空雕刻等具有通透性的商品外，最好不要轻易尝试这种布光方式。同样的道理，如果采用平摊摆放的方式来拍摄，可以增加底部的灯光，通过从商品后方打光来表现这种通透的质感。

图 9-4 体现了 5 种布光方式用于不同网货的拍摄效果。

图 9-4　常见布光方式对应的拍摄效果

3. 网络商品的拍摄技巧

除了常用拍摄技术以外，对于比较特殊的网络商品还需要掌握一些专门的拍摄技巧。

1) 不同材质表面的拍摄方法

摄影其实就是用光的艺术，由光影结合来表现物体的质感。衡量一张商品照片是否合格，最重要的判断标准是看它是否正确地表现出了商品的形态、质感和色彩，符合这个条件的商品照片可以称为达到了"如实描述"的要求；反之，则属于不合格的商品照片。这两者之间的差距很大程度上是由如何用光来决定的。根据商品表面质感对光线的不同反映，可以划分为吸光体和半吸光体、反光体和半反光体、透明体和半透明体三大类，它们不同的质感特点，需要分别采用不同的拍摄技巧，以达到更完美、更个性化的表现。

(1) 吸光体的布光方式。表面吸光的商品包括毛皮、衣服、布料、食品、水果、粗陶、橡胶、亚光塑料等，它们的表面通常不光滑，对光的反射比较稳定，即物体的固有色比较稳定统一。这类商品通常本身的视觉层次就比较丰富，为了再现吸光体表面的层次质感，布光的灯位通常以侧光、顺光、侧顺光为主，使其层次和色彩都表现得更加丰富。

(2) 反光类商品的拍摄技巧。反光体多是一些表面光滑的金属饰品，或是没有花纹的瓷器，表面非常光滑，对光的反射能力也比较强。拍摄反光体一般都是让其出现"黑白分明"的反差视觉效果，最好的方法就是采用大面积照射的光或利用反光板照明，光源面积越大越好。大多数情况下，反射在反光体表面的白色线条可能并不均匀，但必须保持统一性和渐变效果，这样才会显得真实。如果反光面上出现高光，则可通过很弱的直射光源降低高光效果。反光体布光的关键在于反光效果的处理，特别是一些有圆弧形表面的柱状和球形商品,在实际拍摄中通常可使用黑色或白色卡纸来打反光,以加强其表面的立体感。

(3) 透明类商品的拍摄技巧。玻璃器皿、水晶、玉器等透明商品既有反光特性,也有透光特性,光线的入射角度越小,反射光量越多,但能显示透明质感的恰是这种反光。在拍摄时需要采用侧光、侧逆光和底部光等照明方式,利用光线穿过透明体时因厚度不同而产生的光亮差别,使其呈现出不同的光感,来表现清澈透明的质感。因透光体具有反光特性,所以一般不要用直接光照明,而要选择使用间接光照明,这可以使商品的表面产生少量反光,以便更好地显示其外形和质感。

2) 商品细节展示拍摄技巧

拍摄商品免不了要拍摄商品的细节特写或者是商标,拍摄首饰类细小商品时,更是需要采用特写放大来呈现商品的款式和工艺,此时使用微距功能就可以拍摄出符合要求的放大图片。例如,可以使用相机的微距功能拍摄衣服的拉链、针脚、洗标、质感、纽扣上的Logo 等特写细节图片(如图 9-5 所示),或者在商品描述中放一张衣服面料的特写图片,让顾客对衣服面料有非常直观的认识。

图 9-5 微距功能拍摄衣服的特写细节

9.4.2 商品图片处理

拍摄好的照片需要下载到电脑里进行后期处理,这是商品照片完成前的最后一个关键的步骤,主要是对拍摄时的不足进行修改和完善,还要将图片像素调整至能够上传到网上正常浏览的大小,也可以加一些图框和文字做适当的美化处理。常用的图片处理软件主要有光影魔术手(nEO iMAGING)和 Photoshop。

光影魔术手是一款简单、易用的绿色软件,可以调整照片的画质和效果,批量处理功能也非常强大,能快速为图片加上防盗的水印和精美的边框,能够满足绝大部分店铺商品图片后期处理的需要。例如,可利用光影魔术手软件的"白平衡一指键"加"曲线"功能对画面有偏色和过暗的原始图片进行色彩校正和亮度调节;选择"精细锐化"命令调整照片的清晰度;选择下拉菜单中的"图像"→"裁剪/抠图"命令进行图片的裁剪;选择下拉菜单中的"图像"→"缩放"命令调整图片的大小;选择下拉菜单中的"工具"→"花样边框"命令添加图片边框;选择下拉菜单中的"工具"→"自由文字与图层"命令添加文字和图片水印;还可以选择光影魔术手软件的"文件"→"批处理"菜单,如图 9-6(a)

所示，打开批量处理对话框如图9-6(b)所示，采用批处理方式进行图片处理。

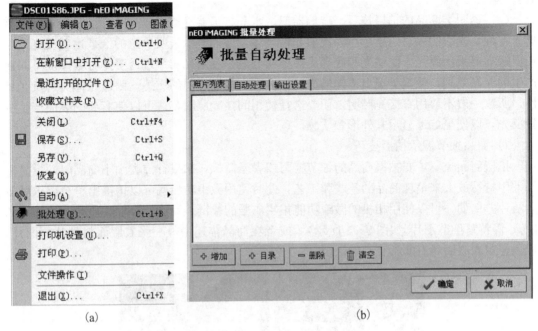

图9-6 批量处理菜单命令及对话框

光影魔术手软件可以通过其官方网站（www.neoimaging.cn）免费下载，网站上还有许多教程和素材供学习和下载。由于光影魔术手操作简便，所以更适合刚入门的新手使用。

Photoshop简称PS，是一个由Adobe Systems开发和发行的功能强大的图像处理软件，主要处理以像素构成的数字图像。Photoshop众多的编修与绘图工具，可以更有效地进行图片编辑工作。2013年Adobe公司推出最新版本的Photoshop——Photoshop CC，其新功能包括相机防抖动功能、Camera RAW功能改进、图像提升采样、属性面板改进、Behance集成同步设置等。

9.5 零售网店的客户服务与交易管理

9.5.1 网店客户服务

网上开店和实体店一样，都需要利用良好的客户服务来维持与顾客的关系。因为即使再优质的产品，也有可能会因使用方法不当而导致产品出现问题。此时销售者只有快速地与顾客建立积极主动的顾客关系，并在第一时间满足客户的需求，才能获得客户的长期信赖。

第9章 网络零售服务

微型案例 9-3

迈克·鲁特格斯给客户的道歉

1988年，迈克·鲁特格斯刚刚担任EMC公司业务与客户服务部副总裁，就为到EMC工作感到后悔，因为他不得不一次又一次地给客户道歉。当时EMC公司正濒于破产，原因是EMC送交客户手中的磁盘驱动器出了问题。鲁特格斯作为高科技调解专家加盟了这家公司，但现在这个问题已经将公司推到了危险边缘。自从设备出问题后，因为EMC设备中存储的数据无法被读取，EMC用户手中所有造价高昂的计算机都无法继续使用了。

鲁特格斯决定想个办法终止这场悲剧，他给客户提出了两种选择：接受EMC新的存储系统或接受老对手IBM的系统（由EMC付费），很多客户选择了IBM。虽然公司内部有人开始对公司的命运感到怀疑，但客户已经认识到EMC是个非常负责任的企业，在鲁特格斯制定了严格的质量控制体系后，很多老客户又开始购买他们的产品了。

鲁特格斯说："这件事使我认识到客户服务的力量。"1992年，因为在客户服务方面的执着努力，EMC的销售额开始直线上升，鲁特格斯也因处理此事得力而任公司的CEO，其客户定制率已经达到惊人的99%。

这个故事说明了一个道理：一旦让客户产生了信任，并努力维持这种关系的话，不管发生了什么事，客户都会追随在左右，这就是客户服务的力量。

一个企业形成良好口碑的基础在于它的服务能力和服务质量。对待客户要有主动服务的意识，经常地与客户沟通，是创造服务机会和服务价值的有效途径。相对产品投入而言，服务的投入产出比要大得多。所以作为网络零售商，建立一套完整的客户服务体系，善待客户，就是最好的营销。

1. 网络沟通工具

网店主要是通过网络沟通工具传递买卖双方的交易信息，因此网络沟通工具在网络零售中必不可少。例如，淘宝网有"阿里旺旺"，拍拍网有"QQ"，易趣网有"易趣通"等。

阿里旺旺是淘宝网内的即时交流工具，利用它既可以轻松实现与顾客在线沟通，还可以通过阿里旺旺的快捷入口，直接进入淘宝店铺和交易页面进行管理，免去登录的麻烦。

2. 网店客户服务策略

1）制定标准的在线接待流程

为树立网店的良好形象，提高网店客户服务质量和服务效率，网店需要有一套规范的在线接待流程。网店的在线接待工作流程通常可由以下8个部分组成。

（1）问好：当网店沟通工具提示有顾客咨询时，在提问和回答之前要先问好。

（2）提问：主动询问顾客有什么需要，看自己是否能为其提供什么帮助。

（3）咨询：运用相关行业知识、商品知识、生活经验等客观、专业地回复顾客的询问。

（4）谈判：对于议价问题可以根据具体情况酌情处理，如果不能接受议价可以委婉地拒绝，或者将顾客的注意力转向买赠活动或其他优惠方式，鼓励顾客多消费，切忌态度生硬、强势，避免引起争执。

（5）推荐：在回答咨询的同时要有意识地推荐顾客购买更多的商品，如推荐其他商品给顾客、可搭配建议、推荐促销活动商品、推荐最新款式或店铺的购物优惠政策等。

（6）帮助：在顾客购买商品以后，帮助顾客修改运费或指导其进行在线支付的操作。

（7）核实：确认顾客付款以后，要用沟通工具与顾客核实购物清单与收货地址，如果顾客有特殊要求或者需要修改地址，要及时标注在备忘录里。

（8）告别：礼貌地告别。对于已购物的顾客，可预祝合作愉快，请其耐心等待收货，如有问题可随时联系；对于未立即成交的顾客，可祝愿对方购物愉快，并诚恳地表达为其提供服务很高兴的心情，如有必要可加其为好友，以便将来进行客户管理和跟进服务。

2）预先准备顾客常见问题及答案

一个成熟的网店及其客服人员除了有一套标准的接待流程，还会预先准备一些顾客经常会关注的问题，并将这些问题及答案以文档的形式作为操作手册发到每个在线客服手上，使客服人员遇到问题时可以根据常见问答的内容来回复顾客，以保证店铺内所有在线接待人员对同一问题的答复保持口径一致。一些专业性较强的商品相关问题，使用常见问答来提示不仅上手更快，而且不容易回答错误，以免导致顾客对店铺的专业性表示怀疑。同时，常见问答也是对新员工进行上岗培训最好的教材。

顾客常见问题和答案可以在平时的工作中收集和整理，也可以通过互联网进行搜索，或者去相关的专业论坛寻找。可以根据不同类型的问题分类整理。例如，关于商品质量的常见问答、关于商品价格的常见问答、关于支付和发货的常见问答、关于售后服务和维修的常见问答等，一旦遇到某个方面的问题，就可以用最短的时间找到答案。

3）注重聊天记录的存档与交接

查看网店聊天记录是进行有效沟通的基础，售后服务也会有回查聊天记录的需要，因此，养成定期保存聊天记录的习惯，会为后续的工作提供很大便利。将聊天软件安装在非系统盘是一个有效保存记录的好方法。例如，将阿里旺旺装在电脑的 D 盘或 E、F 盘，即使操作系统出现问题需要重装系统，只需格式化 C 盘，安装在其他硬盘上的聊天工具和聊天记录也可以继续存在。

网店客服人员应养成定期导出聊天记录的习惯，并将这些聊天记录文件共享给工作伙伴，以便在其他电脑上随时查看以前对此问题是如何回复的、如何承诺的，再次回复或者换岗轮班时就不容易产生偏差。

4）及时回复各种留言

当买卖双方不能及时沟通时，买家可通过留言的方式咨询卖家相关商品信息。例如，淘宝网的留言分为商品留言、店铺留言、旺旺留言和站内信留言四种，客户可选择其认为最便利的留言方式与商家联系，了解商品的细节、确定是否有货、询问运费标准和售后服务等。因此，及时回复各种留言并妥善管理就成为商家日常工作的重要内容之一。

5）做好网店售后服务

售后服务是整个网络零售过程的重点之一，好的售后服务会带给买家非常好的购物体验，可能使这些买家成为店铺的忠实客户。

微型案例 9-4

亚马逊的服务为先

某一位顾客在亚马逊订购了十多种书,等到邮寄来时,却发现缺了一本,便立即发去电子邮件告知此事。结果几个小时后,该顾客收到一封来自亚马逊书店某行政人员的签名道歉信,并表示将很快把缺漏的书补寄过去,后来补寄的这本书是以空邮方式送到的,而原本顾客选择的是平邮送货方式。实际上,该公司的出货单上并没有错误,按照常理亚马逊完全可以不理会这位顾客的诉求,或像某些公司一样,先把事情查清楚了再做处理。但亚马逊却选择了先服务再说,先立即回答了顾客的诉求,随即又以签名道歉信的形式向客户表示歉意。这种作风使亚马逊在顾客心中树立了非常可靠、值得信赖的形象。

做好售后服务,企业要树立服务为先、真诚为客户服务的理念,坚守"顾客永远是对的"这一原则。只有充分信任顾客,才能让顾客最终信任自己。即使有时顾客的要求看起来并不合理,也不要轻易拒绝,因为顾客只要提出了要求,就表明自身在某方面可能做得还不够,还需要改进。对于实在满足不了的要求,应解释清楚并以其他方式弥补。

对于圆满完成的交易,还需定期回访顾客,长期维护与客户间的关系,增加店铺的黏性,提高消费者的忠诚度,这样才能使店铺的客户群日趋壮大并实现长期稳固发展。

9.5.2 网店交易管理

网店交易管理主要指对相关交易流程的管理。网店交易的过程包括买卖双方的商品信息交互、支付、物流、评价等环节,交易的执行在整个网店运营的过程中作用重大。

网店在进行交易管理的过程中,可以根据交易时段、商品名称、买家 ID、订单编号等查询相关交易信息,如可以查询等待买家付款的订单、等待发货的订单等交易信息。由于交易是由买卖双方共同完成的,因此在不同的环节,有时还需要对新手买家进行操作上的指导,否则会因为顾客操作上的问题导致交易无法继续进行下去。

下面以淘宝网为例,介绍网店交易过程中有关事项的管理方法。在淘宝店铺交易管理的"已卖出的宝贝"页面(如图 9-7 所示),管理系统会根据交易双方的完成情况,显示出不同的交易状态,卖家可以查询近期的交易情况,然后根据不同情况进行相应处理。

1)等待买家付款

一旦顾客出价成功,交易状态就会显示出"等待买家付款",此时可能会遇到的情况有以下两种,网店可以根据具体情况来进行处理。

(1)关闭交易。因为商家缺货或者顾客的个人原因等,使交易无法继续完成,此时需要做关闭交易的操作。如果因流拍的原因导致交易关闭,但该商品还有库存,而网上的待售数量却显示为零,那么就还需要同时修改商品的数量,并重新上架销售。

(2)修改价格。交易双方经过协商,对新的售价达成一致,或是邮费重复计算都需要在买方支付货款前,先行修改成交价格。在"等待买家付款"的交易状态下,点击"修改价格"进入编辑页面,在"涨价或折扣"一栏填入正数即代表在此价格基础上增加金额,填入负数则代表在此基础上减少金额,由此生成新的交易价格,点击"确认",交易管理页面里以前的价格就会被新的价格所替代。如果此时顾客已经进入支付环节,修改功能将

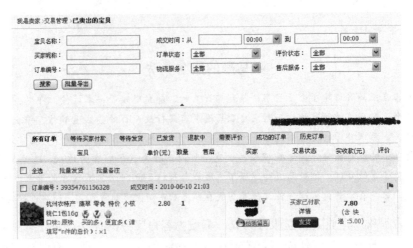

图 9-7 淘宝店铺"已卖出的宝贝"查询

暂停使用,需等待 15 分钟以后才可以重新进行编辑,修改为新的交易价格。

2)买家已付款

买家付款以后,交易显示需要发货(如图 9-8 所示)。网店在发货之前,需要及时与顾客核实订单内容和收货地址,点击"收货和物流信息"查看买家的物流详细信息,并通过网络沟通工具与买家确认物流信息是否正确。如果不正确则点击"修改收货地址"。如果顾客选择快递发货方式,而收货地址又属于偏远的小村镇,那么还需要与顾客核实当地是否有快递公司设置的网点;如果顾客修改了收货信息,或者明确表示禁用某些快递公司,则还需要将此信息及时添加到该笔交易的备忘录里,提醒物流部门的同事在发货时要特别注意,以免造成顾客的不满和售后纠纷。

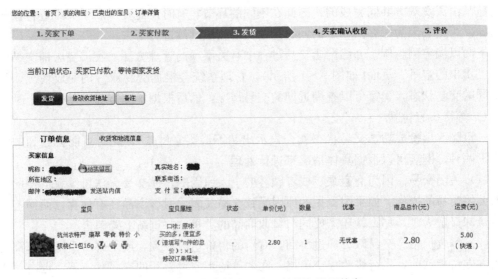

图 9-8 淘宝店铺"买家已付款"详细信息

3）卖家已发货

通过物流公司发货以后，需要选择对应的物流公司，填入该笔交易的发货单号，及时将交易状态修改为"卖家已发货"，以便顾客收到商品后进行确认收货操作，同意将货款支付给卖家。如果此时再将发货信息通过网络沟通工具通知给顾客，会是商家优质服务的又一个细节体现，让消费者觉得安心、放心，也会对商家的服务留下深刻而良好的印象。

4）交易成功

顾客收到商品以后，经核查无误就会确认收货，同意支付宝放款给卖家。此时网店查看交易状态，若为"交易成功"，则表示货款已经转到了卖家的支付宝账户里。如果店铺通过软件设置了会员优惠，此时系统会自动发放相应的会员卡给顾客，在线客服则应该及时通知顾客今后购买将会享受到什么样的会员优惠，并对顾客的信任表示谢意，为下一次销售奠定良好的基础。

5）退款交易

在交易管理的过程中，需要不断查询是否有需要退款的订单。一旦有顾客提出退货申请，网店就需要根据其退货理由来分别进行处理。

（1）买家已付款但卖家缺货的退款交易。这种情况只要双方经过协商达成一致后，买家可以在交易生成的 24 小时后提出退款申请，而卖家有 15 天的时间来处理退款协议。卖家在看清退款说明和理由后，选择同意买家的退款申请协议并输入支付密码，退款即告完成，该交易关闭，相关款项也同时退还到买家的支付宝账户里。

（2）买家已收到货但不满意需要进行退货的交易。当买家收到了货物，但是由于商品质量问题、实物与网上描述不符或者其他商品问题和个人原因表示需要退货，那么只要与卖家沟通协商达成一致后，可以在交易超时前提出退货申请。这种情况申请退货有一个时间期限，一般是平邮 30 天，快递 10 天，虚拟物品 3 天，自动发货商品 1 天，在此期限内，买家如需退货，可以提出全额退款或者部分退款的申请。卖家也有 15 天的时间来处理退款协议，如超时未处理，退款协议将生效，交易进入退货流程。如果卖家不同意退货退款协议，交易状态会变成"卖家不同意协议，等待买家修改"，此时系统给买家的超时一般是 15 天，如需再次申请退款可以再次操作。如果双方就退款协议问题再次协商后不能达成一致，"客服介入状态"将变成"需要客服介入"，淘宝客服将在退款申请之日起 30 天内介入帮助双方协商处理。如果卖家同意退款申请，交易状态将变成"买家已退货，等待卖家确认收到退货"，卖家在收到顾客退回的商品后，只要输入支付密码，退款即告完成，相关款项也同时退还到买家的支付宝账户里。

本 章 小 结

网络零售既是网络营销的重要任务之一，也是网络营销效果的重要体现。本章主要介绍了网络零售的定义、模式类型；网络零售平台建设的若干关键问题，如网店建设平台的选择、网店开设流程、网店装修的有关方法与技巧；网络商品的概念、网络商品采购的技巧、渠道类型与渠道选择策略；网络零售商品的图片拍摄技巧与一般处理方法；零售网店的客户服务与交易管理。本章多处内容如网店开设流程、网店的客户服务与交易管理以淘宝店铺为例展开,以方便表述和有利于读者对相关内容的理解。

复习思考题

(1) 什么是网络零售?网络营销就是网络零售吗?为什么?
(2) 目前网络零售有哪些主要的模式类型?如何选择网络零售平台?
(3) 什么是网店装修?如何确定网店装修风格?网店装修的主要内容有哪些?
(4) 什么是网络商品?采购网络商品有什么技巧?
(5) 网络商品采购渠道有哪些主要类型?如何选择?
(6) 如何拍摄网络零售商品的图片?通常需要用到哪些图片拍摄和处理技巧?
(7) 零售网店客户服务有哪些常用的策略?网店在交易过程中通常可能遇到哪些问题?应该如何处理这些问题?试举例说明。

案例研讨

【案例资料一】 2011年,阿玛尼旗下奢侈品品牌Emporio Armani在华网上商店正式启用,这是继GAP、骆驼之后,又一家进军中国电子商务领域的奢侈品品牌。但是不少消费者上网看后发现:阿玛尼的直销店衣服无折扣、尺码偏少、收取15元送货费、款式线上线下不同步……消费者似乎没看出有什么实际优惠和便利之处。显然能挑、能摸、还省邮递费的实体店更具竞争力。

【案例资料二】 被誉为"世界最舒适的鞋"——美国奢侈品品牌鞋Dr. Comfort舒适博士特别注重顾客体验。它会为消费者提供完整的足部护理方案,根据需求提供个性化的最舒适的鞋。沙特阿拉伯国王阿卜杜拉是Dr. Comfort的忠实顾客,Dr. Comfort每年都会派专家上门精确测量,然后针对性定制,最后派专机送鞋。这些建立起了高端群体对Dr. Comfort良好的品牌忠诚度。

(资料来源:promote.yidaba.com/201101/12092121100710010000244706.shtml)

认真分析上述案例材料,思考以下问题,并分小组展开讨论:

(1) 案例一中Emporio Armani采用网店内销售的商品与实体店的价格一致的营销策略,其目的是什么?这种营销策略有什么优势和不足?(**提示**:网上销售可以覆盖三、四线城市潜在的消费群,统一价格也不会冲击现有的渠道,是对经常去实体店购物的消费者的基本尊重。)

(2) 案例二中Dr. Comfort采用了什么营销策略?效果如何?

(3) 奢侈品品牌开网店应该如何有效地运用网络营销策略?比较案例一和案例二的做法,从中可以得到哪些启示?

扩展阅读

[1] 韦朝忠. 网店营销推广:淘宝疯狂成交秘笈[M]. 北京:电子工业出版社,2011.
[2] 沈红兵. 网络零售整合营销[M]. 北京:清华大学出版社,2012.
[3] 蔡同超. 网店赢家:百家皇冠谈推广[M]. 北京:电子工业出版社,2011.

第10章 网络营销策划

教学目标

- 理解网络营销策划的含义与特点,了解网络营销策划的常见类型;
- 熟悉网络营销策划的方法与原则,掌握网络营销策划书的撰写技巧;
- 了解网络营销方案实施的一般步骤和绩效评价的常用方法。

教学要求

知识要点	能力要求	相关知识
网络营销策划的概念与类型	网络营销策划含义与特点的理解能力	(1) 网络营销策划的含义、特点; (2) 网络信息应用层策划、战术营销层策划、战略营销层策划
网络营销策划的方法与原则	网络营销策划方法和原则的实际运用能力	(1) 点子方法、创意法、谋略计谋法、运筹学方法; (2) 网络营销策划的基本原则、一般程序
网络营销策划书的撰写	网络营销策划书的撰写能力	(1) 网络营销策划书的编制原则、撰写技巧; (2) 网络营销策划书的格式与基本内容
网络营销策划的实施	网络营销策划的实施与绩效评价能力	(1) 网络营销方案实施的一般步骤; (2) 网络营销绩效评价的含义、指标体系、常用方法、一般程序

网络营销服务及案例分析

 基本概念

点子　创意　谋略　运筹学　客户让渡价值　策划书　网络营销绩效评价　DEA模型

 导入案例

微信精心策划的"抢红包"公关大餐

2014年春节前的三四天，微信朋友圈开始在传一些腾讯"抢红包"的文章，诸如《微信抢红包一夜爆红》《微信红包是如何诞生和引爆潮流的?》《微信红包红了：一天发出1800万元》等。经过验证，确实在朋友圈里有一小帮人在群里发红包，但比例非常少。

在整个微信"抢红包"事件中，腾讯整体策划传统媒体和新媒体的互动，使线上、线下媒体一起营销起到很重要的作用。1月25日，微信5.2新版本上线，推出抢红包的功能。第一篇正式关于微信红包的文章是1月27日第一财经、商业价值发表的《"微信红包"引爆社交，腾讯做对了什么和会得到什么?》，接着各大媒体特别是网络媒体纷纷转载了这篇文章。

春节期间微信红包迅速在更大范围病毒式传播，腾讯几乎不花什么推广费用就引爆马年第一个全民话题，一场全民普及微信支付的浩大工程就这样自然并悄无声息地开始了。

其实在此之前，已经有媒体正式报道了微信的红包功能，1月26日晚上发表了一篇《微信跟"红包"干上了》的文章，但这只是作为一个行业动态进行报道而已，真正的公关宣传应该从1月27日的文章才开始。于是网上迅速出现各种抢红包攻略、技巧、知道等文章。

1月30日，《微信红包，红遍南北：腾讯一天笑纳540亿市值》称：1月29日，腾讯控股上涨5.77%，收报532港元。也就是说，仅这一个交易日，腾讯在市值上就收获了540亿港元的特大"红包"，而按腾讯总股本18.62亿股计算，腾讯市值已突破1万亿港元大关。1月31日，腾讯财付通官方公布了微信红包真实用户数，截至除夕夜：平均每个红包10.7元；抢到最多红包的人共抢红包869个；除夕夜参与红包活动总人数达482万人；最高峰出现在1月30日(除夕夜)，瞬间峰值2.5万个红包被拆开。至此，腾讯通过"微信红包"这一事件的公关，完胜地取得了历史性的进展。

(资料来源：据中国电子商务研究中心资料整理，2014-02-11)

 点评： 移动互联网时代掌握舆论导向抢占市场先机

微信抢红包事件是微信团队系统地策划推广、自导自演的一场公关大戏，其整体策划，使线上、线下媒体一起营销起到很重要的作用。究其取得成功的原因，以下几点值得关注。

(1) 公关事件策划要有规划性。任何一次好的公关策划，必须有一个系统性的安排，从媒体组合、时间节点、内容撰写都必须系统性的规划，当然最重要的是要有亮点，就是新闻点要突出。微信红包选择在过年大家都相对比较有时间，送红包又是传统的礼俗这些宣传要素，让事件一开始就取得媒体和公众的高度关注。

(2) 媒体组合策略要系统性。尽管新媒体发展迅速，但是传统媒体的力量依然不可小看。在这次公关中，第一财经、商业价值等传统媒体先发起第一轮文章，接着由各种新媒体迅速传播，这样的影响力才能发挥到最大。

(3) 公关策划要有持续性。从第一篇文章开始，腾讯就几乎每天有几篇文章对公众进行轰炸，这里面包括了传媒媒体以及各种新媒体，当然还包括了它自己的强势媒体"腾讯新闻、腾讯IT"等渠道，一些是计划内的，当然还有一些是自发转载免费宣传的。这体现了公关营销的一个重要原则——**势能营销**原则，当大家都在讨论某一事件时，所有的价值导向以及舆论都带有倾向性。微信支付已经让用户相信它是一种不错的选择，这就是公关的魅力所在，改变用户的认同，要比改变用户的认识重要得多。

364

第10章 网络营销策划

知识卡片 10-1

势能营销：企业为了使产品向顾客流动过程中形成增值差（即势）而进行的营销活动。这种增值差可以分为正向差值和负向差值。正向差值就是顾客的让渡价值为正值，负向差值就是不存在顾客让渡价值，或顾客的让渡价值为负值。势能营销从研究顾客的心理入手，强调顾客从认知产品、接受产品，直至评价产品这一流程中的增值，以期使产品销售形成稳定的增长态势。

网络营销策划是企业营销战略的重要组成部分，是企业开展网络营销的指导性文件。本章主要介绍网络营销策划的相关基本知识，并对网络营销策划书的撰写、实施方法等问题进行了讨论。

10.1 网络营销策划的含义和特点

策划是社会组织或个人为了提高成功的可能性而对未来活动所进行的谋划，是通过实践活动获取更佳成果的智慧或智慧性创造行为。"现代营销学之父"菲利普·科特勒认为，策划是一种程序，在本质上是一种运用脑力的理性行为。其实，策划活动在人类历史长河中贯穿古今，如我国古代"运筹于帷幄之中，决胜于千里之外""谋定而后动"就是在进行军事策划。商场如战场，许多军事上的谋划策略也同样适用于商业场合，网络营销策划的一些基本方法和基本原则可以从中获得借鉴或启发。

10.1.1 网络营销策划的含义

网络营销策划（Web Marketing Planning，WML）是企业整体营销战略策划的一个重要组成部分，是为了达成满足顾客需求等特定的网络营销目标，在对企业内部和外部环境准确分析的基础上，有效地运用各种网络营销工具和方法而进行的营销策略思考和方案规划的过程。从管理的视角看，网络营销策划是企业对将来发生的网络营销行为进行的超前决策。具体而言，就是为了达到预定的市场目标，综合运用市场营销学、管理学、财务学原理，以及网络营销工具和方法，将营销创意或想法进行论证并且付诸操作实践的全过程。

网络营销策划一般以客观的市场调研和市场定位为基础，以独特的主题创意为核心，按一定的程序对网络营销项目进行创造性的规划，并以具有可操作性的网络营销实施方案文本为策划活动的结果。

10.1.2 网络营销策划的特点

网络营销策划既遵循一般市场营销策划的普遍原则和方法，又具有自身的特质，其特点主要表现在以下几个方面。

（1）前瞻性。网络营销策划是对企业未来网络营销活动所做的筹划，这种筹划借助于丰富的经验和高超的创造力，将各种营销要素进行优化组合，形成各种营销方案和行动措施，因而具有前瞻性。

（2）系统性。网络营销策划是通过分析、评价、选择可以预见到的市场机遇，形成企业网络营销目标和开发实现该目标的各种项目，并采取相应行动的系统性逻辑思维过程。

（3）科学性。网络营销策划是一门思维科学，它要求定位准确、辩证、客观、发散地把握各种资源，强调周密、有序。一个成功的网络营销策划必须建立在对未来市场发展趋势准确无误的分析判断基础上，否则网络营销策划就可能变成无的放矢的冒险行为。

（4）动态性。网络营销的过程是企业可控因素与环境的不可控因素之间的动态平衡过程，网络营销策划贯穿于整个网络营销服务过程之中，因而也具有动态的特征。

（5）可操作性。网络营销策划形成的方案必须具有可操作性，否则毫无价值可言。这种可操作性表现为在网络营销方案中，策划者根据企业网络营销的目标和环境条件，就企业在未来的网络营销活动中做什么、何时做、何地做、何人做、如何做的问题进行周密的部署、详细的阐述和具体的安排。也就是说，网络营销方案是一系列具体的、明确的、直接的、相互联系的行动计划，一旦付诸实施，企业的每一个部门、每一个员工都能明确自己的目标、任务、责任，以及完成任务的途径和方法，并懂得如何与其他部门或员工相互协作。

（6）可调适性。网络营销策划是一种超前行为，它不可能详尽未来市场的一切因素，必然会出现营销方案与现实一定程度上脱节的情形。因此，任何策划方案一开始都存在不确定性，都需要在实施过程中根据实际情况加以调整和补充完善。如果营销方案不能集灵活性和变通性于一体，就不能适应市场变化，也就不能实现预期效果。

10.2　网络营销策划的方法和原则

10.2.1　网络营销策划的基本方法

策划方法即策划过程中具体的、实用的、可操作的办法和手段，通常蕴含着策划技术的意思。网络营销策划方法包括点、线、面三个层次，是传统的策划方法在网络环境下的应用。

1. 点子法

所谓点子，就是经过思维产生的解决问题的主意，或思考得到的能够合法获取利益的想法。从网络营销角度来说，点子是指有丰富市场经验的营销策划人员经过深思熟虑，为网络营销方案具体实施所想出的主意和方法。一个点子往往可以体现整个网络营销策划方案的精华。

微型案例 10-1

日本三洋电机公司新产品"双门冰箱"源于公司技术员大川进一郎与太太的一句闲聊。一天，大川问太太："你每天使用冰箱，感到有不方便的地方吗？"太太说："从冷冻室里取冰块时，把外面的大门一打开，冰箱里的冷气就外流，觉得很可惜。"大川抓住这一点，很快想出双门冰箱的点子并开发上市，新产品一下子风靡全球。

点子的产生不是随意的,而是依据对客观现实的理解和把握,通常需要强烈的创新欲望、超人的胆识和个性,在经历一个苦思冥想的过程后集中智慧的精华而生成。与众不同的点子,内含创造性思维与超常规思维的特点。

2. 创意法

创意就是构思,一个好的创意是网络营销策划的引爆点。创意法是指在市场调研的前提下,以市场策略为依据,经过独特的心智训练后,有意识地运用新方法组合旧要素的过程。创意是营销策划的核心和精髓,许多营销策划的成功往往来源于一个绝妙而又普通的创意。

微型案例 10-2

1993年1月25日,"西泠空调"在久负盛名的大型报纸《文汇报》头版刊登了全版广告。这件破天荒的创举成了当天上海滩的头号新闻,上海东方电台、东方电视台都报道了这个大"新闻",海外一些媒体,如日本《朝日新闻》、新加坡《海峡时报》、香港《大公报》都纷纷就此做了报道,因为这在当时中国广告传播界尚属罕见,从来没有哪家报社用这种方式刊出广告。美国《时代》周刊发表评论称:"《文汇报》广告策划创意过程与方法,可以列入中国广告业的教科书。"这次成功的广告创意也使西泠电器成功地成为当年的热门话题,给人们留下深刻印象。

1) 创意的内涵

(1) 创意来源于独特的心智,令竞争者无法模仿。创意必须以市场为依据,但高明的创意又不是市场策略的灌输,不能把营销策划简单文字化。

(2) 创意是用新方法组合旧要素的过程。创意的本质就是在不断地寻找各种事物或要素间客观存在的各种关系,然后把这些关系重新组合、搭配,使其产生奇妙、变化的效果。

微型案例 10-3

有这样一个广告牌曾树立在北京长安街上,广告的画面是在蓝天下奔驰着一列火车。这列火车实际上是由一些罐装可口可乐组成的。这则广告的创意便是巧妙地将可口可乐与火车联想,进行大胆创意,产生意想不到的效果。

(3) 真正影响消费者购买意向的是创意的内容而非形式。网络营销策划创意并非是些投机取巧的"小花招",它是一条通向消费者、打动消费者的捷径。

2) 创意实现的步骤

(1) 创意准备。尽可能地搜集全面、详尽的市场信息和产品信息,为创意的产生积累必要的条件。

(2) 市场信息的分析。即对从市场上得到的原始信息进行筛选、分析,从中找出反映市场供求状况的情报,这样才能为产生适合网络营销策划要求的创意提供根本保障。

(3) 创意的出现。经过对市场信息的研究,找出创意的主旨和应该诉求的方向,结合丰富的经验进行联想,产生出高人一等的创意来。

(4) 创意的发展。创意在策划中实现后,还应不断地发展变化,才能更好地服务于营销策划总目标。

3. 谋略法

谋略是关于某项事物、事情的决策和领导实施方案。谋略的中心是一个"术"字，战术、权术、手段和方法在谋略中发挥着核心作用。谋略起初在战争中广泛运用，成为古代兵法中的重要内容。现代的谋略则含有组织、管理、规划、运筹、目标、行为等多方面的内容，既有全局性、根本性，又有艺术性、方向性。

微型案例 10-4

美国雷诺公司本是一家小公司，它决定从阿根廷引进新产品圆珠笔到美国，但两家大公司捷足先登，购买了专利。于是雷诺请工程师设计了一种利用地球引力自动输送墨水的新型圆珠笔，然后拼命去推销。由于无钱扩大宣传，他便想出一计，毫无根据地到法院起诉这两家大公司，说他们违反了反托拉斯法，阻挠雷诺公司的生产和销售，要求赔偿100万美元。结果引发两家大公司反控告，更引起传媒大肆宣传，雷诺一举成名。

谋略的调控使网络营销策划有了目标，往往会给企业带来意想不到的效果。

4. 运筹学方法

运筹学(Operations Research)，是应用数学和形式科学的交叉学科，利用统计学、数学模型和算法等方法，寻找复杂问题中最佳或近似最佳的解答。运筹学经常用于解决现实生活中的复杂问题，特别是改善或优化现有系统的效率。

微型案例 10-5

战国时期有一个"田忌赛马"的故事：齐国大将军田忌经常与齐王赛马，每次比赛都是输。因为，齐王的一等马比田忌的一等马强，齐王的二等马比田忌的二等马强，齐王的三等马也比田忌的三等马强，一对一，每次都是齐王赢、田忌输。孙膑闻知后献上一个计策，让田忌的三等马对齐王的一等马，让田忌的一等马对齐王的二等马，让田忌的二等马对齐王的三等马。结果田忌先输第一场，却赢了后两场，终于以 2∶1 反败为胜。齐王于是拜孙膑为军师。

田忌赛马是一个典型的运用运筹学的实例。出马是点子，组阵是谋略，概率与组合是战略方法，一不胜而再胜、三胜是关键。以少胜多、以弱胜强，是运筹学发挥的效果。田忌赛马的故事说明在已有条件下，经过筹划、安排，选择一个最好的方案，就会取得最好的效果。可见，筹划安排是十分重要的。

需要说明的是，无论哪种策划方法都不是毫无根据的突发奇想。一般来说，选择策划方法的主要依据是：①营销策划其他环节提供的事实和构架；②市场调研得来的信息；③营销对象、消费者；④营销策划战略的总体思路；⑤竞争者的情况。

10.2.2 网络营销策划的基本原则

在网络营销策划中，策划人需要具备正确的态度和科学的思维方式，这种态度和思维方式，本质上就是网络营销策划必须坚持的原则。为了提高企业营销策划的准确性与科学性，一般需要遵循以下基本原则。

第10章 网络营销策划

1. 战略性原则

网络营销策划是企业整体营销战略的重要组成部分,一般是从战略的高度对企业营销目标、营销手段进行事先的规划和设计,策划方案一旦完成,将成为企业在一段时间内的网络营销指南。因此,在进行企业网络营销策划时,必须站在企业营销战略的高度去审视它,务求细致、周密完善。从营销战略的高度进行网络营销策划,其作用是至关重要的。

微型案例 10-6

1952年前,波音公司在商用飞机市场几乎没有立足之地,而且以前制造商用飞机的尝试也都以失败告终。而后,波音公司在做商用飞机市场领导者的战略指导下,进行一系列与此相关的营销策划,较强的创新意识使他们在激烈的竞争中占了上风,超过了道格拉斯公司。可以说,波音公司后来的辉煌确实离不开他们营销策划的战略性原则。

传统市场营销策划的战略思想在企业网络营销策划中仍然具有很强的借鉴意义。

2. 系统性原则

企业网络营销策划是一个系统工程,其系统性具体表现为两点:一是网络营销策划工作是企业全部经营活动的一部分,是在网络环境下对市场营销的信息流、商流、制造流、物流、资金流和服务流进行管理,营销策划工作的完成有赖于企业其他部门的支持和合作。二是企业在进行网络营销策划时要系统分析诸多因素的影响,如宏观环境因素、竞争情况、消费需求、本企业产品及市场情况等,策划人员必须以系统论为指导,对企业网络营销活动的各种要素进行整合和优化,将这些因素中的有利一面最大限度地综合利用起来,为企业营销策划服务。

3. 可操作性原则

网络营销策划是一种思维过程,但不能只是一种空想,必须具有很强的可操作性,是经过努力可以实现的设计。所以网络营销策划的任务不仅要提供思路,而且要在此基础上产生行动方案,也就是制订可以指导实践的网络营销计划。不能操作的方案,创意再好也无任何价值;而不易操作的方案,必然耗费大量的人力、物力和财力,并且会使管理复杂化,成效也不会高。企业网络营销策划要用于指导营销活动,其指导性涉及营销活动中的每个人的工作及各环节的处理,因此其可操作性非常重要。

4. 创新性原则

创新性是网络营销策划的灵魂所在,一个单纯模仿而没有创意的网络营销策划是不会有生命力的,只有那些拥有独特创意的网络营销策划才能在激烈的市场竞争中脱颖而出,并取得最终的成功。在个性化消费需求日益明显的网络营销环境中,通过创新,创造和顾客的个性化需求相适应的产品特色和服务特色,是提高效用和价值的关键。

企业网络营销策划不仅要求策划的创意新、内容新,表现手法也要新,新颖的创意是策划的核心内容。创新带来特色,特色不仅意味着与众不同,而且意味着额外的价值。在网络营销方案的策划过程中,必须在深入了解网络营销环境尤其是顾客需求和竞争者动向的基础上,努力营造旨在增加顾客价值和效用、为顾客所欢迎的产品特色和服务特色。

5. 经济性原则

网络营销策划必须以经济效益为核心。网络营销策划本身需要消耗一定的资源，但通过网络营销方案的实施，可以改变企业经营资源的配置状态和利用效率。网络营销策划的经济效益，是策划所带来的经济收益与策划和方案实施成本之间的比率。成功的网络营销策划，应当是在策划和方案实施成本既定的情况下取得最大的经济收益，或花费最小的策划和方案实施成本取得目标经济收益。

6. 速度效率原则

网络营销策划者要在不同时期、不同情况下，以进一步完善并充分利用企业营销信息系统为基础，利用快速、高效的电子信息处理技术，对客户、竞争者及其他环境因素进行快速、准确、全面的分析，为网络营销方案的制定提供科学的依据。

7. 整合协同原则

在网络营销竞争中，只有那些善于对资源进行有效配置和重组，即靠知识、智慧和适量资本进行经营资源整合组装的企业，才能在市场竞争中占据主动地位。用知识与智慧整合社会资源，必须具备两个基本前提：其一，必须根据市场需求进行资源整合；其二，必须具有广泛真诚的合作精神。市场需求是利润之源，合作是对付激烈竞争的最佳手段。

同时，网络营销策划应该是各种营销手段的应用，而不是方法的孤立使用，诸如论坛、博客、社区、网媒等资源要协同应用才能真正达到网络营销的效果。

8. 注意力与品牌原则

能否抓住消费者的注意力，已成为网络营销策划成败的关键。在目标市场确定之后，网络营销管理者先应考虑以何种方式和手段尽快抓住目标客户的注意力。此外，应考虑现代市场营销竞争，不仅是质量、价格和服务的竞争，更是品牌的竞争。因此，在网络营销策划时，不仅要注重提高品牌的知名度，更要注重通过提高产品和服务的质量来提高品牌的美誉度，通过整合和优化品牌形象的构成要素，抓住消费者的注意力，最终树立起值得大众信赖的网络品牌。

9. 客户让渡价值原则

客户让渡价值是指客户总价值与客户总成本之间的差额。客户总价值是指客户购买某一产品与服务所期望获得的一组利益，它包括产品价值、服务价值、人员价值和形象价值等。客户总成本是指客户购买某一产品所耗费的各种成本的总和，包括货币成本、时间成本、精神成本和体力成本等。

10. 权变性原则

由于市场随时在波动变化着，企业营销策划就必须有权变性，只有这样企业才能在各种市场环境竞争中获胜。

 微型案例 10-7

美国柯达公司公布"傻瓜机"技术

1963年2月28日,这个世界照相史上划时代的日子,柯达公司发明并上市了新相机(别名傻瓜机)。可就在柯达"傻瓜机"大为走俏的时候,柯达做出了出人意料的惊人之举。公司宣称:"我们不要独占傻瓜机的专利,其技术全部都可以提供给世界的每个制造厂商。"

其实,柯达公开"傻瓜机"技术正是该公司策划权变性的体现。原来,柯达因"傻瓜机"的问世,当年营业额超过20亿美元,纯利润3亿多美元,所花费的600万美元开发费已带来了巨额利润。与此同时,世界上相机拥有量已有数千万台,而且日本自行研究的"傻瓜机"也行将问世,即使不公开其技术,其他公司也已模仿研制出同类产品。另外,相机是耐用品,可以重复使用,而胶卷软片是多次性使用的,其市场需求越来越大。正是鉴于以上考虑,柯达公司才采取权变的策划措施,公布了"傻瓜机"技术。公布的结果使日本的独立开发与其他公司的模仿开发均变得一钱不值,没有投入研制的公司不费吹灰之力就拥有了柯达提供的技术。更重要的是,其他公司傻瓜机生产越多,胶卷软片的需求就越大,而柯达这时正好可以收缩精力,全力生产高质量的胶卷软片提供给市场,公司照样财源滚滚。无疑柯达公布傻瓜机技术是企业营销策划具有权变性的最佳说明。

10.2.3 网络营销策划的一般程序

网络营销策划是一个科学的程序化运作过程,一般来说,包括以下8个步骤。

1. 市场现状调查

市场现状调查不仅包括对市场情况、消费者需求进行深入调查,还包括对市场上竞争产品的了解以及对经销商情况的了解,大致有以下几个方面。

(1) 市场形势调查。了解不同地区的销售状况、购买动态及可能达到的市场空间。

(2) 产品情况调查。对相关产品资料进行了解,找出其不足和有待加强、改进之处。

(3) 竞争形势调查。即对竞争者的情况进行全方位了解,包括竞争对手产品的市场占有率、采取的网络营销战略等方面。

(4) 分销情况调查。即对各地经销商的情况及变化趋势进行适时调查,了解其需求。

(5) 宏观环境调查。即对整个社会大环境有所了解和把握,从中找出有利的切入点。

市场现状调查是整个网络营销策划的基础,只有充分掌握了企业、产品的情况,才能为后面的策划打下基础。

2. 市场情况分析

分析市场情况是一次去粗取精、去伪存真的过程,是网络营销策划的前奏。好的营销策划必须对市场、竞争对手、行业动态进行较为客观的分析,主要包括以下3个方面内容:

(1) 机会与风险分析。分析市场上该产品可能受到的冲击,寻找市场机会和"空档"。

(2) 优势与弱点分析。认清该企业的弱项和强项,同时尽可能充分发挥其优势,改正或弱化其不足。

(3) 结果总结。通过对整个市场综合情况的全盘考虑和各种分析,为制定应当采用的营销目标、营销战略和措施等奠定基础。

3. 制定目标

企业要将自己的产品或品牌打出去，就必须制定切实可行的计划和目标，这个目标包括两个方面：一是企业整体目标；二是营销目标，即通过营销策划的实施，达到预期的销售收入、利润率和产品的市场占有率等。

能否制定一个切合实际的目标是网络营销策划的关键。有的营销策划方案脱离实际，制定目标过高，其结果也必然与实际相差甚远；而有的营销策划则显得过于保守，同样也会影响营销组合效力的发挥。总之，制定一个适宜的目标不但是必要的，而且是关键的。

4. 制定网络营销战略

必须围绕已制定的目标进行统筹安排，结合自身特点制定可行的网络营销战略。营销战略一般包括以下几个方面。

（1）目标市场战略，是指采用什么样的方法、手段去进入和占领自己选定的目标市场。也就是说，企业将采用何种方式去接近消费者以及确定营销领域。

（2）营销组合策略，是指对企业产品进行准确的定位，找出其卖点，并确定产品的价格、分销和促销的政策。

（3）营销预算，是指执行网络营销各种市场战略、政策所需的最适量的预算，以及在网络营销各个环节、各种手段之间的预算分配。

制定营销战略要特别注意产品的市场定位和资金投入预算分配。

5. 制定行动方案

网络营销活动的开展需要制定一个统筹兼顾的方案，要求选择合适的产品上市时间，同时要有各种网络促销活动的协调和照应，各个促销活动在时间和空间上也要相互搭配得错落有致。有的网络营销策划忽略对产品上市最佳时机的确定，这会直接影响营销活动的效果。

6. 预测效益

要编制一个类似损益报告的辅助预算，在预算书的"收入"栏中列出预计的单位销售数量及平均净价；在"支出"栏中列出划分成细目的生产成本、储运成本及网络营销费用。收入与支出的差额就是预计的赢利，经企业领导审查同意之后，它就成为有关部门、有关环节安排采购、生产、人力及网络营销工作的依据。

7. 设计控制和应急措施

在这一阶段，网络营销策划人员的任务是为经过效益预测感到满意的战略和行动方案构思有关的控制和应急措施。设计控制措施的目的是便于操作时对计划的执行过程、进度进行管理，典型的做法是把目标、任务和预算按月或季度分开，使企业及有关部门能够及时了解各个时期的销售实绩，找出未完成任务的部门、环节，并限期做出解释和提出改进意见。设计应急措施的目的是事先充分考虑到可能出现的各种困难，如可以扼要地列举出最有可能发生的某些不利情况，指出有关部门、人员应当采取的对策，防患于未然。

8. 撰写网络营销计划书

这一步骤要求将前期网络营销策划的成果整理成最终书面材料，即企业网络营销策划书，也叫企划案。其主体部分一般包括市场现状或背景介绍、产品与营销分析、网络营销目标，以及网络营销战略、战术或行动方案、效益预测、控制和应急措施等，各部分的内容可因具体要求不同而详细程度不一。

网络营销策划方案制定以后，需要将思路具体落实，通常将任务分解为若干个模块、若干个步骤和环节，然后进行相关人力、财力、物力资源的协调配合，并将所有操作编制成一份甘特图，从时间、空间、任务、目标等方面落实到个人，以确保策划方案得到有效实施。

10.3 网络营销策划的类型

10.3.1 按网络营销策划的内容分类

网络营销策划是一个大概念，它可以分解成很多模块和内容。一般来说，按策划内容，网络营销策划可分成下述几大类：

(1) 网络营销赢利模式策划：主要解决通过什么途径来赢利的问题。

(2) 网络营销项目策划：主要解决做什么、核心优势是什么、靠什么赢利、目标是什么、应该怎样实现目标等一些宏观层面的问题。这个类型加上赢利模式策划就相当于一份商业计划书了。同时，需要将具体的行动编制成**甘特图**，以便对行进路线和进度进行控制。

> **知识卡片 10-2**
>
> **甘特图**(Gantt Chart)：又叫横道图、条状图(Bar Chart)，是一种按照时间进度标出工作活动，用于项目管理的图表。它是在第一次世界大战时期发明的，以亨利·L.甘特的名字命名。甘特图内在思想简单，即以图示方式通过活动列表和时间刻度形象地表示出任何特定项目的活动顺序与持续时间。

(3) 网络营销平台策划：企业可以选择自建营销型网站或借助第三方平台开展网络营销。若计划自建网站，则主要解决网站从结构逻辑、视觉、功能、内容、技术等方面如何去规划等问题。

(4) 网络推广策划：主要解决如何推广网站和品牌产品、如何吸引目标客户，以及通过什么手段来传播推广、有什么具体的操作细节和技巧、怎么去执行等问题。

(5) 网络营销运营系统策划：主要包括业务流程的划分，以及根据业务流程来规划部门编制、团队岗位、薪酬、管理考核、培训等。

在具体网络营销运营过程中，要动态平衡各个专题策划。例如，某网站的销售力差、转化率低，那么就可以进行以转化率为核心的网站销售力策划；而在网络推广策划中，可以形成单一传播形式的策划，如博客营销策划、软文策划、网络广告策划、SEO(Search Engine Optimization，搜索引擎优化)策划、论坛推广策划等，也可形成以主题为核心的阶段性整合传播策划，集中利用各种网络传播渠道。

另外，在网络营销运营过程中，数据分析是一个非常重要的模块。为了达成提升企业网络营销效率的目标，进行网络营销数据统计、分析、比对、解构和总结，已成为网络营销数据分析策划的主要内容。

10.3.2 按网络营销策划的应用层次分类

按应用层次，网络营销策划可划分为网络信息应用层策划、战术营销层策划、战略营销层策划3个层次。

1. 网络信息应用层策划

这是最简单、最基本的层次。在这个层次上，企业主要通过利用互联网来发布信息，并充分利用网络优势，与外界进行双向沟通。在这个应用层中，不需要企业对信息技术有太高的要求，只是最基本的使用，主要包括以下3个方面的内容。

（1）简单信息发布。例如，通过发E-mail与消费者进行沟通、交流，定期给客户发送各种产品信息邮件、产品推荐邮件、电子刊物等，加强与顾客的联系。

（2）通过主页介绍产品或服务。例如，建立企业主页，将一些有关企业及其产品、服务的介绍放在网页上，辅之精美的图文，供访问者浏览。

（3）专线传递信息。主要是通过专用数据线上网等。

2. 战术营销层策划

网络环境下的战术营销层策划主要包括以下3个方面的内容。

（1）网络营销市场与现状调研。利用互联网在线调研可以轻松地完成大量复杂的调研工作，能够充分满足各种统计数据的要求，提高营销调研的质量。由于网上调研使用电子问卷，从而可以大大减少数据输入工作，缩短调研时间。

（2）网上销售。企业在网上销售种类繁多的产品，这也是目前网络营销最具诱惑力的地方之一。网上销售与传统商业销售的实物流程相分离，成为信息时代的重要营销手段。

（3）营销战术系统。主要包括一些用于管理库存的子系统，用于宣传产品、链接网站的子系统，以及用于答复用户意见、反馈信息的子系统等。企业的决策者利用各种信息系统以及借助网上系统分析工具，进行各种各样的营销决策活动。

3. 战略营销层策划

这个层次是建立在战术营销层基础上，将整个企业营销组织、营销计划、营销理念等完全融入网络，制定网络营销方针，以及开展网络营销战略部署、实现企业营销战略转移、缔结网络营销战略同盟等战略决策。如果战术营销层策划着重考虑市场定位的实现过程，那么战略营销层策划则着重考虑市场定位的选择过程。

10.4 网络营销策划书的撰写

网络营销策划书是对网络营销策划成果的文本展现，是实现规划目标的指导性文件。撰写网络营销策划书就是运用现有的知识开发想象力，把充分利用现实可得到的资源、选择最可能、最有效的措施或途径达到预期网络营销目标的策划思考成果，用文字表述并辅以相关图表可视化呈现出来的过程。

10.4.1 网络营销策划书的编制原则与技巧

编制企业网络营销策划书一般遵循5W2H定律。5个W是指：What，即方案要解决的问题是什么？执行方案后要实现什么样的目标？能为企业创造什么价值？Who，即谁负责创意和编制？总执行者是谁？各个实施部分由谁负责？Where，即针对产品推广的问题所在？执行营销方案时候要涉及什么地方或部门？Why，即为什么要提出这样的策划方案？为什么要这样执行等？When，即时间是怎么样安排的？营销方案执行过程具体花费多长时间？2个H是指：How，即各系列活动如何操作？在操作过程中遇到的新问题如何及时解决处理？How much，即执行方案需要多少资金？多少人力？具体编制过程中应该视具体情况具体分析，灵活应变。

1. 网络营销策划书的编制原则

为提高网络营销策划书的准确性与科学性，编制时应把握以下主要原则：

(1) 指导性原则。编制的策划书是要用于指导网络营销服务活动的，其指导性涉及营销活动中每个人的工作及各个环节关系的处理，因此策划书的可操作指导性非常重要。

(2) 逻辑性原则。策划的目的在于解决企业营销中的问题，应按照一般的思维逻辑来构思和编制策划书。首先，设定情况，交代策划背景，分析产品市场现状，再把策划的主要目的全盘托出；其次，详细阐述具体策划内容；最后，明确地提出解决问题的对策。

(3) 简洁朴实原则。网络营销策划书的语言表述要简洁朴实，注意突出重点，抓住企业开展网络营销所要解决的核心问题，进行深入分析并提出具有较强针对性和实际指导意义的可行性对策。

(4) 创意新颖原则。新颖的创意是策划书的核心内容，要求网络营销策划的创意新、内容新，表现手法也要新，给人以全新的感受，以达到吸引人、感染人的目的。

2. 网络营销策划书的撰写技巧

网络营销策划书的撰写与一般的报告文章有所不同，它对可信性和可操作性以及说服力的要求特别高，因此，运用写作技巧提高可信性和可操作性以及说服力就成为撰写策划书追求的目标。网络营销策划书的写作技巧归纳起来主要有以下几个方面。

(1) 寻找一定的理论依据。要提高策划内容的可信性并便于阅读者接受，就必须为策划者的观点寻找理论依据。但是，理论依据要有对应关系，纯粹的理论堆砌不仅不能提高可信性，反而会给人脱离实际的感觉。

(2) 适当举例。通过列举正、反两方面适当的案例来证明自己的观点。在策划报告书中适当加入相关成功与失败的案例，既能起调整结构的作用，又能增强说服力。需要指出的是，举例宜多举成功的例子，并选择一些国外先进的经验与做法以印证自己观点的有效性。

(3) 利用数字说明问题。策划报告书是一份指导企业实践的文件，其可靠程度如何是决策者首先要考虑的。报告书的内容不能留下查无凭据的漏洞，任何一个论点最好都有依据，而数字就是最好的依据。在报告书中利用各种绝对数和相对数来进行比较对照是绝对不可缺少的，但要注意各种数字最好都有出处以证明其可靠性。

（4）运用图表帮助理解。适当运用图表能有助于阅读者理解策划的内容，同时图表还能提高页面的美观性。图表的主要优点在于有强烈的直观效果，因此，用图表进行比较分析、概括归纳、辅助说明等非常有效。图表的另一优点是能调节阅读者的情绪，有利于阅读者对策划书的深刻理解。

（5）合理利用版面安排。策划书视觉效果的优劣在一定程度上影响着策划效果的发挥，因此，有效利用版面安排也是撰写策划书的技巧之一。版面安排包括打印的字体、字号大小、字与字的空隙、行与行的间隔、黑体字的采用以及插图和颜色等。如果整篇策划书的字体、字号完全一样，没有层次之分，那么这份策划书就会显得呆板，缺少生气。总之，通过版面安排可以使重点突出、层次分明、严谨而不失活泼。

（6）注意细节，杜绝差错。这一点对于策划报告书来说十分重要，但却往往被人忽视。如果一份策划书中错字、别字连续出现的话，阅读者怎么可能对策划者抱有好的印象呢？因此，对打印好的策划书要反复仔细检查，不允许有任何差错出现，对企业的名称、专业术语等更应仔细检查。

10.4.2　网络营销策划书的格式与基本内容

网络营销策划书没有一成不变的格式，依据产品或网络营销活动的不同要求，策划书的内容与编制格式也有变化。但是，从网络营销策划活动的一般规律来看，其中有些要素是共同的。一般来说，网络营销策划书的基本结构与内容包括封面、前言、目录、概要提示、正文、成本预算与收益预测、进度表、人员分配及场地、结束语、附录10个部分。

1. 封面

策划书的封面一般可提供以下信息：①策划书的名称；②被策划的客户；③策划机构或策划人的名称；④策划完成日期及本策划适用时间段；⑤编号。

2. 前言

前言或序言是策划书正式内容前的情况说明部分，内容应简明扼要，最多不要超过500字，让人一目了然。其内容主要包括：①接受委托的情况，如×公司接受×公司的委托，就20××年度的网络广告宣传计划进行具体策划；②本次策划的重要性与必要性；③策划的概况，即策划的过程及达到的目的。

3. 目录

目录的内容也是策划书的重要部分。封面引人注目，前言使人开始感兴趣，那么，目录就务必能让人读后了解策划的全貌。目录具有与标题相同的作用，同时也应使阅读者能方便地查寻网络营销策划书的内容。

4. 概要提示

概要提示的撰写要求简明扼要，篇幅不宜过长，一般控制在一页纸内，使阅读者能够通过概要提示了解策划书的要点。另外，概要提示不是简单地把策划内容予以列举，而是要能自成体系,因此其遣词造句等都应仔细斟酌,做到言简意赅。

5. 正文

正文是网络营销策划书中最重要的部分,具体包括以下几个方面。

1) 网络营销策划的目的

这部分主要是对本次网络营销策划所要实现的目标进行全面描述,本次网络营销策划活动的原因和动力。

2) 市场状况分析

市场状况分析是在市场调研取得第一手资料的基础上进行的,一般包括以下方面。

(1) 宏观环境分析。着重对与本次网络营销活动相关的宏观环境进行分析,包括政治、经济、文化、法律、科技等因素。

(2) 产品分析。主要分析本产品的优势、劣势、在同类产品中的竞争力、在消费者心目中的地位、在网络市场及传统市场上的销售力等。

(3) 竞争者分析。分析本企业主要竞争者的有关情况,包括竞争产品的优势、劣势,竞争产品营销状况,竞争企业整体情况等。

(4) 消费者分析。即对产品消费对象的年龄、性别、职业、消费习惯、文化层次等进行分析,应分别针对线上、线下两种情况进行,因为网络营销对线下销售也会产生促进作用。

3) 市场机会与问题分析

网络营销方案是对市场机会的把握和策略的运用,因此分析市场机会就成了网络营销策划的关键。只要找准了市场机会,策划就成功了一半。

(1) 网络营销现状分析。对企业产品的现行营销状况进行具体分析,找出营销中存在的具体问题,并深入分析其原因。

(2) 市场机会分析。根据前面提出的问题,分析企业及产品在市场中的机会,为网络营销方案的出台做准备。

4) 确定具体行销方案

针对网络营销中问题和机会的分析,提出达到网络营销目标的具体行销方案。行销方案主要由市场目标定位、网络营销策略(包括 4P、4C、4R 等组合策略)、网络营销方法(经典网络营销方法、Web2.0 及 Web3.0 方法)、本次网络营销活动的具体实施措施等部分组成。

6. 成本预算与收益预测

这一部分记载的是整个网络营销方案推进过程中的费用投入,包括网络营销过程中的总费用、阶段费用、项目费用等,其原则是以较少投入获得最优效果。同时,还需要对网络营销方案实施后可能带来的直接经济效益和间接效益进行预测分析,以利于对该营销项目实施的合理性进行判断。通常用列表的方法标出网络营销费用及相关经济指标,其优点是醒目易读。

7. 进度表

把策划活动起止全部过程拟成时间表,具体到何日何时要做什么都要标注清楚,作为策划进行过程中的控制与检查。进度表应尽量简化,在一张纸上拟出,也可用甘特图表示。

8. 人员分配及场地

此项内容应说明营销活动中各参与人员负责的具体事项及所需物品和场地的落实情况。

9. 结束语

结束语在整个策划书中可有可无,主要起到与前言相呼应的作用,使策划书有一个圆满的结束,不致使人感到太突然。

10. 附录

附录的作用在于提供策划客观性的证明。因此,凡是有助于阅读者对策划内容理解、信任的资料都可以考虑列入附录。但是,可列可不列的资料还是不列为宜,这样可以更加突出重点。附录的另一种形式是提供原始资料,如消费者问卷的样本、座谈会原始照片等图像资料。附录也要标明序号,以便阅读者查找。

10.5 网络营销策划方案的实施与效果测评

网络营销方案一经策划确定,就应全面贯彻实施,用强有力的行动来落实,不得任意更改,否则会由于贯彻不到位而前功尽弃。另外,任何方案在实施过程中都可能出现与现实情况不相适应的现象,因此方案贯彻的情况必须不断向决策者进行反馈,决策者也应根据反馈的情况及时对方案不足之处进行调整。这就需要在方案实施后,运用特定的标准及方法对其效果进行检测和评估。通过实施效果的检测和评价,适时充实策划方案或调整策略,使策划活动逐步完善,进入良性运转的状态。

10.5.1 网络营销方案实施的一般步骤

网络营销的实施是一个系统的工程,需要企业人、财、物等各方面的紧密配合。企业按照网络营销策划书确定的方案开展网络营销活动,一般包括以下几个基本步骤。

1. 认真研读策划方案并进一步明确网络营销的目标

网络营销策划方案开始实施前,一定要仔细研读,理解营销方案的实质和要求达到的目标层次。只有确立了明确的营销目标,才能有计划、有组织地实施营销活动,并对其做出正确的评价。由于网络营销的涉及面十分宽广,许多理论与实践问题尚未解决,企业实施网络营销时,应根据产品特点、竞争态势及自身的实力等因素,选择相应的网络营销战略,确立相应的营销目标,避免在目标不明确的情况下,盲目地进入网络。

2. 依据网络营销方案中的经费预算,申请相应项目实施所需资金

企业应根据网络营销的目标和可能开展的营销活动所需资金,编制整个网络营销项目的经费预算表。企业要充分衡量自己的获利能力,设定具体可行的网络营销目标和估算营

销成本。例如，聘请程序员改编系统设置是否值得？是否进行网上顾客购买行为调查？诸如此类的问题都需在编制预算中进行充分的考虑。

3. 组建实施团队并确定负责部门和人员职能

网络营销工作一般由企业的营销部门或电子商务部门负责，应组建专门的实施团队或工作小组，成员可由网络营销、网站维护、市场分析与客户服务等方面的人员组成。即使是工作初期考虑精简，也应保证网络营销实施有专人负责，因工作初期的调查、规划、协调、组织等任务繁重，兼职很难保证工作的完成。

4. 网络营销具体内容的执行与控制

借助各种网络营销策略和网络营销工具方法逐一实现企业网络营销策划方案中的各项具体内容。例如，通过对消费者采取网络广告策略、网络公共关系策略、网络渠道策略、网络客户服务策略，使其变成企业产品的现实购买者，提高顾客的购买频率，并培养顾客对企业的品牌忠诚；或根据策划方案要求，构建网站交互平台，对网站结构及网页内容进行优化；或进行企业网站推广、产品及品牌宣传等。

在网络营销的实施过程中，企业应随时检查方案执行情况，判定是否能够充分发挥竞争优势和有无改进余地，并对方案执行中存在的问题及时识别和妥善处理。

5. 网络营销效果评价

网络营销效果的评价应借助一定的定量和定性指标。通过对网络营销的效果进行评价，企业可以检测网络营销系统的整体运行状况，把握网络营销的工作成果，总结和改善企业的网络营销活动，确保网络营销体系的正常运行与企业的持续经营发展。

10.5.2 网络营销的综合绩效评价

网络营销在给企业带来无限商机的同时，也带来了新的开支。企业在进行网络营销活动过程中，需要消耗和占用一定的物化劳动（物资资料）以及活劳动（人力资源），所消耗和占用的物资和劳动资源称为"投入"，网络营销活动所产生的物资效用和经济收益称为"产出"，绩效即产出与投入之间的比较。

网络营销绩效评价就是通过借助一定数量的定量化和定性化的指标，对照统一的评价标准，按照一定的程序，运用科学的方法，对企业网络营销一定时期或某个阶段的发展能力和经营效果做出客观、公正和准确的综合评价与解释。

网络营销绩效评价经历了单一指标评价阶段和综合指标体系评价阶段。单一指标评价阶段，主要以网站流量来预测市场趋势与潜在访问者的数量、通过点击数来评价网络营销效益。目前的综合指标体系评价阶段则主要通过考查网络营销系统的效益、成本、服务及发展等多方面情况，构建综合指标体系来评价网络营销绩效。

企业网络营销绩效的评价具有特别重要的意义。网络营销绩效评价是企业开展网络营销的客观要求，有利于改善企业的市场营销活动，是提高企业服务水平的保障，同时也是提高企业知名度的需要。

1. 网络营销绩效评价指标体系的建立原则

针对网络营销不同的目标层次，其绩效评价指标各不相同。如果指标选取不全面，可能会遗漏某些重要的效益指标，有损综合评价的客观全面性；如果指标选取过多，范围太大，则可能造成评价工作效率低下。因此，建立企业网络营销绩效综合评价指标体系必须遵循一定的原则。

（1）客观性原则。一是尽可能使用公开、公正的方法获得的数据和信息，避免采用二手数据；二是尽可能使用客观统计所得的数据，尽量避免采用主观评分数据。

（2）系统性原则。指标体系应能全面反映评价对象真实的整体水平，反映企业网络营销效益的指标要少而精，应选择具有代表性的指标反映企业网络营销的全过程。要做好定量指标与定性指标、绝对指标与相对指标、现实指标与潜在指标的结合使用。

（3）操作性原则。选取可操作的、接近客观真实的指标，每个指标有明确的含义，指标数据是简明易得的，并且各指标都是可计算的。

（4）独立性原则。评价指标体系中各指标在统计上是独立的或小关联度的，同一层次的指标从不同方面反映营销绩效的特征。

（5）定性与定量相结合的原则。积极采用定量指标，能定量化的指标绝不采用定性指标，但这并不意味着否定定性指标的作用，只是为了尽量避免人为因素的干扰，提高评价指标体系的客观性。

（6）结构层次性原则。例如，按照指标间的隶属关系，可将指标体系分为目标层、准则层和指标层3个层次。

（7）实时开放性原则。由于企业网络营销环境和营销活动是动态的，无法在一个闭合的体系中实现纵向比较，因而构建的网络营销评价指标体系也应具有动态性，尽量用相对指标或将新指标不断补充进体系中，保持时序上的可比性，从而更好地做到实时评价。

2. 网络营销实施效果评价参考指标体系

目前关于网络营销评价的指标体系有很多，侧重点各不相同。为了全面衡量企业进行网络营销的经济效果，必须建立一个涵盖面较广泛的指标体系。在进行大量调查和研究工作的基础上，综合目前存在的各种指标体系，本书给出一个比较完整的企业网络营销绩效综合评价指标体系供读者参考，它分为3个层次，共8个大类，含56个具体指标，如表10-1所示。

1）网站设计效果评价指标

企业网站是顾客了解企业的门户，是顾客对企业的第一印象。网站的设计直接关系到网络营销活动的成败，其评价指标主要有：

（1）功能全面性：网站整体功能的全面性和实用性是网站整体性能的衡量标准，包括网站提供信息的全面性、网上交易和支付的便捷性、顾客信息的统计等方面，是一个范围广泛的定性指标。

（2）风格独特性：主要指网站自身的设计是否有别于其他相关网站，包括页面图案和内容、服务方式等的独特性等。该指标可以通过在线统计顾客对网站设计的满意程度来获得。

（3）视觉冲击力：这是一个比较难于获得的定性指标，主要通过在线统计和问卷调查获得，它是指浏览者对企业网站设计的第一印象，是否可以带来震撼的视觉效果。

表 10-1 企业网络营销绩效综合评价指标体系

目标层	准则层	指标层	目标层	准则层	指标层
企业网络营销整体效果	网站设计效果	功能全面性	企业网络营销整体效果	网络广告效果	受网络广告刺激而引起的访问次数
		风格独特性			每次咨询的成本
		视觉冲击力			网络广告宣传成本
		主页下载速度			因网络广告刺激而购买产品或服务的顾客百分比
		链接有效性			
		安全可靠性		社会公众效果	社会经济影响力
		网站认证情况			社区影响力
		信息更新频率			消费者影响力
		检索性能			公益活动的数量
		网站建设费用		服务效果	承诺履约率
		网站维护费用			顾客投诉率
	网站推广效果	注册用户数量增长率			投诉答复率
		合作网站链接数量			商品退换率
		登记搜索引擎的数量和排名			平均每次售后服务的成本
		页面浏览数			企业服务响应速度
		独立访问者增长率		竞争效率	顾客渗透率
		每个访问者的页面浏览数			顾客选择性
		用户在网站的停留时间			价格竞争力
		每个用户在网站的停留时间			顾客忠诚度
		用户在每个页面的停留时间			顾客满意度
		网站推广费用			品牌知名度
	营销效果	信息利用率			企业知名度
		访问者中有消费倾向的比率			竞争者仿效率
		获取单位市场份额的费用		财务效果	销售利润增长率
		市场占有率			资产负债率
		市场扩大速度			存货周转率
		顾客数量增长率			流动比率
		销售额增长率			应收账款周转率
		购买产品的顾客增长率			

（4）主页下载速度：主页打开所需要的时间。这是影响顾客满意度的重要因素，时间过长通常会引起顾客的厌恶感。

（5）链接有效性：网站所有网页的所有链接的有效性。

（6）安全可靠性：包括网站自身的安全性、网上交易的安全性（消费者交易信息、私人信息）和网上支付的安全性等。

（7）检索性能：网站内容结构的设计是否合理，主要表现在能否使浏览者快速准确地找到其所需要的信息。

（8）信息更新频率：网站所提供的内容和页面的设计要不断更新，以提高网站信息资源的质量，同时提高网站的信任度。

（9）网站认证情况：作为一个合法的企业网站，不仅应当提供工商认证，对于某些特定行业，还应该提供各种相应认证。

（10）网站维护费用：主要是指企业网络营销门户网站的日常维护所发生的经常性费用支出，包括技术人员的工资和其他相关支出。

（11）网站建设费用：主要包括各种与网站建设相关的费用，如网站建设人员的工资、域名注册费、各种材料费及网络使用费等。这里需要注意企业是否应该将自身的网络建设成本计入其中，这主要看企业是否是单纯为了进行网络营销才建设的企业内部网络，也可以按一定比例分摊。

2）网站推广效果评价指标

企业网站建成后需要对其进行推广，包括搜索引擎、网站认证、合作网站链接等各种手段（需要指出的是，网络广告也是网站推广的重要手段，故放在网络广告费用中考量）。网站推广效果主要表现为网站知晓率的提升，其评价指标主要有：

（1）独立访问者增长率：独立访问者数量是在一定时期内访问网站的人数，每个固定的访问者只代表一个唯一的用户。

（2）每个访问者的页面浏览数：在一定时间内全部页面浏览数与所有访问者相除的结果，这是一个平均数。

（3）用户在网站的停留时间：在一定时期内所有访问者在网站停留的时间之和。

（4）每个用户在网站的停留时间：所有用户在网站的停留时间与全部用户相除的平均数。访问者停留时间的长短反映了网站内容对访问者吸引力的大小。

（5）用户在每个页面的停留时间：指访问者在网站停留总时间与网站页面总数之比，这个指标的水平说明网站内容对访问者的有效性。

（6）网站推广费用：主要包括搜索引擎注册费、网站认证费，以及与网站推广相关的其他费用。不同的企业这项费用包括的内容会有所不同，而且要注意与网络广告宣传费、网站建设费和网站设计费的区分界定，不能重复计算费用，这样会直接影响最终绩效评价的结果，进而影响企业的决策。

（7）注册用户数量增长率：注册用户数量在一定意义上说明了网站所拥有的客户资源。

（8）合作网站链接数量：链接数量越多，对搜索引擎排名越有利，越容易提高网站知晓率。

(9) 登记搜索引擎的数量和排名：数量和排名是相互依赖的，一般来说，登记的搜索引擎数量越多，排名越靠前，越能赢得访问者。

(10) 页面浏览数：在一定时期内所有访问者浏览的页面数量。一个访问者在同一时间内访问同一页面几次，那么页面浏览数就计为几。

3) 营销效果评价指标

反映企业在进行网络营销活动中人、财、物和信息的利用效率的评价指标主要有：

(1) 信息利用率：本企业利用的网上信息数与经过内部加工处理的信息总数之比。

(2) 访问者中有消费倾向的比例：这是一个比较难获得的数据，需要企业根据自身的特点和产品的性质界定一个标准，然后再结合网站上的记录分析得出。

(3) 获取单位市场份额的费用：该指标确定的难点在于费用，它可以包括企业网络营销的所有成本支出，也可以只包括推广和宣传费用，一般采用每万件或千件产品的销售量所耗费的企业成本来表示，主要根据企业产品的性质而定。

(4) 市场占有率：该指标可以通过很多方面反映得出，通常采用本企业产品销售量占该产品市场总销售量的比率来反映。

(5) 市场扩大速度：本期市场占有率与前期市场占有率之比。

(6) 顾客数量增长率：进入企业网站的人次增加百分比。

(7) 销售额增长率：本期销售额的增长数与前期销售额的比率。需要指出的是，这一指标指的是企业整体销售额，包括通过传统营销渠道获得的销售额，因为传统渠道也会受网络广告、网站推广等的影响，在一定程度上也反映了网络营销的效果。

(8) 购买产品的顾客增长率：最终购买企业产品的顾客增长百分比，是本期购买产品的顾客增长数与前期购买产品的顾客数的比率。

4) 网络广告效果评价指标

网络广告是企业进行网络营销活动的重要环节，直接影响企业的经营及决策过程，其评价指标主要有：

(1) 受网络广告刺激而引起的询问次数：这一指标的界定难度在于是否是由于网络广告的原因引起的咨询，这可以通过咨询前询问对方的方式获得相应数据。

(2) 因网络广告刺激而购买产品或服务的顾客百分比：其中包括每次访问公司网站购买物品的顾客百分比。

(3) 每次咨询的成本：咨询成本与进入公司网站并要求咨询的人次之比。

(4) 网络广告宣传成本：与广告的发布相关的一切费用，包括广告策划、广告发布等费用。

5) 社会公众效果评价指标

这类指标反映企业网络营销活动对消费者素质、社会时尚等的影响，主要指标有：

(1) 社会经济影响力：企业网络营销活动对整个社会经济以及相关产业的推动作用。这项指标主要靠第三方机构评级给分。

(2) 社区影响力：本企业网络营销活动对其所处网络社区的精神文明、社会资助等方面所做出的贡献。其获取途径也是第三方机构。

(3) 消费者影响力：企业的网络营销活动对消费者的消费观念、商品知识、思想意识等产生的影响。该指标可以通过第三方机构或者调查问卷的方式获得。

（4）公益活动的数量：以企业或企业网站的名义进行各种社会公益活动的数量。这一指标在一定程度上反映了企业在社会上或同一行业内的影响力。

6) 服务效果评价指标

服务效果评价指标主要用来反映企业通过网络营销活动对企业自身服务的改进情况，主要有：

（1）投诉答复率：售后服务部门解决顾客投诉的数量占顾客投诉数量的比率。

（2）承诺履约率：企业售出商品后履行与顾客约定的次数占总约定的比率。

（3）顾客投诉率：顾客投诉的数量占所售商品总数的比率。

（4）商品退换率：一定时期内退换商品总数占售出商品总数的比率。

（5）平均每次售后服务的成本：一定时期内售后服务的总成本与售后服务的总次数相除的结果。

（6）企业服务响应速度：对顾客需求服务的平均响应时间。所谓响应时间，即从接到顾客服务要求到解决的时间。

7) 竞争效率评价指标

反映企业竞争力情况的指标主要有：

（1）顾客渗透率：通过本企业网络营销站点购买商品的顾客占所有访问顾客的百分比，反映了企业在目标市场上占有的顾客情况。

（2）顾客选择性：本企业网上顾客的购买量相对于其他企业网站顾客的购买量的百分比，反映了企业现有网上顾客的规模。

（3）价格竞争力：本企业网上商品的平均价格同所有其他企业网上商品平均价格的百分比，反映了企业网上商品价格的竞争优势。

（4）顾客忠诚度：指顾客从本企业网站所购商品与其所购同种商品总和的百分比。

（5）顾客满意度：表示顾客对于企业产品、服务、经营理念、企业形象等的满意程度，可以通过调查法得到。

（6）企业知名度：企业被市场知晓和认同的程度，反映了企业的整体实力和竞争优势。

（7）品牌知名度：潜在购买者认识到或记起某一品牌是某类产品的能力。它涉及产品类别与品牌的联系。

（8）竞争者仿效率：本企业所采取的网络营销手段和策略被同类企业仿效的比率。

8) 财务效果评价指标

用来反映企业网络营销活动对企业流通费用、赢利能力、营运费用等财务状况的影响的指标主要有：

（1）销售利润增长率：利润是一项综合指标，它既反映了产品的增长，又反映了质量的提高、消耗的降低。

（2）资产负债率：负债总额与资产总额之比，用于衡量企业进行网络营销时负债水平的高低情况。

（3）流动比率：流动资产与流动负债之比，用于衡量企业在某一时点偿付将到期债务的能力，又称短期偿债能力比率。

（4）存货周转率：产品销售成本与平均存货成本之比，用于衡量企业一定时期内存货资产的周转次数，是反映企业在进行网络营销的过程中购、产、销平衡效率的一种尺度。

（5）应收账款周转率：赊销净额与平均应收账款余额之比，也称为收账比率，用于衡量企业进行网络营销时应收账款周转速度。

3．评价指标组合的选择

指标的选择对于获得有效的评价结果尤为重要。在上述营销综合评价指标体系中，可以根据企业不同的营销目标，选择不同的指标组合。指标选择过多使评价过程繁杂冗余，最终可能会低估网络营销的效益；指标选择过少，过于简单，又有可能夸大网络营销的效益。

如果企业的网络营销目标是上述指标体系中 8 个大类中的一个，则可以只使用该类对应的指标，同时适当选择其他类中的指标作为补充。如果企业的网络营销目标更加细化，不能完全与大类相对应，那么就要根据企业的实际情况在各大类中进行选择。例如，如果企业进行网络营销的目标是为了提高企业的知名度，可以选择以下指标：品牌知名度、企业知名度、社会经济影响力、社区影响力、公益活动的数量、消费者影响力、市场占有率以及市场扩大速度等指标。如果企业的营销目标是为了促进销售，则可以选择销售额增长率、销售利润增长率、市场占有率、市场扩大速度、顾客数量增长率、购买产品的顾客增长率以及获取单位市场份额的费用等指标。企业也可根据自身业务情况确定几个网络营销目标，再根据不同目标选择各自的指标，然后进行对比评价，最后根据评价结果调整自身的营销策略。

总之，指标体系只是给企业提供了一套比较系统和全面的参考指标集合，它不是静态不变的，企业可以根据自身的实际和不同的营销目标实时地进行调整和选择。

4．网络营销实施效果综合评价的一般程序

企业进行网络营销绩效评价和分析，除了选取科学合理的评价指标体系外，还要有一套适合企业自身的、系统的评价程序，才能有步骤、有计划地完成评价过程。

1）确定企业网络营销评价的总体目标

企业应该召集有关部门、有关人员，汇聚企业相关部门的信息和数据，确定企业网络营销评价的总体目标，如是评价网络营销对销售量的影响还是对企业知名度的影响等。总体评价目标的确定有利于评价人员最终选择合适的评价指标，确定指标值，以便更准确地评价网络营销绩效，避免指标选取过多而影响最终评价结果。

2）组织专家及相关人员组成评价小组

评价小组的组成人员可以是高校的专家、学者及经济管理的专业人士，也可以是企业内部有经验的营销人员及决策者等。评价小组的任务主要有两个：一是对指标和评价方法的选择进行指导和监督，二是对指标值的确定和最终评价结果的核实、确定与分析。

3）搜集整理指标值相关资料

企业指标值的搜集整理，一方面需要企业相关人员根据企业各部门的统计资料和第三方机构以及专家的评级搜集整理；另一方面评价小组要根据已搜集的资料及时对资料搜集整理工作提出建议，如提出补充资料或更改资料的要求等，以利于指标值的最终确定。

4）指标值的最终核实认定

评价小组要协助相关人员根据搜集到的相关指标资料最终确定各指标值，包括指标值的核实、认可与确定。

5）利用合理方法评价网络营销绩效

企业宜根据实际需要以及自身条件选择合适的评价方法。若方法选择过于复杂，对于企业的人员和技术都有比较高的要求，不一定适用；若方法选择过于简单，则不能达到预期的评价效果。

6）评价比较结果

评价小组及相关人员根据指标的计算结果，将网络营销绩效与预期目标进行比较分析，然后再通过数据分析评价网络营销的经济效益。该评价结果可以作为制定相关策略、更好地优化配置营销资源的依据，从而使企业的网络营销实践更加有效。

5. 网络营销绩效评价方法及其比较分析

企业网络营销绩效评价要想达到预期的效果，还需要利用合适的评价方法。目前，国内外用于评价网络营销绩效的方法有很多，如模糊评价法、层次分析法、回归分析法、成本效益分析法及盈利能力分析法等，每个分析法的侧重面各不相同。限于篇幅，以下仅简要介绍层次分析法、盈利能力分析法以及 DEA 分析法，并对其进行比较分析。

1）利用层次分析法模拟评价网络营销绩效

层次分析法（Analytic Hierarchy Process）由美国学者 T. L. Saaty 在 20 世纪 70 年代中期提出，它把复杂问题分解为各组成因素，按支配关系形成有层次的结构，通过两两比较确定各层次中诸要素的相对重要性，然后综合人机系统的判断以决定诸要素相对重要性的总排序。

2）利用盈利能力分析法模拟评价网络营销绩效

盈利能力分析法（Profitability Analysis）是通过具体分析与企业网络营销的某个部分相关的成本、利润等财务项目，来反映网络营销的某个环节的盈利水平，从而做出判断和决策。该方法要求网络营销的管理人员必须根据产品、顾客、销售区域及营销策略等各方面的特点，利用企业财务部门提供的会计报表及相关数据，另行编制有关的网络营销损益表，对企业的产品、品牌、分销商及顾客等营销实体的真正盈利水平进行系统分析和计算，从而实现盈利能力的判断和控制，确定企业目前存在的盈利能力较差的单位，并进一步分析其原因，最后做出是否放弃或支持的决策。

3）利用 DEA 模型模拟评价网络营销绩效

数据包络分析（Data Envelopment Analysis，DEA）是一种测算具有相同类型投入和产出的若干部门（简称决策单元）相对效率的有效方法，是运筹学、管理科学以及数理经济学交叉研究的一个新领域，1978 年由著名运筹学家 A. Chames，W. W. Cooper 和 E. phodes 创建。DEA 模型是用来研究多个决策单元（Decision Making Units，DMU）之间相对有效性的非参数方法，适用于具有多输入和多输出的复杂系统，可广泛用于业绩评价。DEA

方法最大优点是无须对评价系统输入和输出的函数形式进行假定,而仅仅在**生产可能集**满足凸性、无效性及最小性等客观假设条件情况下,通过借助数学规划将 DMU 投影到生产可能集前沿面(又称 DEA 前沿面)上,并根据 DMU 偏离前沿面的距离来评价 DMU 的相对有效性。

知识卡片 10-3

生产可能集(Possible Product Set):将投入向量 X 所能对应的全部产出向量集合定义为产出可能集,即投入向量 X 的产出对应。这样,就可以进一步得到生产可能集的概念。将集合 $T=\{(X,Y) \mid$ 产出向量 Y 可由投入向量 X 生产出来$\}$ 称为生产可能集。

需要指出的是,DEA 模型虽然可以直观地评价投入与产出的对比关系,但并不是相应地减少投入冗余和增加产出不足就一定能达到有效性,而是需要企业管理人员进行深入的分析,同时调整相应的营销策略才能达到预期的效果。

4) 三种评价方法的对比分析

(1) 层次分析法。层次分析法是被广泛应用的一种方法,计算过程相对简便。但层次分析法权重的界定带有很大的人为主观因素,会在一定程度上影响最终评价结果的准确性,从而进一步影响管理者的决策。另外,层次分析法比较适合分析评价指标较少的决策过程,若评价指标数量过多,层次分析法就会显出比较烦琐、效率不高等缺点。因此,层次分析法只适用于评价引入指标数量少的决策过程,并且评价结果只能作为决策方向性的参考依据。

(2) 盈利能力分析法。盈利能力分析法也是应用广泛并且相对简便的一种方法,其评价过程清晰,评价程序简单。但是,盈利能力分析法对企业的财务部门要求很高,必须提供相应的会计数据,而且就网络营销评价而言,其对广告费用的界定带有很大的模糊性。因此,盈利能力分析法比较适合用于评价企业网络营销的部分内容,不太适合对整个企业网络营销的效益进行评价。

(3) DEA 模型。DEA 模型是近年来逐渐兴起的一种评价方法,它以计算简便、分析透彻等优点迅速被业界肯定。与其他方法相比,DEA 具有以下优点:①与生产函数相比,它无须知道多输出与多输入之间函数的关系式;②与回归方法相比,它能清楚观察到每一个决策单元的效率,而不是给人以"平均"的认识;③解决了利润率、投资回报率等单比率指标解决不了的多输入、多输出的现实问题;④解决了用财务指标无法计量的效率问题,如非营利组织的效率问题等;⑤DEA 无须提供先验的权重信息,解决了多因素评价模型缺乏相关权重信息的难题;⑥各指标不必统一单位,保证了原始信息的完整、真实,避免了人为因素的主观影响。因此,DEA 模型可以最大限度地完成整个评价过程,最重要的是它规避了人为主观因素所带来的准确性问题,而且可以从多个角度反映投入与产出的对比效果,通过一次数据输入运算,就可以得到比较全面的信息,是企业进行网络营销绩效评价的较理想模型。

本章小结

网络营销策划需要综合运用网络营销基本理论、基本策略和基本方法，同时还需要掌握相应的策划方法和技巧。本章介绍了网络营销策划的含义、特点、方法、原则、类型；网络营销策划书的编制原则、格式和基本内容要求；网络营销策划的一般程序和方案实施的一般步骤；最后讨论了网络营销绩效评价的概念、网络营销绩效评价指标体系的建立原则、网络营销实施效果评价参考指标体系、网络营销实施效果综合评价的一般程序、网络营销绩效评价方法及其比较分析。

复习思考题

（1）网络营销策划有什么特点？有哪些常见类型？

（2）网络营销策划的基本方法有哪些？需要遵循什么原则？

（3）撰写网络营销策划书应该把握什么原则？有哪些技巧？

（4）网络营销方案实施的一般步骤是怎样的？

（5）什么是网络营销绩效评价？常用的网络营销绩效评价方法有哪些？试分析比较这些方法的优缺点。

案例研讨

【案例资料】 小潘在OIC点子俱乐部从事创新工作8年，尝试新东西已经成了习惯。几天前小潘到超市去买泡面，看到一个新的方便面品牌叫思圆，便随手提了20袋，回到家中就迫不及待地煮了两袋吃。对于煮出来的味道，小潘感觉确实不敢恭维，心里还在暗想这次买错了。第二天中午比较忙，小潘随手拿了两袋面泡着吃，刚吃到嘴里便惊讶地发现原来这方便面很好吃，昨天的不爽顿时烟消云散。

同样的方便面，泡着吃和煮着吃的味道竟然会天壤之别，由此小潘想到一个新的方便面营销思路，用一句广告语总结"思圆，泡着吃的方便面！"

小潘想论证一下这个营销思路的可行性。首先，小潘调查了100位身边的朋友，全部为男性，年龄在25岁左右，调查的问题是：①平时经常吃方便面吗？②吃方便面时会选择煮着吃，还是会选择泡着吃？③在读大学的时候是煮着吃泡面，还是泡着吃？④影响您选择泡面品牌的第一因素是什么？候选答案包括价格、品牌、口味。

第一个问题，选择经常吃的共33人；第二个问题，选择煮着吃的共13人，选择泡着吃的87人；第三个问题，选择煮着吃的2人，选择泡着吃的98人。第四个问题，选择价格的37人，选择口味的41人，选择品牌的17人，选择其他的5人。

(资料来源：http://promote.yidaba.com，2010-11-17)

认真分析上述案例材料，思考以下问题，并分小组展开讨论：

（1）小潘的调查结果说明了什么问题？你认为小潘的营销思路是否可行？试说明理由。

(2) 从案例所述故事中,你对开展网络营销策划受到了哪些启发?

(3) 选择学校或家乡所在地的一家你所熟悉的企业,参照案例中小潘的做法找到一个切入点,为其作一份新产品营销推广的策划方案。

扩展阅读

[1] 王汝林. 网络营销与策划[M]. 北京:科学出版社,2007.

[2] 孟韬,毕克贵. 营销策划方法、技巧与文件案[M]. 北京:机械工业出版社,2008.

[3] 李百吉,王钰鉴. 营销策划原理与案例[M]. 北京:知识产权出版社,2012.

行业网络营销综合应用

第 11 章

教学目标

- 了解网络营销策略、方法在不同行业的应用情况，学会针对不同行业的特点，分别选择适当的策略和方法开展综合性网络营销服务。

教学要求

知识要点	能力要求	相关知识
现代服务业网络营销	网络营销方法策略在物流服务行业、旅游服务行业、金融保险行业的综合运用能力	(1) 锦程物流的网络促销与服务策略；合作网站、论坛、物流微博营销方法； (2) 中青旅的网络品牌、满意产品和服务、价格、促销、渠道策略；网站、IM 与 E-mail 营销； (3) 中国人寿的网站系统营销、微博传播品牌、在线互动活动营销、网络品牌定位推广
工业企业网络营销	网络营销方法策略在汽车制造、家用电器制造、能源化工企业的综合运用能力	(1) 大众汽车的网络品牌、产品、服务策略；企业网站优化推广、博客与视频推广； (2) 海尔的网络品牌、价格、渠道、服务策略；网络广告宣传、在线开店、搜索引擎与微博营销； (3) 中石化的网络营销 4P 策略；手机报营销、新闻网营销、企业博客与搜索引擎营销
农产品网络营销	网络营销方法策略在鲜活农产品和深加工农产品销售中的综合运用能力	(1) 农批宝的以消费者需求为导向、4P 及服务营销策略； (2) "南国食品"的 4P 营销策略；企业网站（店）、博客、论坛、搜索引擎、SNS、新闻、视频营销

第11章 行业网络营销综合应用

基本概念

物流服务　旅游产品　网上保险　网上试驾　日均搜索指数

导入案例

海外食物订购网站如何卖惊喜

Love With Food 是美国一家在线食物订购网站,它的客户每个月都会收到送上门的一个小盒子,里面会有各种供客户试吃的美味食品,会员可享受网站用限时折扣方式出售的完整美食。Love With Food 提供的食物很难在一般的食品店看到,所以客户每个月都可以享受到一次美味的惊喜。想象一下,在 7 月炎热的天气里,假如你收到一个盒子里面有类似海苔、果汁等适合夏天食用的食物样品,有时它还会猜中你喜欢的小吃,是否是一份惊喜?

如果想要这个盒子,步骤如下:在 Love With Food 的网站上按照每个月、三个月、半年、一年等不同类型订购盒子,通常一个盒子是 10 美元,下个月就会收到一个和当时天气、节日有关的食物样品,它们都是健康食品,并且在街角的超市里通常找不到。如果客户喜欢这些食物,可以再回到 Love With Food 的网站上购买,由食品厂直接配送。与此同时,每一份订单 Love With Food 都会给 Food Bank 捐一笔钱用做慈善。

每个盒子都有个主题,这也是 Love With Food 的创始人 Aihui Ong 认为最花时间的地方。在 Love With Food 现在 10 个人的团队里有 3 个人负责挑选食物,他们都有写美食博客、专栏的背景。但是想让每个盒子都能给客户惊喜,例如 5 月有母亲节、12 月是圣诞节这种常规的节日会让主题容易一些,其他的月份都会有不同的侧重,6、7、8 月是假期,人们在度假,7 月的盒子里就是和海滩、阳光有关系的食物样品。9 月是开学季,就会不一样了。为了不仓促,Love With Food 通常是提前一个月准备好盒子的主题,如 7 月的盒子,在 5 月就已经设计好了。

如果一个订户回到 Love With Food 网站上去购买食物,时间长了自然会留下其个人口味的数据。Love With Food 曾经根据这些数据在 Facebook 上做过预告,集中提供购买率高的食物,却收到了用户的反对,很多人在 Facebook 上回复说:"不要预先告知下个月是什么,我们就喜欢惊喜。"现在 Love With Food 会把数据的分析做得比较靠后,如纽约居民更喜欢甜的,加州居民则口味清淡。Aihui Ong 表示以后数据会有更多的调整,但是现在的数据已经对食品厂很有用了。

Love With Food 用户的转化率一直为 15%~20%。Love With Food 的赢利模式是收取订阅费用和在线零售,现在已经有 200 个食品厂和 Love With Food 合作。Love With Food 90% 以上的客户都是女性,年龄范围为 25—50 岁。在自我推广上,Love With Food 还有一些符合零售规则的做法,如订购越多的客户可以攒积分和礼品卡,可以获得更多的折扣,也可以送给朋友。

(资料来源:http://classroom.eguan.cn,2013-07-10)

点评: 生鲜电商巧用小众品牌"惊喜"促销

当工作了一天回到家,看到门口有个红色的盒子,里面有几样在超市里买不到的小吃,可能也正好符合自己的口味,是不是一件开心的事情?案例 Love With Food 公司卖的就是这份惊喜,它颠覆传统零售模式,主要从以下 3 个方面给予生鲜电商有益的启示:

(1) 结合按月订购模式与慈善元素,卖的不是简单的产品而是用户体验。Love With Food 最大的特点首先是每个盒子里 8~10 种食物样品都是在美国最常见的超市 Safeway、Target 里找不到的品牌,并且要求食品厂每月把食物样品寄到 Love With Food,由其先试吃确定品质以保证健康;其次是每个月的盒子都会设计一个相关的主题。

(2) 借助基于数据挖掘的客户信息采集系统。Love With Food 利用其网站积累的客户订购信息，通过数据挖掘技术深入分析，了解客户口味，从而能做到"猜中"客户喜欢吃什么。

(3) 注重粉丝经济。Love With Food 90%以上的客户是年龄范围在 25—50 岁的女性，比较适合通过社交的方式做口碑推广。Love With Food 强调一定要小众的品牌，这样才有"惊喜"和鼓励消费者回到网站上购买的理由。

进入 21 世纪以来，网络营销已广泛应用于工业、农业、现代服务业等各个行业的众多领域，许多企业在经营业实践中综合应用网络营销的多种理论、方法、策略，取得了很好的经济效益和社会效益。本章撷取部分行业实施网络营销的典型案例，以飨读者。

11.1 现代服务业网络营销案例

现代服务业是指以现代科学技术特别是信息网络技术为主要支撑，建立在新的商业模式、服务方式和管理方法基础上的、适应现代人和现代城市发展的需求而产生和发展起来的具有高技术含量和高文化含量的服务业。现代服务业主要包括以下四大类：①基础服务，包括通信服务和信息服务；②生产和市场服务，包括金融、物流、批发、电子商务、农业支撑服务及中介咨询等专业服务；③个人消费服务，包括教育、医疗保健、住宿、餐饮、文化娱乐、旅游、房地产、商品零售等；④公共服务，包括政府的公共管理服务、基础教育、公共卫生、医疗以及公益性信息服务等。本节仅选取物流服务行业、旅游服务行业、金融保险行业中部分企业的综合应用案例进行介绍和分析。

11.1.1 物流服务业网络营销案例：锦程国际物流

1. 企业网络营销概况及行业背景

1) 锦程物流网络营销概况

锦程国际物流集团股份有限公司创立于 1990 年 6 月，主要为客户提供门到门的全程国际物流服务，目前已成为中国最大的国际物流企业之一。锦程国际物流集团本着"先做资源整合，再做产业整合"的发展战略，与国内主要口岸城市与多家航空公司建立了战略合作关系，并通过全资公司锦程国际物流服务有限公司、锦程空运公司及旗下的 200 多家国内分支、300 余家海外代理为客户提供第三方物流、增值服务及专业供应链解决方案。

2012 年锦程国际物流集团成立了锦程国际物流在线服务有限公司，致力于开展专业在线物流服务。目前其业务范围已涵盖海运、空运、陆运、快递、综合物流服务、货运软件、物流技术的开发与应用以及物流咨询和信息服务，形成了覆盖全球的物流服务网络。

锦程国际物流集团战略发展的总目标，是依托全球实体服务网点和在线服务电子商务信息平台，整合客户资源进行集中采购，为客户提供在线即时、低成本、全方位的"一站式"综合物流服务，成为在全球最具实力和竞争力的现代综合物流服务商之一。

2) 中国物流行业背景

中国物流业网站众多，大小网站数万家，其中物流行业门户网站也有数千家。据业内对中国物流行业网站知名度调查分析,2012年全国物流行业十大门户网站依次是锦程物流网(www.jctrans.com)、九九物流网(www.9956.cn)、中国通达物流网(www.tongda56.cn)、中国物通网(www.chinawutong.com)、中国物流查询网(www.510560.com)、中国物流与采购网(www.chinawuliu.com.cn)、京联物流信息网(www.jlwang.com)、物流天下全国物流信息网(www.56885.net)、慧亿网(www.huisun.com)、中国物流货运信息平台(www.56110.cn)。

另据国际著名的网站排名机构Alexa的相关数据分析,中国物流装备业几大门户网站的排名如表11-1所示。

表11-1 中国物流装备业网站排名表(Alexa,2010年9月11日)

行业排名	网站名称	网站域名	世界排名
1	中国物流产品网	www.56products.com	38614
2	中国物流软件网	www.soft808.com	42735
3	中国物流叉车网	www.chache.com	155941
4	中国托盘产品网	www.tuopan.com	183523
5	中国货架产品网	www.huojia808.com	187370
6	物流搜索	www.sou56.com	274181
7	中国叉车网	www.chinaforklift.com	644816
8	中国物流设备网	www.56en.com	795860
9	现代物流网	www.modern56.com	1141701
10	中国仓储物流设备网	www.cnstorage.com	3055227

从物流行业来看,调查结果表明有92%的企业采购活动都是先通过互联网查找信息,80%的用户是通过互联网渠道获取的产品信息。

在品牌传播方面,根据2012年用户市场调查数据分析,用户获取物流装备品牌信息的第一渠道也是互联网。其中43%的用户通过互联网获取品牌信息,17%的用户通过展会获取品牌信息,15%的用户通过杂志获取品牌信息(如图11-1所示)。

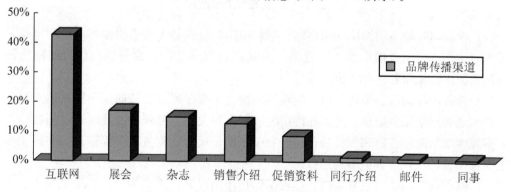

图11-1 用户获取物流装备品牌信息的渠道

物流服务作为一种服务产品,具有服务产品的所有特征(详情参见本书1.1.2节)。同时,作为一种新兴服务业态,物流服务业也有着自身的特点,其主要表现在:

(1) 物流服务的定制化程度较高。不管是对物料供应的服务,还是商品配送的服务,都需要根据客户要求去进行服务的设计与提供。这种高定制化的服务只有通过采用服务营销的策略才能够实现。

(2) 物流市场不成熟。物流服务企业所面对的是一个尚不成熟的现代物流业市场,许多客户还不熟悉和不习惯于使用物流服务。

2. 锦程国际物流的主要网络营销策略

锦程国际物流的目标客户群体主要是需要国际物流运输服务的企业,其企业门户性网站——锦程物流网(如图11-2所示)的一系列网络营销策略主要是围绕这一目标展开。

图11-2 锦程物流网首页

(1) 锦程国际物流的网络促销策略。锦程国际物流在各大搜索引擎都有推广链接,主要采用网络广告、站点推广和关系营销等形式进行网络推广,提升锦程物流的网络知名度,从而促进物流服务的业务成交量。

(2) 锦程国际物流的渠道策略。锦程国际物流主要是通过自建的企业网站建立起与顾客有效沟通的网络服务渠道。为了在网络上吸引客户关注,锦程物流及时通过锦程物流网以及多媒体平台向制造商和贸易公司提供有关船期、运价、物流服务等信息,并提供多种在线支付模式,让顾客有更多的选择。

(3) 锦程国际物流的服务策略。锦程国际物流网以客户需求为中心,提供报关、海陆空运价、仓储、船期等物流服务信息,以及在线揽货、物流黄页、物流产品相关信息、物流行业动态、物流人才招聘等有关企业生存与发展的即时信息，在公司网站建设时设立24小时在线报价查询服务，为顾客提供人性化增值服务。

3. 主要网络营销方法

目前，锦程物流网已经成功地把多种网络营销工具引入了企业的物流服务业务过程，开启了物流网上运作的新局面。

（1）锦程国际物流的搜索引擎营销。锦程物流使用的搜索引擎主要是搜狗平台，通过关键词搜索定位，让客户更多地认识、了解锦程物流，促进相互沟通和支持，满足客户的多元化需求，从而实现企业与顾客的双赢。

（2）合作网站营销。锦程物流选择行业内比较专业的网站与其合作，在合作网站上注册会员并定期发布和更新公司的运价等信息，吸引客户对锦程物流网的关注、兴趣和点击。为了方便客户间的交易，锦程物流网设置了海运、空运、陆运、商检报关、仓储、快递六大行业频道，通过信息发布和交流让更多的物流供需方轻松找到对方。

（3）锦程物流网的论坛营销。在锦程物流网的首页有一个"物流论坛"链接模块，该模块包括学习专区、物流专区、贸易专区、物流配套、休闲娱乐区、社区服务区等。其中学习专区设有你问我答、物流保险、经验分享板块；物流专区设有综合物流、货盘信息、航线运价、物流服务板块；贸易专区设有外贸综合、贸易会展、进出口交流板块；物流配套专区设有海外代理、职场速配板块；休闲娱乐区设有愚人码头、时事新闻、书香人生等板块；社区服务区设有站务中心等板块。企业可以在相关板块中迅速传递或分享有关信息和服务，从而客观上收到比较好的营销效果。

（4）锦程物流网的物流微博营销。在锦程物流网的页面上单独有一个"物流微博"，企业可以通过在微博上发布相关的信息，如企业最新动态、优秀会员动态、企业获得的荣誉、投诉表扬事迹等。这些信息通过粉丝、会员的转发可提高企业的知名度和网站流量。

4. 锦程物流的网络营销效果

锦程物流全球服务中心全力打造的物流行业专业化全球呼叫中心系统及专业物流服务网站——www.ejctrans.com，实现了"全年无休、全天24小时"在线服务，并通过分布在大连、天津、青岛、上海、宁波、厦门、深圳、广州、杭州、北京、哈尔滨等沿海重要口岸及内陆城市的区域物流服务中心及物流服务公司，为客户提供网络化和本地化相结合、优质、迅捷、低成本的专业订舱及物流服务。

（1）根据世界权威检测网站Alexa.com的访问量排名统计，锦程物流网拥有接近450万/天的点击率，在国内物流行业网站中连续五年排名第一，网站PR值已经达到6。另外，锦程物流网专业客服人员一对一的服务，可提供优势航线及相匹配的最新、最佳货源信息。

（2）锦程国际物流通过网络营销推广，完善了国际物流网门户，树立了品牌知名度；吸纳了大量稳定会员，广告收入增加，扩大了网站内容资讯深度与广度。

（3）有效地降低了企业经营成本。由于网络媒介具有传播范围广、速度快、无地域限制等特点，提高了锦程物流营销信息传播的效率。同时，网络营销为锦程国际物流节省了巨额的促销和流通费用，大大降低了经营成本。

5. 案例评析

锦程国际物流使用搜狗搜索引擎平台，通过关键字搜索定位，让客户能更多、更全面地了解锦程国际物流，并彼此相互沟通和支持，满足客户的多元化需求，从而也实现企业客户双赢。另外，锦程国际物流还在一些本土的网上商城和行业站点上，如物流运输与采购协会的网站等申请链接，这对企业网站的有效运营也有很大帮助。锦程物流网的有效运营，也说明物流行业开展网络营销不仅可行，而且大有可为。从案例中可以得到以下几点启示：

（1）对于物流行业的营销型网站而言，要求网站内容模块在业务信息、客户订单查询、客户留言等方面满足目标客户需要，充分展示行业特色。

（2）利用搜索引擎营销，要酌情考虑实际情况，选择适合企业自身的搜索引擎平台；同时也要注意做好搜索引擎关键字竞价、内容描述及网页链接、信息发布的精准性。

（3）对于论坛、博客营销，要注意选择针对性强、媒体宣传作用明显的内容，文章发表时要符合企业形象，要注意及时回答访客留言等。

（4）借助第三方统计平台及时关注监控网页的流量情况，如客户来访时段、来访地区、关键字及搜索引擎统计情况等，分析网页流量变化与 IM、电话咨询量及订单量的比率关系，完善网络营销中出现的问题，有针对性地服务于客户，精准性地满足客户需要。

11.1.2 旅游服务业网络营销案例：中青旅

1. 企业概况

中青旅的全称是中青旅控股股份有限公司，由中国青年旅行社总社于 1997 年作为主发起者组建，是我国旅行社企业首家 A 股上市企业。2000 年 6 月，中青旅设立旅游电子商务公司，创办并开通了综合性旅游网站"青旅在线"（www.cytsonline.com）。青旅在线主要经营旅游产品，同时依托互联网平台整合旅行社信息、人力、资金、物力资源，从事旅游市场调研、产品研发、接待等环节，由此形成利用旅游网站与旅行社业务互补的旅游经营新格局，并带动传统旅游产业的升级。

在内部管理方面：中青旅建立了旅游业务流程电子化处理系统和管理信息系统，并与电子商务有限公司的站点和相关单位的网络终端实施联通，在旅游电子商务和传统旅游业务之间构筑链接平台，同时开发旅游电子分销管理系统，在主要热点旅游城市设立配送与接待中心，建立覆盖全国的以各地代理点为载体、配送接待中心为主节点、公司总部旅游业务为总控的旅游电子分销网络。

在信息提供方面：中青旅在传统产业资源基础上借助电子商务网络，使客流、信息流、物流在实时信息交互的基础上充分整合，实现资源的最佳配置，从而实现整体利益的最大化和内部运作效率的最优化。

在营销宣传方面：中青旅针对不同地区情况分别采取输出管理、品牌联合、兼容并购的组合策略来实现规模扩张和资源优化配置，增强销售渠道的影响力。其青旅在线网站有中文、英文和日文三类语言版本，宣传内容有各类目的地资讯信息、中青旅门市经营信息以及推荐的参团游、自由行、周边游线路。此外，中青旅还通过量身定制单项产品代办服务(机票、酒店、导游、租车等),努力满足游客个性化需求来提升品牌知名度。

2. 旅游行业网络营销现状

自1997年华夏旅游网创办以来,我国各种旅游网站发展迅猛。国内主要旅游网站如表11-2所示,其中大部分网站的业务都涵盖了酒店、机票、旅游线路等较为全面的旅游服务。

表11-2 国内主要旅游网站

旅游网站类型	旅游网站名称
专业旅游网站	中青旅、携程旅游网、中国旅游网、华夏旅游网等
旅游企业宣传网站	无锡旅行社、张家界旅游网、金陵热线等
门户网站	中华网、网易、新浪、搜狐等

此外,旅游地所属政府组建旅游网站发展势头也很猛,很多省市都建立了专业的旅游信息网,或者当地政府在网络信息港上开设旅游频道。艾瑞市场咨询调查显示:2013年中国在线旅游市场交易规模2204.6亿元,同比增长29.0%;预计2017年市场规模4650.1亿元,复合增长率20.5%。但我国旅游业网络营销上的应用相比于发达国家普及率总体还很低,旅游网络营销还存在诸多局限。

3. 中青旅的主要网络营销策略

1) 中青旅的网络品牌策略

网络品牌的价值在某种程度上甚至高于通过网络获得的直接收益。2011年,从"配五句微旁白——赢北海道双人感动之旅",到"猜感动人物,赢乌镇浪漫之旅",再到宣传片获奖……中青旅在社交媒体等不同平台上持续发力打造品牌形象,目前已经成为一家在社会上具有广泛知名度的旅游品牌企业。中青旅至2013年上市已成立16年,产业链也已经拓展到景区、酒店、旅游地产、网站等很多环节。

2) 中青旅的满意产品和服务策略

中青旅利用互联网很好的互动性和引导性,引导游客对旅游产品或服务进行选择或提出具体要求,以游客为中心,为游客提供全面、详细、准确、及时的旅游信息,包括食宿、风景名胜区、公园、博物馆、艺术画廊、旅游节目以及公共交通、天气情况等方面的准确信息,并帮助游客确定相应的旅游计划或完成预定的旅游活动。此外,中青旅还根据各类节假日和顾客需求推出各类特色游,如香港海洋公园+迪士尼乐园四天双园亲子游、长江三峡"美维凯莎"五星游轮纯玩双飞五日游等。通过网络的良好互动功能,赢得游客的满意,进而建立游客忠诚,将旅游企业的知名度转化为满意度。

3) 中青旅的价格策略

价格对旅游企业、游客乃至中间商来说都是最为敏感的问题。网络环境下旅游产品价格有两个特点:一是价格弹性化。由于网络营销的互动性,游客可以与旅游企业就产品价格进行协商,企业也可以根据每个游客对旅游产品和服务提出的不同要求来制定相应的价格。二是价格趋低化。由于网络营销使旅游企业和游客直接打交道,而不需要传统的中间人，使企业产品开发和促销成本降低，企业可以降低产品的价格；又由于互联网的开放性和互动性，旅游市场是透明的，旅游者可以就产品和价格进行充分的比较、选择。因此，中青旅以尽可能低的价格向游客提供旅游产品和服务，在营销中以游客能接受的成本定价。

4）中青旅的促销策略

旅游网络促销的出发点是利用网络的特征实现与游客的沟通，使游客可以参与到企业的营销活动中来。这种沟通方式不是传统促销中"推"的形式而是"拉"的形式，不是传统的"强势"营销而是"软"营销，它的主动方是游客。由于游客通常会在个性化需求的驱动下到网上寻找相关的旅游信息，中青旅通过对网站受访情况的分析，及时了解游客的需求，实行有针对性的主动营销。例如，中青旅的"青旅在线"推出"马尔代夫四晚六天超值游"，中青旅宁波公司针对散客以特价线路诸如普陀山一日游、奉化溪口一日游等各类形式推出特价游，以吸引更多顾客进行消费。

5）中青旅的渠道策略

中青旅控股股份有限公司开通了专业旅游预订网——青旅在线，充分利用现代网络技术对传统渠道资源进行重新整合，开拓商务旅行、休闲度假、主题旅游等个性化服务领域，以客户需求为导向，全方位提供旅游相关产业服务。

旅游网络营销中一个最重要的渠道就是会员网络，会员网络是在旅游企业建立虚拟组织的基础上形成的网络团体。中青旅通过会员制渠道，促进游客相互间的联系和交流，培养游客对中青旅的品牌忠诚度，并把游客融入中青旅的整个营销过程中。

4. 中青旅的网络营销方法

1）网站营销

中青旅是连锁型旅行社，总公司建有青旅在线（www.cytsonline.com），包括中青旅中文网站遨游网（www.aoyou.com）英文网站（www.chinatraveldepot.com）、日文网站（www.rakutabichina.com），旗下有天津、浙江、广州、重庆等省市几十个子网站。

青旅在线的整体栏目设计简明易用，风格清新自然，网站的栏目可以分为首页、酒店、机票、出境游与国内游、目的地资讯、中青旅门市部、中青旅俱乐部、中青旅联盟等子栏目。青旅在线的主营业务分为三大块，即酒店业务、机票业务、旅游线路业务（出境游与国内游）等，它们是中青旅传统的经营业务在网上的有效延伸。中青旅不仅把有关旅游的信息放在了网络上方便消费者的浏览，而且让传统的预订机票、订房、独家预订等流程也可以在网上进行。除此以外，中青旅还通过网站更为详尽地了解不同顾客的不同需求，以此制定个性化、多样化的旅游方案。

2）即时信息与电子邮件营销

即时信息等网络营销工具在中青旅主要用于在线客户服务和在线广告中进行相关旅游产品推广。中青旅的在线客服人员通过即时通信工具（主要是QQ）、电子邮件等将一定的服务信息传递给目标客户群，并主动跟踪服务，及时回复牢记的各种问题，有效地与客户沟通。从中青旅的QQ页面还可以进入企业的空间页面。

5. 企业网络营销效果

中青旅是应用旅游电子商务较为成功的企业，青旅在线以强大的传统旅游资源为依托，实现了机票、酒店、旅游线路等传统业务在互联网上的有效延伸,并取得了较好的网上经营业绩。网络营销为中青旅建立和稳定顾客关系,提高顾客满意度和忠诚度提供了有效的手段。中青旅的网络营销效果可以在企业营业收入及净利润数据上体现出来(如图11-3所示)。

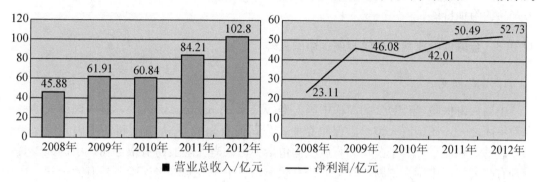

图 11-3 中青旅 2008—2012 年营业总收入和总利润

另据资料显示,中青旅 2013 年前三季度营业收入 69.96 亿元。企业的营业总收入逐年增长,从 2008 年到 2012 年短短 5 年时间,中青旅的营业总收入翻了两倍,净利润翻了两倍多,由此可以看出利用网络营销的优势。

6. 案例评析

旅游业发展网络营销具有两大优势:其一,旅游产品是一种特殊的服务产品,具有生产与消费同步、远距离异地消费、消费者无法对产品预先感知等特性,一般较少受物流配送的制约,成为最宜于网上查询、浏览、购买的产品类型之一;其二,网络拥有丰富的信息源,以及传递速度快、覆盖面广、自主性强、反应及时、营运方式更合理等优势,可以有效地降低旅游产品营销的成本,节约顾客精力、时间、资金成本。因此,大力发展网络营销是旅游市场营销模式的必然趋势之一。

1)中青旅开展网络营销的优势分析

中青旅在品牌、规模、资本、产品服务上优势明显。作为共青团中央的直属单位,经过多年的艰苦奋斗,累计服务客户达 200 余万人,品牌优势明显;在规模上,中青旅客户及服务分销支持网络遍布全国、延伸全球,已与近 60 多个国家的 1000 多家客商建立了稳定的合作伙伴关系;在资本上,中青旅是行业内第一家上市公司,资本实力雄厚;在产品服务上,中青旅不断创造精致完美的旅游服务产品,旗下遨游网是商务休闲、主题旅游的直接服务者,业务涵盖酒店、机票、商务、会议等全面旅游服务,能满足个性化多元化需求。

2)中青旅开展网络营销存在的不足

中青旅和国内许多旅行社一样,网络营销方式单一、缺少新意,青旅在线网站业务种类与其他网站结构趋同,造成网站点击率不高、利用率和网络市场占有率偏低。中青旅前后台分离,多样化需求能力差强人意。例如,当前旅游市场客户中的散客群体对"机票(火车票)+酒店""酒店+门票""导游"等个性化的旅行社业务需求较大,而旅行社的网站缺乏能提供满足散客群体需要的多种形式的旅游服务产品。

3)中青旅网络营销发展建议

中青旅应在充分利用传统积累的优势资源的基础上,加强与航空公司、银行、电信公司、旅游景区等方面合作，争取更多的优惠，进一步降低成本，提升网上价格优势。此外，中青旅需要大力发展网银支付、手机支付等方式，强化与第三方支付平台，如财付通、支付宝的合作，并在此基础上充分利用人、财、物各种要素，不断提升与优化旅游服务产品的附加价值。

11.1.3 金融保险业网络营销案例：中国人寿

1. 公司概况

中国人寿保险(集团)公司简称中国人寿(www.chinalife.com.cn)，是中国最大的商业保险集团之一，属国有大型金融保险企业，公司前身是成立于1949年的中国人民保险公司，总部设在北京，其子公司和直属机构包括中国人寿保险股份有限公司、中国人寿资产管理有限公司、中国人寿财产保险股份有限公司、中国人寿养老保险股份有限公司、中国人寿保险(海外)股份有限公司、国寿投资控股有限公司、保险职业学院。2001年，人寿集团公司新成立的电子商务部对人寿网进行全新改版，网络销售和服务功能大为提高，网上支付功能基本实现。

2. 行业背景环境分析

1) 信息技术的发展与市场竞争的压力催生了保险网络营销

保险是一种承诺，是一种无形的服务商品，保险中的每个环节都离不开信息。信息技术的发展对保险业的影响是巨大的，网上保险作为一种新兴的营销渠道和服务方式，以其具有的成本低、信息量大、即时传送和反馈、服务连续性等特点，正在被越来越多的保险公司和消费者所认可与接受。网上保险已发展成为继个险、团险和银行保险之后的"第四架马车"。

2) 保险业营销型网站的主要模式

我国目前保险电子商务网站主要有两种模式：保险公司自建网站和第三方保险网站。

(1) 保险公司自建网站模式。这类网站主要用于推广自家公司的险种，进行网络营销，如太平洋保险（www.cpic.com）、中国平安（www.pingan.com）、泰康在线（www.taikang.com）、中国人寿（www.chinalife.com.cn）等网站。随着电子商务基础设施在我国的日益完善，几乎所有的保险公司都建有自己的网站，但这些保险网站大部分是利用网站平台发布一些有关保险公司文化、保险产品及服务的介绍，真正实现网上保险业务在线交易的并不多。

(2) 第三方保险网站模式。即独立的保险网，这类网站不属于任何保险公司或附属于某大型网站，是为保险公司、保险中介、客户提供技术平台的专业互联网技术公司，如中国保险信息网（china-insurance.com）、易网上保险广场（www.ebao.com）、中民保险网（www.zhongmin.cn）等。我国目前第三方保险网站主要有3种类型：第一类是保险业内信息提供商，主要为保险从业人员提供从保险新闻到行业知识的各类专业信息，如中国保险信息网；第二类是交易中介技术平台，主要是利用互联网技术致力于为保险业各方提供一个高效交流和交易的技术平台，如以"网上保险广场"命名的易保网；第三类为直销平台，以代理的身份通过网络进行保险销售，从销售中提取佣金，如中民保险网。

3. 中国人寿的网络营销实施

1) 中国人寿依托网站与电子商务系统开展网络营销

（1）充分发挥企业网站在网络营销中的功能和价值。2001年中国人寿保险集团公司对人寿网进行全新改版，网络销售和服务功能大为提高，网上支付功能基本实现。如2003年5月，一位北京客户在线购买"安居理财保险"，成功通过人寿网在线支付10万元保费，展现了保险产品网上销售渠道的发展前景。目前中国人寿网站能够实现信息发布、产寿险产品网上销售、在线支付和客户自助服务等诸多功能，客户通过网站提出的投诉、咨询和理赔申请，都可以快速得到来自网站后台的响应。

（2）中国人寿根据技术手段的发展和市场需求，及时推出电子邮箱、视频会议和短信系统，支持产寿险业务信息的沟通和销售，使手机营销和群发电子邮件营销开展得有声有色，有效地降低了企业的运营成本，提高对市场响应的灵敏度。

（3）中国人寿的产寿险系统（包括车险、货运险、个房险、航意险、银行保险、邮政保险等）的应用范围已经覆盖到集团公司69家分支机构，实现业务主要环节的网络化，有效地提高了网络销售过程中的业务处理效率。中国人寿的货运险系统创新地实现与中介机构的数据对接，即把货运险投保系统与客户的ERP业务系统进行数据对接，免去投保要素的输入，使投保过程接近全自动化，促进了公司与中介机构、大客户的合作关系。

2) 中国人寿利用微博传播品牌

中国人寿新浪微博在2011年年初正式上线运营，仅3个月后微博合计转发突破3万条，评论达到1万条，得到了网友和分公司员工的好评。同时，官方微博也尝试对品牌传播、客户服务、业务推动进行有效整合，开辟在线客户服务窗口，对产、寿险等业务的网络推广起到了良好的支持作用。目前中国人寿的新浪官方微博已经成为传播公司品牌形象，与客户、员工开展有效沟通，整合网络资源推动业务发展的有效途径。

3) 中国人寿的在线互动活动营销

2012年是中国人寿入选世界500强的第十年，为纪念公司冲刺连续十年入选世界500强企业，中国人寿推出"冲刺十年500强，辉煌国寿献真情"活动，活动时间为2011年12月1日—2012年11月30日，期间公司举办新春送福、幸运抽奖等活动，对新老客户进行在线调查并举办幸运抽奖等活动，与客户进行良好的互动沟通，同时也完成了其在线品牌形象的调查。通过活动形式的问卷调查表的发放填写，能得到比较客观的测试结果，从而可以逐步建立起相应的数据库。

4) 中国人寿的网络品牌定位推广

中国人寿在做网络品牌推广时，将积极承担社会责任作为企业的核心价值观，将"以人为本、关爱生命、创造价值、服务社会"作为企业的经营理念，利用人寿保险在全球500强企业的排名、在中国品牌价值排行榜的排名、上市公司金牛奖综合百强、2010年最受喜爱的保险品牌奖等荣誉作为网络品牌价值的支撑。

4. 案例评析

中国人寿的网络营销坚持以顾客和效益为中心的经营理念，加强网络营销手段的创新，以控制成本、体现实效为指导原则，依托公司网站和电子商务系统，运用电子邮件、微博、搜索引擎等工具开展保险产品和品牌推广、电子邮件营销、微博营销、在线活动事件营销等多种形式的网络营销，形成了具有自身特色的发展模式和风格，也给予保险业开展网络营销诸多有益的启示。

案例显示：保险网络营销作为一种全新营销模式，具有传统营销所不能比拟的优越性。

（1）节省费用，降低成本。案例表明，通过网络出售保险或提供服务，相比传统的保险营销，房租、佣金、薪资、印刷费、交通费、通信费大幅度减少，保险公司只需支付低廉的网络服务费，而效果却更好。客户提出保单变更、复效等要求时，可以通过网络向保险公司提出，双方在网上进行洽谈，并将最终结果在网上实现。对于客户，节省了时间和精力；对于保险公司而言，节省了大量的人力与物力，双方都在网络营销中获益。

（2）保险公司可通过多层次的信息发布构建品牌形象。由于互联网具有国际开放性，保险公司可以建立网站发布公司信息，以较为低廉的成本扩大公司的影响，提高知名度。LIMRA 的专项调研显示，50%的公司认同将网络作为构建公司品牌形象的重要途径。

（3）网络作为一种有效的沟通工具，拉近了保险公司与保户的距离。通过建立新型的"自动式"网络服务系统，保户足不出户就可以方便快捷地从保险公司的服务系统上获取从公司背景到具体保险产品的详细情况，还可以自由地选择所需要的保险公司及险种，并进行对比。这不仅避免了与保险中介打交道的麻烦，还可从网上获得低价、高效服务。

（4）网络作为有效销售渠道，拓宽了保险业务的时间和空间。互联网的特点使得保险业务可以延伸至全球任何地区、任何一台上网电脑，实现全天候 24 小时作业，促使保险市场进一步向国际化、全球化方向发展。这种随时随地的、富有灵活性与应变能力的服务理念可有效推动保险商品的销售。

当然，现阶段保险业的网络营销也还存在许多不足。据 CYBER-DIALOGUE 数据行销公司调查表明，尽管消费者可以通过互联网获得保险信息和报价，但最终购买时，至少有 80%的在线保险申请者需要有专门人员当面提供服务并协助整个购买过程。因此，将保险网络营销与传统模式综合起来，实现保险网络营销与传统营销的整合是明智、合理的选择。具体来说，对于条款比较复杂、投保人难以理解的保险品种，宜采用传统模式销售；对于条款比较简单、投保人又需要快捷服务的保险品种，如航空险、旅游险等，则可直接在网上销售。

11.2 工业企业网络营销案例

工业企业是指依法成立的从事工业商品生产经营活动，经济上实行独立核算、自负盈亏，法律上具有法人资格的经济组织。工业企业按生产过程可分为原料工业企业、加工工业企业、装配工业企业；按行业和产品可分为重工企业、轻工企业等类型，每一种类型又可进一步细分。本节仅选取汽车、家用电器企业的几个网络营销应用案例与读者分享。

11.2.1 汽车制造企业网络营销案例：大众汽车

1. 企业概况及行业网络营销现状

1）大众汽车公司概况

大众汽车公司(Volkswagen，VW)创建于1937年，是德国目前最大也是最年轻的一家国际性汽车集团公司，同时也是欧洲最大的汽车生产商，总部位于德国沃尔夫斯堡，其产品在全球超过150个国家均有销售。

大众汽车公司在中国的合资企业有两家：第一家是1984年大众公司与中国合资成立的上海大众汽车有限公司(简称上海大众)，主要产品为桑塔纳汽车；第二家是1991年与中国第一汽车集团公司合资成立的一汽大众汽车有限公司（简称一汽大众），其主要整车产品为捷达汽车、高尔夫汽车和奥迪汽车。

2）汽车行业网络营销现状

中国汽车行业的网络营销当始于2005年赛拉图的上市。赛拉图充分利用网络的互动性这一特点，联合各大门户网站与媒体开展"我的车，我命名"系列活动，通过互动有奖征名吸引了不少网友关注，并积攒下大量潜在用户信息。

赛拉图的成功吸引了众多车企关注这一领域，网络营销在汽车产业中迅速发展，采取的方法层出不穷。特别是2009年以来，面对金融危机的影响，中国汽车行业对网络营销空前重视。随着互联网环境的进一步改善，丰富的网络媒体具有比传统媒体更高性价比的营销效果，促使各厂商对网络营销的投入更加积极。

2. 大众汽车的主要网络营销策略

1）大众汽车的网络品牌策略

（1）一汽大众以质量博得用户对大众品牌的认可。一汽大众提出了质量至上的理念，建立了从产品开发试制到生产协作配套、销售服务全方位的质量保证体系，引进德国先进的质量评审制度，使奥迪、大众品牌各车型的质量都达到或超过了在德国生产的质量水平。

（2）上海大众凭借环保理念打响品牌。保护环境、关爱自然，是上海大众从成立之初就确立的企业宗旨，也一直是上海大众可持续发展战略的重要组成部分，并通过网络平台不断强化、推广这一理念。

（3）不断推出与消费者双向沟通活动以提升大众品牌的影响力。2011年，大众推出以大众汽车品牌与消费者双向沟通为出发点的"大众自造"创新型项目，在一定程度上提升了大众品牌的影响力。作为大众汽车品牌进入中国市场后在新媒体和社交网络上最大规模的一次投入，"大众自造"经过一年多的策划，在极短时间内进行了爆炸式的广告投放，让全国60%的网友至少看到或接收到一次"大众自造"的概念，提升了大众品牌的美誉度和知名度。

2）大众汽车的产品策略

以一汽大众捷达汽车为例。捷达品牌针对不同的消费者将产品细分为三个系列：前卫系列、捷达王系列、都市阳光和都市先锋系列，并将相关产品及其改进信息在企业网站上公布。前卫系列采用两气阀发动机，配置较新，属于时尚型，价钱相对便宜，主要针对年轻人或讲求经济的消费群体；捷达王系列采用5气缸发动机，装备精良，最高车速达到190公里，属于运动型，主要针对喜欢享受驾驶乐趣的人士；都市阳光和都市先锋系列采用自动变速箱，驾驶轻松，主要针对成功人士，属于私家、公务或商务用车。

大众汽车的产品策略还体现在产品改进上，包括汽车工艺改进、技术水平改进、环保方面改进等。汽车工艺改进主要是针对捷达汽车外观粗壮、内部仪表装饰简陋、汽车工艺较为粗糙、乘坐感觉较拥挤等问题，公司改进了捷达汽车的外观、内部装饰，以及增大汽车的内部体积以满足消费者的需求；技术水平改进包括对汽车引擎、刹车系统、控制系统等方面进行提高，以改善捷达汽车动力、安全、控制等方面的性能；环保方面改进则按照国家制定的相关法律政策，提高捷达的环保指数，最大程度让顾客满意。

3）大众汽车的网络渠道策略

汽车的营销模式有多种，如直销模式、代理模式、经销模式、品牌专卖形式、连锁经营模式等。一汽大众本着让消费者方便的原则同时采用线上、线下两种营销渠道，并依据市场及消费者的特点，结合两种渠道进行营销。为了在网络中吸引消费者关注本公司的产品，促进消费者购买，一汽大众及时在网站发布促销信息、新产品信息、公司动态等，并提供多种支付模式，让消费者有更多选择，加大销售的可能。

4）大众汽车的顾客服务策略

大众汽车利用互联网为消费者提供简单的FAQ(Frequently Asked Questions，常见问题解答)，并在企业网站为顾客提供社交平台如开心网、人人网等的链接。大众汽车借助社交平台，一方面直接与消费者进行沟通，了解消费者对于产品改进的意见，解答消费者对于产品存在的疑惑；另一方面可以与大众汽车的忠实关注者建立良好关系并通过其宣传企业。

3. 大众汽车的主要网络营销方法

1）企业网站基于营销导向优化推广

（1）网页的优化。上海大众汽车按简单实用的原则优化企业网站：把网页尽量设计得清晰明了，让顾客一进入网站就能看到公司车型信息等内容；把首页上一个一个的小图片换成一个大图片，并将大图片切割成若干个小图片于不同的表格区间内进行拼接，以便缩短下载时间；把与导航栏重复的栏目删去，做到排版错落有致。

（2）网站的栏目优化。网站栏目是承载网站内容的基础，好的栏目设置可以帮助用户更好地了解和使用网站，提高用户在网站的停留时间，从而增加企业的商业机会。上海大众汽车网站优化时，对栏目重新进行了合理化设计，使之可以更好地展示企业的文化、产品信息等客户最关心的问题，也使网站运行更为流畅。

（3）对网站外部链接的优化。上海大众汽车网站在链接了经销商网站的基础上，在外部链接里增加网易、新浪等网站的汽车频道。借助网易、新浪汽车频道产品库、报价库庞大的数据系统，用户可以轻松完成同档汽车品牌的横向对比，使消费决策更直观周全。

2）搜索引擎推广

搜索引擎在企业的网络营销中发挥着重要的作用。目前大众汽车在新产品推出前后和某一产品进行大型促销活动时，都会在百度、谷歌等搜索引擎上购买"汽车""轿车""购车"等热门关键词,以增加官方网站或促销信息网页的点击量,从而达到广告效果。

3) 网络视频营销推广

上海大众将传统的电视广告转到视频博客网站,提高网民对企业的关注率。此外,上海大众与中国建设银行合作推出国内首张汽车联名信用卡"上海大众龙卡",并针对该卡用途,推出视频故事《大话西游》开展网络视频营销。视频故事中,西游小分队申请了"上海大众龙卡"后便踏上西行路,但西行路上趣事层出不穷,情节扣人心弦、悬念横生,故事人物每次过关都会用到"上海大众龙卡"。通过将这样悬疑又幽默的视频内容传播在6room、土豆网、MOP播客等视频网站上,潜移默化中加深了众多网友对上海大众的认知度。

4) 博客宣传

大众汽车把企业博客的介绍及链接放到主页上,让更多人了解该博客,更多人直接与大众汽车管理人对话。通过博客,大众汽车的管理者可以不经过任何人的过滤,直接听取对大众汽车有热情和对公司事务有兴趣者的反馈。借助于这些来自客户、员工、投资人等的反馈,促进了上海大众汽车为客户提供更多更好的产品。

5) 大众新车的网络推广

(1) 大众新车的网上试驾推广销售。2006年大众汽车在网上发布最新两款甲壳虫系列——亮黄和水蓝,2000辆新车均在网上销售。这是大众汽车第一次在自建网站上销售产品,推广活动从5月4日延续到6月30日。大众汽车网站采用Flash技术来推广两款车型,建立虚拟的网上试用驾车。网上试用驾车使得网站流量迅速上升,在推广的第一天就有超过8万次的访问量。在活动期间,网站的每月平均流量为100万人,每天独立用户平均为47000个,每个用户花费时间达到19分钟,每页平均浏览1.25分钟。网上试用驾车完成了主要目标——得到更多的注册用户,用户能够在网上建立名为"我的大众"的个人网页,在推广期间超过9500人建立了自己的网页。用户据此能够更多地了解其需要的汽车性能,通过大众的销售系统查看汽车的库存情况,选择经销商并建立自己的买车计划,预订产品配送时间。推广活动产生了2500份在线订单,超过90%的经销商参与了活动,销量非常高,活动达到了大众汽车的预期目标。

(2) 公益与商业结合推广。2007年7月上海大众的"奥运关爱里程"活动正式启动,这个持续到2008年8月的活动主线是上海大众新车的"试乘试驾"——每次试驾产生一个关爱里程,到活动结束时共产生100万次关爱里程,上海大众捐赠100万元给予联合国儿童基金合作的"爱生学校"。这个在试驾者眼里不过只需上网填写试驾信息的活动,大众集团最后几乎动用了上海大众CRM的所有资源——经销商广域网、短信平台、网站、博客社区、呼叫中心及WAP移动网,收到了很不错的成绩。

4. 大众汽车的网络营销效果

大众汽车通过媒体广告、搜索引擎、博客等的推广,逐步打响了大众汽车的品牌。通过媒体网络之类与顾客有了进一步的沟通,同时结合顾客提出的意见对汽车进行了改进,在一定程度上增加了大众旗下汽车的销量。2013年度大众全球销量达到970万辆,其中在最大单一市场中国创327万辆纪录,成为该年在华销量最高的外资车企。

5．案例评析

1）大众汽车网络营销的成功之处

大众汽车网络营销的成功之处，可以归纳为以下几个方面。

（1）注重顾客服务。与其他汽车企业不同，大众汽车的网络营销提供的不仅是产品信息、企业概况，而是把重点放在顾客服务方面。考虑到汽车产品的特性和网络的特点，大众汽车将传统的营销方式与网络条件相结合，提供申请试驾与网上虚拟试驾这两种体验模式，给予顾客更多的体验过程。

（2）加强顾客关系。大众汽车通过人人网、开心网等社交论坛，及时了解消费者的消费心理，解决消费者的购车疑虑。

（3）利用企业强大的实体销售网络。发展了半个多世纪的大众，资本雄厚，除了拥有稳固、规模庞大的中间代理商外，还建立了严整的4S服务网络，这为大众实施网络营销提供了良好的基础，消费者的售后服务有了保障，使得网上交易容易取得成功。

（4）研发跟进。大众汽车根据网络调研的结果，确定消费者需求偏好。借助优秀的研发团队大力研发最新产品，吸引潜在消费者，扩大市场份额。

2）大众汽车网络营销的创新建议

（1）进一步充分挖掘网络的优势，增加虚拟试驾功能。例如，可以尝试用Flash做一个可以人为控制各种数据的仿真试车，而不是单纯的试验撞车；应该提供更多的测试选择，还应该有在不同环境下的测试，以及以不同车速进行不同开车方法的测试，让客户更好地了解车辆性能，同时也可以吸引一些暂未打算买车的潜在用户的眼球。除了试车之外，还可以提供通过游戏中的Flash进行3D观察汽车内部布局以及汽车内部构造的功能，让网民能由里到外了解大众汽车。

（2）进行广告创新，让消费者亲自参与到广告中来。例如，与"QQ飞车"开发商协商，将大众置入飞车系列中，让消费者感到强烈的网络氛围，抢占网络市场先机。再如，企业可通过改进《大话西游》这一营销视频，不仅强调让消费者看到这个广告，而且更多地突出消费者的参与性，让消费者对大众汽车品牌的关注由被动转为主动，进而使消费者和粉丝对大众汽车品牌的创建由认知转为认可。

（3）针对消费者需求，突出大众汽车网上服务信息的阶段性特点。在购车的不同阶段，消费者关注的信息有所差异。在购车前期，一般对产品品牌、价格、车友的亲身感受、网上的推荐信息等比较敏感；在比较阶段，一般会更注重不同车型的优劣势、性价比等信息；在购车后，售后服务、维修用度、汽车保养等信息就逐渐变成关注的重点。中国消费者在购车过程中，对于网络的依靠度越来越高，消费者往往首先通过网络来进行调查研究，甚至很多消费计划是在大量网络信息比较之后做出的。因此，突出大众汽车网上服务信息的阶段性特点会让消费者感觉其服务更贴心、更周到。

11.2.2 家用电器制造企业网络营销案例：海尔集团

1．企业概况及行业网络营销现状

1）海尔集团公司概况

海尔集团是世界大型家用电器品牌，1984年创立于青岛。目前海尔在全球建立了29

个制造基地，8个综合研发中心，19个海外贸易公司，全球员工总数超过6万人。海尔品牌旗下冰箱、空调、洗衣机、电视机、热水器、电脑、手机、家居集成等板块中的19个产品被评为中国名牌。

据世界著名消费市场研究机构欧洲透视（Euromonitor）2011年12月发布数据显示，海尔在世界白色家电品牌中排名第一，全球市场占有率7.8%，第三次蝉联全球第一。

2）家电行业网络营销现状

家电行业网络营销主要是通过网站进行产品介绍展示、产品信息发布、产品关键词广告投放、产品在线洽谈等，面向企业用户，围绕产品展开营销推广。截至2013年7月，在网上可以查到的家电企业网站共有1万多家，其中大型家电企业基本都有自建的网站，海尔、TCL、格兰仕已开通网上直销商城。

2. 海尔网络营销策略

1）海尔的品牌策略

从"名牌产品战略"走向"名牌企业战略"而逐步形成名牌企业品牌，并最终成为海尔企业整体形象的物质载体和象征的海尔品牌，凭借其高质量、人性化、"真诚到永远"的服务赢得了广大用户的尊重和忠诚。

2）海尔的网站营销价格策略

海尔在整个价格调整期间，并没有大张旗鼓地曝光或炒作自己的价格大战，而是采取了循序渐进、不同区域不同产品价格组合的办法，在最终决定消费者购买的场所——"终端"进行价格让利。

3）海尔的网络促销策略

海尔通过广告、公关、服务的价值增值效应促进消费者的了解，消除消费者的疑虑，获得消费者的信任。同时通过赠品促销、降价促销、技术促销、文化促销等方式来吸引公众的眼球，扩大知名度，以此扩大业务范围。

4）海尔的网络营销服务策略

海尔集团以服务为本，秉承时刻把客户的需要与利益放在第一位的服务理念，其顾客服务中心管理系统（Haier CSS）覆盖海尔集团顾客服务中心、各顾客服务事业部和全国各地顾客服务中心、售后服务中心，利用集团现有的网络基础设施，可以为顾客、售后管理、领导决策提供服务。海尔顾客服务系统的建立和运行使海尔有了完整的全国客户档案，可随时随地查找客户信息，实现了分布式数据复制及数据共享（企业相应部门），便于综合查询和服务质量分析，同时也便于进行客户回访、交叉销售等，实现海尔集团顾客服务管理现代化，提高顾客满意度。

3. 海尔的网络营销方法

2000年8月，青岛海尔电冰箱股份有限公司与青岛海尔集体资产内部持股会合资成立海尔电子商务有限公司，以企业内部的IT建设为基础进一步完善网站，实施网上直销战略。海尔网站，用专门的页面设置友情链接，并为这些链接网站做标志广告，这些链接包括知名的门户网站、网上商城、搜索引擎、人民日报网络版、招商银行等。海尔集团以企业网站为依托，基本上实现了以下网络营销方法的基本功能。

1）海尔的网络广告宣传

海尔网站的主页就有一个大幅的企业宣传广告，配合着海尔在不同发展时期工作重心和宣传主题，不停地闪动相应的画面，非常有效地宣传了企业的形象，给人以温馨，博得客户的好感。此外，海尔制作的大型系列动画片《海尔兄弟》，不仅影响了家长的购买倾向，而且也影响着孩子，为以后的销售打下了基础。

2）网上开设商店

海尔网上商城是海尔提供给消费者的另一种购物渠道，由海尔集团负责建设、维护与经营，它利用海尔现有的销售、物流与服务网络，为广大用户提供优质的产品销售服务。海尔公司直接对用户订单负责，在海尔网站上选择网上购物，可以享受到个性化订购、电话确认、免费送货上门、货到付款、免费安装调试、售后服务等一条龙服务。为方便没有上网条件的客户网上购物，海尔网站支持第三方收货。

（1）海尔网上销售的配送方式：包括送货上门和邮寄两种方式。除了医药产品、智能宠物、掌上电脑等采用邮寄以外，其他都采取免费送货上门的配送方式。海尔网上销售的物流配送是利用传统销售与物流网络渠道，网上销售没有区域限制，即全国每个地区包括农村的消费者都可以从海尔网上商城购物，海尔会利用当地的销售与售后网络给用户提供服务。对国内所有在海尔网上商城购物的用户，海尔会提供免费送货上门服务。

（2）海尔网上销售的支付方式：有货到付款、在线支付和邮政汇款3种。货到付款指海尔把用户订购的商品运送到用户家之后再收取货款；在线支付指用户通过银行信用卡在网上通过在线支付平台直接支付给海尔，海尔确认货款后安排送货；邮政汇款指用户先通过邮局把货款寄给海尔指定的公司账户，海尔收到汇款后发货。对于货到付款方式，海尔在送货上门的同时把发票提供给用户；对于在线支付和邮政汇款方式，海尔将从青岛邮寄发票给用户，此发票将作为售后服务及申请加入海尔俱乐部会员等的凭证。

（3）服务传递：海尔通过服务传递系统将客户订购的商品快速地传递到已订货并付款的客户手中。在海尔网上订单生成后，即进入处理流程。海尔内部有一套严格的订单处理过程控制办法，如对订单的接收、联系用户、确定货源、与用户约定送货时间、安排配送、送货上门、回访等环节的时间和操作都有严格要求，并且采用信息系统跟踪监控，确保用户订单及时有效地得到处理，让每个用户最大程度的满意。

3）海尔的搜索引擎营销

搜索引擎营销也是海尔的主要推广模式之一。海尔集团将网站信息提交到搜索引擎数据库，以增加与潜在客户通过互联网建立联系的机会，提高了网站的知名度和影响力，也为企业网站带来许多潜在用户。

海尔在产品搜索关键词方面投入了巨额广告，尤其是冰、洗产品上投放了大量的网络广告，冰箱和洗衣机在百度的排名上始终都是第一，其他产品的排名也比较靠前。在百度搜索中，提供的附加信息包括在线购买海尔电视、手机、电脑、空调、热水器等其他海尔产品。此外，海尔在谷歌、搜狗等搜索引擎上也投放了相关的搜索关键词。

4）海尔的微博营销

海尔利用微博等社会媒体开展营销从2010年的尝试阶段，到如今已有了更为成熟的应用。2010年海尔以上海世博会为契机，借助新浪微博以"海尔世博全球营销计划"为切入点进行品牌传播活动。海尔的新浪微博"海尔家电"以单向发布海尔与世博会相关的新闻、海尔新品上市新闻为主,以跟踪事实热点新闻为辅。在海尔入驻新浪微博近两个月的时间里具体运营情况是:粉丝数 183003 个;关注数 200 人;发微博数 3163 条;日均发微博数 9 条;总转发数 2160 条;最高一次转发量 23 次,内容为"全球首款物联网洗衣机在海尔诞生";总评论数 1120 个。从基础数据部分看,海尔的确是有很大的影响力,其粉丝数量的增长趋势还是不错的。但关注人数很少,表示互动少,吸引不了粉丝。海尔最高评论和最高转发,都出现在同一条微博上,即物联网洗衣机新闻。这说明用户最关心的还是海尔的产品或新产品,海尔应该更多地发布这方面的信息。但活动中海尔家电没有填写微博资料,也没有提供官方网站地址,对微博营销的操作还比较粗糙。从这里可以看出海尔已经开始重视微博营销,但具体操作还有待改进。

5) 海尔的网络在线服务营销

(1) 海尔家电在线 DIY。海尔商城提供在线定制服务,满足顾客不同的个性化需求,顾客可以参与产品相关模块的自主设计并在线提交订单,订单系统直接将顾客的个性化需求提交至生产环节,由生产部门量身定制能够充分满足顾客个性化需求的海尔家电。

(2) 家居在线设计。家居在线设计即成套家电解决方案,通过海尔商城在线设计功能,为顾客提供适合家庭装修风格以及生活习惯的家居电器系统的最佳选择。顾客只需提交自己的户型及要求,海尔就可以为其设计出最适合的成套家电解决方案,在方便顾客的同时,客观上起到了促销企业产品的效果。

(3) 在线设计咨询。海尔提供推荐方案以及其他用户的成套案例供顾客选择,顾客不仅可以自主设计方案,也可以在推荐方案基础上进行调整,优化符合要求的成套方案。在设计过程中,顾客可随时与在线客服、在线设计师沟通来帮助实现方案设计。

此外,海尔利用互联网的特点积极探索实践"人单合一双赢模式",通过组织创新和"端到端"的自主经营体建设,实现从"卖产品"到"卖服务"的转型,创造出差异化的、可持续的竞争优势。

4. 海尔网络营销效果及案例评析

海尔集团有效地运用多种网络营销策略和方法,使得海尔的品牌知名度和顾客对海尔的忠诚度大大提高。海尔网络营销体系中的网上商城所具有的销售和支付优势,如海尔遍布全球的销售网络、配送网络、服务网络以及与银行之间的支付网络,解决了网络营销中的诸多难题。海尔通过网上商城这个平台,每月接到 6000 多个销售订单,定制产品品种达 7000 多个,采购的物料品种达 15 万种。新物流体系降低呆滞物资 73.8%,库存占压资金减少 67%,可以说已经达到世界领先水平。

海尔集团网络营销的特点,可以概括为以下几个方面。

(1) 重点突出,覆盖率广。海尔在搜索每个关键词时,只需浏览搜索结果的第一页即可;在用 12 个关键词搜索后,据搜索结果可排查出 3 个当地浏览量较大的网站。这说明海尔对大型搜索引擎网站非常重视,既保证搜索关键词有一定覆盖率,同时也突出重点。

(2) 多方涉及,影响深远。海尔网络营销涉及范围甚广,在网站建设、搜索引擎、网络广告、B2C 网络平台等方面,投入大量资金和人力,通过网络客户关系管理与电子商务平台架起了与全球用户资源网、全球供应链资源网沟通的桥梁。这给海尔树立了良好的企业形象和产品品牌,使其获得更多的顾客。

(3) 网络顾客服务系统功能强大。海尔的顾客服务系统大大满足了海尔复杂和庞大的信息处理需要,同时也为海尔的管理者和决策者提供了方便。海尔顾客服务系统丰富的报表制作功能和通用的查询功能,提高了海尔对市场的反应速度和适应能力,使海尔可以为客户提供更及时、快速的服务,进而提高用户满意度。

(4) 网站在网络营销过程中与顾客的互动性不够。由于人力、资金投入等方面的欠缺,海尔在网站建设中的在线咨询经常得到官方的回答,而不能第一时间获得最满意的信息,等待的时间过长,这使得顾客只能再通过邮件或者电话的方式咨询。在微博营销中也缺乏互动,粉丝评价转载率低。

总体来看,海尔集团的网络营销应用是成功的。由于互联网络具有很好的互动性和引导性,顾客通过互联网络在企业的引导下对产品或服务进行选择或提出具体要求,企业可以及时了解顾客需求,并根据顾客的选择和要求及时进行生产,为顾客提供准确、翔实、及时的资讯和便捷、低廉、高效的服务,使得顾客所要求的产品和服务跨时空得到满足。

11.3 农产品网络营销案例

随着电子商务的迅猛发展,目前我国农业网站已突破 2 万家,但绝大多数的农企网站的在线应用服务功能较少,主要是通过网站对企业的产品和服务进行宣传,农产品企业网站的应用水平整体偏低。

11.3.1 鲜活农产品网络营销案例:深圳农批宝

1. 企业概况及行业网络营销现状

1) 农批宝概况

农批宝建于 2011 年 6 月,是深圳市农批宝科技有限公司旗下的电子商务网站和产品销售平台(网站首页如图 11-4 所示),从事新鲜有机蔬菜水果、山林散养畜牧家禽、深海捕捞水产海鲜以及各地名优特产等食品的网络直销业务,可以为消费者提供 7 大类约 2000 多种食材,所销售的产品来自生态种植、养殖基地或者农家乡村、草原山林。

图 11-4 农批宝网站首页

农批宝坚持以消费者需求为导向，借助互联网平台，依托丰富的产品和生鲜配送体系，为个人家庭和企事业团体提供生态新鲜食品定制化专供服务。

2）鲜活农产品行业网络营销现状

鲜活农产品的网络营销应用主要是借助鲜活农产品行业网站、企业网站以及各级政府的农业信息网，实现双向的信息交流。即鲜活农产品的生产、流通、加工等企业和果农，通过互联网及时、形象地发布和获取相关的商品供求及服务信息。在此基础上以B2B交易为主要形式，实现网上营销洽谈、网下成交支付。这种形式风险较小，较适合鲜活农产品内在质量千差万别、必须通过感官加以确定的特点。

我国鲜活农产品行业网站近年来发展迅速，除诸如中国果品信息网、深圳农批宝等综合性鲜活农产品专业网站外，还有荔枝、杧果、香蕉、梨、枣等各种单品鲜活农产品专业网站；同时，各地农业网站都不同程度地设有鲜活农产品频道和专栏。开展鲜活农产品网络营销的主体，主要是大中城市的鲜活农产品龙头企业和大型批发、集贸市场。目前，在鲜活农产品产地县、镇的一些运销大户、专业合作社，也纷纷创建了网站开展网络营销。例如，根据素有"中国苹果之都"美誉的山东栖霞调查，在大约200家果品商储公司中，近20%的企业有不同程度的网络营销应用。四川惠农生态农业发展有限责任公司开展网络营销，建立公司网站进行网上洽谈，改变以往盲目跑市场的情况，节约了成本，增加了柑橘等鲜活农产品购销量，利润连年翻番。四川蒲江杂柑合作社开展网络营销以来，推广当地优良柑橘品种作用明显，经营规模和经济效益连年取得好成绩。但从整体看，我国鲜活农产品的网络营销还远未普遍开展起来，极具发展潜力。

2. 农批宝网络营销策略

1）农批宝的产品策略

（1）延伸产品线策略。为了满足不同顾客的差异化需求，农批宝采用了延伸产品线策略，即在现有农产品的基础上进行拓展和创新，实现了现有产品的增值服务。例如，农批宝的有机宅配套餐，这个产品可以实现2～8人在一个月、一个季度、半年、全年中所需要的优质有机农产品定期、定量、定点送货。农批宝的这个服务**增量成本**虽低，却既实现了产品的大批量销售，又为顾客提供了增值服务，顾客满意度很高。

知识卡片11-1

增量成本(Incremental Cost)：与价格以及销售量的变动紧密相关的那些成本，或者由产量增量而导致的总成本的变化量，等于生产增量之后的总成本减去生产增量前的总成本。

（2）现有产品的更新策略。农批宝目前所销售的产品中，有一部分是公司养殖种植基地生产的，有一部分是通过与其他农产品基地、农产品大批发商合作以及吸纳加盟商实现的。企业还在不断地寻找供货商和加盟商，从而进一步丰富产品种类，不断推出新的产品。

2）农批宝的价格策略

网络环境下农产品定价需要考虑定价目标、产品成本、市场需求、竞争者的产品和价格等因素。农批宝主要采用了以下几种定价策略。

（1）成本导向定价法。农批宝在线销售的农产品，具有多地区采购、一站式销售的特点。农批宝对同一种农产品，根据从不同的基地或农户处生产出来的不同成本，所定价格一定不会低于采购的平均成本。

（2）竞争导向定价策略。农批宝网站主要销售的是优质有机农产品，参考定价时选择的竞争对手也是销售优质有机农产品的，所以该网站上的农产品定价普遍高于市场上的普通农产品。但由于是线上销售，与实体店相比省去了中间环节，所以价格方面会适当低于优质有机农产品实体店的价格。为了保证核心产品的销售，农批宝还常常根据市场和竞争对手情况做出价格调整。

（3）需求导向定价法。由于多种因素促使人们对优质有机农产品需求旺盛，农批宝趁势推出有机宅配套餐，为有特殊需要的顾客提供了便利。优质有机农产品优势明显，供不应求，线上交易方便贴心，这些都增加了顾客的感知价值，使得农批宝可以制定较高的价格。

（4）差别定价法。农批宝推出的批发产品，在限定最低一次性购买量如 100 元、1000 元的情况下，给出一个很优惠的批发价，或者 VIP 会员与普通顾客享受不同优惠和不同的服务。具体定价方法如下：通过注册成为普通会员，可以享受农批宝消费积分累计及相关优惠活动；消费积分累计达到 1500 分，或账户预存 1500 元（购买实体金卡也可），即可达到金牌会员资格，可以享受正常售价 9.5 折优惠，以及不定期推出的金牌会员优惠或礼品赠送；消费积分累计达到 3000 分，或账户预存 3000 元（购买实体钻石卡也可），即可达到钻石会员资格，可以享受正常售价 9 折优惠，以及不定期推出的钻石会员优惠或礼品赠送；消费积分累计达到 5000 分，或账户预存 5000 元（购买实体皇冠卡也可），即可达到皇冠会员资格，可以享受正常售价 8.6 折优惠以及名农批宝不定期推出的皇冠会员优惠或礼品赠送。

（5）地区定价策略。网络销售必将产生物流费用，而且鲜活农产品对物流配送在快捷、保质保鲜方面的要求更高，因此对于不同地区、不同距离的顾客，其配送方式和运费也不同。农批宝制定了详细的快递价格表以及预计到达天数，并公布在网站上，以方便顾客选择合适的快递，支付相应的运费。

3）农批宝的渠道策略

农批宝实现了"农产品中介组织＋农户＋电子商务"的农产品网络营销渠道模式。即把农户集合到农产品中介组织，由该中介组织提供技术支持来实施农产品营销的电子商务化。

（1）农批宝的网上直销渠道。农批宝不仅有自己的种植、养殖基地，可以实现自产自销，还大量招募供应商和加盟商，为农批宝提供新鲜优质有机农产品。供货商大多是原料生产基地，加盟商可以是原料生产基地或大批发商。农批宝通过与供应商合作或者吸纳加盟商的方式来实现农产品集中，并通过网络平台来实现农产品销售。

（2）农批宝的分销渠道。农批宝除了通过网站直接销售以外，还以合同方式吸收个人或企业作为分销商，以实体店或网店的形式多渠道销售产品。当然分销商和各级经销商可以享受一定的价格优惠，从而赚取差价利润。农批宝的网店分销是通过建立企业或个人的销售网站来进行销售的，农批宝总部提供给分销商家一个独立的网站平台和一些技术、服务支持。例如,平台培训、客服服务、商家宣传、供应信息和产品配送服务等,使得分销商能够在没有仓储配送压力的情况下,通过代销他人的产品获取利润。农批宝为经销商提供了创业获利的平台以及一系列的支持服务,因此经销商每年需缴纳一定的网站维护、服务费用给农批宝。农批宝还为企业和个人提供查看和发布信息的平台,提供技术、客服和宣传服务,并以会员制鼓励分销商进行产品推广。其会员有3个级别:铜牌会员(免费)、银牌会员(300元/年)、金牌会员(500元/年),会员等级越高,农批宝给予的服务支持项目越多。会员可以在公司网站上发布免费信息,会员等级越高,每天可发的免费信息越多。银牌和金牌会员可以享受发布在农批宝总站上的信息置顶的宣传服务,金牌会员还可以要求农批宝把其发布的信息显示在总站首页上。农批宝所提供的支持项目,为会员提高了产品宣传力度,提高了客流量和成功交易的可能性,实现双方利润共赢。农批宝与分销商、加盟商合作流程如图11-5所示。

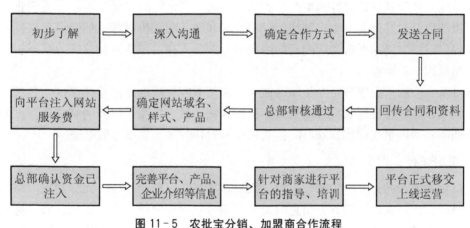

图11-5 农批宝分销、加盟商合作流程

4)农批宝的促销策略

在农批宝的网站首页上,可以看到新品上架、本月推荐、热卖商品、特价商品,图片、产品名称、价格等清晰明了的促销信息。此外,农批宝还会定期推出不同的促销活动,如推出原价198元现价168元的提货券团购活动。

5)农批宝的服务策略

(1)售前服务。农批宝网站页面的右上方为顾客提供了快捷服务,列出了资讯中心、合作登录、积分商城、帮助中心、客户留言等几个链接,方便顾客迅速找到其想要的信息。例如,在帮助中心有"操作指南""支付方式""配送说明"等模块信息,解决来访者的困惑。农批宝网站上清晰地列出了农批宝公司的地址、联系方式、订购热线,可以方便顾客针对疑点或遇到的问题在线上与客服沟通。

(2)售中服务。农批宝可以为顾客开立收款发票,一般随货送出,也可以按照顾客的需要以挂号信的方式寄往指定地址。顾客可以通过登录注册账户,了解自身的各种资料。例如,顾客可以查询自己的订单编号、支付方式、金额、订单状态和下单时间,也可以查询自己积分情况、优惠券、预付款情况、商品收藏与评论,还可以查看和修改个人资料等。

(3)售后服务。在顾客签收单笔订单7日内,农批宝可为其提供一次退换货的服务。

食品如果有质量问题，农批宝免费为顾客退换。

（4）其他服务。农批宝网络平台上提供了大量的资讯信息，内容非常丰富。进入网站首页，就可以看到商品、资讯、产业、行情、报价、供求、养生等模块的信息（如图11-4所示），每一个模块的内容都非常丰富和详细，且及时更新。

3. 农批宝网络营销效果

农批宝是一个资源共享平台，其经营品种包括生鲜食材、新鲜水果、粮油副食、地方特产、食品饮品、卡券套餐、有机宅配、企业采购等，能够为有需要的人群提供全面的农产品供求信息。对于普通消费型顾客，农批宝网站提供7大类优质农产品的供应信息，包括相关农产品生产基地信息等，便于顾客了解或购买农产品；消费者也可通过农批宝网站告知其需求。对于有合作需求的单位或个人，农批宝网站提供目前农产品市场的需求状况和需求结构，便于其有针对性地生产、配送和销售。农批宝的供货商可以享受农批宝的在线客服服务以及对其企业或生产种植（养殖）基地和产品的宣传服务；加盟商可以拥有农批宝总部提供的独立网站平台和所配套的绝大多数服务支持，包括依托总部为其进行产品配送、质量处理和商家宣传。

农批宝全面的信息服务带给了顾客便利，能使顾客提高网站浏览的深度，延长浏览网站的时间，让顾客感受到农批宝网站的专业性和完善性，提高了对该网站的认可度和满意度，进而激发顾客潜在的优质农产品消费欲望和合作与加盟农批宝的愿望。

4. 案例评析

农批宝集农产品开发、生产、采购、批发、零售、服务于一体，充分利用网络平台扩大农产品的销售，实现供需双方信息的交换。通过农批宝网站，生产基地、农户拥有了更通畅的销售渠道，广大顾客也可以享受健康新鲜的农产品送上门的服务，为供求双方都提供了便利。农批宝的网络营销实践，是我国鲜活农产品网络营销发展现状的一个缩影，取得了很大的成绩，也还存在很多有待进一步改善的空间，可以给予业界许多有益的启示。

1）农批宝网络营销中存在的问题

（1）网站缺货严重。进入农批宝网站后，初看该网站的产品种类繁多齐全，但是仔细观察后就会发现产品缺货非常严重，很多农产品点入链接后出现空白网页，无对应的产品可供销售。例如，水果类中，有些常见的水果诸如西瓜、杨梅等网页上居然没有专设货架展位。长此以往，可能会导致顾客对该网站的专业程度、成熟程度、可靠程度产生怀疑。

（2）促销活动太少，缺乏互动宣传。农批宝网站虽设有"促销专区"，但推出的促销活动非常少，缺乏与消费者之间的互动。每日一团活动，也只是放上了两个提货券的优惠，对顾客的吸引力较低。农批宝应该加大促销宣传力度，提高知名度。例如，可以组建专门的网络策划团队，定期推出促销活动和优惠有吸引力的提货券套餐；可以根据我国节假日，诸如元旦、"五一"、端午节、中秋节、"十一"、春节等，分别推出不同优惠力度、不同时令产品组合的节日套餐；平时也可以利用不同季节的水果为主，搭配其他水果形成多种优惠套餐。这样，有利于吸引顾客流量和购买量，在扩大销售、提高企业效益的同时，实现网站的宣传和网站知名度的提高。

(3) 退换货条件过于苛刻。农批宝规定：单笔订单只提供一次退换货服务；食品开启包装后不予退换；退换货所产生的往返物流费用由买家承担等。这些苛刻的条款加大了顾客购买产品时的心理风险，也在一定程度上表现出企业的不自信和害怕承担风险责任的心理。

综上所述，农批宝应该加大促销宣传力度和与消费者双向沟通的力度，综合运用更多的网络营销工具和方法。例如，利用微博、移动终端等开展网络营销，从而进一步提高品牌知名度。同时，农批宝应该充分重视和强化员工培训，全面考核员工的知识储备、服务态度、紧急情况处理能力等各方面素质，对客服与顾客的交流记录进行保存并定期查看，不断改进客服的服务质量。

2) 农批宝的网络营销启示

总体来看，从农批宝的网络营销实践，可以得到以下启示：

(1) 鲜活农产品完全可以有效地开展网络营销。销售商可以通过网络平台，及时了解农产品市场需求，实现农产品的在线销售，使消费者及时享用到新鲜优质的有机农产品。

(2) 鲜活农产品网络营销可以通过网站平台采用加盟及合作的方式进行。通过吸纳经销商和供应商加盟合作，给予其既能独立运作，又与总部相联系的网站平台，实施品牌宣传、产品推广和销售，进而实现渠道各个环节的利益共赢。

(3) 第三方农产品电子商务平台在进行网络营销的过程中，要注重服务细节。作为一个农产品交易的网络平台，要加强对于网站的宣传力度，利用多种网络营销工具和营销手段实施品牌宣传，提高知名度。

(4) 鲜活农产品网络营销需要农产品供应商、电子商务平台、物流企业以及经销代理商之间通力合作，特别应重视网站建设的专业性、内容丰富性，并不断完善售后物流等支撑性服务。

11.3.2 深加工农产品网络营销案例：海南南国食品

1. "南国食品"企业概况

海南南国食品实业有限公司（下文简称"南国食品"）创建于1992年，是以生产、经营海南特色食品为主的海南本土企业。"南国食品"致力于开发海南独具地方特色的热带作物资源，以海南独特的物产：椰子、咖啡、胡椒和苦丁茶等为原料，生产、销售"南国"牌椰子粉、咖啡、奶茶、椰子糖、咖啡糖、苦丁茶糖、调味品7大系列30多个品种近200个规格的产品。"南国食品"旗下现有海南国香食品有限公司、海南南国佳品连锁超市、南国生态工业园等企业，分别针对不同年龄段、不同性别和爱好的受众，研发生产了适合老年人、中年人、年轻人、小孩的各种口味的产品，如时尚饮品、古典风味等类型，深受海南本地消费者和到海南的外地游客的喜欢。

"南国食品"及其旗下企业都建有营销型网站，图11-6为南国食品网站（www.nanguo.com）首页。公司依托这些网站进行企业形象宣传、产品品牌宣传，提供产品和服务信息，进行在线直销，并借助网站平台招揽、选择连锁店和经销商加盟。

2. "南国食品"的网络营销策略

"南国食品"通过整合优势资源，建立信息化体系和高效率运作团队，以品牌、品质、

网络营销服务及案例分析

图 11-6 南国食品网站首页

品味、平价为基调,推出免费加盟网站代理销售新模式,运用多种营销策略全方位地推进网络营销。

1)促销策略

(1)网上折价促销策略。"南国食品"在自建网站等各种分销平台上采取数量折扣、季节性折扣、现金折扣等形式进行折价促销。

(2)网上联合促销。即"南国食品"的各种商家,包括其旗下的企业、加盟的经销商和连锁网店代理,联合做促销活动形成强大的营销影响力量。

(3)节日促销。以各种节日为契机开展多种形式的促销活动,如国庆节、中秋节优惠活动以及"双十一"活动中的半价促销等。

2)产品策略

"南国食品"以椰子、咖啡、胡椒和苦丁茶等海南特产为原料,研发生产"南国"牌椰子粉、咖啡粉等固体饮料,椰子糖、咖啡糖、苦丁茶糖等硬、软质糖果,胡椒、辣椒等甜味品及椰香薄饼等近 200 个规格的产品,分别针对不同年龄段、不同性别和爱好的受众,适合老年人、中年人、年轻人、小孩的各种口味。

3)品牌策略

"南国食品"依托海南得天独厚的地域优势,致力于开发海南独具地方特色的热带作物资源,生产、销售高品质的"南国"牌系列产品,打造"南国"食品品牌,走规模化、标准化、集团化的现代企业发展道路。

4)渠道策略

"南国食品"采取多样化的网络营销渠道策略,除建立公司官方购物网和在旗下企业网站上开展营销活动以外,还通过网店代销、网站加盟、批发团购等多种途径建立分销渠道。例如，在淘宝网、拍拍网、有啊网等平台上网店代理；选择百货类网站、商城等网站加盟等。网店代销与网站加盟的合作流程如图 11-7 所示。

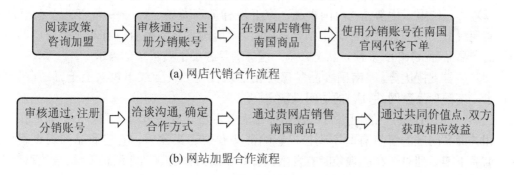

图 11-7 网店代销与网站加盟合作流程

3. 主要网络营销方法

"南国食品"还利用企业网站（店）、博客、论坛、搜索引擎、SNS、新闻、视频等多种网络营销工具，采用多种网络营销方法传播"南国食品"的相关营销信息。

1) 企业网站（店）营销

企业网站是最基础的综合性网络营销工具，具有自主性和灵活性，是主动性和被动性的矛盾统一体。"南国食品"依托自建的企业门户网站（www.nanguo.com）、南国食品网上商城"印象·南国"（www.yxnanguo.net）、阿里巴巴会员网站"南国食品"（nanguosp.cn.1688.com）、天猫商城"南国食品旗舰店"（nanguo.tmall.com）等平台，开展企业产品信息介绍、顾客常见问题解答，提供在线问题咨询服务和即时信息服务，以 B2B 和 B2C 模式开展网上销售、加盟招商等网络营销活动。

2) 微博营销

"南国食品"利用微博营销具有细分程度高、互动传播性强、信任程度高、口碑效应好、定向准确，能引导网络舆论潮流，并与搜索引擎营销无缝对接，整合效果好等优势，在 QQ 微博、新浪微博等平台都开有独立的微博和顾客进行交流和沟通，促进产品的销售。

3) 网络广告

南国食品在门户网站或者其他相关网站平台，以广幅广告、图片广告等多种广告形式进行了企业网络品牌形象宣传、产品介绍与推广、活动促销等一系列的网络营销活动。

4. 企业网络营销效果及案例评析

"南国食品"的网上商城"印象·南国"销售量节节攀升，一跃成为目前海南地区 B2C 电子商务的代表性企业，这与其线上、线下销售服务紧密结合的模式是分不开的。南国食品充分利用自身原产地的优势，能够第一时间得到货源，并且凭借庞大的物流网络发往全国各地抢占市场先机。同时，全方位开展网络营销也使企业节约了店面成本，可以更优惠的价格进行直销而将利益反馈给顾客。

南国食品的网络营销在以下几个方面存在明显优势。

(1) 品牌品质保障优势。"南国"食品品牌历经近 20 年的打造，已经成为海南特产的代名词,在国内外市场享有一定的品牌知名度。2010年上海世博会上,"南国"食品以原生态、纯绿色的高品质成为世博特许品,并赢得中外来宾的好评。

(2) 产、销渠道优势。"南国食品"旗下现有7家商场、19家专营店、50余家加盟店,实现线上、线下销售服务紧密结合;同时,"南国食品"整合所有的海南特产,目前销售的产品品种共1000多种,品类齐全,能够满足各类消费群体的需求。

(3) 广告支持优势。"南国食品"每年在全国各地、线上线下投入上千万的广告费,保持了"南国食品"网站(店)的访问量稳定。

当然,"南国食品"的网络营销也还存在诸多不足,有待进一步完善。例如,在线客服对相关商品问题的解答有时不到位,影响消费者的购买欲望;有些商品列表更新不及时,商品下架后列表还在的现象时有发生;有些在线销售的商品介绍很笼统,没有详细的产品规格、配送情况介绍等,不利于消费者深入了解商品进而产生购买行动。

本 章 小 结

本章从工业、农业、现代服务业中选取一些企业作为其所在行业开展网络营销实践的代表,例如,选取锦程国际物流的网络营销案例作为物流服务行业的代表、选取中青旅的网络营销案例作为旅游服务业的代表、选取中国人寿作为金融保险业的代表、选取大众汽车作为汽车制造业的代表、选取海尔集团作为家电制造业的代表、选取农批宝作为鲜活农产品网络营销实践的代表、选取南国食品公司作为深加工农产品网络营销实践的代表。所选行业大多是目前开展网络营销实践存在一定难度的行业,其中多数行业的许多企业对于开展网络营销实践存在一定的畏难情绪;或虽初步开展网络营销,却不知如何深入下去。因此,尽管本章所选取的案例有些还不是十分成熟,但对于其所在行业的其他企业开展网络营销实践,也具有一定的启发和借鉴作用。

复习思考题

(1) 从锦程物流的网络营销实践中,可以看出物流行业开展网络营销有什么特点?你认为物流行业开展网络营销的市场前景如何?请说明理由。

(2) 旅游业和保险业开展网络营销分别有什么优势?从教材所述案例你可以得到什么启示?

(3) 大众汽车的网络营销有什么特点?你认为该如何进一步深化和完善其网络营销策略?

(4) 海尔集团的网络营销策略和效果如何?你认为海尔集团应该如何进一步深入开展网络营销?

(5) 鲜活农产品和深加工农产品开展网络营销有什么不同?在营销策略上分别需要注意什么问题?结合教材所述案例加以说明。

第11章 行业网络营销综合应用

案例研讨

【案例资料】 伊士曼柯达公司（Eastman Kodak Company，简称柯达公司）曾是世界上最大的影像产品及相关服务的生产和供应商，总部位于美国纽约州罗切斯特市，是一家在纽约证券交易所挂牌的上市公司，业务遍布150多个国家和地区，全球员工约8万人。多年来，柯达公司在影像拍摄、分享、输出和显示领域一直处于世界领先地位，100多年来帮助无数人留住美好回忆、交流重要信息以及享受娱乐时光。但是随着数码技术的崛起，柯达公司于2012年1月19日申请破产保护。

其实，柯达早在1976年就开发出了数码相机技术，并将数字影像技术用于航天领域；1991年柯达就有了130万像素的数码相机。但是到2000年，柯达的数字产品只卖到30亿美元，仅占其总收入的22%；2002年柯达的产品数字化率也只有25%左右，2000—2003年柯达各部门销售利润报告，尽管柯达各部门2000—2003年的销售业绩只是微小波动，但销售利润下降却十分明显，尤其是影像部门呈现出急剧下降的趋势。具体表现在：柯达传统影像部门的销售利润从2000年的143亿美元，锐减至2003年的41.8亿美元，跌幅达到71%。

在网络营销方法策略的运用方面，柯达也曾一度取得了很好的效果。柯达网站对于树立企业形象、培养用户忠诚度等具有至关重要的意义，被广泛认为是商业价值营销效果最好的站点。为确保网站能提供优质服务，柯达还进一步将站点开发扩展到整个企业的各个部门，将其信息系统部、国际呼联网营销部及公共关系、营销和销售单位联结起来，这种协作可确保用户反馈和查询被迅速准确的传给公司，同时也确保服务人员能立即做出反应。对于胶卷这种低值消费品而言，最终目的并不是争取客户一时的喜爱，而是争取客户的一世喜爱，柯达正是清楚地知道这一点，所以在网络营销上，柯达没有一般地宣传产品，而是在培养客户对其品牌、对其网站的忠诚度上采取了别具一格的竞争策略，切实地推出了一些能在网上实施的对大众常规摄影有增值作用的服务项目。随着技术的进步，拍摄逐渐傻瓜化，初学者也能轻易拍出专家级的作品，柯达将网络竞争定位在拍摄后的高端增值服务上，为傻瓜不能为之事。柯达认为，采取网络营销方式和用户发生相互作用以及从事直接商业的潜力十分巨大。

然而，在拍照从"胶卷时代"进入"数字时代"之后，昔日影像王国的辉煌也似乎随着胶卷的失宠而不复存在。

认真分析上述材料，进一步就以下问题查阅相关资料，并展开讨论：

（1）柯达公司的经历说明了什么问题？应该从柯达公司的营销策略中学到些什么？柯达公司的衰落又给予我们怎样的启示？

（2）数字时代影像产品行业应该如何正确应对市场需求的转变？影像行业目前实施网络营销应该注意什么问题？

扩展阅读

[1] 秦新生. 物流企业网络营销策略[J]. 企业导报, 2009, (12).
[2] 董林峰. 旅游电子商务[M]. 2版. 天津：南开大学出版社, 2012.

［3］李云鹏，等.智慧旅游：从旅游信息化到旅游智慧化［M］.北京：中国旅游出版社，2013.

［4］陈进.网络金融服务［M］.北京：清华大学出版社，2011.

［5］王金阳.世界一流营销大师学习手册：从有价的产品经济到无价的客户经济［M］.北京：北京理工大学出版社，2012.

参 考 文 献

[1] 冯英健. 网络营销基础与实践[M]. 3版. 北京：清华大学出版社，2008.
[2] 陈德人. 网络零售[M]. 北京：清华大学出版社，2011.
[3] [美]朱迪·斯特劳斯，等. 网络营销[M]. 4版. 时启亮，金玲慧，译. 北京：中国人民大学出版社，2007.
[4] 余世英，等. 基于威客模式的网络运营机制研究[J]. 情报科学，2013，31(3).
[5] 徐树华，王娇. 移动营销及营销模式的发展历程[J]. 移动通信，2011，(23).
[6] 何军红，赵习频. 移动营销的商业模式分析[J]. 特区经济，2009，(7).
[7] 杨路明. 网络营销[M]. 北京：机械工业出版社，2011.
[8] 劳帼龄. 网络营销[M]. 北京：化学工业出版社，2012.
[9] 陈远，等. 基于搜索引擎的关键词广告及策略[J]. 情报理论与实践，2005，(2).
[10] 费巍，黄如花. 基于用户行为分析的搜索引擎优化策略[J]. 图书情报工作，2005，(10).
[11] 杨坚争. 论网络促销[J]. 郑州大学学报(哲学社会科学版)，1999，(1).
[12] 张向先，门海艳. 现代企业网络促销组合策略绩效评价的方法研究[J]. 经济管理，2004，(24).
[13] 李静. 基于4C's的网络营销策略[J]. 中国商界(下半月)，2008，(9).
[14] 张永锋. 网络环境下消费者行为分析及营销对策研究[J]. 经营管理者，2011，(16).
[15] 张秀娟. 在市场营销中"4P""4C""4S"战略的综合运用[J]. 甘肃科技纵横，2007，35(6).
[16] 于晓钟，冯衫. 4P、4C、4R营销理论比较分析[J]. 山西：生产力研究，2002，(3).
[17] 王岩，徐建中. 我国企业网络营销模式及绩效评价研究[D]. 哈尔滨工程大学，2006.
[18] 陈晴光. 电子商务基础与应用[M]. 北京：清华大学出版社，2010.
[19] 陈信康. 服务营销[M]. 北京：科学出版社，2006.
[20] 孟韬，毕克贵. 营销策划方法、技巧与文件案[M]. 北京：机械工业出版社，2008.
[21] 李百吉，王钰鉴. 营销策划原理与案例[M]. 北京：知识产权出版社，2012.
[22] 刘芸. 网络营销与策划[M]. 北京：清华大学出版社，2010.
[23] 陈向军. 网络营销与策划[M]. 北京：高等教育出版社，2011.
[24] [美]克里斯·安德森. 长尾理论[M]. 3版. 乔江涛，石晓燕，译. 北京：中信出版社，2012.
[25] 张海良. 新经济时代的长尾法则[M]. 北京：中国铁道出版社，2010.
[26] 李蔚田，等. 网络营销实务[M]. 北京：北京大学出版社，2009.
[27] [美]Susan Sweeney. 锦囊妙计：网站推广101招[M]. 李翔昊，等译. 北京：人民邮电出版社，2012.
[28] [美]菲利普·科特勒，等. 营销革命3.0：从产品到顾客，再到人文精神[M]. 毕崇毅，译. 北京：机械工业出版社，2011.